# 凡 例

一、本书遵循历史唯物主义观点，按明古详今原则，实事求是地记述诸暨周氏的源流、世系、分布、迁徙等情况。

二、本书内容以诸暨范围内各派周氏新老宗谱为主要来源，同时采录史书、县志及各分支提供的资料。凡引用资料，文字由繁体字改为简体字，内容悉依原文，不作任何改动。一般不注明出处，重要内容另加括号说明。

三、记述年代，以 1949 年 5 月 6 日诸暨解放为界，此前沿用干支纪年，夹注年号，同时加括号补充注明公元年份；此后以公元纪年。原则上使用阳历，使用阴历的加括号说明。

四、专用名词首次出现时用全称，其后用简称，一般在第一次使用时加以说明。

五、本书所录谱序，一般为各派首次修纂之序，特别重要的亦补充选用。

六、凡政界乡镇长以上，军界营级以上干部；副教授、高级工程师、中学高级教师、副主任医师以上职称等，均简述行传，所列行传不展开，以出生年月、字第为序。人物收集截至 2015 年 12 月 31 日。

七、本书所列乡、镇、村名，一般使用旧名，使用现名的，加注旧名。

八、本书以记、传、图、录为载体进行编纂。为适应现代阅读习惯，采用横排本简化字形式刊印。为尊重历史，遇简化字无法表达者，仍沿用原字体。旧谱序、古文加标点，重要古文加注释。

# 目 录

# 第一章　源远流长

寻根问祖,追踪溯源,梳理村落始祖的渊源,使每个诸暨周氏知道“我从哪里来、我的根在哪里”,不仅增加了家族之间的亲情,又增强了诸暨周氏的凝聚力和向心力,有着重要的现实意义。

## 第一节　概　述

诸暨,为中国古越民族聚居地之一,早在新石器时代就有先民在此繁衍生息,是浙江省最古老的县(市)之一,是中国于越文化的发祥地之一。

史传:禹至大越,上苗山大集诸侯,驻跸于此,爵有德、封有功,因定此境为“诸暨”,意即天下诸侯到达驻留议事之所。夏朝中期,夏帝少康封庶子无余于越,诸暨属越。至春秋时,越国先后建都于境内埤中、大部、句乘等地。吴越之争中,越王句践曾以境内句乘山为休养生息、图谋复国之所。

秦王政二十五年(前 222),以越地置会稽郡,设诸暨县。西汉时,属扬州刺史部会稽郡。新始建国年间,更名疏虏。东汉建武初,复原名。东汉兴平二年(195),分部分地入丰安、汉宁二县。三国吴时,改汉宁为吴宁。西晋属会稽郡。东晋属会稽国。南朝复属会稽郡。隋文帝开皇中,属吴州。九年(589),吴宁县废,原诸暨地复归诸暨。大业中,仍属会稽郡。唐时,属会稽郡及越州。高宗仪凤二年(677),划诸暨、会稽部分地置永兴县。武后垂拱二年(686),复分诸暨县之吴宁故地入东阳县。光启三年(887),诸暨改称暨阳。五代属吴越国越州东府。吴越王天宝三年(910),复名诸暨。宋初,属两浙东路越州。南宋绍兴元年(1131),属绍兴府。孝宗乾道八年(1172),分东北 10 乡置义安县,治今枫桥。淳熙元年(1174),废义安,其地复入诸暨。元属江浙等处行中书省绍兴路。成宗元贞元年(1295),升为诸暨州。至正十九年(1359),改名诸全州。二十六年,降州为县,仍复旧名。

明、清时,均属绍兴府。民国元年(1912)废府,直属浙江省。民国 3 年省下设道,诸暨属会稽道。16 年废道,直属浙江省。民国 24 年 9 月至 37 年 4 月,属浙江省第三行政督察区;37 年 4 月至 38 年,属浙江省第二行政督察区。1949 年 5 月 6 日诸暨解放,至 6 月 22 日,诸暨属中共萧绍诸杭临时委员会管辖。6 月 13 日—11 月 16 日,归第十专署管辖。其后,诸暨属绍兴专区。1952 年 1 月,绍兴专区撤销,直属浙江省。1953 年 2 月,划归金华专区。1957 年 9 月,划归宁波专区。1964 年 9 月,复属绍兴专区。1968 年 5 月,属绍兴地区。1983 年 7 月起,属绍兴市。1989 年 9 月,经国务院批准,撤销诸暨县,设立诸暨市,由绍兴市代管。

诸暨是越国古都、西施故里,区域面积2311平方公里,总人口106万人,2016年辖27个镇乡(街道),468个行政村,69个城镇社区(居委会)。诸暨市位于长江三角洲南翼、浙江省中北部、钱塘江流域中段,介于北纬29°21′—29°59′,东经119°53′—120°32′之间,浙赣铁路、杭长高速铁路,杭金衢高速公路、杭金公路、绍诸高速公路、诸永高速公路贯穿全境,与绍兴、萧山、义乌、富阳等8个县(市)接壤,距上海200公里,杭州90公里,萧山国际机场60公里,交通便利。境内山川秀丽,有著名的国家级风景名胜区—浣江—五泄风景区,是中国优秀旅游城市。

诸暨先后被命名为“中国袜业之都”“中国香榧之都”“中国珍珠之都”“中国无公害茶叶之乡”“中国名品衬衫之乡”“中国民间文化艺术之乡”和“浙江省建筑之都”、浙江省首批“教育强市”、浙江省首批“科技强市”、浙江省首批“体育强市”、浙江省首批生态县市,荣获“全国基础教育先进县市”“全国科技进步工作先进县市”“全国计划生育优质服务先进县市”“全国农村中医工作先进县市”“全国粮食生产工作先进县市”“全国环境综合整治优秀市”“全国卫生先进城市”“全国社区建设示范市”“国家园林城市”“国家卫生城市”“国家环保模范城市”,以及“福布斯中国大陆最佳商业城市”“长三角最具投资价值县市”等称号,“数字城管”试点工作率先通过建设部验收。全国综合经济实力百强县市排名第十四位。

周姓在《百家姓》中排列第五,在现今中国新百家姓的人口排名中,名列第九。自元朝至今,周姓一直是中国十大姓氏之一,根据最新研究资料显示,现在中国大陆周氏人口不少于3360万,约占全国人口总数2.1%。

诸暨共有姓氏416个。其中陈姓和周姓最多,合占总人口数的13%(目前户籍人口115.79万人)。诸暨周姓人口有7万,属诸暨望族。据1993年版《诸暨县志·人口·姓氏》载:“1990年7月1日(统计):全市有姓氏416个,其中复姓7个。陈、周两姓人数最多,共141,414人,占总人口的13.9%,其中陈姓78,587人,周姓62,827人”(144页)。赵岳阳主编的《诸暨家谱总目》(浙江人民美术出版社2014年9月版)载:“当今诸暨五大姓‘陈、周、王、杨、赵’,本次收录以周氏谱居第一位,多达197种”(《前言》第4页)。

**周氏源流史上的里程碑**

周姓的起源十分复杂,其姓氏来源很多;有的出自黄帝的将领周昌,有的出自商代的太史周任。据考证,黄帝生于姬水之滨,后改姓姬,其第18世孙为周文王,“邑于周,文王以国为姓”,“子孙以国为氏”。另,周文王第13世嫡玄孙为东周平王(前770—前720),其“少子烈受封于汝南(今河南汝阳一带,时人呼为周家,其后代遂改为周)”。按《新唐书世系表》周姓之祖,实始于平王少子烈……可见黄帝嫡支姓姬,起源有据。

**岐山周氏**

岐山位于陕西关中西部,主峰为两峰岐山,故名。溯本追源,周姓的最早祖先可以远及传说中上古的圣人黄帝和炎帝。黄帝和炎帝原是同胞兄弟,由于后来各自发展,活动范围不同,分成两支,黄帝部落主要居住活动在姬水流域,以“姬”为姓。炎帝部落主要居住活动在姜水流域,以“姜”为姓。

由于双方不断发生战争冲突,黄帝最终取胜,拥有了对炎帝部落的统治权,成为天下各部落联盟的首领,后世人便被称为炎黄子孙。黄帝统治区域“东至于海,登丸山,及岱宗;西至于崆峒(今甘肃一带),登鸡头;南至于江,登熊、湘;北逐荤粥,合符釜山,而邑涿鹿之阿(今河北涿鹿县)。即今东起山东,西抵甘肃,北达内蒙,南到两湖地区。”黄帝去世后葬于桥山,位于陕西黄陵县城北约1公里处。

相传黄帝有四妃二十五子,分别得到姬、酉、祁、己、滕、箴、任、荀、僖、姞、儇、依十二个姓。后稷是姬姓的后裔。

后稷,古代周族的始祖。相传黄帝生玄嚣,玄嚣生蟜极,蟜极生帝喾。帝喾有妻姜嫄(有邰氏,炎帝的后裔),因在荒野踏到巨人足迹,怀孕而生一子,因一度被弃,遂名弃。弃自少屹立如巨人,志好种植,善相地之宜以种百谷,民皆法之。帝尧闻之,举为农师,封于邰(今陕西武功县西南),号后稷,姓姬。后稷生不窋,不窋生鞠,夏末传到公刘,迁豳(音彬,今陕西彬县东北)。公刘十二传至古公亶父,因戎狄所逼,由豳迁到岐山下的周原(今陕西岐山县东北),改国号为周。

周原位于今陕西省关中平原的西部,距西安100公里,东西约长70公里,南北约宽20公里,在它北面是岐山山脉,南面是渭水,东面是漆水,西面是千河,即今陕西省岐山、扶风、凤翔县一带。古公亶父率众来到周原进行了一系列改革,一边利用优越的地理条件修渠拓荒,发展农耕;一边营建城郭家室,设官立制建立一套统治管理机构,改革戎狄习俗,吸收周围部落加盟,因而周族迅速强盛起来,周原成了周族的发祥地而著称于世。

古公亶父生三子,长泰伯,次虞仲,三季历。季历生一子姬昌,因姬昌出生时有口衔缣帛之书的红色小鸟飞来停留在窗台上,古公亶父认为这是上天要让周人兴旺发达的祥瑞之兆,就想传位于他。

泰伯、虞仲知道了老父的心思,就借口为老父采药,远避到了南岳衡山,后来成了句吴的国君。

季历继位后笃信仁义,发展农耕,抚顺诸侯,开拓疆土,引起了殷商的不安,遂被借口杀死。季历死后姬昌继位,是为文王,袭父爵西伯。

姬昌继承和发扬祖业,大施仁政,招贤纳士,扩大疆域,达到了“三分天下有其二”的势力,就把国都迁到丰邑(今陕西西安沣水西岸),为周朝八九百年天下打下了坚实的基础。

公元前1046年,姬昌子姬发大会八百诸侯于孟津,然后挥师讨纣,牧野一战终于灭掉了商朝,建立周朝,定都于镐(今陕西西安沣水东岸),为武王。

武王伐纣建立周朝,分封诸侯,传位周成王。因周成王年幼,由被封于周国的叔父周公旦摄政,又大规模分封诸侯。公元前770年周平王东迁,定都洛阳,亦效前尤,封其中一子姬烈于汝南。周朝前后凡三十四王,历八九百年,到周赧王五十九年,即公元前256年为秦昭王所灭。

周朝灭亡后,其中有相当多的周宗室子孙及周朝遗民以周为氏。而周朝初期的周公旦之后裔,周朝中期的周平王子姬烈之后裔,以及周朝灭亡时的周赧王之王族是周姓人受姓的重要组成部分。

周朝统治者姓姬不姓周,却是周姓的血缘宗祖,周姓是周朝王室的后裔。古籍对周氏立姓的时间有几种不同的说法,有的说是在不窋失国时,有的说是在周赧王失国之后,根据有关史料,周姓在黄帝时期就有存在,但大规模的立姓是在周朝灭亡之后。

商朝末年,古公亶父(大王)率部族迁徙到岐山南麓的周原,建立了周国。后来文王迁都丰邑，武王迁都镐京(二地均在今西安市西南)，仍以岐邑作为故都。姬姓在前，周姓在后，当时周姓还是姬姓一部分。这个时候，可以说是周姓的前身时期。岐山，是周国和周朝的发源地。

**汝南周氏**

汝南郡："汉高帝四年(前203)置，治平舆(今河南平舆北)。"《汉书·地理志》曰："汝南郡，高帝置，莽曰汝汾，分为赏都尉，属豫州。户四十六万一千五百八十七，人口二百五十九万六千一百四十八。"县三十七："平舆、阳安、阳城、隐强、富波、女阳、鲖阳、吴房、安成、南顿、郎陵、慎阳、慎、召陵、弋阳、西平、上蔡、浸、西华、长平、宜绿、项、新郪、归德、新阳、安昌、安阳、博阳、成阳、定陵。"东晋移治悬瓠城，南朝宋移上蔡(今河南汝南)县治，隋开皇初废。大业及唐天宝、至德时又曾分别改蔡州、豫州为汝南郡。辖境包括今河南颍河、涓河之间，京广铁路西侧一线以东，安徽茨河、西淝河以西，涓河以北地区。东汉仍治平舆，后治所屡迁，辖境渐小。位于现今河南省中部偏南，介于黄河与淮河之间。在今河南上蔡西南，下辖三十七个县，相当今河南省颍河、淮河之间，京广铁路西线一侧以东，安徽茨河、西淝河以西，淮河以北地区。包括今河南西华、商水、项城、沈丘、郸城、淮滨、新蔡、息县、正阳、确山、遂平、西平、汝南、平舆、潢川，以及今安徽省的界首、太和、颍上、阜阳、阜南、临泉等县市。

周平王(姬宜臼)继位时，迁都河南洛阳，史称东周。按照周代宗法制和分封制，嫡子承袭天子位，庶子得封诸侯，他封小儿子姬烈于汝南，即汝坟侯。经过春秋、战国时期，秦灭六国，汉统天下，这一时期周平王的后代以原国号为氏，即以周为姓，这才开始姓周。详情是：周平王少子烈(即周平王的小儿子姬烈)至十八代姬邕时，秦灭周，姬邕因失侯而改以国姓叫周邕。周家王朝本姓"姬"，"周"只是国号，不是姓，直至周朝亡国之后才有名义上的周姓，周邕为开基始祖，其子孙遂姓周。西汉初，其地置汝南郡，周姓成为该郡最著名的姓。

汝南周氏，是古代全国最早、最大的望族。这体现在以下三个方面：一是源远流长，世系完整。《后汉书》《新唐书》对它的源流世系，有完整正确的记载。二是子孙繁衍，分布全国。两汉六朝的陈留、临川、庐江、泰山、淮南等郡的周氏，唐朝的临汝、永安(今湖北黄冈)等郡的周氏，都是它的分支。三是名人辈出，绵延千载。据《后汉书》记载，东汉周举一家，六代人都是知名人士；据《南史记载》，周浚、周颙、周弘正一家九代人都是六朝的文化名人。汝南周氏，从西汉初到晚唐，这支家族兴旺发达一千多年。其原因，正如《南史》卷34传论所说："文雅不坠"，崇尚"德门"，即崇尚道德，没有丢掉中华文化的优良传统。因此，汝南周氏，也就成为古代周姓的代表。

**濂溪(道县)周氏**

周敦颐是宋代理学的开山祖师，在明清两代思想领域内具有崇高地位。只要上过学的人都会对他的名篇《爱莲说》耳熟能详，"出淤泥而不染，濯清涟而不妖"也成了不少人士的励志名言，由他开创的理学更是影响深远，研究中国古代学术的海内外学者无不了解其人其学。

道县，古称道州，地处湘、桂、粤三省(区)交界之地，素有"襟带两广、屏蔽三省"之称，四境层峦叠嶂，有雄关隘谷，进可攻，退可守，历来是兵家必争之地。道州周氏本出自汝南周氏，在唐代宗永泰(765—766)年间，周崇昌仕至廉州(今广西合浦县)刺史，居于道州宁远县(今湖南宁远县)。其裔孙周从远迁于营道濂溪(今湖南道县境内)。周从远子周知强有五子，其中第四子周辅成，为北宋真宗大中祥符八年(1015)进士，官至桂岭令。周辅成有三子，第二子就是周敦颐。

周敦颐(1017—1073)，字茂叔，北宋著名的哲学家、教育家、文学家，宋明理学的奠基者，道州营道(今湖南道县)人，原名敦实，避宋英宗旧讳所改。曾官大理寺丞、国子博士。因筑室庐山莲花峰下小溪上，取营道故居濂溪以名之，后人遂称为濂溪先生。官至转运判官，赠宣奉大夫。

周敦颐开辟了把儒、释、道三教的思想结合在一起的道路，奠定了宋明理学的思想基础，其门生程颢、程颐二兄弟进一步发挥提出理的概念和天理的思想，后来朱熹继承发展了天理的思想形成理学。

理学是宋明时期的主导思想，占统治地位几百年，是影响很大的思想理论。周敦颐因是理学开祖，成为中国哲学史上贡献卓著的重要人物，而受后人敬重，由赐号、追封、从祀庙庭、维修墓地、崇祀书院，到皇帝赐匾、题诗，周敦颐的地位不断提高，而且对周敦颐的宣扬也惠泽到其后裔身上。

周敦颐卒于北宋熙宁六年(1073)，在其逝世一百多年后，南宋宁宗嘉定十三年(1220)谥周敦颐为“元”；理宗淳祐元年(1241)追封为“汝南伯”，并从祀孔子庙庭；元朝仁宗延祐六年(1319)追封为“道国公”；明代英宗正统元年(1436)诏修周敦颐祠墓，优恤子孙；明代宗景泰七年(1456年)诏授其十二世孙周冕为“翰林院五经博士”；武宗正德元年(1506)崇祀周元公于九江书院；神宗万历二十三年(1595)以周元公父谏议大夫辅成从祀启圣祠；清代顺治元年(1644)祀升周子于阙里庙庭；顺治十年议授周子后裔周莲世袭五经博士奉道州祀；康熙二十四年(1685)以周子后裔周嘉耀与程朱后裔一例世袭五经博士；康熙二十六年赐御书“学达性天”匾额；康熙五十八年以周子后裔周枚承袭五经博士；乾隆十七年(1752)以周子后裔周景濬承袭五经博士；乾隆二十二年皇帝南巡至苏州题《濂溪祠》诗；乾隆四十五年以周子后裔周邦泰承袭五经博士；嘉庆十九年(1814)以周子后裔周承宗承袭五经博士；光绪十四年(1888)以周子后裔周

周敦颐故居

监承袭五经博士。

周敦颐子二:长周寿(1057—1120),谱名元翁,字季老,宋元丰五年(1082)进士,累官至司封郎中,赠通奉大夫。次周焘(1062—1126),行百二,字通老,一字次元。宋嘉祐七年壬寅(1062)九月十二日午时生,登元祐三年戊辰科(1088)李长宁榜进士,为贵池令,迁两浙转运使,授朝议大夫徽猷阁待制,累赠中奉大夫。靖康元年丙午(1126)十月十一日卒,享年六十四岁。焘公与父亲周敦颐著名弟子程颢、程颐,以及苏轼、黄庭坚、胡宗愈、刘虹、孔武仲、曾巩、哥哥周寿等,以《周易》为宗,混合道家"有生于无"和儒有"中庸"思想,形成"濂溪学派"。

诸暨周姓主要有两支,一支尊宋元公濂溪先生周敦颐为始祖;另一支尊周兵为始祖。由于迁徙到诸暨居住的时间和地点各不相同,从而形成了多支各有自己始迁祖和行第字辈的周姓人。他们主要分布在全市一百六十多个聚居村落,在诸暨这片土地上分别生息繁衍了五至八百多年,与其他兄弟氏族一道,为诸暨的文明与发展作出了自己应有的贡献。

濂溪一脉在北宋末、南宋初从河南开封一带南徙浙江

祥符,即今河南开封(宋代置祥符县,明代并开封县入祥符县,1913年又改祥符县为开封县)。祥符周氏十三世周靖,北宋末年在汴京中进士,为太学博士。建炎元年(1127)金兵攻陷汴京,周靖护宋高宗南渡长江,侨居浙江杭州,所以周靖为河南祥符周氏南徙浙江的始祖。

周靖由杭州迁居浙江诸暨县的紫岩山,村里名叫盛厚,在诸暨县城西北六十多华里处。周氏自南渡居诸暨之紫岩,历宋、元、明、清以迄昭代,子姓蕃盛,迁居成族者五十余处,后他的子孙又分别迁居诸暨县的南门、江大、五指、清平、丰江、溏头、新州、梅山等地;山阴县(今绍兴)的塘下、周桥、瓜田、张川、前梅等地;萧山的周家湖、来苏等地。

**附:南渡情况**

靖康元年(1126)闰十一月,金兵攻破东京(开封)。靖康二年四月金兵掳去徽、钦两帝,后妃等数千人,以及教访、乐工、技艺工匠、携法驾、仪仗、冠服、礼器、天文仪器、珍宝玩物、皇家藏书、天下州府地图等北去,开封城内,公私蓄积,为之一空,北宋宣告灭亡。五月,赵构即位于河南商丘,称高宗,年号建炎;十一月高宗逃至扬州;建炎二年(1128)1月,金兵破山东、青州等地;建炎三年二月,高宗渡江南逃杭州,闰八月高宗逃至绍兴、宁波、温州,后再回绍兴(绍兴升格,1131年定年号为绍兴),时间长达一年零八个月,即从建炎四年四月到绍兴二年(1132)正月到杭州建都 。周靖因岳武穆(岳飞)遇害(1141年12月29日),呼天泣曰:"忠良之殄,邦国之祸也,中原终不复矣!"遂于次年春,携子亥,弃官隐居诸暨紫岩乡盛厚里,因悉诸暨有中州风(即民风强悍),遂家焉。

周靖七世孙周澳,号楮斋,担任元朝地方官府的掌管文书的官员,入赘山阴俞姓人家为馆甥(女婿),于是占籍山阴(秦置县名,唐代并置会稽、山阴二县,1912年二县合设绍兴县)。山阴(绍兴)之有周氏,实自楮斋公(周澳)始,周澳是周氏迁绍兴的始祖。绍兴周氏是中国近现代史上又一支重要的周姓家族。其对中国近现代历史的影响是至为巨大而深远的。在这一周氏家族中,涌现出许多著名人物,其中最杰出的当属一代伟人周恩来和鲁迅(原名周树人)、周作人、周建人3兄弟。周恩来属于绍兴周氏保佑桥分支,而鲁迅三兄弟则属于绍兴周氏覆盆桥分支。

但这两支周氏家族却是同宗,套用中国的一句古话,他们“五百年前是一家”。

兵公一脉从东阳玉峰分别迁徙岭北(1967年由东阳划归诸暨县)、嵊县开元,后嵊县开元又有一族迁居诸暨。

据《浙东周氏宗谱》记载,隋时,先祖行暹公任雍州(今陕西省凤翔县境内的雍山、雍水)刺史,次子融公南下入浙处州(今丽水市)任知府,卜居括苍。融公之子兵公于唐武德年间(有的说他是唐初人,有的说是唐末人,也有说是宋初人。记载不一),仕为东阳县教谕,遂定居东阳。兵生进、益,益生虎、论、少、教四子。兵公四世孙迎公迁居岘山岭北(今诸暨岭北周),为岘山派始祖。兵公六世孙奭,迁至剡县(北宋末改称嵊县,今嵊州市)开元乡(今开元镇),为剡西开元始迁祖。奭公之十三世孙绅公,字信公,行元二,于元至元二十六年(1289)自嵊县开元迁于诸暨花亭的周坞,为暨阳花亭始迁祖。

## 第二节 濂溪公派渊源

### 一、渊源考

**一受姓**

**周姓**

姓统其祖考,所自出周本国名,在岐下之周原。

注:岐后名箭括岭,一名天柱山,南有周原。属扶风美阳南,今陕西岐山县。

黄帝裔帝喾子后稷十三世孙古公亶父邑其地,因以为国号。古公四世孙武王,武王十二世孙平王迁都王城,属河南县,今河南府城东、洛水北有洛阳故城。平王少子烈食采汝坟,十九传至邕。

烈生懋、懋生文、文生升、升生兴、兴生晏、晏生安、安生宏、宏生明、明生隐、隐生寿、寿生容、容生休、休生雄、雄生晖、晖生宽、宽生员、员生成、成生邕,凡十九传。

秦并其地遂为汝南著姓。邕生秀、秀生仁,汉续周嗣复封汝坟侯,赐号正公,徙安成十子,长曰执金吾球,五传至决曹掾燕,燕裔孙表,五传至宰相允元。球生平陵令应,应生郎中孝廉道,道生五官中郎约,约生燕,燕裔孙梁·义、衡二州刺史,袭蓬陵侯表,表生隋·德、延二州刺史,永城敬侯才卿,才卿生太子右宗卫率怀义,怀义生常州长史基,基生允元,又燕九世孙防,防十三世孙灵超,徙居永安黄冈,今湖广黄冈县。灵超七世孙宰相墀十世孙浔、灌、涤、俭,见唐书《宰相世系表》。

溯自得姓,居汝南,适长世系,历秦乙卯至唐,久视九百四十六年,在晋武城侯浚,系出汝南安成。

注:族传绛侯勃世系,勃沛人,子胜之、亚夫、坚。孙建德,后杂载决曹掾名。又遗,浚而系崇昌与《元公谱集》异,若周世有周伯阳、周霄、周舍,似先有姓与汝南别。

**一受氏**

**周氏**

氏别其子孙所自分,周本姬姓,自古邑周原后为国号。武王后遂著为代,至秦,汝南为著姓,盖姬姓于前,周姓于后也。由秦而降氏族之制,出于上之所赐,下所更者,绝无而仅有,在姬有氏,而周无氏,所云姓与氏与族名虽殊,实未尝不一者。

**一受族**

**汝南族**

按族之为言类也,即旁支别属各自为氏者,亦氏之别名。周自得姓,居汝南,在河南汝宁。《元公年表》曰:汉兴,封周后于汝南。先生盖其后,明道《行状》称汝南周茂叔。《营道谱》云,晋·太康中,少府卿裴子安东将军武城侯浚,汝南安城人。子武城康侯、尚书左仆射顗,从事中郎嵩,少府丹阳尹侍中护军、西平贞侯谟。顗子领祕书监,谥"烈"者,曰闵。并历卿守者,曰恬、曰颐。颐子东阳太守嗣闵者琳,琳少子骠骑咨议参军文,文传八世,唐永泰中,廉、白二州太守崇昌。

注:见《元公年表》注,及魏公了翁《长沙县学祠记》,元公十一世孙,居营道者冕,《志·支系》云:明经进士,某官某子遂昌,次子崇昌葬旺岗。见《营道戊午谱》。

崇昌二子,某,某。孙一人,某。

注:见《营道戊午谱》。

某传五世虞宾,虞宾子十二人,中子从远徙营道濂溪堡。

**营道族**

地在永州府道州营道县,今湖广道州。《元公世谱》:从远居濂溪堡。

注:在道州城西南十五里。《营道旧谱》云:在县营乐乡钟乐里石塘桥,盖濂溪之旧名。发源于大江岭,汇为龙湫,东流二十里至此濂之为字,疑出唐刺史元结七泉之遗俗。溪之原,自为上下堡,先生故居在下堡,其地又别自号为楼田,广横数百亩,左龙山,右豸岭。魏公了翁《长沙祠记》曰:先生之先世居青州(今山东省兖州),自唐永泰中,有为廉、白二州太守崇昌,徙道之宁远县大阳村,至裔孙虞宾之中子从远,又徙营道之西,曰濂溪堡。四传为元公,故今宁远、营道皆先生故里,宁远有春陵山。黄太史庭坚云:春陵周茂叔。

一子智强,智强五子。

曰识

注:一作式,汀州上杭令。一云:天圣五年(1027)王尧臣榜第二甲及第。

又:式上有怀成。

曰铎

注:一云字宗美,由进士任广德令,一子武仲。

曰正

曰辅成

注:大中祥符八年(1015)蔡齐榜特赐进士出身,终贺州桂岭令,累赠谏议大夫。一曰蔡齐榜六举以上,特奏名赐进士出身。先娶唐氏,赠仙居县太君,卒葬故居侧半里许。继娶郑氏,封仙居县太君,卒景祐四年(1037),葬润州丹徒县龙图公珦墓侧,后迁德化县三起山。

曰伯高

注:一作辂,迪功郎。一云举进士,某年特奏名迪功郎。

辅成三子

曰砺

注：唐氏出。明宋濂《分宁宗谱》序曰：字叔芳，仕谏议大夫。

曰元公，惇颐

注：郑氏出，字茂叔，仕至虞部郎中，提点广南东路刑狱，寻移知南康军。娶陆氏，参女，封缙云县君。再娶蒲氏，封德清县君，卒葬郑太君墓左。累赠宣奉大夫，嘉定十三年(1220)赐谥“元”，淳祐元年(1241)封“汝南伯”，从祀孔子庙庭。元延祐六年(1319)封“道国公”。按营道旧谱云：十五随郑太君入京师依珣，留美田十亩，畀周兴耕之，洒扫先墓，后有营道所给付兴凭文。年五十一，自永州移公牒营道云：有田若干，旧以私具得为先茔守者资，族子当勿预。

曰文砺，子仲章

注：治平四年(1067)，先生父加赠谏议大夫，有《手帖》与仲章，诣坟前告闻，周一父子守看坟茔。嘉定戊寅(1218)，知道州军州事龚维蕃《道州祠记》云：其留故居者为仲章及其从弟意，元丰三年(1080)及七年，再析其产鬻于意。

仲章子伯顺

注：维蕃《记》云：宣和五年(1123)仲章子伯顺，再撤其屋，鬻于意之子，而故宅基从东至西五丈尚存。伯顺死，无后，其女以其地适何伯瑜。淳熙己亥(1179)，营道族与何氏甥互讼其产已二十年，郡守赵汝谊阅营道所承永州公牍，及治平间印文，按验皆合用。元公治命，以田畀守茔者，藏其籍于学官，且令南康后裔亦闻之，其故宅基尚属何氏，何氏之孙榯，于淳熙十一年(1184)，以其地归于意之曾孙兴嗣，书于券云：兴嗣系谏议宗族，有志力教子，以绍祖风，今愿尽将所承外祖周伯顺承祖住宅基地卖与兴嗣，将来起造祖堂，庶几先魂于里塾有所依托。淳熙庚子(1180)郡士胡元鼎，乡人义太初创舍设像，教授章颖为之记，故居有祠昉乎此。兴嗣子钥，贡士，举名晔，嘉定癸酉(1213)为学宾。明年，就故地为祠。

**元公二子**

**寿**

注：行第百一，字元翁。元丰五年(1082)黄裳榜登第，终司封郎中。又云：一字季老，娶郑氏，《年表》云：生于合州，陆氏出。黄太史庭坚与欧阳元老云：周寿元翁，孝友之行，如冰如雪，学问自将不易得也。

**焘**

注：行第百二，字次元。元祐三年(1088)李常宁榜登第。政和六年(1116)，以中大夫充宝文阁待制，知成都府，七月二十九日到任，七年七月罢，九月落职，提举亳州明道宫，终朝议大夫徽猷阁待制，赠通奉大夫。又云：一字通老，元公四十四娶蒲氏，四十六生焘。又云：治平四年(1067)，元公五十一，携二子春陵展墓，黄太史云：元翁之弟焘，字次元，亦皆众中落落者也。

寿六子，伯逵、虞仲、叔夏、季友、季仲、季次。焘三子，缜、絪、组。缜四子，正卿、直卿、良卿、彦卿。

注：并居南康

**彦卿子澮**

注：一曰实，传谟。

谟生二子，恩、壎。

注：恩子震、霆，震子：儒仕、儒金。部中有德祐(1275)敕赞。子华，大理寺评事，有《咸淳敕令》，系明经荐辟，谱其先世，自晋武城侯浚至其孙文裔，世凡三十。

**壎生云，云生文裔，文裔生冕**

注：景泰七年(1456)五月二十二日，授世袭翰林院五经博士。居营道。

注：后伦正德丙寅(1506)袭绣麟，嘉靖甲辰(1544)袭翰官，万历甲午(1594)袭俱嫡长子。又欧阳《记》载：元公八世孙善溥在道州，余详南康族。

**南康族**

南康，故九江郡，唐属江州。宋熙宁辛亥(1071)，元公年五十五，乞知南康军，改葬郑太君德化县庐阜清泉社三起山。明年，卜居州城南十里庐山之莲花峰下，湓浦之滨，因溪流寓故乡名，筑屋其上，曰："濂溪书堂"，门外即濂溪，发源莲花峰下，不二十里即庐山，溪上桥亦名以石塘，遗命葬太君墓左。

注：见《元公文集》，朱子《辛丑诗》，章琰谢御书《濂溪书院表》。

寿之后迁居江州

注：见元至正七年(1347)，欧阳元《道州书院记》。

**六子**

**伯逵**

注：一作伯达。《年表》注：祖荫，终迪功郎，秦州仪曹，卒年三十。

《营道戊午谱》云，字永明，焘跋谢庄希逸《瑞雪咏山夜·忧(怀园引)长笛弄帖》云：绍圣三年(1096)春，观此书于汉阳，后四年复观。元符二年(1099)二月廿三日，濂溪周寿元翁书姪蕃子伯逵、虞仲。

**虞仲**

注：父荫，终修职郎、江州刑曹，卒年四十五。

**叔夏**

注：字求正。用叔父遗泽，补登仕郎，卒。

**季友**

注：字求仁。卒年三十九。

**季仲**

注：字求善。娶陶氏，二子未名。

**季次**

注：字求宪。卒年三十以上。《世谱》称：郡志建炎后无传。

**焘**

注：苏文忠公轼有《茂叔先生濂溪诗呈次元仁弟》。三子

**縯**

注：字庆长。父荫，终奉议郎，通判蕲州。

**絪**

注:字庆和,按《营道洪武戊午(1378)谱》云:絪,次元公第二子,奏改名彝,绍圣四年(1097)何昌言榜进士,仕至礼部侍郎,出知河南之祥符,遂家于东镇关外,娶邵氏。

**组**

注:字庆醇。父荫,终承事郎卒。《戊午谱》:二子,容、宽。

**縯四子**

**正卿**

注:字师端。二子,洵、沆。绍兴二十八年(1158)十月戊寅,张宣公栻《永州州学元公祠记》云:以书走九江求先生像,于先生诸孙得之。

**直卿**

注:字师温。二子,涛、湛。

**良卿**

注:徙居瀼溪,蚤卒。

**彦卿**

注:字师美。

**正卿二子:洵、沆。**

注:按乾道丙戌年(1166)二月二十六日,林栗《江州州学元公祠记》云:适会先生之曾孙直卿来访,敬请其像与其遗文,并《通书》、《拙赋》而读之。淳熙己亥(1179)秋八月甲午,文公朱子守南康郡,实先生故治,方与博士弟子立祠于学,刻先生《像》《太极图》于石,《通书》《遗文》于版。会先生曾孙直卿来自九江,以《爱莲说》之墨本为赠,见文公《书爱莲说》。

后八月辛丑(1181),文公《书先生(拙赋)后》云:濂溪先生《赋》一篇,闻之于其曾孙直卿云,近岁耕者得之溪上之田间,已断裂,然尚可读也。是岁,营道周族与何氏甥家田讼已二十年,太守赵汝谊阅营道所承永州公牒,与营道给付周兴嗣凭文,以田界守茔者,藏其籍于学宫,且令先生后裔亦闻之,见章颖《田记》。

辛丑闰三月二十七日,交公罢南康郡,四月六日拜濂溪书堂遗像,先生曾孙正卿、彦卿,元孙焘,为设馔“光风霁月”之亭,书堂后为祠亭,旧名“拙堂”。在祠左,丁未王溉《谒祠祝文》云:春秋主祠,敢诿诸孙。

**彦卿子澹,后迁居道州**

注:嘉定癸酉(1213)孟夏朔,眉山李埴《留题书堂》云:敬谒濂溪先生之祠,与先生五世孙澹,蒲塘蔡念成晤,语久之。是年,日南至赵崇宪规祠旁地筑书院,求周氏后,龆龀以上可教者,别立小学之师,以诲之,居道州。欧阳元《记》云:焘之后居道州,当是澹裔,事在元世。

**絪迁祥符东镇关**

**祥符族**

注:按祥符系河南故汴州地,宋祥符(1008—1016)中更今名,棣开封府三十县首之一。旧谱称次元公焘家南康,第二子絪,奏改彝,绍圣丁丑(1097)进士,积官礼部侍郎,出知祥符,留居东镇关外。

朱子序紫岩谱,有曰:姬姓之裔,以国为氏,绵千余年,而尤望于河南。溯汝南因及祥符也,计侍郎公居祥符，当在四十岁内外，子博士公靖，方舞象勺，越十二三年成进士，又三年而汴京陷，扈思陵居杭州，又十五年而迁紫岩，是家祥符仅十五六年，距迁紫岩三十年有奇，博士后具见紫岩族。

**紫岩族**

紫岩在浙东绍兴府诸暨县。按府自宋绍兴辛亥(1131)，由帅府始升县，凡八，诸暨属望之一。紫岩山名亦曰回雁峰。乡即以是名，里曰盛厚，距县城西北六十余里。绍兴壬戌(1142)，博士公靖始迁居之。余详南门族。

**南门族**

南门即本邑城南隅，离城里许，苎萝山下，曰"暨阳门下"，曰"三达步"，皆号南门。

按，博士公迁紫岩，携子亥同居。

注：亥，字仲宾。登绍兴八年(1138)进士，任大理寺评事。

**亥生三子**

**勤**

注：字克敏。长子伯一，仍居紫岩(又云，派浑乌槎，未经实据)；次子伯二，迁嵊县开元〔旧谱载：淳祐三年(1243)迁嵊邑开元，《谱》因兵火失次从缺。〕；季子伯三，出赘山荫阮港唐氏，袭其姓。

**谨**

注：字克慎。任行军司马。

**和**

注：字克贵。登嘉定九年(1216)进士，任大理寺卿，生子雍，以父荫仕，归隐江大。

**谨三子**

**曰治**

注：字世平，治之子文衍，无传。

**曰訚**

注：字正夫，行伯八。任宁国路教授。

**曰恪**

注：字诚夫，行伯九。由进士授翰林殿前承旨。

訚赘本邑南门三踏步金氏遂家焉。时在嘉熙庚子(1240)岁。恪亦随兄徙南门，门内有祠，守祠有田，嗣后分迁不一，皆以暨阳南门为祖贯云。

伯八公訚之后，本邑四年、七年、五年。

注：四年与七年祖行文一，五年祖行文三，分在第五世以后。四年与七年分又在第七世，四年祖行尚一，七年祖行尚八。

《渊源考》而续之，以南门族并缀之以《支派录》。

## 二、道州祥符世系

鼻祖谏议府君，讳怀成，世家道州营道县。宋真宗祥符八年(1015)蔡齐榜进士，任贺州桂岭县令，赠谏议大夫。配郑氏，封仙居县太君。兄弟五人，兄怀式，景德元年(1004)任汀州上杭令；怀铎生子彦，由进士任广德令；怀真同登祥符八年进士；弟怀辂不仕。府君三子：砺、敦颐、賁，砺先娶唐氏，所生子仲章。

道国府君，讳敦颐，字茂叔，世称濂溪先生。《图》《书》丽天，为二程师表。历任郴、桂阳。南昌令，知大理寺丞，广东路转运判官，提点刑狱。理宗淳祐元年(1241)追封汝南伯，寻加道国元公，从祀孔子庙庭。元配陆氏，继蒲氏，俱赠汝南郡夫人。生二子寿、焘。寿，字元翁，神宗元丰四年(1081)，黄山谷知太和县，元翁为吉州法曹，锁厅赴礼部试，山谷赠以长歌，有“殿前春风君献策，汉廷诸公必动色”之句。次年壬戌(1082)登黄裳榜进士，司封郎中。

待制府君，讳焘，字次元，濂溪府君仲子。哲宗元祐二年(1087)，李常宁榜进士，历任朝议大夫徽猷阁待制，赠通奉大夫。生三子，縯、絪、缊。縯，字庆常，以父荫仕，终奉议郎。生四子，长正卿，字师端，随高宗南渡居杭之油局桥。直卿、良卿、彦卿留祥符。缊，字庆醇，以父荫仕，终承仕郎。生二子，容、宽。留祥符。

侍郎府君，讳絪，字庆和，登进士，补光州固始县丞，后奏改名彝，累官兵部、礼部侍郎。以言忤当道，黜守祥符郡，遂家居祥符东镇关外，占籍河南。生二子，鏔、靖。鏔生实，实生谟，仍留东镇关。

靖，即我暨之太常博士公也。

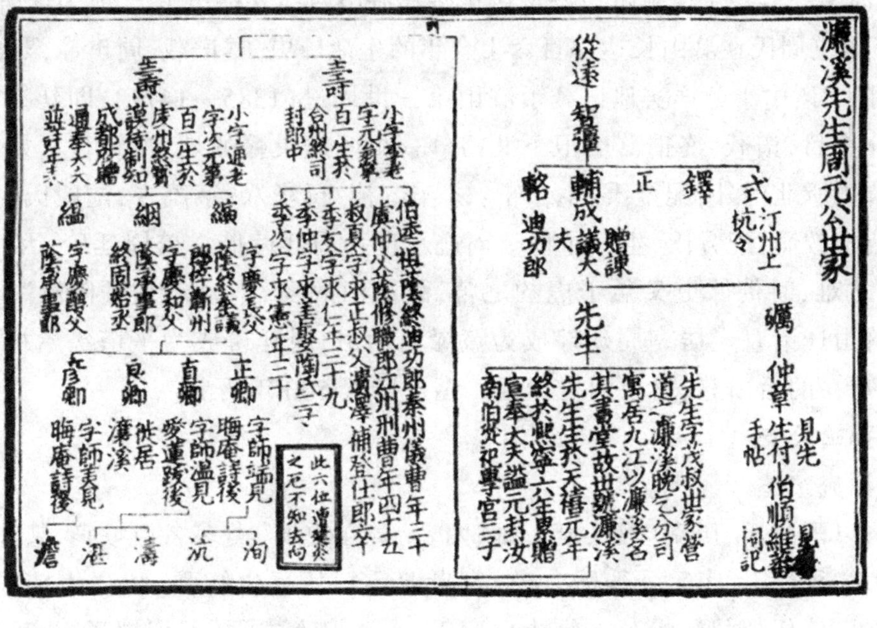


濂溪公系图

## 三、南迁大宗世系

始祖博士府君，讳靖，字天锡，行八。道国濂溪府君之曾孙，礼部侍郎庆和府君之中子，益国文忠公之叔祖也。开封祥符县籍，扈驾南渡，侨居于杭，又自杭徙居诸暨紫岩盛厚里，子孙因家焉。登徽宗宣和二年(1120)进士，授国子正录，升太常博士，进阶朝散郎。娶洛阳李翰林女，即济州李易安大人之妹也。

府君生于徽宗崇宁壬午(1102),卒于孝宗隆兴癸未(1163),享年六十有三,合葬诸暨直埠大将山。生一子亥,府君随驾住杭,宅近云栖,后乃舍宅为寺。明万历年间(1573—1620),掘得断碑,有诗云:"几年魂绕浙城西,十里荷花漾锦堤。踏遍两峰三竺路,又随青障入云栖。""洛阳名园歌舞沉,乱鸦啼破几黄昏。何人当得香山老,千载精灵有梵音。"初欲居富春,后卜暨阳。其自记诗云:"千里旌旗拥六飞,投簪欲上钓鱼矶,无端忽被闲云引,回耀峰前掩竹扉。"或云此诗亦从断碑录出,府君有所著《扈东记》载:省内父李翰林于济州,而汴京为金荡覆无余,乃道从金陆至归德,又从而南渡,见金人蹂躏疆土,无不披其室,幸予家坟墓无恙,则有葬于汴者矣。

**(一)寿公长子伯逵支**

藏绿周氏源出古代姬姓,后迁河南汝南郡,因秦灭周,遂以国为姓。传至北宋周敦颐,为守母墓迁居江西九江庐山莲花峰下,而后子孙分徙各地,周敦颐孙伯逵(1080—1125)讳忠,字求良,袭荫迪功郎补秦州仪曹,徽宗大观三年(1109)秋秦州大乱,至宣和七年(1125)公被金害,越二年十月,隆裕太后驾经秦州,其夫人李氏携子镳、铭随驾南渡到临安(杭州)迁钱塘,镳字集卿(1103—1164),荫迪功郎举贤良方正。绍兴壬子年(1132)任越州提刑,生子遇、迈。隆兴二年(1164)卒,葬会稽西岭之原。周敦颐第十四世孙如砥(1318—1367),字阙,为新昌县典史,其女节孝事迹流世,详载元史。其次子秀才周琪璋,字崑华(1337—1404),生二子修道、廷扬。于元顺帝至正己亥年(1359)22岁时偕一妻一子,"被贼寇赶逐避于姚江浒山西门外梅川里"。成为迁居浒山的始迁鼻祖,自此开始了该支周氏在浒山长达一百六十余年的生活历史。据谱载,周琪璋,娶金氏,及浒山当年生下次子廷扬。谱中十分详实地记载了浒山第三世周逊(1385—1471),即廷扬次子,行荣四,字子让,任婺州吏目,谱载"终捐浒山卫下北门外一个叫瘗灵辕的地方"。世居姚江云歌乡八都梅川里,卒葬浒山所北门外,配金氏,生二子:祯、详。祯,行华八,字茂吉,配殷氏。详,行华九,字永昌,任黟县儒学教谕,配方氏,生一子聪。周逊八世孙周廷琮偕堂弟周廷玠,因"困处海滨潮汐淹没田庐无常之难,时催课吏又猛于虎豹之苦,辞浒山故乡,来朝走马暨阳邑",于明正德十五年(1520),由浒山迁诸暨定居。周廷琮成为藏绿坞始祖,周廷玠成为平塔头始祖。同行的还有张、翁两人,即现在的后山芝、翁家两村始祖。至今已近500年历史。

**(二)焘公孙靖公支**

**南门各派源流纪述**

周本姬姓,以国为氏,历秦涉汉,至三国、两晋,载在史册,类多名臣硕彦,皆世居汝南,为汝南望族。自后分派不一,从远公徙居营道,家世业儒。从远生智强,智强生辅成,登祥符八年(1015)蔡齐榜进士,任贺州桂岭令。辅成娶唐氏,生谏议大夫砺,继娶郑氏,生敦颐,字茂叔,号濂溪,任虞部郎中。继往圣,开来学,而汝南之派,独盛于营道。

濂溪之长子寿,字元翁,登元丰五年(1082)黄裳榜进士。次子焘,字次元,登元祐二年(1087)李常宁榜进士,任朝议大夫、徽猷阁待制。焘生絪,字庆和,后奏改名彝,登何昌言榜进士,任礼部侍郎,出知开封祥符,遂留居祥符东镇关。彝次子靖,字天锡。登宣和二年(1120)(经编者考证为宣和六年)沈晦榜进士,任太学博士。以靖康之变,扈高宗南渡,侨于杭,后以岳武穆遇害,自杭迁暨,家于紫岩。

旧谱由营道历匡庐抵开封,以智强府君为始迁祖,而系道国元公。后涂山公以世远人邈,谱系或失其真，几于崇韬拜子仪墓，为后世笑，且得罪于我之祖宗。惟学博而下，历历可稽，断以天锡公为始迁祖。公再传而生亥，字仲宾，登绍兴八年(1138)黄度榜进士。三传而生勤、谨、和。勤生三子，长名荣，行伯一，母张氏，嗣守先陇。次名华，行伯二，宝祐三年(1255)迁嵊县开元。三名茂，行伯三，赘山荫阮港唐氏，袭其姓。而行军司马谨之子，则有治、闾、恪三人。宋嘉熙庚子(1240)，自紫岩迁南门，遂为南门祖。

和登嘉定九年(1216)郑自成榜进士，生一子，名雍，行伯十一，以父荫仕，归隐江大，为江大祖。

递传至五世，治之子文衍无传[现查《暨阳山后宗谱》道光丙戌(1826)重修记载：山后周氏康熙戊戌(1718)宗谱序中是这样写的：予家宗谱自伯五公肇迁以来，生齿冠于我邑，闻士甲于他乡。这说明文衍是有后的]。而文溢、文侃、文敏，皆教授伯八公闾所出也。文乔、文郁、文实，皆承旨伯九公恪所出也。文溢，字普济，行文一，仕承事郎、转运司运干。生一子讳必举，由儒科仕至嘉义大夫，建康肃政廉访使，生四子，讳天泽、天鉴、天度、天道。天泽行尚一，字履之，与弟旋之并中省元，生二子，曰广、曰大。广迁山荫塘下，为赭川祖。大仍居南门，为本邑四年祖。

天道之子良滏、文潛，皆迁五指山。而文潛幼子景亨复迁清平岭，此本邑七年祖也。

**周靖在萧邑世系图**

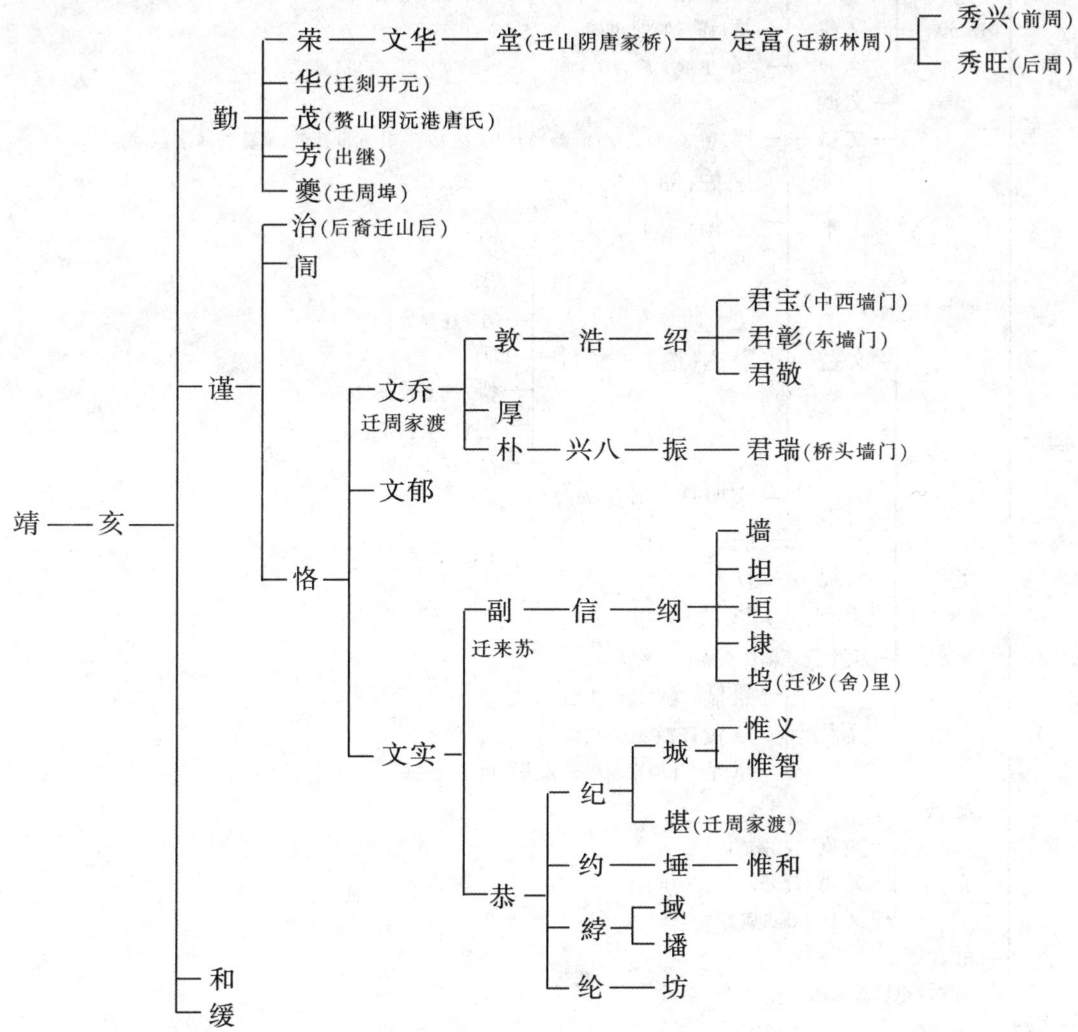

文侃生德润、天麟。德润之子,曰漶、曰浦、曰涣。而浦之子魁迁丰江,是本邑五年祖也。

至伯九公长子文乔,生三子,名敦、厚、朴,迁萧山周家湖;幼子文实,生一子名副,迁来苏。则萧之东周、西周、县前周,皆二公之苗裔也。次子文郁生茂森、茂林。茂林之子曰淇、曰澳。淇为塘头祖,本邑十年其后也。

澳号楮斋,以有事白洋,赘俞氏。元元贞中居周桥,由周桥而后马,楮斋公四世孙茂徙居焉。张川,楮斋公四世孙达徙居焉。前梅达公之第三子才,自张川而家于此。至吴江烂溪,则又楮斋长子德之支派也。

**周澳在绍兴世系图**

- 澳
  - 德(徙居吴江车溪再迁兰溪)
  - 完一 迁桥东
    - 文奇
      - 叔埛(生六子丙、驻留桥东,安、贵、定、益随父迁辽阳)
      - 叔时(迁许塈,生拙、衲、溥、初四子)
      - 叔昱(迁梅山,生用珪、用瑾二子)
      - 叔珉(留桥东,生用愚、用默、用玉三子)
      - 叔玙(迁九眼(岩),生墩、墙、域、埝四子)
      - 叔贤(迁江塈,生道肃、道冕二子)
    - 文惠
      - 茂(迁后马,生童(早夭)、璇、端、嵩、舜五子)
      - 萃(迁上午头、生毕、文、志、仪、广五子)
      - 邦(出继文城为嗣)
    - 文源
    - 文城
      - 邦(留居桥东,生闻、龄、複、礼、祯五子,其五世孙敦、敌徙居漓渚官河)
  - 完二 留周桥
    - 文益
      - 宗佐(韶)
      - 宗佑(广)
      - 宗达(达)(迁张川)
        - 贵
        - 华
        - 才(迁前梅)
        - 满
        - 慄(迁会稽伧圹)
        - 憗(迁会稽伧圹)
        - 江(迁安昌)
      - 宗贤(传三世迁双桥)
    - 文显 迁萧南门
      - 庆
      - 悌
      - 华
    - 文仁(迁舜江烂水田)
    - 文礼
      - 景儒(随弟迁笄头山)
      - 景贤(随弟迁笄头山)
      - 景圣(迁周家墺后赘笄头山陈氏)
  - 完三
  - 完四
    - 文义(迁开元)
    - 文智(迁开元)
    - 文仪(迁古虞)
  - 完五
  - 完六(留居海昌峡石)

四递之分居，各邑之散处，大约在第十一世、第十二世内。

四年十三世祖讳允恭，行允五，太三公之次子也。娶安定郡王赵孟德女，通诸书，秉节训孤，宋濂先生为之作传。生三子：长曰庆，行义一；次曰祚，行义三，由庠贡入太学，授香山县尹，迁军储副使，留住任所；三曰盛，行义五，字宗政，生二子：长讳瑾，行锦一；次讳玹，行锦二。锦一公生四子：长子名辛，行新一，居南门，数传而移住江滩，卜筑梅花潭，皆新一公派也。次子名云，行新二，厥后平阔有迁，拜阙有徙，皆新二公派也。三子名麟，行新五，迁湖西，后四世孙凤仪，又有景佳坞之徙焉。幼子曰旻，行新六，无传。若锦二公之子则以文、武复命名。文，行新三，生四子：长讳悫，行鉴一，迁居新州，后五世孙子嵩，移住慕实坞珠村。次曰栗，行鉴三，迁居梅山上三房，后八世孙伯儁、伯华，流寓北直牛栏山。三讳悯，行鉴四，同弟鉴七迁居杨柳堰。而武则新八公时戢也，生四子：长名恂，行鉴二，居河汉。次子不嗣。三名忭，行鉴十，至梅山课南亩撄疾而卒，祖妣何氏安人遂迁梅山。四名宪，行鉴十一，居新州。而新九公讳复者，三子皆迁吴家桥，则宗政公之诸派昭然矣。

五年十一世祖，行序五，讳魁，赘塘头宣，卜宅丰江，是为丰江始祖。生子行良七，讳圣安。良生性一、性二、性三、性五。性三公迁居下丰江。性生恢，恢生恺，恺生悌，悌生怀，怀生恒。恒廿六讳大彰公，迁居里家坞。恒五十四讳大夏公，迁居湖塘顶。恒六十八讳宗升公，生五子，长、次迁居湖塘沿；三、五迁居步台岭。恒八十三讳大光公，迁居上牌头。深二讳守常公，迁居鹳鸾窠下。深廿九讳守约公，迁居上丰江。深三十六讳守度公，迁居坑塘下。深四十二讳守纮公，迁居绍佳泉。深四十六讳梦龙公，迁居溪北。深七十九讳守谕公，迁八十四轮。深八十一讳守思公，迁居横山脚。深百廿六讳守忠公，迁居廿四坞。深百八十八讳盛公，迁富阳五云岭。深百九十九讳一河公，迁居午村埠。由深而悦，悦百讳汝轮公，迁居董公峧。悦百三十四讳应寅公，迁居胡豆前店。越九世懿八十讳奇标公，迁杭州仁和钱家桥。悦百八十三讳肇滨公，迁居俞家滩。悦四百讳端伯公，迁安华巢家，裔孙又分迁渔橹山后。基百六十九讳承缙公，由董公峧迁西河。墨五百六讳秀元公，迁居杉树湾。墨生浩，浩生椿，椿生爆，爆生培，培生承，承生懿，懿生桥。自桥为始，联五言二十句，至淇为终，递世系一百代。凡南门宗祠诸派，尽归大同，溯天锡公以下递至桥字，越传二十六世。忆序五公以来下及墨字，散居二十五区，此皆五年之嫡派，由丰江而分处者焉。

七年派周氏，始祖为濂溪公敦颐十世孙天道，生良滏、文滑。文滑生景荣、景昌、景亨。仁三公景濂，同弟仁八公景旸、仁九公景中，仁五公景荣、仁六公景昌俱迁五指山下。景濂三兄弟与从弟景荣居外江前；景昌长子仕升、四子仕英、幼子仕润居五指山，次子仕昂居街亭，三子仕晟居里江前。仕升公五世孙鼎，从五指山徙居凤穆村；仕升公孙宗儒复迁南门下七年；行辉七仕晟，迁里江前；行辉六仕昂，迁居街亭镇周村；行辉十四仕名，迁清平岭；行升廿七昱，迁黄藤市村；行旻十一瑮，迁白坎头；行升廿五凤，居下新宅、南厅；行升十九龙，始迁杨茂岭村；行昊廿八琥，择居杨宅；行旻三十瑒，析居王家塘沿村。

十年周氏，始祖为濂溪公敦颐九世孙茂林，生淇、澳。兴七公澳迁山荫周桥。澳生子德，行寿一，迁吴江烂溪；元十一公副迁萧山来苏。茂林生子淇，淇三世孙务、玉迁塘头；五世孙镡、六世孙汪迁二十一都凤凰山下；六世孙桥、燈迁洋湖；七世孙朴迁郑坞；九世孙成迁二十一都朱家坞；十世孙如臣迁二十一都谢村；十一世孙宗道迁砚石埠；十一世孙充祚迁二十一都坟安山下；十一世孙伯贞后裔鼎玉迁湖卜坞；十一世孙维屏迁石家弄；十三世孙惓迁浬浦溪水口；十七世孙维栋、维松迁钱家。

夫支繁易乱，派众易淆，惟条分而缕析之，则自祥符而杭，自杭而暨，自暨而山荫、萧山、嵊县二十余世之宗党，开卷而灿若日星，数十余处之居址，审视而了如掌课，虽星居异地，伯、叔、昆、季咸知相亲相爱，不至视之如途人也。源流之纪述，乌可已夫。

**附：支派录**

## 四年派

（七世伯八公曾孙尚一公后裔。与七年第十世分派）

### 南门迁塘下（山阴）

十一世南门太一公（讳广，字德洪），伯八公元孙，尚一公长子也。伯八公三子，长文一（讳文溢，字普济，任转运使运干），文一子一：元一（讳必举，字元达，任肃政廉访使），元一子四，长尚一（讳天泽，字履之，号巨源，由省元官终提举），尚一公子二，长太一公，南宋末年，父子避兵乱迁山阴塘下村（又名赭川）。

注：弟太三公（讳大，学德化），仍居南门，为四年派祖。

### 南门迁梅花潭头（本邑）

十八世南门天骏公（行恭九），尚一公九世孙，锦一公元孙也。尚一公幼子太三，太三子二，幼允五（讳本恭），允五子三，幼义五（讳盛，字宗政），义五子二，长锦一（讳瑾，字孟瑾，号守一道人，精堪舆术），锦一子四，长新一（讳辛），新一子五，次郁五（讳忻），郁五子二，长黼，黼子四，长天骏公迁梅花潭。

注：南门允五公次子义三公（字宗祚），由庠贡入太学，授广东香山县尹，迁军储副使，留居香山。

天骏公曾孙振纪，子三，长卜传公迁千秋桥，卜传公曾孙应瑞公迁嵊邑淡竹。

振纪公曾孙炯公迁衢州西安县天荡坂。

### 南门迁江滩（本邑）

廿一世南门汝星公，尚一公十二世孙，锦一公八世孙也。黼公第三子天性，子四，长凤文，凤文子二，幼子贞，子贞子四，次汝星公迁江滩。天性公幼子凤德，子二，长子敬，子敬子一：汝道公亦迁江滩。

注：南门郁五公幼子黻，子四，次天爵，天爵子八，幼凤历，凤历元孙永正公生三子，次幼俱迁余姚。

南门凤历公六世孙得启公迁浦邑浦阳。

其外，埂头、箬山下、金浦皆新一公派。

## 南门迁平阔(本邑南二十里,三十都)

十八世南门天 公(行恭十三),尚一公九世孙,锦一公元孙也。锦一公次子新二(讳云),子五,长郁二(讳怿),郁二子六,次堂,堂子五,三天騳公迁平阔。

注:天騳公子四,长凤沼,凤沼七世孙顺孝公迁嘉兴东门外村北方。

## 南门迁拜曲(本邑南四十里,近杨柳堰)

十八世南门天详公(行恭廿一),尚一公九世孙,锦一公元孙也。新二公三子郁八(讳慷),子一绅,绅子二,长天详公迁拜曲。

## 南门迁岩下

廿一世南门汝光公,尚一公十二世孙,锦一公八世孙也。绅公幼子天贞,天贞子四,长凤萧,凤萧子一:子成,子成子三,长汝光公迁岩下。天贞公幼子凤翰子四,长子恩,子恩子三,长汝详公亦迁岩下。

注:南门新二公幼子郁十(讳忆),郁十元孙子桧公迁竹浦。

## 南门迁湖西(本邑北七十里)

十五世南门新五公(讳麟,字时正,邑庠生)。尚一公六世孙,锦一公三子也,从父命,迁紫岩湖湖西(东为冯姓世居),不数年而卒(年二十六),葬湖西后山(即湖西发祥地),妻冯氏仍归南门,未几,背生一子,即郁六公(讳 ,字忠卿),复迁居之,凡卜葬营宅皆新一公为之。

## 湖西迁景佳坞(本邑)

十九世湖西凤仪公(行敬一),尚一公十世孙,锦一公六世孙也。郁六公子一:璠(邑廪生),璠子三,长天琪,天琪子五,长凤仪公生二子:子初、子礼迁景佳坞。

注:子初公六世孙云瑞公迁台州宁海县。

子初公元孙文魁公迁杭州。

子礼公子五,长汝宏公迁里蔡。

汝宏公孙尔新,尔新曾孙锡璜公迁山阴钟家坞。

尔新公幼子挺葵公复居湖西。

子礼公三子汝宸之孙尔寿公迁金华府。

## 南门迁新州(本邑南六十里,二十二都)

十六世南门鉴一公(讳懋),尚一公七世孙,锦二公孙也。锦二公(讳玹,字孟瑜)子三,长新三(讳文),新三公子四,长鉴一公生二子:肅公、大德公迁新州。锦二公次子新八(讳武,字时戡)子四,长鉴二(讳恂),幼鉴十一(讳宪)亦迁新州。

注:鉴二公长子瓒,瓒曾孙子才公迁河汉。

### 新州迁慕实坞(本邑南三十里,二十五都)

二十世新州嵩公,尚一公十一世孙,锦二公七世孙也。鼐公子一:天祐,天祐子二,次凤潜,凤潜子一:嵩公,迁慕实坞。

### 南门迁梅山(本邑南三十里,十八都)

十六世南门鉴三公(讳慄),尚一公七世孙。锦二公孙也,新三公次子鉴三公迁梅山,即上三房。新州新八公三子鉴十六(讳忭,字彦欣),亦迁梅山。

注:鉴十公子二,长大用,大用曾孙:子高。子高子五,三汝惠公、五汝志公俱迁张家坪。

其外,马郎埠、富阳紫阆、衢州西安皆梅山转迁。

### 南门迁杨柳堰(本邑南四十里,二十五都)

十六世南门鉴七公(讳恻),尚一公七世孙,锦二公孙也。新三公幼子鉴七公生二子:大强、大妥迁杨柳堰。新三公三子悯公(行鉴四),亦迁杨柳堰。

注:大强公子三,长天儒,天儒子一凤连,凤连子六,三子仪,子仪子四,幼汝魁公。又:凤连五子子修子四,长汝鳌公皆迁下牌头。

### 南门迁吴家桥(本邑南六十里,三十九都)

十六世南门鉴五公(讳骞),尚一公七世孙,锦二公孙也。锦二公幼子新九公(讳复),子三,长鉴五公与弟鉴八公(讳言)、鉴九公(讳臣)同迁吴家桥。

## 七年派

注:七世伯八公曾孙尚八公后裔。与四年派第十世分派。五年第八世分派,十年第七世分派。江大第六世分派。

### 南门迁江前(本邑南六十里,二十二都)

十二世南门仁三公(讳源浩,字景濂),伯八公六世孙,尚八公之孙也。元一公幼子尚八公(讳天道,字纯正,号俊卿),尚八公子三,长太七公(讳德清,字仲渊),太七公子三,长仁三公偕弟仁八公(讳山童,字景旸,孙无传),仁九公(讳温童,字景中)同迁五指山后,即外江前。

注:仁九公子五,四辉廿一公(讳仕勉,邑庠生),孙昊五十三公(讳振)徙居枫桥。

辉廿一公孙,昊五十公(讳檀)迁正一都竹桥。

余仁九公派下居江前者无传。

### 南门迁指山(本邑南六十里,二十二都)

十三世南门辉五公(讳仕升),尚八公曾孙,仁六公长子也。尚八公幼子太九公(讳文渭),子三,次仁六公(讳景昌),仁六公子五,长辉五公迁居五指山。仁六公四子辉十八公(讳仕英),幼子辉十一公(讳仕润)同迁五指山,皆至孙无传。

## 指山复居南门

十五世指山昊二公(讳宗儒,字仲章),辉五公孙也。辉五公子五,长旻一(讳孟斌),旻一子四,次昊二公复居南门。辉五公幼子旻廿一(讳孟溥)之孙昇七十(讳鲸),昇七十之孙详三十五公(讳元详),详八十五公(讳 )皆复迁南门

**注:旻一公九世孙,享百十五(讳洛封)子二自南门迁义乌六都廿三里。**

## 南门迁街亭(本邑东二十里,四十七都)

十三世南门辉六公(讳仕昴),仁六公次子也。生三子,旻三(讳胜铭)、旻六(讳胜童)、旻十三(讳胜宗)迁居街亭。

## 南门迁里江前(与外江前近照灯火)

十三世南门辉七公(讳仕晟),仁六公三子也。与迁江前之仁三公为从叔侄,故徙居之,因别其地曰里江前。

## 南门迁清平岭(本邑南六十五里,二十二都,界义、浦二邑)

十三世南门辉七四公(讳仕名),尚八公曾孙,太九公孙也。太九公幼子仁七公(讳景亨)以诖误遣戍,明洪武辛未没于京师,子一,辉十四公年尚幼,依母杨氏。旧谱载,氏贤能,携子扶榇归,即母家清平岭下居焉。生六子:瑜、瑋、瑮、玘、玚、瑶,遂为巨族,即今上六房。

# 五年派

**(七世伯八公次子文三公后裔)**

## 南门迁丰江(本邑南五十里,二十三都)

十一世南门序五公(讳魁,字景华),伯八公元孙,文三公曾孙也。文三公(讳文侃,字普渊,任教授),子二,长元三(讳德润,字元玉,任市買司提辖),元三子三,次尚六(讳浦,字达夫),尚六子二,次序五公迁丰江,生三子:圣安、圣德、圣音。

**注:元三公幼子尚七公(讳涣,字萃夫),迁山荫。圣安公子四,次天与。天与子五,次应槐。应槐子六,长镐。镐子一正。正子四,长恭。恭子五,长大儒。大儒子五,长守常公徙鹳鸟巢下。**

大儒公次子守元公、幼子守度公皆徙坑塘下。

正公三子信。信子四,长大用。大用子四,三守国。守国子五,四思大公任昆山守备,住吴淞,子三,幼徙浦邑八十四轮。

应槐公次子琛。琛子四,三英。英子四,次铜。铜子一,大光公徙上牌头。

圣音公子二,长普胜。普胜子三,长恢十八。恢十八子四,长田。田子三,次义公迁东阳。

其外,邵家泉、湖塘沿、吴村埠、里家坞、横山脚、蒲岱岭脚、大路塘顶、湖地、大分西河、安华、董公峧皆自丰江转徙。

# 十年派

（七世伯九公后裔）

## 南门迁周家湖（萧山）

第八世南门文五公（讳文乔，字继高），伯九公（号梅轩）长子也。生三子：元二（讳敦）、元八（讳厚）、元十（讳朴），以萧与暨接壤，因即湖旁居之，持家保世，族日以蕃，邑人遂号其地曰周家湖。

注：元十公元孙本忠公迁桥头。

## 南门迁塘头（本邑南门外里许，俗称荷花塘头）

十二世南门务公（字本立，行员十四），伯九公六世孙也。伯九公次子文六（讳文郁，字继周、仕提举），元六（讳茂森，字修盛七世后无传），元九（讳茂林，字修竹），元九子二，长兴六（讳淇，字希谨）。兴六生贞（字仲详，行福十七）贞子二，长务公与弟玉公迁塘头。

注：务公子一华。华子六，次钦。钦子七，五澜公徙洋湖。

华公幼子镡公与钦公六子皆徙廿一都凤凰山下。

## 南门迁周桥（山阴十都梅市乡，距府城西北三十里）

第十世南门兴七公（讳澳，字希卫，号楮斋），伯九公曾孙也。元九公次子，兴七公元至元中，由贡举补藩令史，以诖误谪山荫白洋巡检司，白洋故与旌善乡温渎村迩，有俞公一诚，女长未字，尝梦一伟男子足刺文，自远至或指之曰："若夫也！"一日公道其乡，坐桥上，坦其股，一诚见之曰："是吾女匹也！"盖公初病足环其疾而针之，灼以艾，斑斑成纹云，赘俞，遂家温渎，舍旁有桥，初名睦嗣，此而桥之南、桥之东西，环桥皆周人，遂呼为周家桥云。

## 南门迁吴江（江南苏州府属县）

十一世南门德公（字俊德，行寿一），伯九公元孙，兴七公长子也。兴七公未赘温渎前配胡氏，生德公，客吴江，赘张氏，生一子，开族烂溪。六传至明成、弘间恭肃公用，官吏部尚书，启、祯间，忠毅公建官御史，后裔最盛。

## 周桥迁桥东（即周桥之东偏）

十一世周桥完一公，兴七公长子也。兴七公赘俞氏生子三：完一、完二、完三早世。完一公赘马氏，生四子：文奇、文惠、文原、文成。分居桥东遂成巨族。

## 桥东迁九眼（山阴）

十三世桥东叔玙公（号宝玉），兴七公曾孙也。完一公长子文奇（号松轩）子六，五叔玙公生四子：埻、墙、域、埒。明洪武初俱迁九眼。

注：文奇公子六，长叔埛，坐法戍辽阳；次叔时（号天行）生四子：用拙、用讷、用溥、用初迁许

墅;三叔珉(号璞庵)生三子:用愚、用默、用玉仍居桥东;四叔昱(号子明)生二子:用珪、用瑾迁梅山;六叔贤(号子德)生二子:道肃、道冕迁江墅。

## 桥东迁后马(山阴三十三都旌善乡周嘉里)

十三世桥东茂公(字叔芳,号茂庵),兴七公曾孙也。完一公次子文惠(号竹轩)子三,长茂公,生四子:璇(号敬庵)、端(号介庵)、嵩(号裕庵)、舜(号爱竹),洪武中迁后马。

注:后马即瓜田,地以形名,马万户尝家焉,卜其宅后居之,故称后马。

## 桥东迁上午(山阴)

十三世桥东莘公(字叔渊,号乐耕),兴七公曾孙也。文惠公次子莘公生五子:毕、文、志、信、广。明洪武中迁上午。

## 周桥迁张川(距周桥北里许)

十三世周桥达公(字宗达,号居安),兴七公曾孙也。完二公子二,长文益。文益子四,三达公,明永乐初,赘周嘉里张溇村胡氏,生四子:贵(字尚恩,号桂齐)、华(字尚文,号慎庵)、才满(字尚谦,号淡庵),因卜居焉。

## 张川迁前梅(山阴西五十里,三十六都,禹会乡嘉德里)

十四世张川才公(字尚能,号静学),兴七公元孙也。达公子七,三才公,明宣德间,赘前梅里高公宗浙女,生五子:廷瑞(明成化甲午举人)、廷仪、廷茂、廷举、廷泽。即其里构宅居之。三传一乳四贵,遂成越州著姓。考四贵廷泽生五子:长贞,弘治壬戌进士,仕检讨。次详,早世。三初,正德戊辰进士,仕南京刑部主事。四祚(宗祀名宦),正德辛巳进士,任广东右参政,累迁南京提督,操江右佥都御史。

## 张川迁安昌(山阴)

十四世张川江公(字完学),兴七公元孙也。达公第七子江公生三子:义、朴、琚迁安昌。

## 张川迁伧塘(会稽)

十四世张川慄公(字尚谨)、恕公(字尚意),兴七公元孙也,达公侧室樊氏生,二公俱迁伧塘。

注:恕公子二:麟、凤。麟公复居周桥。

注:伧塘今名长塘,今属上虞。

## 周桥迁萧山南门

十二世周桥文显公(字达甫),兴七公孙也。完二公幼子文显生一子:宗辅迁萧山南门。

### 南门迁来苏(萧山城南二十里)

第九世南门副公(行元十一,字元赞),伯九公孙也。伯九公幼子文七(讳文实,字继诚),子一副公,生二子:信、恭。元至正间以暨阳屡患兵燹,乃迁来苏,遂大其族。

注:副公长子信,子一纲公,生五子:墙、坦、垣、埭、坞,俱迁山阴沙里。

副公次子恭,子四,长纪。纪子二,幼堪公迁山阴周家渡。

其外,萧山之东周、西周,县前周皆文五、文七二公后裔,由周家湖、来苏转徙。

### 江大派

六世克贵公后裔,与四递年分派。江大,籍未贯于南门,故在四递年外,序又属乎季行,故列四递年后。

### 紫岩迁江大(本邑北二十里)

第七世紫岩伯十一公(讳雍,字端夫,以父荫官登仕郎),克贵公子伯八公从弟也。克贵致政归里隐居邑之泰北江大,子伯十一公生二子:文宠、文盛,遂定居焉。考文宠公子三,长选公,行太一,任淮阳盐运使。

以上五派共计三十五支,附录过之,俱据还梅公《周氏全谱》与四年、五年、十年及本谱(七年)考核,以世数之上下为纲,以迁居之都邑为目,以祖孙之绳继为领,而前后之次序,一以房分之长幼之序,格式似颇明晰,惜为时甚迫,塘头、江大两宗谱不及采读,其迁后转迁无从备录,续补之劳是所望于吾族之贤达而有志宗盟者。

### 道光甲申孟冬

绍兴 周靖七世孙周澳,号楮斋,担任元朝地方官府的掌管文书的官员,入赘山阴俞姓人家为馆甥 (女婿),于是占籍山阴(秦置县名,唐代并置会稽、山荫二县,1912 年二县合设绍兴县)。山阴(绍兴)之有周氏,实自楮斋公 (周澳)始,周澳是周氏迁绍兴的始祖。

绍兴周氏是中国近现代史上又一支重要的周姓家族。其对中国近现代历史的影响是至为巨大而深远的。在这一周氏家族中,涌现出许多著名人物,其中最杰出的当属一代伟人周恩来和鲁迅(原名周树人)、周作人、周建人 3 兄弟。周恩来属于绍兴周氏保佑桥分支,而鲁迅三兄弟则属于绍兴周氏覆盆桥分支。但这两支周氏家族却是同宗,套用中国的一句古话,他们“五百年前是一家”。

**(三)焘公其他支**

**1. 田东村周氏渊源**

周氏本姬姓,自文王至周公伯禽之后祚土岐周,食邑汝南,子孙为氏为郡,至周末有讳谔者,生五子:曰仁、曰义、曰礼、曰智、曰信。信生孝,孝生椿,椿生炽,炽生圮,圮生钏,钏生滑,滑生相,相生烑,烑生塾,塾生镶,镶生融,融生頵,頵生伯仁,□□□□,从远生智强,智强生辅成,辅成生敦颐,字茂叔,号濂溪。先生濂溪公生二子:长曰寿,次曰焘。焘公生二子:长曰溥,次曰渊。渊公任山阴县丞，致政东归，辙经浦东二十里灵泉乡，地名横溪。偕子讳谐契玩山水，心不忍舍遂居之。至三世孙讳燧，职任韩府保义。七世孙奎，授元·国子助教及冀州学正，法严道尊。士知所向者，彩也，江西巡按，风裁独持，不愧范傍者种也。八世孙宏师，博极众书，我朝太祖高皇帝异其才，累如不拜，赐号乐清处士。十世孙恭，知镇江府，事亲承太祖皇帝褒，云“廉士”，名重百僚，据是考之，簪绂蝉联，代不乏人，固皆历历可稽，且由本达支，因流溯源，有讳保者，迁通化乡。有讳臻者，迁兴贤乡，皆横溪所分派焉。予宾郑氏，家有史，讳楷，即重宁从母舅，持其《谱》以请予文，予不敢以不文辞，诗曰：“子子孙孙，弗替之继。”周氏后者，其宜慎诸。

缊(后改名渊)公，惇颐公孙，焘公幼子，排行悌十九，宋熙宁甲寅(1074)正月初一出生。宋迪公郎，任山阴县丞。后避乱乌伤(今义乌市)，归隐浦江十九都之横溪，改名渊，字伯源，号廷石。初移居处州(今丽水市)，后复迁横溪，偕妻黄氏及子谐同居。伯源公享年七十，于宋建炎(原文误，因建炎1126—1130期间无癸亥年，应为绍兴)癸亥(1143)十一月十二日卒，夫妻合葬家北一里石榔，有墓志，遂成横溪始祖。五传至臻，行万四，字善璋，继朱氏，生性至孝，不忍弃亲，携太祖尊颜，建宇阀阅，以勤岁月，敬礼云。始迁胜峰山下兴贤乡周宅村，因家焉。再传至十五世一儒公，始迁田东为祖。

**2. 长宁洄村周氏渊源**

长宁洄村周氏《渊源考》中的一受姓，周姓、一受氏，周氏、一受族，汝南族、营道族的内容基本同南门周氏的渊源考。

长宁洄村周氏万历《续修周氏宗谱序》中说：……我周本姬姓，自汉自唐，代有闻人。迨宋至忠亮公生西涯承叔、濂溪茂叔，而濂溪二子希文、希孟，时周举家贵盛，青紫联镳。文英大亨，靖康二年随驾寓武林，授萧山县教谕。生五子：长铨七府君，居萧山桃源；次铨十，解元，赘居暨阳之东郭门；三子铨十一府君，迁山荫周桥，即殷祖也；四子铨十二公讳天锡，居邑之南门丰江；五子铨十四府君，赘居义乌柘岭。其支派虽分，皆出自教谕公，为五大族也。……

## 第三节　兵公派渊源

周氏血脉传自黄帝，姓氏启于岐阳，远祖世居河南，汝南郡望，本姬姓。秦灭东周，封国不存，邕乃别姬为周，乃周姓之源也。传至汉代，周勃公从高祖定秦灭楚，灭诸吕战功尤伟，封绛侯右丞相，谥武侯，生二子。长胜之，次亚夫封绛拜将军，称细柳营任太尉至丞相，世代子孙繁衍。根深叶茂，源远流长。传至隋时，行暹公任雍州刺史，次子融公南下处州任知府。卜居括苍，此乃我族入浙之始也。融公之子兵公(594—655)，学识广博，于唐武德间(618—626)任东阳文学教谕。平时喜爱山水，慕邑南淮岩山水秀丽而卜居，后择吉地秀穴。与夫人吕氏，次子益公，次媳王氏，同厝淮岩而发祥。兵公生二子：进、益。益公生四子：虎、论、少、叫。徙居玉峰，虎公生二子：魏、旺；少公生四子：陈、造、广、迎。旺公生六子：轩、淳、圆、庆、训、睦，迁居临宅。迎公自玉峰迁居岘北发族。经数代迁徙，后裔分布东阳、诸暨、磐安、缙云、新昌、台州、嵊县等十多个县市。

**兵公世系图**

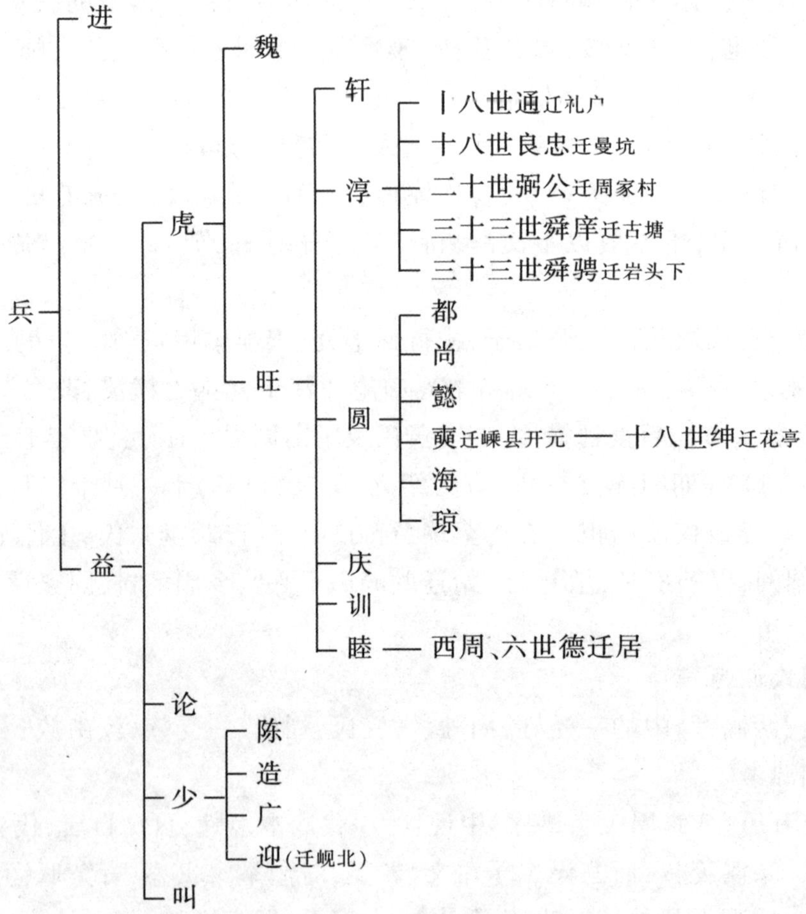


## 一、岭北周氏

### 汝南受姓源流叙

周氏之先，出于有熊国君少典也，少典之妃，附宝光大电，光绕北斗星而有娠，凡二十四月生黄帝于宛中，姓公孙，名轩辕。时神农氏为黄帝摄政，以干戈征不享，诸侯来宾，万民钦恤，制礼作乐，人文渐兴。正妃嫘祖生昌、意、元、嚣。嚣生侨、极，极生高辛氏，号帝喾，元妃姜嫄见巨人迹，践之身动，生弃，以为不详，弃之隘巷，牛马避，不践，徙山林会伐平林，迁之水上，鸟翼覆之，以为神，遂收之。长而兴于陶唐虞夏之间，而封于郃，号曰后稷，别姓姬氏。稷传不窟，不窟传鞠陶，鞠陶传公刘，公刘传庆节，庆节传皇仆，皇仆传差弗，差弗传毁逾，毁逾传公非，公非传高圉，高圉传亚圉，亚圉传公叔祖，公叔传古公亶父，古公生长子泰伯、次仲雍、次季历。季历娶太妊，生昌，有圣德，故古公传季历，因而传昌，是为文王。文王传发，是为武王，国号周。武王傅诵，是为成王。成王传钊，是为康王。康王传昭王瑕。昭王传穆王满。穆王传共王翳扈。共王传懿。懿王传共王弟孝王辟方。孝王传懿王太子夷王燮。夷王传厉王胡。厉王传宣王靖。宣王传幽王宫涅。幽王传平王宜臼。平王传林，是为桓王，次子绍阳，封于汝南，三子继阳迁于河南汝州，生秦公、楚公、晋公。晋公生益。益生佑、佐。佐生醮。醮生尹公、历公、奇公、格公。尹公生孟性公，名修。孟性公生喜宁，封五灵侯，生大平、大安。大安生肃王，名秀仁，封河南府统兵、镇国平章，生林明王，神武智略，冠于当时，袭父职镇国将军，生简公。简公生燕国公，名显。景王命伐燕，以功封于燕国，生楚成公、惠公、献公。献公生孝公。孝公生文禹。文禹生武德。武德生道熙，世袭燕爵，生新兴。新兴生宜。周烈王二年，命伐辽而封于辽，生九子，号九龙，各封郡土。辽王长子名鲁川，生梁升。梁升生勃，汉文帝拜为丞相，生三子，胜之、亚夫、坚。坚为平曲王少傅，子建德为太师太傅。亚夫汉景帝拜为太尉，生昌安、昌康、昌宁。昌宁生世杰、世定。世定生存仁、存信。存信生善祐。善祐生大英。大英生克温、克良、克恭、克俭。克良生河、傅、佺。佺生城、堪。堪于汉宣帝时，为光禄大夫，受遗诏辅政，领尚书事，生宣光。宣光生延祖、延年、延福、延寿。延寿生守真、守晟。守晟生文助。文助生武光、武方、武正。武正生纡，纡于章帝时，为雒阳令，生启方。启方生燮、陈忠以燮学行深纯，荐于安帝，币聘不往，隐居汝宁府城东南东岗之坡，，生举、康。举于顺帝时，为尚书谏议大夫。康生三子，祯、福、详。福，字仲进，汉桓帝以曾受学于福及即门，擢为尚书，生宙。宙生三子，瑜、圭、理。瑜仕吴为都督。理生仁翌、仁端。仁端，讳鲂，生雄、哲、处。处，字子稳，晋武帝时，为御史中丞，惠帝永嘉六年，诏建威将军讨齐万年，尽忠死节，生玘、靖。玘，字宣佩，从陈敏定江南，封乌程侯，其子协嗣为乌程郡公。靖生懋、延、赞、缙。延为吴兴内史，赞为大将军从侍郎，封武康县侯。缙都太子文学，封乡亭侯。懋为晋陵太守，封清亭侯，生俊。俊，字开林，仕安东将军，平吴，封武成侯，移镇秣陵，迁侍中，生凯、嵩、谟。嵩生闽，嗣位武成侯，生琳凯，字伯仁，晋元帝时，吏部尚书迁太仆射，生鑑、镕、铨、钊。镕生叔冀、叔进。叔冀生虎、铨生然、达。然生豹。达生彪。彪生升。升生敏、毓。敏生景睿。景睿生祖经、祖继。祖继生宗晏。宗晏生希绍。希绍生辉。辉生颐安、颐和、颐华。颐和生思宁。思宁生试完、试兴。试兴生仕惠、仕忠、仕恕、仕志。仕惠生元启、元方、元甫。元甫生子谅、子谋、子证。子证生翔、翱、翻。翱生墉。墉生显。显生冕、晃、旻。晃生墀。墀生涛。涛生燧。燧仕处州知事，辄居括苍盘溪，生三子，谊、谆、谨。谆生康宁。康宁生光平、光定、光宏。光平生行遇。光定生行达。光宏生行道、行暹。行暹生翮、融。融生兵，是为一世祖也，兵于唐初，任东阳教谕，娶陈氏、李氏生进、益。益娶林氏，生四子，虎、论、少、叫，迁玉峰，虎生魏、旺。旺迁居临宅。少生陈、造、广、迎。迎迁居岘山之北。旺生轩、淳、圆、庆、训、睦。淳生兑、晓。圆生都、尚、懿、奭、海、琼。奭迁居嵊县开元。尚生谊朋、谊胜。谊朋迁居槎溪，谊胜居祖处。呜呼，周氏世系，历历相承，有如水出一源，木同一干，瓜瓞绵绵，其先德可谓明矣！古者，姓氏未定，至文武分封姓氏，较然明著，自秦汉以来而又紊，幸而士君子有谱谍以纪世系，而舛论厘正各居其半，及晋魏以来，而又是非莫辨。唐兴，始命儒臣参考史传，作氏族、置姓氏，唐季复废，至大宋，功臣儒习知其故，遂奋而证之，故欧阳子之谱法，倡于南邦，苏洵氏父子之作，起于西陕。然欧、苏二子相与维持，其为后人虑者至矣！吾乡周氏楷序先世名行支派，不胜详明，征予文以冠其首，予故不得辞也，乃为之序。

时淳熙甲午(1174)仲秋之吉

大中大夫秘书丞同邑孙德之拜撰

## 二、溪西周氏

溪西周氏自周平王始至第81世兵公(唐初自括苍盘溪典教东阳卜居淮岩)的渊源同岭北周氏(详见岭北汝南受姓源流叙)。兵公娶吕氏,生二子:进、益。益配王氏,生四子:虎、论、少、叫。虎生二子:魏、旺。旺迁居玉峰榠楂墺,生六子:轩、淳、圆、庆、训、睦。淳生三子:兑、晓、渥。渥生三子:道之、维之、奶之。道子生四子:伸、兢、势、紫。伸生三子:遘、勉、宽。遘生三子:文耸、文助、文孚。文孚生二子:居广、居正。居正生二子:予乐、予华。予华生二子:殷善、殷实。殷实生二子:存音、存祥。存祥生二子:宗厚、世修。世修(行千四十五)生一子:惟容(行万十五,武义大夫)。惟容生一子:师锐(行庆二十七,字仪父,号敏斋。登宋嘉定元年戊辰科状元,授英德府归班,世居东阳之玉峰,为暨阳溪西始祖。)。师锐生二子:余孙、华生。余孙生二子:埜老、坦老。埜老(行衍二十三,以恩监海宁镇。),埜老生一子:弼。弼〔行英十三,字允忠,号继斋,仕国子学监,宋咸淳间(1265—1274)居暨阳溪西,以为始迁之祖〕。弼生三子:国卿(行贵一,复迁居东阳)、国佐(行贵二,住余姚周行)、国相〔行贵三,字尽心,号慕廷,仕至师门,生宋咸淳庚午(1270),卒元至治癸亥(1323)〕。国相生一子:学秀。学秀生二子:阳(行南六,字子元,号道山。)、阴(行南八,字子山,号碧山。)

## 三、花亭周氏

周本姬姓,太王邑于周,孙子以国为氏。至平王之庶子继阳,受封于汝南,历四世孙曰昭公,讳佳祈,生尹公,封章州节度使。尹公生修,修生喜宁,喜宁生五子,封五零侯,次子太安秀仁,周零王封河南统兵镇国平章谥肃王。肃王生八子,四子袭勋为林明王。林明王生简公,简公生昱,王命伐燕,封燕国公至九世孙曰宜威,烈王命伐辽,封辽王,生九子,封九州职事。辽王次子鲁川生梁升,梁升生勃,汉帝太尉。太尉生亚夫,景帝封平章统兵元帅,至九世隐而不仕。三国时吴王之将曰瑜,字公瑾,生翊(编者注:《中华姓氏通史·周姓》记载:周瑜生二子:循、胤),翊生处,字子隐,除三害归晋,为御史中丞。生三子曰已(编者注:《中华姓氏通史·周姓》上记载是玘),曰靖,曰机(编者注:《中华姓氏通史·周姓》上记载是札)。已生勰。靖生懋、逢、赞、缙,皆封侯。懋生俊,封安东将军,生二子曰凯,曰嵩。凯,字伯仁,生五子:熔、铃、铿、钊、铨,徙居汝南安城。铨之十五世讳子谅,唐宗朝任监察御史,生三子翔、翱、翻。翱生庸,庸之孙曰墀,宣宗时任同平章事。生涛 ,涛生四子,第三子燧,咸通四年除处州府知事,生三子:谊、谆、诚,遂居于括苍。谆生康宁,康宁生光平、光定、光弘。光定生行逢,后周太祖广顺间(951—954)除湖南道州刺史(至九世孙名敦颐,字茂叔,号濂溪,仕广东转运判,官知南康军,就隐居南康莲花峰下);光弘生行道、行逻。行逻显德间举处州府教授,生二子:曰翮,曰融。融生二子:曰兴、曰兵,字处仁,开宝间任东阳县教职,生二子:曰进、曰益,就居于隅。益生四子:虎、论、少、叫。虎生二子曰魏、曰旺。旺徙居东阳之玉峰。生六子:轩、淳、圆、庆、训、睦。圆生五子:都、尚、懿 奭、海。尚居搓横岩。奭,字仁普,吾高祖也。景祐中就别居嵊之开元乡。奭生三子:谊嘉、谊正、谊全。谊嘉,字文美,生二子:中理、中和。中和,字思温,生一子濬。濬,字晓深,生二子:瑗、瑶。瑗,字蕴良,生一子宗,宗生三子：德进、德修、德明。德修，字永言，生一子峻，字景威，生七子：仪、侃、傅、傑、俊、仕、伟。傑，字仲豪，生四子：彻、敬、敏、经。敏，字中肃，生理、咯。理，字常义，生二子：士弘、士圭。士弘，字叔启郎，生二子：缙、绅。绅，行泰二，字子贵，号信公、振书，于元至元二十六年(1289)迁暨阳花亭周坞。

## 第四节　其他派渊源

### 同山周都周氏源流

兹系晋御史中丞处公之后，处父鲂，世居阳羡(今江苏省宜兴市)，举孝廉，历鄱阳太守。公少孤而勇，不修细行，后励志力学，事见史传，至今脍炙人口。长子玘，封乌程(今湖州市吴兴区以及南浔区的一部分地区)侯；次靖，为郎；次札，漳浦亭侯，一门荣贵，当世罕匹。处公子孙为都乡侯，徙歙州(今安徽省徽州市)。五世孙子衡，为浙运提举，迁睦州(也称严州，今建德市、淳安县和桐庐县)。六世孙诣，为秘书学士。迁三衢(今衢州市)。八世孙嵩，为御史中丞，徙处州(今丽水市)。十世孙继书公，为黄门侍郎，迁福州。十一世孙九赏公，为卢州太守，居广信，青拜枢密使，徙婺州(今金华市)。……

〔以上录自至正戊子年(1348)同山周都周氏宗谱序〕

# 第二章　枝繁叶茂

诸暨有160余个周氏村落，宗谱中分别载有周敦颐像、诗文、年表、封赐、世系等与周敦颐有关的内容，都认为自己是周敦颐的后裔。

周敦颐声名显赫，其源头还要从道州周氏说起。道州，地名，汉属零陵郡境内，三国孙吴时分零陵郡置营阳郡，南朝梁时改为永阳郡，隋并其地为永州，唐贞观年间改为道州，在今湖南省道县。

道州周氏本出自汝南周氏，唐代宗永泰(765—766)年间，汝南周氏有周崇昌仕至廉州(今广西合浦)刺史，后徙居道州宁远(今湖南宁远县)。后来其裔孙周从远迁居到营道濂溪(在今湖南道县)。周从远子周智强。周智强有五子，其中第四子周辅成是宋真宗大中祥符八年(1015)进士，官至桂岭令。周辅成有三子，第二子周敦颐。周敦颐字茂叔，本名周敦实，为避英宗"宗实"之讳，改名为周敦颐。宋真宗天禧元年(1017)生于道州营道濂溪，宋神宗熙宁六年(1073)病逝，享年五十七岁，与其母及二妻同葬于江西德化县清泉社三起山（今九江市庐山区莲花镇之栗树岭)。生二子：寿、焘。诸暨周氏历代来继承了去江西九江祭扫濂溪公墓的传统。

村落(村庄)，作为集人类生活、生产、繁衍的聚居区，是文明的载体，是人民自古传承的家园。这一历经上千年甚至更长时间的古村庄，时至今日，名称虽多有变更或改动，但大部原貌尚存。遍览诸暨大地这一大批历史岁月留存下来的周氏古村(庄)名，都是一个传奇，它们承载着极其丰富的历史记忆，人文生态和社会发展轨迹。透过这一灿烂如晨星般的古村(庄)名，追溯这些名称的由来，历史逝去的一页，又如同电影画面般，一一从人们眼前掠过。那一屋一厅，一楼一阁，一路一巷，一砖一瓦，一石一木，一檐一角，一柱一础，一楹一联，一画一字，一渠一井，一窗一棂……，无不是村民表达心愿的灵活字符，人们仿佛又能看到，时空变幻的这一方土地，晨露夕阳，秋霜冬雪，内中周氏的人和事，将会更为清晰地向我们走来。

## 第一节　聚居村落分布

### 一、居住区域

据2001年3月《诸暨姓氏录》和2015年诸暨市濂溪文化研究会对周氏村落调查统计，诸暨市有160余个周氏村庄，分布在25个乡镇：

**(一)暨阳街道(8)**

三踏步(溪坑里、高道地)、大石头、凤山、九江庙、下七年 、城南新村(钱家)、郦村、桥下周

**(二)陶朱街道(1)**

廿四门廊

**(三)浣东街道(2)**

火烧吴、湖卜坞

**(四)店口镇(6)**

琴坞、下畈、西何(周家)、湖西、小山坞、郑应(应家滩)

**(五)阮市镇(3)**

花园、乾溪坞、董公

**(六)应店街镇(4)**

丰周(周家桥)、周家、寨头、扎箕坞、丰周(丰坞)

**(七)江藻镇(3)**

周家埠、山后(周家)、杜月坞

**(八)山下湖镇(2)**

泌湖村(大宣、下宣、埂头)、石家弄

**(九)枫桥镇(3)**

洄村、大溪、蟠龙窠

**(十)东和乡(8)**

梅店、闹桥、施坞、大林、杜家坞、杜坑、八字桥、尚典

**(十一)马剑镇(3)**

仁头、田东、石门

**(十二)五泄镇(10)**

藏绿、溪右埂弄口、霞庄、后泄、前庄畈、塘头、泄下(野鸭塘、黄包坞、石山下)、泄溪、横头店、张家坪

**(十三)草塔镇(8)**

梅山、张义坞、郑坞、陡坞、曹岭脚、五泉庵、后塘下、丁家坞

**(十四)牌头镇(19)**

坑塘下、杨曙霞(杨柳堰)、霞岭脚、溪北、后充岭、珠村(磨石坞)、梅花潭头、山下周、拜曲、马家弄(七间头)、椒山坞、上牌头新屋下、鹳鸟窠下、溪口尖山、下牌头周家、篁蒲、长潭街、金坑、贾桥

**(十五)王家井镇(7)**

王家井、洋湖(周家)、砚石埠、千秋桥、新旭村周家、宜联村周家、箬山下

**(十六)同山镇(2)**

周都、宅基(志高坞)

**(十七)安华镇(21)**

丰江周、绍佳泉、江水沿、湖塘沿、安华村、王店村、景佳坞、双峰、新州、张家坞(风穆)、五指山、方家坞、杨茂岭、周家村、黄藤市、崇新庵、王家塘沿、杨宅、上新宅、河汉 王店

**(十八)街亭镇(2)**

周村、毛家塘

**(十九)岭北镇(22)**

岭北周、新阳、潘宅、曼坑、下田坊、礼户、下新屋、稳草、大岭头 梅坞口、盛庄、前山坞、高台门、桐坑、西周、塘岭、三洲、古塘畈、水带、坞底、茶山、孚家湖

**(二十)浬浦镇(6)**

上周坞、白杜坞、大兼溪、小兼溪、吾家坞、五美(徐岸)

**(二十一)陈宅镇(3)**

周宅、吴宅、岩头下

**(二十二)东白湖镇(5)**

钱家庄、张家湾、飞龙岗、吴家庄、王坑

**(二十三)大唐镇(2)**

冯村周家、戚家市

**(二十四)璜山镇(5)**

方园(桥下村)、泄阳、杨宅、上塘前、黄家墓

**(二十五)次坞镇(2)**

珠稼坞、庙前

## 二、源流分布

### (一) 濂溪后裔

**1.寿公后裔(19)**

五泄镇(9) 藏绿、泄下(黄包坞、石山下)、霞庄、塘头、后泄、前庄畈马鞍山、泄溪、横头店、溪右埂弄口

草塔镇(2) 曹岭脚、五泉庵、

暨阳街道(1) 郦村

次坞镇(1) 珠稼坞

应店镇(3) 扎箕坞、丰周(丰坞)、寨头

大唐镇(2) 冯村、戚家市

枫桥镇(1) 蟠龙岗

**2.焘(靖)公后裔(89)**

(1)南门四年派(29)

牌头镇(12) 杨曙霞、长潭街、梅溪、拜曲、珠村、后充岭、篁蒲、马家弄(七间头)、下牌头、马廊步、金坑、贾桥

安华镇(3)　新州、景佳坞、河汉

草塔镇(5)　梅山、张义坞、陡坞、丁家坞、后塘下

暨阳街道(2)　三踏步、大石头

店口镇(1)　湖西

应店街镇(1)　丰周(周家桥)周家

五泄镇(2)　仁头、张家坪

陈宅镇(1)　周宅

王家井(2)　千秋桥、箬山下

**(2)南门五年派(21)**

牌头镇(8)　溪北、椒山坞、新屋下、鹳鸟窠下、溪口尖山、山下周、坑塘下、长潭新庄

安华镇(6)　丰江周、江水沿、湖塘沿、绍佳泉、双峰、安华

店口镇(1)　西何(周家)

阮市镇(1)　董公

暨阳街道(1)　凤山(1958年建造安华水库整体从吴村埠头迁入)

草塔镇(1)　下汪

同山镇(1)　宅基(志高坞)

江藻镇(1)　山后(周家)

次坞镇(1)　庙前

**(3)南门七年派(16)**

安华镇(10)　五指山、崇新庵、黄藤市、方家坞、张家坞(风穆)、上新宅、王家塘沿、杨茂岭、杨宅、王店

街亭镇(1)　周村

璜山镇(1)　方园(桥下村)

暨阳街道(1)　下七年

同山镇(2)　里江前、外江前(1958年建造安华水库散迁各地)

王家井(1)　宜联村周家

**(4)南门十年派(14)**

暨阳街道(3)　荷花塘顶(高道地、溪坑里)、城南新村(钱家)、桥下周

浣东街道(1)　湖卜坞

王家井镇(3)　洋湖(周家)、砚石埠、新旭村周家

店口镇(3)　小山坞、琴坞、郑应(应家滩)

草塔镇(1)　郑坞

马剑镇(1)　石门

山下湖镇(1)　石家弄

东白湖镇(1)　浬浦溪水口(今属五美村)

**(5)江大派(2)**

暨阳街道(1) 九江庙
陶朱街道(1) 廿四门廊

**(6)紫岩派(4)**

江藻镇(1) 周家埠
阮市镇(2) 乾溪坞、花园
店口镇(1) 下畈

**(7)其他派(3)**

①蕴公派(1)
马剑镇(1) 田东
②洄溪派(2)
枫桥镇(1) 洄溪
山下湖镇(1) 泌湖村(大宣、下宣、埂头)

**(二)兵公后裔(50)**

**1.迎公周氏(19)**

岭北镇(17) 岭北周、新阳、潘宅、三洲、下田坊、塘岭、下新屋、桐坑、大岭头、盛庄、前山坞、高台门、茶山、坞底、孚家湖、梅坞口、水带
璜山镇(2) 杨宅、泄阳

**2.虎公周氏(36)**

**(1)绅公周氏(23)**

东和乡(8) 梅店、闹桥、施坞、大林、杜家坞、杜坑、八字桥、尚典
里浦镇(6) 上周坞、白杜坞、大兼溪、小兼溪、吾家坞、五美(徐岸)
东白湖镇(5) 钱家庄、张家湾、飞龙岗、吴家庄、王坑
浣东街道(1) 火烧吴
枫桥镇(1) 大溪
王家井镇(1) 王家井周村
街亭镇(1) 毛家塘

**(2)通公周氏(5)**

岭北镇(5) 礼户、梅坞口、稳草、盛庄、大岭头

**(3)子美公周氏(1)**

岭北镇 西周

**(4)舜痒公周氏(1)**

岭北镇 古塘畈

**(5)良忠公周氏(4)**

岭北镇(3) 曼坑、水带、潘宅
陈宅镇(1) 吴宅

**(6)仲芳公周氏(1)**

陈宅镇　岩头下

(7)师锐公周氏(1)

安华镇　周家村

注:水带、潘宅、大岭头、盛庄、梅坞口五个村中既有少公后裔,又有虎公后裔,在统计村总数时只能算1个。

(三)其他派周氏(5)

牌头镇(1)　霞岭脚

璜山镇(1)　黄家墓

同山镇(1)　周都

江藻镇(1)　杜月坞

王家井镇(1)　桥下周

## 第二节　濂溪公派村落

### 一、寿公子伯逵后裔(藏绿周氏)

寿,行百一,字季老,号元翁。生于宋嘉祐二年丁酉(1057)六月十九日巳时。初以父荫补太庙斋郎,登元丰五年(1082)黄裳榜进士第,秀州知县,授太庙斋郎,终司封郎中。娶郑氏,恭人,生六子:伯逵、虞仲、叔夏、季友、季仲、季次。迁居诸暨的主要是长子伯逵公的后裔。

#### (一)藏绿村周氏

据《诸暨地名志》载:"明末,周氏从余姚迁入,其地名'上六'。清乾隆年间,改为藏绿,因此地是五泄第一峰,在高山之中,清朝周氏诗人杨有庆(应是周桐)游五泄时,有'出山仍在万山里,家住溪头第一峰'之句。长弄堂门口有'藏绿山庄'四字,故名为藏绿"。据考证,藏绿之名实应早于乾隆年间,据传说此地原名上六坞,又名藏龙坞,而周氏原姚江祖居地浒山,音近虎山,至今慈溪当地仍称虎屿,连起来就是藏龙虎山,意近藏龙卧虎,祖宗以为过于张扬,才改称藏绿。查《藏绿周氏宗谱》,康熙甲子(1684)年修谱时还未称藏绿,而到康熙癸酉(1693)年修谱时宗谱已称《藏绿周氏宗谱》,按此推算,藏绿村名正式命名确切时间应在1684年—1693年之间。如断代于康熙癸酉年(1693),至今已300余年。藏绿村位于诸暨县城西面,距城15公里。距镇政府驻地1公里,属十四都行政村,主姓周。2002年底统计,全村有386户,1034人,耕地623亩,山地1834亩,村宅聚落呈带状形。东邻狮象,南接前庄坂,西隔山与前杨相连,北靠后山。

藏绿村周氏系宋理学家周敦颐的后裔。《藏绿周氏宗谱》尊敦颐十七世孙逊公为始祖。逊,行荣四,字子让,任婺州吏目,世居姚江云歌乡八都梅川里,卒葬浒山所北门外,配金氏,生二子:祯、祥。祯,行华八,字茂吉,配殷氏。祥,行华九,字永昌,任黟县儒学教谕,配方氏,生一子聪。传至八世孙(敦颐二十四世)廷琮(清三公)、廷玠(清五公)堂兄弟俩人,于明正德十五年(1520),为谋生计,从姚江(今慈溪)徙居诸暨藏绿、平塔头。廷琮(清三公)为藏绿始祖,廷玠(清五公)为平塔头始祖。自此支分二派,但谱同一族。

**知名人物:**

(一)

周梦彪(1689—1768),行能三百三十二,字素文,号睦堂,清邑庠生,贡生,诰赠朝议大夫(从四品),户部山东司员外郎加二级。

周殿忠(1717—1803),行英四百三十五,字进思,号醇庵。清乾隆二十一年(1756)捐赈议叙贡生,覃恩貤赠文林郎(正七品),四川叙州府南溪县知县。

周殿禄(1730—1794),行英四百八十七,字尹庆,号一堂。清庠贡生。诰赠朝议大夫(从四品),户部山东司员外郎加二级。

周源瀛(1744—1813),行圣四百七十,字环九,号伯厚,清邑庠贡生。清嘉庆壬戌(1802)捐赈议叙主簿,覃恩敕赠文林郎(正七品),四川叙州府南溪县知县加三级。

周源澄(1744—1763),行圣四百七十三,字星源,貤赠修职郎(正八品),浦江县学教谕。

周源涧(1750—1833),行圣五百四十六,字华亭,号晓岩,清邑庠生。例授[①]州同知。清嘉庆十年(1805)议叙加一级,例授承德郎(正六品)。

周源冲(1750—1823),行圣五百五十二,字万宗,号遂庵,清郡庠贡生。覃恩貤封修职郎,山东蒲台县批验所盐大使。覃恩敕赠文林郎(正七品),直隶南宫县知县加一级。覃恩貤赠儒林郎(从六品),翰林院编修加一级。覃恩晋赠奉政大夫(正五品),掌河南道监察御史加二级。晋赠中宪大夫(正四品),湖北黄州府知府加二级。

周源滨(1754—1826),行圣五百九十九,字南苹,号南坪,清贡生。貤赠文林郎(正七品)。敕赠承德郎(正六品)候选州同知加一级。覃恩貤赠朝议大夫(从四品),运同衔直隶顺天府三河县知县补用同知加一级。覃恩貤赠通奉大夫(从二品),同知衔福建侯官县知县加五级。

周源淋(1757—1804.5.7),行圣六百一十六,字沃斋,号鲁庵。邑庠贡生。捐授主事签分户部,擢山东司兼管山西司员外郎加三级,诰授朝议大夫(从四品)。著有《易外偶记》《光绪诸暨县志·人物志·列传》卷33第12页)。

周源澍(1765—1823),行圣六百七十六,学名祖濂,号云溪,邑庠生,候选州同知,嘉庆七年(1802)捐赈议叙纪录二次。貤赠文林郎(正七品),直隶南宫县知县。诰赠奉直大夫(从五品)候选知州。晋赠通奉大夫(从二品)山西候补知府加四级。

周春溶(1766—1827),行淳三百五十九,原名梅,字雪园,号巳村。清乾隆乙卯(1795)科优贡生,充觉罗正黄旗教习,四川叙州府南溪县知县加三级,历署平武、资阳、荣昌县事,拣发甘肃候补知县,委署宁夏府平罗县事。覃恩敕授文林郎(正七品)。著《蚕桑宝要》,刻以行世"(《光绪诸暨县志·人物志·列传》卷33第12页)。

① 例授:或作循赠。清制封典,朝廷按照定例授予官爵:授给本身者为例授;因推恩而授给本人曾祖父母、祖父母、父母及妻之存者为例封,其殁者为例赠。参阅《清会典·吏部·验封清吏司》。

周　梁(1768—1859),行淳三百九十六,字韩望,号朴园。清太学生。例授州同知(正五品)。咸丰时旌'五世同堂',十四都藏绿坞,候选州同。(《光绪诸暨县志·灾异志·人瑞》卷18第17页)。

周　桐(1770—1824),行淳四百三十五,字圭封,号泄庄,清嘉庆戊午(1798)科优贡生。嘉庆丁卯(1807)科副贡生,镶黄旗教习即用知县,例授文林郎(正七品)。貤赠奉直大夫(从五品),直隶候补知州。覃恩晋赠通奉大夫(从二品),保举运同衔加四级,顺天霸州知州。

周用章(1770—1831),行淳四百三十九,原名汉佐,号倬堂,清太学生。充国史馆供事议叙选湖南郴州兴宁县典史。

周　棠(1771—1794),行淳四百六十六,字芾园,清邑庠生。覃恩貤赠文林郎(正七品),嘉兴府学教授。

周　槐(1773—1796),行淳四百九十五,字清午,号位三,清太学生。清咸丰癸丑(1853)捐赈议叙九品,例赠登仕郎。敕赐"乐善好施"匾额。

周　森(1773—1850),行淳五百三十四,字戊尧,又字葱若,号忏庵,清廪贡生。历署浦江、龙游县学教谕,嘉庆庚午科举人,拣选知县,例授文林郎(正七品)。

周　橹(1774—1846),行淳五百三十八,字倚仁,号叶舟,清太学生。充实录馆誊录,原任四川龙安府平武县分驻青川县丞加一级,敕授征仕郎(从七品)。

周　果(1775—1828),行淳五百四十八,学名茂莲,字贞木,号灵川,清附监生。充实录馆誊录,议叙盐场大使,原任山东蒲台县批验所盐场大使,前署信阳盐场大使保荐卓异,升任知县,敕授修职郎,例授文林郎(正七品)。

周　棣(1775—1825),行淳五百五十三,字韡树,号豫堂,清附监生。充实录馆誊录,议叙盐场大使,分发四川署富顺县邓井关县丞豫东事,例捐升知县,分发福建,历署松溪沙县知县,敕授文林郎(正七品)。

周世杰(1776—1828),行淳五百八十二,字卓君,号竹君,又号寄村。清郡庠生。覃恩诰赠奉直大夫(从五品),工部屯田司主事加一级。覃恩晋赠中宪大夫(正四品)工部屯田司主事加五级。

周　檀(1778—1828),行淳六百零五,字左先,号乐园。清邑庠增广生,道光壬午科举人,拣选知县。例授文林郎(正七品)。

周　权(1778—1808),行淳六百一十四,字衡之,号泄樵。清太学生,覃恩貤赠中宪大夫(正四品),掌广西道监察御史加四级。

周　栗(1780—1832),行淳六百四十七,字曹献,号改亭。清邑庠增贡生。覃恩貤赠朝议大夫(从四品)运同衔,原任顺天府霸州知州。

周　本(1781—1819),行淳六百六十二,字笠耔,号春轩。清邑庠生。貤赠文林郎(正七品)。覃恩貤赠朝议大夫(从四品)运同衔,直隶顺天府三河县知县补用同知加一级。覃恩诰赠通奉大夫(从二品)同知衔,福建侯官县知县加五级。

周　栻(1783—1861),行淳七百一十一,字敬之,号小莲,又号未庵。嘉庆庚午(1810)科举人,道光丙戌(1826)科进士。即用知县签分直隶,历任天津、南宫、玉田等县知县,兼治理冀州直隶州知州,改授嘉兴府学教授。敕授文林郎(正七品)。貤赠资政大夫(正二品)赏戴花翎,直隶委用道二品衔加一级,诰赠荣禄大夫(从一品)。

周　榛(1784—1832),行淳七百二十四,字楚琴,又字初晴,号毅庵。清太学生。议叙从九品。例授登仕佐郎。覃恩貤赠朝议大夫(从四品),掌河南道监察御史加二级。

周　植(1785—1834),行淳七百三十五,字培因,号抱云。清邑庠廪膳生,覃恩貤赠奉直大夫(从五品),工部屯田司主事加一级。

周　樱(1786—？),行淳七百五十,貤赠文林郎(正七品),光禄寺典簿。

周　杲(1787—1829),行淳七百五十六,字季升,又字寄生,号蟫史。清邑庠廪膳生,嘉庆癸酉(1813)科经魁,道光丙戌(1826)科大挑二等,选授湖州长兴县学教谕,敕授修职郎(正八品),覃恩敕赠儒林郎(从六品),翰林院编修加一级,覃恩诰赠奉政大夫(正五品)掌河南道监察御史加一级,覃恩诰赠朝议大夫(从四品)掌河南道监察御史加二级,覃恩晋赠中宪大夫(正四品)掌广西道监察御史加四级,覃恩晋赠中议大夫(从三品)湖北黄州府知府加二级。

周　椿(1789—1832),行淳七百八十一,字春宝,号纪干。清太学生,貤赠文林郎正七品。

周　楫(1790—1861),行淳七百九十三,字仙沚,号春漪。清太学生,候选巡检司,例授登仕佐郎,钦恤世袭云骑尉①。

周　蘂(1792—1861),行淳八百零二,字芳榭,号芳圃。清贡生,候选州同知,例授儒林郎(从六品)。

周　模(1793—1849),行淳八百一十八,原名梓,字楚材,又字念树,号霞堂。清贡生,候选知州,诰授奉直大夫(从五品),覃恩晋赠朝议大夫(从四品),候选知州加二级。

周　榆(1796—1846),行淳八百四十五,字畛初,号虚舟。清贡生,覃恩貤赠朝议大夫(从四品)。

周　松(1799—1858),行淳八百五十五,字東之,号耳山。清贡生,候选布政司经历,钦加盐课司提举升衔,例授奉直大夫(从五品)。

周　桂(1801—1859),行淳八百六十四,字惊芳,号虚谷。清议叙盐运司知事,敕封儒林郎(从六品)候选布政司经历,诰封奉直大夫(从五品),内阁中书舍人加四级,诰封朝议大夫(从四品),晋赠通奉大夫(从二品),山西潞安府知府加四级。

周　恒(1785—1859),行桢二百一十,字诚斋,号实夫。清太学生,覃恩貤赠奉政大夫(正五品)同知衔,广西迁江县知县。

周承藻(1788—1854),行桢二百三十一,原名悦,字习之,号爱日,又号莲亭。清郡庠生,覃恩诰赠奉政大夫(正五品)同知衔。

周葆存(1795—1862),行桢三百六十二,原名惠,字敬持,号苣汀,又号铁蕉。清太学生,捐赈议叙九品职衔,例授布政使理问。

周青藻(1796—1857),行桢四百零五,字莲风,号晴澜。清太学生,候选巡检司,覃恩貤赠朝议大夫(从四品)运同衔,直隶顺天府三河县知县,补用同知加一级。

周　焘(1797—1852),行桢四百一十六,字以黄,又字元普,号怡篁,又号晴漪。清邑庠廪膳生,例赠文林郎(正七品)。

---

① 云骑尉:武散官名。隋文帝时置。炀帝时罢。唐置勋官十二转,其二转为云骑尉,当于正七品。宋、金沿置。明正六品。清为世爵名。乾隆元年(1736)改拖沙喇哈番,汉名云骑尉,在骑都尉下。

周　慈(1797—1854),行桢四百一十七,字荀龙,号石庄,又号引石。清太学生,候选巡检司。

周青萼(1801—1863),行桢五百一十四,字承辉,号棣园。清邑庠生,例封文林郎(正七品),覃恩诰赠朝议大夫(从四品)运同衔,直隶顺天府三河县知县,补用同知加一级。覃恩诰赠通奉大夫(从二品)同知衔福建侯官县知县加五级。

周学琛(1801—1863),行桢五百二十七,原名玉,字琢人,号璞斋。清郡庠生,例封文林郎(正七品),诰封奉直大夫(从五品)直隶候补知州。覃恩晋赠朝议大夫(从四品)运同衔,顺天霸州知州,覃恩严整赠通奉大夫(从二品)保举运同衔加四级,顺天霸州知州。

周　照(1801—1845),行桢五百三十七,字伯愚,号鉴亭。清候选从九品,例授登仕佐郎,诰赠资政大夫(正二品)赏戴花翎,直隶委用道二品衔加一级,晋赠荣禄大夫(从一品)。

周　烺(1804—1862),行桢六百三十二,字炳如,号梅村。清太学生。按察司照磨,例授登仕郎,覃恩貤封中宪大夫(正四品)湖北黄州府知府。

周　勛(1808—1848),行桢七百一十五,字铭彝,号鸿烈。清邑庠生,例赠文林郎(正七品)。

周　惘(1808—1829),行桢七百一十八,字幼诚,号文漪。清太学生,覃恩敕赠修职郎(正八品),候选盐库大使。

周　慎(1808—1832),行桢七百二十一,字缄三。清太学生,候选盐库大使。

周　焕(1808—1863),行桢七百二十二,改名炳焕,号晓山。清议叙八品,例授修职郎,覃恩貤赠中宪大夫(正四品),工部屯田司主事加五级。

周　燠(1809—1864),行桢七百五十,更名炳鉴,字安卿,号介人,又号立庵。清邑庠生。道光壬辰(1832)科举人,拣选知县,庚子(1840)科进士,钦点翰林院庶吉士,授编修,充国史馆协修,掌河南道监察御史,掌广西道监察御史加三级,署理京畿道监察御史,随带加四级。署理兵科给事中,钦命巡视西城京察一等,奉旨记名以道府用,简放湖北黄州府知府,历署郧阳德安府事兼篆白河岐亭各镇同知,钦加道衔,总理湖北巡抚部院护军,统领马步全军各营务处,积劳病故,奉旨照道员例从优议恤,钦赠光禄寺卿衔,谕赐祭葬并荫子入监读书,期满以知县候铨,从祀德安郡城"名宦祠",敕授文林郎(正七品),诰授奉直大夫(从五品),晋授朝议大夫(从四品),覃恩晋授中宪大夫(正四品),诰赠中议大夫(从三品)。

周宝姜(1811—1897),行桢七百九十四,恩赐八品顶戴。

周　爔(1812—1863),行桢八百零六,学名炳爔,字丹卿,又字丹辉,号霞轩。清邑庠贡生,候选国子监典籍。

周　愬(1812—1843),行桢八百二十,字愻赞,号筠庄。清议叙八品衔,例授修职郎。

周长龄(1813—1861),行桢八百三十三,字一斋,号云帆。清邑庠生,钦恤世袭云骑尉。

周　焜(1813—1848),行桢八百三十五,改名炳奎,又名炳莹,字同卿,号坦庵,又号少蟫。清道光癸卯(1843)科试考取佾生[①],清太学生。

周　燎(1813—1863),行桢八三十六,改名炳蔚,字田生,号小云。清贡生,例授修职佐郎,貤赠朝议大夫(从四品)花翎同知衔,留奉补用知县加一级。

① 佾生:清代朝廷及文庙举行庆祀活动时充任乐舞之童生,文执羽籥,武执干戚,合乐作舞。又叫"乐舞生",简称"佾生"。

周　馥(1813—1862),行桢八百四十,字芝庭,一字华亭,号古香,又号砚芬。清候选从九品,例授登仕佐郎,覃恩貤赠中宪大夫(正四品),工部屯田司主事加五级。殉难。钦恤葬银如例,奉旨入祀,敕建全浙昭忠祠。

周　霖(1815—1866),行桢八百六十七,学名若霖,字润生,号时庵。清邑庠生,清咸丰乙卯(1855)科举人捐授主事,补工部屯田司主事,诰授奉直大夫(从五品),覃恩晋授中宪大夫(正四品)。

周山龄(1816—1847),行桢八百八十七,字云樵,又字立人。清候选从九品,例授登仕佐郎,覃恩貤赠修职郎(正八品)选用县丞。

周朗然(1817—1845),行桢九百零一,原名烈,捐名灿然,字心镜,又字德盛,号鉴人。清太学生,议叙盐课司大使,例授修职郎(正八品),貤赠征仕郎(从七品),候选中书科中书。

周心然(1818—1876),行桢九百一十五,更名然,字卓斋,号灼轩。清太学生,覃恩诰赠朝议大夫(从四品)。

周经才(1818—1862),行桢九百二十二,原名赿,字中林,号钟灵。清候选巡政厅。

周锦泉(1819—1876),行桢九百三十一,原名心照,字星沼,号鉴台。清邑庠廪膳贡生,候选训导。

周汝霖(1819—1875),行桢九百四十三,原名驪然,字鸿顺,号雨垞,又号砺亭,旧名诗。清郡庠贡生,试用训导,署严州府桐庐县学教谕,敕受修职郎(正八品),貤封通奉大夫(从二品),山西候补知府加四级。

周　志(1819—1863),行桢九百四十四,原名泰,字叔来,号舒斋,又号秋山。清太学生,议叙八品,候选州同,例授宣德郎。

周　煇(1821—1871),行桢九百七十三,字耀如,号蓉舫。清太学生,候选同知,例授奉政大夫(正五品)。

周福龄(1821—1862),行桢九百七十四,字介士,号竹溪,又号书农。清邑庠生,钦恤世袭云骑尉。

周惺然(1822—1889),行桢九百八十二,原名然,字劭修,号星船,又号笃甫。清邑庠廪膳生,道光己酉(1825)科拔贡,庚戌(1850)朝考钦定一等,特用知县签分云南候补内阁中书舍人加四级,历署山西朔平、宁武、潞安府知府,例授朝议大夫(从四品)。

周焕章(1822—1876),行桢一千,字砥如,号芸台。清太学生,议叙盐运司知事,例授修职郎(正八品)。

周超然(1823—1857),行桢一千零九,捐名浩然,原名芬,字步元,号立甫。清贡生,候选布政司经历,例授儒林郎(从六品)。

周启魏(1824—1876),行桢一千零二十,字毕大,号蕃亭,又号一霞。清邑庠贡生,候选同知,例授奉政大夫(正五品)。

周韫章(1825—1867),行桢一千零三十九,字玉如,号璞庵。清太学生,候补中书科中书,例授征仕郎(从七品)。

周启泰(1827—1863),行桢一千零五十七,字厚轩,号交甫。清太学生,咸丰己未(1859)恩科举人,候选直隶州知州,诰授奉政大夫(正五品)。

周燕然(1828—1888),行桢一千零六十三,字保生,号晴峰。清太学生,候选光禄寺典簿,例授征仕郎(从七品)。

周彝章(1829—1896),行桢一千零七十,学名裕如,号石珊,又号容庵。清邑庠廪膳生,咸丰戊午(1858)科举人,拣选知县,例授文林郎(正七品)。

周莹然(1829—1864),行桢一千零七十八,字心鉴,号佑甫。清太学生,候选光禄寺署正,例授儒林郎(从六品)。

周蔚然(1833—1907),行桢一千一百一十五,字士龙,号约斋。清太学生,候选布政司理问,例授宣德郎,钦加五品衔,赏戴花翎,诰封奉政大夫(正五品)。

周心熙(1834—1892),行桢一千一百一十八,更名锦云,字明卿,号敬青。清太学生,候选县丞,例授修职郎(从七品)。

周佳木(1837—1908),行桢一千一百三十六,一名步云。迁居嘉兴濮院镇。清六品功牌。

周启庠(1842—1862),行桢一千一百六十四,原名启明,字汝俊,号秀甫。清议叙八品,例授修职佐郎(正八品)。

周心鉴(1843—1906),行桢一千一百六十八,原名心镜,字亮采,又字啸湖。清太学生,充国史馆供事,捐职县丞,议叙本班选用,赏加五品顶戴,诰封朝议大夫(从四品),候选府同知加二级。

周宜南(1810—1881),行燿一百六十一,字采汝,号小宜。清邑庠增广生,覃恩貤赠奉政大夫(正五品)同知衔,广西迁江县知县。

周祥生(1815—1863),行燿二百一十三,字审之,号履庵。清议叙八品衔,例授修职郎(正八品)。

周振绪(1816—1861),行燿二百二十五,字兆基,号蓉塘。清邑庠生,钦赠盐运使知事衔,例赠修职佐郎(从八品)。

周乃大(1819—1873),行燿二百九十五,字容卿,号健庵。清邑庠生,咸丰辛亥(1851)恩科举人,候选知县,捐升知州,分发直隶候补,历署武强、唐山、吴桥等县知县,补授顺天府霸州知州,保举运同衔加四级,敕授文林郎(正七品),覃恩晋授朝议大夫(从四品),覃恩晋授通奉大夫(从二品)。

周金表(1820—1900),行燿三百一十五,字曰洪,号荣珊。清世袭翰林院五经博士,孔准袭衢州袭封衍圣宫至圣庙廷用作礼生。

周申绪(1821—1881),行燿三百四十,字保甫,又字嵩龄,号迈轩。清邑庠增广生,咸丰戊午(1858)科举人拣选知县,例授文林郎(正七品),钦恤云骑尉,世袭罔替。

周道生(1822—1863),行燿三百五十二,字立本,号艮庵。清邑庠贡生,江苏候补县丞,例授修职郎(从七品)。

周　祐(1823—1860),行燿三百七十一,字小受,一字仲容,号耐庵,又号古示,别号让陆。清邑庠廪膳生,覃恩貤赠文林郎(正七品),广西思恩府迁江县知县。

周载绪(1824—1864),行燿四百零七,改名戴,字熙只,号逸斋。清太学生,诰赠资政大夫(正二品),直隶委用道二品衔加一级,晋赠荣禄大夫(从一品)。

周孙锦(1824—1868),行燿四百一十一,原名乃宜,字伯云,号云裳。清邑庠生,咸丰戊午(1858)科举人,拣选发甘肃试用知县,例授文林郎(正七品)。

周金潮(1825—1909),行燿四百三十五,字东海。钦赐八品顶戴。

周寅生(1825—1859),行燿四五十七,又名颐祖,字恭采,号畏斋。清邑庠生,候补中书科中书,例授征仕郎(从七品)。

周绍达(1826—1874),行燿四百八十二,字景章,号惺庵,又号璋士。清邑庠生,咸丰戊午(1858)科举人,同治癸亥(1863)恩科进士,掣签直隶,署香河县知县,调文安县知县,授三河县知县,调署涿州知州,提补宛平县知县,补用同知加一级,钦加运同衔,诰授朝议大夫(从四品)。

周绍适[kuo](1826—1878),行燿四百八十三,字子容,号性斋,又号蓉石。清邑庠生,咸丰己未(1859)恩科举人,同治辛未(1871)科进士,掣签福建,署福建永定县知县,题补侯官县知县,调署仙游县知县,加五级,清光绪丙子(1888)科福建乡试同考官,钦加同知衔,诰授奉政大夫(正五品)。

周　蕃(1827—1881),行燿四百九十二,字小翰,号屏山,一号蓼汀。清邑庠廪膳生,同治甲子(1864)补行咸丰辛酉(1861)科拔贡生,朝考一等,以知县用签分广西,署理庆远府天河县事,特授思恩府迁江县知县,兼理柳州府来宾县事,同知衔,敕授文林郎(正七品),诰授奉政大夫(正五品)。

周汝弼(1827—1855),行燿五百一十一,字贤佐,号镜清。清太学生,候选府经历,例授修职郎(正八品)。

周端绪(1830—1866),行燿五百七十三,字孟洋,又字济生,号春坡。清太学生,候选盐库大使,例授修职郎(正八品)。

周锡祚(1834—1862),行燿六百五十四,原名锡庚,字雪耕,号啸亭。清太学生,候选布政司经历,捐升候补主事加一级,例授奉直大夫(从五品),恤赠云骑尉,袭次完时,以恩骑尉世袭罔替,奉旨建坊入祀,敕建全浙昭忠祠。

周慧生(1834—1862),行燿六百六十,字夙因,号予愚。清邑庠生,钦恤盐运使,知事衔,例赠修职佐郎(从八品)。

周锡年(1835—1862),行燿六百八十三,原名锡祺,字晋福,号绶山。清太学生,候选光禄寺署正,例授宣德郎(从八品),恤赠员外郎衔,颁赐祭葬银如例,奉旨建坊入祀,敕建全浙昭忠祠。

周肯堂(1836—1892),行燿七百二十一,学名光书,字树基,号贻士。清邑庠生,敕赠征仕郎(从七品),候选中书科中书。

周毓珠(1837—1915),行燿七百六十七,字宝慧,号蕴斋。清太学生,候选州同,例授宣德郎(从六品),钦加同知衔,例授奉政大夫(正五品)。

周同祖(1837—1907),行燿七百七十六,庠名锦荣,字赓盛,号琴轩。清邑庠岁贡生,候选训导,例授修职郎(正八品)。

周炳鹤(1838—1884),行燿七百九十,学名云翔,字守梅。清郡庠生,选用县丞,钦加布政司理问衔,敕授儒林郎(从六品)。

周颖绪(1838—1886),行燿七九十四,又名宗绪,字宝禾,又字宝和,号伯霞。清太学生。诰赠奉直大夫(从五品),四川候补府经历加五级。

周炳高(1838—1906),行燿七九十九,庠名锦春,字峻甫,号仰山。清邑庠生,荫袭云骑尉世职。

周裔堂(1840—1912),行燿八百五十五,字缦卿,号吉安,又号小垞。清郡庠贡生,候选同知,例授奉直大夫(从五品)。

周尧绪(1840—1903),行燿八百六十五,字登只,号慕陶。貤赠荣禄大夫(从一品),赏戴花翎。

周显绪(1849—1914),行燿八七十一,字宝谟,号少霞。清邑庠生,貤封奉直大夫(从五品),四川候补府经历加五级。

周方堂(1842—1863),行燿九百一十八,捐名光缙,字时勉。清例贡生,貤赠登仕郎,候选中书科中书。

周堪绪(1842—1884),行燿九百四十,字任只,号克斋。清候选州同,敕赠儒林郎(从六品)。

周理绪(1844—1918),行燿一千零二十六,字性元,号华泉,又号浣泉。清太学生,候选从九品,例授登仕佐郎,诰封朝议大夫(从四品),花翎同知衔,留奉补用知县加一级。

周觐光(1844—1869),行燿一千零三十一,原名埰,字子龙,号小烈。清邑庠廪膳生,同治丁卯(1867)科补行甲子科举人,拣选知县,例授文林郎(正七品)。

周增雅(1849—1909),行燿一千一百八十一,学名秉成,字鸣和,号焌侯。清邑庠廪膳生,光绪甲午(1894)科举人,拣选知县。例授文林郎(正七品)。

周涑堂(1850—1915),行燿一千一百九十七,学名光藻,字子光,号实庵,又号瀚甫。清邑庠廪膳生,光绪乙酉(1885)科举人,拣选知县,例授文林郎(正七品)。

周桀堂(1850—1911),行燿一千二百,字阀荣,号小亭,又号亦宅。清太学生,候选州同。

周锡荣(1851—1922),行燿一千二百二十七,号葵卿,又号子详。清太学生,保举五品衔,例授奉直大夫(从五品)。

周正仪(1851—1911),行燿一千二百二十九,字颂笙,号竹生。清太学生,保举五品衔,例授奉直大夫(从五品)。

周燮光(1852—1912),行燿一千二百三十九,原名燮梅,改名燮勋,字采臣,号瓯士,又号梅史。清祁大宗师甲申科试录取佾生,太学生。

周春台(1852—1925),行燿一千二百四十四,荫袭云骑尉世职。

周炳铨(1852—?),行燿一千二百六十二,号青选。袭荫云骑尉,候补守备。

周显廷(1853—1881),行燿一千二百八十四,原名锡恩,字寿彭,号溢波。清太学生,光绪丙子(1876)科举人,拣选知县,例授文林郎(正七品)。

周顺绪(1854—1915),行燿一千二百八十八,原名燕绪,字增豫,又字澜正,号又立,又号銮仙。清袭荫知县,归部铨选,例授文林郎(正七品)。

周　铨(1854—1878),行燿一千二百九十五,字秉衡,又字汇堂。清五品衔尽先补用把总。

周增祺(1855—?),行燿一千三百零九,捐名云鹤,字士英,号绥斋,又号绥安。清候选从九品,例授登仕佐郎,覃恩晋封奉直大夫(从五品),布政司理问加二级。

周翼绪(1856—1922),行燿一千三百四十,原名来绪,字燕堂,号子轩。清太学生,江苏候补府经历,例授修职郎(正八品)。

周燮鸿(1856—1906),行燿一千三百四十四,原名燮赞,字载赓,号羽廷,又号襄臣。清郡庠廪膳生,光绪丁酉(1897)科副贡生,候选训导,例授修职郎(正八品)。

周锡衡(1857—1914),行燿一千三百五十七,又名玉衡,字在虞,号平甫。清太学生,候选州同,例授宣德郎(吏员出身从六品)。

周岘绪(1857—1900),行燿一千三百六十,改名泽庠,字麟征,号希郊,又号西樵。清附贡生,光绪甲午(1894)科举人,拣选知县,例授文林郎(正七品)。

周锦桥(1858—1897),行燿一千三百六十六,又名规仁,字梦松,号渔洲。清七品顶戴功牌。

周稽堂(1862—1916),行燿一千三百九十,字增秀,号祝卿,又号竹卿。清太学生,候选州同,例授宣德郎(从六品)。

周兰堂(1864—?),行燿一千三百九十四,庠名廷荣,字鲁生,号芝卿,又号芝青。清附贡生,钦加同知衔,例授奉政大夫(正五品),民国历充第一、第二届省议会议员,山东省长公署高等顾问,浙江实业厅高等顾问,浙江督军署咨议,浙江省长公署咨议,智胜公学校长,县农会会长,南京参谋本部参议。

周庆堂(1864—1922),行燿一千四百零一,庠名廷衡,字迪馀,号鲁卿,又号璐钦。清岁贡生,候选县丞,钦加五品衔,例授奉政大夫(正五品)。

周正珪(1866—1916),行燿一千四百零四,捐名珪,字宝珽,号笏廷。清太学生,候选州同。

周正琪(1868—1927),行燿一千四百一十二,捐名琦,字实瑺,号蓉江。清太学生,候选同知,例授修职郎(正八品)。

周凤翔(1834—1862),行奎一百零八,字鸣岐。诰赠奉直大夫(从五品),花翎五品衔留闽补用知县加一级。

周奎璧(1836—1891),行奎一百三十二,字炳躔,号连城,又号联琛。清郡庠恩贡生,候选训导,例授修职郎(正八品),兼袭世职云骑尉。

周禔身(1845—1915),行奎二百五十四,原名爰身,字仲肃,号沁甫。清太学生,直隶试用县丞保升候补知县,钦加同知衔,赏戴花翎,以直隶州知州补用,历署唐山、南和、蠡县、肥乡、玉田等县知县,诰授奉政大夫(正五品),晋封朝议大夫(从四品),山西、直隶州解州知州加一级,政绩详《畿辅鸿爪印》。

周　铨(1846—?),行奎二百八十六,改名冕,字登俊,又字复官,号少逸。清附监生,湖南候补同知,摄理靖州通道县事,递保至湖南候补知府,直隶委用道,赏戴花翎二品衔加一级,诰授荣禄大夫(从一品)。

周锦襄(1847—1904),行奎二百九十七,原名锦标,字淩洲,号菱舟,又号竹醉。清邑庠生,福建候补县丞,历署佛县、桥禾、坪分县。遵新海防例捐升知县,诰授奉政大夫(正五品)。

周景祁(1848—1907),行奎三百二十一,字子京,号鄂友。清太学生,同治壬戌(1862)恩科举人,光绪庚辰(1880)科大挑一等,奉旨以知县用签分江西两署鄱阳县事,历署星子、丰城、峡江、安义等县事,例授文林郎(正七品),诰授奉政大夫(正五品)。

周景蔼(1853—1914),行奎四百五十二,庠名景鄘,字仁行,号薇庭。清邑庠岁贡,候选训导,例授修职郎(正八品)。

周锦水(1854—1901),行奎四百七十,字奎浬,又字子浚,号泉庄。清荫袭云骑尉世职。

周曾琪(1854—1922),行奎四百八十五,原名奎晋,学名汝俊,字菉轩,号锡甫。清邑庠贡生,候选训导,例授修职郎(正八品)。

周锦川(1857—?),行奎五百六十六,又名景鄗,字赞汤,又字晴霞,号挹波,捐名之奎,晚号曲西。清太学生,任泄山乡议员,兼杭州清波门外周元公祠名誉董事。

周钟洛(1857—1934),行奎五百六十八,又名钟雅,字淼亭,号彬甫,别号剑泉。清太学生,候选中书科中书,例授征仕郎(从七品),民国7年(1918)大总统题给"敬教劝学"匾额,一等金色"嘉祥章"。

周承祝(1859—1915),行奎六百零六,改名浚溥,字庆彭,号颂尧。清贵州候补府经历,改发四川补用,保捐奉天赈务,升授通判,敕授承德郎(正六品)。

周绍宗(1859—1901),行奎六百零八,字绳武,号柳汀。清荫袭世职云骑尉,袭次完时,以恩骑尉世袭罔替。

周铭辰(1865—?),行奎六百九十二,原名允彬,字政齐,一字衡甫,号倬楼,又号竹楼。清附监生,候选中书科中书,例授征仕郎(从七品)。

周承祥(1865—1928),行奎七百,字庆熊,号占渭。清陈大宗师甲辰岁试考取佾生。

周铭钊(1868—?),行奎七百五十九,原名允钊,字政勉,一字劭甫。清附监生,留奉补用知县,钦加同知衔,赏戴花翎,诰授奉政大夫(正五品),浙江都督府外交秘书,署理淳安县知事,历充江苏、上海各交涉署①,金陵、江海、瓯海各关督署秘书。

周恩溥(1869—?),行奎七百八十五,又名振兴,字光荣,号纲庵。清邑门生,浙江官立初级师范优等毕业,奖给贡生②,浙江私立法政专门学校法律科毕业,司法部登录律师,选任九都乡区调解委员。

周钟璐(1869—?),行奎八百零九,字敦五,号小和,又号亚和。清太学生,河北保定监狱学校专科毕业,新监狱校练习生,直隶候补州吏目,捐升府经历,五品顶戴,保举知县,历署新乐、南皮县典史,丰润、无极、博野等县管狱员兼看守所长。

周绍彝(1870—1913),行奎八百二十五,字常伯,号听泉。清例贡生,福建分缺先巡检,历署福建按察司司狱,大田县典史,民国元年(1912)曾充高等法院一等书记官。

周绍旦(1870—1911),行奎八百二十六,学名恭先,字颂豳,号旭初。清例贡生,捐授巡检,分发江苏,例授登仕佐郎。

周兴江(1870—?),行奎八百四十四,字聚艇。前充泄南乡村长,后任③泄山乡乡副。

周绍湘(1871—?),行奎八百五十二,字知水,号潇生,又号宗溪。历任甘肃财政厅征榷科科

① 交涉署:为民国时期,国民政府外交部或地方行政当局在边境省份、外国人集中侨居之城市和有租界之行政区内设立之专门负责处理外事、侨务、海关、出入境工作之机构。由于民国时期地方政府机构称谓极为混乱,所以负责外事工作之中央派出机关与地方自治机关亦有着不同称谓,如外交厅、外事厅等。"交涉署"为比较通用之一种称谓。

② 奖给贡生:《钦定学堂章程》,又称"壬寅学制",为中国近代由国家颁布第一个规定学制系统之文件。1902年8月15日颁布,详细规定各级各类学堂的目标、性质、年限、入学条件、课程设置及相互衔接关系。1904年"癸卯学制"颁布后废止。其中规定学生出身奖励为:小学卒业,奖给附生;中学卒业,奖给贡生;高等学卒业,奖给举人;大学分科卒业,奖给进士。

③ 后任:文中"现任",当指"甲戌(1934)续修"年间。

员，禁烟善后总公所第一科科员，省长公署咨议。

周钦纶(1872—？)，行奎八百七十八，字锡类，号恩卿。清荫袭云骑尉世职。

周鸣翔(1872—1922)，行奎八百八十三，字子凤，号景山。清太学生，候选州同，例授儒林郎(从六品)。

周炳元(1875—？)，行奎九百七十四，捐名鸿宾，字振庠，号亦安。清太学生，布政司理问，例授宣德郎(吏员出身从六品)。

周聪元(1878—1927)，行奎一千零五十，学名毓瀛，官名泽培，号听彝。清邑庠生，候选同知，例授奉直大夫(从五品)。任四川隆荣糖税局、隆昌县征收局、县电报局、泸县电报局局长，调任江津、永川、綦江三县查禁烟苗委员，署理合川县知事，合江县知事。

周维磊(1886—？)，行奎一千一百九十六，原名鸿基，字福田，号麓村。清太学生，浙江高等学堂毕业，北京法政大学毕业生，民国历任泄山联合村村长，泄山乡乡长，兼第八区第十五甲甲长。

周立三(1887—1917)，行奎一千二百一十，字祝庭。清考取检定教员比照附生初级师范优等毕业，全浙监狱专门学校优等毕业生，前任山西泰原县监狱官。

周钟琭(1890—？)，行奎一千二百五十五，学名宗勃，字景美，号卓人。清候选县丞，北洋高等巡警学堂正科毕业生，直隶记名警察署长，本省候补警察署长，大安县茶税分局长，嘉兴县警察署长，安徽太平县第一科科长。

周钟鑫(1892—？)，行奎一千二百九十一，又名之华，字步黄，号品三。清智胜公学毕业，日本东京早稻田大学政治经济学部毕业生，得政学士学位，历任江苏卷烟特税局局长，青岛市政府秘书，浙江省道局科员，上海市政府科员，后任安徽省教育厅秘书。

周丽章(1892—？)，行奎一千二百九十八，原名以烜，字炳照，号藜青。浙江农事试验场中学农事讲习所一等毕业生，曾任福建军少校副官。

周钟森(1893—？)，行奎一千三百一十九，学名斌超，字繁茂，号木甫，又号济民。保定军官学校毕业生，美国留学生，历任温州管带，特务团团长，十三军第二师师长，南京参谋本部参谋处长，驻美陆军少将武官，国民革命军中将。

周钟浒(1893—?)，行奎一千三百二十九，学名岐，字仲西，号颂豳，又号仲斌。日本明治大学政治经济科毕业生，历充浙江官立法政大学教授，浙江民政厅第四科科员，第一届、二届高等文官考试委员，阅卷委员，南京参谋本部第二厅校官，兼充高等宪兵司令部政治科教官。

周钟墀(1894—？)，行奎一千三百三十二，字兆蓂，号季舟。清太学生，浙江私立法政专门学校法律科毕业生，登录律师，当选第二届县议会议员。

周钟璨(1895—？)，行奎一千三百三十九，又名焵文，字焕生，号质人。民国元年(1912)浙军第六师步兵军号士养成所毕业生，派充步兵第二十一团十连司务长，委充安徽陆军第三混成旅司令部军械官，安徽探访局一等访员，因剿豫匪有功，保给七等文虎①章，陆军步兵上尉衔，曾任浙江省会工程局征收员，兼收发事宜，浙江保安警察第五总队第一分队一等队员，浙江海禁总

① 文虎勋章：设于1912年12月，共分九等(后有变动)，分别授予陆海军中有战功或劳绩者。其中，一二等授予上等官佐，三至六等授予中等及初等官佐，七等以下授予士兵。

局稽核科科员，国民革命军第十七军第一师政治部中尉书记官。

周钟伍(1897—？)，行奎一千三百七十四，字聚星，号泄溪。浙江省立甲种专门工业预科毕业生，前任江苏泰县卷烟特税局分局长，十三军第二师师部电务主任。

周钟鳌(1899—？)，行奎一千三百八十八，字占奎，号陆山。曾任特务团军需。

周钟煜(1899—？)，行奎一千三百八十九，字星垣，改名季煜，号季煌。早稻田大学本科政治经济学部毕业生，得政学士学位，任江苏省江荫县南菁学校高中教员，上海法科大学经济科教授，汕头市政府教育局秘书，社会局公益事业股主任，调任南京参谋本部上校助理官，台湾"国防部"少将部员。

周鸿斌(1899—？)，行奎一千三百九十，原名鸿彬，又名宾申，字尔文，号质君，又号也文。曾任国民革命军新编二十九军教导师少校秘书，上海特别市码头管理所所长，给金色三等嘉禾章[①]。

周钟倓(1901—？)，行奎一千四百一十六，号炎人。大夏[②]大学毕业，曾任本邑党务训练所所长，上海君毅中学理化教员，青岛文德女中训育主任，两路特别党部总干事，大夏大学预科教授，青岛市教育局扩充教育股主任科员，任南京市财政局主管科员。

周钟钊(1904—？)，行奎一千四百三十四，字保东，号勉甫。曾任上海特别市党部民众训练委员会委员。

周之骧(1865—？)，行钜八十一，字凤阁，号骥侪。入籍顺天清苑县。清邑庠生，光绪乙酉(1885)科举人，改归原籍，戊戌(1898)科大挑[③]一等，以知县用，签分山西，历署阳曲、平遥、徐沟、榆次、文水、崞县知县，直隶州知州，解州直隶州知州，调署绛州知州，钦加三品衔赏戴花翎，例授奉政大夫(正五品)。

周之骅(1866—1907)，行钜八十八，字云阁，号筱珊。清太学生，山东候补县丞。

周绍洪(1867—1893)，行钜九十六，字子英，入籍嘉兴。光绪癸巳(1893)恩科举人，诰赠奉政大夫(正五品)。

周邦济(1868—？)，行钜一百零五，字更新，又字耕莘，号聘三。清附贡生，福建候补县丞，办理巡警学堂，保升知县，钦加五品，赏戴花翎，诰授奉直大夫(从五品)。

周钜训(1868—1930)，行钜一百零九，字尔聪，号式甫，又号惺初。清邑庠增广生，直隶省法校最优等毕业，奖给副贡生，以直隶州州判补用，历任富阳县执法科科员。萧山审检所帮审员，嘉禾军政执法处检察官，永嘉地方初级检察合厅检察官。

周钜河(1870—1915)，行钜一百二十四，字天孙，又名庆蔚。清太学生，花翎知府衔，江西候补知县，诰授中宪大夫(正四品)。

① 嘉禾奖章：设于1912年7月，共九等(后有变动)，授予有勋劳于国家或有功绩于学问、事业者，授予等级按授予对象功勋大小及职位高低酌定。嘉禾即生长茁壮之禾稻，古人视嘉禾图案为吉祥象征。民国成立后，嘉禾图案取代清代龙纹，每每出现于货币、徽章之上。

② 大夏大学：民国时代上海私立大学。1924年6月成立"大厦大学筹备处"。初无固定校址。民国19年(1930)建成占地三百余亩校舍(现华东师范大学中山北路校址)。1937年一度与复旦大学合并成为联合大学，后恢复原校名。至1949年仍保持私立大学性质并保留校名至1951年。1951年10月，教育部以大夏大学、光华大学为基础，同时调进复旦大学及同济大学等院校部分系科，在大夏大学原址上创办华东师范大学。

③ 大挑：清乾隆以后定制，三科以上会试不中之举人，挑取其中一等者以知县用，二等者以教职用。每六年举行一次，意在使举人出身士人有较宽出路，名曰大挑。

周钜基(1873—？),行钜一百六十一,又名书基,号攸琛。清郡庠生,兼荫袭云骑尉世职。

周之麟(1875—？),行钜一百九十八,字骏青。清太学生,山西试用知县,钦加同知衔,赏戴花翎,例授奉直大夫(从五品)。民国元年充山西财政司科员。

周法乾(1877—？),行钜二百一十九,又名元达,字子健,号谨庵。清例贡生,民国七年(1918)第二届省议会议员,大总统给"敬教助学"三等金色嘉详章。

周宏济(1877—？),行钜二百三十二,字烈臣,号笠城。福建分缺先典史,前署福建浦城县典史。

周钜震(1878—1910),行钜二百三十八,字雨龙,号伯威,又号益清。清荫袭县主簿。

周钜康(1879—？),行钜二百五十二,字福三,一字笏山,又字馥珊,号慕溪。清邑庠生,直隶法律专门学校最优等毕业,奏奖副贡生,以直隶州州判分发山西补用,加州同衔,署福建龙岩县左,历充浙江嵊县、黄岩县法院推事。

周钜炜(1880—？),行钜二百六十三,字绍南,号麟详,号俊人,又号续庵。光绪壬寅(1902)补行庚子(1900)科优贡生,朝考二等,选授金华府武义县训导,北京大学文科文学门甲等毕业,历充北京大学教授,财政部秘书,国务院秘书,交通部《交通史》编纂委员,财政部总务厅帮办,奉黎元洪总统令,给四等嘉禾章。

周汶济(1880—1933),行钜二百六十六,又名绍瑞,字藩臣。陆军弁目毕业生,奖给右军校。

周逢壬(1881—？),行钜二百七十九,字方水,号北溟。荫袭世职云骑尉,次完时,以恩骑尉世袭罔替。

周钜安(1881—？),行钜二百八十一,号浅谙,字静之,又号芹沚。清邑庠生,直隶法律专门学校最优等毕业生,保准分发奉天任用县左,曾充直隶提法司署书记官,浙江淳安县帮审员。

周法礼(1881—1929),行钜二百八十九,又名元逵,字子嘉,号复庵。清例贡生,民国七年(1918)大总统给"敬教劝学"三等金色嘉详章。

周俭济(1882—1911),行钜二百九十四,又名召,字谋新,号连泉。清福建陆军学堂毕业生,授协军校。

周国华(1884—？),行钜三百三十七,又名繁荣,学名祖宋,字觐侯。邑庠生,浙江官立法政学堂最优等毕业,曾充前浙江咨议调查财政等局,差试补抚署[1],统计处科员,摄理科长,兼杭关道统计处,编纂《中华建国》,历任衢县检察厅长,衢属军法处执法官兼处长。

周汝楙(1887—？),行钜三百六十六官名兆麒,字子霖,号雨楼。清太学生,候选布政司理问,例授宣德郎,浙江陆军弁目学堂毕业生,任浙江第六师第十三旅第二十三团第二营第六连差遣尉官,浙江暂编陆军第一师第三旅行社第三团第三营第十连少尉连附,国民革命军第二十六军警卫大队部中尉副官,总司部警备第一师第四团参谋,调委警备第一师特务队队附,兼任滁县征兵第十三分局局长,武汉卫戍司令部副官处上尉副官,并水巡队队长,复荐任国军编遣委员会总务部文书科代理少校秘书,《战史》编纂委员会事务处文书科上尉科员,兼监印主任。

周鸿钧(1887—？),行钜三百七十二,字鉴卿,号秉臣。充淳安县公署第一科科员,教育科主任,省防疫局文牍员,蒙大总统徐奖给八等嘉禾章,诸暨县公署教育科主任,浙江外海水警厅第

① 抚署:巡抚衙门。

一科科员,浙江省防军司令部少校参谋,两浙双穗场知事,浙江省第二区警备司令部秘书,浙江省水上警察队第二大队部文牍员。

周钜荣(1888—？),行钜四百零一,又名维新,字邦济,又字仁甫,号伯华。前充陆军第二十三师步兵第九十团第二营第五连二等伍长,上虞县管带小队队附,兼上虞县县警队队长。

周钜俊(1888—？),行钜四百零五,字士英,号企陶。民国纪元,历充国民革命军第六军第十九师准尉司书,国民革命军总司令部警卫第三团通信队少尉队附,国民革命陆军第十一师第六十三团少尉军需,晋升中尉军需,调武汉北区要塞第一堡垒团上尉军需,陆海空军总司令部陆军机关枪团上尉军需。

周汝华(1891—？),行钜四百六十六,又名士华,字子文,号郁堂。清藏绿高小学毕业,奖给增生,北京高等师范学校毕业生,历充国民政府财政部会计司一等科员,湖北沙市荆沙关监督署主任。

周焕榆(1891—1950),行钜四百八十八,字国春,号侠秋。浙江私立法政专门学校法律别科毕业生,选任九都城山乡乡长,兼充儒城小学常务校董。

周钜邦(1892—？),行钜五百一十,字严南,号少怀,又号冶裘,原号也旧,别号邂逑。浙江省立第一师范旧制本科毕业生,历充诸暨县县视学,兼代教育局局长,调充永康县政府教育科主任,建设科科长,教育委员会主席,高级佃业仲裁委员会委员,寺庙财产登记处主任,兼代永康县警察所所长,永康县禁烟处第二课课长。

周钜襄(1892—？),行钜五百一十三,字思臣,号赞青。浙江法政讲习所暨浙江私立监狱学校完全科毕业生,历任杭县地方厅绍兴分处,杭县地方法院书记官,江苏省政府农矿厅、实业厅科员,兼清理田赋委员会委员。

周钜典(1892—1993),行钜五百一十八,又名钜邗,字襄南,号耿城,又号伯助。清藏绿高小学毕业,浙江安定中学毕业生,历充海宁县总务科科长,本邑县参事会参事,浙海关监督公署科员。

周钜鄭(1894—？),行钜五百八十二,字沛南,号筑人,又号汉侯。南京退伍,奖给匾额,候补副军校,历充浙江外海水上警察局第八队分队长,第二大队第五分队巡官。

周纪勋(1900—?),行 钜七百一十九,字宏烈,号卢书,又号伯劳。上海中国公学商科大学预科毕业生,国立中央大学商学院商学士,历充浙江第五区管理船舶事务所总稽查,平阳鳌江船舶稽征处主任,瑞安船舶第一分局局长,石浦船舶第六分所所长,第四区航政局石浦办事处处长。

周兆年(1900—？),行钜七百三十二字引丰,号渔艇。藏绿高小学毕业,浙江医业专门学校毕业,现充浙江保安队第六团第三营上尉军医。

周钜鄂:1902 年生,藏绿周氏十四世孙。中华书局编辑,词语组组长,教授。

周重暨:黄浦二十二期毕业生,历任台湾国民党海军艇长,少将军衔。

周邦楚:台湾国民党少将军衔,台湾“国防部”从事历史研究工作。

周启根(1913—？),国民党南京政府总统府任职,少将军衔,后去台湾。

周文标(1951—),少将军衔,台湾原宋美龄保镖。

周钜福(1903—1928),行钜七百九十四,又名致远,字详斋,号子祜。上海大夏大学毕业,历充上海特别市党部执行委员,工农部部长,江苏省党部指导委员,国民政府行政院财政部咨议,周汝钺(1903—？),行钜七百九十七,字定远,号瞻日。藏绿高小学毕业,本邑县中学毕业生,充南京宪兵第三团上尉军需。

周钜邵(1903—？),行钜八百零四,字雍南,号杜如,又号咏棠。藏绿高小学毕业,诸暨县立中学毕业生,历充上海特别市党部外交后援会工会整理委员会干事,私立君毅中学总务科主任。

周纪康(1903—？),行钜八百零六,字而寿,号其强,又号宁侯。杭州之江大学毕业生,授文学士学位,历充国民政府财政部浙江禁烟局,宁海县禁烟特派员,绥远党部秘书,山东反省院总务主任。

周崇宜(1904—？),行钜八百三十八,官名诚,字慕姚,又字诵献,号子厚。曾任国民革命军陆军第一师步兵第一旅第二团中尉、上尉副官及团党部指委,现充任第一师第一团上尉军需。

周振纲(1905—？),行钜八百四十八,字鼎成。杭州安定中学测量学校暨南京中央政治学校毕业生,曾任杭州测量局测量员暨国民革命军第十三军上尉军需等职,

周纪曜(1905—？),行钜八百六十三,字绿庄,号梦星。杭州之江大学附属中学毕业生,国立东南大学分设上海商科大学商学士,历充国民革命军第十三军第二师司令部行营政治训练处主任,兼代军需处处长,上海君毅学院商科主任,现任中央银行发行专员。

周榘宣(1910—1930),行钜一千零零五,字叔□,号楷如,又号逸凡。藏绿高小毕业,上海君毅中学肄业,曾充浙江吴兴警察总所书记,兼充上海特别市工会整理委员会委员,国民革命军陆军第一师第一旅第二团中尉书记官。

周纪良(1911—？),行钜一千零二十八,字庶康,又字炎,号聿明。藏绿高小毕业,杭州医院看护生,曾充浙江地方自治专修学校校医,现任中央陆军军官学校驻赣特别研究班少校军医。

周骥锐(1912—？),行钜一千零六十四,又名纪遂,又名镇坤,字叔厚,号鹤侪。四川泸县高级中学商业系毕业生,曾任四川重庆证券交易所文书股统计调查组领组,国民革命军廿一军独立第一去除部经理,处长,现任重庆华昌五金号经理。

周元瑞(1899—？),行源一百零六,字典卿,号辑臣。浙江省立第一师范学校毕业,国立南京高等师范学校理化部毕业生,国立东南大学理学士,历任商务印书馆编译,财政部钱币司编译,考试院铨叙部审查合格官员。

周元祥(1901—？),行源一百二十二,字芝卿,号吉如。国立东南大学商业本科毕业,授商学士。历充上海杭州虎林公司,上海景星贸易公司美庄生丝出口部暨美庄土产部各主任,上海大华贸易公司瑞纶公司总经理,江浙陈丝推销委员会委员兼经理。

周宝瑜(1902—？),行源一百三十八,字培祖,一字士龙,号凤栖。藏绿高小学毕业,诸暨县立中学毕业生,曾任嘉善西塘镇邮局局长,上虞崧厦镇邮局局长。

周元谷(1904—？),行源一百五十八,字璧卿,号式之。国立交通部南洋大学机械科毕业,授工程学士。历充吉长路、吉敦路工程司暨同路蛟河校校长,上海、杭州虎林公司秘书兼东北专员,上海英商安利洋行商务顾问室襄理,兼工程师,国民政府建设委员会淮南煤矿局总务科科长,兼任文书股材料股长,洛河煤厂厂长。

周祖训(1905—？),行源一百七十三,号抱经。藏绿高小学,诸暨县立中学,浙江省立工业专门学校毕业,充任浙江大学工学院助教,国立交通大学讲师。

周保荣(1905—?),行源一百八十一,字重光。中央陆军军官学校武汉分校第七期步兵科毕业,任洛阳第九师九连连长。

周尔棠(1908—?),行源二百二十五,学名伯华,号芾泉。历任国民革命军第十一师六十六团北本师师部中尉军医官,军政部第十师陆军军医院上尉军医官。

周钜鄂(1902—?),中华书局编辑,词语组组长,教授。

周重暨,黄浦二十二期毕业生,历任台湾国民党海军艇长,少将军衔。

周邦楚,台湾国民党少将军衔,台湾"国防部"从事历史研究工作。

周启根(1913—?),国民党南京政府总统府任职,少将军衔,后去台湾。

周立贤(1928—2013),曾用名周松贤,藏绿周氏十四世孙。中共党员,历任五泄人民公社党委委员,五泄信用社主任;南山人民公社党委委员,南山信用社主任。

周秋水,抗日烈士,事迹陈列于诸暨烈士纪念馆。

（二）

周在行(1928—),北京市公安局党委宣传部长,机关党委书记。

周纪莲(1929—),广西壮族自治区党委宣传部长。

周凤彩(1931—),藏绿周氏第十四世孙。原东海舰队装备部驻上海办事处正团级干部。

周仲南(1964—),藏绿周氏第十四世孙。历任绍兴市民政局副局长。

周文骞(1931—),藏绿周氏第十五世孙。历任浙江大学党委副书记,校长助理,教授。

周祖仁(1932—),藏绿周氏第十五世孙。历任浙江省外贸厅副厅长。

周立伟(1932—),藏绿周氏第十五世孙。中国工程院院士。电子光学与夜视技术专家。1958年毕业于北京工业学院(现北京理工大学),1966年获前苏联数学物理副博士学位。曾任国务院学位委员会学科评议组成员,北京理工大学校学术委员会主任、中国光学工程学会名誉副理事长、中国光学学会副理事长等职。现任北京理工大学首席专家、校科协主席、博士生导师等职。

周云汀(1933—),藏绿周氏第十五世孙。原绍兴市信访办主任,副处。

周　飞(1938—),中国地质博物馆研究员。

周宗贤(1939—),台湾第二防线少将。

周胜白(1942—),藏绿周氏第十五世孙。大专文化,历任浙江省轻工业厅副厅长,高级会计师。

周炳祥(1944—),藏绿周氏第十五世孙。原任中国人民解放军驻上海铁路局办事处主任,大校军衔。

周　健(1948—),藏绿周氏第十五世孙。中共党员。1977年作为恢复高考制度后的第一批大学生,进入杭州大学(现浙江大学)中文系学习。1982年2月,大学本科毕业后在中共浙江省委统战部工作,历任办公室副主任、研究室主任、《情系中华》杂志社主编、副厅级巡视员兼办公室主任、副部长;2000年6月调任中共浙江省直属机关工作委员会副书记,后兼任巡视员,并任全省机关党建研究会会长。2010年7月退休。

周源德(1950—),藏绿周氏第十五世孙。正团级。

周源祥(1953—),藏绿周氏十五世孙。省公安厅110指挥中心主任,副厅级。

周先毅(1954—),藏绿周氏第十五世孙,海南医学院中医学教授,主任中医师,世界华人医学联合总会副主席，世界教科文卫组织专家组成员，世界中医药研究院终身教授。

周雪芬(1959—)，藏绿周氏第十五世孙。中共党员，大学学历，1979年10月参加工作，曾任冠山公社(乡)团委书记，五泄区青年干事，五泄区副区长，诸暨市妇联副主席、主席，中共诸暨市纪检委副书记，中共诸暨市委统战部部长，诸暨市政协副主席等职，2007年2月起在诸暨市人大常委会工作，任诸暨市人大常委会十五、十六届副主任。

周伯成(1960—)，藏绿周氏第十五世孙。本科学历，高级工程师，国家注册一级建造师，现任浙江万达建设集团董事长、党委书记。

周学军(1962—)，藏绿周氏十五世孙。经济师，先后任中国农业银行绍兴分行营业部总经理，嵊州市支行副行长(党委委员)，绍兴分行稽核室主任，个人业务部总经理等，均为正科级。

周国建(1962—)，藏绿周氏十五世孙。研究生学历，青海省人大常委会科教文卫副主任、副秘书长。

周继成(1962—)，藏绿周氏第十五世孙。大专学历，高级工程师，国家注册监理工程师，国家注册造价工程师，国家注册一级建造师，曾任天洁鹰潭房地产开发公司总工程师，鹰潭凯翔房地产开发公司总工程师，现任浙江万达建设集团公司技术负责人。

周伟成(1964—)，藏绿周氏第十五世孙。中山大学中文系本科毕业，浙江电视史上第一位电视新闻评论员，曾任浙江新闻联播主编，浙江卫视广告部主任，浙江广电集团6频道总监，浙江电视台新闻部副主任，2003年任浙江广厦传媒集团总经理，《青年时报》社董事长，春秋影视公司董事长。2005年任绿城传媒公司总经理、董事长；2015年公司股份变更并成功实现并购上市，改名晟喜华视，任董事长、总经理。

周朝阳(1969—)，藏绿周氏第十五世孙。大学本科学历，教授级高级工程师，现任宁波市政工程建设集团股份有限公司总工程师。

周叶飞(1973—)，藏绿周氏第十五世孙。上海大学新闻传播系副教授，博士。

周逸炳(1973—)，藏绿周氏十五世孙。宁波市金融办主任，正处级。

周　平(1931—)，曾用名周志安，藏绿周氏十六世孙。1949年6月考取华东军政大学，加入中国人民解放军，1953年赴朝参加抗美援朝战争，1958年回国，历任62师营、团、师、司令部参谋。1991年离休。

周柳君(1935—)，藏绿周氏第十六世孙女。师范学校毕业后先后在诸暨牌头区、长春空军部队从事士征和教育工作。20世纪80年代开始在苏州平江区担任街道领导工作。2002年以来姐弟俩先后为家乡公路拓宽、五泄禅寺修缮、五泄镇中图书馆建造、藏绿周氏宗祠、霞塘庙重修及汶川大地震等公益事业捐赠资金近百万元。特别是从2008年开始，偕其弟周仲钺发起重修周氏宗祠，以年老体弱之躯、奔走操持宗祠重修一应杂务。另偕其弟周仲钺为宗祠捐赠青石狮一对。因其情系桑梓、乐于奉献，先后被诸暨市委、诸暨市人民政府及相关部门评为“热心慈善楷模”“文化遗产保护优秀工作者”。

周仲钺(1940—)，藏绿周氏十六世孙。毕业于浙江工业干校(现浙江工业大学)土木水利专业，工程师，先后在北京水电设计总院，云南昆明水电设计院和空军部队工作，转业后从事科技图书发行工作，1990年获中国科技出版委员会授予全国唯一的“为科技图书发行作出突出贡献的优秀发行家”称号,2008年被中国科技出版委员会评为“中国科技出版业作出突出贡献者”,2012年,中国机械出版社授予其“最具影响力作家”称号。会同其姐周柳君等发起藏绿周氏宗祠维修,并慷慨捐资。

周立伟(1948—),藏绿周氏第十六世孙。杭州新华书局董事长,总经理,党委书记,印刷出版系统全国劳模。

周增辉(1948—),藏绿周氏第十六世孙。中共党员,副高级职称,在省部级报刊发表论文和获奖40多篇(项)。早年曾在五泄公社电影放映队、五泄区文化站工作。1984年后,先后任诸暨市电影公司经理、文化馆馆长、诸暨日报副社长、副总编、诸暨市委办公室副主任。1995年1月任诸暨电视台台长兼广电局副局长。2008年退休后先后出任诸暨周氏联谊会副会长、诸暨市孝文化研究会会长。

周志安(1949—),藏绿周氏第十六世孙。正团级。

周校列(1949—),藏绿周氏第十六世孙。历任浙江大学宁波分校校长,教授。

周　冲(1957—),藏绿周氏第十六世孙。宁波海事局高级工程师,副处级。

周长海(1957—),藏绿周氏第十六世孙。本科毕业,国家注册一级建造师。历任诸暨市河道堤防管理所所长,诸暨市水电勘测设计院院长,诸暨市水电局副局长,诸暨市水利学会理事长,绍兴市水利学会副理事长,水利部水工程管理考核专家库专家,现为诸暨孝文化研究会副会长。

周秉跃(1958—),藏绿周氏第十六世孙。本科学历,浣江中学高级教师。

周承昌(1960—),绍兴市统计局副局长。

周家鹤(1963—),藏绿周氏第十六世孙。北京房地产公司总经理,清华大学研究生毕业,高级工程师。

周雪军(1964—),藏绿周氏十六世孙。诸暨市第十六届人代会代表,承建的上海港务局码头一至六期工程和上海洋山港建设工程中多次夺杯获奖,热心公益事业,为藏绿周氏宗祠重修等捐款出力。

周　奇(1964—),藏绿周氏第十六世孙。天津南开大学教授。

周芙蓉(1964—),藏绿周氏第十六世孙。中共党员,本科学历,浙江大学医学院毕业,教授级正高级职称,1984—2010年绍兴市第七人民医院工作,任医院护理部主任,妇委会主任,工会副主席,支部书记。现就职于绍兴市卫生局医政处,任绍兴市护理学会副秘书长,兼绍兴文理学院医学院教授,温州医学院教授。

周生华(1966—),藏绿周氏第十六世孙。现任黄岩市公安局办公室主任。

周齐三(1966—),藏绿周氏第十六世孙。现任绍兴市国土管理局土地交易中心主任。

周秀云(1966—),藏绿周氏第十六世孙。高级工程师,大学硕士研究生毕业,诸暨县市政园林管理处园林科科长;诸暨市园林管理处副主任;诸暨市公共交通公司书记、总经理;诸暨市园林管理处主任;诸暨市建设局局长助理;诸暨市建设局副局长;市委办副主任,市委宣传部副部长,市创建办主任;诸暨市统计局、国家统计局诸暨调查队党组书记,诸暨市统计局局长。

周武杰(1971—),藏绿周氏第十六世孙。上海公安局浦东国际机场派出所长,副处级。

周生东(1974—),藏绿周氏第十六世孙。现任余杭咸林镇城建办主任。

周学泳(1974—),藏绿周氏第十六世孙。中共党员,大学本科毕业,高级工程师职称,一级建造师执业资格。先后担任施工员,项目技术负责人,项目经理,及浙江一建北京公司总工程师等职务。先后获得浙江一建集团“青年楷模”,浙江省建设投资集团“优秀党员”,全国优秀项目经理等荣誉。

周怀治(1977—),藏绿周氏第十六世孙。绍兴公路管理局副局长,绍兴交通投资集团有限公司副总经理。硕士,高级工程师。

周　斐(1958—),曾用名周小明,藏绿周氏十七世孙。1977年恢复高考时考入浙江大学,1981年底毕业并取得学士学位,进入轻工业部自动化研究所工作。1998年,创办杭州恒力电子设备有限公司和恒力科技实业有限公司,高级工程师,公司董事长、总经理。

周育先(1963—),藏绿周氏第十七世孙。中共党员,硕士,教授级高级工程师,享受国务院政府特殊津贴。现任中国国新控股有限责任公司副董事长。

周水尧(1966—),藏绿周氏十七世孙。浙江神凯房产开发公司董事长,为藏绿周氏宗祠重修捐款出力,承建的上海港务局码头一至六期工程、上海大学文学院工程、诸暨大唐轻纺城工程多次夺杯获奖。

周均华(1974—),藏绿周氏十七世孙。本科学历,浙江医科大学临床医学系毕业,正高级职称,1997年起一直在诸暨市妇幼保健院工作,任儿科副主任。

周　伟(1979—),藏绿周氏第十七世孙。中共党员,会计学博士,诸暨中学毕业后先后在中南财经政法大学、上海财经大学就读,在省部级报刊发表论文和获奖多篇(项)。2008年起在中信银行杭州分行工作,现为计划财务部总经理助理。

周恩丞(1989—),藏绿周氏第十七世孙。英国诺丁汉大学土木工程学学士,英国拉夫堡大学水资源管理系硕士,现为拉夫堡建筑与土木工程学院在读博士,国际土木工程师协会会员。

周伯尧(1956—)(曾用名周宏),藏绿周氏第十八世孙。1977年第一次恢复高考,考入吉林电专(现北华大学),毕业后考入东北大学科技日语专业,1983年毕业,分配至江西铜业任电气组日语翻译,后任电气车间电调组负责人,同年晋升为工程师,次年获得日语翻译职称,1989年下海进入日资企业任中方经理,1995年自己创业,创办义乌市三维外语培训学校,2007年被聘为浙江越秀外国语大学客座教授,并任该校专业指导委员会委员。2010年重组深圳市永鑫达电子塑胶有限公司,任该公司董事长兼总经理, 2015年公司被深圳科创委评为科技创新企业。

周培植(1957—),藏绿周氏第十八世孙。现任浙江大学教育学院教育领导力研修中心主任, 浙江大学教育学院教育生态研究所常务副所长, 中国教育学会教育生态专题研究中心主任、首席专家,中国教育学会教育实验专业委员会副理事长,中国教育科学研究院教育生态研究中心主任,浙江省人民政府兼职督学,浙江大学兼职硕导。曾任安吉路实验学校校长、下城区教育局党委书记、局长。

周初霞(1968—),浙江省教育厅教研室教授。

周伯煌(1968—),藏绿周氏第十八世孙。浙江大学法学硕士,浙江农林大学教授,硕士生导师,浙江省高校中青年学科带头人,浙江綄纱律师事务所执业律师,主持国家和省科研项目多项,发表各类论文60余篇。

周建江(1969—),杭州大学本科毕业生,店口第一初级中学高级教师。

周春琴(1969—),上海交通大学博士,教授。

周萃芳(1973—),北京市人民检察院检察官,博士。

周逸炳(1973—),宁波市金融办主任,正处级。

周柳萍( 1976—),藏绿周氏第十九世孙。绍兴文理学院音乐系书记,国家一级演员。

**文物**

**萃亲堂**

“萃亲堂”建筑为藏绿周氏宗祠,虽历经数百年,其间不免风雨兵燹、屡圮屡修,然其整体建筑至今尚存。祠堂前上下两大“道地”依然完好,两侧罩墙拦围,甃以青石。正门前东西两壁嵌有“诗书世泽”“忠孝诒谋”石匾各一。祠堂建筑总面积近2500平方米。正门内建有“万年台”,可供演出之用,做工精细,涂饰美观,藻井斗拱,丹雘溢彩。东西两边皆设“侧厢”,专供妇幼观赏。正厅中堂,雕梁画栋,精美绝伦;且立柱合抱,大梁横跨,高耸宽敞,气势非凡。正厅上方悬挂题有“萃亲堂”三字之鎏金匾额,凝重端庄,祠堂正中位上下前后,曾悬“翰林”“拔贡”“父子登科”“兄弟同科”“叔侄同科” 等字样匾牌数十方。正厅后左右过道两壁,有记载修缮祭祀之捐施石碑。后厅则为一大两小三个“寝室”,西为“广孝祠”,东为“贞节祠”,中为“大寝室”。“寝室”檐高屋深,肃穆静幽,专供置放故去族人之牌位。祠堂左抱“义学”,右抱“义仓”,创设之旨,用在周氏族人之济困助学也。“萃亲堂”宗祠五开三进两抱,渐次登高,工艺考究,风格独特,系江南一带典型清代建筑,诸暨市人民政府于2003年命名为市级文保单位。2010年列为省级文保单位。

周氏宗祠大厅

**谦吉堂**

“谦吉堂”,浙江省级文保单位。由藏绿周氏十世祖周桂创建, 周桂(1801—1859),字惊芳,号虚谷,族人多尊称为“虚谷太公”。曾任议叙盐运司知事,敕封儒林郎候选布政司经历,诰封奉直大夫,内阁中书舍人,诰封朝议大夫,晋赠通奉大夫,山西潞安府知府。马鞍山台门连进七抱 (左四右三), 占地

马鞍山古民居,又称谦吉堂。

8707平方米，计有两层楼房205间，对围32间，落地柱子890个。正中高踏步(台阶)之上，依次为门厅，中大厅，堂屋。正中及两侧各进内，均建有天井，花坛，水池。横贯台门东西者为两条幽长弄堂，又将前后左右所有房屋连成有机整体。因其规模气势独特，每被誉之为“暨西千柱屋”。著名诗人周惺然即居于此。周惺然(1822—1889)，娶葛氏(1824—1892)，系民族英雄、振威将军、定海镇总兵官葛云飞(1789—1841)幼女，人誉称“武小姐”，其事迹至今仍为里人所乐道。惺然虽历典名郡，但“归橐萧然，可见清操，尝受词学于陶凫香(陶梁，1772—1857)先生，深得南宋嫡髓，诗亦宗尚宋人，自开生面，近时乡先辈中所仅见”(《诸暨诗英》卷3第151页)，诚词学名手也。

庚子科(1840)进士，钦点翰林院庶吉士周炳鉴书“翰苑长春”碑

除“萃亲堂”“谦吉堂”外，尚有“光霁堂”“敦本堂”“存厚堂”“佑启堂”“乐循堂”“福基堂”等台门40余处。亦皆渐次登高，罩墙马头，气势非凡。

藏绿除台门外，还建有多处俗称”书房”的私塾。“上书房”“中书房”“后书房”“高书房”。这些书房环境秀美静幽，建造设计，无不匠心独运，精美绝伦。特别是建在后山脚下的“上书房”，据老人说，酷似“红楼梦”中的“潇湘馆”。书房背后修长茂密的竹林中耸立着一株参天古树，蜿蜒的花墙自然地把书房阻隔成安谧宁静的世界。书房前花坛中红梅映绿竹，假山上牡丹伴芍药，水池中金鱼戏碧波。花窗上雕缕的图案更是各不相同，有龙凤呈详，有飞蝶采花，有荷花映日，有牧童吹笛……。辛亥革命胜利后，改私塾为学堂，村落里又建办了“郁文小学”“凤翙学堂”“敦本学堂”等学校。

**硃卷集序**

明朝科录，仗范氏一门而使之庋集甬城天一阁；清代硃卷赖张叶诸公则得以存藏沪上图书馆。硃卷者，学问之惟一衡量，出仕之不二门径，登第人所以详载履历、房批、应试文者也。藏绿周氏自明正德十五年(1520)开族，耕读相传，清乾嘉以降，会试中式者四，几二十人举于乡，又贡生十余，甚幸乎其存世硃卷计十九人，有二十份，洵所谓难能而可贵者也。今岁仲秋，余应暨阳潘丹兄之邀而赴藏绿坞，言及硃卷，族中诸老皆欣喜，乃索影印而荣其族。余归而检顾氏《清代硃卷集成》，另附同年齿录三人三份以应。今周氏拟重修家乘而辑硃集选，爰赘数语而记集之缘起焉。

觉山圣裔郁详谨识

公元二〇一五年乙未霜序

**会试硃卷**

道光丙戌科　　周　栻

道光庚子科　　周炳鉴

同治癸亥恩科　　周绍达

**同治丁卯科并补**

行甲子科　　周觐光

光绪丙子科　　周显迁

光绪乙酉科　　周光藻

光绪甲午科　　周秉成

　　周岘绪

**贡试硃卷**

光绪丁酉科　　周燮鸿

乾隆乙卯恩科　　周春榕　周　桐

咸丰乙卯恩科　　周　蕃

**同提齿录**

道光已酉科各省选拔同年相经通谱　周然惺

咸丰乙卯科直省乡试同年齿录 周若霖

同治辛未科会试同年齿录周绍适

**乡试硃卷**

光绪戊子科　　周之骧

道光乙酉　　周　检

咸丰辛亥恩科　　周乃大

咸丰戊午科　　周申绪

　　周绍达

　　周孙锦

咸丰己未恩科　　周绍适

　　周启泰

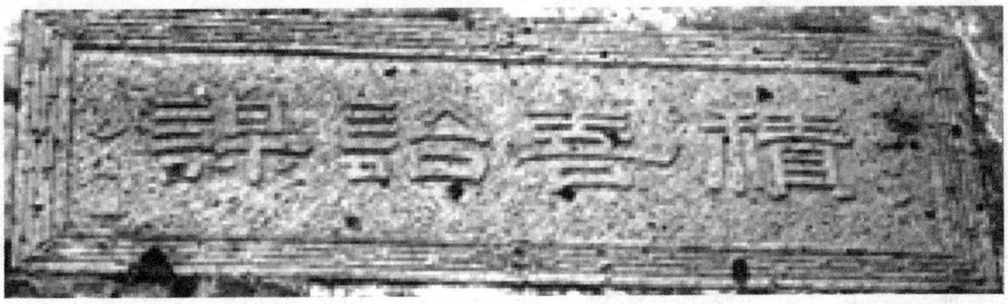

清国学大师俞樾为藏绿周氏所书门额

周氏宗祠内的匾

**藏绿周氏系图如下：**

敦颐→寿→伯逵→镳→迈→澄→铨→福→宪→届→社→务→暖→如砥→琪璋→廷扬→逊→祥→聪→仁→恺→熹→旭→廷琮(清三公)

恺→绍→曦→廷玠(清五公)

藏绿周氏宗祠

以整块青石雕刻而成的窗。流水盈盈之中，荷叶田田，荷花灿烂。

**附：清三公·藏绿坞·萃亲堂的传说**

藏绿的开基始祖周廷琮(清三公)于明正德十五年夏，从余姚老家向诸暨走来，想寻找一个新的安身立命之所。一天来到避水岭，站在五泄第一峰，只见诺大一个山坞，三面群峰环抱，中间溪流淙淙，这就是万绿藏一坞，别有小天地的藏绿坞。清三公见有如此一个好地方，便与妻子安顿下来。此后毕路蓝缕，惨淡经营，承德启志，光前裕后。清三公生有七个儿子，三十多个孙子，可谓人丁兴旺。清三公死后因一时没有找到一处被阴阳家称为的“穴”而一时没有下葬。几年后，一位“半仙”来到藏绿，到处察看，相中一处“宝穴”半山崖的一株大枫树下，并告知当家的，三天后的半夜子时三刻务要下葬。子孙们虽心存疑虑，但只得听从安排，按时将棺木抬至树下将棺木竖起斜倚在树上。果不其然，子时三刻刚到，只见晴朗的夜空一道 电光闪过，紧接着一个霹雳从天而降，一声巨响，三人合抱的大枫树竟被连根拔起倒向崖下，留出一个大洞，靠在树上的棺木刚好落进洞中，树根掀起的泥土正好落下，盖住了棺木，还垒出了一个高高的坟头。整个过程：怪、奇、巧、神，这正如人们传说的天葬一般。正因为这天赐的风水，使周氏族人兴旺发达。于康熙已未年在又一有名的风水宝地-金畚斗与铁扫帚间建成了规模宏大的周氏宗祠-萃亲堂。前有上下两道地，立二根高墩旗杆，八根平地旗杆，祠堂左抱义学右抱义仓。此后更是大发，仅在清代，就出了进士四名，举人二十三名，岁贡生十余名。祠堂中厅悬挂朝庭旌表匾额有：传旨嘉奖、一门四捷、父子同科、急功勤事等等，最多时达九十六块，足见周氏一族之风光。

藏绿周氏重文重教，据杨士安先生考证，至民国时期，藏绿一村竟办有七所小学，其中清大学士周钟雅因办学有功，民国7年(1918)大总统徐世昌曾题：“敬教劝学”匾额，并授于一等金色“嘉祥章”以示嘉勉。

藏绿周氏重建筑,从乾隆年间开始的二百多年里,建造了以堂名命的高台门:光霁堂、敦本堂、存厚堂、佑啓堂、乐循堂、福基堂、頣吉堂,有三开三进的,三开五进的不等。

周师濂的《登避水岭入藏绿坞诗》:"出行四十里,平平无奇境;忽登第一峰,亦云避水岭。高不类百寻,蟠曲摩松顶;如带围众山,斜阳纳秋影。下览盘谷中,寒烟生灶井;万绿藏一坞,清翠扑衣冷。别有小天地,室庐与之静。主人期我来,来亦惠然肯。"

五泄风景区第五洩石刻

## (二)迁徙村落

### 泄下村周氏

泄下村位于五泄镇的西南部,距离集镇3公里,距城17公里。全村面积7平方公里,由泄下和前泄两个自然村合并而成为红枫岭行政村。该村三面环山,空气清新,风景秀丽,现有常住人口1000多人。周姓占50%左右,其余有赵、陈、杨、王、朱、曹、江、寿等多姓分居于各自然村落。东临塘头,南接西皇,西连前泄,北毗前杨、藏绿。

红枫岭的村子虽不大,却山清水秀,叠嶂、飞瀑、桃林、梅花等美景令人流连忘返。

著名诗人俞强《游红枫岭》诗:"弯路上山隈,峰高霭绕台。稻香幽谷馥,岩陡菊花开。农屋临长壑,邻窗闻旧醅。苔墙融黛色,池影鉴心来。"

《读周氏藏绿家谱有感》诗:"莲开万籽见渊源,周氏姚江客上门。黄堡坞村看族宝,荡家山麓证宗根。明朝正德离桑梓,胜地三才荫子孙。五十余册藏绿谱,捧来恭读感延恩。

**题红枫岭村**

爱莲亭中饮灵泉,野鸭塘岙探春梅。

车罗蛤宝迎碧丝,红枫谷口朝阳葵。

昔有周公疑桃源，而今驴友羡山水。
莫道东白有晨曦，西青暮霭更生辉。

（诸暨旅游局杨理光）

红枫岭泄下村周氏主要分布在三个自然村。

(1)**黄包坞周氏**。该自然村全部为周姓，始迁祖为藏绿始祖周廷琮五世孙周应麒，行敬七十二，于明万历年间从金锭畈迁居，部分人分迁溪右埂弄口、大唐合溪口、慎村、横山庙蔡家和临安长前乡小源里石塘村等地。现在人口除分迁外地外，约50余人。

黄包坞周氏村前的爱莲亭

**黄包坞周氏字第**：同藏绿周氏字第。截至2015年度最新字第为"培"。

**黄包坞周氏系图**：廷琮→源→文十→德恩→应麒→

(2) **石山下周氏**。始迁祖为藏绿始祖周廷琮七世孙周子明，排行能三，于明万历年间(1573—1620)从藏绿前山迁此居住，现常住人口约170余人。

**石山下周氏字第**：同藏绿周氏字第。截至2015年度最新字第为"汉 "。

**石山下周氏系图**：廷琮→清→大有→德盛→应象→国富→子明

(3)**野鸭塘周氏**。出自周敦颐次子周焘一脉，属梅山周。现在人口约230余人。

## 霞庄村周氏

此地原是一片大枫树，树上鸦鹊窠甚多，建房于鸦鹊窠下，渐为村落，故原称鸦鹊窠下。清乾隆年间，杨六甫在此建立田庄，名为下庄，后改名霞庄。位于诸暨西面，距城14公里。镇政府驻地正北 1 公里，现属江滨行政村，主姓周。2002 年年底统计，全村有 117 户，321 人，耕地 191 亩，山地 411 亩，村宅聚落呈长蛇形。东邻合马公路，南连五泄江，西隔山与溪右相连，北毗黄道坞弄。

明万历年间（1573—1620），藏绿周氏始祖清三公四世孙德高公自藏绿分迁居此。德高公配杨氏，生四子：应礼、应智、应信、应球。

**霞庄村周氏字第：**同藏绿周氏字第。截至 2015 年度最新字第为"汉"。

**霞庄村周氏系图：**

廷琮→渊 →文十四→德高→应球→昌祖→惟新

另有一支于清咸丰朝从藏绿上村迁入：廷琮→清→大成→德化→应瑞→高岐→嘉实→绍潜→堪→济美→熙

## 塘头村周氏

塘头位于诸暨县城西面，距城 15.5 公里。距镇政府驻地 1.5 公里，属塘头行政村，主姓周。2014 年年底统计，全村有 140 户，430 人，耕地 250 亩，山地 450 亩，村宅聚落呈长方形分布。东邻官塔，南靠青山水库，西接黄包坞，北毗前庄畈。

明万历年间（1573—1620），由藏绿始祖清三公三世孙文十公分居于金锭畈，生三子，德福、德敬、德恩，次子德敬生三子应鸾、应衢、应彪。应鸾后迁居后泄为后泄始祖。应衢、应彪分居于金锭畈下游一池塘的两头，故名塘头，应衢、应彪为塘头始祖。

**塘头村周氏字第：**同藏绿周氏字第。截至 2015 年度最新字第为"镐"。

**塘头村周氏系图：**廷琮 →源→文十→德敬→应衢、应彪→

## 后泄村周氏

因村前有一瀑布，瀑布以上有一村名前泄，当地土名又称瀑布为泄，故取村名为后泄。位于诸暨县城西面，距城 18 公里。镇政府驻地西南 3.5 公里，现属五泄行政村，主姓周。现全村有 60 余户，160 余人，耕地 103 亩，山地 695 亩，村宅座落于山岗缓坡，群山环抱之中，环境优静，景色宜人。

明万历年间（1573—1620），藏绿周氏始祖第五世孙应鸾公，行敬四十五，自金锭畈迁居于此，应鸾公为后泄始祖。

**后泄村周氏字第：**同藏绿周氏字第。截至 2015 年度最新字第为"培"。

**后泄村周氏系图：**

廷琮 →源→文十→德敬→应鸾→

## 前庄畈村周氏

前庄畈村，原是前庄屋，后改名为前庄畈。位于诸暨县城西面，距城 14.5 公里。距镇政府驻地 1 公里，属前庄畈行政村，主姓周，另有杨、陈等姓。 2014 年年底统计，全村有 232 户，600 人，耕地 360 亩，山林 1100 亩，村宅呈长方形分布。东靠游马山，南临塘头，西接王间山，北与狮象毗邻。

该村另有马鞍山周氏，由藏绿周氏从藏绿分居而成村落，因村边有一小山形似马鞍而得名。

始祖在清初，由藏绿始祖子孙周遂庵，周云溪兄弟从藏绿分居于此。

**前庄畈村周氏字第：**同藏绿周氏字第。截至 2015 年度最新字第为“培”。

**前庄畈村周氏系图：**廷琮→清→大成→德化→应瑾→圣岐→梦彪→殿禄→源冲(遂菴)…

## 横头店周氏

横头店属五泄村上朱村，位于诸暨城区西面，距城 15.5 公里，东临下朱、藏绿，南与前杨、野鸭塘相接，西连里石坞，北毗埂弄口、溪右。双金线穿村而过，周姓人口约 100 人左右。

横头店周氏，由藏绿始祖清三公第十二世孙周玉瑞，行耀一千零六十四，于光绪年间从藏绿迁居于此。

**横头店周氏字第：**同藏绿周氏字第。截至 2015 年度最新字第为“镐”。

**横头店周氏系图：** 廷琮→清→大成→德化→应璋→绍岐→曰显→永征→成章→汝鹞→以桂→玉瑞→

## 溪右埂弄口周氏

埂弄口原属溪右村，现属五泄行政村。埂弄口周氏，因 2005 年左右“神鹰颐明园”项目，整体搬迁至溪右村。五泄村包括：后泄、上朱、下朱、前杨、溪右 5 个自然村。位于诸暨市西部，距市中心 20 公里，距五泄镇政府 1 公里。北与溪右相连，东隔五泄溪与下朱相望，南和上朱相对，西接徐家山下。2016 年有周姓人家 30 户，计 90 人。

溪右埂弄口周氏，由藏绿始祖清三公六世孙周圣祚，行贤一百五十三，于清顺治朝(1644—1661)从黄包坞迁居于此。

**溪右埂弄口周氏字第：**同藏绿周氏字第。截至 2015 年度最新字第为“镐”。

**溪右埂弄口周氏系图：**廷琮→源→文十→德恩→应选→圣祚→

## 珠稼坞周氏

次坞镇珠桥村珠家坞自然村，位于诸暨北部，距城关 25 公里。东南接丁桥村，南临大桥村，西靠溪埭村，北望红旗村。目前有周姓约 15 户，外迁嘉兴、萧山、上海、诸暨城内 10 余户，总计百余人。

周青萼(1801—1863),排行桢五百一十四,字承辉,号棣园,清邑庠生。原籍诸暨十四都(今五泄镇)藏绿坞,他先娶孝义乡吴子里(今为东白湖镇雄踞村)吴氏为妻,道光丙戌(1826),夫妻俩生下了一对孪生儿子:周绍达、周绍适(同治间相继考中进士)。道光间徙居次坞镇珠家坞,继娶俞氏,生锡、埜、瑩、渠、稼、涵(耀)。

**珠家坞周氏字辈:**同藏绿周氏字第。截至2015年度最新字第为"培"。

**珠家坞周氏系图:**

廷琮→清→大成→德化→应瑾→圣岐→萝彪→殿孝→源滨→本→青萼→绍达、绍适、锡、埜、瑩、渠、稼、涵

## 寨头村周氏

寨头为诸暨、富阳交界处之要隘,元时曾驻巡检 司。清代,于此设"长青寨",为头关要隘,因此得名寨头。今有寨头村。孟姓祖先秀武公自300多年前从应店街十二都上应始迁定居,继有俞姓、周氏等聚居成村。位于诸暨市城西北面18公里处。东靠原应店街公社庙后,南通里旺,西邻五云,北连莱坞。

藏绿周氏民国3年(1914)续修宗谱记载:清三公六世孙国瑞,行贤八百八,于明崇祯年间迁居寨头,为寨头始迁祖。

寨头周氏其谱原同藏绿周氏合谱,2013年第一次单独修谱,由十一世孙应苗担任主编。

**知名人物:**

周应苗(1962—),天源会计师事务所董事长,高级会计师,入越中名人谱。为中国轻纺、三力士、内蒙古四海等上市公司独立董事。绍兴市政协第五届、第六届政协委员。绍兴市越城区七届人大代表。关心家乡公益事业,捐资修桥铺路和修谱等。

周海英(1968—)主任医师。

周信忠(1965—)曾任广西隆安县县长。

周柳华(1983—)主任医师。

**寨头村周氏字辈如下:**

寨头村周氏字第同藏绿坞周氏同藏绿坞周氏字第,至2015年年底最新字第为"培"。

**寨头村周氏系图如下:**

廷琮→清→大成→德广→应勳→国瑞→

## 扎箕坞村周氏

扎箕坞村周氏,由藏绿始祖清三公十二世孙耀千三十七周林瑞,于清同治间迁居十都塔基坞(扎箕坞),为扎箕坞村周氏始祖。扎箕坞村位于诸暨市西北部,距市中心20公里,东南靠扎箕山,西连石弄坛山岗,北接茅大线即315县道。

林瑞公生五子：和庆、和唐、和金、和奎、和法。其后裔分迁杭州、富阳、五泄泄下、阮市述塘下、店口镇江东社区张姜坞自然村。扎箕坞村周氏现有15户，60余人。

何奎子钜年于新中国成立前，由扎箕坞迁居店口镇江东社区张姜坞自然村。钜年生二子：元通、元苗。元通生二子：建锋、张锋。元苗生一子：周锋。

**知名人物：**

周张锋(1977—)，2000年毕业于厦门大学海洋与环境学院。博士，正高级工程师。中国科学院福建物质结构研究所煤制乙二醇技术攻关组副组长。已发表SCI论文20多篇，其中以第一作者身份共发表SCI论文7篇，申请中国发明专利10项，授权发明专利5项。

**扎箕坞村周氏字第：**同藏绿周氏字第。

**扎箕坞村周氏系图：**

廷琮→清→大德→德恒→应豪→养元→子源→惟圆→文林→明行→佩元→林瑞

扎箕坞村电子图

## 郦村周氏

暨阳街道浦阳新村郦村自然村，东为大学城，南邻王家堰，西靠浦阳江西江，北接九江庙。现有周姓220人左右。

藏绿迁入郦村的周氏有二支：

(1)五泄藏绿周氏文二十公恭廿七公派，圣四百六十七存茂公，于乾隆间由五泄上朱迁居大蠡湖(郦村)，称老周家。

(2)五泄藏绿周氏文十八公恭廿四公派，圣三百二十邦闻公派下，桢四百四十八福明公，于道光间迁居大蠡湖(郦村)，称新周家。

**郦村周氏字第：**同藏绿周氏字第。

**郦村周氏系图：**

(1)老周家：廷琮→滔→文二十→德裕→应求→国元→孟章→维圣→存茂→

(2)新周家:廷琮→清→大德→德至→应聘→士宰→伯详→乾若→邦闻→

**知名人物:**

周长贵(1925—1943),抗日战争期间,江苏宿迁牺牲,烈士。

周巨星(1925—1946),中共党员,解放战争期间,山东鲁南地区牺牲,烈士。

周小明,部队副团职转业,参加过云南边防保卫战,立三等功一次,现在杭州市纪委工作,正处职级。

## 曹岭脚周氏

曹岭脚原是张义坞村下属的一个自然村,距诸暨市区 12.5 公里,距镇政府驻地 3 公里。村四面环山,座西朝东,北靠锦家山,隔山与梅山相邻,西面是飞龙山脉。飞龙山与锦家山之间是曹岭。东面是曹岭周氏的主要通道。

藏绿周氏第七世孙子珍,行能九十四,字体仁,于顺治间从藏绿村徙居十八都曹岭脚管理庄园(当时藏绿村有庄园在曹岭脚)。为曹岭脚始祖。配杨氏,生二子:永生、永义。

**曹岭脚周氏字第:**同藏绿周氏字第。

**曹岭脚周氏系图:**廷琮→清→大德→德奇→应高→士顺→子珍→永生、永义→

## 冯村周氏

据传:明末戚氏祖先从东阳迁此定居,因原居冯姓绝族,为纪念冯姓祖先,故仍名冯村。冯村位于诸暨市西面,距城约 10 公里。东接戚家市,南至上王水库,西靠马店,北连后大村。系丘陵地区。现属行政村,总人口 980 人,周氏 170 人左右。

清朝时藏绿周氏第九世孙周正详从藏绿迁入。

**冯村周氏字第:**同藏绿周氏字第。现最新字第为"汉"。

**冯村周氏系图:**廷琮→清→大德→德泰→应试→国长→承美→绍元→正详→

**知名人物:**

周天先(1943—),藏绿周氏第十五世孙,历任镇人武部长,党委委员。

周　平,藏绿周氏十七世孙,苏州市人民法院副院长。

周育坤,藏绿周氏十七世孙,中化浙江地堪院院长。

周　松,藏绿周氏十七世孙,浙江地方建筑设计有限公司,中国二十冶集团设计院院长。

## 戚家市周氏

据传:在 530 年前,戚氏祖先从东阳徐家乐来此定居,从事农业,兼营商业,形成一个小集市,故名为戚家市。太平天国时,虽遭烧毁,而村名不变。位于诸暨市区西面,距城 9 公里。东接楼家,南连骆家,西至冯村,北毗后大,系平原地区。现属柱峰行政村。人口 700 人,其中周氏人口 150 人左右。

清康熙间,藏绿周氏第六世孙周骏夔从藏绿迁此,为戚家市周氏始祖。

**戚家市周氏字第**:同藏绿周氏字第。现最新字第为“培”。

**戚家市周氏系图**:廷琮→清→大成→鼎→涓清→骏夔→

**知名人物**:

周纪福(1966—),藏绿周氏十五世孙,新昌县司法局局长。

周纪荣(1968—),藏绿周氏十五世孙,解放军部队团级转业丽水工作。

周立军(1967—),藏绿周氏十六世孙,解放军部队正团级干部。

周伟浩,藏绿周氏十六世孙,诸暨市招办主任。

## 五泉庵上和坞周氏

五泉庵上和坞属草塔镇灵水行政村,位于诸暨市西面,距城区 12 公里。东邻草塔上史畈,南接杨家楼,西隔山与十四都相连,北临合马公路,系丘陵地区。五泉庵上和坞周氏现有人口约 50 余人。

清乾隆朝藏绿周氏第十一世孙周家球从藏绿迁入,为五泉庵上和坞周氏始祖。

**五泉庵上和坞周氏字第**:同藏绿周氏字第。现最新字第为“镐”。

**五泉庵上和坞周氏系图**:廷琮→清→大成→德化→应瑾→圣岐→梦熊→殿翰→源清→恒安→家球→

## 丰周(丰坞)周氏

应店街镇丰周村丰坞自然村,位于诸暨五泄风景区北门,北接紫阆村。旧属富阳县长春十四庄,俗称“响天岭里”,1956 年 10 月划归诸暨。

以境内永丰庙和东坞庙,各取一字名为丰坞。至 2015 年,有藏绿支周氏后裔 20 余户,其中迁广西南宁 3 户,河北保定 1 户,近百人。

据家谱记载,藏绿周氏(玉和公派三房)第八世祖周志廉(1719—1810),行英四百四十二,字宗茂,恩赐九品顶戴,卜葬富邑长春十四庄坐字 2472 号山,土名希坞口(即今丰坞自然村西坞口),其长子周永福(1752—1835),行圣五百八十,为守父墓,于清嘉庆时(1815 年前后)迁居丰坞。周永福为丰坞周氏始迁祖。丰坞周氏其谱原同藏绿周氏合谱,2015 年,由该支外戚俞广平主编,第一次单独修编支谱。

**丰周(丰坞)周氏字辈**:同藏绿周氏字第。截至 2015 年度最新字第为十八世“培”。

**丰周(丰坞)周氏系图**:

廷琮→清→大成→鼎→官治→骏勳→学英→志廉→永福(丰坞周氏始迁祖)→夏椿→朱煊→肇求→奎详→钜才→圭昌、桂林(保安,迁广西南宁)、宝兔(保土、桂木)、宝有

→钜元→有水、有灿(友灿)

## 清三公派下子孙散住外省外县外乡地址一览表

**清三公二房钦九公文六公派**

敬九十三应亨公,住后墩头,明万历朝。

**清三公三房钦十公文八公派**

恭六德宏公,住野鸭塘,明万历朝。

恭六公派敬三应良公,住野鸭塘,明万历朝。

恭十二德新公,住野鸭塘,明万历朝。

恭十二公派敬十六应兆公,住野鸭塘,明万历朝。

恭十二公派敬五十一应名公,住野鸭塘,明万历朝。

以上现无人

**燿四百五十五廷赞公派**

奎七百四十三如贤公子钜兴,住平湖,弟钜扬、钜忠,子侄承校、仁肖、仁佩。

**燿七百八十三其年公派**

奎一千二百七十三瑞鹤公,住上海,子筱鹤。

**燿一千三百四十二珊喜公长子**

奎一千零六十八绍贵,住江苏吴江县坛坵,子裕泰、金奎。

燿一千一百七十三敬爻公,由埂弄口迁住于潜县长前乡小源里石塘村,清咸丰朝,现在子贵麟,孙炳火、荣根、荣富、钜财。

奎七百九十七德茂公,由埂弄口迁住横山庙蔡家,清光绪朝,子闰六、钜良、钜炳,孙汉林、汉文、汉生、汉泰、汉鳌、汉财、汉详。

**清三公五房文十一公敬十公派**

贤同五国安公,住三都马湖堰,明万历朝,现在无人。(外姓继子)

**清三公六房文二十公恭二十七公派**

奎四百零四德生公,由大蠡湖迁住马湖堰,清道光朝。裔孙钜鳌,一名钜堂。

**文十二公恭十一公派**

圣二百三十九凤岳公,住萧山十一都塘头,即洪家塘头,清雍正朝。裔孙邦汉、邦达、邦法、邦福、邦良、钟法、周宝、长法、钜标、钜鳌、海清、水鳌、钜龙、钜胜。

**文十二公恭十一公派**

圣五百二十凤翔公,住萧山十二都楼家塔,清乾隆朝。裔孙国贵、富燿、锡麟、维藩、锡恩。

**文十二公派**

能二十三子英公,子尚麟,住萧山河上店,明崇祯朝,现在无人。

**文十二公派能六十五公派**

英二百十六世隆公,住萧山龛山爪里九塘墩,清康熙朝。裔孙永贵、永昌、永盛、永兴、永文、永华、永福、燿良、燿庆、燿明、念山、念思等。

**文十八公能三百二十七公派**

英四百九十三良杰公,住富阳珠坑,清雍正朝,裔孙育侯等。

**文十二公派**

奎二百七十三锦法公,住萧山龛山中街。子强仁、金仁,孙宝贤、宝泉等。

**文十二公二房派**

淳三十九大林公,住富阳栖鹤十三庄小章村山头坞口,清雍正朝。裔孙金财、燮廷(即阿牛)、阿根、雪田。

**淳三十九大林公派**

奎一百四十三伯森公,由小章村山头坞口迁住富阳栖鹤十三庄横槎,清道光朝。子洪顺,孙金银。

**文十二公派**

奎四百四十四学海公,住临安县城内庙弄。子钜善、钜品、钜藩,孙元兔、元富、元水。

**文十公恭三十二公派**

桢一千一百三十六佳木公,由后泄迁住嘉兴濮院镇,清道光朝。裔孙邦瑞、奎荣。

**文十公恭三十二公派**

奎六百九十七朝圣公,由后泄迁住临安县,清。子维新。

**文十二公派**

能三子明公,住石山下,明万历朝。钜字至煜字止共计50余人,不及备载。裔孙详元等。

**文十二公派圣四瑞球公派下**

燿三十九再春公,由石山下迁住苏州,清道光朝。

奎三十贵发公,奎五十一贵有公同住,现在子斌森。

**文十八公大房**

淳一百四十八正大公,住富阳栖鹤十四庄颜家桥,清乾隆朝。裔孙明槐、钜恒、钜云、钜华、钜富、钜贵、钜河、钜海、钜松、源瑞、源忠等。

**淳二百零九庭松公派下**

奎二百五十五淋德公,住杭州宗阳官,子钜品、树彬、钜河。

**文十八公派**

**桢二百零五宝远公派下**

燿三百三十六伦贤公,住留霞庄,现在子肖云、炳云、钜波、南鹤。

燿八百七十五章星公,住十八都梅山,现在子洪清、洪福、洪富、洪玉、洪道,孙钜品、钜桐。

奎四百二十七鼎兴公子,钜三百七十六子铨公,住杭州清波门外钱玉祠旁,子易照。

奎四百七十三林森公子,钜六百四十四福荣公,住杭州江干闸口。

奎五百三十三源兴公子,钜八百一十五钜宣公,住杭州新市场。

奎四百二十七鼎兴公次子,钜六百九十八钟衡公,住杭州艮山门外三里路地名尧典桥,街市有财神庙旁,子亦樵。

奎六百八十二永兴公子,钜七百八十八钜栋,住杭州。

**文十八公二房派**

能九十四子珍公,住十八都曹岭脚,清顺治朝。裔孙泰海、秋水。

奎一千零三十六得仁公,住十都上石堰头,子钟模、忠根。

**文十八公三房派**

圣八十五正详公，住十五都冯村，奎字至煜字止共计30余人。裔孙炳泉等。

**文十八公四房**

英五百零七秉孝公，住富阳珠坑，清雍正朝。裔孙森泉奎浩炳富（即相根房派），

圣五百零九允礼公，住富阳江家，清乾隆朝。奎字至源字止共计20余人。裔孙发详等。

桢一千零八十八岐滨公，住富阳珠坑，清雍正朝。裔孙炳钱、奎顺、奎尧。

桢一千零九十三岐源公，住富阳珠坑，清雍正朝。裔孙树根、树朋、奎荣、奎标、奎枚。

**文二十一公大房**

圣二百十七继豪公，住十七都大地塔，亦寨头派，清乾隆朝，裔孙章法、章信、秋水、春山、春安、满水、春水、金松、金海、春华。

燿一千零四十三富潮公，住富阳县桐形坞，清道光朝。奎字至源字止共计20余人。裔孙汉良等。

恭二十四公派敬四十七应召公，住大山麻车，明万历朝。裔孙钟鲁、立忠、立钏、枫达、钜洛、钜达、伯焕。

应召公派下桢二百七十二东山公，由麻车迁住萧山临浦后霸头，清道光朝。裔孙元吉、元春、辅廷。

能一百二十八令仪公，住上朱，清顺治朝。

燿一千二百零三富润公，由富阳桐形坞迁住临安县孟坞，清咸丰朝。裔孙汉立、汉炳、林木、林水、林彩、林高、根泉、智泉、源忠、源松。

奎四百七十三淋生公，子钜六百四十四福荣公，住杭州江干闸口。

**恭四十四玉和公二房**

燿五百八十五长民公派，奎五百七十一寿相公，住紫草坞。

燿一千二百三十六寅光公派，奎一千零七十四亿中公，住苏州坛坵。子吉详、瑞详。

奎同六百一十三奎标公派，钜八百二十二昌福，住十三都里蒋。

奎六百九十九炳泰公，住侯村街，现在子寿聪、寿法、寿廷、寿泉、孙铺福。

奎八百二十七文清公，子钜樶，住十都山湾，现在无人。

奎八百五十九福缘公，住杭州天竺。子寿达、寿林，孙伯灵、伯勇、伯益。

奎一千四百零一康殿公，住杭州。子才富、钜金。

**恭四十四玉和公三房**

贤一百四十骏德公，住上朱，清康熙朝。裔孙来信、来尧、金钱。

英四百零六龙光公，住富阳义岭后厚潘坞，清康熙朝。裔孙钜麟、钜唐、金田、金法、生才。

圣五百零八永福公，住富阳紫阆响铁岭里下山坞西坞，清乾隆朝。裔孙奎详、钜才、钜元、钜福、圭昌、桂林、宝兔、宝有、有水、有灿。

燿一千三百九十九详纽公，住浦江西畈庄，子奎南。

燿一千四百四十三详清公，住浦江平窑陇，子奎栋、奎桐、奎梁。

**恭四十四玉和公小房**

贤一百四十九骏夔公，住十五都戚家市，清康熙朝。奎字至源字止共计20余人。裔孙炳煌等。

桢二百七十九圣林公派，燿一千零二十七继昌公，住浦江崧山，清道光朝。裔孙奎廷、渠榴、金海。

桢五百零八岳信公派，燿九百六十二建朝公，住上朱，清咸丰朝。子奎相。

**敌四十公派**

贤一百四十三一选公，住徐家山下，明崇祯朝，现在无人，

**敌七十九公派**

桢四百三十七熙公，由上村迁住罗山霞庄，清咸丰朝。裔孙鸣皋、兆桢、钜俊、钜彦、钜烈、圣钚、殿鑫、殿抡、殿鉷、德卿、德和、德材、德唐、德钟。

桢七百一十六文彬公，住富阳杨家坞口，清同治朝。裔孙声铭、凤池、凤沼、奎松、奎义。

燿二百一十君公，住道坞杨家畈，桂荣、钜照、高相、亭灿、如金。

**燿二百十六燿明公派**

奎四百七十七奎玉公子，钜五百六十一钜金，钜八百五十六钜圭，住石蟹现住马家。

燿四百二十六鼎公，住五泄铁崖坪，清咸丰朝。孙钜广、如法、如有、如富、如成、元朝、风朝、枫浩、枫月、兔耀。

燿一千零五十二周南，住浦江洋塘，子奎福、奎寿。

奎一百七十四瑞玉公子，钜一百一十八长贤公，住新爿塔。子长尧，孙元德、枫培、枫水。

奎一百九十七日章公子，钜七十五富明公，住新爿塔。子源根，孙信校、信标、信招。

奎六百零四志坛公，住余杭县宝林桥头，子钜汉。

**敌八十一公派圣三百九十五克俭公派下**

燿八百一十六瑶位公，住上朱，清顺治朝。孙治森、土森、枫森。

桢八百八十三以顺公派，燿一千零二十九丙桂公、一千二百八十三丙荣公，同住上朱横家，清咸丰朝，奎字至源字止共计20余人。裔孙连堂等。

燿六百零二玉志公派，奎七百七十四性渠公，住十五都慎村。子炳福、银福、全福，孙士煜。

燿九百零四玉德公派，住正二都里山房。子兴富、兴发、兴备，孙纪福、纪禄、纪茂、纪洪、纪均、纪琏。

**敌八十三公派**

贤一百五十七海胜公子，天寿，住萧山高杜，清康熙朝，现在无人。

**清三公七房钦十七公小房敌一百零四公派**

贤一百五十一天翼公大房素瑞公、二房飞渭公派

桢三百零八家球公，住上和坞，清道光朝。裔孙钜生、钜栋、钜潮、钜法、周炎、永善、永久、永达、永详、永鉴、永波、永标、永仁、永铨、钦藩。

**贤一百五十一天翼公三房飞云公派**

淳三百四十三廉安公，住溪右庙横头，清嘉庆朝。裔孙文信、茂详、茂仁、茂根。

燿三百十七成虎公派，奎九百五十二陛阶，由溪右迁住绍兴下方桥，清，子钜樵、钜昌，孙荣安、荣轩。

**贤一百五十一天翼公四房睦堂公派**

**能三百三十二睦堂公派大房**

**英四百三十五醇庵公派下**

燿二百九十五健庵公派，奎二百五十二沁浦公入籍直隶清苑县，清同治朝。子之骧、之驎，孙宝璐，曾孙士藩。

燿四百九十二屏山公派，奎三百二十一鄂友公前住江西，清光绪朝。孙元瑞、元福、元谷，曾孙友荪、友楣、友如住上海。

奎，鄂友公次子，钜四百四十六钜灌公，住平湖县，清光绪朝，子元兴。

奎，奎亨公，住塘谷，清光绪朝，奎离公子钜琳入继。

钜，钜谟公，住杭州，清光绪朝。子锡璿、锡璜，孙伯埙、伯龄、福欢、祖岐、祖华、祖寿，曾孙煜龙。

钜，钜濬，住四川，清光绪朝。子树敏、树声、树本。

钜，钜康，住黄岩县。子宝瑜、宝琦、宝珍。

钜，钜良，住杭州直广福路。子祖洛。

源，宗达，前住北平。子森晓。

源，宗士，前住北平。

**能三百三十二睦堂公派二房**

**英四百六十二坦翁公派下**

燿，子牧公，住山海关外锦州，清光绪朝。子毓康，光绪三十四年五月辰(周铭辰)游锦州，母子会见一次，彼时毓康年才七岁，在初小学读书。

桢四百零五青藻公，住杨家坞，清道光朝。孙芳荣，曾孙燧槐、锡详。(是醇庵公大房派，误列在此，录者注告)

燿，韬庵公，住杨家坞，清光绪朝。子奎武、奎麒，孙钜元、钜法。

燿，恒钜公，住杨家坞，清光绪朝。孙钜恢、钜本。

燿，慕祖公，住杭州，清光绪朝。子景树，字懋堂。

燿，蓉江公，住江苏崑山县，清光绪朝。子祖谦、祖润、祖武，孙钜范、钜笙。

**能三百三十二睦堂公派小房**

**英四百八十七一堂公大房**

**圣五百五十二遂庵公派下**

淳五百零八星查公派，桢三百三十六谷山公迁住绍兴直落施，清道光朝。裔孙兴家住上海。

淳七百十一未庵公入籍嘉兴府嘉兴县，清道光朝。裔孙少逸、持侯、兆详、杞、颐年、福堃。

桢七百零五立庵公派燿一千二百八十八又立公，燿一千三百六十希郊公，住湖北营口箭道巷，清道光朝。裔孙庆崇。

燿，止轩公，住江苏昆山县，清光绪朝。子铭德、铭峻，孙永美。

奎，庆彭公，住贵州，清光绪朝。子启彤，孙祖安。

奎，庆祺公，子富生，同住湖北沙市，清光绪朝，现在无人。

奎，庆琛，住贵州，清光绪朝。

奎，泉庄公，清光绪朝。子浙元、洪元。

奎，钦衷，住诸暨县城内。

奎,劭甫,住南京城北祁家桥,子永衔、永熙,孙树福、树慧。

奎,政文,住九都次坞。

奎,政良,住上海浦东。

钜,聘三,前往福建,清光绪朝。现住上海南市会馆码头街承善里,子铮、珪、浒。

钜,俭济公,前往福建,清光绪朝。子树棠,孙翼谋,现住上海。

钜,笠城,住福建,清光绪朝。子寿籛。

钜,国柱,住杭州,子嗣昌、嗣卓、嗣良、嗣根。

钜,宝柱,住杭州,子嗣焕、嗣坚。

钜,引达,住杭州直广福路,子树荣。

钜,引庭,住南京。

**英四百八十七一堂公二房**

**圣六百一十六鲁安公派下**

淳八百七十四宛生公,住十一都留霞庄,清光绪朝。

桢一千一百二十秋舫公,孙士泽。

桢一千一百六十三厚庵公,子容实,孙士钧、士铠、士钟、士铮。

桢一千零七十二少宛公,孙继绪、缵绪。

燿,听祖公,住嘉兴石门县洲泉镇,清光绪朝。子奎荣。

奎,建元公,住江西,清光绪朝,现在。

奎,调元公,住三都白墙头郦家,清光绪朝。子钜睦,孙粹华。

奎,允成公,住于潜县。子立人,孙颂模。

奎,士达,住于潜县。子国钧、爻本。

奎,士瑞,住,子爻昌、爻盛。

奎,士杰,住,子爻璋。

**英四百八十七一堂公小房**

**圣六百七十六云溪公小房派下**

燿一千二百十四康生公,住枫桥,清光绪朝。子钟毓、钟球,孙永章、永法、永定、永乐。

奎,绍相公,住甘肃,清光绪朝。子逢干(一名逢时)。

奎,绍隆,住上海老龙花西街,子达富、锦富、协宣。

奎,聪元公,住四川。子骥锐、骥成。

奎,冠廷,住杭州。

奎,铨元,住杭州,子骥枥、骥凌。

奎,品三,住上海,子永楙。

奎,济民,住南京,子永明、永讪。

奎,季煌,住南京,子重暨。

奎,钟瑞,住天津,清光绪朝,子。

奎,钟□,住苏州吴江县北埭一号,子望元。

钜,汝楙,住南京,子尔棠、尔棣、尔梁、尔荣。

钜,汝沖,住上海,子策群、立群。

钜,汝翼,住北平,子燕生。

钜,汝钺,住北平四牌楼钱粮胡同十一号。

钜,钦宣,住淳安县城内,子从騄。

钜,焴宣,住上海虹口周家嘴路,子从驿、从立。

钜,兰泽,住诸暨县城内。

钜,震泽,住诸暨县城内,子椿源,孙森修。

钜,振叶,住杭州海月桥里街,子元恺。

钜,振华,住杭州武林车站。

**清三公七房钦十七公小房敌一百零四公派**

**贤一百五十一天翼公小房,素顺公派下**

奎六百三十八尚志公,住萧山。子钜钦、钜汀、钜泽,孙保禄。

奎一千二百九十八丽章公,住上海南车站。子祖彦。

钜四百零九钜安公,住上海腊非德路雷弥路,子宝华、宝海。

钜五百九十四钜洋公,住汉口,子建忠。

**清五公派**

淳九百一十新福公派,住宣河埂顶,有住平塔头守墓。

桢一千二百零二富德,燿连入继卒。

桢一千二百零六长法公,子见后燿第。

桢一千二百零八长森公,子见后燿字第。

燿一千四百八十四燿有公,

燿一千四百八十八瑞有公,

燿一千四百九十金有公,一名良有。

燿一千四百九十三沛有公。

## 二、焘公孙靖后裔

### (一)紫岩周氏

焘,字通老,号次元 生于宋嘉佑七年(1062)壬寅九月十二日午时,初以父荫补太庙斋郎,登元祐三年(1088)李常宁榜进士,初任司法通判,六年,以中奉大夫宝文阁待制,知成都府,授朝议大夫徽猷阁待制,赠通奉大夫,并居江州德化县事。淳熙已亥刻公《像》于右,并《太极图》《通书》于版。遵父命归营道故里守祖父仁公辅成墓。娶宏氏,恭人,生三子:缜、絪、蕴。殁建中靖国元年辛巳(1101)八月十三日申时,葬营道县营乐乡楼田神岭之茔。

全宋文卷二七九二　周　焘

## 乞添差教授依見任正官教授給職田奏 政和六年十二月三十日

伏見諸州教授合給職田，多是無田可給，所在州軍縣各將闕官職田租稅課給見任教授。契勘本州添差教授一員，所管職事等與見任正官一同，其合得職田，未有許給明文。欲乞將添差教授依見任正官教授給職田法施行。（宋會要輯稿）職官五八之一八（第四册三七一〇頁）。

## 多寶佛塔記 元祐八年二月

杭州南新普向院僧月言，少喜技巧，得刻雕三昧。稍長爲僧，鍵其智不得發。元祐二年春三月，始造木塔於院之西偏，而成於四年冬十月。既成，龍井辯才法師爲全書《法華經》《龍女偈》置塔之中，而塔以閣覆之。塔之終始，悉出於言手，而工無與焉。蓋言之初嘗謂院之有浮屠，猶人之眉目，不可一日去之，而南新地小，院且無塔，欲爲之而未能。一日歎曰：「昔多寶佛於法華會中地湧寶塔爲一大事，而昧者徒知爲佛神通，能出示現，而不知夫一耳目口鼻之妙，能使百千萬億具足，成就發揚之巧者未嘗異也。佛以地湧，而吾以手化。以爲非幻則兩俱不實，以爲幻出則本出非幻。」乃相地擇木而經營之，運斤風旋，迎刃中繩，袖手睥睨，四旁無人，而人不能測其意。於是舍其樸而與人游

二七八

焉，起居周旋，雍容有餘而未嘗以語曉人，故雖其徒有不知者。閱兩歲有贏月，而塔出矣，其崇三十有四赤，爲層七址，廣六赤。重甍累瓦，枅櫨柢梠，錯出交映，蹲獸寶網，飛仙搖鐸，出入上下，如動如響。中爲佛菩薩，如其教意，其下爲海須彌山，魚龍神鬼出於海中，皆塗以金彩，眩奪人目。然後觀者知言之塔磅礴於胸中也久矣。平居休佚調伏悅樂，則發而出之爲佛菩薩悲愍之相；勇猛不退，剛決雄制，則爲鬼神威武之變。滂唾濡溼〔一〕，住不動之地；欣榮慕樂之意，見於葩華飛搖之間；心算交錯，會於起伏盤糾之勢；高廣大小，光祥開闔，一應於言之頻伸欠呿之中，而人不知也。後之至者款户而入形，不自名而人能名之，千變萬狀，安徐決驟，恍惚如神，而適與意會。佛菩薩鬼神一出，而所謂言則亦不能自得也〔二〕。嗚呼，亦庶幾佛之所謂善巧者歟，非耶？言與塔予皆未嘗接，而參寥師爲予道之，其本末如此，且求予記云。元祐八年二月一日。（咸淳臨安志）卷八五。又見道光（新城縣志）卷二一，民國（杭州府志）卷三八，民國（新登縣志）卷八。（以上沈治宏校點）

〔一〕「濡溼」句下，民國（新登縣志）有「化爲波濤不定之水，沈寂堅忍化爲」二句。

〔二〕「自得也」句下，右引書有「使求于言，則亦不能自知也」二句。

## 李格非

李格非，字文叔，濟南（今山東濟南）人。時方以詩賦取士，格非獨留意經學，著（禮記精義）十六

全宋文卷二七九二　周　焘　李格非　　二七九

1093年周焘为余杭普向院撰《多宝佛塔记》

绹，行二，字庆和，又名朝俊，后奏改名彝。以父荫补丞直郎，初为光州固始县丞，迁汝宁郡汝阳令，登绍圣四年（1097）何昌言榜进士，仕至礼部侍郎，出知河南之祥符，遂家于东镇关外。娶邵氏，恭人，生二子：镔、靖。

靖公，字天锡，生于崇宁元年壬午（1102），配李翰林之女，生一子亥。宣和甲辰（1124）沈晦榜进士，因靖康之变，随宋室南渡，于绍兴癸丑（1133）侨于杭。高宗绍兴十二年（1142），有感于岳武穆（岳飞）遇害，呼天泣曰："忠良之殄，邦国之祸也，中原终不复矣！"遂携子亥，弃官隐居诸暨紫岩乡盛厚里，因见诸暨有中州风（即民风强悍）遂家焉。卒于隆兴元年癸未（1163），葬于诸暨六都大将山（今属诸暨市直埠镇祝园村）。

隨其所取；如游阿房之宫，千門萬户隨其所入，博而約之，亦可以弗畔。蓋其説也，粗在應對進退之間，而精在道德性命之要，始於童幼之習，而終於聖人之歸。惟達於道者，然後能知其言，能知其言，然後能得於禮。然則禮之所以為禮，其則不遠矣。昔者顔子之所從事，不出乎視聽言動之間，而鄉黨之記孔子，多在於動容周旋之際，此學者所當致疑以思，致思以達也。（性理群書句解卷五。）

按：此禮序與前易序同，王霆震古文集成誤題伊川作，元諱善心將此序作為程頤佚文編入二程文集。然程頤生平未嘗作有禮學之書，而朱熹生平所作禮書則有儀禮經傳通解、儀理經傳圖解、禮記解、祭儀、家禮、二十家古今家祭禮、四家禮範，而儀禮經傳圖解、禮記解、祭儀、二十家古今家祭禮與四家禮範均佚，則此禮序必是此五種亡佚禮書中之一序，以此序專論禮記，則當是禮記解之序。朱熹作禮記解并予刊刻在紹熙元年。

## 紫巖周氏譜序 慶元二年

至始遷祖靖，字天錫，世居祥符。扈蹕南渡，為國子正錄，居杭。遷於諸暨。……慶元丙辰秋七月中浣。（定鄉小識卷十三）

朱子遺集　卷五　　七六九

**(一)诸暨紫岩周氏**

紫岩乡盛厚里,位于诸暨市区北面,距城30公里,原属诸暨六十三都,包括:良西、安院、溪沿、白塔湖、阮家坞、西河、花园、新里、义里畈、董家岐、大年、恒裕堂、湖西、外蔡、上下金、浒山、朱家站、乌槎、徐家、虞湾、寄庄、丁家、祝家坞、下畈、小房、金家站、白历畈、十年、新蒋等30个村。今属诸暨市店口镇。

**紫岩盛厚里周氏**

据《国朝三修诸暨县志》卷二十七人物志列传一记载:周靖,字天锡,其先南康人。幼通敏好古,善属文。举宣和进士,主中江簿,转柳州录事。遏于守帅,守法不阿,常预内铨。靖康之变,以宗社大计,关白大臣,上书阙下,当事阻之,知事不可为,弃官归。绍兴间起为国子监正录,升博士。罢官后,以诸暨有中州风,遂徙居紫岩之盛厚里。曾孙谨,字克顺,官节度军司马。有时誉,归田后,尝辑宗谱,而朱子为之序。谨子恪,字诚夫,号梅轩。绍定壬辰(1232)进士〔《国朝三修诸暨县志》卷二十四科第表上记载为理宗绍定已丑(1229)黄朴榜进士〕,累官翰林院承旨。宋制承旨,不当置久,次乃得迁,恪在翰林未久进承旨,异数也。已而乞归,筑"清燕楼"图书鼎充,度其中昕夕吟詠,屏弃世事论高之。周氏至恪,由盛厚里迁南郭三踏步。(周源后村周氏渊源录)

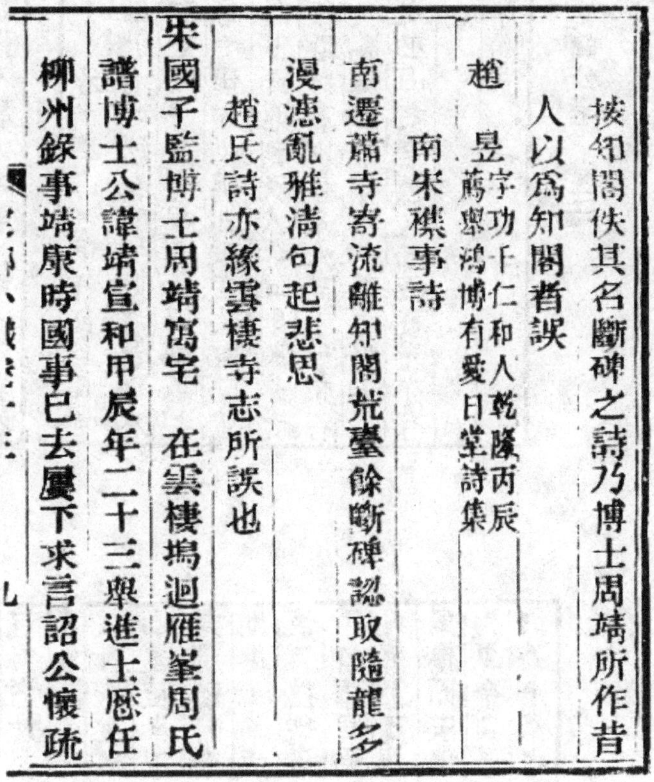
按知閣佚其名斷碑之詩乃博士周靖所作昔
人以爲知閣者誤
趙昱字功千仁和人乾隆丙辰薦舉鴻博有愛日堂詩集
南宋襍事詩
南遷蕭寺寄流離知閣荒臺餘斷碑認取隨龍多
漫漶亂雅清句起悲思
趙氏詩亦緣雲棲寺志所誤也
宋國子監博士周靖寫宅　在雲棲塢迴雁峯周氏
譜博士公諱靖宣和甲辰年二十三舉進士歷任
柳州録事靖康時國事已去屢下求言詔公懷疏

周敦颐曾孙周靖,字天锡,行祥八,生于崇宁元年壬午(1102),卒于隆兴元年癸未(1163),葬六都大将山,今属诸暨市直埠镇祝园村。配世戚洛阳李翰林之女,生子亥。

南门四派谱中都记载:亥,行二十,字仲宾,聘王枢密公之女,生三子:勤、谨、和(紫岩周家埠谱载:生四子:勤、谨、和、缓)。

部事歲之夏四月將赴任以其太夫人壽踰八袠在
堂方康強無恙乃敢道歸覲雖征途之觸炎暑巫峽
之胃洶濤不暇顧於是鄉之縉紳合餞於都門外謂
予同年乃諉以言夫天下之士鮮有不出乎風聲氣
習之所感激者惟豪傑之士乃不為所移易其志固
有定焉耳然則鵬舉非豪傑之士耶顧士之溺於俗
而不知學者其視利蓋有重於名也今鵬舉之歸烏
紗錦服輝耀閭里自　天子之命使以及藩臬郡邑
諸大夫皆遣使問候其過者無不謁其閭焉人之趨
走左右者咸屏氣蔵惕不敢少縱則邑之人不有所



觀發視名之重如太山者乎巫山之甲科自今日當
蟬聯繩繼不休也雖然名之所在實亦隨之邑之人
豈但榮君之名而歆艷之乎其有覲者必曰鵬舉之
所以事其親而不急于仕如此明日服官政馳聲績
又曰鵬舉之所以居官而惠利及人如此則鵬舉之
不為風聲氣習所移者將有以移乎人而不但榮名
徽號之烜赫而已矣鵬舉與余非但燕遊之好而其
持心治行余固知之巫山之秀積久而後發豈亦有
自耶

周氏家譜序

古者小史掌邦國之志奠繫世辨昭穆而公卿大夫
家又各有宗法以收世族故尊祖敬宗之道上下無
弗惇者風俗之厚有由然也漢唐以來宗法雖寖廢
而名宗右族猶明譜牒之學故其姓氏自受命以來
泝源徂委無弗易考迨季世譜牒亦廢乃有視族屬
為路人者間有之譜牒當脩則又旁引曲附真贗不
分其不蹈崇韜之失者能幾何哉翰林庶吉士山陰
周君天兆以其世父鄉進士廷瑞所脩家譜示余屬
序蓋周自得姓以來世代綿遠莫詳譜獨據舊牒之
可信者始自元公之祖諱智強智強家於營道生輔



成輔成生礪惇頤即元公也元公知南康軍因家廬
山蓮花峯下一再傳至彝以祖蔭脩職即累官知開
封府遂自南康徙家祥符之東關鎮彝生靖登宣和
間進士為太常博士宋南渡扈蹕遂自祥符遷於杭
復自杭徙居諸暨之紫巖盛厚里始定家焉靖再傳
至行軍司馬謹其子恪閤恪出居於諸暨之南門恪
再傳至茂林之子淇澳澳出遷於山陰之温瀆村周
家橋而淇仍舊澳三傳至宗遠之子才復別居於前
梅里今其子孫自諸暨而下皆簪綬蟬聯不絕故各
因其卜築之所而異其派而其世次則統以智強為

始祖傳至今蓋二十世矣支分派別遠有端緒而尊
祖敬宗之意藹然於圖牒中其譜始脩於司馬在宋
慶元丙辰晦庵文公爲之序尋燬於兵司馬之子恪
重脩於寶慶初元至景定甲子恪之子文郁又續脩
之入國朝洪武十一年十五世孫務重加採輯宣德
八年務之子華又復脩之皆一時鉅儒叙述今廷瑞
所脩則又各以其類增入皆的然可信不誣若周氏
者可謂好古篤信知重其本者矣古之所謂世家者
非徒以其衣冠之盛也顧其德與否耳魯三卿不如
四科唐世以門族相高率村子賢孫不隕世德若行

東里集卷之三　十

馬別戟之施雖當時亦羞稱況後世乎今觀周氏之
譜其衣冠之盛固項背相望也而讀其家約乃懇懇
然以忠信道義相戒飭考其文乘又皆有行誼名烈
仕者爲邦國之賢處者爲鄉邑之望則其傳世之遠
豈偶然哉繼自今爲子孫者按圖考牒益思紹前休
不替固非但尊祖敬宗於是益篤也而凡觀者亦有
所感發不視族屬爲路人則風俗之復古爲易易而
是譜之脩其關於名教豈小補哉因爲之序并以告
於爲周氏之後者廷瑞自舉於鄉以終養弗仕其行
誼可槩見宜其汲汲於是譜也

續修四庫全書　集部　別集類

**紫岩世系图**

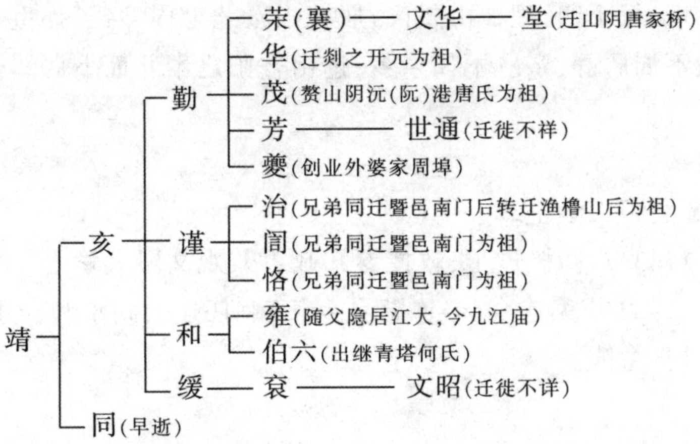


**知名人物：**

周　靖(1102—1163)，字天锡，登宣和二年(1120 )进士，国子监正录，太常寺博士。《国朝三修诸暨县志》卷二十七第十二页有传记。

周　亥(1118—1207)，字仲宾，登绍兴八年(1138)进士，任大理寺评事，以子和诰赠中奉大夫、枢密直学士。

周　勤，字克效。官州录事。

周　谨，字克慎。任行军司马。《国朝三修诸暨县志》卷二十七 第十二页有传记。

周　訚，字正夫。宁国路教授，阶宣议郎。

周　恪，字诚夫。登绍定二年己丑(1229)黄朴榜进士，翰林殿前承旨。〔《国朝三修诸暨县志》卷二十四科第表上第十一页，卷二十七第十二页有传记。〕

## 1.周家埠周氏

江藻镇浦西村周家埠，有170户，520人，其中周姓76户，231人。位于诸暨市区东北面，距市区13公里。村庄东邻03省道东复线，南接皋埂村，西靠浦阳江，北连梁店村。

周家埠自周氏迁入后，人口增多，形成村宅，因周家自备航船，村旁设有船埠，故名周家埠。

周家埠周氏始迁祖为濂溪公之曾孙靖的曾孙，夔公，行伯十，字邦辅，膂力绝人，拜车骑将军，赘江埂章氏，生二子，名世龄、世寿。“因居于泰北，倡名其地曰周埠，合葬直埠山之原，今名其山曰：大将山”。周家埠早先做家谱，一直到南门三踏步去做，后来周姓人口增多，家谱就由周家埠人自己做，最后一次修谱是1937年(民国26年)。到解放初，本村周姓已有300人左右。

据周家埠周氏民国26年丁丑(1937)，续修宗谱中记载：“康熙岁次己卯(1699)‘周氏续修家乘源流序’说：‘亥生四子：勤、谨、和、缓。’勤为花山周埠之祖，谨为暨阳南门之祖，和为江大之祖，缓仍居河南之祥符。’勤生子五：荣派居乌槎、华徙嵊县之西门、茂赘山荫沅港唐氏、芳赘居青塔何氏，生夔。夔乃膂力过人，智勇多谋，拜车骑将军，赘江埂章氏，生二子，长讳世龄，行千一，创业于外家；次讳世寿，行千四，配橹山赵氏，居花山泰北之周埠，子孙世守而弗失噫。”夔为周埠始祖，公以为，居喧不如居静，亲邑不如亲乡，遂由暨阳之泰北而卜居焉。

**知名人物：**

(一)

周思寿，以子贵诰赠文殿大学士。

周　锐，淳祐三年(1243)章衡榜进士，敕授参知政事兼观文殿大学士。

周赓陛(1896—？)，1932年大连乡(今连湖乡乡长)兼任连七湖水利会主任。

周尚卿，任大名府滑县主簿。

周思议，迪公郎。

周思铭，迪公郎。

周锦福，钦授迪公郎。

周景雍，迪公郎。

周见仁，钦授迪公郎。

周　雍，字端拱。登仕郎。

周钟秀，讳雍，字时寅，县参议员。

(二)

周杨秀，讳祜，字迟明，大学教授。

周赓昌,曾任云和、乐清县长。

周赓声,汽车管理处站长。

周赓镐,大律师。

周赓洛,上尉。

周岳君,浙江中医药大学教授。

周李锋,团级以上干部。

周瑞稼,1949年考入浙江省农业厅工作,1958年调台州农业部门,长期从事农业技术推广及科研教育工作,高级农艺师职称。曾选为浙江省六届人大代表,临海市政协常委,台州市农业学会理事长。

周乃初（1926—？）,1947年毕业于浙江省立绍兴中学高中部,1950年报考华东军政大学,后报送到中国人民解放军军事测绘学院大地系本科深造。于1953年毕业后,为支援国家基本建设,转业到沈阳原重工业部设计建设公司,任测绘技术员。1954年调到北京,在冶金工业部勘察总公司任测量队队长,兼工程负责人,测绘工程师职称。

**周家埠周氏行字第:**自靖公始至第四世字第后自行派行。详见周家埠派字第。

**周家埠周氏系图:**

靖→亥→勤→夔→世龄→德新→孟壮→仲明→季充→志道→汝严→君良→帮正、帮达
→汝敬→君美→帮道

**附:本村开沥纪实**

我村位于连七湖之西,背江面湖,上下各建一霪,以通江水,代远年淹,莫详以始。上霪以石筑,上通湖里塘,下通上庙塘及大路塘。下霪较下,以缸筒为之,上通上塘及团塘 。下越风水埂,而贯清明塘 、团塘与大路塘,为田隔绝,约三十余丈,致二霪之水不能相会。故江水涨时,二霪及堤间渗漏之水悉入诸塘。塘不能溶,乃横溢于田,自高而低淹没禾苗,年成大减,此每逢雨量较多之年,所不能幸免者也。村人屡议补救,由上庙塘开一直沥,外接旧沥,复于团塘、大路塘间开一横沥,使相贯注,以免塘水之外溢,徒以筹资无法,始终未能见之于事实。民国十七年春,复遭塘水横溢之患,高田歉收,余每念此患时,作于吾村生计所关至巨,既之补救之有方,安见筹资之无法,乃于是年冬际,邀集族中父老磋商,筹资与办法,公决,费由沿沥灌溉田亩派收,二成之外,其余概归宗祠负担。当即招包开浚,自上庙塘起,过沙塔沿折东至黄泥亭,旧沥相啣接,计丈二百余丈,共费银千余元。自此上霪灌注各塘田亩,即无外溢之患,及民国二十二年春,团塘之间横沥,亦行开通,其费全出宗祠。由是吾村之塘,无不各相联络,以与外沥想通。水大则泄止于外,以免灾;旱久则诸之于内,以灌田。于是村前高田顿成膏腴,岁得丰收,族人咸利赖之。民国二十三年大旱,自五月至八月,八十余日不雨,又值上霪损坏,江湖不至,灾象已见,余乃建议族人,在下霪东岸江水入塘,使塘水不干,则灾犹可救。族人信余之言,合力行之,凡塘沥灌溉所及之田,收获不减于丰年。设非开沥于先,安得收此效哉!是年十月间复就下霪原址,改造石闸,高二尺三寸,阔一尺九寸,共费银八百余元,由溉及田亩分等派收。又于上庙塘、大路塘、团塘、长塘深入体会,分架石桥三座,新沥上架石桥二座,水闸二道,费皆自宗祠,而石梁则吾母郭太夫

人所捐也。呜呼!

诚月利于吾村者,劳怨何敢辞,所望村人今后能各顾公利而爱护之,改良之,则大幸矣!

中华民国二十六年(1937)元旦

周时寅记

**传说:**

周家埠村周姓始祖,先是南门三踏步分下来的,据传说,先祖原先居住在苍样湖象山,当时浦阳江的埂没有现在这样高,是很平的。在象山,先祖看到现在周家埠的地方,有一只母鸡领着一群小鸡在觅食。当时,先祖就想到,这块地方风水不错,是我想要居住的地方!就从象山迁到现在周家埠的位置定居,世代相传。

据说,周家埠的地方,是先有边姓祖先居住的,现上村的一个水塘,到现在还叫边家塘。周姓先祖居住以后,经过几代人的建设,先后建起了大房台门、三房台门、老屋台门、四房台门、小房台门、养鱼塘台门、新屋道地台门(后被日本侵略军烧掉),还建起了周氏宗祠、庙各一座。到境内解放初期,发展到五六十户,周姓人口达到300多人。

(江藻镇浦西村周家埠自然村 周云亦提供,周云亦1947年生)

周家埠村电子图

## 2.乾溪坞村周氏

据紫岩民国17年(1928)《重修紫岩周氏宗谱》序中说:"靖公系濂溪先生曾孙,……高宗南渡随驾临安,忤奸相秦桧,遂隐名暨阳紫岩之盛厚里,传四世夒公者,称车骑将军,赘江埂章氏,倡名其地曰周埠。夒公十世孙讳洙,行忠一,赴蠡城道经牛门岭下,见山明水秀,遂择乾溪而居,自为乾溪第一始祖。

据《诸暨市军事志》书 414—415 页中记载:“太平天国诸首领立下‘宁弃南京,必破包村’之誓言,遂檄告浙东、浙西诸军,会合五王、十六主将,合兵号称百万聚于诸暨,自店口至高湖连营六十里,‘筑长围百道’围困包村。太平军一边切断包村水源,一边暗挖通村内之地道,七月初一日凌晨,地道火发,尘土蔽天,太平军趁时拥入村中,包立身单骑突出包村,后殁于炮火中。村中官绅男女有姓名可稽之死者 14077 人。”

乾溪虽离包村不下十里岂,人口十去其八,村宇殆尽。呜呼!遭此人刼,大伤元气,衰之……”。据紫岩民国 17 年(1928)谱中记载:乾溪坞支派第 25 世至第 28 世,四字第中被杀 134 人。

周氏自南渡居诸暨之紫岩,历宋、元、明以迄昭代,子姓蕃盛,迁居成族者五十余处。现周家埠、乾溪坞周氏是周靖在紫岩唯一留居的几支后裔。可见包村之战,对周氏后裔的繁衍打击之大。

乾溪村以溪为名。当时山村中有乾溪一条,因溪水略带甜味,故取乾溪坞为村名。位于诸暨县城东北面,距城 28 公里。距镇政府驻地 7 公里,属乾溪坞行政村,主姓周。2002 年年底统计,全村有 142 户,438 人,耕地 416 亩,山地 1950 亩,村宅自东向西呈长方形分布。东邻靠老山,南接视北公社西山大队,西靠横阔,北连杨梅桥水库。

周靖四世孙夔,生二子:世龄、世寿。次子世寿,行千四,其九世孙洙,行忠一,自周埠迁牛门岭下之乾溪坞,为乾溪坞始祖。后裔监一公为墙头派;监二公为溪头派。

**知名人物:**

周光荣(1955— ),曾任中共诸暨市委办公室副主任;诸暨市文化局局长;诸暨市委宣传部副部长;诸暨日报社党委书记、社长、总编;市文联主席;高级编辑。

周何法(1966— ),北大研究生,硕士学位。杭州大学德语系教师。

周伟锋(1979— ),现任诸暨市马剑镇副镇长。

周斯培(1964— ),现任诸暨市电信局办公室主任。

**乾溪坞周氏字第:**自靖公始至第十四世洙公,后自行派行,至民国 17 年年底,最新行字第为“铣”。详见乾溪坞派字第。

**乾溪坞周氏系图:** 靖→亥→勤→夔→世寿→思锐→尚学→仲恭→季学→允信→子芳→德聪→洙

**乾溪坞世系图 1：**

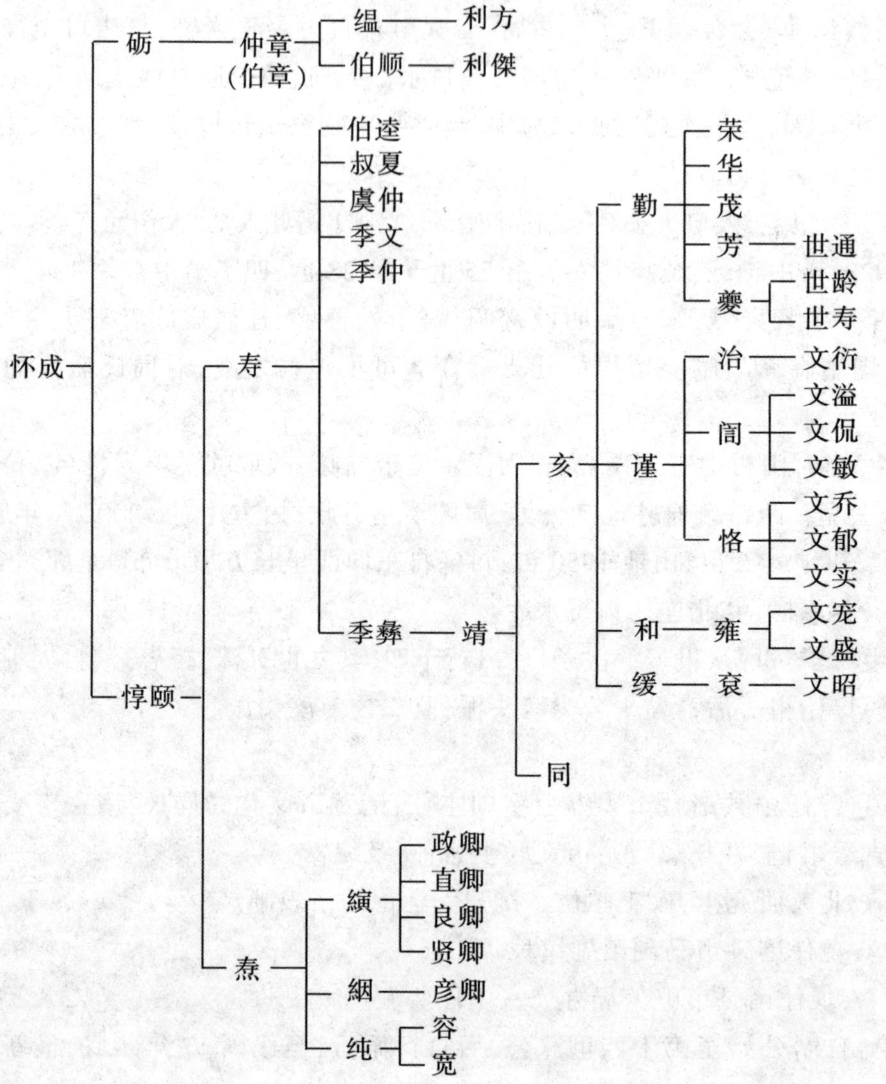


**乾溪坞世系图 2：**

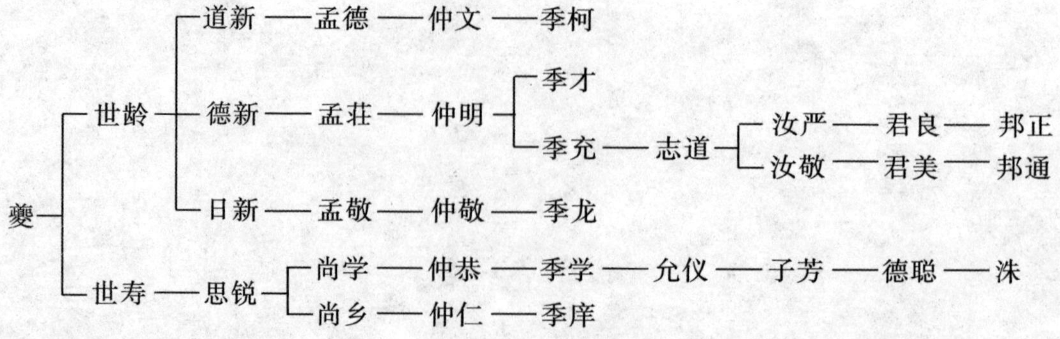

乾溪坞世系图 3：

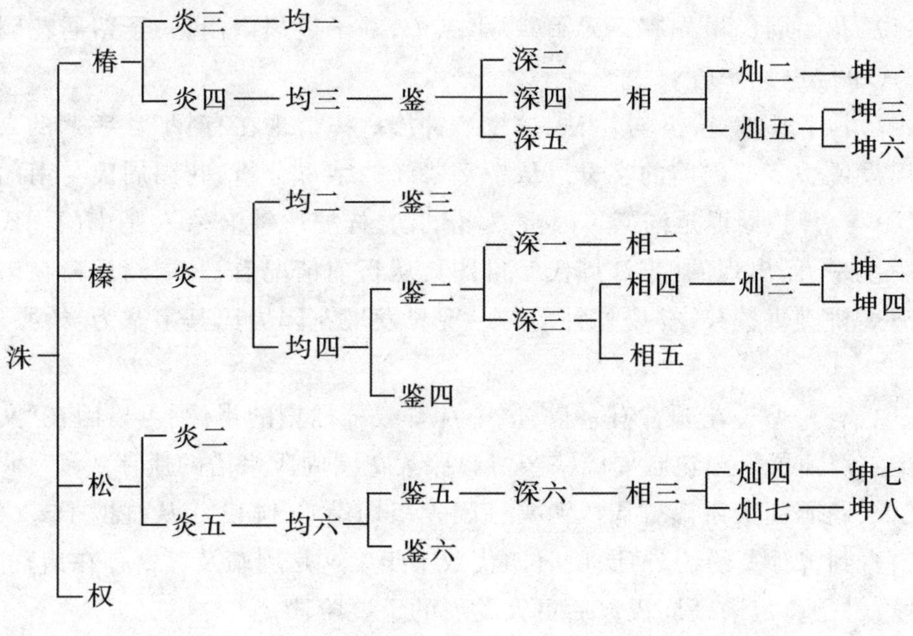


## 3.花园村周氏

阮市镇金岭村花园自然村，原属盛厚里花园庄，六十三都。位于诸暨城北，相距 32 公里。东与金岭村相邻，南靠枫湄公路。西与西何村接壤，北面是山即老石宕。现有周姓 111 户，周姓人口 238 人。

花园周氏宗亲说：花园周氏系诸暨周氏源头，祖先系周三畏即周仲宾(亥)。

质疑：周三畏与周仲宾(亥)并非一人，毋庸质疑。但花园周氏宗亲提出周三畏系花园周氏先祖，并非空穴来风，是事出有因的。据《诸暨地名志》盛厚村载："相传，南宋年间，朝廷大理寺卿周三畏，不满秦桧陷害岳飞，弃官出走，曾路宿于今盛厚花园庄之地，受到庄主的丰盛厚待，故名盛厚"。由此，后世花园周氏误认为是花园之祖。其实不然。周三畏最后隐居婺之兰溪白露山以终老。配袁氏，并育有洁、沨、通三子。

仲宾(亥)也不是，而是仲宾之子缓倒有点像。当时(1180—1200)间，朝廷两相周必大与韩侂胄矛盾，周氏受到排斥，致使紫岩周氏阋墙，分崩离析，纷纷外迁。勤之子荣守先垅，华徙剡开元，茂赘山阴唐氏，芳出继青塔何氏，夔住外婆家周埠(今周家埠)，谨之子治、訚、恪同徙居南门，仲宾(亥)季子和，弃官回乡，隐居泰北江大。而仲宾(亥)幼子缓(南门谱无载，在紫岩谱有载)，隐居花园，成为花园之祖，可能性较大。如果该说成立，那花园周氏之世系应当是：

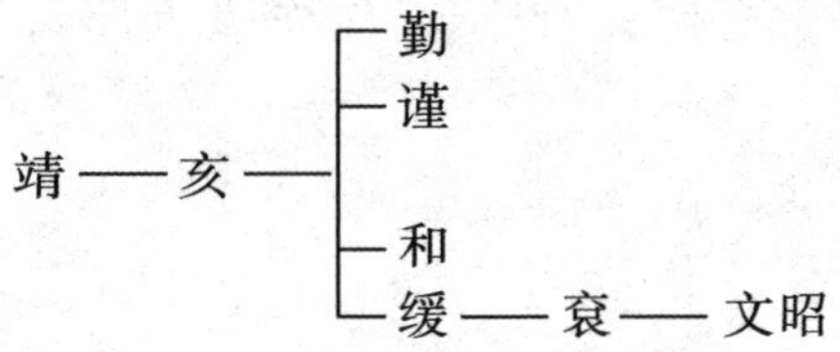

文昭在花园生息繁衍，发展成族。缓成为花园之始迁祖。花园周氏宗亲提出花园周氏是诸暨周氏源头是相符的。

花园周氏宗亲说，花园周氏祖先有二兄弟，缓生二子，一子徙居南门，一子留居花园。花园周氏自缓至文昭三代单传也不矛盾。

花园周氏宗亲说，其字辈是：桥烝均钠法、梓燮墐钟洽……。现在有钠、法字辈的人。

质疑：花园周氏没说桥字辈以前的字母。从桥字辈起的字母分析，花园周氏与南门周埠有联系，属同宗，但又不与南门、周埠是同族。因桥烝均钠法、梓燮墐钟洽…….是南门周氏在统一字母过程中，思想不统一，而出现的《丰江周氏字母图》，从目前情况看，凡周靖后裔在诸暨各派均实行万派合同字母：桥煦垂钧泉、梓燮均钟涓……现只发现花园周氏其字辈为：桥烝均鈉法、梓燮墐钟洽……。

花园周氏宗亲说，有人见过花园曾有宗谱，谱中且有载稻桶帽的祖像，可惜因在“文化大革命”中视作“四旧”把它烧掉了。望花园周氏宗亲留心探索花园周氏宗谱的遗存。

花园周氏宗亲说，花园周氏系诸暨周氏源头，“因先祖周靖自1142年从杭携子亥（仲宾）隐居在盛厚里花园庄，直到曾孙辈纷纷外迁，历时四代数十年。这是周靖及其裔孙在诸暨隐居、生存、繁衍的起始阶段，也是奠定诸暨周氏以后更大发展的重要阶段。”

《国朝三修诸暨县志》记载：“（金牛）岭迤西为西何山，宋于此立盛厚里，里为宋国子博士周靖故居，以岳忠武遇害力丐罢官，闻邑有中州风，徙居焉，后子孙繁衍，迁徙四出，今里中有村名花园者，犹其后裔也，盛厚里迤西.即宋之白栎里……”。

传说：花园周氏祖辈口口相传，古时居盛厚里的太公，有一次外出打猎，到一地，只见山丘簇秀，溪水潺潺，翠柏竹木，鸟语花香，锦似花园，又见龙凤交尾，认定龙凤呈祥好风水，遂搬迁之，取名“花园庄”，这就是历史上周姓“盛厚里花园庄”的由来。从此盛厚里周氏太公居住地由盛后里扩展到花园，成周靖及裔孙共居之地。（2013年3月17日，周四威、周煦友、周海宝、周亚敏来到阮市镇金岭村花园自然村周志楼家采访，周志楼、周岳楼等花园周氏6人作陪，此文为采访录，由周煦友整理，现略有改动）

知名人物：

（一）

周伊华（1910—1990），1926年在杨子山头任小学教师，1927年去绍兴国民党县党部工作。1942年当选诸暨县县参议员。1945年去上海赵家渡警察局工作。

周成伟（1926—2015），曾任三都区区长。

（二）

周星楼（1934—），杭州闸口电厂厂长，总工程师，高级工程师。

周月楼（1938—），邮电部设计院院长，教授级高级工程师，享受国务院特殊津贴。

周水楼（1968—），海军装备中心研究所所长，副军级干部。

花园村电子图

编者按：乾隆五十一年(1786)续修《暨阳丰江周氏宗谱》谱中记载："谨依河图运行木火水土金，一百世字样为序"，桥烝均鈉法、梓燮壎钟洽……，刊登一百世字样。实际上是南门最早的"万派合仝字母"的字样。

周家埠民国26年丁丑(1937)重修《暨阳周氏宗谱》卷一登有"暨阳周氏字母图"，写的也是依河图行木火土火水合编一百字样为序，今录于此以备考鉴。"

上新宅2005年续修《暨阳清平周氏上新宅支谱》卷一，第126页，"伏读今"一文中直行第10行写的也是桥烝均钠法、梓燮壎钟洽……。这说明两个问题，一是紫岩周氏一开始是执行此图样的，后经修改统一为"万派合仝字母"；二是花园周氏肯定是紫岩周靖的后裔。

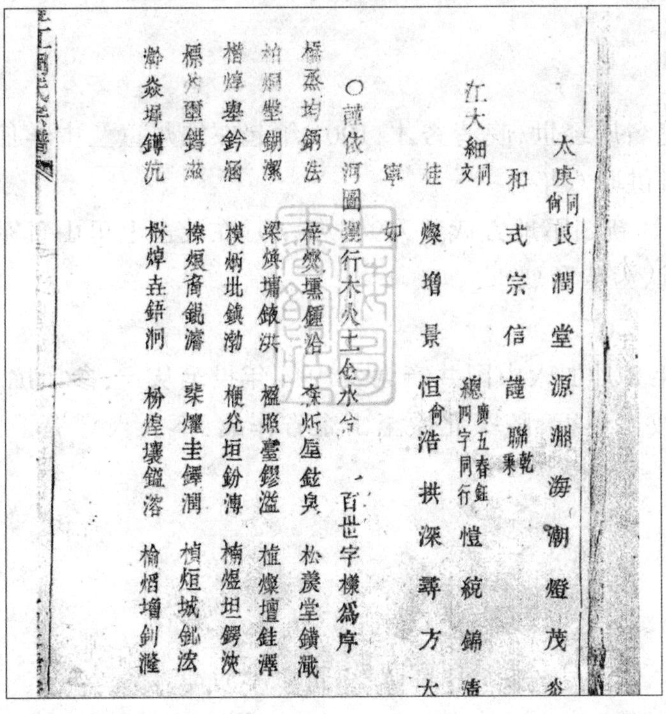
太庚同甸艮潤堂源淵海潮燈茂
和式宗信謹聯乘乾
江大細文同
桂燦增景恒浩拱深尋方
甯如
〇謹依河圖運行木火土金水合一百世字樣爲序
橋烝均鈉法　梓燮壎鍾洽　森炘厘鉉臬　松羨堂鐄溉
柏烱壂鋣潔　梁煥墉鈹洪　楹熙臺鏐溢　植爔壇鉒澤
楷焞壆鈴涵　模炳批鎮渤　梗兊垣鈖溥　楠煋坦鍔浹
標灼壐錯滋　榛煖裔錕濬　棐燿圭鐸潤　楨烜城鉳泫
榭焱埠鏄沆　榭焯垚鋙洞　枌煌壤鎰溶　榆熠增釗瀡

此图从乾隆五十一年(1786)续修《暨阳丰江周氏宗谱》卷一中复制

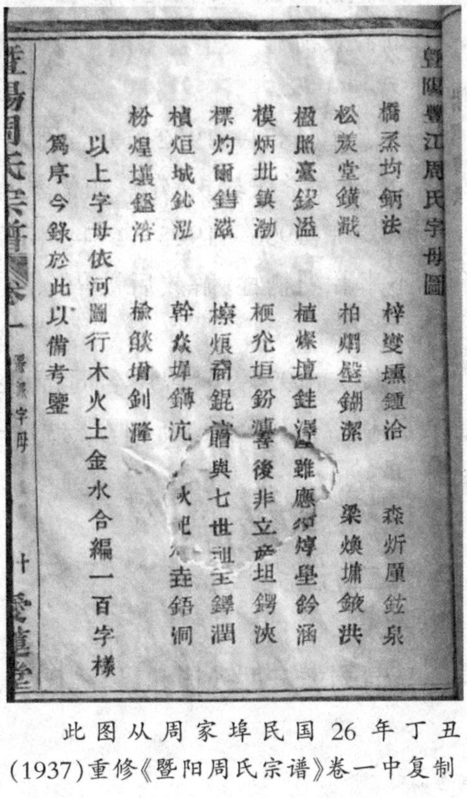
暨陽豐江周氏字母圖
橋烝均鈉法　梓燮壎鍾洽　森炘厘鉉泉
松羨堂鐄溉　柏烱壂鋣潔　梁煥墉鈹洪
楹熙臺鏐溢　植爔壇鉒澤　焞壆鈴涵
模炳批鎮渤　梗兊垣鈖溥　坦鍔浹
標灼爾錯滋　榛烺裔錕濬　鐸潤
楨烜城鉳泫　幹焱埠鏄沆　垚鋙洞
枌煌壤鎰溶　榆燄增釗瀡
以上字母依河圖行木火土金水合編一百字樣
爲序今錄於此以備考鑒

此图从周家埠民国26年丁丑(1937)重修《暨阳周氏宗谱》卷一中复制

### 4.下畈村周氏

下畈自然村,原称白塔湖下坂村。位于诸暨市的北面,距城关三十公里许,东临乌槎头村,南近朱家站,西接新蒋村,北临雁力坞村。今属店口镇白沥畈行政村,主姓周。村宅聚落呈长方形分布。

下畈周氏系爱莲堂,太祖周尚七公,卒后安葬在白沥畈上峰峧。现分大房、二房、三房,总人口329人。

据查南门周氏宗谱:濂溪十世孙讳涣,字莘夫,行尚七,属五年派,迁山荫,无考。

下畈周氏宗亲所说的周尚七公,如果是南门五年派的尚七公,其世系为:

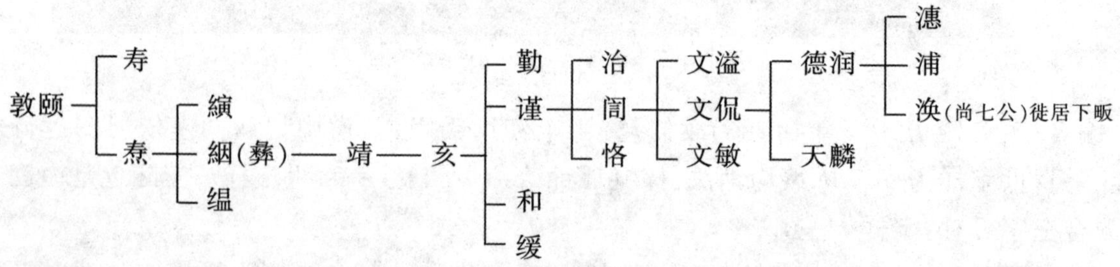


因下畈周氏暂未发现旧谱,字辈遵五年派的字母,自惇颐十世孙涣即尚七公始为:

10世尚　11世序　12世良　13世性　14世恢
15世恺　16世悌　17世怀　18世恒　19世深
20世悦　21世基　22世鏊　23世浩　24世椿
25世爆　26世培　27世承　28世懿(29世始,统一接万派合同字母"桥"字行)。

**知名人物**

(一)

周绍祥(1874—1932),书名周韵楼,笔名周经世,晚清秀才,1901年起在杭州蕙兰中学任教八年,之江大学任教12年。镇海县教育科供职八年。

周梦许(1906—1945),1944年年初参加新四军地方武装,1945年7月在攻击七里山日军炮台时不幸壮烈牺牲,解放后被华东军区追认为革命烈士。

(二)

周俊夫(1924—),曾用名周行,1949年8月加入中国共产党。1944年投笔从戎,参加抗日,抗战胜利后,秘密参加新四军杨思一部,改名周行,随军北撤至山东省作战,不久入党提干,现离休在家。

## (二)江大周氏

紫岩周靖三世孙讳和,娶陈氏,封恭人,生一子:雍。弃官回乡,携子隐居江大。

## 1.九江庙村周氏

九江庙村，现属暨阳街道，在浦阳江东岸，隔江是乐家滩，北纬29.7693，东经120.2405，西面是浦阳江，东面是田畈。路线是从诸暨暨阳初中出发，经诸暨农贸市场东，向北到环城北路，向东过浦阳江大桥，桥东向北经王家堰、郦村、杨家墩头就到了九江庙村。明时，此处建有“九江庙”，故名为九江。以驻地得名。

周靖生亥，亥生勤、谨、和。和，字克贵。登嘉定九年(1216)郑自榜进士，任大理事卿。生一子名雍，行伯十一，字端拱。以父荫仕归隐江大(今九江庙村)，成为江大族始祖。

江大周氏自明万历八年(1580)始修宗谱，至光绪壬辰(1892)，共修谱7次。派分两族。咸丰辛酉(1861)，粤匪窜暨尽遭荼毒，而江大尤甚，兵燹后人丁零落。

**知名人物：**

周　和，登嘉定戊辰(1208)郑自榜进士，任大理事卿。

周　选，任淮阳盐运司。

**江大(现九江庙村)周氏字第：**自靖公始至第五世，后自衍成派(详见江大派周氏字第)。

**江大(现九江庙村)周氏系图：**靖→亥→和→雍

**江大周氏世系图**

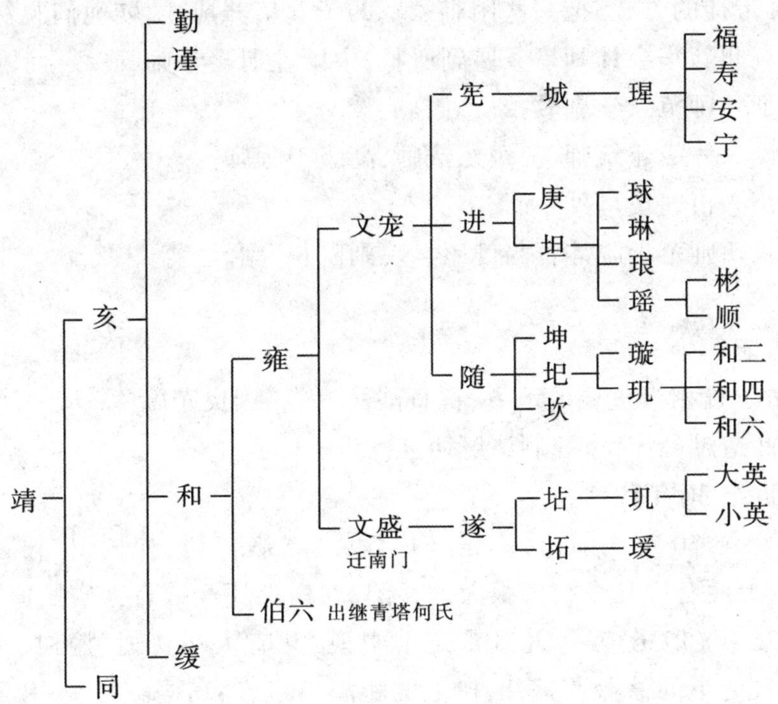


## 2.廿四门廊村周氏

廿四门廊村，北至梅溪，南至小溪滩，东至香火直线，西至弹子路。(见卫星地图北纬29°44′03″，东经120°09′58″)。村子坐东朝西，北面是源远流长的梅溪，南面是猪头山。

廿四门廊村，在宋朝时，村由高姓和王姓人居住。到元朝时，高姓和王姓的基本断绝，只留下王家的最后一个女子。约在距今700年左右的南宋末年元朝初年，周靖七世孙周坤，由于家中发生重大变化（据说可能是瘟疫），出走到诸暨开元附二都，最终寻到这块依山傍水的土地，入赘王家，是为廿四门廊始祖。

周坤入赘王家后，生了六对双生十二子，后来第二位夫人又生了六对双生十二个儿子，共有子嗣二十四人，建有二十四套房屋，二十四个门廊，十厅十堂，称之廿四门廊。村由此得名，为廿四门廊村。

**知名人物：**

（一）

周成华（？—1945），1944年参加新四军金萧支队，担任地下交通员。1945年牺牲，被追认为革命烈士。

（二）

周绍尧，任乌鲁木齐市地质勘探局主任（县团级）

周张乔（1932—），中学高级教师，江山市第二中学校长、书记。政协江山市第二届政协委员。

周仕夫（1946—）东方建筑公司副总经理，南方安装公司经理。致富不忘回报家乡，出资修路、重修周氏宗谱、以师带徒的方式，把一些困难家庭的子女培养成才，使他们脱贫致富。

周慧朵（1962—），杭州新华会计师事务所副所长，中国注册会计师，高级会计师。

周华儿（1963—），浙江师范大学副教授。

周　光（1962—），国家一级建筑师、一级建造师，高级工程师。

周伟光（1962—），绍兴市司法局处长。

周建新（1966—），杭州师范学院体育与健康学院副院长，副教授。

**文化：**

**猪头山抗日战场遗址**

猪头山是一个战略位置相当重要的地方，抗日战争时期，国民革命军一〇五师挖过二三公里战壕，日本侵略者在此造过碉堡，以控制诸暨西区。

**廿四门廊村在20世纪30年代前**

廿四门廊村在20世纪30年代前，村后是一片森林，布满樟树，槐树、梓树，榆树、沙朴榔树，溪口杨树等等大树，上面有好几个很大很大的喜鹊窝，树上还经常有大蟒蛇掉下来。据诸暨地方法院在中华民国25年（1936）四月九日裁定书中说：共有大小梓树、榆树、樟树杂木数百株。每当春暖花开之时，树下的蔷薇花盛开，树上的鹁鸪鸟声声，鸟语花香，一片欣欣向荣的气象。旧时廿四门廊村附近，野生动物很多，山上有老虎、金钱豹、大灰狼、狐狸、黄鼠狼、獐、麂、松鼠、野兔等，天上有喜鹊、麻雀、白头翁、翠鸟、啄木鸟、野山鸡、猫头鹰，还有凶猛的老鹰，经常来偷小鸡，具有很好的生态环境。

**廿四门廊村周氏字第：**自靖公始至第五世，后自衍成派（详见江大派周氏字第）。

**廿四门廊村周氏系图：**靖→亥→和→雍→宠→选→随→坤

## (三)南门周氏

南门周氏《各派源流纪述》一文中记载:惟学博而下,历历可稽断,以天锡公为始迁祖,公再传而生亥,字仲宾,登绍兴八年黄度榜进士。三传而生勤、谨、和。勤生三子:长荣,行伯一,母张氏,嗣守先陇;次华,行伯二,宝祐三年迁嵊县开元;三茂,行伯三,赘山阴阮港唐氏,袭其姓。而行军司马谨之子,则有治、訚、恪三人。宋嘉熙庚子(1240),自紫岩迁南门,遂为南门祖。

南宋理宗宝庆元年(1225),周亥孙周恪作《南门梅轩公家乘自序》,谨,吾父也,任行军司马,娶廖氏,讳淑,生三子:长曰治,行伯五;仲曰訚,行伯八,赘本隅金氏,受宣义郎宁国路教授;季即恪,行伯九,亦叨宣义郎,迁殿前承旨奉诏致政,迁居南隅。

周治、周訚、周恪,并迁诸暨南门,成为周氏诸暨南门三族。后裔族浩繁,派分四年、五年、七年、十年。

根据《暨阳周氏七年宗谱·支派录》载:"按先世编徭之制,在城曰坊,附郭曰隅,乡都曰里。一百十户为一里,畸零附之。每里田丁者十户为长,余百户为十甲,甲长十人,岁役里长一人,甲长一人,董一里一甲之事,先后以田丁多寡为序,凡十年一周,曰排年。坊与隅如之。吾周氏与他姓之隶南门者,轮流承值,十居其四,后裔遂以四递年为支派之名。曰,四年、五年、七年、十年。然编徭役以田丁多寡为序。而录支派,当以房分长幼为序,则四年、五年、七年、十年为较顺焉。"

《暨阳南门周氏四年宗谱·源委集》载"訚之长子文溢为二、七四年派;次子文侃为五年派;属之次子文郁为十年派。"《暨阳丰江周氏宗谱》载"南门四派为:四年祖,始祖大;五年祖,始祖魁(即丰江祖);七年祖,始祖景亨(即清平岭祖);十年祖,始祖淇(即塘头祖)。"

自博士公四世孙周訚偕兄携弟迁入诸暨南门三踏步后,随着人口的不断繁衍、发展、迁徙,据明万历九年(1581)《丰江周氏宗谱序》说:"若夫迁丰江。新州、梅山、湖西、杨柳堰,五指山、清平岭,吴家桥,山阴之周桥,姑苏之吴江,萧山之来苏,此俱南门派也"。后人在做宗谱时,就分别以四年、五年、七年、十年为各派命名。

四递之分居,各邑之散处,大约在第十一世、第十二世内。

### 1. 三踏步周氏

相传,村口大路中有长约2公尺、宽50公分的三条石板组成的踏步,故得名三踏步。三踏步村包括:高道地、横埂顶、庙后、塘头(即荷花塘顶)、苎萝村。今属暨阳街道。位于县城南面1公里。东靠原浙赣铁路黄沙公司支线,南邻绢纺厂,西接浙赣铁路,北毗山下杨。

周氏迁居南门三达步的周氏情况比较复杂。

宋嘉熙庚子(1240)年,伯五公治、伯八公訚、伯九公恪,自紫岩迁南门,为南门始祖。数传后分居移地,留在南门三达步的以十年为主,四年、五年、七年派俱全。

## 南门世系图

- 靖
  - 亥
    - 勤
    - 谨
      - 治 迁渔櫓山后
        - 文衍
      - 闾
        - 文溢 四年派
          - 必举
            - 天泽
              - 广 迁赭川
              - 大
                - 允中
                  - 宁
                    - 应权
                      - 坚章 迁居浦阳城头
                - 允恭
                  - 庆
                  - 祚 迁广东香山
                  - 盛
            - 天鉴
              - 善
                - 延
                - 久
              - 应
                - 彪
                - 豹
                - 富
              - 明
            - 天度
            - 天道 七年派
              - 德清
                - 景濂 迁五指山后外江前
                - 景暘 迁五指山后外江前
                - 景中 迁五指山后外江前
              - 良淦
                - 景瑞 同迁五指山
              - 文潽
                - 景荣 迁五指山前
                - 景昌 迁五指山前
                - 景亨 迁清平岭
        - 文侃 五年派
          - 德润
            - 漶
              - 冕
                - 益
                - 恒
                - 隋
              - 致冲
                - 德祈
                - 德茂
              - 达 迁山下
            - 浦
              - 全
              - 魁 迁丰江
            - 涣 迁山阴
          - 天麟
            - 源
              - 仪
            - 浍
        - 文敏
      - 恪
        - 文乔
          - 敦
          - 厚 俱迁周家湖
          - 朴
        - 文郁
          - 茂森
            - 渊
              - 友兰
                - 佛祥
                - 佛恩
              - 濡
                - 杲
                - 昶 迁山阴筠溪
                - 旭
                - 昇
              - 演
                - 彦明
                - 彦政
                - 彦德
            - 兴祖
              - 发
                - 彰
              - 泡
              - 淙
            - 智
            - 睿
              - 友苏
                - 深
              - 友菱
                - 净
                - 泾
              - 友堇
                - 諴
                - 韶
          - 茂林
            - 淇 十年派
              - 祯
                - 昌
                - 务
                - 玉 俱迁塘头
              - 瑞
              - 傑
            - 澳 迁山阴周桥
        - 文实
          - 副 迁萧山来苏
    - 和
    - 缓

**世居诸暨南门**

①四年派：太三公讳大之五世孙辛，行新三，留居三踏步故里守墓。

②五年派：文三公文侃四世孙序一公冕，序二公致冲居南门。

③十年派：恪四世孙淇，行兴六，居南门荷花塘头。详见三踏步十年派周氏的有关内容。

**复迁诸暨南门**

①五年山下周序四公达八世孙富，字日新，行玄三十一。生子元相，行艮二十四，复迁三踏步村为祖。详见五年派山下周周氏有关章节。

②七年五指山迁居：十五世孙昊二公（讳宗儒，字仲章），辉五公孙也。辉五公子五，长旻一（讳孟斌），旻一子四，次昊二公复居南门。辉五公幼子旻廿一（讳孟溥）之孙昇七十（讳鲸），昇七十之孙详三十五公（讳元详），详八十五公（讳元翰 ）皆复迁南门。详见七年派周氏下七年村周氏的有关内容。

**知名人物：**

周文溢，字普济。承事郎转运司运干。

周文郁，字继周。提举。

周必举，字元达，嘉议大夫，建康道肃政廉访使。

周德润，字元玉，任市买司提辖。

周天泽，中省元。任提举。

周天度，字璇之。中省元。

**南门周氏字第**：详、仲、慎、伯、文、元、尚、太序福

**世居诸暨南门周氏系图：**

① 靖→亥→谨→治、訚、恪

② 訚→文溢→必举→天泽→大→允恭→盛→瑾→辛

③ 訚→文侃→德润→漶→冕、致冲

④ 恪→文郁→茂林→淇→正→务

周靖在紫岩南门世系图

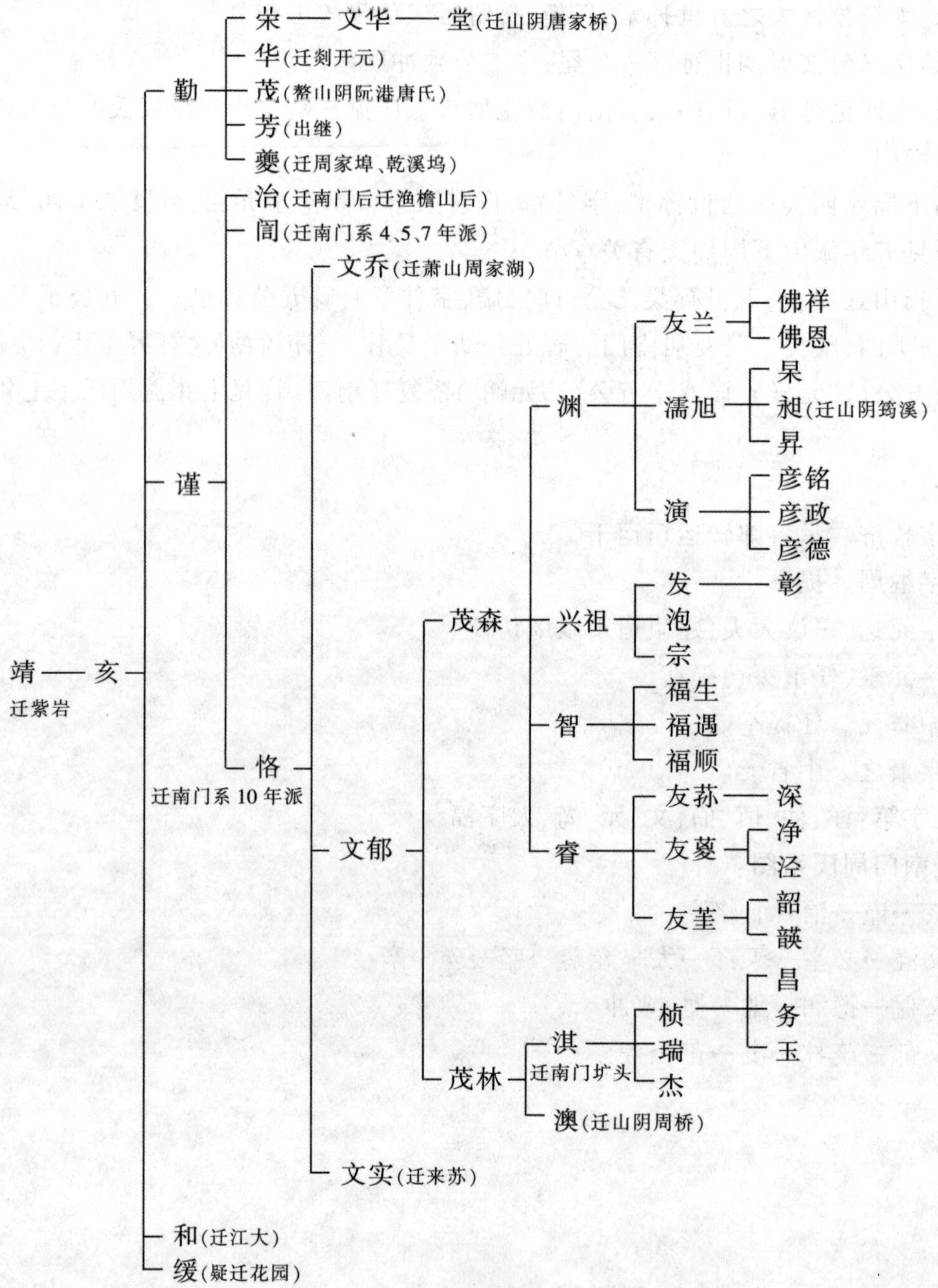


**复迁居诸暨南门周氏系图：**

① 达→圣道→琏→德→美→麟→乐→富→元相

② 文湣→景昌→仕升→孟斌→宗儒→琳、璒

→孟溥→以敦→鲸→文宪→元详

→良宰→文澜→元翰

### 贾桥村周氏

宋时，贾姓居此，因村前有座小石桥，故名贾桥。现贾姓已绝，但仍名贾桥。

牌头镇牌头村贾桥自然村，位于诸暨市西南，距诸暨市中心17公里，距牌头镇政府3公里。东望杨曙霞，南接何沈，西连中华村，北近西山村。目前有周姓人家近70户，约210人。

据周水贤介绍，贾桥周氏，属南门分支，原来独立修谱，在"文化大革命"中被烧毁。

牌头镇宝稼堂周氏，属贾桥周氏分支，由贾桥里周迁出，始迁祖周友富(承)携夫人石苏娥从贾桥迁居宝稼堂。

**知名人物：**

周国忠(1965—)，曾任诸暨市国土资源局副局长、枫桥镇镇长、国土资源局副书记、副局长，现任诸暨市国土资源局党委书记、局长。

## 2.四年派周氏

闾之长孙必举生四子。长子天泽，天泽生二子：广、大。次子大为四年派祖。

四年派周氏宗谱，自康熙丙寅(1686)始修至清同治辛未(1871年)，续修经十次。则又以义五公为合谱之祖，分锦一、锦二两房，再分新一、二、三、五、八和九，六大房。

四年锦一公派迁入的村落有：三踏步、马家衖、溪坑里、埂头、箬山下、梅花潭、拜曲、景佳坞、平阔、金汪、湖西、里蔡、竹浦、荷花塘头、浦江箭篷、山阴吴家塘下、广东游廊门外、西安县(衢州市境内旧县名)千塘畈。

锦二公派迁入的村落有：慕实坞、下牌头、篁浦、杨柳堰(今杨曙霞村)、新州、河汉、梅山、张家坪、张义坞、吴家桥、马郎埠、紫阆、西安县千塘畈、浦江城关、北直牛栏山。

**四年派世系图(1)**

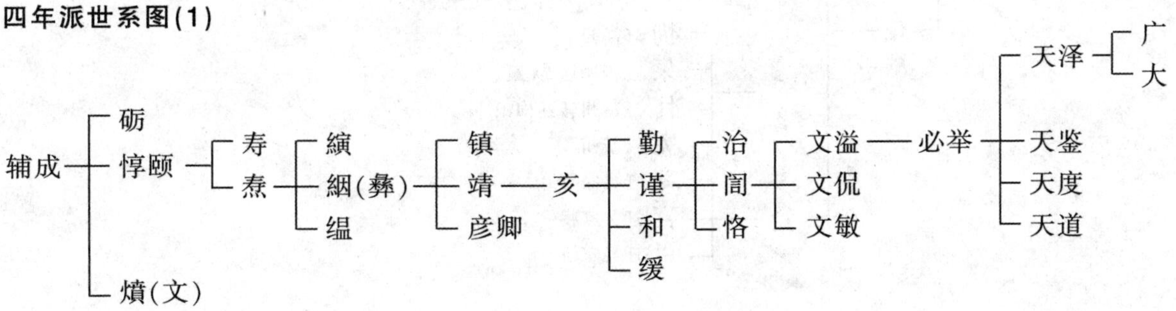

四年派世系图(2)

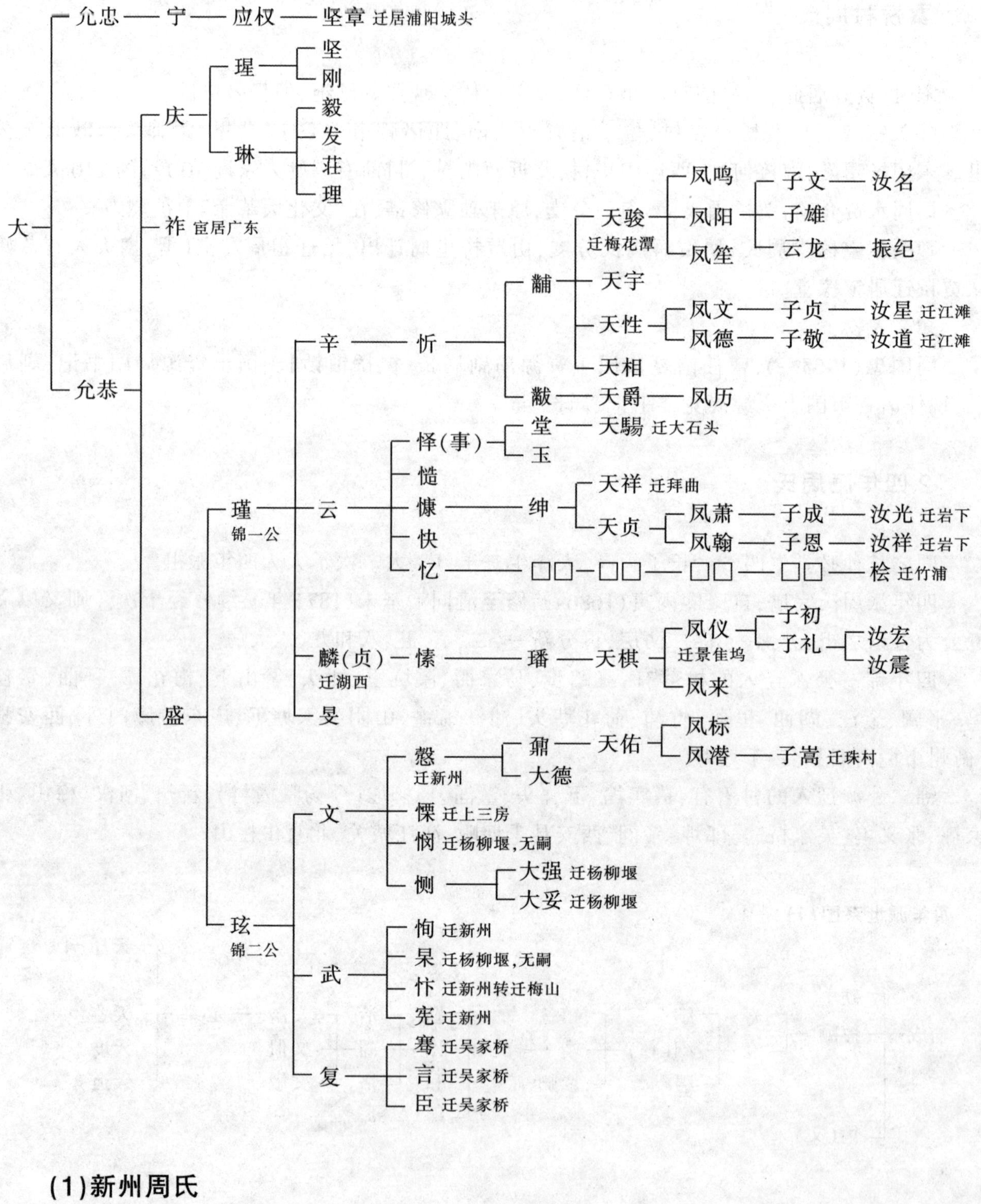


## (1)新州周氏

### 新州村周氏

明初,诸暨称诸全州。因守将反叛,朱元璋派大将李文忠率军讨伐,在此重建诸全新州,故名新州。今州城圮久，城垣遗迹依稀可辨。新州村位于诸暨县城西南面，距城22公里。距镇政府驻地1公里，现属安华镇三合行政村，主姓周。2002年年底统计，全村有129户，358人，耕地面积263亩，山地496亩，呈带状分布。东至大陈江，南邻五指山，西连汤江岩风景区，北毗安华工业区。地理位置优越，大陈江傍村而过，历史底蕴深厚。

新州村周氏，系暨阳南门周氏太三公大之后。四年派第十四世孙玹，行锦二，字孟瑜，生明洪武六年(1373)，卒正统丙寅(1446)。生二子：文、武。文，行新三，长子嶅，行鉴一，娶王氏，生二子长鼐、次大德，同居新州；新三公仲弟武，行新八，长子恂，行鉴二，娶宣氏，生子瓒、炎；幼子宪，行鉴十一，并居新州，为新州始祖。现新州村周氏皆为鉴二公讳恂的后裔。

**知名人物：**

(一)

周源根(1921—1994)，行垂百三十，黄埔军校毕业，曾任国民党部队陆军九十九军师参谋长。

周善法(1920—1994)，行钧百四，黄埔军校第十期毕业，曾任国民党军队上校。

周才松(1928—1955)，行垂百二十三，烈士，牺牲于辽宁省丹东市。

周国迪(1946—2008)，行钧百二十六，曾任中心学校校长，中学高级教师。

(二)

周源恒(1936—)，行垂百五十，浙江大学物理系副教授。

周荣安(1940—)，行垂百五十四，历任浙江省委办公厅省委政策研究室副处长、处长，绍兴市委秘书长，浙江省科协党组副书记、副主席，浙江省委党史研究室主任等职，正厅级。

周秋华(1947—)(女)，南京军区医学教员，副主任工程师，副教授，国家高级心理咨询师，军队专业技术5级(副军级)职务。

周晓港(1949—1988)，行泉百三，黄浦军校四十一期毕业，曾教官。

周伟忠(1955—)，行泉百十一，供职于浙江工商大学，处级干部、副教授。

周全新(1957—)，行泉百七十，历任诸暨县人民政府办公室主任，诸暨市城乡建设委员会主任，诸暨市人民政府副市长。1993年转入商界，先后任浙江耀江集团访地产开发有限公司总经理，浙江省访地产协会副会长，浙江蓝丰股份有限公司董事长。获“2002年度影响中国访地产100位企业家”荣誉称号。2006年至2011年，为村安装自来水；建造厅堂、公园和文化活动中心、保护老城遗址等捐款开支1000余万元。其弟周全寅，为修复保护新州城护城河遗址(长河)捐款30万元。

周立波(1965—)，行泉百三十二，萧山人民检察院科长，萧山人民法院民事庭庭长。

周新建(1966—)，行钧百七十九，正营级转业，任牌头环保所所长。

周友忠(1968—)，行垂百八十五，副团级转业，任义乌卫生局副局长。

周维松(1970—)，行梓百一，中国人民大学毕业，硕士学位。任省统计局计算中心副主任。

周建华(1971—)，行钧百九十，高级经济师。

周建栋(1976—)，行钧九十四，中学一级级教师。

**文物**

新州古城墙遗址，法净寺、宝山寺等，均为政府批准的佛教活动场所。

新州城墙遗址

**文化礼堂**

村文化礼堂会场

文化礼堂的建设，有效整合文化活动室、广播室、阅览室、老年活动室、“春泥计划”活动室等场所，使之发挥最佳综合效能。

占地10余亩的新州公园，芳草萋萋、树木森森，古朴的亭台，曲折的回廊。是村民散步聊天、吐纳新鲜空气、放飞愉悦心情的好去处。

后山的宝山寺、法净寺，规模宏大，建筑精美，深厚的佛教文化和现代的生活元素相交融，体现出一种自然和谐的美。

**附：新州大战资料**

元至正十八年(1358)，朱文忠会同邓俞民、胡大海由徽州(今安徽省黄山市)进入浙江。十九年正月，朱元璋部将胡大海攻克诸暨(诸暨时称州)，改诸暨州为诸全州。二十二年九月，张士诚弟张士信攻打诸全州，未克。二十三年二月，苗兵在金华发动叛变，杀害胡大海。朱文忠被授为浙东行省左丞，总制严、衢、信、处诸州军事。同年，张士诚手下的十万军队猛攻诸全，守将谢再兴告急，朱文忠派遣同佥胡德济前去救援。谢再兴再次请求增兵，朱文忠却因兵少派不出援兵。正巧此时朱元璋命邵荣讨伐处州乱军，朱文忠便扬言徐右丞、邵平章将率大军即日援助诸全。张士诚军获悉，十分恐惧，企图趁夜逃跑。夜半时分，胡德济与谢再兴率领敢死队开门突袭，大败张士诚军，从而保全了诸全。四月，谢再兴反叛，杀知州栾凤投奔张士诚。九月，朱元璋部将李文忠采纳胡琛的建议，在安华五指山下筑诸全新州城，派胡德济镇守。此处为婺越之咽喉，乃兵家必争之地，依山傍水，凭险而据，重兵把守，进退自如。二十四年，张士诚遣司徒李伯升领兵16万攻新州，胡德济、李文忠内外夹攻，李伯升败。二十五年，李伯升率重兵复攻，李文忠率部从严州星夜支援，胡德济则从城中杀出，大败李伯升，逐北数十里，斩首甚众，江水尽赤，从而一举收复了诸全州（诸暨县城）。朱元璋部以弱制强，全胜而归，奠定明朝建国基石。此战史称“新州大战”。

诸全新州城、新州大战，在《明史·李文忠传》《明史·胡大海传》《明史·胡深传》《乾隆诸暨县志》《三修国朝诸暨县志》《诸暨县志（1993年版）》《诸暨市军事志》均有记载。

**新州村周氏字第**：从辅成第十一世（太）始，自成一派（详见“四年派字第”），辅成第廿八世（敦颐廿九世）统一接万派合同字第。至2011年年底，最新行字第为“燮”。

**新州村周氏系图：**

辅成→敦颐→焘→絪→靖→亥→谨→閭→文溢→必举→天泽→大→允恭→盛→玹→

文→憼

武→忭、宪

**迁居外地名录**

周源根，行垂百三十三，居台湾。

周源渭，行垂百三十五，居台湾。

周源顺，行垂百三十七，居杭州。

周源详，行垂百四十八，居杭州。

周德生，行垂百四十九，居福建龙岩。

周源恒，行垂百五十，居杭州。

周荣安，行垂百五十四，居杭州。

周江萍，行垂百八十四，居江西。

周江虹，行垂百九十五，居江西。

周善法，行钧百四，居台湾。

周善信，行钧百七，居台湾。

周善明，行钧百十五，居萧山。

周金虎，行钧百十六，居福建厦门。

周　坤，行钧百十九，居慈溪。

周忠寿，行钧百二十，居美国。

周尚坤，行钧百四十一，居嘉兴。

周国梁，行钧百四十六，居台湾。

周新建，行钧百五十，居杭州。

周建明，行钧百五十三，居富阳。

周大平，行钧百五十七，居台湾。

周幸福，行钧百五十八，居武汉。

周幸成，行钧百六十四，居武汉。

周家琪，行钧百六十七，居台湾。

周建勋,行钧百六十八,居德国。
周建国,行钧百六十九,居杭州。
周家麟,行钧百七十二,居台湾。
周建勋,行钧百七十六,居杭州。
周建东,行钧百八十,居杭州。
周伟东,行钧百八十一,居嘉兴。
周建樑,行钧百八十二,居杭州。
周伟强,行钧百八十四,居嘉兴。
周天宝,行钧百八十五,居湖南邵阳。
周　斌,行钧百九十五,居杭州。
周征宇,行钧二百十五,居江西。
周昕蕾,行钧二百二十七,居义乌。
周洁婷,行钧二百三十二,居江西。
周晓港,行泉百三,居台湾。
周平安,行泉百七,居湖北。
周晓风,行泉百八,居台湾。
周伟忠,行泉百十一,居杭州。
周邦斌,行泉百十八,居湖北。
周晓天,行泉百十九,居台湾。
周光中,行泉百二十三,居台湾。
周晓达,行泉百二十七,居台湾。
周邦军,行泉百三十一,居湖北。
周立波,行泉百三十二,居萧山。
周　倜,行泉百三十四,居福建厦门。
周焕军,行泉百四十一,居上海。
周先华,行泉百四十二,居宁波慈溪。
周亚萍,行泉百四十三,居美国。
周焕成,行泉百四十九,居宁波。
周　彦,行泉百五十四,居杭州。
周　翔,行泉百六十二,居上海。
周　斌,行泉百六十七,居杭州。
周育欣,行泉百七十三,居台湾。
周晓蓉,行泉百七十六,居杭州。
周叶帆,行泉百七十八,居杭州。
周　婕,行泉百九十四,居嘉兴。
周闻宇,行泉百九十五,居杭州。

周静雯,行泉百九十八,居嘉兴。
周钰聪,行泉二百四,居湖南邵阳。
周厚德,行泉二百五,居台湾。
周 逾,行泉二百七,居富阳。
周梓涵,行泉二百十,居杭州。
周庚润,行泉二百十一,居杭州。
周维松,行梓百一,居杭州。
周海建,行梓百二,居杭州。
周国建,行梓百三,居杭州。
周文琳,行梓百四,居台湾。
周其新,行梓百七,居新西兰。
周文琪,行梓百八,居台湾。
周含奕,行梓百九,居杭州。
周长新,行梓百十一,居台湾。
周 舟,行梓百十五,居北京。
周满满,行梓百二十八,居湖北。
周士凯,行梓百二十九,居台湾。
周鸿霆,行梓百三十一,居台湾。
周 弘,行梓百三十五,居杭州。
周佳玉,行梓百三十六,居台湾。
周雨静,行梓百三十八,居台湾。
周芳谊,行梓百四十四,居台湾。
周均儒,行梓百四十七,居台湾。
周喆宇,行梓百四十九,居福建厦门。
周杨杰,行梓百五十,居慈溪。
周懿文,行梓百五十九,居上海。
周怡冉,行梓百六十二,居宁波。
周佳璐,行梓百六十四,居杭州。
周梓煜,行梓百六十八,居杭州。
周佳锐,行梓百七十,居杭州。
周杨烽渝,行梓百七十一,居慈溪。
周语涵,行燮百一,居杭州。
周起帆,行燮百二,居杭州。
周雨润,行燮百三,居杭州。
周思辰,行燮百五,居杭州。

## 河汉村周氏

河汉村位于安华镇中部，距诸暨市区21公里。据传，村以河得名。村中一河是北水归南，河东为前河汉，河西为后河汉，合并称为河汉。全村237户，人口470人。

村东靠浙赣铁路，南接杨店，西临大陈江，北连安华街，随着城镇扩建，镇村街道已相连。2006年9月河汉、杨店两个自然村合为河杨村。

河汉村周氏，系暨阳南门周氏太三公大后裔迁居。传十六世祖武，生四子，长名恂，行鉴二，先居新州，与鉴一懋公同为新州村周氏始祖。后鉴二公五世孙子才派住河汉，为河汉村周氏始祖。

**河汉村周氏字第**，从辅成第十一世(太)始自成一派(详见"四年派字第")，辅成第廿八世(惇颐廿九世)统一接万派合同字第。至2011年底，最新行字第为"钓"。

**河汉村周氏系图：**

辅成→敦颐→焘→絪→靖→亥→谨→闾→文溢→必举→天泽→大→允恭→盛→玹→武→恂→瓒→元亨→凤占→子文

## 磨石坞(慕实坞)珠村周氏

相传：东周末期，朱姓祖先在此定居。春秋吴、越战争时，越王句践在句嵊山脱险，为纪念越王，在"朱"字旁加上"王"字，称为珠村。后几经变迁，朱姓嗣绝，但珠村名直传至今。位于诸暨县城南面，距城15.5公里。距镇政府驻地6公里，今属牌头镇三保里行政村，主姓周。2002年年底统计，全村有101户，355人，耕地276亩，山地1350亩，村宅呈长方形状。东靠梅溪，南邻九世房，西接越山，北毗横排山。

磨石坞(慕实坞)珠村周氏，系暨阳南门周氏太三公大后裔二支迁人。(1)太三公五世孙懋，行鉴一，先迁居新州村，后鉴一公五世孙子嵩，行莊百八十七，号嵊山，明时从新州村迁居磨石坞珠村。娶张氏，生四子：大宪、大章、大文、大武；(2)太三公九世孙汝名，行严四十、振纪，行严百二十八，迁居磨石坞。三人分别为磨石坞(慕实坞)珠村始祖。

磨石坞(慕实坞)珠村宗祠堂号为从先堂，大房(大宪)；二房(大章)为永渡堂；三房(大文)永昇堂；小房(大武)为鸿业堂。

**知名人物：**

(一)

周永山(1899—1978)，曾用名周金，1927年，参加革命，7月，加入中国共产党。1944年3月，任金萧支队诸南办事处主任。1945年8月初，调任中共路西县西南区区委书记兼区长。1949年8月，任省人民法院检查组组长、行政科股长等职。1958年，在审干运动中作为"叛党分子"清除出党。7月22日，被"开除公职，送农村交群众监督劳动"。1988年8月14日，省人民法院恢复党籍及干部身份。

周芝山(1921—1993)，1939年3月，加入中国共产党。抗战期间，先后担任中共诸(暨)南区委委员、中南分区区委书记，金萧支队诸北办事处税务分站站长，中共小西区委书记兼情报联络总站站长，中共诸义东县委璜越区特派员兼区长等职。1949年5月，根据浙东临委的部署，与杨亦明率第二支队一部，解放诸暨县城。任中共诸暨县委副书记、县长，领导诸暨人民开展剿匪反霸，发展生产，为巩固新生的人民政权做了大量工作。1950年5月，调任共青团绍兴地委书记。1952年，调杭州工作，先后任中共浙江大学党委委员兼校团委书记、共青团杭州地委书记、共青团浙江省委副书记、杭州汽轮机厂党委书记兼厂长、中共杭州市委候补委员、杭州市人大常委会委员、中共杭州市委宣传部部长等职。

周祖谦(1923—2007)，1943年参加浙东新四军，新中国成立后曾任上海市青浦县畜牧水产局局长，县人民政府办公室主任，大观园工会主席。

(二)

周德良(1922—)，周永山之子，1950年赴朝参战，曾任江西和县人武部副部长，诸暨县委农改办副主任，手工业管理局副局长。

周小兰(1926—)，曾用名张扬(周芝山夫人)，1942年4月参加共产党，1948年任会稽中心县工委委员兼组织部长，1949年任会稽临工委委员，兼诸暨县工委书记，后为绍兴临工委书记。解放后任中共绍兴县委委员兼宣传科长，浙江大学党委委员兼宣传部长、校刊室主任等职。参与主编、撰写出版史料书籍有《铁马青松》《会稽游击根据地纪要》《路东地区史料汇编》《周芝山纪念文集》等。

周华民(1929—)，曾任1950年绍兴市委土改队组长，宁波市庄桥区委书记，宁波市曙光区司法局长(正县处级)。

周锡嘉(1930—)，高级工程师，曾任福建永安市(县级)、三明市(地级)多届政协委员。

周友仁(1933—)，1949年5月在东阳县府当交通员，曾任武义县团委组织部部长、副书记，公社副书记兼社长。

周学明(1942—)，国家艺术系列副高级职称，杭州戏剧协会理事。

周　开(1952—)，历任宁波市公安局办公室秘书，技侦队政委，国保队政委等职，三级警督(副厅级)。

周建共(1954—)，曾任宁波市江东区法院副院长，纪委副书记，监察局长(正县级)。

周武强(1955—)，绍兴文理学院附属医院党委书记、副院长，副主任医师。

周建成(1957—)，女，宁波市女企业家协会副会长兼秘书长。获国家女企业家称号。

**磨石坞(慕实坞)珠村周氏字第：**自辅成十一世(太)始自成一派(详见“四年派字第”)，辅成第廿八世(敦颐廿九世)统一接万派合同字第。

**磨石坞(慕实坞)珠村周氏系图：**

(1) 辅成→敦颐→焘→絪→靖→亥→谨→訚→文溢→必举→天泽→大→允恭→盛→玹→文→愸→鼐→天佑→凤潜→子嵩

(2) 辅成→敦颐→焘→絪→靖→亥→谨→訚→文溢→必举→天泽→大→允恭→盛→辛→忻→黼→天骏→凤阳→子文→汝名

→凤笙→云龙→振纪

**诸暨牌头镇三保里村珠村自然村挖出宝贝**

近日,牌头镇三保里村珠村自然村忽然热闹了许多,不少其他乡镇的人来到这里。原来,村南面的慕实坞横向陇大坟山龟蛇山冈上挖出了一座坟,这个位置正好是家谱上记载的周氏祖先锦二公的陵墓所在。所以,周氏后人认定这就是祖宗的坟,纷纷从四面八方赶来拜谒。

据珠村自然村82岁的村民周鲁卿介绍,珠村周氏和草塔镇梅山、张义坞,应店街镇紫阆,马剑镇仁头,牌头镇周家、杨曙霞、篁浦,陈宅镇周宅,安华镇新州等10个村庄的周氏同出一脉,都是周氏锦二公的后裔,而锦二公则是中国理学开山鼻祖濂溪公周敦颐的第14代子孙。

墓中出土的文物

陵墓为一字排四室,均为砖室墓,墓顶完好。墓坐南朝北,呈长方形,上部有转角铺作斗拱,墓室南壁有砖砌的几案,几案上各有1件瓷罐,其中一墓室有两件,除此之外,再无其他随葬器物。这5件瓷罐的釉均为褐色,其中4件有壶嘴。记者测量了其中一只带壶嘴的瓷罐,其高11.2厘米,口内径6.9厘米,外径7.4厘米,底径7.9厘米,腹径34.4厘米。另一件瓷罐则两头特小中间大,无壶嘴。出土的瓷罐质地粗犷,一些有经验的老人说,这肯定不是出自官窑的瓷器,但村民们还是如获至宝,现指定人员将其收藏,希望有专家作个鉴定。

据家谱中记载,锦二公卒于明正统丙寅年(1446),距今已有563年了。从墓里的随葬器物的数量看,足见我们的祖先度日清贫,他完完全全继承了濂溪公周敦颐"芋蔬可卒岁,绢布是衣食,饱暖大富贵,康宁无价金,吾乐盖易足,廉名朝暮箴"的家训,我们都为有这样的祖先而感到骄傲。

### (2)梅山周氏

### 梅山村周氏

因村庄后有小山,梅树成林,取名梅山庄。后子孙繁衍,村庄扩大,改称梅山村,村由此得名。位于诸暨县城西南面,距城12公里。东连草塔上张,南接牌轩下,西邻上三房,北临渎溪江。距镇政府驻地4公里。现梅山行政村由梅山、上三房、西坂、街口、破塘下五个自然村组成,主姓周、张。总面积2.01平方公里。2004年年底统计,全村有466户,1435人,其中周姓754人。耕地1000亩,山地500亩,村宅呈长方形状。

梅山自然村包括上三房、西畈、街口、破塘下四个自然村。

梅山村周氏,由南门周氏四年、五年和藏绿周氏组成:1.暨阳南门周氏太三公大之后。四年派后裔有二支,迁入梅山。第十六世祖讳文,行新三,长子讳慄,行鉴三,迁入梅山,为上三房始祖;另一支是第十六世祖讳武,行新八,三子讳忭,字音欣,行鉴十,迁入梅山,为梅山始迁祖。忭原住新州,因在梅山设庄收租而暴疾身亡,其夫人何氏遂"迎孀姑接二孤"落户梅山。梅山叫新八房。2. 五年丰江派周中根,懿字行,1958 年建安华水库时由浦江县白马镇宝应村迁入梅山(详见丰江周氏有关村落)。3. 藏绿周奎和,奎字行,约在清宣统年间(1909—1911)迁居梅山(详见藏绿周氏有关村落)。

**知名人物:**

(一)

周之冕,福建漳州府卫经历。

周　颂,任广州府南海县典吏。

周象鼎(1637—1688),字义子,实授登仕郎,任宛平县典吏。

周文宝,恩赐登仕郎。

周忠仁(1789—1861),恩赐登仕郎。

周斯大(1716—1803),字光实,号少之,恩赐修职郎(古代技术职称),善岐黄。

周斯羽(1719—1803),字繁育,号醒端,恩赐修职郎。

周最孝(1777—1855),恩赐修职郎。

周逢曙(1799—1862),恩赐修职郎。

周逢旭(1799—1859),恩赐修职郎。

周良正,曾任诸山乡副乡长。

周学全,毕业于保定军官学校,曾作国民革命军军官。

周品山(1901—1970),国民革命军第 80 师副师长,少将军衔。

周藩国(1942—1996),曾任新壁公社社长、党委书记。五洩公社革良会主任、党委书记。城西公社党委书记。

周文章,曾任民国政府副乡长。

周芝林(1913—2001),毕业于国民革命军第八机械学校,少校技佐,参加青年远征军,越红河三角洲抗击日本侵图军,任机械技术室主任。

周颂南(1921—1950),曾任国民政府寿昌县县长。

周才望(1924—),国民政府某空军学校飞行员,1949 年随国民党军去台湾。

周水良(1931—),原系裁缝,解放前去台湾,国民党授予中校衔。

周藩国(1924—1996),曾任新壁、五泄城西等公社社长,党委书记。

(二)

周巨贤(1920—),1947 年间参加中共路西县政府地下工作,1949 年任萧山瓜沥镇镇长,后调萧山县工商局任局长。

周逸龙(1928—),参加抗美援朝、援越抗美、援柬抗美,任团副参谋长(正营级)。

周才元(1930—),曾任北京警卫师上尉股长,转业后先后任嵊县锻压机床厂厂长,党委书记,县卫生局副局长。

周学苗(1930—),1948年参加金萧支队,解放后任后勤副处长。

周岐山(1931—),绍兴市一、二届政协委员,绍兴市农工商公司总经理。

周洪才(1931—),大学教授。

周可能(1932—),曾任冠山党委副书记,社长,浙江省荣军学校二等工作模范,县人民代表。

周柏清(1932—),营级。曾任四川省丰都县人民武装部科长。

周水明(1933—),解放初任梅山乡乡长。

周然定(1933—),曾任绍兴市检察院副检察长。

周洪才(1931—),先后任浙江大学助教、讲师,副教授、副总工程师等职。

周天星(1943—),曾任浙江省建设厅处长,杭州市公共交通总公司经理,浙江省城市公共交通协会理长。浙江省城乡建设开发总公司总经理。高级经济师。曾被为杭州市届优秀企业家。

周兵全(1950—),县人大代表。

周性铨(1950—),江西弋阳旭光中心学校教导主任、校长,高级教师。

周煦凤(1951—),研究馆员。曾出版《道地乱话》等散文集多部,参加《诸暨县志》的编写,是《诸暨民间艺术大观》《西施传说》的整理编辑者。

周洪志(1952—),任诸暨市人民医院科主任,主任医师。

周国尧(1953—),嘉兴市文体局副局长。

周林康(1956—),省科协副秘书长。省人口计划委员会调研员。

周煦朝(1960)高级农艺师,绍兴经济物产站站长,绍兴市五届政协常委。

周荣信(1960—),中校军衔,曾任诸暨市人武部副部长。转业后,任市司法局副局长。

周建钢(1961—),任新昌县工商银行行长。

周煦阳(1963—),绍兴市农业局高级农艺师。

周信堂(1964—),高级工程师。

周　亮(1966—),高级工程师,中国联通绍兴分公司总经理助理。

周　敏(1967—),女,民盟绍兴市委组织部副部长,政协绍兴市第六届委员常务委员。

周庆俊(1966—),深圳中兴通讯有限公司高级工程师。

周仲铭(1979—),西安美术学院副教授。

**梅山村周氏字第**,自辅成第十一世(太)始自成一派(详见"四年派字第"),辅成第廿八世(敦颐廿九世)统一接万派合同字第。至2004年底,最新行字第为"燮"。

**梅山村周氏系图:**

辅成→敦颐→焘→絪→靖→亥→谨→闾→文溢→必举→天泽→大→允恭→盛→玹→文→慄

武→忭

**附:诸暨梅山村·周氏宗祠记**

镜山滴苍翠,田畴绕碧水;盛夏红荷香,仲秋有丹桂。

吾邑诸暨,自秦以降,更替十朝而不废;吾乡周氏,以国为姓,历三千载而长盛。暨阳境内,浣水长流，物阜民康，尤多名士俊才；周氏家族，瓜瓞绵长，人丁兴旺，代有忠义节孝，其迹昭昭，不可备述矣。

吾祖周惇颐曰："予独爱莲之出淤泥而不染，濯清涟而不妖……"，《爱莲说》一文流传千古，为世间学子之座右铭。吾乡亲祠曰："爱莲堂"，乃明周氏裔孙之志也！

梅山周氏宗祠，始建于明代中叶，历代多有修缮扩建，规模甚广，建构奇巧，声播越中。祠为五楹三进，座北朝南，门面装饰考究。四根石柱，昂然而立，斗拱巧设，"雀替"精构；船蓬轩顶，曲直有致。祠额榜书："周氏宗祠"，金钩铁划，古朴劲猷。

中进天井中，筑有"万年台"一座，重檐出挑，吻脊耸立，雕梁庄重，藻井华丽，"绮井列疏乃悬蒂，华莲重葩而倒披"。前台置石狮一对，静观人情世故，两侧石柱二支，上镌"九天星宿檐前见，万里云涛座上浮"楹联，似有飘然欲仙之感。每逢春节佳日，时有伶人粉墨登场，演绎古今传奇，诉说人生悲欢；乡人邻里，接踵而来，驻足观赏，其乐融融。

中厅宽敞高朗，楹联高挂，文章千古，多为赞赏褒扬之言，弘正否邪之辞。更多匾额横悬，凡我梅山自明季至民国四百余年间之科举功名、仕途品阶、志士闻人、贞洁孝悌——展列其间，传承历史，光前裕后。

后进高古肃穆，内设梯形神龛，上陈列祖列宗之牌位，百世昭穆，千秋俎豆。中有一方木箱，保存《暨阳南门周氏四年宗谱》，每年春节，族人点香插烛，顶礼膜拜，此实为缅怀祖宗之先德，明族辈长幼之序律，正乡人亲疏本源之所在也。

中后厅中间天井，祖上植桂子两棵，一侧金桂，一侧银桂，历数百年沧桑，仍主杆壮茂，枝叶葳蕤，犹喻周氏家族，根深叶茂，人丁兴旺。每逢八月中秋，丹桂十里飘香；若留存至今，堪称宝树名花，乃盖市之古木焉。

子曰："逝者如斯"。时至上世纪六十年代，史无前例之"文革"冲击神州大地，多少文化遗产被无端毁灭；我周氏宗祠也在劫难逃，历代楹联匾额被视为"四旧"，入"横扫"之列，于是碑裂匾碎，令人痛心疾首。及至七十年代，当时的南山公社为建办公大楼，不顾民众反对，拆毁周氏宗祠，浩浩四百年古迹，至此茫然无存，父老乡亲莫不扼腕叹息！

所幸者，梅山尚有凤集公祠(即新祠堂)，筹于清末，成于民初，至今尚存前厅。

尔今，新世纪曙光朗照寰宇，神州万里，政通人和，国泰民安，祖国建设，日新月异，欣欣向荣。周氏族人，盛世续谱，属予作《周氏宗祠记》；吾才疏笔拙，难叙精华，谨具陋文一篇，为后人备考耳。文毕，尚有一心愿略表于此：何日合族同心，再建新祠，以传后世。殷殷我心，是为记。

甲申(公元2004年)一月周氏裔孙煦凤沐手拜撰

注：

1. 晦庵先生(宋·朱熹)。

2. 浙江诸暨梅山村自暨阳南门周文公之二子周慄，周武公(文二弟)之三子忭之子迁梅山后，泱泱已成大族。2004年重修梅山谱，功在千秋也。

3. 录自浙江诸暨梅山村周氏宗谱。

## 迁徙村落：

### 仁头村周氏

仁头，又名城头，原村后侧埂塍栽有树木，林茂如城，故名城头。辛亥革命后，地形演变，改称仁头。原属浦江县二十九都一图，今属诸暨市马剑镇。在诸暨市区西面，距城30公里，位于马剑镇东南面2公里，全村有100余户，以周姓为主。村宅聚居呈方形，东靠六蓬村，南近风口村，西临马剑镇，北依金竹坑村。

从现有宗谱中发现，迁徙仁头的周氏有三支：

1. 康熙辛酉(1681)重修《浦阳花台周氏宗谱》中记载："……粤稽浦阳兴贤乡城头周氏一处自锦八公之子新四公迁居此地，实天锡公第十一世孙也。"……

雍正丁未(1727)重修《宗谱》中记载："我浦二十九都城头自圣章太公以来历史久远，莫知其源，后蒙昌文朱先生因闻知而纂修，然亦上溯其流而未穷其源，虽修犹之乎不修也。……幸乙巳梅山建祠扛木料路径我门，宿于我家内，有光远问及世系，始知出于同源。"

乾隆四十八年(1783)重修《宗谱》中记载："今周氏重修宗谱推其先世由吾邑之南门迁居浦阳兴贤乡即今城头花台之麓，其族素称仁里。"

2.周敦颐第十六世祖讳文，行新三，长子讳憬，行鉴三，迁入梅山，为上三房始祖。憬公五世孙讳道光，行庄百九十九，自梅山上三房迁马剑仁头，为马剑仁头始祖。

3.石门宾四公六世孙仲韬由石门迁居城头。详见十年派石门周氏的有关内容。

**仁头村周氏字第**：同四年派字第，辅成第廿八世(敦颐廿九世)统一接万派合同字第。

**仁头村周氏系图**：

(1) 辅成→敦颐→焘→絪→靖→亥→谨→闾→文溢→必举→天泽→大→充中→宁→应权→圣章

(2) 辅成→敦颐→焘→絪→靖→亥→谨→闾→文溢→必举→天泽→大→允恭→盛→玹→文→憬→熙→琏→风羽→道光

### 后塘下村周氏

草塔镇屏坞村后塘下、鸡心塔(深坞村—百度地图)自然村，位于诸暨市西南，距市中心25公里。东接杨焕村，南靠诸尖岗，西近涓坞村，北近塘屏山。现有周姓人家11户，约50人。

据说，始迁祖仁朝公，系马剑镇仁头村人，小时候顽皮，不小心烧了人家的"护丧"(当时农村习俗，人死装入棺材后，还要在野外放置一段时间，择日安葬入土，通常情况下在棺材上盖有稻草。)，不得不逃亡，来到现草塔镇屏坞村后塘下村，帮人家放牛。成人后在此成家生子，并定居。其裔孙"花中"迁居鸡心塔(即深坞村)、"花心"留住后塘下。

- 仁朝 — 相宝
  - 花中
    - 钜庭
      - 培桥
      - 培江
      - 培章
    - 本传
      - 培波
      - 培国
      - 培军
    - 本孝 — 培苗(居上海)
  - 花心 — 炳良 — 培发

## 中周村(周家桥)周氏

宋末,周氏始祖从城南梅山迁此,氏族兴旺,故以姓氏得名周家。位于诸暨县城西面16公里。距镇政府驻地10公里,现属丰周行政村,周氏为主。2002年年底统计,全村有68户,195人,耕地92.5亩,山地1150亩。村庄依溪而建,南北走向,呈带状形分布,村前溪坑建有2座石板拱桥。因重名,1981年10月,改名为周家桥大队。周家桥自然村东靠谢家坞岭,南接丰坞,西对高石坞山岗,北接下庄塔,通往紫阆。

梅山鉴十公忭八世孙焕录,字仲斐,行茂二百八十八,娶赵氏,生子二:学洪、学浩。于康熙年间由梅山村迁居周家桥,为周家桥村始祖。

**中周村(周家桥)周氏字第**:自辅成十一世(太)始自成一派(详见"四年派字第"),辅成第廿八世(敦颐廿九世)统一接万派合同字第。至2004年年底,最新行字第为"泉"。

**中周村(周家桥)周氏系图:**

辅成→敦颐→焘→絪→靖→亥→谨→闾→文溢→必举→天泽→大→允恭→盛→玹→武→忭→大邦→天惠→凤材→子庆→汝礼→启荣→焕录

## 张义坞村周氏

明末,祖先由后大坞迁此定居,取名张义坞。"张"指张义岭,"坞"指后大坞。意即两村永远重义互助,故名张义坞。位于诸暨县城西南,相距12.5公里。距镇政府驻地3公里,属张义坞行政村,主姓周。2002年年底统计,全村有74户,223人,耕地117亩,山地208亩,村宅呈长形状。东接庄塔,南连金家店,西临杨家,北毗曹岭脚。后大坞祖先由南霞的小溪口村迁入后大坞冷水墩地方。

张义坞周氏,系暨阳南门周氏太三公大之后。讳允志,行芳三百八十七,娶边氏,副室袁氏,生一子名墉嘉。明末,避乱,从梅山井弄门里徙居张义坞。为张义坞村始祖。现周氏有29户,80余人。

**知名人物:**

周煦友(1935—),曾任绍兴市劳动局党组书记,局长。

周石城(1949—),松阳县供销社主任。

周钱江(1956—),外科副主任医师。

周岚岚(1964—),副研究员。

**张义坞村周氏字第**:自辅成十一世(太)始自成一派(详见"四年派字第"),辅成第廿八世(敦颐廿九世)统一接万派合同字第。至2004年年底,最新行字第为"泉"。

**张义坞村周氏系图**:

辅成→敦颐→焘→絪→靖→亥→谨→訚→文溢→必举→天泽→大→允恭→盛→玹→武→忭→大用→天赋→风集→子夔→应聘→允志

## 张家坪村(野鸭塘)周氏

张家坪,又名野鸭塘,现属泄下行政村。

梅山村鉴十公忭,生二子:大用、大邦。长子大用子二:天赋、天盛。天赋生子七:长子风卜为梅山东大房祖。风卜孙汝惠,行严九十六、汝志,行严百四十五,兄俩由梅山村迁居张家坪,为张家坪始祖。

**张家坪村周氏字第**:自辅成十一世(太)始自成一派(详见"四年派字第"),辅成第廿八世(敦颐廿九世)统一接万派合同字第。至2004年底,最新行字第为"泉"。

**张家坪村周氏系图**:

辅成→敦颐→焘→絪→靖→亥→谨→訚→文溢→必举→天泽→大→允恭→盛→玹→武→忭→大用→天赋→风卜→子高→汝惠、汝志

## 陡坞周家周氏

元时,陈姓祖先定居前大山陡子岩下的山坞里,故名陡坞。陡坞位于诸暨城区西南,距城14公里。距梅山村5公里(梅山村西南面)。东靠前大山狮子岭,南依驼背岭下旺村,西至西路村,北毗何家村,以陈周两姓为主,周姓仅10余户。

敦颐二十六世孙讳大本,行钦九百五十四,娶何氏生四子:素财、素文、素年、素行,由梅山上三房迁草塔陡坞为祖。

**陡坞周家周氏字第**:

自辅成十一世(太)始自成一派(详见"四年派字第"),辅成第廿八世(敦颐廿九世)统一接万派合同字第。

**陡坞周家周氏系图**:

辅成→敦颐→焘→絪→靖→亥→谨→訚→文溢→必举→天泽→大→允恭→盛→玹→文→慄→熙→珊→风彩→子羲→汝龙→伯景→象福→肇魁→公义→大本

### 马郎埠村周氏

茂五百三十三公次子，端六百五十二，讳宪姬，字兼三，生康熙己巳(1689)七月初三日亥时，卒乾隆乙丑(1745)三月初三日未时，娶马氏，生康熙辛未((1691)正月二十六日戌时，生四子：爰洵、爰谓、爰详、爰诚，由梅山迁居马郎埠。

**马郎埠村周氏字第：**自辅成十一世(太)始自成一派(详见"四年派字第")，辅成第廿八世(敦颐廿九世)统一接万派合同字第。

**马郎埠村周氏系图：**辅成→敦颐→焘→絪→靖→亥→谨→闇→文溢→必举→天泽→大→允恭→盛→玹→武→忭→大用→天赋→凤集→子焕→应助→煜荣→埰嘉→宪姬，字兼三，生四子：爰洵、爰谓、爰详、爰诚，迁居马郎埠。

## (3)梅花潭头周氏

### 梅溪村周氏

原村头有株腊梅和一个深潭，故取名梅花潭头。后因村前深潭渐变溪，故改名为梅溪。位于诸暨县城南面，距城15.5公里。距镇政府驻地7公里，属梅溪行政村，主姓周。2002年年底统计，全村有130户，450人，耕地257亩，山地1200亩，村宅呈长方形。东至道凝山，南靠尖田山，西接珠村，北邻张家。

梅花潭头周氏，系暨阳南门周氏太三公三世孙辛，行新一居南门，三世孙天骏，恭九，移住江滩，卜筑梅花潭。为梅溪始祖。

**知名人物：**

周清苗(1927—)，曾任越山乡党委书记。

周根达(1935—)，先后任杭州市公安局侦察员、指导员、科长，副处级审判员、执行员。国家三级高级法官。

**梅溪村周氏字第：**自辅成十一世(太)始自成一派(详见"四年派字第")，辅成第廿八世(敦颐廿九世)统一接万派合同字第。

**梅溪村周氏系图：**

辅成→敦颐→焘→絪→靖→亥→谨→闾→文溢→必举→天泽→大→允恭→盛→瑾→辛→忻→黼→天骏

### 迁徙村：

### 后充岭村周氏

村后有一条通往王家井的后充岭，故以岭名为村名。位于诸暨县城南面，距城14.7公里公里。距镇政府驻地7公里，属牌头镇三保里行政村，主姓周。2002年年底统计，全村有41户，129人，耕地 87 亩,山地 500 亩,村宅呈长方形状。东连王家井,南邻宣家,西接横排山,北靠后充岭。

靖公二十世孙讳懋祚,字上眷,茂四百五十六,生四子:烑、炳、熛、炤,由梅溪即梅花潭头迁居后充岭为祖。

**后充岭村周氏字第:**

自辅成十一世(太)始自成一派(详见"四年派字第"),辅成第廿八世(敦颐廿九世)统一接万派合同字第。

**后充岭村周氏系图:**

辅成→敦颐→焘→絪→靖→亥→谨→訚→文溢→必举→天泽→大→允恭→盛→瑾→辛→忻→黼→天骏→凤阳→云龙→振纪→卜相→懋祚→烑、炳、熛、炤

其后裔炯,行端二百十四迁居衢州西安县。

**衢州西安县系图如下:**

辅成→敦颐→焘→絪→靖→亥→勤→訚→文溢→必举→天泽→大→允恭→盛→辛→忻→黼→天骏→云龙→振纪→卜相→懋宗→炯

## (4)箬山下周家山村周氏

此村位于箬山下,以山得名为箬山下。位于诸暨市区南面,距城 11 公里。原属王家井公社箬山下的周家山自然村。距诸暨市区 11 公里。

锦一公讳瑾,字孟瑾,号守一道人。生四子,次子云,行新二。云公曾孙天正,行恭三十五,迁居箬山下周家山村,为周家山村始祖。

**箬山下周家山村周氏字第:**自辅成十一世(太)始自成一派(详见"四年派字第"),辅成第廿八世(敦颐廿九世)统一接万派合同字第。

**箬山下周家山村周氏系图:**

辅成→敦颐→焘→絪→靖→亥→谨→訚→文溢→必举→天泽→大→允恭→盛→瑾→云→慷→绅→天正

## (5)杨柳堰周氏

### 杨曙霞村周氏

明时,周氏从诸暨南门迁此居住。该地土名白岸,故名白岸村。后因此处多大杨树,就称杨树下。一百多年前,该村有一名秀才,嫌村名不雅,才按字音美称为"杨曙霞"。位于诸暨县城西南面,距城 13 公里。距镇政府驻地 1.5 公里,现属靖江村行政村,主姓周。2002 年年底统计,全村有 295 户,975 人,耕地 756 亩,山地 50 亩,村宅呈长方形。东南靠浦阳江,西接何沈,北接樟树下。

杨柳堰周氏,系诸暨南门周氏太三公六世恂,行鉴四,六世孙恻,行鉴七,长子大强,行绍三

十二,次子大妥,行绍三十七,于明中叶(1450—1500)由南门同迁杨曙霞(杨柳堰)村。为杨曙霞(杨柳堰)村始祖。

**知名人物:**

周鹤浩(1934—),曾任杭州大学中文系主任,教授。

周敬华(1942—),厦门大学教授。

周志信(1936—),四川某军工厂工作,高级工程师。

周乾松(1953—),杭州市委党校教授。

周东昇(1956—),曾先后任同山乡、王家井乡乡长多年。

周伟潮(1957—),浙江中周实业有限公司、浙江梦莲针织有限公司董事长。曾诸暨市政协常委。专著有《幕春花开》《爱恨俄罗斯》等。

周建明(1959—)先后任次坞镇党委书记、诸暨市旅游局局长、规划局局长等。

周泛海(1964—),浙江省计量学院党委书记,副教授。

周朔东(1970—),海军南海舰队正团级干部,上校军衔。

周巧米(1979—),女,曾任诸暨市团委书记,现任绍兴市民政局副局长(正局级)。

**文化:**

**"曙霞学堂"**

梦蛟公,官名采臣、保勋,号曙霞。道光辛卯年(1831)中举人,乙巳年(1845)官福建建宁知县〔己酉年(1849)死于任上。〕。他为官清正,两袖清风,励精图治,鞠躬尽瘁,又体恤百姓,深得百姓爱戴。梦蛟公中举前一年,村里宗祠落成,当时他就有在宗祠内创办义塾的想法,后因种种原因未能实现。而此心愿一直记挂在他的心里。官放福建建宁知县后第三年,他趁回乡省亲之时,旧事重提,除贡献微薄薪俸余钱外,动员家翁捐田筹资。梦蛟公家父杏范公慷慨捐田资学,村义塾得以创建,梦蛟公以已号命名义塾,名为"曙霞学堂",此四字书于宗祠东侧龙虎门之门楣上,一直保留至今。

村文化活动中心一角

命运作弄人,村塾建成后第二年,梦蛟公因积劳成疾,不幸卒于任上。记得儿时,祠堂中厅"道学留芳"牌匾的边上,还有一块"勤政为民"的牌匾,据称是当年皇上颁给梦蛟公的,此匾也毁于文革。而"曙霞学堂"一直坚持办学到解放前,历时近百年。因该学堂师资实力、办学规模可谓上乘,而族规训学,更是严厉,故名声鹊起,村名杨柳堰下也渐渐被人们称作杨曙霞。村塾出去的学生,有三人就读于黄埔军校,二人1925年参加革命,献身于革命事业,其他人才更是不计其数。因有了村塾,因崇学成风,抗战开始至今,全村已有大学生160余人,营团级以上军官十数人。这一切,都有着村塾崇尚倡导读书之风气有着密不可分的功劳。

梦蛟公之子周杰,字介石,还是“同文书院”(今牌头中学的前身)的主要创办者之一。1884年,周杰公与乡贤张洲(槐堂)、郭理斋、楼静安等先辈共同创办“同文义塾,”于1886年建成,1888年改“同文书院”,并执政首任院长。

一门三代,不遗余力,资学办学,实难能可贵。

**杨曙霞村周氏字第**:自辅成十一世(太)始自成一派(详见“四年派字第”),辅成第廿八世(敦颐廿九世)统一接万派合同字第。

**杨曙霞村周氏系图**:

辅成→敦颐→焘絪→靖→亥→谨→訚→文溢→必举→天泽→大→允恭→盛→玹→文→悯

→恻→大强、大妥

**附:永远的杨曙霞——楠木情结**

该村《家谱》中有关这棵楠木的记载:杨曙霞周氏子孙,系周敦颐后代,南宋时从河南汝南始迁诸暨店口紫岩山,后繁衍至暨阳南门三踏步。明永乐年间,锦二公孟玄,为寻发祥之地,多次外出寻觅宅地。一次涉江自夏宅埠去牌头,在杨曙霞一千年楠木下歇脚,见此地西有斗岩巍峨,东有越山秀丽,一碧浣江,蜿蜒东去,江边沙滩,洁白细腻,江岚缭绕,宛若仙境。更奇经常有洪水侵袭的江边滩地,竟长有如此茂盛秀美之千年古树。正惊奇间,忽见树下草丛中二蛇正缠绕嬉戏,即脱衣覆之,对天祝曰,若我回转时两蛇尚在,此地即为我开基之福地。待牌头回来,两蛇果正还在,玄公遂意决携家人搬迁至此,结庐而居,始繁衍成聚族大村。

孟玄公当年携子孙在楠木树旁结庐而居,见浣江边江滩细沙如银,洁白细腻,便唤居住地为白岸村。后子孙繁衍,逐渐扩展水稻种植。种植水稻,水是关键,为保丰收,族人联络周边各村,修筑上游石坝堰(今杨柳堰水泥坝前身)。因这段江边遍植杨柳,此坝堰便被称为杨柳堰,而白岸村地处坝堰下游,村名被逐渐叫做杨柳堰下。

家谱记载,白纸黑字,可见此被村民视作福祉的楠木,在村民心中有着何等重要的位置,更何况,始迁祖几代,去世后均安葬树下,伴树而眠。

年夜饭“萝卜丝豆腐”的传说

据说先祖在宋朝南迁过程中,一路乞讨,除带一身衣着、日用品、铺盖外,随身总不忘带上黄豆种子,看到荒凉的肥沃的土地,就筑庐而居,开垦荒滩杂地,种上黄豆,解决当年先祖的生存问题。因黄豆收获期短,一年可收几次。传说当年,除夕这一天,先祖逃荒到杨曙村刚立足时,过年无钱买猪肉,便去财主家去赊点肉,当时财主外出要账去了,不在家,伙计赊了一块肉给先祖。先祖兴冲冲地拿回家,放到锅里开始煮。不想财主回家听伙计说赊了一块肉给先祖。就怒气冲冲地到先祖家讨要肉钱,无论先祖如何央求,财主都不为所动。看到先祖拿不出肉钱,财主不容分说,找来一肉钩子,扎起煮熟的猪肉,骂骂咧咧,扬长而去。先祖气得差点动起了拳头。这时,先祖太婆出来劝解,说没肉吃,我们还有汤呢。说完,她拿来萝卜,刨成丝,下到肉汤中,又上拿来家中自己做的豆腐,做成了一锅萝卜丝豆腐,一家人强颜欢笑吃完了这顿年夜饭。自此先祖立下祖训,凡我子孙后代,今后每年除夕分岁饭,最后一定要吃萝卜丝豆腐,以励其志,自强不息。此传统一直沿用至今。

村文化活动中心的凝聚力

2006年农历十二月廿七,修缮一新的祠堂正式开门迎客,没料到这天竟迎来了村里村外近千名游客。新祠堂为杨曙霞村赚足了人气,不仅引得邻村人纷纷前往观看,更主要的是成为村文化活动中心,大大凝聚了人心。

村宗祠戏台

如今,村民们没事便往祠堂走走,祠堂两旁的厢房成了村民交流谈心打牌娱乐的好地方。孩子们放了学就在那里细细认读牌匾上的"道学流芳"的和大红灯笼上写有的"爱莲堂",村民们饶有兴致地拜读周敦颐所著的《爱莲说》,正月初一吃糖茶、拜太公的传统习俗又开始沿袭,村腰鼓队、合唱队、民乐队,不时便在这里表演一番。元宵节,该村还请了嵊州越剧团来演戏三天,祠堂里雕龙画栋的戏台子派上了用场,祠堂旁边新建了公园,周纪尧说,这里不久将重新树起一棵带有时代反省印记的石楠树。

农历正月初三,杨曙霞村一个曾经住着30多户人家的门堂里的70多个"出嫁囡"相约,一起回到了老台门,给家里人拜年,也回到祠堂拜见先祖周敦颐,此事引起了轰动,引得境内外多家媒体作了报道。

传承历史文化,把祠堂打造成一个集爱国主义教育、未成年人思想道德教育及学习、瞻仰先祖理学思想于一体的村文化中心,现在看来,杨曙霞村的目的达到了。

### 迁徙村落:

### 下牌头周家周氏

据传,元末朱元璋起兵反元,大将胡大海在龙王殿斗岩山扎兵。元朝兵马驻扎在金家山头,整天擂鼓激战,双方激战之处伤亡极大,人头遍地,故此得名"排头"。后朱元璋建立大明政朝,在现下市头设有牌坊,后人逐渐将"排头"改称为"牌头"。

牌头镇始建宋朝,盛于清代。牌头位于县城南面,距城14.5公里。东临长潭、杨曙霞,南靠金家山头,西接后泉坂,北连何沈。

下牌头周氏,由杨曙霞村迁入。暨阳南门三踏步讳惘、恻兄弟迁杨曙霞后,其六世孙汝魁,行严三百二十五,娶黄氏,生三子:必学、必兴、必正;汝鳌,严百七十六,娶何氏,迁居下牌头,为下牌头始祖。

**知名人物：**

周百里(1930—)，空军第3航校第1团副团长。

周洪校(1945—)牌头镇周家人。文化大革命时担任牌头公社革委会副主任、县生产指挥组党委委员兼林特局局长。文革后任牌头建筑公司经理，现为浙江宏达建设集团有限公司董事长。他行事吃苦耐劳，为人低调平和，治家有方，事业有成。

**下牌头周家周氏字第：**自辅成十一世(太)始自成一派(详见“四年派字第”)，辅成第廿八世(敦颐廿九世)统一接万派合同字第。

**下牌头周家周氏系图：**

辅成→敦颐→焘→絪→靖→亥→勤→訚→文溢→必举→天泽→大→允恭→盛→玹→文→悯

恻→大强→天儒→凤连→子仪→汝魁
　　　　　　　　　　→子修→汝鳌

**诸暨下牌头周家的来历**

暨阳南门三踏步周文之三公子周悯，四公子周恻迁杨柳堰定居后，经过多代的努力，此地已变成了一个物产丰富的鱼米之乡。物产多了，自己又吃不掉，就肩挑到牌头老街去卖，换一些柴炭油盐日用品之类的回来，清代牌头老街的市口并不大，农历逢单有市，逢双无市，且为鸡鸣狗叫市(早)。从杨柳堰出来早了没有顾客购货，出来迟了又抢不到好摊位，于是周恻一支后裔樵太公四兄弟商量后，于清嘉道年间到牌头镇上置地建房，造了一个四合院，按出钱出力多少合理分配正屋、侧屋和基头间，相安无事，生意越做越红火。是周恻一支后裔迁出来，但不能忘本，所以此围屋叫小房门洞里。(对洞字的注释：子孙外迁是不自立堂号的，所以叫洞。)(周恻的子孙为小房，周悯的子孙为三房)。

发现这样做很好，周悯一支后裔樵太公几兄弟也在牌头镇置地建房，选址在小房的外边(相对于老街位置)，围屋总间数比小房的要多。因为在外边又新建，取名外新屋。

## 篁浦村周氏

篁浦自然村，原属邵友行政村，现属新升行政村。位于诸暨市区南，距城区20公里，东临牌头牌上村，西临水下张、王村，西靠新乐村，北依斗子岩。

篁浦村周氏，由杨曙霞周氏析居，敦颐二十世孙子仪子汝魁、子修子汝鳌，先后迁居牌头，子仪五世孙讳大朝，行端七百八十四；六世孙讳承瑞、八世孙讳佩苍迁居篁浦村，为篁浦村始祖。

**篁浦村周氏字第：**

自辅成十一世(太)始自成一派(详见“四年派字第”)，辅成第廿八世(敦颐廿九世)统一接万派合同字第。

**篁浦村周氏系图：**

1. 辅成→敦颐→焘→絪→靖→亥→谨→訚→文溢→必举→天泽→大→允恭→盛→玹→

文→恻→大强→天儒→凤连→子仪→汝鸿→必进→玉址→大朝

2. 辅成→敦颐→焘→絪→靖→亥→谨→訚→文溢→必举→天泽→大→允恭→盛→玹→文→恻→大强→天儒→凤连→子仪→汝鸿→必通→正家→荣祖→承瑞

3. 辅成→敦颐→焘→絪→靖→亥→谨→訚→文溢→必举→天泽→大→允恭→盛→玹→文→恻→大强→天儒→凤连→子仪→汝鸿→必通→正家→荣祖→承达→卜伦→佩苍

## 长潭街周氏

长潭街村，东面是毛宅畈村，南面是上楼宅村，西面是长潭埠村，北面是王劳军村，离牌头镇中心2公里，距诸暨市中心17公里。

长潭街村周氏，分三支先后迁入，均属四、五年派。一支由梅山迁居马郎埠，再由马郎埠继迁至长潭街村，现有周姓15户；一支由杨曙霞迁居，现有周姓10户，合计25户，近百人。一支由丰江周村迁居（详见五年派周氏）。

（1）由马郎埠迁居。文溢公名下四年锦二公（玹）派下，鉴十公（忭）之后。谱载惇颐十六世孙慄于明景泰初（公元1450年前后），由暨阳南门迁至上三房为祖，其堂弟忭，行鉴十，在梅山庄暴疾而卒，妣带着二个小孩大用、大邦从新州移居梅山守节，忭成了梅山周氏始祖。长潭街周氏由梅山迁居马郎埠（见《杨曙霞周氏宗谱》P26，始迁祖及始迁时间待考）。因马郎埠经常发大水，约一百年前改迁长潭街定居。梅山迁居马郎埠始祖情况，详见霞岭脚村周氏有关内容。

（2）由杨曙霞周氏析居。敦颐二十世孙讳子传，子传八世孙讳应校，由杨曙霞迁居长潭街，为长潭街周氏始祖。

（3）由丰江周村迁居（详见五年派周氏）。

**长潭街周氏字第：**

自辅成十一世（太）始自成一派（详见“四年派字第”），辅成第廿八世（敦颐廿九世）统一接万派合同字第。

**杨曙霞迁居长潭街周氏系图：**

辅成→敦颐→焘→絪→靖→亥→谨→訚→文溢→必举→天泽→大→允恭→盛→玹→文→恻→大强→天儒→凤连→子传→汝鹏→必达→正录→祜→光普→舜乐→梦华→应校

## 金坑村周氏

牌头镇金龙塔村金坑自然村桥头，为周姓聚居村落，现约周姓人家90户，近300人。金坑村因村前有一条金溪坑，故名金坑。

金坑村桥头，位于诸暨市西南角，距市中心24公里，距牌头镇中心10公里。东靠蠡坞山，南接寺坞村，东望坑西村，北连庄塔。

据周望培介绍，金坑周氏，入谱杨曙霞，杨曙霞村最近修谱，我们派代表过去的，可惜没有人一起落实此项工作，所以没有在杨曙霞新谱中续谱。

**被采访者资料：**

新瑞(承)—— 友富(懿)—— 伟鲁(桥)—┬ 周望生
　　　　　　　　　　　　　　　　　└ 周望培

**知名人物：**

周鹏飞(1970—)，曾任应店街镇党委副书记，现任诸暨市发改局副局长。

## (6)拜曲村周氏

宋时，祖上由河南迁居来此。据传原村头有条堤埂，有一个曲。相传有一位皇帝路过，马不肯过曲，下来拜了几拜后，马就跃过去了，后人就将该地称为拜曲。位于诸暨县城西南面，距城14.5公里。距镇政府驻地1公里，东靠长潭村，西邻新郦村，北毗钱家村。现属牌一行政村，主姓周。2002年年底统计，全村有185户，500人，耕地175亩，山地17亩，村宅呈长方形。东靠长潭，南接浦阳江，西邻新郦家，北毗钱家。

拜曲周氏，系诸暨南门周氏太三公八孙世天详，行恭二十一，迁居，为拜曲周氏始祖。

**知名人物：**

(一)

周保福(1924—1946)，烈士牺牲于泰安。

(二)

周中华，总参第1通信总站文职副师。

**拜曲村周氏行字第：**自辅成十一世(太)始自成一派(详见"四年派字第")，辅成第廿八世(敦颐廿九世)统一接万派合同字第。

**拜曲村周氏系图：**

辅成→敦颐→焘→綑→靖→亥→谨→闾→文谥→必举→天泽→大→允恭→盛→瑾→云→慷→绅→天详

## (7)湖西周氏

### 湖西村周氏

据诸暨地名志载，湖西与祝家坞之间，有湖畈相隔，座落在湖畈之西，故名湖西。

湖西村位于诸暨北部，与杭州萧山毗连，距诸暨旧城近30公里，东邻祝家坞，南靠张家坞，西接忽都，北依横山湖。现属诸暨市店口镇湖西行政村，位于店口东南3公里，主姓冯、周二姓。其村落聚居呈燕子巢。

始居湖西周姓者濂溪十五世孙麟，字时祯，行新五，配冯氏，生一子愫，因公早故，氏著贞节，传三世，勣，璠。传四世，天琪，传五世，凤仪，凤朝，凤姿，凤翼，凤来。六世，子道，子述。

**知名人物：**

（一）

周志明（周骏）（1905—？），曾任枫桥区长，武康县任区长，国民政府诸暨县民政科长，金萧支队总务科长，上海市消防处长。

周云亭（1908—？），解放后曾任紫岩乡乡长。

周玉珊（1912—2005），1943 年参加共产党，在中共湖西地下党支部工作。解放后曾任杭州市光华火柴厂工会副主席，杭州市轻工业工会主席。

（二）

周建校（1926—），解放后曾任东白乡乡长。

周焕华（1934—），南京华东电子管厂总工程师，南京市政协常委。

周揆天（1933—），曾任上海市徐汇中学共青团团委书记、政治辅导员，中学高级教师。

周宗祥（1945—），曾任龙泉水轮机厂厂长，龙泉县常务副县长，丽水地区经委副主任，浙江省电力局多经部主任兼实业总公司总经理。

周正雷（1977—），曾任诸暨市规划局规划设计院高级工程师。

**湖西村周氏字第：**自辅成十一世（太）始自成一派（详见“四年派字第”），辅成第廿八世（敦颐廿九世）统一接万派合同字第。

**湖西村周氏系图：**

辅成→敦颐→焘→絪→靖→亥→谨→闾→文溢→必举→天泽→大→允恭→盛→瑾→麟→愫→

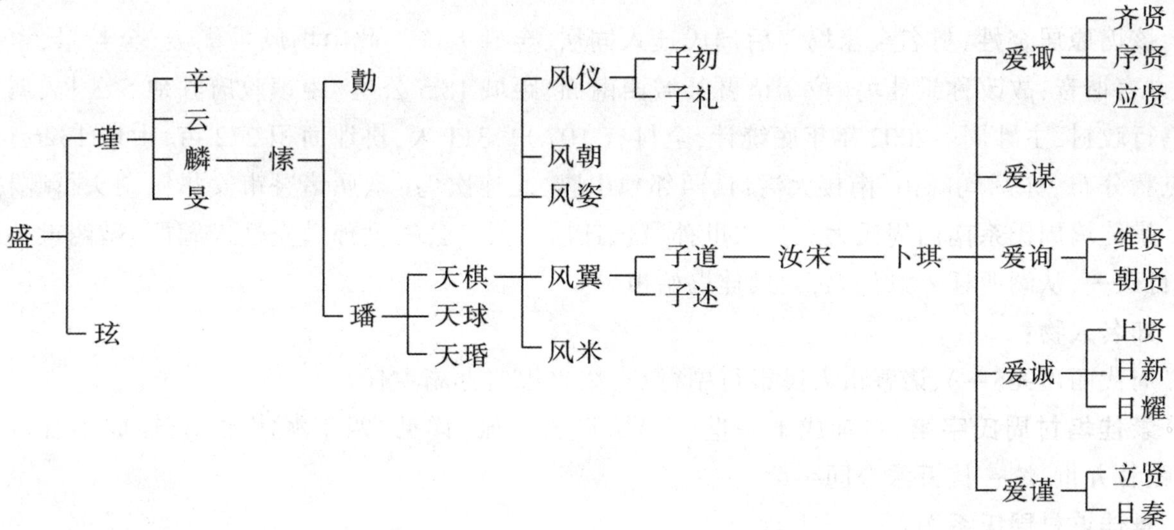


**湖西周氏的传说**

元朝末年，居于南门的天锡公裔孙周瑾（锦一公），职于祝家坞冯门塾师，瑾饱学诗文，深谙地相，其往返于诸全（元时，诸暨称诸全州）与祝坞之际，见罗家山（现海亮花园酒店后面的山）势东昂升，鹁鸪尖一峰雄起。顶瞰眺视，左山虎抱、右山龙伸，面东朝阳，怀中宽坦，适居宜聚，地境发祥。若族群在此繁衍，必将名人辈出。询知地属冯氏，遂挽媒投聘，娶冯家女为媳。一年后遣子麟（新五公）由南门迁居湖西，筑室后山下。

周氏开族湖西六百年,竟未有名人见出,据传源于三件“错事”。

一、夺葬稻节湾

始迁祖麟卒后,墓后山之稻节湾。所谓稻节湾,即喻湖西村居为稻穗,后山之湾形如穗节。麟子周愫有嘱:稻节湾乃风水宝地,祖已墓此,后嗣不许争葬。数代之后,玄孙媳违制先葬,之后,各房子孙竞相夺葬稻节湾。

二、错改香火向

湖西周氏于明中期,于后山崥地,建造香火,百余年间七遭火毁,厅堂无存,殃及祖宗牌位,全族人心惶惶。家长访聘名师,禳求安镇之法:定策重建香火,改北向二分,并在台门两旁各筑方塘,储水备救。自此,火灾杜绝。后又有“大师”点明:改向则偏离龙脉,筑塘即剜龙双目。多次火灾乃发迹之先兆,改向挖塘实属恶法镇压。

三、弃葬蜘蛛绷

迁湖西四代祖,原葬于蜘蛛绷,蜘蛛绷地处新蒋村旁,前后平坦,独孤高隆,层级梯田,四周田塍源出高地,形如蜘蛛结网,确系少有墓地,族人寄有厚望。数代之后,族中既无高官,亦乏财主,群心起疑,另有心怀叵测之人,进谗家长:此墓受缚四周,需获解放,必须迁葬。家长偏听诡言,迁墓于他处,当年族中多名塾童相继夭亡。事后族人醒悟,人才已初露幼苗,受害于蜘蛛绷迁葬。众人指责家长,家长自知有愧,移居甘溪坞。(湖西村 冯关海供稿)

## 景佳坞村周氏

该坞原居金姓,村名金家坞。后周氏迁入同居,金姓灭迹。此山坞风景优美,金与景,家与佳,方言谐音,故改称景佳坞。位于诸暨县城西南面,距城18.5公里。距镇政府驻地5公里,属景佳坞行政村,主姓周。2002年年底统计,全村有107户,311人,耕地面积272亩,山地1326亩,呈点状分布。东靠句嵊山,南接大湾口,西邻独山脚,北连次坞。现属诸暨市安华镇湖头行政村。

景佳坞周氏系南门周氏太三公八世孙凤仪迁居。太三公三世孙麟先迁入湖西,麟四世孙凤仪,行敬一,从湖西迁入景佳坞,为景佳坞始祖。

**知名人物:**

周代丽(1965—),诸暨市人民银行副行长,绍兴银监办副主任。

**景佳坞村周氏字第**,自辅成十一世(太)始自成一派(详见“四年派字第”),辅成第廿八世(敦颐廿九世)统一接万派合同字第。

**景佳坞村周氏系图:**

辅成→敦颐→焘→絪→靖→亥→勤→闾→文溢→必举→天泽→大→允恭→盛→瑾→麟→愫→璠→天琪→凤仪

### 马家弄(周家)周氏

主姓马,故名马家弄。位于诸暨市区城西南面,距城16.5公里。东靠浦阳江,南连七间头,西邻金旺,北接阮家。

马家弄(周家)周氏由景佳坞迁居。太三公三世孙麟先迁入湖西,麟四世孙凤仪,行敬一,从湖西迁入景佳坞,为景佳坞始祖。凤仪九世孙讳桂芳,行承八十二,由景佳坞迁马家弄,为马家弄始祖。生四子:汝柏、春柏、银柏、可柏。

**马家弄(周家)周氏字第:**第自辅成十一世(太)始自成一派(详见“四年派字第”),辅成第廿八世(敦颐廿九世)统一接万派合同字第。

**马家弄(周家)周氏系图:**

辅成→敦颐→焘→絪→靖→亥→勤→訚→文溢→必举→天泽→大→允恭→盛→瑾→麟→慓→璠→天琪→凤仪→子初→汝峸→伯存→尔兰→文礼→瑞麟→奇昌→桂芳

### (8)大石头村周氏

大石头村,位于诸暨市西南面,距城约8公里。原属宜东乡,现属诸暨市暨阳街道金三角行政村(由钟家村、新屋下村、大石头村三个自然村组成)。

原村中传说有一金龟洞,其洞口有一巨石,故得名大石头村。主姓周。大石头村呈弧形分布。东临金杭公路,杭长铁路,南为王家井后畈塘里村,西靠杭金高速公路,北接草塔镇平阔村。

大石头周氏系南门周氏太三公八世孙天赐公,字邦里,当时从南门来平阔管理山庄。娶张氏为妻并定居。现发族38代,有周姓80多户,280多人。

**知名人物:**

周友章(1925—),均字第,黄埔军校毕业,曾任台湾国民党宣传部部长,台湾广播电台台长。

周海祥,曾任诸暨市公安局副局长。

**大石头村周氏字第:**

自辅成十一世(太)始自成一派(详见“四年派字第”),辅成第廿八世(敦颐廿九世)统一接万派合同字第。

**大石头村周氏系图:**

辅成→敦颐→焘→絪→靖→亥→谨→訚→文溢→必举→天泽→大→允恭→盛→瑾→云→怿→堂→天赐

### (9)千秋桥村周氏

据传:清时乾隆皇帝走过西北洪浦江上一桥,后称万岁桥。在万岁桥上段一桥,称千秋桥,意为“万岁千秋”。村以桥得名。位于诸暨市区南面,距城10.5公里。东靠关湖徐,南接上新屋,西连洪浦江,北邻千秋桥(桥名)。

太三公讳大十一世孙卜传,行芳百七十六,迁居千秋桥村,为千秋桥村始祖。

**千秋桥村周氏字第:**

自辅成十一世(太)始自成一派(详见“四年派字第”),辅成第廿八世(敦颐廿九世)统一接万派合同字第。至2004年年底,最新行字第为“ ”。

**千秋桥村周氏系图:**

辅成→敦颐→焘→絪→靖→亥→谨→訚→文溢→必举→天泽→大→允恭→盛→瑾→辛→忻→黼→天骏→凤阳→云龙→振纪→卜传

## (10)周宅村(今陈宅镇周宅)周氏

元末,周氏从诸暨南门三踏步迁居眠牛山脚,名为周家坞。明时,复移至平坂,改名吴家桥。百年前,因村内多数姓周,又改名为周宅。位于诸暨市东南面,距城30公里。东靠眠牛山脚,南邻大罗村,西濒开化江,北毗吕村。主姓周。

锦二公铉生三子,幼子复,行新九,复生三子:骞、言、臣。于元末同三子迁居吴家桥,为吴家桥村始祖。

**知名人物:**

周明祥(1952—)诸暨市委机要科长。

**周宅村(今陈宅镇周宅)周氏字第:**

自辅成十一世(太)始自成一派(详见“四年派字第”),辅成第廿八世(敦颐廿九世)统一接万派合同字第。

**周宅村(今陈宅镇周宅)村周氏系图:**

辅成→敦颐→焘→絪→靖→亥→勤→訚→文溢→必举→天泽→大→允恭→铉→复→骞、言、臣

## (11)丁家坞周氏

草塔镇屏坞村丁家坞自然村(百度地图名:顶家坞),位于诸暨市西南,距诸暨市中心26公里,东靠长湾山,南连杨焕村,西接朱宅,北望周道村。丁家坞村,至2015年有周姓人家20户,约70人。丁家坞周氏有两支,分别入谱梅山、黄藤市。

**接受采访者资料:**

(1)黄藤市一脉　周锡亮(入谱的)

洪桂
洪茂——(排行第四,懿)——槐德(桥)——锡堂
　　　　　　　　　　　　　　　　　　锡亮(1944,煦)
　　　　　　　　　　　　　　　　　　善亮
　　　　　　　　　　　　　　　　　　仙亮
　　　　　　　　　　　　　　　　　　水亮

(2)梅山一脉　周仙岳资料：

- 洪元(煦)
  - 孝木
  - 孝富(垂)
    - 仙岳(1948,钧)
    - 仙远
    - 仙苗
  - 有富
  - 根土

### 3.七年派周氏

暨阳南门七年派周氏始祖为濂溪公惇颐十世孙天道，世居南门，编七年坊役，爱莲堂，其宗谱尊惇颐为一世祖。其年派祖分五指山、街亭和清平岭支两个支派。

五指山、街亭支自知州公始。知州公讳景濂，字源洁，明初举孝廉，授陕西道监察御史，升兴国知州，同弟景旸、景中，从弟景瑞、景荣、景昌俱迁五指山下。景濂三兄弟与从弟景荣居外江前；景昌长子仕昇、四子仕英、幼子仕润居五指山，次子仕昂居街亭，三子仕晟居里江前。五指山、风穆、周村、下七年、里江前、外江前等都属于这一支。

清平岭支始祖讳景亨，行仁七，生于至正丁酉(1357)年八月初五日，卒于洪武辛未(1391)年十二月十五日，葬五指山后清塘山金字形。配清平岭东杨经历公之女，生一子仕名，世居南门。因景亨以外事在京疾殁，其妻贤能，扶榇携子依母家清平岭。后生息繁衍，子孙昌盛，成为诸南望族，今崇新庵、黄藤市、方家坞、上新宅、杨茂岭、杨宅、王家塘沿等村均属清平岭派(即上六房)。

七年派世系图如下：

- 惇颐
  - 寿
    - 伯逵
    - 虞仲
    - 叔夏
    - 季友
    - 季仲
    - 季次
  - 焘
    - 缜
    - 絪(彝)
      - 彦
      - 靖
        - 亥
          - 勤
            - 荣
            - 华
            - 茂
            - 芳
            - 夔
          - 谨
            - 治
            - 訚
              - 文溢
                - 必举
                  - 天泽
                  - 天鉴
                  - 天度
                  - 天道
                    - 德清
                    - 良溢
                    - 文滘
              - 文侃
              - 文敏
            - 恪
          - 和
            - 雍
          - 湲
            - 衮
      - 廉
    - 组

- 天道（七年祖）
  - 德清
    - 景濂（源洁）（迁外江前）
    - 景旸（山童）（迁外江前）
    - 景中（温童）（迁外江前）
  - 良淦 — 景瑞（孝祥）（迁外江前）
  - 文渭
    - 景荣（迁外江前）
    - 景昌
      - 仕昇（迁五指山）
        - 孟斌 — 宗儒（迁下七年）
        - 孟瑞
        - 孟敬
        - 孟溥 — 以厚 — 一贯 — 鼎（迁凤穆村） — 元章 — 学孝 — 一明 — 赵凤（从五指山迁入）
      - 仕昂（迁街亭周村）
      - 仕晟（迁里江前）
      - 仕英（迁五指山）
      - 仕润（迁五指山）
    - 景亨 — 仕名（迁黄宅市）
      - 瑜 — 辅
        - 暹
        - 麒（迁崇新庵）
        - 昱（迁黄宅市） — 伯澜 — 桢 — 美 — 国明 — 仲光 — 元仲 — 以嘉（迁方家坞）
      - 璋
      - 瑮（迁上新宅·白坎头）
      - 玘
        - 玭
          - 龙（迁新茂村）
            - 文恭（迁上新宅·新院）
            - 天赐
            - 天赦
            - 天相
          - 凤（迁上新宅·下新宅）
          - 鸾
          - 太平
          - 凰
        - 琥（迁上新宅）
        - 彪
      - 瑒（迁王家塘沿）
      - 瑶

## (1)七年周氏

### 五指山村周氏

五指山村由五指山、大地塔、石塘3个自然村组成。位于安华镇西南，距诸暨市区23公里，距镇政府驻地3公里，属五指山行政村，主姓周。2015年年底统计，全村有485户，1250人，其中周氏807人。村庄东邻大陈江，南接方家坞，

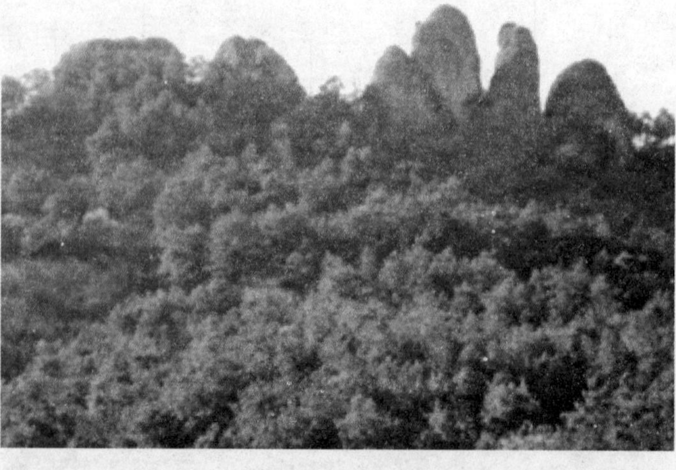

五指山雄姿

西北靠五指山，北毗风穆村。村以山名，因村后山巅屹立岩柱6支，排列整齐，天然而似一拳一伸掌，故名五指山。

五指山村周氏，系暨阳南门周氏尚八公天道之后。天道之孙景昌，五子，长仕升，行辉五，明洪武年间以别业在五指山前，又见五指山麓风景秀丽，宜于发展，因徙居之，为五指山祖。景昌四子仕英，行辉十；五子仕润，行辉十一，也迁五指山。后仕升孙宗儒复迁南门，详字行元详、元总亦复迁南门；康字行人栊、人极弟兄二人从南门徙居义乌六都廿三里。

**知名人物：**

周昌钜，字谦，清道光元年(1821)恩科举人。

周昌选，进士。

周怡斋，清咸丰八年(1855)捐田37亩、屋6间，在村创办光裕义塾。

周破浪(1887—1946)，黄埔军校教官，陆军少将，曾任三十二集团军少将高级参谋。

周兆棠(1901—1973)，黄埔军校二期生，陆军中将，曾任国民党军事委员会总务处处长、国民党中央组织部军队党务处处长等职。1942年5月，选任国民党第六届中央执行委员会候补委员，1949年去台任“立法院”立法委员。

周平远(1902—1974)，黄埔军校二期生，陆军少将。曾任十四集团军补充师少将副师长、东北交通警察中队总务处处长等职。

周茂松(1928—？)，台北舰队司令，少将。

黄埔军校生还有周兆定、周培根、周柏寿、周恩民、周明畲。周文浩，曾任诸暨师范校长。

周才富，任中央广播电影电视局某处处长。

周茂棠，曾任天津市电视研究所所长。

周　欢，现任应店街镇镇长。

**文物：**

中山纪念堂，1936年由周平远、周兆棠发起捐资建造，占地1000平方米，为当时诸暨两处

中山纪念堂博爱亭

纪念建筑之一,现存“中山纪念堂”匾额、门当、石桌石凳,近年已重建“翠亨亭”等建筑。碑刻“碧庐”,原立于周破浪宅内,为国民党元老、书法家于右任手书,存于枫桥小天竺景区。碑刻“忠恕斋”,为诸暨籍国民党少将黄少畏所书。

**五指山村周氏字第**:从周靖第八世始,自成一派,见下:

详 仲 慎 伯 文 元 尚 太 仁 辉 旻 吴 升 祖 详 瑞 裕 永 亨 康 宁 显 谟 承 烈(29 世始,统一接万派同行字母“桥”)。

至 2015 年年底,最新行字第为“燮”。

**五指山村周氏系图**:

靖→亥→勤→訚→文溢→必举→天道→文滑→景昌→仕升 (迁五指山)→孟斌、孟端、孟敬、孟溥

注:孟斌次子宗儒复迁南门,居今浣纱村下七年。

五指山等村电子图

## 迁徙村落:

## 风穆村周氏

风穆村由张家坞、旧塘沿 2 个自然村组成。位于安华镇西南,距诸暨市区 23 公里,距镇政府驻地 3 公里,属三合行政村,主姓周。2015 年年底统计,全村有 134 户,365 人,其中周氏 269

人。村庄东邻何村，南接五指山村，西靠五指山，北连大刀山脚。原有张姓居此山坞，由此姓氏得名张家坞。因重名，1981 年 10 月因此村原属风穆乡旧址，故改名风穆村。

风穆村周氏系出五指山村周氏。仕升公五世孙鼎，从五指山徙居风穆村为祖。后三传，因无子，继五指山应宗之子赵风为嗣，繁衍至今。

村北宝山寺

**知名人物：**

（一）

周懿忠，民国时曾任浙江省参议员。

周桥义（1927—1951），烈士，牺牲于朝鲜。

（二）

周煦超（1946—），曾任解放军空军副连级干部，转业后曾任红桥、安华、同山镇（乡）党委副书记。现任安华镇退休干部管理中心党支部书记，体协主席，关协副主任，浙江省关协授于其“关心下一代工作先进个人”荣誉称号。

**文物：**

村后有大型佛教场所宝山寺，天王殿、大雄宝殿气势恢弘。

**风穆村周氏字第：**同五指山。至 2015 年最新字第行为“梓”。

**风穆村周氏系图：**

靖→亥→勤→訚→文溢→必举→天道→文滑→景昌→仕升（迁五指山）→孟溥→以厚→一贯→鼎（迁张家坞）→元章→学孝→一明→赵风（从五指山继入）

## 下七年村周氏

下七年村是隶属于城关暨阳街道浣纱村的一个自然村，位于苎萝山南麓，主姓周。2015 年年底统计，全村有70户，228人。先祖仕升公因别业在五指山下，遂从南门徙居之。十五世孙昊二公（讳宗儒，字仲章），辉五公孙也。辉五公子五，长旻一（讳孟斌），旻一子四，次昊二公复居南门，为南门下七年祖。后辉五公幼子旻廿一（讳孟溥）之孙昇附七十（讳鲸），昇七十之孙详三十五公（讳元详），昇九十六孙详八十五公（讳元翰 ）亦复迁南门。

下七年村历世字第同五指山。至2015年，最新字第行为"泉"。

村北苎萝山公园

**知名人物：**

周功桥（1908—？），承字行，民国时曾任嵊县警察局局长。

周六经，煦字行，二等劳模，1951年参加绍兴文教干校学习，后任城南区芦山乡政治教师，七十年代一直担任城关、浣纱、三都两区一镇和牌头法庭庭长职务。

**下七年村周氏系图如下：**

靖→亥→勤→訚→文溢→必举→天道→文湑→景昌→仕升→孟斌→宗儒→琳、璒

孟溥→以敦→鲸→文宪→元详→良宰→文澜→元翰

## 周村周氏

周村位于诸暨市东面的街亭镇，离三环线3公里许。距镇政府驻地1公里，属周村行政村，主姓周，2015年年底统计，全村有494户，1466人。村庄东与青山头相接，南至开化江，西接双江口，北毗陈蔡江，处于三江交汇口。村域面积3.08平方公里。全村有耕地782亩，山地1323亩，呈带状形分布，种植以水稻为主，兼营茶、桑。地理位置优越，三面临江，一面临山，环境十分优美，有诸暨的后花园之称。历史悠久，文化底蕴深厚，建筑业十分发达。诸永高速和绍诸高速均傍村而过，且设有互通口，诸东公路与南线快车道在村东交汇，交通便捷。

周村周氏与五指山村周氏同根同源。尚八公天道曾孙仕昂，行辉六，生于明洪武十年(1377)左右，为街亭镇周村之祖。据《暨阳南门周氏七年宗谱》记载：“公当明初兵燹之余，播迁流离，侨居街亭之东坞村，尔时上为孙村，中为徐宅，下为俞、石。今四姓无存，而星罗务列者尽公后裔。”后辉六公曾孙龙徙居东阳市八字墙头虞家。辉六公十一世允能徙居横山钟家。辉六公十一世士贵徙居魏塘。辉六公十五世永瑞、永华、永伦同迁萧山沙地太平桥。另有裔孙徙居浬浦镇白杜坞。

**知名人物：**

周村人杰地灵，代代人才辈出，清朝出过举人和进士。

周志仁，中将；

周同，正厅级；

周土山(1944—1982)，中共党员，工程兵某团团长。烈士，牺牲于广西。

周仲光(1959—)，海军航空兵某团政委，上校军衔，转业后任副厅级。

周克文(1959—)，曾任新疆维吾尔族自治区党委办公厅秘书，绍兴市城建委副主任，绍兴市人民政府副秘书长，新昌县委书记。现任绍兴市水务集团党委书记。

周培忠，诸暨市公积金中心主任。

周江奇、周仲荣，博士后。另有处级干部和博士多人。经济界精英人才有周章灿、周永祥、周新强等。

**文物：**

周村历史上曾有非常繁荣的时期，至今古建筑鳞次栉比，为诸暨市古建筑群保护区。周村祠堂连进三幢，画栋雕梁，气势宏伟，民国初，曾开设《诸暨县立第二初级小学》，直到“文化大革命”期间迁出。

街亭周氏宗祠

**重修周村祠堂记**

周村先祖，什么时间迁入，何处迁入，今已鲜有人问及，趁此写《重修祠堂记》之际，简单叙述一下。宗谱记载，北宋哲学家周敦颐公，号濂溪，是宗谱始祖，湖南道州人，理学开山鼻祖，受历朝帝王册封,归隐江西。敦颐公四代孙周靖公,随父絪徙江西南康,迁河南开封祥符之东镇关,北宋南渡,公元1133年,护驾南迁,任国子监太常寺博士。因武穆公岳飞蒙难,呼天而泣,忠良之珍,国之祸也,中原终不复矣,力丐罢官,归隐诸暨紫岩盛厚里。靖公四代孙周闾,于公元1240年左右,偕兄携弟,从紫岩迁居诸暨南门,周闾第五代孙宋郡马公周文潽公,历代尊称为廿里牌太公。至元时,子孙四迁,长孙仕昇公和次孙迁安华五指山,今亦泱泱大族,季孙仕昂公迁入街亭之东坞村(即今之周村),四孙仕晟公迁指山后,子孙复归南门,五孙仕润公依叔迁安华外江前后,合族编辑家谱,称周氏七年派宗谱。

仕昂太公(辉六)在公元一三九五年左右,只身迁入周村,谱牒记载"公当明初兵焚之后,播迁流寓街亭之东坞村,尔时,上为孙村,中为徐宅,下为俞、石,今四姓无存,而星罗雾列者,尽公后裔。非积功累德,足邀天眷,曷克致此。"太公初隅周村,生活艰苦卓绝,大年卅,仅一碗萝卜丝滚豆腐分岁,予幼时,过年必烧此菜,以志纪念祖先,教育小孩,毋忘祖先创业之艰辛。明初至今,六百余年,周姓后裔已四百多户,可谓丁蕃族盛,周村——这块风水宝地,养育了我们祖先,繁衍了我们周姓,个中缘由,固有天眷,岂无地理?我辈及后来者,焉得不感恩这方水土!善待这方水土。

周姓祠堂,始建于清朝中期,初建为二进,民国初,进行第一次修缮,并扩建一幢,成连进三幢,画栋雕梁,规模壮观,气势雄伟,当时周村的贤达之士,捐募资产,创办学校,开设《诸暨县立第二初级小学》,供周村及附近村落孩子就读,当时就有学生百多人,学生就读一律不用交学费。学校有资产,设立董事会管理,会长是周鑑波先生,还有校歌一首,放学时唱着回家,歌词是:一天容易过,夕阳又西下,铃声报放学,欢天喜地各回家,日日欢聚,暂别只一夜……祠堂办学,使古老的宗祠,增添了新的功能,使普通百姓子弟,得到接受教育的机会,极大地提升了附近村民素质,培养了大量优秀人才,周村民风纯朴淳厚,更深谙民族大义,日寇占据周村长达四年之久,淫威肆虐,无一人变节媚敌,祠堂功德,岂可淹灭。解放后,改称周村小学,至上世纪八十年代搬出。祠堂是一村的行政中心,更是精神中心,它的另一功德是,凡村民遇到自然灾难,失去寓所的,可在祠堂内暂时免费安家,以恤冻馁。

几百年宗祠,风雨侵蚀,鼠雀损剥,荆榛蔓生,桁椽朽腐,前后厢房,萎塌在地,满目苍痍,不忍瘁睹,更有甚者,门窗栱撑,凡价值不菲之物,不肖之徒,偷窃殆尽。

兹有村之后秀者,钧字递周仕文先生,今任职书记,执村之牛耳焉,联系村中俊杰贤达,组建祠堂修缮小组,一方面设计图纸,编制预算,组织施工队伍,择吉开工,派专人监督施工质量,一方面四处奔走呼吁,募集资金,全村有识之士,众人一心,纷纷慷慨解囊,踊跃捐款,竟得捐款壹佰柒拾多万元,为此方得不负众望,克日竣工,盖此举深得民心之故也!但近日之周村,管理区域已经扩大,上至青山头,下至赵家、江口、鸭塘、下杨,已同属周村,村民也非周姓之一族,祠堂的作用,亦非周姓之一族,为此,捐赠者不管周、陈、楼、赵,连出嫁之女,均积极参与,今凡捐助一百元以上者,按数额多少,将捐赠者姓名,凿刻在功德碑上,永存纪念。

周村祠堂修缮委员会

二〇一三年元月

仕昂公二十二代孙周新明谨记

**“拙园”**

该村周新强先生在村南建有“拙园”,取濂溪先生《拙赋》之意命名。占地250亩,傍山依水,顺势而建。内有一堂二廊三园,堂内供奉宋理学开山鼻祖周惇颐石像,廊内石刻为其一生的全部作品,园内有道德教育基地,免费供当地百姓游玩、观赏、学习。

拙园内竖石

拙园大门

拙园内濂溪纪念堂

**周村周氏字第**:同五指山。至2013年,最新字第行为“燮”。

**周村周氏系图**:靖→亥→勤→闾→文谥→必举→天道→文滑→景昌→仕昂→胜铭、胜童、胜宗

## 宜联村魏塘周家周氏

王家井镇宜联村周家自然村(原外陈公社周家),相传:宋时周氏人家从“烂道地”村迁入来落户,故以姓氏得名。位于诸暨南部,距市中心11公里,东连火烧王村,南望杨树桥头,西临白塘畈,北接新赵家村。现有周姓人口三十多户,近100人。分两支,一支由南门迁居,一支由街亭周村迁居。

据周煦英(1933.11)介绍,我们村在三踏步祠堂接谱,我生的那一年上半年出生的人都入家谱的,我未入谱。字辈为“…钦承懿,桥煦垂…”,村里已经有“泉”字辈的孩子了。

另据周友良(1938,垂字辈)等介绍,我们这一支周姓是“周杜一家”,有“活杜死周”、“活周死杜”之说。据传,周家村周家与杜家坞杜家相邻,杜家无嗣,由周家孩子承祧。几代后,周家无嗣,又由杜家孩子承祧。几次反复后,杜家坞杜家由近亲郦姓居住,现杜家坞已无杜姓人家。周家村近代始祖生五子,现在分五个房头,土改后,分居附近自然村。至“垂”字辈为第七代。

据周煦英(1933.11)介绍,周光成(1949.1)、周光福(1949)他们一支,从街亭周村迁居。周光成说,我们的家谱做在街亭镇周村的,我是上半年生的,入谱的,那年下半年生的就未入谱。周光福说我们的字辈为"…钦承懿,桥煦垂…"。

今查七年周氏宗谱,靖公第十八世孙周士贵,享百二十三,从街亭周村迁居魏塘为始祖。士贵,生于康熙十七年丁卯(1678)夏五月六日戌时,卒于乾隆丁卯(1747)十二月十三日卯时,配赵氏,生五子:赵龙、赵祥、赵瑞、赵斌、越侯。

**宜联村魏塘周家周氏系图:**

靖→亥→勤→闾→文溢→必举→天道→文滑→景昌→仕昂→胜童→坛→世全→大利→瑞三十一→裕三十九→永七十五→周士贵

**一龙公世系图**

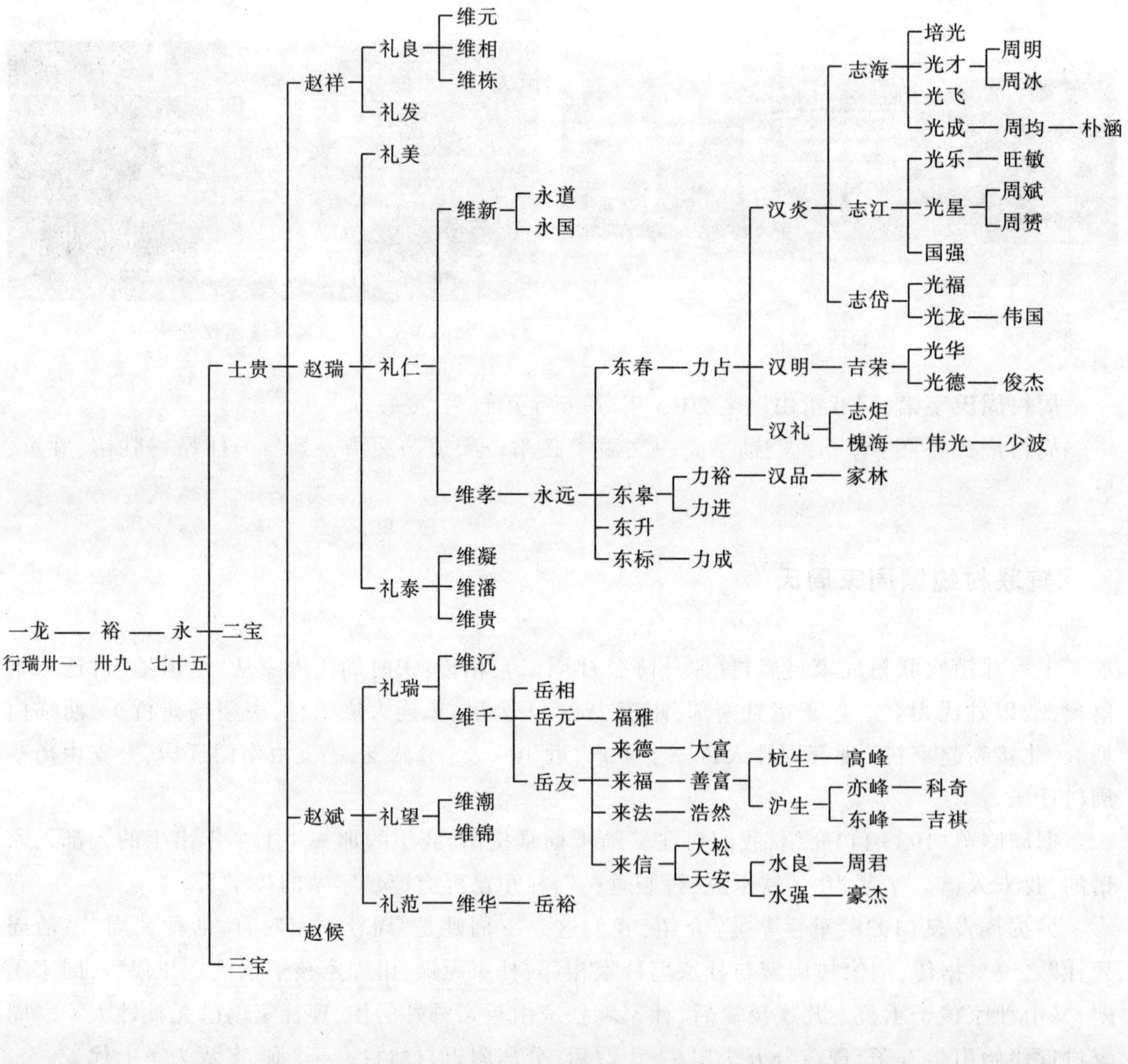

### 外城魏塘周家宗谱

魏塘(二塘)周家已有一甲未修,原宗谱记录时代的变迁和生活真实情况,使后代知道上祖根源。据街亭周村周氏族谱记载诸暨周氏系北宋周敦颐之后,其曾孙博士公周靖始迁诸暨,应首尊为始祖,从而开辟了诸暨望族新纪元。旧谱记载,周村、五指山、南门、江前、清平同为一脉,是宋末元初廿里牌太公之后裔。其中周村、五指山、南门、江前同编一谱,称七年派。清平则另编一谱,称清平派。魏塘属廿里牌太公周村一谱,上可追溯至上十代周公士贵迁至魏塘,建周家宅屋至我辈十二曾孙。为后世寻根问祖。特从周村宗谱中分立魏塘族谱。族规参与周村总谱,不另立族规。

二〇〇七年七月二十四日

## 方园周氏

方园今属璜山镇桥下村,始迁祖允能公于250多年前从街亭周村入赘方园,康字辈,现发族12代至梓字辈,有周姓70多人。

**知名人物:**

周满忠(1955—),曾任诸暨市科技局局长,卫生局局长,诸暨市人大常委、教科文卫工委主任。

**方园周氏系图:**胜童→阁→大经→良瑞→时言→文德→光俊→显绪→允能→长庚、长法、长彦

## 里江前村周氏

安华水库风光

里江前村原属同山镇,位于五指山后,浦阳江边,与外江前里外接壤。距县城25公里。

里江前村周氏与五指山村周氏同根同源。尚八公天道曾孙仕晟,行辉七,为里江前始祖。1958年响应政府建造安华水库号召,村庄整体搬迁,或投亲靠友,或政府安排,分迁王家坞、蔡家畈、王店、绍佳沿、湖塘沿、江水沿、黄岩坞、东山王等村。安华水库蓄水后,里江前村址被淹没。太七公七世继昌出继外江前,后徙居义乌宦塘村。太七公七世继统徙居义乌楼村。

**里江前村周氏字第:**同五指山。至2015年,最新字第行为"泉"。

**里江前村周氏系图：**

靖→亥→勤→訚→文溢→必举→天道→文滑→景昌→仕晟→旻十六 、旻卅二、旻卅二、旻卅六 、旻卅六、旻卅九

（注：至近代，外江前乏嗣，太七公七世继昌出继外江前为嗣。）

**迁徙村落**

周桥如，1958 年因建造安华水库时移民从江前村迁徙原青山乡杨焕村。

杨焕村（今为草塔镇兴隆行政村），南宋末年，杨姓从义乌柳村迁居于此。杨氏后辈创业建宅，为祖先“焕发光大，荣宗耀祖”，故定村名为杨焕。位于诸暨市区西南，距城 18.5 公里。东北环山，为杨仁大，南与后街沿相望，西隔溪与沈家相对。

**知名人物：**

周煦明（1962—），南海舰队副司令员，少将军衔。

**周煦明将军世系图：**

靖→亥→勤→訚→文溢→必举→天道→文滑→景昌→仕晟→旻三十六→昊三十→晟→富→道恩→七凤→应道→士达→麟厚→学珠→升→豹→光福→承烈→懿美→桥如（因谱修于 1925 年，他未有上谱）

## 外江前村周氏

外江前村原属同山镇，位于五指山后，浦阳江边，与里江前村近照灯火，距县城 25 公里。

尚八公天道长子德清，行太七，太七公三子：源洁、山童、温童，由诸暨南门同迁外江前。至近代，外江前人丁凋零，几近绝户。众议后，继里江前太七公七世继昌为嗣。1958 年因建造安华水库，继昌公携五子投亲靠友，徙居义乌宦塘村。安华水库蓄水后，村址淹没于库底。

汤江岩雄姿

太七公七世周振，徙居枫桥。太七公八世升七十九徙居竹桥。

**外江前村周氏字第**：同五指山。至 2015 年，最新字第行为“泉”。

**外江前村周氏系图：**

靖→亥→勤→訚→文溢→必举→天道→德清→源洁、山童、温童

### 王店村周氏

王店周氏始祖大福，行谟八百六，从汤江岩山脚下叫“江前村”迁居。该村原在“汤川”与“王家坞”之间。1958 年建造安华水库时整村搬迁。周正祥 1958 年迁居王店。

**知名人物：**

周国模（1961—），教授，现任浙江农林大学校长、浙江省特级专家。

周德义（1961—），毕业于浙江中医大学，后校任教于外语系，后下海移居法国，开办中医推拿医院。

周祖模，诸暨人民医院主任医师，温州医学院兼职教授。

**王店村周氏系图：** 靖→亥→谨→訚→文谥→天道→文滑→景昌→仕昇→孟溥→以敦→良宰→文汉→祥百四十四→继宠→应试→士良→公元→祥光→明凤→凤仪→大福→永海→锡昌、锡范、锡浩、锡木、锡长、锡方

## （2）清平周氏

### 崇新庵村周氏

崇新庵村由崇新庵、朱家 2 个自然村组成。位于安华镇西南面，距诸暨市区 26.5 公里，距镇政府驻地 6 公里，属勤荣行政村，主姓周。另有朱、徐、王、陈、张诸姓和睦共居。2015 年年底统计，全村有 233 户，685 人，其中周氏 366 人。村庄东靠大陈江，南接上新宅，西北连杭金公路。因此地有一座“崇新庵”（今尚存），故村以庵为名。

崇新庵村周氏属清平岭六房之长房，与黄藤市、方家坞、上新宅、杨茂岭、杨宅、王家塘沿 6 个村同根同源，皆为濂溪公惇颐之后裔。尚八公天道曾孙仕名，行辉十四，字显明，号新安，为清平岭之祖。辉十四公仕名生六子，派分六房。长子瑜，字公瑾，号仰庵，行旻九。瑜之孙麒，字廷瑞，号平峰，行升八，为崇新庵之祖。

崇新庵始祖廷瑞公暨朱氏孺人容像

**知名人物：**

周葆良，黄埔军校四期，庐山军官训练团将校班毕业，陆军上校。

周锡祥（1947—），毕业于中国纺织大学，曾任浙江滁纶厂副厂长，高级工程师。

周生祥，浙江林业厅设计院高级工程师，办公室主任，兼杭州全品林业技术服务公司总经理。

周叶生（1947—），经济师，中共党员。1968年入伍，1971年退伍后进诸暨第三丝厂工作。历任供销科长、副厂长、厂长，厂党总支书记等职。其间创办了中外合资“诸暨华冠绣衣有限公司”、“诸暨市嘉汉包复丝有限公司”。曾任诸暨市第十二届人大代表，政协诸暨市第十一届委员会委员。长子周泉，部队复员后从事房地产开发建设，任桐乡市光大房地产开发有限公司总经理；季子周浩，任诸暨市嘉汉包复丝有限公司董事长，任诸暨市第十五届人大代表，政协诸暨市第十三届委员会委员。

周先志（1952—），本科学历，浙江省纪委驻省人力社保厅纪检副组长，副厅级。

周叶铭，毕业于华东师范大学，任嘉兴市印刷行业协会会长，浙江正方设计印刷有限公司董事长、总经理。

**文物：**

崇新庵，在村庄的正中位置，坐西向东，三间一统，石柱木梁，前后三殿连进，配南北侧厢。第一进为天王殿，两旁供奉四大天王，中为弥勒菩萨和韦陀天王；第二进为圆通殿，供奉观世音菩萨及三十二应身；第三进为后殿，供奉西方三圣。岁月沧桑，历经多次灾害和人为的破坏，屡毁屡建，现仅剩中殿。原庵中的石柱、雕梁，因选材精致，制作精良，村民不忍毁坏原物仍保存至今。

崇新堂大厅

崇新堂，始建于明弘治年间（1488—1505），连进三幢，坐北朝南，砖木结构，雕梁画栋，古朴典雅，甚为壮观。2007年被诸暨市列为重点文物保护单位。本村企业家周叶生出资重修，今厅堂修旧如旧，重放昔日异彩，成为村民组织各种文化活动和举办红白喜事的极佳场所。

崇新堂，一直有“滴落阶沿”的传说至今。据传，崇新庵周氏太公初建厅堂时，门厅、花厅、神堂，均按龙凤花厅的格局建造。此举有违先例，倍遭邻村的质疑，告到官府。知县来现场查处，发现厅内大堂供有进士的官帽、朝服、官靴，连退三步而出。并说“止‘龙凤花厅’，应建‘滴落阶沿’”。太公听后大喜，于是继续大兴土木，建成了升级版—“滴落阶沿”的龙凤花厅。据说诸暨出南门只有这座“滴落阶沿”。

**清平岭村周氏字第：**

自一始“笃”至十七世“祖”与五指山、街亭支相同。十八世以下为宗 荫 祐 相 辅 圣 君 肃 钦 承 懿（29世始，统一接万派同行字母“桥”）。至2015年，最新字第行为“燮”。

**崇新庵村周氏系图：**

靖→亥→勤→闾→文溢→必举→天道→文渭→景亨→仕名→瑜→辅→麒→元、科

## 黄藤市村周氏

黄藤市始祖廷辉公暨何氏孺人容像

黄藤市村位于安华镇西南面，距诸暨市区 26.5 公里，距镇政府驻地 6 公里，属勤荣行政村，主姓周。2015 年年底统计，全村有 212 户，608 人，其中周氏 457 人。村庄东靠杭金公路，南邻杨宅，西连蕴坑坞水库，北接邵家塘。明初，周氏迁此，因村北池塘边原有一株黄藤，乃称黄藤树下。后此地开店集市，故得名黄藤市。

黄藤市村周氏与崇新庵村周氏同根同源。辉十四公仕名之孙昱，字廷辉，行升廿七，迁黄藤市村为祖。后辅字行文元、文瑞；圣字行荣祖、允珠、允璋、成秀、允蛟，君字行其炳、得详迁衢州西安县；辅字行元忠迁杭州；圣字行允楷迁余杭；圣字行以嘉居方家坞；君字行景玉迁永康城内；桥字行育狮迁上虞。

**知名人物：**

（一）

周桥品，又名克勤，解放前武义干部训练班毕业，曾任少校副官。

周文蔚，又名志坚，毕业于中央军官学校，曾任陆军上校。

周煦浩（1906—？），毕业于黄埔军校三期步兵科，曾参加孙中山领导的北伐战争和抗日战争，任少将师长。

周煦龙（1906—1983），字陈云，毕业于黄埔军校第三期步兵科，陆军大学，历任甘肃省林警大队大队长，国民革命军新编第四师师长，七十九军副军长兼师长，八十军军长，赴台湾任台北卫戍司令，海防司令，授国民革命军中将军衔。

周煦生，历任国民革命军副团军衔浙江省海上督察长，桐庐县县长，赴台后任干休所所长。

周　浩（1906—1986），谱名煦康，毕业于黄埔军校第三期，曾参加北伐战争，任陆军少将。曾任国民党暂编三十五师少将副师长、国防部少将等职。

周文华（1907—2004），毕业于黄埔军校五期，曾任旅参谋长，上海高桥分局局长，上校军衔。

（二）

周煦宪，毕业于国民革命军军事学院，解放前任国民革命军副师长，解放战争期间任中国人民解放军副师长，授大校军衔。

周毓材，毕业于台湾国防大学空军学院，历任台湾空军飞行大队大队长，居丹麦大使馆军事参赞，授少将衔。

周才全（1964—），毕业于河海大学，现任中国电建集团华东设计研究院科技研究部主任，浙江华东工程数字技术有限公司董事长兼总经理。高级工程师。正处级。

周孟新,重庆市民营企业协会副主席,重庆市浙江商会副会长,重庆佳视影视传媒有限公司董事长。

周黎明(1992—),1992年毕业于北京机械工业学院,现任中国华融资产管理公司经营事业部总经理。

**大型企业:**

周伟龙的浙江梦润针织有限公司。

周雄源的浙江雄源服装玩具有限公司,为诸暨第一个中外合资项目。

周海青的诸暨力霸工艺品有限公司。

周旭东的中喀服饰有限公司。

**文物:**世德堂,始建于1919年,连进三幢。

**黄藤市村周氏字第:**

黄藤市村历世字第与崇新庵村同为清平岭派。至2015年,最新字第行为"梓"。

**黄藤市村周氏系图:**

靖→亥→勤→訚→文溢→必举→天道→文渭→景亨→仕名→瑜→辅→昱→伯洋、伯清、伯河、伯澜、伯潮、伯湖、伯涛

## 方家坞村周氏

方家坞村位于安华镇西南面,距诸暨市区25公里,距镇政府驻地4公里,属珠峰行政村,主姓周。2015年年底统计,全村有106户,295人,其中周氏238人。村庄东靠杭金公路,南接杨茂岭,西连珠岭脚,北邻五指山。原以方姓居住而得名。后方姓衰落,周氏迁入,而村名不变。

方家坞始祖景凤公暨胡氏孺人容像

方家坞周氏系黄藤市周氏之分派。辉十四公仕名曾孙昱居黄藤市,昱六传至元仲,元仲长子以嘉约在康熙六十一年(1721)从黄藤市析居方家坞,为方家坞嫡祖。以嘉之子景凤为方家坞村发祥之祖。

**知名人物:**

周茂生(1949—),第1集团军炮兵旅后勤部部长,中校军衔。

周煦浪,任常山县林业局局长。

**大型企业:**周荣贤的厦门市信德诚汽车贸易有限公司。

**方家坞村周氏字第：**

方家坞村历世字第与崇新庵村同为清平岭派。至2015年，最新字第为“梓”。

**方家坞村周氏系图：**

靖→亥→勤→訚→文溢→必举→天道→文滘→景亨→仕名→瑜→辅→昱→伯澜→桢美→国明→佛光→元仲→以嘉→景辉、景详、景龙、景凤

（注：现居方家坞的周氏，皆为景凤公后裔。）

上新宅村村口

## 上新宅村周氏

上新宅村由上新宅、下新宅、白坎头3个自然村组成。位于安华镇西南面，距诸暨市区26.8公里，距镇政府驻地7公里，属勤荣行政村，主姓周。2012年年底统计，全村有313户，882人。村庄东靠大陈江，南接浦江县郑家坞，西连杭金公路，北邻崇新庵。南宋时，周氏从河南迁入。兄弟分居时另迁新宅，乃称新院。此处因位于上方，故名上新宅。

上新宅村周氏与崇新庵村周氏同根同源。辉十四公仕名三子瑮，字公明，行旻十一，迁白坎头；四子玘，字孟传，行旻十八。玘之孙风，行昇二十五，居下新宅、南厅；玘之曾孙文恭，字载道，号五峰，行祖五十二，居新院，三者皆为上新宅之祖。（注：南厅、上新屋、新院、下新宅都属上新宅自然村。）后三房白坎头祖字行南瑞迁杭州菜市桥；祐字行序高迁浦江仙姑山脚卢宅；相字行之亨迁青山乡丁家坞口；辅字行元溥迁衢州西安县；圣字行鼎全迁十九都捐坞口；君字行信礼迁余姚新城东滩门外。下新宅承字行承文徙居衢州西安县，现有人口101人；懿字行懿宰徙居浦江县郑家坞乡杨家村，现有人口120人。

**知名人物：**

周增才，号竞夫，毕业于国民党浙江省党务学校，曾任少校军需主任。

周垂挺，又名周挺，一九四五年参加新四军，曾任山东省委副秘书长。

周坚清(1972—)，任浙江省交通厅法规处处长。

周军庆(1966—)，毕业于浙江大学医学院，获浙江大学医学硕士学位，瑞士洛桑大学医学博士学位，绍兴人民医院心胸外科副主任，主任医师。

上新宅鼎新堂门额

**文物：**

鼎新堂，始建于乾隆十七年(1752)，连进三幢。

**大型企业：**

周福星的浦江恒泰铁皮有限公司。

**上新宅村周氏字第：**

上新宅村历世字第与崇新庵村同为清平岭派。至2015年，最新字第行为“梓”。

**上新宅村周氏系图：**

1.白坎头

靖→亥→勤→闾→文溢→必举→天道→文滑→景亨→仕名→瑮→安、详、良

2.新院

靖→亥→勤→闾→文溢→必举→天道→文滑→景亨→仕名→玘→玭→龙→文恭→子荣

3.下新宅

靖→亥→勤→闾→文溢→必举→天道→文滑→景亨→仕名→玘→玭→凤→文满、文达、文璋、文全

上新宅(新院)始祖载道公暨徐氏孺人容像

## 杨茂岭村周氏

杨茂岭始祖大海公暨陈氏孺人容像

杨茂岭位于安华镇西南面，距诸暨市区 25 公里，距镇政府驻地 4.5 公里，属珠峰行政村，主姓周。2015 年年底统计，全村有 174 户，495 人，其中周氏 351 人。村庄东邻周家村，南毗崇新庵，西靠邵家塘，北接方家坞，原属杨姓村庄，因村旁树木茂盛，北面有小山岭一条，故得名杨茂岭。约 700 年前，周氏迁入后，杨姓绝迹，仍用原村名。

杨茂岭周氏与崇新庵村周氏同根同源。辉十四公仕名四子玘，玘长子玭，玭长子龙，字大海，行升十九，始迁杨茂岭村，龙次子天赐、三子天赦、幼子天相均为杨茂岭村发祥之祖。后相字行寿相迁严州府；君字行发明居诸暨南门；承五百四十二文星迁浦江县白马镇利丰村。

**知名人物：**

（一）

周纪良（1907—1987），师级。

（二）

周剑钟，曾任安徽省副省长。

周伟统，历任乡党委书记，诸暨市司法局副局长，市委政法委副书记。

周惠莲（女），任绍兴市卫生局副局长。

**杨茂岭村周氏字第：**

杨茂岭村历世字第与崇新庵村同为清平岭派。至 2015 年，最新字第行为“梓”。

**杨茂岭村周氏系图：**

靖→亥→勤→闾→文溢→必举→天道→文渭→景亨→仕名→玘→玭→龙→天赐→文恭（居新院）、天赐、天赦、天相

## 杨宅村周氏

杨宅村位于安华镇西南面，距诸暨市区 28 公里，距镇政府驻地 7 公里，属勤荣行政村，主姓周。2015 年年底统计，全村有 135 户，371 人，其中周氏 244 人。村庄东南靠杭金公路，西接黄

岩岭、杭金衢高速公路，北邻黄藤市。唐时，有杨姓人居住，故得名杨宅，南宋末，周氏迁入，仍用杨宅名。

杨宅村周氏与崇新庵村周氏同根同源。辉十四公仕名四子玘，玘次子琥，行昊廿八，择居杨宅，为杨宅村之祖。

杨宅始祖昊廿八公暨陈氏孺人容像

**知名人物：**

（一）

周文奎(1887—1959)，国民党陆军上尉，曾任风穆乡乡长。

周国成（1907—1987），国民党少将。曾任陆海空军总司令侍卫，西安事变中背蒋介石上山，后蒋介石以国民政府主席名义赐其父“德教垂型”匾一方，悬于清平宗祠正厅(今已毁)。

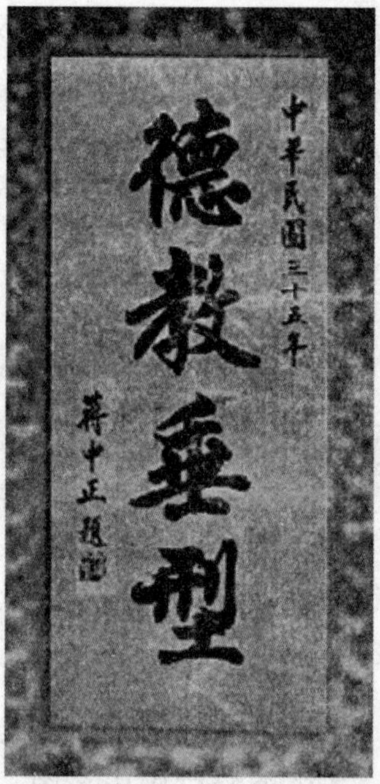


周国英(1921—2004)，毕业于国民党陆军军官学校第十七期，少将军衔。

周石峰(1930—1992)，曾在抗美援朝战争中任连长，荣立三等功一次。

周孝根(1931—1952)，烈士，牺牲于辽宁省锦州。

周才金(1931—1951)，烈士，牺牲于朝鲜清水洞。

（二）

周碧玲(1946—)，曾任诸暨市妇联主席，牌头区副区长。

周建明(1972—)，毕业于浙江医科大学，现任诸暨市人民医院骨科专家，主任医师。

周钧忠，浙江大学毕业，现任菲达公司高级工程师。

**大型企业：**

周建定的浙江中大鳄鱼服饰有限公司、诸暨大拇指服饰；

周海挺的诸暨市浣江康复医院。

**杨宅村周氏字第：**

杨宅村历世字第与崇新庵村同为清平岭派。至2015年，最新字第行为“梓”。

**杨宅村周氏系图：**

靖→亥→勤→闾→文溢→必举→天道→文滑→景亨→仕名→玘→琥→尚、玫、芝、福、蕙

### 王家塘沿村周氏

王家塘沿村位于安华镇西南面，距诸暨市区 25.5 公里，距镇政府驻地 5 公里，属三联行政村，主姓周。2015 年年底统计，全村有 178 户，468 人，其中周氏 318 人。村庄东靠浙赣铁路，南邻大园，西连大陈江，北接霞丽村。约 700 年前，王姓居此，村旁有个大塘，故名王家塘。后因周氏迁入，王姓嗣绝，改名为王家塘沿。1967 年改名为红村。1981 年 10 月，因重名，恢复原名为王家塘沿。

王家塘沿始祖孟俊公暨杨氏孺人容像

王家塘沿村周氏与崇新庵村周氏同根同源。辉十四公仕名五子瑒，字孟俊，行旻三十，析居王家塘沿村，为王家塘沿村之祖。

**知名人物：**

周监殷(1898—？)，1948 年去台，曾任国民政府实业部部长。

周许友(1921—1947)，烈士，牺牲于山东滕县。

周金法(1928—1951)，烈士，牺牲于朝鲜。

**大型企业：**

周煦旗的诸暨隆沃福针纺有限公司。

**王家塘沿村周氏字第：**

王家塘沿村历世字第与崇新庵村同为清平岭派。至 2013 年，最新字第行为“梓”。

**王家塘沿村周氏系图：**

靖→亥→勤→訚→文溢→必举→天道→文渭→景亨→仕名→瑒→理、奎、赐、瑢

## 4.五年派周氏

五年派祖为伯八公次子文侃。文侃，字普渊，行文三。五年派又分山下周与丰江周两支：山下周支，始迁祖为序四公达，世居南门，元末因赘山下马氏，迁山下周村。丰江周支，始迁祖为序五公魁，世居南门，元延祐七年至元至正二十八年(1320—1368)期间赘安华塘头宣宣氏，后居丰江之畔，发祥而为浙东巨族。编五年坊役，其宗谱尊博士公靖为始祖。祠堂堂号“爱莲堂”。

五年派世系总图

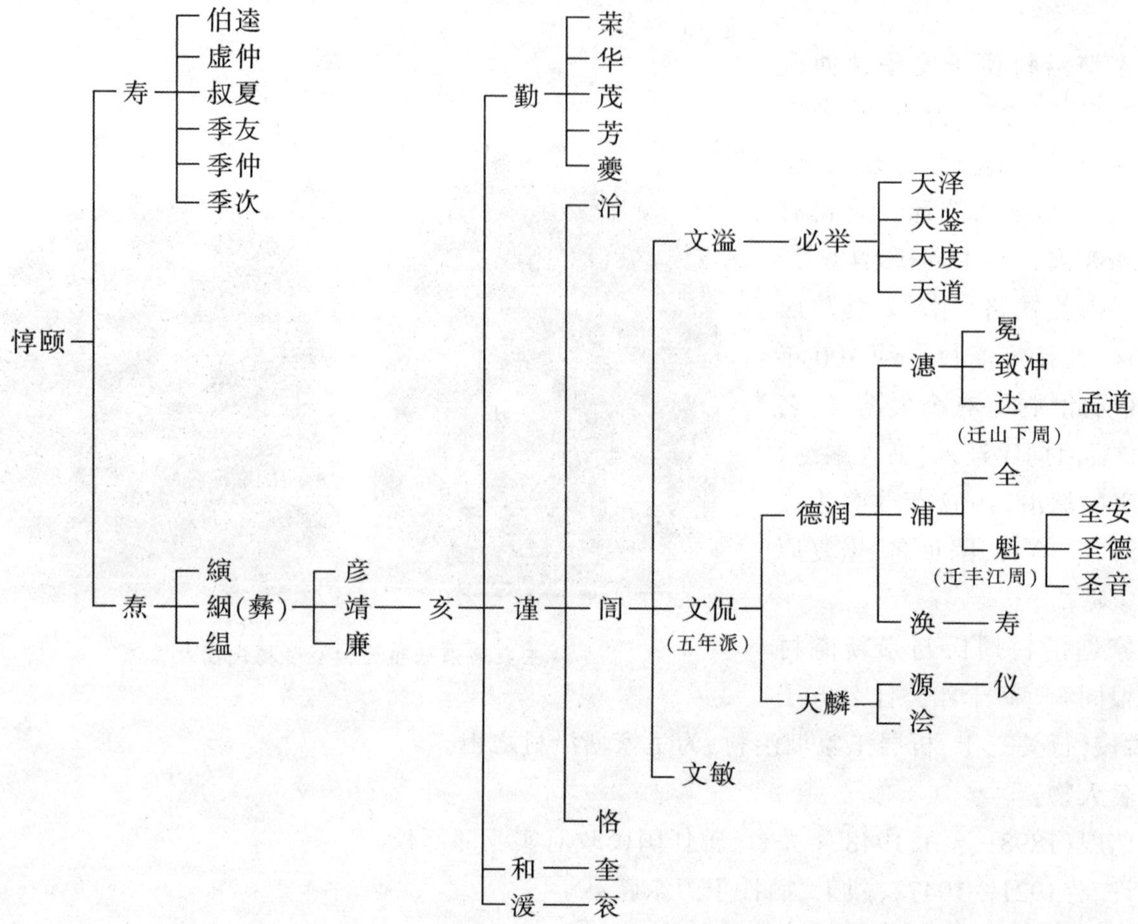


## (1)山下周周氏

### 山下周村周氏

山下周村位于牌头镇南部,与安华镇交界处,句嵊山麓,浦阳江畔,诸安快速公路穿村而过,地理位置十分优越,对外交通十分便捷,依山傍水,环境优美。全村 410 户,人口 1307 人,是一个传统的农业村。先祖于元淳熙年间(1764—1789)从南门赘居山下,后发祥成族,因村居句乘山下,故名山下周。

山下周村周氏系暨阳南门周氏文三公文侃之后,文侃长子德润,德润次子潓,潓一子达,行序四,字景春,因"仰九乘之峥嵘,接金鹅之声秀",遂入赘山下马姓,为山下周始祖。

其宗谱尊敦颐曾孙靖为始祖,自靖公始至第十一世与丰江合谱,第十二始与丰江分谱,堂号"味经堂"。其衍派字第自博士公靖始至第九世与丰江周氏同字行,第十世字行礼,此下与丰江周氏分字行。详见山下周氏字第。

山下周序四公达世系图

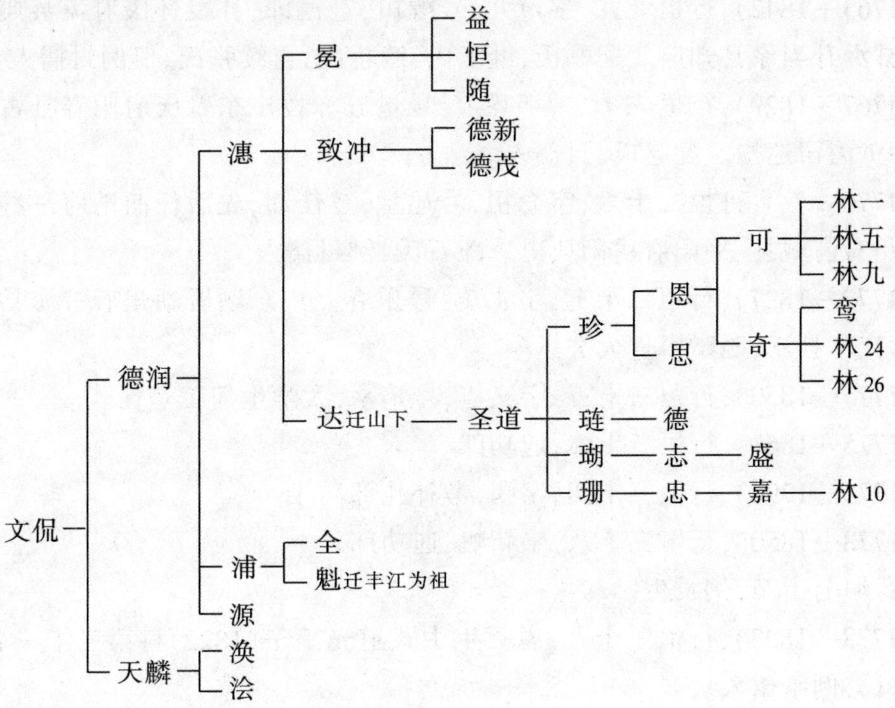


**知名人物：**

周　富，行玄三十七，字日新，登仕郎。

周应选(1595—1651)，行方四十四，字瑞阳，号爰吾，江宁府吏。

周大荣(1621—1651)，行享三十一，字仁贵，郡吏。

周之德(1667—1725)，行庆三十五，字尹方，号振翼。因子嘉兴府嘉善县儒学训导，貤修职郎。

周祚照(1654—？)，行齐二十三，字奕清，号晴川。授广州府清远县滨江司巡检。配戚氏，继王氏，例封孺人。

周　祚，行齐二十八，字裕千，例赠登仕郎。

周　堂(1707—1772)，行汉三十七，字敏学，号维瞻。考授登仕郎。

周家易(1734—1806)，行汉四十三，字圣章，迪功郎。

周家书(1737—1808)，行汉四十四，字丹陈，号澹泉，因子安徽太平府当涂县知县，貤赠宣德郎 。配陈氏貤太孺人。

周家彝(1742—1819)，行汉四十六，仕名彝，字宝意，号简庵。登仕郎。湖南石门县典史，善化县、湘潭分驻朱亭县县丞，候升主簿。

周家庠(1748—1800)，行汉五十，字礼堂，号芳湖，因子山西平阳府岳阳县典史，貤赠登仕郎。配王氏，继顾氏，俱貤赠太孺人。

周家堂(1750—1811)，行汉五十一，字西治，号齐园，登仁郎。曾任承德府赤峰县，天津府静海县，正定府行唐县巡检。配陈氏，继楼氏，俱例封孺人。

周元相，礼部儒士，选授玉山典史。

周　铎(1763—1842)，行桓十九，字声九，号醒田，宣德郎，补授怀庆府孟县典史，安庆府潜山县丞，当涂县丞升当涂县知府。配郦氏，继王氏，续蒋氏，再续张氏，俱例封孺人。

周绍奎(1767—1829)，行恒二十二，字曜宝，号星五。授广东肇庆府阳春县古良司巡检，署阳春县尉兼理黄湾司巡检。配赵氏，封孺人。

周绍宗(1770—？)，行恒二十六，字念祖，号述堂，登仕郎，先后任曲靖府平彝县、广南府宝宁县、山西解州府芮城县、平阳府岳阳典史。配石氏，例封孺人。

周绍时(1772—1827)，行恒二十七，字永茂，号乐春。广东题署湖州府澄海县鲍浦司巡检。以外孙五品衔江苏县丞，貤赠奉直大夫。

周绍渭(1775—1850)，行桓三十三，字又望，号筠亭，太学生河工登仕。

周绍涔(1775—1861)，行恒三十二，迪功郎。

周绍燕(1775—1796)，行恒三十四，字朔，考补礼部儒士。

周绍沣(1778—1850)，行恒三十八，字靳帆，迪功郎。

周于能，行炯七十三，例贡生。

周绍宛(1778—1823)，行恒三十九，恩贡生中式道光壬午(1822)科第三十一名举人。例赠文林郎。配曹氏，例赠孺人。

周绍堃(1780—1821)，行恒四十，字万资，号宁齐，登仕郎。广东府清远县滨江司巡检。

周应龙(1774—1829)，行炯二十九，字廷佐，吏员议叙从九品。

周　壎(1799—1874)，行炯三十九，字伯言，号乡葆，郡庠增贡生，候选训导，例赠修职郎。配赵氏，继斯氏，俱例封孺人。

周于能(1818—1862))，行炯七十三，例贡生。

周啟玉(1820—？)，行炯七十七，字世传，号大芳，议叙从九品。

周开育(1794—1859)，行承三十五，迪功郎。

周秉铨(1827—1872)，行承六十三，字新吾，号越溪。同治庚午(1870)科第八三十名举人，例赠文林郎。配赵氏，例封孺人。

周予钧(1827—1862)，行承六十五，议叙从九品。包村殉难。

周迎锡(1839—1903)，行承七十八，字锡宝，迪功郎。

周邦定(1828—1894))，行懿二十五，迪功郎。

周备连(1843—1914)，行懿三十六，字汉明，迪功郎。

周文潞(1857—？)，行懿四十八，字懿甫，号幼山，贡生，候选训导。

周懿言(1873—？)，行懿六十三，官名志诚，字之瑞，号竹楼，世袭云骑尉即补千总。浙外海渔税船督巡，第四军第三路司令部副官。

周万钧(1846—1922)，行桥十八，字西桥，迪功郎。

周廷校(1877—1912)，行桥四十六，字继子，呈序谙，候选州同。

周仰照(1892—？)，行煦十四，字伯康，号亚伯，日本明治大学商科毕业，任广东省长公署谘议。绍兴安昌镇警佐。

周煦森(1896—1918),行煦十七,字诚浒,湖南湘雅专门大学毕业,赠医学博士,保送北京协和医院见习,奥京维也纳大学考察,游历英、美、德、法、俄、日等国。

周心万(1900—1948),行煦二十三,字醒幻,又字新帆。浙省警备队二区二等书记。杭县谘议,镇海炮台司令部谘议。

周仰谟(1904—?),行煦二十八,字砚隐,号子石。任国民革命军26军司令部电务主任。

**文物:**

山下周氏宗祠。现存前厅一幢。

《暨阳山下周氏宗谱》,民国丙寅(1926)重修,周耀炳总纂,味经堂,现收藏于上海图书馆。该谱早期与丰江周氏宗谱合而为《暨阳南门周氏五年宗谱》,自博士公十世开始,谱分而递亦分。丰江以性、恢、恺、悌等递,山下以礼、武、盛、林等递。

**文化:**

诸暨市越艺博物馆。建筑面积1100平方米,分3个展区,共展出雕刻、堆塑、刺绣、编织、剪贴、镶嵌、箍桶、陶瓷、书画等十多类300多件精品,全方位、多角度展示越文化。

**山下周村周氏行字第:**自靖八世(敦颐十一世)始,后自行一派,靖公29世始统一按万派合用字第“桥”字。详见山下周字第。至2013年年底,最新行字第为“钟”。

**山下周村周氏系图:**

靖→亥→谨→闾→文侃→德润→滤→达

**山下周达公后裔迁徙外地:**

林二十八公迁富阳紫阆山;

享六公文宪迁会稽;

盛一公可,迁宁波,

盛三公若,迁苏州;

盛七公何,迁宁波;

玄一公,迁平阔;

玄五上公晁,迁嘉兴;

玄十公星,迁虞村;

玄十一公旻迁枫桥;

玄十五公迁浦江;

玄二十二寺公迁东阳;

玄三十七公迁富阳县城;

玄五十公住浦江;

玄六十公迁泌湖;

汉四十五公家麟迁山阴;

行林二十八蛟公,迁居富阳紫阆山;

行懿十三邦家公,住萧山义桥;

行桥二十二家传公,住江苏溧阳孙家畈。

**暨阳南门周氏五年派山下分派复迁南门三踏步世系**

达(山下始祖)→圣道→琏→德→美→麟→乐→富(复迁三踏步)

注解:

(1) 三踏步本为暨阳南门周氏祖居之地,序四公达八世孙富,字日新,行玄三十一,自山下周复迁三踏步村。

(2)该图只说明复迁三踏步情况,仅为直系,历代兄弟旁支未予列出。

## (2)丰江周周氏

### 丰江周村周氏

丰江始祖景华公暨宣氏孺人像

丰江周村始迁祖为周靖八世孙讳魁,行序五,世居南门,因赘安华塘头宣宣氏,后居丰江之畔,发祥而为浙东巨族。其宗谱尊博士公靖为始祖,爱莲堂。该支丁繁族旺,有“万派归宗”之誉。后裔除世居丰江周外,播迁绍佳泉、湖塘沿、江水沿、双峰、安华巢家、湖头前店、牌头新屋下、溪北、坑塘下、鹳鸣、长潭上新庄、椒山坞、溪口、同山吴村埠、沈宅、宅基、草塔步台岭、枫桥横山脚、渔橹山后、紫越岭、浦江八十四轮后畈、富阳湖源江家、上虞崧厦大江村、上海吴淞等有据可考的村居和氏族达二十五处之多。其中上虞大江村法华桥周氏,后裔尤为繁盛,已自成一派,成为当地望族。

丰江周村位于安华镇北面,距诸暨市区 19 公里,由丰江周和塘头宣、钟家三个自然村组成,主姓周。村庄东临浦阳江,南靠江水沿,西北接杭金公路。因村前有一条丰江(浦阳江),地以形胜,村以姓名,遂取名丰江周。

进士牌坊复原图

丰江周村周氏,系暨阳南门周氏文三公文侃之后。文侃生德润,德润生浦,浦次子魁,行序五,字景华,荫封乡大宾,迪功郎,于元淳熙年间(1330)从南门三踏步入赘塘头宣宣氏,为丰江之祖。配宣氏,生三子:圣安、圣德、圣音。葬西大坟。丰江周村是丰江周氏一族的发祥之地。据 2013 年年底统计,全村 818 户,2253 人,其中周氏 2030 人。

丰江派周氏外迁脉络图：

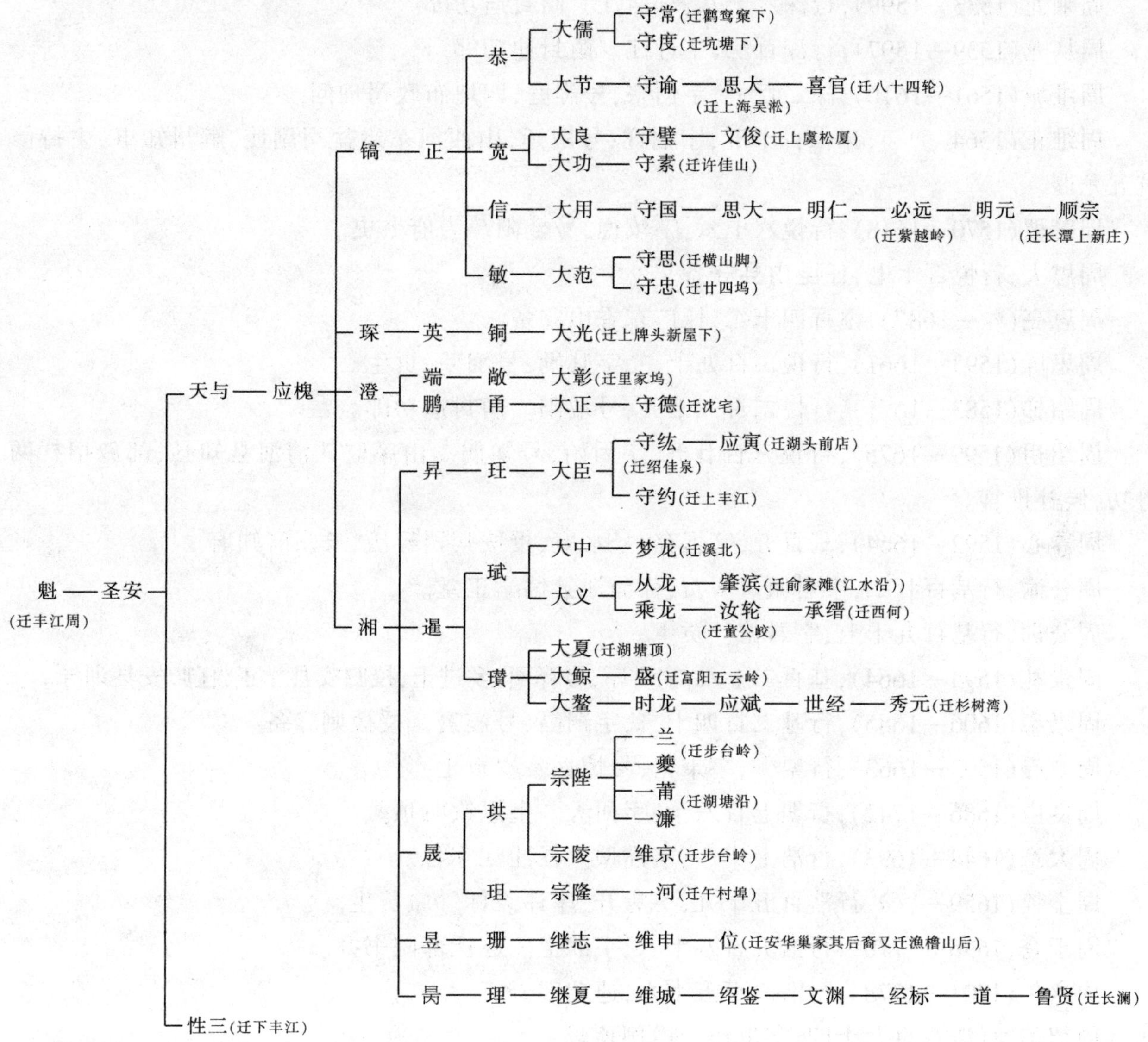


知名人物：

(一)

序 五，讳魁，字景华。荫封迪功郎。

周 镐(1416—1491)，行慍二，荣受冠带。

周 暹(1460—1541)，行悌廿九，恩例寿官。

周 玠(1502—1545)，行怀七十，字克润，号西溪。诰赠文林郎。

周 理(1505—1559)，行怀七十二，字克纯，号燕溪，诰赠文林郎。

周继春，恒百五，字以元，号青阳，任湖广蕲水县二尹。

周继夏(1534—1592)，恒百十二，字以亨，号南阳，隆庆丁卯举人，联登戊辰进士，授江西袁州府推官，升常州府通判。

周继志,行恒百二十,字以孝,号斗南。增广生,具将略,授援朝鲜赞画。

周乘龙(1533—1599),行深六十八,号西江。荫封迪功郎。

周从龙(1539—1597),行深百三,字近江。荫封迪功郎。

周维城(1561—1610),深二百一,字伯宗,号諟庭,四川布政司理问。

周维正(1564—?),深二百十五,字伯详,号敬廷,山西河东运盐司副使,解州知事,主持修筑五龙堰。

周肇稷(1570—1618),行悦八十六,字汝德,号金阳。为府令史。

周思大,行悦百十七,任昆山县守备。

周思亮(?—1687),悦百四十二,任广东香山守备。

周思屏(1593—1661),行悦二百九十一,字其勤,号羽莱,贡生。

周绍梯(1583—1671),行悦二百三十五,号瑞阳。荫封迪功郎。

周绍祖(1599—1675),行悦三百廿五,字因始,号知偶。由庠监任清河县知县,部叙招抚两粤功,候补推官。

周养心(1592—1664),基百五,字惺存,号水廉,授按察司经历,泉州府知府。

周公谕,行基百廿二,字君佩。岁贡,任浦江县儒学正堂。

周公训,行基百九十七,字君德。贡生。

周崇礼(1594—1664),基百二十六,字君厚,号释回,乡进士,授归安县学正,任归安县训导。

周崇泰(1606—1685),行基二百四十二,字嗣昌,号震寰。授援剿守备。

周　震(1593—1663),行罂一,字秉卺,号惊百。岁贡生。

周良臣(1686—1742),行罂七百八十,字回天。皇恩钦赐顶戴。

周大章(1644—1693),行浩七十一,字迩型。任浦江守备。

周士铨(1659—?),行浩百五十九,字隽升,庠讳天标。廪贡生。

周于登(1696—1770),行浩五百八十八,字歆上。巡抚部院书办。

周永仁(1701—1778),行浩六百五十六,迪功郎。

周绍美,行浩八百七十四,字世懿。恩例顶戴。

周大夏(1676—1711),行椿七十,字禹声,礼部考授五品候选。

周洪谟(1690—1757),行椿二百十九,字显文。考授经历司。

周月升(1702—1777),行椿三百八十三,字明宇。登仕郎。

周恒德(1709—1782),行椿五百三,字淳士。圣庙鸣赞生员[①]。

周懋德(1714—1768),行椿五百七十一,字濂士,圣庙鸣赞生员。

周维殿(1734—1818),行椿八百九十九,恩赐顶戴。

周育倩(1740—1816),行椿九百八十一,字尧仙。年满古稀,钦赐冠带。

周宗璠(1749—1826),行椿千八十三,字焕若。荫封迪功郎。

---

① 圣庙鸣赞生员:圣庙也叫文庙、圣宫。鸣赞为中国古代文官官职名。明、清鸿胪寺为鸣赞官,掌行礼时傧导赞唱。在清朝之位阶为从九品。鸣赞职能通常是负责朝会和宴飨等礼节有关,为配置于鸿胪寺官署之基层官员。1910年代,清朝灭亡后,该官职废除。

周育僼(1771—1822),行椿千二百三十七,字帝韶。迪功郎,儒学正堂题赠。

周兆华(1704—1777),行爆七十二,迪功郎,儒学正堂洪赠额“品重宾筵”。

周廷华(1716—1797),行爆二百五,乡耆,钦赐登仕郎。

周君佩(1724—1803),行爆三百廿五,字廷璇,号峰山。钦赐登仕郎。

周景大(1750—1830),行爆八百廿八,字柱五。登仕郎。

周国法(1762—1843),行爆千廿八,迪功郎,儒学正堂吕题赠“齿德兼尊”。

周俊峰(1765—?),行爆千八十一,登仕郎。

周天柱(1773—1846),行爆千二百九,字锡梁。迪功郎,儒学正堂题赠“望重乡闾”。

周永春(1783—1850),行字爆千三百六,谘谋。迪功郎。

周南茂(1796—1858),行爆千三百九十四,迪功郎。

周兆海(1797—1877),行爆千四百五,钦赐顶戴荣身。

周大顺(1800—1864),行爆千四百廿七,邑尊倪公赠迪功郎。

周景煇(1800—1853),行爆千四百三十,字戊垚,迪功郎,儒学正堂赠额。

周宗鲁(1732—1803),行培五十八,钦赐从八品。

周维中(1733—1787),行培六十六,字受尧。迪功郎,儒学正堂洪赠额“德行素著”。

周文萼(1739—1800),行培百廿五,字紫贵。荫封迪功郎。

周宗京(1747—1829),行培二百四十六,字述贤。迪功郎,儒学正堂赵赠额“香山遗范”。

周聖选(1755—1814),行培三百七十八,迪功郎。

周柏贤(1759—1816),行培四百七十九,字宗穆。迪功郎,儒学正堂赵给额“齿德并重”。

周性贤(1759—1826),行培四百八十四,字宗烈。太学生,例赠武略骑尉。

周七贤(1761—1839),行培五百十八,字宗勋,号竹林。迪功郎,儒学正堂吕赐额“嘉言懿行”。

周桂联(1762—1840),行培五百四十三,字学郊。迪功郎,儒学正堂吕赐额“年高德劭”。

周培先(1763—1841),行培五百五十五,恩赐顶戴。

周惟明(1763—1853),行培五百七十,字武永。迪功郎,儒学正堂冯给额“醇厚可嘉”。

周培谟(1770—1847),行培七百三十七,迪功郎,儒学正堂吕题赠“言坊行表”。

周培伦(1771—1861),行培七百四十二,迪功郎,儒学正堂吕给额“年高德劭”。

周培仁(1774—1859),行培八百五,迪功郎,儒学正堂吕给额“望重耆英”。

周芝秀(1782—1830),行培九百九十五,字瑞发,号履荘。太学生,钦授议叙登仕郎,奉宪给额“谊笃乡闾”。

周抡三(1787—1862),行培一千八十六,字立纲。迪功郎,儒学正堂范给额“盛世耆英”。

周培操(1790—1862),行培一千百四十五,皇恩钦赐顶戴。

周文照(1807—1884),行培一千三百七十三,迪功郎,儒学正堂蔡题赠“望重乡评”。

周光仁(1818—1849),行培一千五百十九,迪功郎。

周章书(1831—1897),行培一千六百三,字可诵。迪功郎。

周贵龙(1762—1834),行承七十,字从云。迪功郎,儒学正堂冯题赠“悃愊无华”。

周汉瑾(1763—1843),行承八十二,迪功郎。

周启瑞(1765—1838),行承九十八,字曰庠。迪功郎,儒学正堂吕赠额“行端表正”。

周大勇(1765—1848),行承百二,字砥柱。迪功郎,儒学正堂吕赠额“言坊行表”。

周大圣(1765—1842),行承二百五十九,字学上。迪功郎,儒学正堂吕赠额“年高德劭”。

周启秀(1768—1845),行承百廿八,字衡岳,号丰山。讲谕议叙,奉藩宪钱给额“宣猷布化”。

周禹浪(1768—1843),行承百三十一,字三级。皇恩钦赐顶戴荣身。

周耀奎(1770—1842),行承百五十五,字星聚。迪功郎,儒学正堂吕赠额“正直是与”。

周大信(1770—1851),行承百五十六,字一诚。迪功郎,儒学正堂吕赠额“言坊行表”。

周顺龙(1771—? ),行承百六十八,字景从。内廷会典馆供事[①]。

周大圣(1777—1842 ),行承二百五十九,字学上。迪功郎,儒学正堂吕赠额“年高德劭”。

周联宝(1778—1853),行承二百九十九,字成山。迪功郎。

周元品(1783—1858),行承三百九十八,迪功郎。

周大宝(1783—1853),行承四百十一,字以善。迪功郎,儒学正堂吕赠额“言坊行表”。

周云浩(1784—1844),行承四百三十三,荫封迪功郎。

周启邠(1785—1827),行承四百八十一,字安基,一字棣萼。议叙登仕郎,奉抚宪帅赐额“谊敦任恤”。

周凤彩(1786—1862),行承四百八十三,字羽光。迪功郎。

周启焘,承五百九,字良钧。迪功郎。

周载良(1787—1862),行承五百廿二,字仁山。迪功郎,儒学正堂范给额“望重耆英”。

周祖伟(1787—1863),行承五百廿八,字万春。迪功郎。

周廷伟(1788—1862),行承五百三十二,迪功郎,儒学正堂凤赠额“正直持躬”。

周青晖(1791—1840),行承五百九十二,字济荣,号月汀。迪功郎。

周启京(1794—1863),行承六百四十六,字宏西。迪功郎。

周仲焕(1795—1853),行承六百七十,字文蔚,号炳峰。八品议叙。

周载豫(1797—1862),行承七百十一,字立凡。迪功郎。

周启本(1797—1856),行承七百十五,字道生,号木斋,榜讳占鳌。乙酉科举人。

周仲武(1801—1862),行承七百八十七,字文烈,号承斋,学讳绍武。八品职员,军务大吏周锡宝保举五品衔,后蒙抚藩二宪奏准,钦恤世袭云骑尉。

周年江(1805—1843),行承八百四十三,字文河。荫封从九品,抚宪杨题部奉旨,荫封布政司理问。

周毓吉(1806—1885),行承八百七十五,迪功郎,儒学正堂蔡、朱题赠“行端表正”。

周仲春(1807—1881),行承八百八十三,字文照,号鲁侯,学讳崇亨。宣义郎。

周毓高(1809—1863),行承九百四十三,迪功郎,赠“年老望重”。

周庭黼(1812—1879),行承一千廿五,字焕猷,号锦堂。乡大宾。

周昌武(1817—1890),行承一千九十一,迪功郎,儒学正堂蔡赠额“行端表正”。儒学正堂蔡

① 会典馆:会典馆是机构名,清代负责编纂会典的机构,由皇帝发布特旨而开设,属于非常设之馆,书成即行裁撤。

赠额“齿德兼隆”,例赠文林郎。

周人荣(1818—1862),行承一千百廿一,字良棠,号芾庵。议叙登仕郎。

周承起(1818—1862),行承一千百三十,迪功郎。

周美龙(1820—1898),行承一千百五十二,字时雨。迪功郎,正堂胡赠额“尊德引年”。

周邦丰(1820—1879),行承一千百五十六,迪功郎。

周承君(1825—1904),行承一千二百三十二,字平治。迪功郎。

周美福(1827—1907),行承一千二百五十六,字锡遐。迪功郎,正堂胡赠额“年高德劭”。

周爱文(1829—1908),行承一千二百九十三,迪功郎,邑尊吕赠额“品重珪璋”。

周君定(1830—1903),行承一千三百十四,迪功郎。

周钱官(1835—1907),行承一千三百六十一,迪功郎。

周承洪(1837—1911),行承一千四百二,字岷甫。迪功郎。

周钱中(1837—1906),行承重一千四百九,迪功郎。

周廷耀(1837—1917),行承一千四百十二,迪功郎。

周有才(1838—1915),行承一千四百廿九,字光君。迪功郎,儒学正堂许赠额“行端表正”。

周理元(1838—1916),行承一千四百三十二,迪功郎。

周钱有(1839—1909),行承一千四百四十二,迪功郎。

周风钦(1830—1906),行承千三百一,字金绣,迪功郎。

周怀星(1843—1886),行承一千四百八十五,字梦立。迪功郎,儒学正堂朱赠额“礼隆尚齿”。

周拱元(1849—1913),行承一千五百五十六,迪功郎。

周君达(1849—1929),行承一千五百五十八,字通之,号朝元。迪功郎。

周如筠(1853—1941),行承一千六百一,廪贡生,贡讳载熙,字揆庵,别字藜斋。同文公学第一任校长。

周如朝(1859—1906),行承一千六百五十一,字瀚亭,学讳载清,国子监生。

周如金(1864—1946),行承一千六百六十五,邑庠生,膺督办苏浙太湖水利局谘议。

周高聪(1792—1862),行懿七十三,迪功郎,儒学正堂范、裘赠额“德隆望重”。

周秉三(1800—1863),行懿百四十九,字维德。迪功郎,正堂吕赠额“恩覃齿德”。

周汝珍(1801—1873),行懿百六十四,字怀玉,号静庵。议叙从九品。

周文发(1810—1862),行懿二百九十九,迪功郎。

周曰荣(1811—1899),行懿三百五十一,迪功郎。

周宗显(1812—？),行懿三百七十,迪功郎,儒学正堂蔡赠“齿德并隆”。

周宗显(1812—?),行懿三百七十,迪功郎。

周汝功(1812—1861),行懿三百七十四,字帝嘉,号谦菴。职员,蒙抚藩二宪奏准钦恤世袭云骑尉。

周曰珠(1814—1863),行懿四百十八,迪功郎,儒学正堂沈给额“行端表正”。

周文灿(1816—1893),行懿四百五十五,字焕章。迪功郎。

周春发(1817—1856),行懿四百七十五,字光华。迪功郎,额赐“敬直敦方”。

周高贤(1818—1864),行懿二百五十七,字葆莹,号梧亭。职员,考授医学训科,晋捐议叙。

周秀海(1819—1862),行懿五百十三,字光月。迪功郎,额赐"行端表正"。

周曰潮(1821—?),行懿五百四十七,字登楼。迪功郎,奉儒学正堂左赠额"年高德劭"。

周锡勇(1822—1863),行懿五百六十六,迪功郎。

周复初(1824—1885),行懿五百九十一,字大兴。迪功郎。

周夏顺(1826—1899),行懿六百廿七,字万和。迪功郎。

周愷永(1828—1863),行懿六百七十,迪功郎。

周大勇(1828—1861),行懿六百七十五,字义生,号卓斋。蒙抚、藩二宪奏准,钦恤世袭县主簿。

周之炫(1829—1863),行懿七百,军功赏给六品顶戴。

周奎宝(1831—1891),行懿七百三十二,迪功郎。

周明松(1832—1910),行懿七百五十三,迪功郎。

周玖宝(1832—1908),行懿七百六十二,迪功郎。

周春和(1834—1863),行懿七百八十六,字光韶。迪功郎,额赐"正直持躬"。

周伊焕(1834—1862),行懿七百九十二,字其文,号笃祜。议叙从八品,蒙抚、藩二宪奏准,钦恤世袭云骑尉。

周文阳(1834—1895),行懿八百,迪功郎,儒学正堂朱给额"齿德并隆"。

周大年(1836—1915),行懿八百三十五,字郁如,号介眉,袭讳懿寿。给世袭云骑尉,又蒙左文襄公保奏四品花翎衔。(左文襄公:即左宗棠)

周详元(1836—1901),行懿八百三十七,迪功郎。

周佳仁(1836—1908),行懿一千七十七,迪功郎。

周作桢(1838—1928),行懿九百三,字和羹。迪功郎。

周宗全(1840—1903),行懿九百三十三,迪功郎。

周作桐(1840—1905),行懿九百四十七,字世恩,贡生。

周星烂(1841—1908)),行懿九百六十九,字向晨,号晓园,榜讳省兰。光绪癸巳恩科副贡生。

周懿章(1841—1919),行懿九百七十一,迪功郎。

周玉宝(1841—1921),行懿九百七十三,迪功郎。

周汝玉(1841—1918),行懿九百七十四,迪功郎。

周作霖(1842—1916),行懿一千八,字用汝。迪功郎。

周凤占(1844—1032),行懿一千三十九,字晓奎。迪功郎。

周明清(1844—1910),行懿一千四十三,迪功郎。

周懿璋(1844—1917)),行懿一千四十四,字文茂。迪功郎。

周大方(1844—1862),行懿一千四十七,字正之,号矩甫。迪功郎。

周仕来(1858—1917),行懿一千二百九十七,字铭镜,号鉴三。职员,从九品。

周宝乾(1880—1954),行懿千四百七十一,学讳猷,字赞卿,号子壮。上海民国法律学校别科毕业。曾任广东虎门要塞司令部军法官,宁波镇海盐税官。

周宝封(1887—1957),行懿千五百三十五,字格人,号雪愚,学讳钺成。曾浙江体育专门学校校长,省会警察厅差遣。

周良满(1889—1958),行懿千五百五十,字隽父。1927年8月中共丰江周党支部书记,曾任中共诸暨县上南区委书记,金萧支队诸(暨)义(乌)东(阳)办事处诸南区乡政指导员。

周宝初(1895—),行懿千五百八十五,讳宝初,字子复。浙江公立法政专门学校法律本科毕业。考取高等法官,历任江苏、湖南、四川高等法院推事及四川悦来场、荣昌地方法院院长。

周吉彪(1817—1871),行桥四十九,字天章,迪功郎。

周凤春(1824—1910),行桥百十,字时卉。迪功郎。

周凤岗(1825—1901),行桥二百三十八,字效灵。迪功郎。

周凤梧(1826—1896),行桥百廿七,字圣详。迪功郎。

周学忠(1831—1886),行桥百九十六,字葵香,号诚一。贡元。

周廷福(1835—1856),行桥二百五十六,迪功郎。

周朝俊(1837—1900),行桥二百九十一,字维于。迪功郎。

周爱茂(1841—1918),行桥三百六十八,迪功郎。

周秀水(1841—1926),行桥三百七十,字渭轩。从九品职衔。

周吉孝(1841—1921),行桥三百七十六,迪功郎。

周锦达(1842—1929),行桥三百八十三,迪功郎。

周月建(1843—1899),行桥三百九十八,字行夏,号寅生,学讳光荣。贡元。

周芳达(1843—1915),行桥四百五,迪功郎。

周 政(1844—1922),行桥四百廿八,字德生。迪功郎。

周凤卜(1844—?),行桥四百三十,迪功郎。

周志鱼(1845—1900),行桥四百三十六,迪功郎。

周秀晖(1846—1886),行桥四百五十二,字晴光,号竹轩,迪功郎。

周龙章(1847—1914),行桥四百九十七,职员,从九品。

周第球(1854—1914),行桥六百十四,职员,从九品。

周肇棠(1857—1925),行桥六百六十八,字玉树,号芾庵,学讳肇虞。钦给五品衔,赏戴蓝翎。

周肇峰(1869—1921),行桥七百七十一,字石树,号芝庵,学讳兆丰。授县主簿。

周金浩(1870—1950),行桥八百三,字继孟,号月波,学讳维详。贡生。

周志樵(1874—1946),行桥八百四十五,庠讳人镜,字蓉臣。邑庠生,民国元年县议县。丰乐乡长。

周楚龙(1881—1946),行桥九百三十一,字霖三,号化南。太学生,浙江法政学校毕业,任贵州修文县司法处审判官。

周志田(1887—1922),行桥九百九十九,学讳璋,字士圭。由武备学堂考入全国陆军速成学校毕业,升入陆军大学校毕业,给中校衔。

周忠义(1900—1960),行桥千百六十六,学讳声洪。浙江省立第五师范、日本中央大学研究科经济系毕业,任浙江省党部社会科民众组训股长,兼任浙江救济院安老所所长。

周南山(1902—?),行桥千二百三,字松柏,号旦。金陵大学社会系暨中训团党政班廿期毕业，历任南京市萧县党部委员、中校科长、秘书长、中训团廿一军官总队训育委员会中校干事。

周永兎(1903—1986)，行桥千二百十一，军政部建延师管处兵役干部第二期毕业，任陆军少尉衔。

周富寿(1914—2008)，行桥千三百三十，原中国人民银行杭州市支行原办公主任，离休干部，享受地厅级待遇。

周品璋(1909—？)，行桥千二百八十六，字达庵。庐山军官训练团毕业，曾充后勤野战第八军械库少校库长、军政部第一军需局洛阳仓库少校库长、军需署第二军服厂少校股长。

周品琦(1904—1943)，行桥千二百廿九，学讳孙贻。浙江警官学校毕业，曾充平阳蒲门、金乡等局公安局长、又任安徽师管区上尉连长。1943年在南陵抗战中阵亡。

周景元(1911—1988)，行桥千三百十七，杭州师范及中央军需学校毕业，任军政部会计处科长及昆明、广州军政部会计处第三第七等上校分处主任。

周桂杨(1923—1993)，行桥千四百十四，字桥木，号志伟。中央警官学校特训班六期毕业，曾任中央训练团第十七总队二大队上尉连长。

周云飞(1923—1993)，行桥千四百十九，字从龙。黄埔军校第十七期毕业，中校团长。

周桥奎(1924—1991)，行桥千四百二十三，丽水地区建设银行党组书记、副行长。

周懿良(1827—1910)，行煦四，字永善，迪功郎。

周懿茂(1836—？)，行煦十七，字福善，迪功郎。

周继贤(1840—？)，行煦四十，荫受迪功郎。

周之隆(1844—1930)，行煦五十六，字岐山。迪功郎。

周炳槐(1848—1924)，行煦八十六，字荫。迪功郎。

周继旺(1851—1911)，行煦一百二十，迪功郎。

周友普(1854—1879)，行煦一百四十二，字文谟。给奖五品衔云骑尉。

周煦江(1871—1943)，行煦二百八十，五品顶戴。

周忠相(1889—？)，行煦五百十三，字公玮，学讳珪。陆军上尉衔。

周乃铖(1895—1949)，行煦五百九十六，字耀光，号天僇。俄国中山大学毕业，任西安集团司令部少将机要秘书兼政治部主任。衢州绥靖公署少将秘书长。

周煦达(1897—1938)，行煦六百二十，体育专门学校毕业，民国27年戊寅九月十四日未时在沙洋抗战阵亡。

周启明(1901—？)，行煦七百六，字耀东，号廷国，国立劳动大学毕业，任第六绥靖区总司令部秘书。

周绍尧(1902—1983)，行煦七百十五，字鼎勋。黄埔军校第七期毕业，任军官十二总队中校区队长。

周银全(1898—1922)，行煦六百四十二，字之福，号雅齐。陆军少校衔，民国11年壬戌二月初七日在贵阳螺甸县边羊镇剿匪阵亡。

周小樱(1908—1941)，行煦八百三十一，字钟英。曾任陆军上尉。

周绍银(1906—1977)，行煦七百九十九，金陵大家毕业，曾任陕西省政府秘书，第一战区长官部少将参议。

周煦生(1912—1999),行煦八百九十六,字息甫,号铭琛。军需学校学员班第二期毕业。

周绍侃(1913—1991),行煦九百十,光华大学毕业,曾任第一战区长官部上校秘书。

周韶猷(新)(1914—1988),行煦九百廿六,西安军需学校第十一期毕业。

周煦燕(1914—2005),行煦九百廿九,字载源。陆军通讯学校毕业,任军政部第五话报队中队长,兼任沈阳长官部上校参谋。

周煦飞(1918—1950),行煦千二,中央军校炮科毕业,任第六绥靖区绥靖司令部中校参谋。

周煦模(1919—2000),行煦千二十二,军政部军需仓库少校库长。

周煦南(1922—2015),行煦千七十三,诸暨第五届政协委员。

周威三(1926—1991),行煦千百四十四,岭南航业有限公司董事长,日本观赏鱼贸易株工会社社长。

周绥安(1931—2006),行煦千二百二十六,原杭州市社会科学院副院长,党委副书记。

周锡芳(1888—1939),行垂九十三,字文宛。由浙江广济医学院升入浙江军医学养成所毕业,陆军二等军医。

周赓德(1890—1952),行垂一百十七,字润身,又字清,号承三。同文高等小学毕业,曾任陆军第十九师上尉连长。

周坤章(1899—?),行垂一百九十六,字裴成。浙江盐务高小毕业,任军政部会计处少校科员,又任财政部国库署科员。

周泰贵(1899—1960),行垂二百二,字士琦。同文高小毕业,曾任民国定海县党部书记。

周寿昌(1900—1950),行垂二百十六,字逊敏。第一中学毕业,浙江省政府浙西行署任四级视察。

周才三(1903—?),行垂二百五十二,字锡珥,学讳伯道。黄埔军校第五期毕业,历任江苏省保安副处长,陆军八十九军少将参谋长,军政部二十一总队第五大队长。抗战胜利后,任浙江省保安旅副旅长、浙西师管区少将副司令、浙江第五"清剿"区副司令。1949年去台湾,任第二六九师副师长、师长,第八军参谋长、军长。1963年,以中将军衔退役。

周绍昌(1904—1988),行垂二百五十九,字振强。黄埔军校第一期毕业,陆军大学毕业,任教导总队副队长兼第一旅旅长,浙西师管区中将司令。民国38年(1949)被解放军俘虏。1959年12月"特赦释放",任全国政协文史资料研究委员会委员,第六、七届全国政协委员。浙江省黄埔军校同学会副会长。为整理和研究抗战文史资料倾注了心血,为祖国统一大业做了大量有益的工作。著有《四一二事变点滴回忆》《教导总队在南京保卫战中》《四川綦江战干团惨案回忆》等。1988年4月21日在杭州病逝。

周坤校(1904—1937),行垂二百六十九,杭县第三高小学校毕业,任陆军通讯兵营一等技工。(民国26年十一月十二日为国牺牲于南京)。

周宝善(1907—1963),行垂二百九十九,号宏勋。黄埔军校第四期毕业,任陆军一九四师五八零团团长、浙江保安司令部绥靖科上校科长、民国诸暨县县长。

周季产(1910—1986),行垂三百四十九,国立中央大学毕业,任重庆卫戍司令部交通处通讯科科长、军政部上海电池厂上校厂长、联合后勤部第一区补给司令部通信科科长。

周纪善(周季冉)(1912—1957),行垂三百八十二,就读浙江大学物理系,毕业后在国民党兵工署上海弹道研究所,专门研究炮的弹道。1943年赴美国留学后到关岛工作,1949年年初离美国。解放后任原第二机械工业部一级工程师、第四研究室主任一级工程师,对发展我国火箭事业有突出贡献,曾获国家技术一等奖。研究的武器为支援抗美援朝做出了贡献,受到彭德怀司令员的接见和出席过周恩来总理在北京饭店召开的科学家联欢会。

周洪本(1913—2007),行垂三百九十七,1937年毕业于浙江大学教育系,大学毕业后,任教务主任,后去武汉,任国民军武汉驻军军报主编,后任职于重庆,授少将军衔,出任抗日远征军书记长,出征缅甸、印度。抗日战争胜利后,任国民政府教育部中等教育司司长兼督学。1946年任上海警察总局人事室主任兼总务主任。1948年去台湾,任职于招商局,继任中非科学技术委员会秘书长。

周本楠(1918—1943),行垂四百八十四,字贤卿,号竟成。七战区兵站总监部中尉站员。

周纪穆(1916—2008),行垂四百五十七,国民革命军教导总队卫生分队队长。生前是在上海最后一位日本侵略军南京大屠杀幸存者和见证者。

周佩丰(1920—1997),行垂五百廿一,字志伟。陆军五十八师干部训练班第三期毕业,历任三十四集团军办事处经理科上尉科员。

周芝三(1922—1946),行垂五百五十八,任华东一纵队供应部军械员。烈士。

周银才(1927—?),行垂六百六十一,参加金肖支队,任支队长。

周利康(1903—1944),行钓五十五,字济荣,号静安。同文高等小学毕业,民国16年曾任游击司令部少校副官。

周仲坎(1920—1997),行钓一百四十八,字镇与。曾任浙江省小学校长训练班教育长,浙江省教育厅中教处、师范教育处副处长等职务。

(二)

周鹏飞(1931—),行桥千四百七十一,东北农大毕业,曾任绍兴农校校长,绍兴市政协副主席。

周夫根(1931—),行桥千四百七十,诸暨市政府协作办副主任。

周益女(1937—),桥字第,浙江省农业厅高级工程师。

周桥达(1945—),行桥千五百三十一,大专学历,原浙江省军区后勤部政治处主任(正团职),上校军衔。转业后任省建行基建办主任,房地产总经理。

周国女(1949—),桥字第,绍兴市政协委员,诸暨人民医院副主任医师。

周国裕(1966—),桥千五百九十三,曾任诸暨市政协常委、专门委员会办公室主任,兼市政协办公室副主任、民盟诸暨市总支主委。

周煦文(1932—),行煦千二百十八,原南京气象学院副院长兼党委副书记。

周绍毅(1936—),煦千二百九十八,高级工程师。

周南丽(1964—),行煦字第,高级会计师,中国注册会计师。

周曙光(1966—),行煦千六十六九,安华初中校长,高级教师。

周波风(1968—),行煦字第,安华初中高级教师。

周炎林(1971—),行煦千七百二十七,海军航空兵某师机要科科长。中校军衔。

周　彬(1983—),煦字第。中国宁波绍兴商会、宁波诸暨商会副秘书长。

周沼东(1931—),行垂七百六十七,结业于华东军事政治大学,曾任解放军学校教官,复员后任教浙江工业大学工程师。

周启东(1933—),行垂八百三,结业于华东军事政治大学,中国人民志愿军空军少尉,转业后任厦门特区供电公司总经理兼办公室主任。

周介东(1934—),行垂八百廿一,毕业于省级机关学校古典文学,大专文化,任中共浙江省委统战部办公室副主任,正处级调研员,浙江省级机关工会第三基联会主席,省民建委员。

周季良(1934—),行垂八百三十四,毕业于杭州水电学校,教授,参加水电建设,任主任工程师。获全国劳动模范称号。

周纪侃(1933—),行垂八百六,海国棉16厂技术科科长,高级工程师。

周又东(1936—),行垂八百七十二,浙江大学毕业,任江西省纺织科研设计院副总经济师,高级工程师。

周季鸾(纪南)(1943—),行垂九百九十二,任上海邮政局保卫科科长,邮政实业开发总公司党总书记、监察处副处长、执法大队副队长。

周季元(1943—),行垂九百九十三,服役于6418部队,浙江省军区警卫员,1968年起任安徽蚌埠市公安局政治指导员、治安股股长、政保科科长、秘书科科长。

周纪泽(1945—),行垂一千四十五,曾任诸暨市财税局局长、市人大常委会副主任。

周镇东(1945—),行垂一千五十,毕业于上海财经大学,任上海对外经济合作公司副外长,1990年赴美任技术室资深技术员。

周青明(1945—),行垂一千五十二,任泰顺县第二医院院长,医师,后任泰顺县政协主席。

周馥英(1948—),行垂字第,中学高级教师。

周弥东(1946—),行垂千六十六,毕业于江西教育学院,任江西南昌肉联厂党支部书记、子弟学校校长。

周军久(1950—),行垂千百七十一,诸暨大气净化设备厂总经理。

周平灿(1955—),行垂千三百,毕业于浙江大学,解放军少校,副团级转业,任无锡市公安局处级干部。

周骏声(1956),行垂千三百三十一,福建厦门农友种苗公司总经理。

周闽江(1959—),行垂千三百八十六,中国人民解放军后勤学院战略后勤研究室主任,教授,大校军衔,博士生导师,享受全军优秀科技人才岗位津贴。

周克全(1960—),行垂千四百七,浙江省航务局军代处原主任。上校军衔。

周惠平(1960—),行垂千四百九,中学高级教师。

周荣富 (1967—),行垂千五百七十一,毕业于诸暨师范,先后担任绍兴市梅山中心学校、绍兴市蕺山中心学校、绍兴市塔山中心学校副校长及绍兴市亭山中心学校校长,绍兴市规划局办公室副主任,现任绍兴市规划局户外广告管理办公室副主任。

周亚西(1970—),行垂字第,诸暨人民医院高级统计师。

周国成(1930—),行钧二百四十九,曾任任新乐乡文书,斗岩乡团支部书记,新民大队副大队长、公社副社长,牌头公社管委会副主任,新民公社管委会副主任,红门公社党委委员、副社长,牌头区政府干部。

周忠全(1932—),行钧二百八十一,北京市朝阳区政府财务处处长(享受副厅级待遇)。

周丽霜(1934—),行钧字第,高级工程师。

周泉浩(1934—),行钧三百五,曾任台湾联合报电排中心主任,民生报编辑部顾问。

周庆贤(1935—),行钧三百十,高级工程师。

周南坡(1937—),行钧三百四十七,绍兴市美术家协会会员。诸暨朴真斋经理,擅长画幽兰,在当地颇有名气。

周忠武(1937—),行钧三百五十一,中国人民解放军第四军医大学毕业,先后在中国人民解放军总医院、内蒙古 291 医院、上海长征医院等工作。从军队转业后,在诸暨人民医院任主治医师,副主任医师,被上海专家医学研究中心聘为内科客座教授。

周天柱(1943—),行钧四百四十,政协安徽省政协原常委,民盟安徽省常务副主委兼秘书长。

周小奇(1943—),行钧四百四十一,香港中圣科技发展公司经理。

周泉渊(1952—),行钧六百三十五,原济南军区审计局预算审计处处长,上校军衔。绍兴市财政局副调研员。

周忠毅(1953—),行钧六百八十三,诸暨中学高级教师。诸暨市优秀教师。

周益平(1960—),行钧八百五十九,浙江绿州环保设备(集团)有限公司总经理。

周　明(1964—),行钧九百六十四,北京中日友好医院主任医师。

周绍国(1964—),行钧九百八十五,浙江浦建贸易公司总经理。

周可依(1965—),行钧千三十三,浙江省台州市三门县人武部原副部长兼军事科科长。中校军衔。

周可仁 (1966—),行钧千四十四,参加全国数学竞赛获三等奖。任税友软件集团股份有限公司常务副总裁。

周大成 (1966—),行钧千五十八,郑州工学院土木系工民建专业毕业。先后任诸暨市第一建筑公司施工员,诸暨市建筑工程质量监督站副站长,诸暨市建筑业管理局副总工程师,诸暨市办证中心副主任、党委委员,诸暨市建筑业管理局党委委员、总工程师。

周雪军(1971—),行钧千二百三十五,诸暨雅富制衣有限公司董事长。

周小峰(1972—),行钧千二百七十六,诸暨市东和乡乡长。

周松涛(1972—),行钧千二百七十七,浙江洛琪袜业有限公司董事长。

周钦均 (1976—),行钧千三百七十四,诸暨公安局治安大队教导员。

周维纲(1977—),行钧千四百一,上海汇得利投资管理有限公司总经理。

周泉明(1941—),行泉百七,诸暨市红桥乡乡长,新乐乡人大主席。

周　毅(1960—),行泉三百十二,总参气象水文件局副局长,大校军衔,气象专家。

周学军(1969—),行泉五百二十六,武警金华市消防支队战勤保障大队原教导员。中校军衔。王家井镇党委副书记。

周国美(1965—),行泉字第,耀江集团北京公司总经理。

周志荣(1967—),行泉四百六十一,嘉兴成教学院副院长。

周立英(1967—),行泉字第,中学高级教师,政协委员。

周叶波(1973—),行泉字第,高级会计师。

周国勇(1973—),行泉六百六,湖南中源房地产开发有限公司总经理。

周　豪(1974—),行泉六百二十九,诸暨市公安局看守所副所长(正局级)。

周波涛(1975—),行泉六百四十三,浙江永华电梯有限公司总经理。

周　斌(1980—),行泉七百五十四,绍兴市财政局经建处副处长。

周炜平(1969—),行梓百三十六,诸暨市环保局局长。

**文物:**

周氏宗祠

民国丙戌版《暨阳丰江周氏宗谱》

周氏宗祠,坐落于村东,清雍正甲辰年建,咸丰辛酉年毁于兵灾,仅剩门面,光绪十三年重修。原占地1300平方米,现存770平方米。连进三幢,门厅七开间,明间大门龙凤版上题“周氏宗祠”,两次间小门上方分别镶嵌“得其所”“歌于斯”青石门额,为清代贡生周景灏所书。中厅七开间, 通面宽 22.70 米, 通进深 10.85米。原柱额间悬挂匾额众多,其中一方出自宋理学家朱熹之手,大多毁于“文化大革命”。“木本水源”匾额及厅柱抱对在 1987 建造西施殿时被征集。现仅存“贡元”一匾和道光年间“光前裕后” 等石碑三方。后厅为寝室,是供奉祖先神主牌位的场所。

村内还有完好的小宗祠二个。

村内保存进士牌坊石狮一对,牌坊毁于“文化大革命”期间“破四旧”。

宗祠还存牛腿一对。

周氏宗祠内牛腿

花厅

丰江周村花厅建于明朝,连进三斛。原门堂、走廊的石板雕刻有龙凤的图案。龙和凤,被历代帝王当作是权力和尊严的象征。凡雕刻有龙凤,那一定与皇家有着密切的联系。因为龙乃百兽之尊,是封建社会中作为至高无上的皇帝的象征;凤乃百鸟之首,封建社会中常用来作为高贵的皇后的象征。凡雕刻龙、凤冠、凤车等与龙凤有关的东西,只有皇家和仙人才能使用。诸暨官方对本村花厅雕刻有龙凤的图案准备查处时,先祖们得知此消息,连夜把雕刻的图案用刨刨去,并用烟火把刮刨过的地方薰黑(看似旧的);重铺石板,把正面调为反面,后未被查处。清道光癸卯、民国和解放后对花厅作了多次维修。民国元年,村在此办"明新"小学直至解放前夕。解放后一直作为大队(生产队)公用用房。20世纪90年代后期被火烧毁,修建后作为原丰一自然村办公室和老年室场地。现为丰江周村老年活动中心。

丰江周村花厅大门

"自觉自治"四字,周绍侃先生写于1946年。

家谱

《暨阳丰江周氏宗谱》,自明成化乙巳(1485)至公元2007年重修,前后经历15次续修。清光绪癸卯(1903)版、民国13年(1924)版和民国35年版,三部完整版现分别收藏于国家图书馆、上海图书馆、南开大学、诸暨图书馆和丰江周村周伯芩等处。

圆谱祭祖大典

2008年(戊子)正月初六日,在丰江周村举行《丰江周氏宗谱》圆谱祭祖大典,丰江周氏外衍、本邑十二村及绍兴、富阳等地族人纷纷组团参加。是日上午八时,每团皆配有锣鼓队或腰鼓队,加矿亭等邻村前来祝贺的,几千人从原丰二村白道地出发,似运动员入场,每村都举有牌子,浩浩荡荡游村一圈。队伍前列鸣炮、放铳、奏乐、舞蹈,并有族人抬全猪全羊等祭品。最后,齐聚丰江周氏宗祠内。全族懿字辈年龄最高者、钟字辈年龄

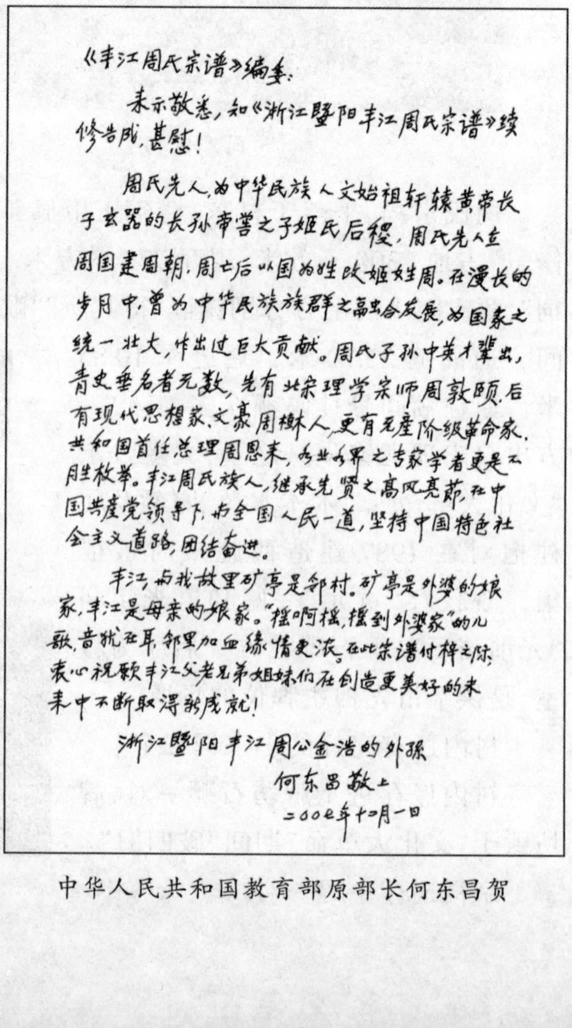
《丰江周氏宗谱》编委:

来示敬悉,知《浙江暨阳丰江周氏宗谱》续修告成,甚慰!

周氏先人,为中华民族人文始祖轩辕黄帝长子玄嚣的长孙帝喾之子姬氏后稷,周氏先人立周国建周朝,周亡后以国为姓改姬姓周。在漫长的岁月中,曾为中华民族族群之融合发展,为国家之统一壮大,作出过巨大贡献。周氏子孙中英才辈出,青史垂名者无数,先有北宋理学宗师周敦颐,后有现代思想家、文豪周树人,更有无产阶级革命家、共和国首任总理周恩来,各业各界之专家学者更是不胜枚举。丰江周氏族人,继承先贤之高风亮节,在中国共产党领导下,与全国人民一道,坚持中国特色社会主义道路,团结奋进。

丰江,与我故里矿亭是邻村。矿亭是外婆的娘家,丰江是母亲的娘家。"摇啊摇,摇到外婆家"的儿歌,音犹在耳,邻里加血缘情更浓。在此宗谱付梓之际,衷心祝愿丰江父老兄弟姐妹们在创造更美好的未来中不断取得新成就!

浙江暨阳丰江周公金浩的外孙

何东昌敬上

二〇〇七年十二月一日

中华人民共和国教育部原部长何东昌贺

最小者各一人,塘头宣太婆姻亲代表,政界族人代表周惠良(原诸暨市委书记)等均与祭。在理学开山祖周敦颐像、诸暨始祖周靖像、丰江始祖周魁像及太婆像前上香、献花、恭读祭文。祭毕,举行丰江始祖周魁纪念亭开亭仪式。此亭新建,内有碑文、楹联。接着返回出发地,召开圆谱庆典大会,各村代表上台接谱、接太公太婆像。中午,全体参会人员在祠堂内,共进圆谱宴,除嘉宾外,凡本族在八十岁以上者均与宴,达百桌。下午,丰江周传统龙灯巡游。晚上,上海越剧团搭台开戏,连演三日,各家迎宾,盛况空前。

**先祖图像**

《丰江周氏宗谱》中记载:濂溪公四代真传像赞,自宋元迄今四百余岁。轴中宋帝命敕三道,名贤笔赞十七辐。三蓬轮流恭祀,订期每岁正月初三日,齐集家庙,会族交蓬,世世珍藏,以示永远。

《国朝三修诸暨县志》中记载:丰江周氏,濂溪裔也,家祠藏濂溪像,南宋以来,儒林文人题者甚多。咸丰辛酉(1861),邑被兵燹,是像岿然独存,来自先贤呵护也。惜乡僻,无真鉴,来由别其真迹摹本耳。

丰江周后裔对始祖的画像,历代来都很崇敬,抗日战争期间,日寇侵入时,村民周祖裕把始祖的画像背在自己身上逃难,未受损失,但祖像在“文化大革命”期间丢失。

村民收藏的先祖(祖宗四代)图像(一)

村民收藏的先祖(八堂兄弟)图像

**文化:**

滩簧　清乾隆年间,由金华、兰溪两地传入本村,传统曲谱继承于今。

龙灯　在《诸暨民报五周纪念册》有详细记载。已有四百多年历史。

丰溪八景　“椒山积翠、谷岭含霞、金鹅春晓、覆斗仙踪、沿江渔火、浦水帆影、勾嵊夕照、陡岩残雪”。每一景的叙景诗句,在明季清初时即已闻名。

**丰江周越剧团**

1955年,由周煦荫等发起,正式成立丰江周越剧团。演员们白天参加劳动,晚上排练,在春节、庙会等重要节日演出。演出的传统剧目有《孟丽君》《碧玉簪》《何文秀》《打金枝》《梁山伯与祝英台》《情探》《秦香莲》《狸猫换太子》《双枪陆文龙》《盘夫索夫》《倪凤扇茶》等传统剧目和现代戏《奇袭奶头山》等。剧团也多次参加县、牌头区业余剧团的汇报演出,颇获好评,多次获奖,其中县文化馆授于“浣南独步”匾一块。20世纪60年代《一条鲤鱼》周正方编剧、周南堤作曲,参加区会演获奖;20世纪70年代初,由周南平导演,丰江周初中学生周佳凤主演的越剧《半篮花生》参加全县调演获奖。1966年“文化大革命”后,丰江越剧团受到严重的摧残,服装行头被公社收交,越剧被迫停演。“文化大革命”期间丰一大队、丰二大队成立毛泽思想宣传队。唱“语录歌”、跳“忠”字舞,演“样板戏”。1978恢复越剧团,演出《红灯记》《智取威虎山》等。后剧团解散。

**腰鼓队　秧歌队**

1957年,由俞金花、周茶云、周杏素等人发起,村成立腰鼓队、秧歌队,秧歌队出外宣传时,腰鼓队在前,秧歌队在后;秧歌队的人打扮成各式人等,有的扮农民,有的扮工人,有的扮志愿军、商人、教师、演戏的等等,甚至有扮地主、恶霸的。欢庆大跃进的到来,人民公社的成立。2006年12月,为活跃群众性文化生活,由周国辰、周南傲等人发起第二次重建腰鼓队,参与村各种活动。

**丰江周村周氏字第**:自周靖十世(敦颐十三世)始自成一派(详见“丰江派历世字第”),靖廿六世(敦颐廿九世)统一接万派合同字第。至2007年年底,最新行字第为“燮”。

**丰江周村周氏系图**:

靖→亥→谨→訚→文侃→德润→浦→魁→圣安、圣德、圣音

**丰江始祖周魁入赘塘头宣传说**

丰江周始祖周魁,自元淳熙七年至元至正二十八年间(1320—1368)从诸暨南门三踏步入赘塘头宣宣氏。关于周魁入赘塘头宣一事,当地一直流传着一个神奇的传说。

传说塘头宣村有一员外叫福一公,当时家里很有钱,唯一使两老担忧的是女儿是个哑巴,怕招不到丈夫。有一天,父母找算命先生来为女儿算命。算命先生说:“员外,你不必为女儿的婚事担忧,今后,你女儿见到一个贵人(男人)就会突然开口,这个人就是她将来的丈夫,你千万不能错过良机。”

夏天的某一日,周魁从南门三踏步挑私盐贩卖来到塘头宣村,晚上睡在塘头宣村离福一公家住房不远的水井边,这天正好是月半边,月亮很亮,哑巴女儿从窗口探出来头往外看,看到一个男人在井边睡觉,突然脱口喊了起来。福一公和夫人听见女儿的喊叫声,也探出头去看,见一位后生在井边睡觉。福一公马上亲自下楼去,见是位浓湄大眼、身材魁梧的年轻后生,心里非常高兴,表面上不露声色,婉转地问起年轻后生的身世等情况,又抑制不住内心的喜悦,直截了当把招上门女婿的想法告诉了他。年轻后生听了后心想,婚姻这是缘分,也是命中注定的,内心上表示同意,但不失分寸地说:“承蒙老丈厚爱,晚辈感恩不尽,但婚姻大事还得禀过父母,商得父

母允准,然后请人前来提亲才是。”福一公听了后,觉得也有道理,只好同意了。

不久,周魁来到塘头宣履行婚礼,当晚福一公夫妻叫佣人把新郎新娘送到原塘头宣村看管祖坟的庄屋(现丰江周村的香火,传说以前凡是在此庄屋住宿过的人,有的即刻就死了,有的住一晚,就吓跑了)住宿。晚上周魁在梦中,见有一神仙送给他三箱银子,并告诉开箱子的钥匙,放在房子的栋梁上。第二天一早,果然发现栋梁上有一把小锄头。周魁用小锄头在这边掘一下是银子,在那边掘一下也是银子,以后就用这些银子置田买地、建造宅第。伊始以农耕为生,稼穑开拓,敦亲睦族,很快在当地站稳了脚跟。

以后,世代子孙凭着勤劳和聪明,艰苦奋斗,积极进取,积累起了物质和精神财富。丰江周氏族人逐渐发展,数百年来人丁瓜瓞,福泽绵长。截至2013年年底,已繁衍到二十七代,二万余人。

## 迁徙村落

### 绍佳泉村周氏

绍佳泉村,位于安华镇西北面,现属新一行政村,主姓周。距诸暨市区20公里。东接湖塘沿,南临浦阳江,西靠安华水库,北连杭金公路。旧时,村北山脚有邵姓居住,因浦阳江穿村而过,村中多泉水,因而得名邵家泉。后邵姓绝迹,又因当时属绍兴府治,故改名绍佳泉。

绍佳泉响叉表演

2006年10月,诸暨市行政村规模调整,由绍佳泉、湖塘沿、江水沿三自然村并入,为新一村。

绍佳泉村周氏与丰江周村周氏同根同源,同属五年丰江派。序五公魁九世孙守纮,行深四十二公,明时由丰江周迁绍佳泉为祖。配邵氏,生五子:应奎、应轸、应寅、应聘、应哲。后桥七百八十公洋潮,迁居下丰江,娶李氏,生四子:煦辉、煦炎、煦根、煦田。

1958年,又有属四年派上落房周氏依浪(懿字第)、桥才(桥字第),因建设安华水库需要,从同山里江前迁入。依浪,娶周氏,生二子:金法、金海。桥才,娶边氏,生三子:煦挺、煦堂、煦来。

**知名人物:**

(一)

周宗锡(1751—1822),行培三百二十二,字东贤,钦授贡生,乡进士。

周宗师(1755—1833),排行培三百八十一,字忠贤,乡进士。

周宗烈(1759—1826),行培四百八十四,字信贤,例赠武略骑尉。

周宗勋(1761—1839),行培五百十八,字七贤,号竹林,迪功郎。

周启瑞(1765—1838),行承九十八,字日庠,迪功郎。

周大勇(1765—1838),行承百二,字砥柱,迪功郎。

周耀奎(1770—1842),行承百五十五,字星聚,迪功郎。

周啟郯(1785—1827),行承四百八十一,字宏基,一字棣萼,议叙登仁郎。

周啟京(1794—1796),行承六百四十六,字宏西,迪功郎。

周国来(1809—1886),行承九百三十八,字怀远,迪功郎。

周汝功(1812—1864),行懿三百七十四,字帝嘉,号谦庵,钦恤世袭云骑尉。

周秉三,行懿四百十九,字继德,迪功郎。

周高灿(1816—1890),行懿四百五十五,字焕章,迪功郎。

周春法(1817—1856),行懿四百七十五,字光华,迪功郎。

周秀海(1819—1862),行懿五百十三,字光明,迪功郎。

周日潮(1821—?),行懿五百四十七,迪功郎。

周日冤(1830—1901),行懿重七百二十六,字俞尚文,迪功郎。

周春和(1834—1863),行懿七百八十六,字光韶,迪功郎。

周春桂(1841—1899),行桥七十五,字一山,迪功郎。

周芳渭(1828—1899),行桥百四十六,字遇文,迪功郎。

周凤飞(1833—1862),行桥二百十,字表瑞,迪功郎。

周朝宾(1833—1869),行桥二百十八,字上觐,号星指,迪功郎。

周朝永(1836—1869),行桥二百七十五,字万年,迪功郎。

周朝元(1838—1870),行桥三百十六,字骏烈,迪功郎。

周朝学(1839—1900),行桥三百二十六,字焕章,号星槎,庠讳列文,钦授乡进士,候选训导,参与《国朝三修诸暨县志》的编修。

周朝锡(1839—1907),行桥三百三十九,字桥庵,迪功郎。

周朝佳(1840—1881),行桥三百四十八,字俊德,迪功郎。

周高林(1842—1889),行桥三百八十九,迪功郎。

周朝庭(1851—1926),行桥五百六十五,迪功郎。

周第球(1854—1914),行桥六百十四,从六品。

周友善(1854—1879),行煦百四十二,字文谟,给袭五品衔云骑尉。

周　旦(1900—1984)师级。

周利泽(1925—2004),行钓二百一,曾任诸暨中共城关镇镇委书记,诸暨县委常委,县八届人大常委会副主任。

周锡南(1921—2005),行垂五百四十七,诸暨市第二至五届政协委员。1958年12月25日“全国农业社会主义建设先进单位代表会议”在北京体育馆召开。出席会议代表5000多人,周锡南是代表之一,受到毛主席、刘少奇、周总理等党和国家领导人的接见。

（二）

周正友(1951—),行垂千二百一,曾任广州军区武汉总医院政委(正师级),大校军衔。

周怡平(1959—),行钧八百四十六,太平洋人寿保险公司党委书记。

周时建(1963—),行钧九百二十,师级,大校。

周友章(1948—),行泉百五十七,曾任坑西乡、王家井乡、红桥乡乡长。

周章生(1954—),梓三十八,中学高级教师。

周振华(1956—),行泉二百五十八,国家海洋局东海分局党委书记,中国海监东海总队政委。

周亦涛(1964—),行泉四百八十,镇委书记。富阳市文化广电新闻出版局党委书记。

周培民(1963—),行泉重三百五十五,诸暨农商行行长。

**文物:**

国务院奖状。1958 年该村被国务院授予"农业社会主义建设先进单位"称号。村里至今仍保存着一张 1958 年周总理亲自签发的"农业社会主义建设先进单位"的奖状。

**文化:**

"五兴堂"响叉。旧时农村赌博成风,因此纠纷事端不断。为引导子弟走正道,五兄弟商量决定,由"五兴堂"出资买来锣鼓,打来响叉,从西山下村请来古传响叉师傅传教,白天学响叉,晚上学锣鼓,自此惹事生非的场所就没有"五兴堂"的人了。该村的响叉是诸暨市迄今为止保存最完整的乡村艺术表演之一。不仅参加过省、市的一些重大演出活动,还被确定为浙江省非物质文化遗产保护项目。

**绍佳泉村周氏字第:**同丰江周村,至 2007 年年底,最新行字第为"均"。

**绍佳泉村周氏系图:**

魁→圣安→天与→应槐→湘→昇→珏→大臣→守纮

行悦百三十四公,从绍佳泉村又迁湖头前店为祖。配洪氏、继黄氏,生三子:祖耀、祖明、祖辰。

湖头村位于安华镇东北面,距诸暨市区 17.5 公里,前店为原其中一个自然村。东靠张墟,南接卸湖渚,西临浦阳江,北接牌头镇水霞张村。湖头村主姓俞,周氏只占小部分。

**湖头前店周氏字第:**同丰江周村。

**湖头前店周氏系图:**

魁→圣安→天与→应槐→湘→升→珏→大臣→守纮→应寅

后裔周奇标,行懿八十,又从湖头前店迁杭州仁和钱家桥。

**迁杭州仁和钱家桥系图如下:**

魁→圣安→天与→应槐→湘→升→珏→大臣→守纮→应寅→祖耀→钱德→朝贵→学圣→季承→锦堂→鲁道→奇标

1946 年丰江周氏续修宗谱时,杭州仁和钱家桥周氏同做一谱。

## 湖塘沿村周氏

湖塘沿村位于安华镇北面,现属新一行政村,主姓周。距诸暨市区 19.5 公里。东靠江水沿,南临浦阳江,西接绍佳泉,北界丰江周。该村东西边有大小湖塘两个,村址在湖塘边,故得名湖塘沿。据 2013 年年底统计,全村 149 户,409 人,其中周氏 368 人。

2006年10月，诸暨市行政村规模调整，现为新一村（湖塘沿、江水沿、绍佳泉）。

湖塘沿村周氏与丰江周村周氏同根同源，同属五年丰江派。序五魁八世孙大厦，行恒五十四公，明时迁湖塘顶自然村，为湖塘顶始祖。配陈氏，生二子：元龙、见龙。魁八世孙宗升，行恒六十八，配袁氏，生五子，携三子一莼、五子一濂，明时从丰江周村迁湖塘自然村，为湖塘沿始祖。

1958年，又有四年派周氏桥清、土根（桥字第），因建安华水库，从同山里江前迁入。土根，娶张氏，生二子：家校、家夫；桥清，娶傅氏，生二子：煦松、煦坚。

**知名人物：**

（一）

周步高（1920—1946），烈士，牺牲于诸暨云石乡（现应店街镇）。

（二）

周友超（1951—），煦千四百六十五，武警福建边防总队海警部队二支队支队长，中校军衔，诸暨市政协专门委员会办公室主任，副秘书长。

周建新（1967—），钧千六十九，诸暨市委老干部局副局长。

**湖塘沿村周氏字第：**同丰江周村，至2007年年底，最新行字第为“泉”。

**湖塘沿村周氏系图：**

1.湖塘顶

魁→圣安→天与→应槐→湘→暹→瓒→大夏

2.湖塘沿

魁→圣安→天与→应槐→湘→晟→珙→宗陞→一莆、一濂

## 江水沿村周氏

江水沿村（现属新一行政村）由俞家滩、曹家3个自然村组成，主姓周。位于安华镇北面，距诸暨市区19.5公里。东南临浦阳江，西临湖塘沿，北接丰江周。旧时，浦阳江、大陈江自南而下在该村旁汇合，江宽水深宜泊，系上至浦江、义乌，下至诸暨、杭州的船舶通航要道，是重要的货物集散之地。原住俞家滩的祖先遂向江边发展，因村濒水边，故名江水沿。

2006年10月，诸暨市行政村规模调整，现为新一村（江水沿、绍佳泉、湖塘沿）。

江水沿村周氏与丰江周村周氏同根同源，同属五年丰江派。序五魁十世孙肇滨，行悦百八十三公，字国宾，号启蟠。配杨氏，继何氏，生一子：学书。于明万历二年（1574），自丰江周迁徙至俞家滩定居，为江水沿村始祖。

1958年，又有四年派周氏依坤（懿字第）、三朝（桥字第），因建设安华水库需要，从同山里江前迁入。依坤，娶寿氏，生一子桥宁。三朝，娶王氏，生一子桥林。

**知名人物：**

（一）

周玖宝（1832—1896），行懿七百六十二，迪功郎。

周杏花（1817—1905），行桥五十二，迪功郎。

周寿昌(1900—1950),行垂二百十六,字逊敏,浙江省政府浙西行署简任四级视察。

周家迈(1925—),行钧二百五,字德慰,中央军校第三分校毕业。

周品才(1911—？),黄埔军校第8期炮科。

周朝章(1922—2007),行垂五百三十五,台北市诸暨同乡会第八届、第九理事长。抗战期间曾远征印度,1949年随军辗转去台,转业后任职台北市政府国税局,担任财税主管多年。担任同乡会理事长任内,热爱乡亲,多次组团返乡探亲,并邀请故乡名贤及领导去台交流。

周培光(1931—2006),行垂七百五十,曾任公安局诸暨市教导员。

(二)

周如德(1936—),行垂八百七十九,青海省德令哈市纪委常务副书记,副处级。

周永根(1949—),行垂千百五十一,曾任诸暨市人大常委会办公室主任,劳动局局长,工商业联合会会长,市政协常委,经济委员会主任,诸暨市党代表,诸暨市、绍兴市人大代表。现任诸暨市濂溪文化研究会会长。

周家伟(1949—),行钧六百五,旅居台北,周朝章大儿子,诸暨台北同乡会副会长,总干事长。

周培安(1958—),行钧八百十五,中国国画家协会成员,中国书画藏典家协会会员,中国书画艺术家协会会员,浙江省逸仙书画院院务委员,浙江省花鸟画家协会会员。杭州市印友会理事,杭州市书画研究院副秘书长,杭州市天艺书画院副院长,国美第三教室画会会长。作品收藏军事博物馆。

周建太(1959—),梓六十五,海军扫雷舰第9大队司令部枪炮业务长(副团职)。转业后任诸暨市旅游局副局长。

周如苗(1961—),行梓七十一,浙江省审计厅处长,高级审计师。

周剑成(1965—),行钧千十七,副研究员,浙江省美术家协会会员、浙江省书法家协会会员、浙江省漫画家协会会员、诸暨市美术家协会秘书长、浣江书画院院长。

周峰林(1971—),钧字第,浙江省档案局正处级调研员。

周文彬(1976—),行梓百九十二,次坞镇镇长,诸暨市陶朱街道主任,发改委副主任。

周凌啸(1992—),行泉千百五十六,浙江美术家协会会员、书法家协会会员,漫画家协会会员。

**江水沿村周氏字第**:同丰江周村,至2007年年底,最新行字第为“钟”。

**江水沿村周氏系图**:

魁→圣安→天与→应槐→湘→暹→珷→大义→从龙→肇滨

## 双峰村周氏

双峰村,位于安华镇西北面,距诸暨市区21公里。东邻大陈江,南接新州村,西靠杭金衢高速公路,北毗浦阳江。1961年,称双峰大队,村后有两座山峰且“丰”与“峰”谐音,故名。原由上丰江、下丰江、丰江弄三自然村组成。1978年,安华水库建溢洪道,丰江弄整体搬迁到上丰江。2013年年底,全村232户,676人,其中周氏350余人。

双峰周氏系自丰江周分支,属五年派,由明时迁居。

双丰村工业区

下丰江，序五公魁三世孙性三迁居下丰江，为下丰江始迁祖。配王氏生三子：恢八、恢十、恢十六。桥七百八十洋潮，从绍佳泉村迁居下丰江，娶李氏，生四子：煦辉、煦炎、煦根、煦田。桥字辈松山由丰江周赘入，生五子：煦火、煦桥、孔明、月明、武明。至2007年底最新字第为“梓”。

上丰江，序五公魁九世孙守约迁居上丰江，守约字希曾，号省齐，行深二十九，为上丰江始迁祖。配王氏，生四子：应科、应诏、应诰、应宿。守约迁居时携应肖（行悦百八）、应奎（行悦五十八）两侄，应肖两代后绝，应奎四代后绝。至2007年年底最新字第为“均”。

**知名人物**：

（一）

周赓德（1890—1952），行垂百十七，曾任牌头区区长。

周梦龙（1925—1956），行垂六百三十，曾任三合乡乡长。

周乃超（1933—2014），行钧二百八十九，曾任杭州制氧机厂组织人事科科长（副处级）。

（二）

周政权（1939—），行煦千三百二十九，曾任中共诸暨县委党校常务副校长、党委书记，县委宣传部副部长，中共诸暨师范总支书记。

周正明（1950—），行煦千四百六十七，营级。

周其灿（1938—），行垂九百十五，曾任汤江乡乡长、安华镇人大主席。

周正均（1951—），行垂千二百十一，正营级。

周正学（1953—），行垂千二百三十，正营级。

周　冲（1973—），行钧千二百九十七，高级经济师。

周建华（1953—），行泉二百十三，中学语文高级教师。

周东方（1953—），行梓三十五，中学语文高级教师。

周红升（1972—），梓百五十八，高级工程师。

**双丰村周氏系图：**

下丰江：魁→圣安→性三

上丰江：魁→圣安→天与→应槐→湘→昇→珏→大臣→守约

## 安华村巢家周氏

安华村位于安华镇政府北面，距诸暨市区20公里，巢家为其中一个自然村。安华村东靠宣阁墙头，南接河汉，西临大陈江，北接浦阳江。安华村共有多个姓氏共居，周氏人口居第二位。

安华巢家周氏溯自五年丰江派。序五公魁十世孙位，行悦四百，字三以，号端伯，迁安华为祖。配巢氏，生四子：德昌、德隆、茂德、德华、现已传至第十三世。民国期间又有周许金、周秀奎、周维宽、周忠寿自丰江周村迁入安华村。

**知名人物：**

周惠良(1957—)，桥千五百二十三，曾任诸暨市长、市委书记，浙江省环保厅副厅长。

周　江(1966—)，桥千五百九十四，新昌县检察院检察长，柯桥区检察院检察长。

**安华巢家周氏字第：**同丰江周村，至2007年年底，最新行字第为“垂”。

**安华巢家周氏系图：**

魁→圣安→天与→应槐→湘→昱→珊→继志→维申→位

## 山后村周氏

山后村属江藻镇山汀行政村，该村以渔橹山为界，上称山前，下称山后。位于诸暨县城东北面，距市区9公里，距镇政府驻地8公里，主姓周。东毗沙汀，东南连石壁山、五浦头，西南接孙家村，西与秧地村接壤，北与周家埠紧邻。据2013年底统计，山后村有464户，1333人，其中周氏500人左右。

迁入山后村的周氏有两支：

一支从南门迁入，博士公四世孙治，字世平，配叶氏，继张氏，迁居南门，后复迁渔橹山后为祖(但南门四派老谱上都记载衍后无传，绍兴东浦西周溇周氏始迁祖周文衍，字继宣，南宋时人，始居东浦。先世谱载，先世居诸暨之南门。其迁东浦时，所居之地本称越浦溇。其后子孙繁衍，环溇而居，因改称东周溇。至第四世有名永昌者，元季人，时东周溇之屋被焚，乃徙居西周溇)。但渔橹山后周氏用的字第却是五年派丰江周氏的字第，使人不解？

另一支从丰江周迁入，序五公魁十世孙位，行悦四百，字端伯迁安华巢家，裔孙又分迁渔橹山后。

在山后村现找不到丰江周氏迁入的后裔，据分析：渔橹山丰江周氏，不是一开始就与丰江周脱离干系的，而是在若干年或几代后，由于种种不为人知的原因，譬如说在长毛粤匪犯境时，他们参与支持过长毛，而遭到政府的查杀、宗族的削藉，或许是先脱离了安华，自然就脱离了丰江周。他们开始也曾与丰江周合谱，所以他们的内系图自然与丰江周的相同，丰江周的谱上留

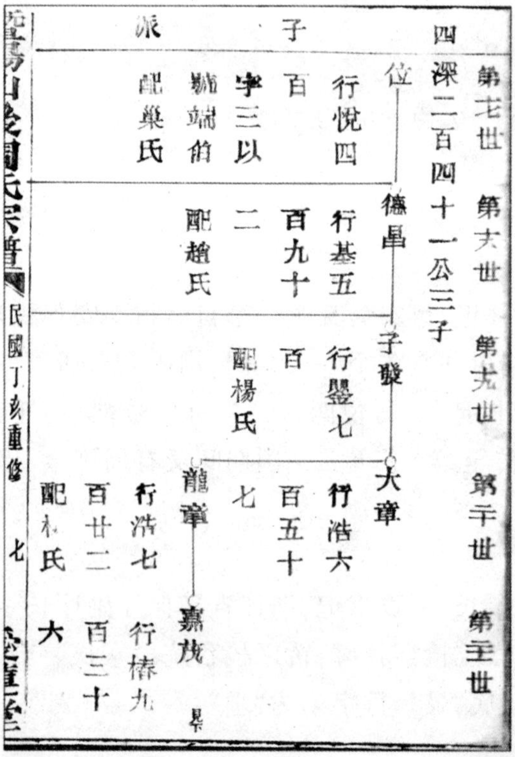


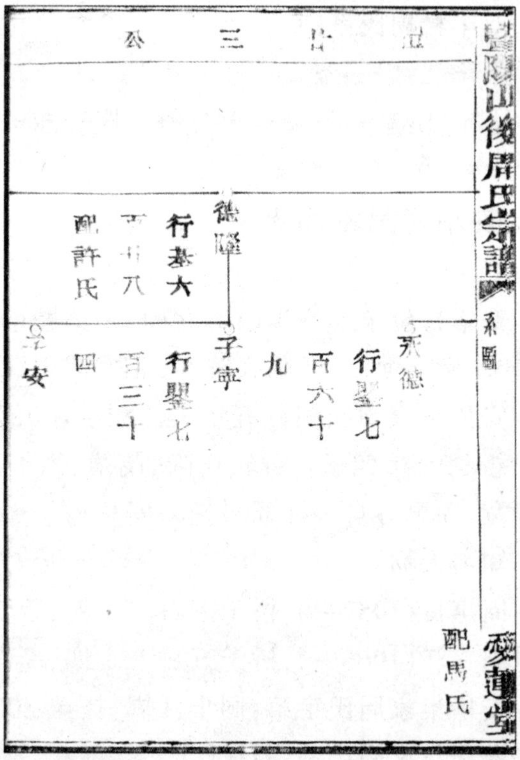


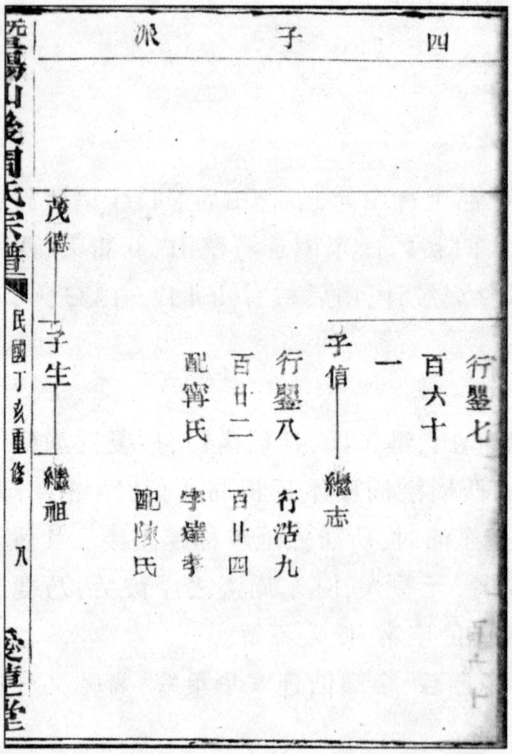


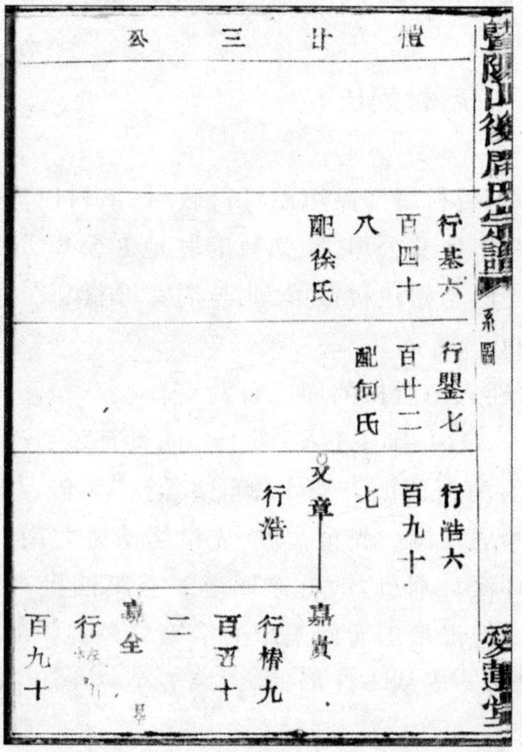


载有他们迁徙地，而无行传系图。渔橹山后谱上也有记载。

渔橹山后周氏共修谱 7 次，康熙戊辰第一次，乾隆戊辰第二次，乾隆乙未第三次，嘉庆丁巳第四次，道光丙戌第五次，民国丁亥第六次，公元 2009 年第七次。

知名人物：

(一)

周尧山(1927—1946)，烈士，牺牲于山东省小店子。

(二)

周均超(1966—)，诸暨鸿畅建设工程有限公司总经理，高级工程师。

文化：

赛圣姑民俗。据民国13年(1925)《诸暨民报五周纪念册·风俗志》载："岁十月，湖乡赛圣姑，上自沙塔、汪王、山后，下至江藻数十里内，旗帜相望，鼓钹相应。壮者习拳勇，少者叠罗汉，滚叉郎当，高阁连翩，结伍成队，遵路而来。"为里闾之良风美俗。

早期教育。山后村教育事业兴盛，早在民国辛亥(1910)正月，即有"时行小学"之设，为诸暨教育先行者之一。

渔槽山后村周氏字第：渔槽山后村周氏行字第同丰江周村，至2009年年底，最新行字第为"梓"。

渔槽山后村周氏系图分两支：

1.南门派迁入

靖→亥→谨→治(迁居南门复迁渔槽山后)→文衎→正公→员义→尊祖→启浩→洋发→涓五→澄三→悌七

2.丰江派迁入

魁→圣安→天与→应槐→湘→昱→珊→继志→维申→位

## 上牌头新屋下周氏

上牌头新屋下位于牌头镇上市头，又名牌上，为自然村。距诸暨市区14.5公里，东临杨曙霞，南靠金家山头，西接后泉坂，北连何沈。

牌头原名"排头"，源出田赋排年制度。"十四轮充值年当差者，谓之排年。""排头"即指此地为田赋排年之首，故名。"排头"改名"牌头"始于宋代。时行保甲法，记户序及户主姓名于户牌。户牌之始，故名"牌头"。

上牌头新屋下周氏溯自五年丰江派。序五公魁八世孙大光，行恒八十三，迁居上牌头为祖。配李氏，生二子：子文、子章。

知名人物：

周大勇(1828—1862)，行懿六百七十五，字义生，殉难，蒙抚藩二宪奏准钦恤世袭县主簿。

周大年(1836—1915)，行懿八百三十五，字郁如，号介眉，给世袭云骑尉，四品花领。

周大方(1844—1862)，行懿千四十七，字正之，迪功郎。

周玉光(1815—1861)，行桥三十六，字润甫，殉难，蒙抚藩二宪奏准钦恤世袭云骑尉。

周　政(1844—1922)，行桥四百二十八，字德生，迪功郎。

周肇堂(1857—1925)，行桥六百六十八，字玉树，号芾庵，钦给五品衔，赏载蓝翎。

周肇峰(1869—1921)，行桥七百七十一，给县主簿。

周继贤(1840—？)行煦四十，荫受迪功郎。

周本孝(1857—1920)，行垂七，字屺慕，号萱庭，给世袭云骑尉。

周本璋(1911—1952)，行垂三百六十一，字祝卿，号幼成。浙江体育专门学校毕业，庐山军官训练团第二期毕业，陆军第四十四师中尉副官。

周本福(1907—？)，行垂三百七，字鉴卿，学讳祉。第三战区校官训练班第二期毕业，七战区兵站总监部驻赣军粮接运处四运输站中校站长。

周本棠(1908—1954)，行垂三百十九，字侠人。上海同仁医院专门学校毕业，授学士学位，五十二师军医处长，一等军医。

周洪涛(1969—1989)，烈士，追认中共党员。

**文化：**

**村入选"浙江书法村**

牌头镇牌上村入选"浙江书法村"，挂牌仪式在牌头镇文化中心举行。

牌上村2001年成立了书画协会，2014年在镇政府备案登记。全村500多人口，却有五六十位老年书法爱好者。村里每年花在书法费用上的钱就有三、四万。村书画协会除定期开展书画活动外，还举办书画讲座，组织书画展览，书画活动频繁。不但吸引了诸暨市里书画爱好者前来观摩学习，还吸引了喜爱中国书法的国际友人前来观摩。绍兴文理学院读书的瑞典籍和法国籍学生，曾三次专程到牌上村观摩学习农民书法家的书画展览和书画活动。

2001年至2015年，牌上村书画协会共展出会员作品62期计7800余幅，举办暑期少儿书法班15期，培训500余人次；义务写送春联56次计3万余幅。15名学生获得了诸暨市少年儿童书法大赛的多项奖项，其中3人荣获一等奖。

**上牌头新屋下周氏字第**：同丰江周村，至2007年年底，最新行字第为"均"。

**上牌头新屋下周氏系图：**

魁→圣安→天与→应槐→琛→英→铜→大光

牌头等村电子图

## 溪北村周氏

溪北村位于牌头镇政府驻地西南3公里，距诸暨市区18.5公里，主姓周。东邻九年，南接塘头宣，西毗金杭公里，北靠头年。因村南有一条溪流，故得名溪北。2013年年底统计，全村有118户，388人。2006年10月，诸暨市行政村规模调整，由溪北、牌轩下、金家墙弄三个自然村合并为新乐一村行政村。

溪北村周氏与丰江周村周氏同根同源，同属五年丰江派。序五公魁九世孙梦龙，行深四十六，迁溪北为祖。配杨氏、张氏，生三子：应期、应时、应辰。

**知名人物：**

周明松(1832—1910)，行懿七百五十三，迪功郎。

周明清(1844—1932)，行懿千四十三，迪功郎。

周树夏(1923—2007)，煦千八十五，第四军医大学口腔医学院原一级教授、主任医师、博士生导师、校专家组成员，我国著名的口腔颌周树夏面外科专家。1998年被陕西省学位委员会陕西省教育委员会评为优秀博士指导教师称号，获中国人民解放军总后勤部授予优秀科技人才建设伯乐奖称号。2000年获总后勤部科学技术一代名师称号，2006年荣获中国口腔颌面外科医学领域最高奖项——华佗奖荣誉称号。2003年获全军科技进步一等奖，2004年获国家科技进步二等奖。

**溪北村周氏字第：**同丰江周村，至2007年年底，最新行字第为“梓”。

**溪北村周氏系图：**

魁→圣安→天与→应槐→湘→暹→珷→大中→梦龙

## 鹳鸣村周氏

鹳鸣村属牌头镇新乐村行政村，位于牌头镇政府驻地正西2公里，距诸暨市区16公里，主姓周。东邻凤凰村，南连杨傅，西接金杭公里。北毗植树王。据2013年年底统计，全村有137户，391人。旧时村中大树常有鹳鸾欢鸣，很受村民喜爱，故此得名鹳鸾窠下，后称鹳鸣村。2006年10月，诸暨市行政村规模调整，由鹳鸣、杨傅、徐何、凤凰四村合并为新乐行政村。

鹳鸣村周氏与丰江周村周氏同根同源，同属五年丰江派。序五公魁九世孙守常，行深二，字希立，迁居鹳鸾窠下为祖。配石氏，生五子：文杰、文英、文雄、文秀(出继幼叔住坑塘下)、文奎。

**知名人物：**

周仲泮(1930—1952)，烈士，牺牲于温州乐清县。

**鹳鸣村周氏字第：**同丰江周村，至2007年年底，最新行字第为“均”。

**鹳鸣村周氏系图：**

魁→圣安→天与→应槐→镐→正→恭→大儒→守常

## 坑塘下村周氏

坑塘下村属牌头镇双高行政村，位于牌头镇政府驻地正北4公里，距诸暨市区16公里，主姓周。东临金杭公路，南邻大庄村，西靠西大山，北连祭祀村。旧村边有一条坑，村上方有个后门塘。取"坑""塘"首字，故名坑塘下。据2013年年底统计，全村有66户，205人。2006年10月，诸暨市行政村规模调整，由坑塘下、大庄、祭祀三村合并为双高行政村。

坑塘下村周氏与丰江周村周氏同根同源，同属五年丰江派。序五公魁九世孙守度，行深三十六，迁居坑塘下为祖。配金氏，继兄深二公第四子文秀，悦十公为嗣。文秀公配张氏，生四子：元赞、元才、元德元礼。后守度十世孙荣厚，行懿九百五十九、十一世孙文兴，行桥八百十八迁溪口尖山之祖。

**知名人物：**

周绍松(1936—)，福州司令部管理局政委，大校军衔。

**坑塘下村周氏字第：**坑塘下村行字第同丰江周村，至2013年年底，最新行字第为"梓"。

**坑塘下村周氏系图：**

魁→圣安→天与→应槐→镐→正→恭→大儒→守度

## 溪口村周氏

古时从尖山和黄金塔有两条溪坑流入该地，村庄座落在两溪汇合之口，故称溪口。位于诸暨市城西南面，距城16.5公里。东靠东山，南邻溪口水库，西连塘面，北接尖山。

坑塘下始祖守度公第十世孙萝林，行懿八百八十四、荣厚，行懿九百十五、荣来，行懿千百十九，从坑塘下村迁居溪口村，为溪口村周氏始祖。

**溪口村周氏字第：**同丰江周村，至2013年年底，最新行字第为"梓"。

**溪口村周氏系图：**

魁→圣安→天与→应槐→镐→正→恭→大儒→守度→文秀→元礼→正→宝絅→顺芳→良才→有桂→汉金→萝林

→有明→汉国→荣厚

→汉章→荣来

## 椒山坞村(杉树湾、廿四坞)周氏

椒山坞属牌头镇新乐五村行政村，位于诸暨县城西南面，距城17公里。距镇政府驻地5.5公里，属椒山坞行政村，主姓周。2006年10月，诸暨市行政村规模调整，由椒山坞村、桃树坞村、溪口村三自然村并入，为新五村。

椒山坞村周氏与丰江周村周氏同根同源，同属五年丰江派。序五公魁九世孙守忠，行深百二十六，迁居廿四坞，为廿四坞祖。配许氏，生三子：思经、思绅、思绶。十一世孙秀元，行畧五百六，迁杉树湾，为杉树湾祖。配冯氏，生四子：孟孝、孟元、孟禄、孟洪。

**知名人物：**

周柏昌(1933—)，空军漳州场站副站长。

周江丰(1964—)，垂千五百二十二，加拿大诸暨同乡会副会长。1987年通过国家经贸部和加拿大国际援助署合作组织的翻译选拔考试，先后在杭州外国语学校、北京师大中加语言培训中心、加拿大温哥华大学高级翻译培训中心三地学习翻译各一年，后又考入加拿大麦基尔大学。1992年、1996年在该校获得硕士和博士学位，1998年完成博士后研究工作，在加拿大Nexia Biotech公司就职，从事转基因生物制药研究。2005年之后在美Intrexon Corporation公司，任首席研究员。独力完成世界第一个催产素基因克隆的研究工作；参与世界第一只转基因山羊工程；参与世界第一只克隆山羊工程；所从事的利用转基因动物高效生产溶血酸酶等生物药物的技术，这些项目均处于世界领先地位。参与加拿大国防部、美国国防部联合研究的利用转基因动物生产超强蜘蛛丝(可用于防弹衣、航天材料等高科技领域的制作材料)的工作，发表国际上有影响的论文22篇。引起世界科学界的瞩目。获得美国一个生物工程的专利。

**椒山坞村(杉树湾、廿四坞)字第：**同丰江周村，至2007年底，最新行字第为“泉”。

**椒山坞村(杉树湾、廿四坞)系图：**

1. 杉树湾：

魁→圣安→天与→应槐→湘→暹→瓒→大鳌→时龙→应斌→世经→秀元

2.廿四坞：

魁→圣安→天与→应槐→镐→正→敏→大范→守忠

## 董公村周氏

阮市镇杨梅桥村董公自然村，位于阮市镇北部，2006年与袁村自然村合并为杨梅桥村。村距镇政府所在地4公里，距诸暨市区约30公里。据2015年年底统计，全村现在农户520户，人口1423人，其中周姓人口约280人，村庄东倚长安山. 西邻白塔湖湿地，北接全国百强镇店口镇，村内有枫店公路、董横公路穿村而过, 地理位置良好. 交通便捷, 全村主要从事轻纺. 制冷. 五金水暖等行业, 属阮市镇工业重村。

据传，古时有一位孝顺的媳妇，每天给公公送饭到山岐，等候公公吃饭，故称等公岐，后来人们迁居岐内，又因字音相仿，演变为董公岐，解放后简称董公。

董公周氏系丰江周序五公周魁后裔，十世孙汝轮，悦百公迁董公，为董公周氏始迁祖，配蒋氏。生三子：承绪、承综、承缙。已相传16代。

**知名人物:**

周学忠(1831—1886)，行桥百九十六，字葵香, 号诚一, 贡元。

周月建(1836—1899)，行桥三百九十八，字行夏, 号寅生，贡元。

周锡芳(1888—1939)，行垂九十三，浙江广济医学院毕业, 后升入浙江军医养成所毕业, 曾任陆军二等军医。

董公村周氏字第：同丰江周村，至2013年年底，最新行字第为“燮”。

董公村周氏系图：

魁→圣安→天与→应槐→湘→暹→珷→大义→乘龙→汝轮

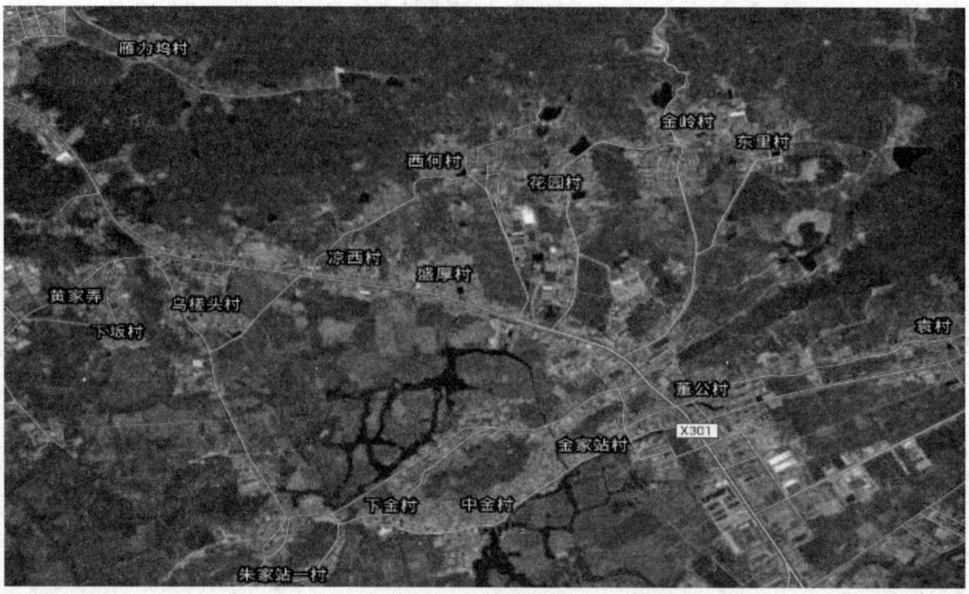


董公村电子图

## 西何村周氏

店口镇亭凉树下村西何自然村，位于诸暨北部。距城关33公里。东近花园村，南接盛后村，西连凉西村，北靠杨梅尖，山后即是中里、琴坞。据传，北宋年间，何氏祖来此定居，后发展成岭下、东坞、西何三个村。因村坐落于这三个村的西端，故得名西何。

汝轮公于万历十八年(1590)左右，从丰江周村迁居董公，为董公始迁祖。汝轮公的三儿子承缙公，行基百六十九，于明朝天启元年(1621)至明朝庚午年间(1630)，从董公迁居西何，为西何周氏始迁祖。

西何村周氏世系图：靖→亥→谨→訚→文侃→德润→浦→魁(居丰江周始祖)→圣安→天与→应槐→湘→暹→珷→大义→乘龙→汝轮(始住董公峧)→承缙(始住西何)

店口镇西何村周氏世系图

承缙——起龙
- 士鏞——宏绩——璇——圣——名高——德清——安仁
  - 绍贤
  - 绍达
  - 绍良
  - 绍全
- 士锜——宏图——廷挥——维臻——详华——长生
  - 春荣
    - 培灿
    - 孝灿
  - 恩荣
    - 培卿
    - 和根
- 士铉——宏信——廷瑄——复新——禹平——尚品——兰亭
  - 培章
  - 培良

西何迁居店口一脉：德清公及夫人虞氏，都在同治壬戌(1862)七月初一被“长毛”所杀，咸丰辛丑(1861)安澜公卒，同治壬戌(1862)包村惨案，安亭公被掳，安基公被杀。安仁公光绪二十三年(1887)卒后葬本都长塘顶，说明还在西何。绍贤公四兄弟应该在光绪十四年至光绪二十年之间迁居店口三村的。

西何迁居姚公埠一脉：培章公出继姚公埠大舅为嗣，未生育，从西何老家领回侄子永康为嗣，永康生水根。

西何迁居山下湖一脉：周培良于1952年，赘山下湖镇桥南，香檀树下(现山下湖枫江新村)，生三子二女。

**知名人物：**

(一)

周元品(1783—1858)，迪公郎。

周钱官(1837—1906)，迪公郎。

周钱中(1837—1906)，迪公郎。

(二)

周四威(1966—)，行垂千五百七十八，1986年7月毕业于浙江省诸暨师范学校。2002年6月浙江大学公共事业管理专业本科毕业。曾任七里完小、黄家埠完小、店口镇第二小学、店口镇第一小学、枫桥镇中心小学校长。中学高级教师，2006年9月荣获浙江省第十九届“春蚕奖”。

西何村电子图

## 吴村埠村(凤山村)周氏

吴村埠村属同山镇布谷行政村。旧时该村原住民为吴姓,村临江,江边原有一船埠,名吴村埠,村因埠得名。

吴村埠村周氏与丰江周村周氏同根同源,同属五年丰江派。序五公魁八世孙一河,行深百九十九,迁居吴村埠为祖。配吴氏,生四子:鸣凤、鸣元、鸣翔、鸣龙。

1957年建造安华水库时,全村搬迁,吴村埠除少数移民分散安置同山、安华等镇下属村落外,大部分迁入凤山村。现为暨阳街道凤山社区。

凤山村,因村后有凤凰山,取名凤山头,后入为凤山。位于诸暨城区东南面,距城3公里。东邻陈村,南接应山,西靠诸璜公路,北靠城交郊田畈。全村人口500多,其中周姓150多人,最年长懿字第有3人,已发族至泉字第。据年近九十岁的周永木、周志良老人回忆,1946年或1947年做过谱,当年从南门祠堂接谱回同山吴村埠时,经过布谷岭,因喜庆放冲弹伤多人。

**知名人物:**

周生木,部队副团转业,曾任诸暨市机关党委副书记,统战部副部长兼工商联党组书记。

周建明,曾任城关镇副镇长。

**吴村埠村(凤山村)周氏字第:**行字第同丰江周村,至2007年年底,最新行字第为"泉"。

**吴村埠村(凤山村)周氏系图:**

魁→圣安→天与→应槐→湘→晟→珇→宗隆→一河→鸣凤、鸣元、鸣翔、鸣龙

1958年因造安华水库,吴村埠鸣元公十一世孙煦昌,行煦千三十八,娶寿氏,生一子:维安。迁居安华镇蔡家畈村。

蔡家畈村,古时有蔡姓原居此畈中,故名蔡家畈。后有何姓迁来,仍名蔡家畈。位于诸暨市区西南面,距城20.5公里。东接太子尖岗,南靠红星水库,西接杨店,北邻下庄。

**蔡家畈村周氏系图:**

魁→圣安→天与→应槐→湘→晟→珇→宗隆→一河→鸣元→性懋→有进→元庆→文禄→益仁→有全→日庠→瑞洪→福棠→煦昌→维安

## 宅基村(里家坞)周氏

宅基村属同山镇布谷行政村,明时,吴姓迁此。原住金姓嗣绝,吴姓就在金姓屋基上建宅,故名宅基。位于诸暨市区西南面,距城20公里。东连牛头山,西南靠安华水库,北邻布谷岭。旧时称里家坞。

宅基村周氏与丰江周村周氏同根同源,同属五年丰江派。序五公魁八世孙大彰,行恒二十六,字元晦,迁居里家坞村为祖。配陈氏,生四子:守愚、守鲁、守钝、守默。

1958年因造安华水库,吴村埠鸣元公十一世孙煦田,行煦千五十六,娶何氏,生一子文普,迁居宅基。

**宅基村(里家坞)周氏字第：**行字第同丰江周村，至2013年年底，最新行字第为“泉”。

**宅基村(里家坞)周氏系图：**

1、魁→圣安→天与→应槐→澄→端→敞→大彰

2、魁→圣安→天与→应槐→湘→晟→珇→宗隆→一河→鸣元→性懋→有进→元龙→文献→禄仁→百全→永瑞→啟华→福林→煦田→文普

## 下汪村周氏

草塔镇下汪行政村，位于诸暨市区西南面，距市区15公里。东接上高岭，南连步台岭，西邻西路村，北毗陡坞村。

下汪村周氏与丰江周村周氏同根同源，同属五年丰江派。序五公魁七世孙宗陛，行恒六十八，携长子一兰，行深一百、次子一夔，行深百十二迁居；魁七世孙宗陵，行恒百十三，字以高，号南山，携季子维京，行深重二百三十九，号太元，亦迁居下汪村。坑塘下序五公魁九世孙守度，守度九世孙荣来，行懿千百十九，由坑塘下迁居下汪村。

**下汪村周氏字第：**步台岭村周氏行字第同丰江周村，至2013年年底，最新行字第为“钧”。

**下汪村周氏系图：**

(1)魁→圣安→天与→应槐→湘→晟→珙→宗陛→一兰、一夔

(2)魁→圣安→天与→应槐→湘→晟→珙→宗陵→维京

(3)魁→圣安→天与→应槐→镐→正→恭→大儒→守度→文秀→元礼→正→宝絅→顺芳→良才→有明→汉章→荣来

## 长潭村上新庄周氏

长潭上新庄属牌头镇靖江行政村，位于诸暨市区城西南面，距诸暨市区14公里。因村落座落在浦阳江畔，当时该处有一长形的水潭，故名长潭。同时，当地是通往杭州等地的水路通商埠头，又叫长潭埠头。古时村中有一条街，开设店铺，故名长潭街。东至毛宅坂，南邻上楼宅，西北靠边浦阳江。

长潭上新庄周氏从丰江周迁入，序五公魁十四世孙顺宗，行椿二百四十一，字松麟，迁居长潭上新庄为祖。

**长潭村上新庄周氏字第：**同丰江周氏字第。

**长潭村上新庄周氏系图：**

魁→圣安→天与→应槐→镐→正→信→大用→守国→思大→明仁→必远→明元→顺宗

## 附：成族迁徙外省、市、县

### ①上虞大江村周氏

大江村，今属共何村。属上虞市崧厦镇，位于上虞市区西面。

大江村周氏与丰江周村周氏同根同源，同属五年丰江派。序五公魁十世孙周文俊，行悦七，迁大江村为祖。周氏迁入时，先在江村北面的西洋湖村落脚，后生息繁衍，逐渐发展成为当地望族——法华桥周氏，称雄一方。

**知名人物：**

周萃安，清末民初著名兰花收藏培育家。

周伯英，香港苏浙沪同乡会常务副会长。

周炯槃，北京邮电学院教授、通信技术专家、中国工程院院士。

**文物：**

华桥周氏宗祠。

**大江村法华桥周氏字第：**自周文俊始，自定行。现因找不到家谱，无法取得其字第。

**大江村法华桥周氏系图：**

魁→圣安→天与→应槐→镐→正→宽→大良→守壁→文俊

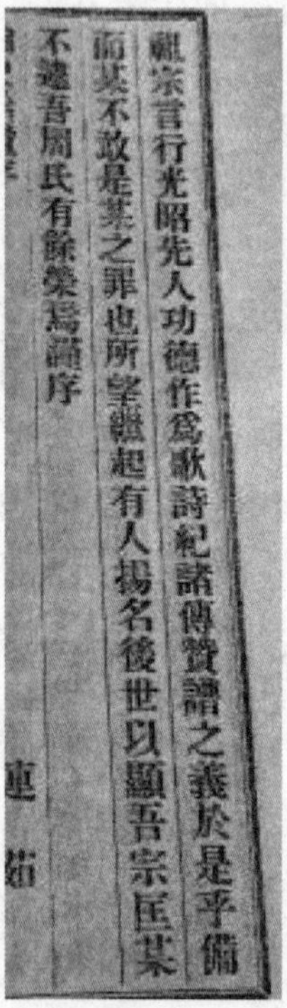

祖宗言行光昭先人功德作爲歌詩紀諸傳贊譜之義於是乎備
而某不敢是某之罪也所望繼起有人揚名後世以顯吾宗臣某
不遠吾周氏有餘榮焉謹序

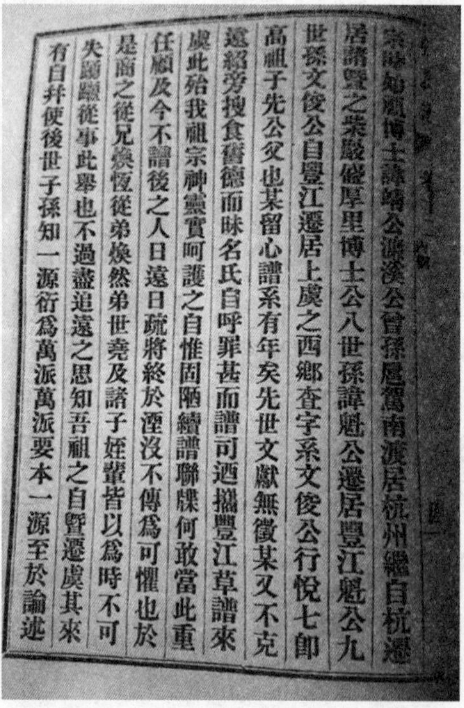

宋時知顧博士諱嶠公源溪公曾孫扈駕南渡居杭州繼自杭遷
居諸暨之紫巖磐厚里博士公八世孫諱魁公遷居豐江魁公九
世孫文俊公自豐江遷居上虞之西鄉查字系文俊公行悅七郎
高祖子先公父也某留心譜系有年矣先世文獻無徵某又不克
遠紹旁搜食舊德而昧名氏自呼罪甚而譜司適攜豐江草譜來
虞此殆我祖宗神靈實呵護之自惟固陋續譜聯牒何敢當此重
任顧及今不譜後之人日遠日疏將終於湮沒不傳爲可懼也於
是商之從兄煥恆從弟煥然弟世堯及諸子姪輩皆以爲時不可
失蹶躍從事此舉也不過盡追遠之思知吾祖之自暨遷虞其來
有自幷使後世子孫知一源衍爲萬派萬派要本一源至於論述

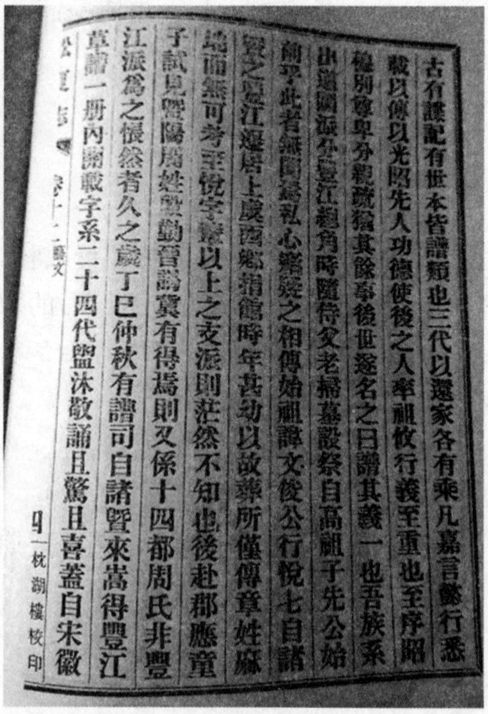

古有譜記有世本皆譜類也三代以還家各有乘凡嘉言懿行悉
載以傳以光昭先人功德使後之人率祖攸行義至重也至序昭
穆別尊卑分親疏猶其餘事後世遂名之曰譜其義一也吾族系
出道國源分豐江紹宥時隨侍父老掃墓設祭自高祖子先公始
輯乎此者無圖籍私心竊疑之相傳始祖諱文俊公行悅七自諸
暨之豐江遷居上虞西鄉捐館時年甚幼以故棄所僅傳章姓麻
鵠而無可考至悅字號以上之支派則茫然不知也後赴郡應童
子試見豐陽周姓欵勤晉謁竇有得焉則又係十四都周氏非豐
江派爲之悵然者久之歲丁巳仲秋有譜司自諸暨來崙得豐江
草譜一册內開載字系二十四代盥沐敬誦且驚且喜蓋自宋徽
一枕湖樓校印

法华桥周氏谱序

**大江村轶事**

一、三姓鼎立

大江村东面紧紧依偎着崧厦集市，与原“同和酱园”相邻（同和酱园后改为崧厦酒厂，现为上虞良种轧花厂）和西街原90号冯家老宅仅一弄之隔，南面与大江河唇齿相依，整个村庄临河而建，其他两面与大片农田亲密相伴。

大江村虽然规模不大，但姓氏很杂，当年除了腰缠万贯的赵家之外，还有周家、朱家也是大户人家，很早以前都在此落户。虞北一带，以前曾流传这么一段顺口溜：“小越横山陈家（陈春澜），上湖头连家（连仲愚），崧厦大江周家。”周家能与连、陈两家相提并论，足见当年大江周家的经济实力和社会地位。

西洋湖村内有一座五间开面前后两排房子坐南朝北的周家祠堂，它是一座回字形的建筑。他们的祖宗神灵一直朝北遥望着故土，告诫自己的子孙后代永远不忘根脉，牢记血地。这座宗祠在人民公社时期，是生产队的仓库，现已破败不堪。西洋湖村内曾有几幢深宅大院，以前都属周家所有，由于历史原因，有的已拆建改造，至今面目全非，现在只剩下最后一幢独立又比较完整的周家老宅，当地人称为“四房”，是香港苏浙沪同乡会常务副会长周伯英的祖宅。现在因修长海公路（诸绍高速公路连结线），有关方面准备顺手牵羊拆掉该房这幢历史悠久具有晚清风格的老宅恐怕也难逃厄运。

周家后辈立足西洋湖以后，经几代人奋力拼搏，才渐成气候。他们的子孙后代大多不事农业，以经商开店为业，有开米行、钱庄的，也有在杭州、湖州城里开绸庄、当铺的，其触角还向其他方面不断延伸。

树大分枝，人多析产，在风水独好宜居的大江河畔择地建房。周家先在近街的法华桥傍建了一幢五间开面前后三进的楼房，现称周家老屋（大江路原一号），与西街冯家为邻，这幢楼房至今保存完好。不久以后，陆陆续续一幢幢深宅大院相继落成。到解放时，小小的大江村内竟有十余幢气势恢弘的深宅大院，有三间开面，五间开面，也有七间开面的，每幢房屋都有好几进，前后进深达六七十米，粉墙黛瓦，幢幢房子黑白分明，十分典雅庄重。每幢房子之间都有一块很大的弄堂田，少则一二亩，多则三四亩，十分气派。

与兴旺发达周家联姻的是那开西油车的朱老板。朱家上代是嵊县人，当年朱家夫妻二人头戴斗笠，身披蓑衣，穿着发袜（用头发编织的袜子）、箬壳草鞋，披星戴月撑着毛竹排，风雨无阻，从曹娥江顺流而下，一支支毛竹翻塘过坝，吃尽苦头，艰难地将毛竹运往崧厦集市。在崧厦下桥头河岸搭个临时窝棚，铺些稻草作为栖身之地，耐心销售，艰苦创业。因他们诚实守信，价格公道，具有竞争优势，后來慢慢打开销路，生意渐有起色。有了一定的市场基础，他们又兼营木材，因建材产品适销对路，木材生意越做越大。朱家又参股周家开在湖州城内的当铺，这样多业经营，齐头并进，资金积累更快。于是在法华桥头周家老屋西边置地造房，建了一栋七间开面，前后三进的走马楼，今称朱家台门，正式落户大江村。这样小小的大江村赵、周、朱三姓鼎立，各有千秋 。

二、创业艰辛守业难

为使家业长盛不衰，后继有人，成立了以周士荣为首的校董会，出资开办了私立文景初级小学，先后聘请丰惠的胡士兰、慈溪的沈丽卿以及西洋湖的王知诚等先生來校执教，培养自己的子女，同时也兼收蔡林、涂头谢家、西洋湖以及崧厦西街一带周边的农家子弟，进行启蒙教育。创业艰辛，守业难，"富不过三代"，这个定律也同样发生在这些大户人家的身上，他们的后代两极分化，有的子承父业，继续事业有成，甚至青出于蓝而胜于蓝，象周炯槃院士、周伯英会长，当然还有很多，不管历史风云如何变幻，他们照样为国家、为民族作出重大贡献，为子孙后代树立了榜样，也不愧对祖宗。但有的却高忱无忧不思进取，好逸恶劳，贪图享受，成天吃喝玩乐，最后是坐吃山空，卖这卖那，只剩一幢空壳房子，甚至两手空空，成了名副其实的败家子。

三、院士回家

大江村这么多的深宅大院，要数村西边的七间楼最有名气，也最为气派，当地人无人不晓。那七间楼是北京邮电学院教授、通信专家、中国工程院周炯槃院士祖上的老宅。那些与周院士年龄相仿的当地老人，都叫他阿凡，阿凡是他的乳名。周教授少年丧父，很早随母亲离开大江村，后来在百官前江外婆家长大，求学成才。"少小离家老大回，乡音无改鬓毛衰。"这位全国科学大会奖得主，对故乡一往情深，一直是魂牵梦萦。为了却多年藏着的心愿，1993 年初夏，他到宁波开会时，曾专程故地重游。(王一醇 2010 年 12 月)

### ②富阳湖源江家村

富阳湖源江家村周氏与丰江周村周氏同根同源，同属五年丰江派。序五公魁八世孙盛，行深百八十八，迁江家村为祖(富阳五云岭观音塔)。

**江家村周氏字第**：同丰江周村，至 2007 年年底，最新行字第为"钧"。

**江家村周氏系图：**

魁→圣安→天与→应槐→湘→暹→瓒→大鲸→盛

### ③浦江八十四轮(湖地、上畈、庙前)周氏

八十四轮湖地、上畈村原属浦江县二十一都，地处浦阳江浦江县与诸暨市交界段。东邻同山厅头村，南靠宝应寺村，西与界牌宣村隔江相望，北毗澄川村。1958 年因建安华水库，村民分别外迁至浦江县白马镇宝应村、郑家坞镇溪东村，诸暨市安华镇上新宅村、次坞镇庙前村、草塔镇梅山村，杭州临安市板桥乡花戏村鲍家尖等村。原村址已不复存在。

八十四轮湖地上畈村周氏与丰江周村周氏同根同源，同属五年丰江派。序五公魁九世孙守谕，行深七十九，字希言，配朱氏，生四子：思永、思远、思大、思宝(出继深九十二公为嗣)，迁八十四轮为祖。十一世孙喜官，行基三百四十一，亦迁八十四轮驻湖地、上畈村。1957 年建安华水库移民时，懿能，行懿千六百四十七、懿扬，行懿千六百五十六；桥洪，行桥千二百四十七、桥土，行桥千二百六十、桥木，行桥千百三十二、金昌(又名桥通)，行桥千三百七十、桥法，行桥千四百五十四，同迁浦江县宝应村。桥锥(又名桥锐)，行桥千四百十八迁溪东村。懿火(又忠根)，行懿千六百九十三公迁草塔镇梅山村。桥金(又名煤炭)，行桥千三百四十九公迁安华镇上新宅村。桥斡(又名桥铨)，行桥千三百八十七迁鲍家尖。

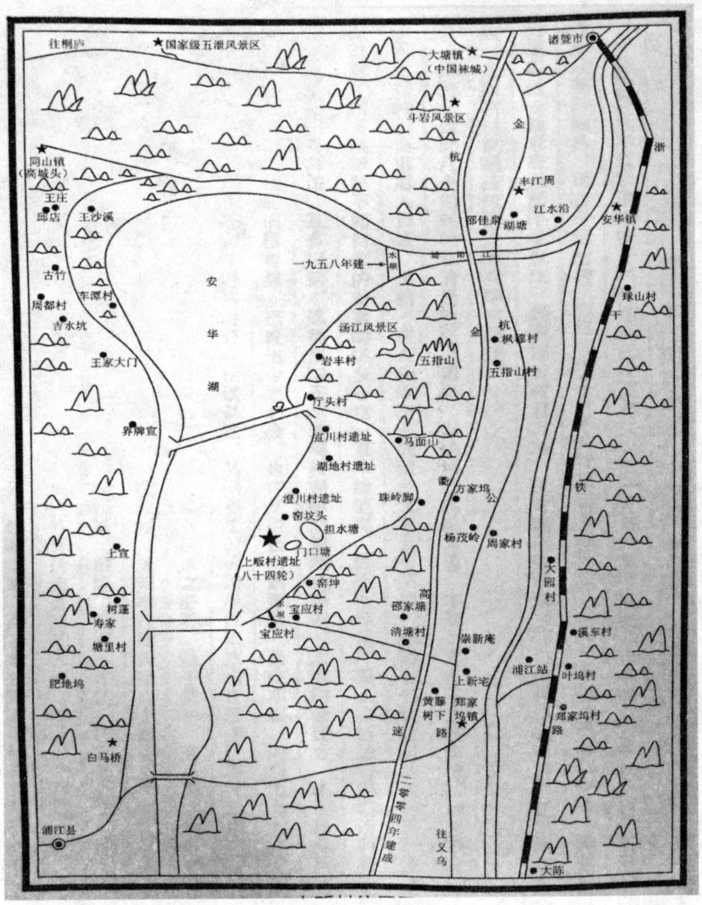


上畈村位置图示

**暨阳丰江周氏宗谱八十四轮（上畈）支谱序**

暨阳周氏丰江宗谱续修于民国丙戌三十五年（公元一九四六年）其时八十四轮（上畈村）派员桥锥公、煦潮公参与编纂。现存于宝应村。时过六十年尚未重修族谱其原因是，公元一九五八年（戊戌年）因诸暨县沿浦阳江一线常有洪涝干旱发生，经浙江省政府批准，决定建造安华水库，以确保诸暨市浦阳江沿线旱涝保收。上畈村村民响应政府之号召举家搬迁。

虽然，自此八十四轮村在浦邑地图上消失，但他们以大局为重，本着"先天下之忧而忧，后天下之乐而乐"之精神，值得后人自豪。当然，在人生地不熟的他乡生活多有不便，虽然在各地政府的关怀下，生活也有改善，但金窝银窝不如自家的草窝的怀乡心结一直未能消逝。近五十年来，原上畈村的村民们还时常不顾路途遥远，相互拜访，互有相帮，这种血浓于水的同根同脉之情难舍难割。上坂村搬迁后，其子孙的繁衍用何方式记述，使后代能追根寻源，已成当今之必要。也许是老祖宗的旨意，丙戌年春，时居上海的才全公到诸暨上新宅办事，巧遇迁居该村煦煜公，相谈甚欢。其间煦煜公诉述周氏家族均在续谱，而我上坂村因迁移之故，人员分散，难以续修，才全公听后很受触动，认为实有续谱之必要。说干就干，随后两人分头请来桥锥公、桥友公、煦军公、才江公等议事并达成共识，决定续修《暨阳丰江周氏宗谱上畈支谱》，并成立筹备委员会。初时由时任宝应村村长的桥友公任主任，委员有桥锥、煦煜、煦军、才江、桥友等组成，并各自分头工作，得到分居各地的原上畈村民的热烈支持，为办好这件有历史意义的大事，才全公表示愿承担续谱之全部资金。但村民们认为此乃全村之事，每人出资二十元，以表心意，而才全公则表示编排印刷费用由他承担。此后，才全公十几次去宝应村等协调续谱工作，并正式成立《暨阳丰江周氏宗谱上畈支谱》编修委员会。从丙戌春到冬该委员会做了大量的调查、收集信息之工作。桥友公、煦煜公、才全公、才江公几上庙前、临安等地，而煦煜公放弃务工与其子森鑫日以夜继地起草续谱资料，桥锥公提供了不少后辈不知的史料，在续谱工作中，出现了不少动人事迹，如有些无子而有女者，也出资出力参与家谱的编修工作等等，正因为获得众人支持，进展颇为顺利，但因人员分散，材料收集、整理、编辑、校对工作量甚大，直至印刊仍有多次反复，故印刊时间不得不延长至丁亥年秋完成。特修此文，以作后传并致庆贺。

暨阳丰江周氏宗谱八十四轮（上畈）支谱编委会

主任：桥友

纂修：才全

顾问：桥锥

委员：桥锥、桥友、煦煜、煦标、才江

书记：森鑫

丙戌年冬（公元二00六年冬）吉旦

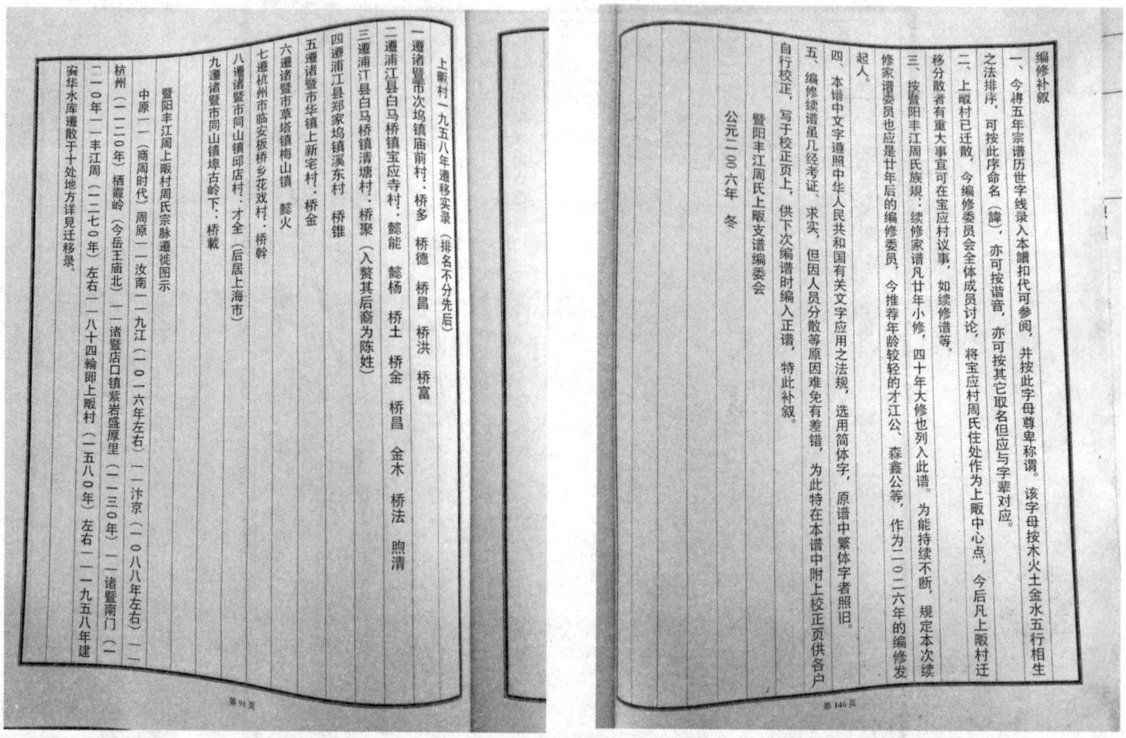

上畈村一九五八年遷移实录（排名不分先后）
一遷诸暨市次坞镇庙前村：桥多　桥德　桥昌　桥洪　桥富
二遷浦江县白马桥镇宝应寺村：懿能　懿杨　桥土　桥金　桥昌　金木　桥法　煦清
三遷浦江县白马桥镇清塘村：桥聚（入赘其后裔为陈姓）
四遷浦江县郑家坞镇溪东村　桥锥
五遷诸暨市华镇上新宅村：桥金
六遷诸暨市草塔镇梅山镇　懿火
七遷杭州市临安板桥乡花戏村：桥幹
八遷诸暨市同山镇邱店村：才全（后居上海市）
九遷诸暨市同山镇埠古岭下：桥載

暨阳丰江周上畈村周氏宗脉遷徙图示
中原——（商周时代）周原——汝南——九江（一〇一六年左右）——汴京（一〇八八年左右）——杭州（一一二〇年）栖霞岭（今岳王庙北）——诸暨店口镇紫岩盛厚里（一一三〇年）——诸暨南门（一二一〇年）——丰江周（一二七〇年）左右——八十四輪即上畈村（一五八〇年）左右——一九五八年建寘华水库遷散于十处地方详見迁移录。

第91页

编修补叙
一、今溥五年宗谱历世字线录入本譜扣代可参阅，并按此字母尊卑称谓。该字母按木火土金水五行相生之法排序，可按此序命名（諱），亦可按谐音，亦可按其它取名但应与字辈对应。
二、上畈村已迁散，今编修委员会全体成员讨论，将宝应村周氏住处作为上畈中心点，今后凡上畈村迁移分散者有重大事宜可在宝应村议事，如续修谱等。
三、按暨阳丰江周氏族规：续修家谱凡廿年小修，四十年大修也列入此谱。为能持续不断，规定本次续修家谱委员也应是廿年后的编修委员，今推荐年龄较轻的才江公、森鑫公等，作为二〇二六年的编修发起人。
四、本谱中文字遵照中华人民共和国有关文字应用之法规，选用简体字，原谱中繁体字者照旧。
五、编修续谱虽几经考证、求实，但因人员分散等原因难免有差错，为此特在本谱中附上校正页供各户自行校正，写于校正页上，供下次编谱时编入正谱，特此补叙。

暨阳丰江周氏上畈支谱编委会
公元二〇〇六年　冬

第146页

八十四轮（上畈）支谱序等

桥富，行桥千三百三十七、桥昌，行桥千三百四十、桥多，行桥千三百九十九、桥德，行桥千四百七十八，同迁次坞镇庙前村。

次坞镇吴高坞村庙前自然村位于诸暨北部，距诸暨市中心约28公里。庙前村东近店口镇南塘村，西接次坞镇荪溪坞村，南靠坑坞山，北连次坞镇里亭村。目前有周姓人家13户，约40人。

**知名人物：**

周景辉（1800—1853），熂千四百三十，迪功郎。

**八十四轮湖地（上畈村）周氏字第：**同丰江周村，至2007年年底，最新行字第为“泉”。

**八十四轮湖地（上畈村）周氏系图：**

魁→圣安→天与→应槐→镐→正→恭→大节→守谕→思大→喜官

丰江周周氏枝繁叶茂，后裔迁徙外县、外省乃至流寓海外者不胜枚举。

## ④散居各地

周守思，行深八十一，号西桥，配黄氏，生四子：思古、思佐、思纶、思缙，迁横山脚为祖。

周守得，行深四十五，迁居同山沇宅为祖。

周守素，行深九十二，配宣氏，生一子：思龙，徙居西浦江许家山。

周思大，行悦百二十五，号玉宇，任吴淞守备定居发族。

周必远，行鑋百五十，字君瑞，迁居紫越岭为祖。娶马氏，生五子：经元、奎元、明元、武元、鼎元。

周　义,悌五十三,徙居东阳。

周守富,深四十四,徙居东阳。

周维则,深二百七十六,徙居嵊县

周宏倡,罂七百八十三,居嵊县。

周本厚,罂七百三十二,居北京。

周本涌,罂四百四十,居北京

周以亨,浩六百八十九,居山阴州山陈家湾。

周以忠,浩五百九十三,居处州铁山。

周福生,居杭州。

周大成,居竹窠。

周天章,浩二百六十九,居台州。

周善庆,浩三百三十二,居杭州正阳门外。

周双凤,浩四百九十九,出外行医无归。

周鲁贤,行椿八百三十五,字东翘,迁居长澜。配钱氏,生一子:清萼。

周建候,椿七百五十九,居杭州继子门外杨墅庙左首。

周奕昌,椿七百八十七,居余姚。

周缙绶,椿三百六十八,居锁前。

周土法,椿九百六十四,居州山陈家湾。

周瑞隆,爆重千百一十六,居州山陈家湾。

周廷岳,爆重九百八十,居萧邑龛山桑灰。

周抡宝、周抡佺,居龛山。

周渭洪,培四十六,居平湖蜡铺。

周金蛇,桥千四百六十四,居衢州市。

周康全,桥千四百六十七,居苏州市。

周康明,桥千四百四十六,居苏州市。

周国洞,桥千三百九十一,居新疆。

周国恒,桥千四百六十,居湖南。

周国安,桥千四百九十三,居湖南。

周国治,桥千五百二十一,居上海市。

周鹏飞,桥千四百七十一,居绍兴市。

周宝水,桥千四百四十七,居兰州市。

周桥达,桥千五百三十一,居杭州市。

周绍斌,煦七百三十七,居杭州市。

周绍银,煦七百九十九,居杭州市。

周启明,煦七百六,居西安市。

周希豪,煦八百七十八,居杭州市。

周绍坎,煦九百十,居上海市。

周韶猷,煦九百二十六,居杭州市。

周绍宝,煦千百三十,居上海市。

周乃迪,煦千二百一,居西安市。

周煦培,煦千二百三十三,居福建。

周肇定,煦千二百六十,居上海市。

周煦文,煦千二百十八,居南京市。

周煦良,煦千二百八十六,居新疆。

周耀东,煦千百七十,居浙江桐乡。

周耀刚,煦千二百三十九,居舟山岱山。

周善友,煦千三百六十九,居江西。

周保富,煦千九十三,居安徽宁国。

周炳善,煦千百九,居杭州市临浦。

周炳夫,煦千二百八十,居四川。

周绍照,煦千二百四十一,居杭州市。

周绍毅,煦千二百九十八,居广州市。

周圣安,煦千三百四十五,居福建崇安县。

周　粹,煦千四百六十三,居杭州市。

周来苗,煦千五百五十一,居丽水市。

周小苗,煦千五百七十三,居丽水市。

周山苗,煦千六百十四,居丽水市。

周燕法,煦千百六十一,居甘肃白银市。

周仕火,垂九百二十三,居上海市。

周中海,垂千三百七十二,居杭州市。

周平灿,垂千三百七十八,居无锡市。

周弥东,垂千六十六,居江西南昌市。

周新春,垂九百四十五,居新疆。

周荣夫,垂千五百七十一,居绍兴市。

周季安,垂六百四十三,居上海市。

周季贤,垂九百九十九,居绍兴市。

周季侃,垂八百六,居上海市。

周季潮,垂八百九十九,居上海市。

周季冉,垂三百八十二,居北京市。

周季明,垂八百九,居萧山楼塔。

周银才,垂六百六十一,居福建。

周士才,垂七百八十一,居海宁。

周纪元,垂九百九十三,居安徽蚌埠市。
周元义,垂千百一十五,居绍兴市。
周　良,垂千八百二十六,居杭州市。
周克俭,垂千四百七,居杭州市。
周永安,垂九百七十三,居西安市。
周兴安,垂千三百八十三,居上海市。
周宏仁,垂千六十七,居上海市。
周宏义,垂千百三十,居上海市。
周宏道,垂千百九十,居上海市。
周宏德,垂千二百五十六,居上海市。
周纪南,垂九百九十二,居上海市。
周纪章,垂千二百二十,居上海市。
周伟元,垂千二百一,居上海市。
周榆生,垂八百九十一,居安徽合肥市。
周可依,钧千三十三,台州三门。
周可卿,钧二百八十八,居无锡市。
周忠全,钧二百八十一,居北京市。
周乃翰,钧三百十一,居上海市。
周泉渊,钧六百三十五,居绍兴市。
周天煜,钧九百四十一,居新安江电站。
周天柱,钧四百四十,居安徽合肥市。
周锺华,钧三百六十五,居西安市。
周剑南,钧二百九十,迁居不祥。
周南惠,钧三百五十二,居西安市。
周绶安,居杭州市。
周锦碚,钧四百九十一,居上海市。
周　奇,钧二百五十七。
周志南,钧千十四(周自成子)。
周志坚,钧五百十八,居江西鹰潭市。
周仁杰,钧二千百七十八,居湖北沙市。
周小杰,钧二千百七十九,居湖北沙市。
周　明,钧九百六十四,居北京市。
周　亮,钧千十一,居北京市。
周信夫,钧二千百九十八,居丽水缙云。
周小刚,泉二百九十一,居重庆市。
周　毅,泉三百一十二,居北京市。

周小渝,泉三百六十一,居重庆市。

周志光,泉三百六十三,居上海市。

周志荣,泉四百六十一,居嘉兴市。

周志超,泉七百二十四,居杭州市。

周元宋,泉七百七十八,居杭州市。

周　桦,梓二百四,居上海市。

**散居港、台及海外后裔**

周云飞,桥千四百十九,居台湾。

周煦模,煦千二十二,居台湾。

周乃潮,煦千二百六十八,居美国。

周威山,煦千百四十四,居日本。

周小华、周小敏、周小美、周小平,居日本(周威三子女)。

周国祥,垂千三百二,居美国。

周国健,垂千四百三十七,居美国。

周锡珥,垂二百五十二,居美国。

周骏生,垂千三百三十,居台湾。

周骏达,垂千五百一,居台湾。

周　信,垂千五十,居美国。

周泉浩,钧三百五,居台湾。

周小奇,钧四百四十一,居香港。

周南路,钧二千百八十,居台湾。

## 5. 十年派周氏

南宋初,靖之曾孙闾,偕弟恪始迁南门。恪生文郁,文郁生茂林,茂林四世孙务,行员十四,居塘头,编十年坊役。

**十年派周氏世系图**

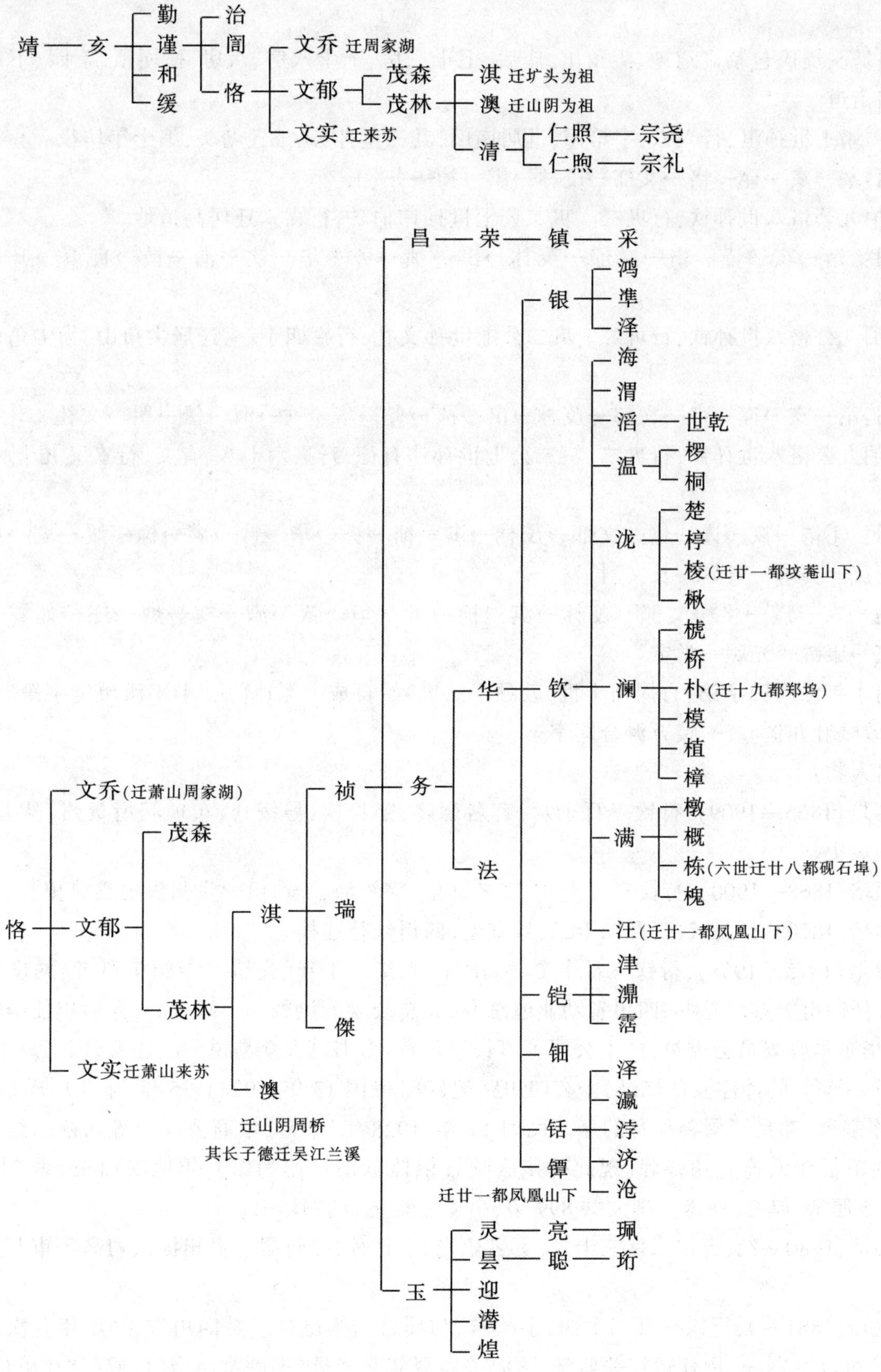
靖
亥
勤
谨
和
绥
治
闾
恪
文乔 迁周家湖
文郁
文实 迁来苏
茂森
茂林
淇 迁圹头为祖
澳 迁山阴为祖
清
仁照
仁煦
宗尧
宗礼
恪
文乔(迁萧山周家湖)
文郁
文实迁萧山来苏
茂森
茂林
淇
澳
迁山阴周桥
其长子德迁吴江兰溪
瑞
傑
祯
务
华
法
昌
荣
镇
采
银
鸿
凖
泽
海
渭
滔
世乾
温
椤
桐
泷
楚
桲
棱(迁廿一都坟菴山下)
楸
钦
澜
梳
桥
朴(迁十九都郑坞)
模
植
樟
满
橄
概
栋(六世迁廿八都砚石埠)
槐
汪(迁廿一都凤凰山下)
铠
津
濎
霈
钿
铦
镡
泽
瀛
渟
济
沧
迁廿一都凤凰山下
玉
灵
昙
迎
潜
煌
亮
聪
珮
珩

## 荷花塘顶(塘头)周氏

南门塘头周氏包括高道地、尖角山、庙后、上十二房、上十八房、八房、横埂顶、下园、下庄等今属暨阳街道。

(1)周靖七世孙淇,行兴六,字希谨,世居南门,其三世孙务、玉迁塘头,编十年坊役。

**系图:**靖→亥→谨→恪→文郁→茂林→淇→祯→务、玉

(2)伯九公恪八世孙钦,行巩二。巩二公七世孙讳伯敬,行嘉六迁居高道地。

**系图:** 靖→亥→谨→恪→文郁→茂林→淇→祯→务→华→钦→涓→楷→良策→升→如珩→伯敬

(3)伯九公恪八世孙钦,行巩二。巩二公七世孙文礼,行嘉四十一,迁居尖角山,为尖角山始祖。

**系图:**靖→亥→谨→恪→文郁→茂林→淇→祯→务→华→钦→渭→樟→圣→文礼

(4)伯九公恪八世孙钦,行巩二。巩二公七世孙讳有德,行嘉六十八、有文,行嘉又九十一 迁居庙后。

**系图:** ①靖→亥→谨→恪→文郁→茂林→淇→祯→务→华→钦→满→栋→焌→壖→如→有德→正茂→美琳→日昇→长文、长发

②靖→亥→谨→恪→文郁→茂林→淇→祯→务→华→钦→满→槐→烛→庄→如霖→有文→士鳌→康龄→光顺→学宝

**南门十年派周氏字第:**自周靖十世(敦颐十三世)始自成一派(详见“十年派历世字第”),靖廿六世(敦颐廿九世)统一接万派合同字第。

**知名人物:**

周德培(1865—1909),行钦三百十六,官名德馨,字长钦,号筱仓,布理问衔贵州,从九品,历署广顺典史。

周福培(1868—1900),行钦三百十九,官名继彬,字绍沛,号彦臣。贵州贵定县典史。

周继培(1870—?),行钦三百二十二,号雅生,四川候补巡检。

周善培(1875—1958),行钦三百十二,号孝怀,光绪二十年、光绪二十四年科考,两度屈中副榜。曾任四川警察局总办,四川省劝业道总办,大总统黎元洪顾问。解放后,先后担任全国政协委员,华东军政委员会委员,民生公司董事长。著有《力书》《大众易说》等,还有《四书》《孝经》《老子》《孙子》等 的译注及回忆录《辛亥四川路记》等。民国 13 年(1924)、35 年,丰江周氏第 14、15 次续修宗谱,都是请周善培写的序。民国 17 年(1928 年)十月,华商公议会等八社团组织为慈善家刘肇亿在大连立功德碑(现此碑藏旅顺日俄监狱旧址博物馆),质地汉白玉,纵 215 厘米、横 81.5 厘米、厚 21 厘米。碑文共 899 字,由周善培记、周嗣培书。

周心培(1880—?),行钦三百三十二,更名德光,字竹孙,号竹居。贵州提法司高等审判厅书记官。

周嗣培(1881—),行钦三百三十四,字竺君,与周善培为昆仲。是四川省 1901 年首次派遣 22 名官费留日生之一。历任镇江关监督、瓯海关监督兼交涉员。书画蜚声当时,成都“杜甫草堂”

内“草堂”两字是他的墨迹。民国18年(1929),陈锦文等集资再建西施殿,正厅三间,祠宇高敞,门额书颜体“西子祠”三字,由周嗣培书。

**迁徙外地:**

周德培,行钦三百十六,宦游在黔。

周福培,行钦三百十九,宦游在黔。

周继培,行钦三百二十二,宦游在蜀。

周涉培,行钦三百二十六,寓黔。

周善培,行钦三百十二,寓上海。

周心培,行钦三百三十二,寓黔。

周嗣培,行钦三百三十四,寓上海。

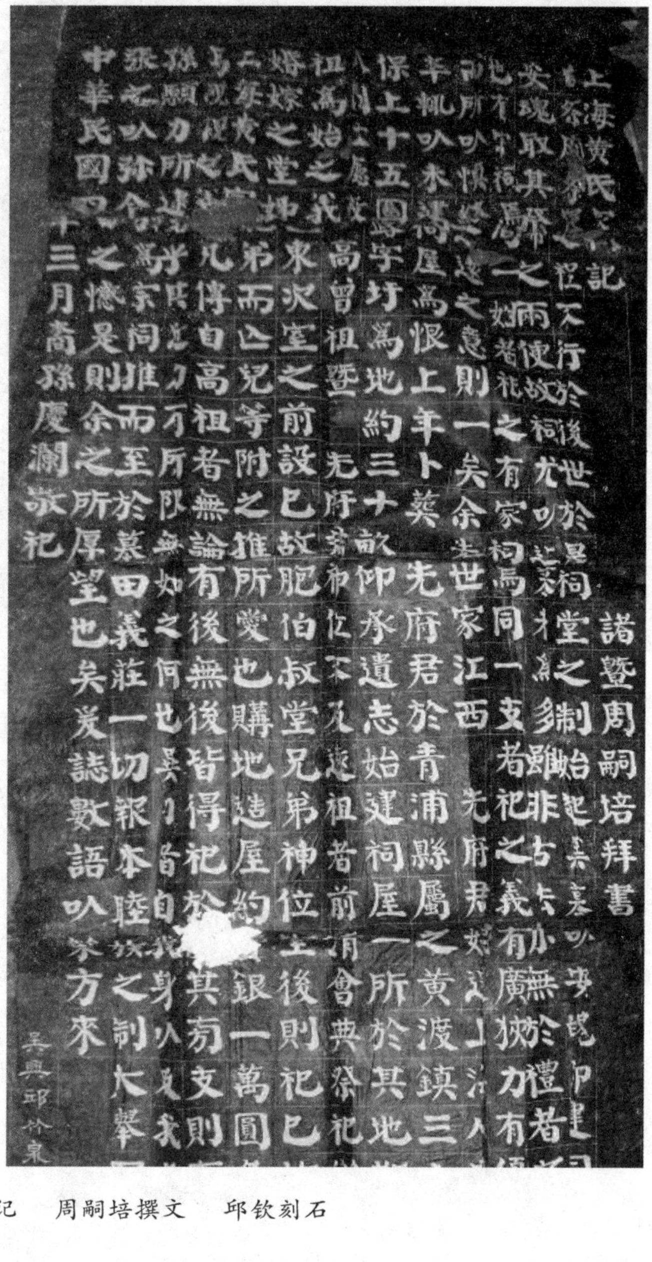

上海黄氏家祠记　周嗣培撰文　邱钦刻石

周良培,行钦三百三十六,寓黔。

周慎培,行钦三百三十九,寓黔。

周祖培,行钦三百四十五,寓黔。

周树培,行钦三百四十六,寓黔。

周植成,行承二百五十九,寓蜀。

周植宗,行承二百六十二,寓蜀。

周植源,行承二百六十七,寓蜀。

周植禄,行承二百七十二,寓蜀。

周植闉,行承二百七十八,驻上海。

周植寿,行承二百八十,寓蜀。

周植礼,行承二百十二,驻上海。

周植沆,行承二百八十八,驻上海。

## 迁徙村落:

### 郑坞村周氏

约在500百年前,郑氏祖先在牛头山东侧落居,以姓氏命名郑坞。清末,郑姓绝嗣,楼、周两姓先后迁入,但"郑坞"村名不变。郑坞村原属青山公社,今属草塔镇。位于诸暨市区西南,距城19.5公里。距镇政府驻地11公里,属郑坞行政村,主姓楼、周。2002年年底统计,全村有131户,281人,耕地128亩,山地874亩,村宅呈长圆形状分布。东、南北三面环山(是牛头山支脉),西至浃溪上游。

伯九公恪八世孙钦,行巩二。巩二公第五子澜,澜第三子朴,朴生子良信,迁居十九都郑坞,为郑坞始祖。良信生四子:诗、书、礼、经。

**知名人物:**

(一)

周国英(1926—1949),烈士,牺牲于诸暨县下吴宅村。

(二)

周一峰,诸暨市机关管理局副局长。

**郑坞村周氏字第:**自周靖十世(敦颐十三世)始自成一派(详见"十年派历世字第"),靖廿六世(敦颐廿九世)统一接万派合同字第。至2007年年底,最新行字第为"燮"。

**郑坞村周氏系图:**

靖→亥→谨→恪→文郁→茂林→淇→祯→务→华→钦→澜→朴→良信→诗、书、礼、经

## 钱家周氏

周靖第十七世孙伯宗,行嘉二十七由南门三踏步迁居三十一都了山(原原王家井公社江下大队了山自然村,今属定荡畈行政村了山自然村),为了山周氏始祖。伯宗五世孙高培,行镇二百十九,字光大、正山,行镇三百七,字维山,由了山迁居宣家埂下,为宣家埂下始祖。周靖二十三世孫维栋,钦二百六十九公、维松,钦二百九十五公,太平天国时由宣家埂下迁入钱家为钱家之祖。

钱家原属宜东乡义年大队的自然村,现为暨阳街道城南新村,包括义年、方口、董家自然村。现有周姓13户人家,50多人。另有过继出去3户,2户迁入桥下村。

**知名人物:**

周国富(1945—),1972年6月加入中国共产党,1967年9月参加工作,浙江农业大学农学系农学专业毕业,大学学历。曾任浙江省委副书记,浙江省政协第九届、第十届主席,现任全国政协文史和学习委员会副主任,中国国际茶文化研究会会长。

周华富(1964— ),浙江省发改委副主任。

**钱家周氏字第:**同十年派周氏字第,详见十年派字第。

**了山周氏系图:**

靖→亥→谨→恪→文郁→茂林→淇→祯→务→华→钦→泷→楚→黉→墰→如材→伯宗

**宣家埂下周氏系图:**

伯宗→道贵→任义→锦元→高培、正山

**钱家周氏系图:**

正山→春宝→维栋→垚森→鸿钧、鸿铨

　　　连宝→维松→垚森(出继)

　　　　　　　　柏森→鸿林、鸿根

## 洋湖村周氏

洋湖,今属諸暨市王家井镇。

伯九公恪八世孙钦,行巩二。巩二公第五子准九公澜,字廷德,生六子:梳、桥、朴、模、植、樟。次子鸾二十七公桥,娶赵氏,生五子:良奎、良壁、熑、燈、灯,迁居洋湖,为洋湖始祖。

**洋湖周氏字第:**

自周靖十世(敦颐十三世)始自成一派(详见"十年派历世字第"),靖廿六世(敦颐廿九世)统一接万派合同字第。

**洋湖周氏系图:**

靖→亥→谨→恪→文郁→茂林→淇→祯→务→华→钦→澜→桥

## 砚石埠周氏

砚石埠,又名船埠头,位于诸暨市区的南面,距城3.5公里。今属王家井镇砚石埠自然村。东靠王家井镇镇政府,南面连淀荡坂,西面紧依埂下庄自然村,北面是浦阳江,隔江与大砚石村相望。据诸暨地名志载:砚石埠原名为船埠头,是浦阳江的交通枢纽,因江底有似大砚墨石而得名砚石埠。主姓周。

伯九公恪八世孙钦,行巩二。巩二公第六子满,行准十二。满七世孙宗道,行彬二十,字美传。于明末由诸暨南门三踏步塘头(即荷花塘顶)迁居砚石埠,为砚石埠始祖。至今已传十三代,历时370余年。

**知名人物:**

周兆渭(1923—),中学一级教师。

周念华(1954—),诸暨宏大酒店董事长。

周渭兴(1958—),1985年起任村党支部书记,十五届、十六届诸暨市党代表。

周谷屏(1958—),诸暨中天房地产公司总经理、董事长。

周红儿(1963—),高级工程师。

周发详(1966—),国家注册一级建造师。

周伟灿(1967—),高级工程师,国家注册一级建造师。

周建平(1971—)解放军宁波113医院普外科副主任医师。

周仁杰(1982—)湖州万联房地产开发股份有限公司董事长。

**砚石埠周氏字第:**

自周靖十世(敦颐十三世)始自成一派(详见"十年派历世字第"),靖廿六世(敦颐廿九世)统一接万派合同字第。至2013年年底,最新行字第为"涓"。

**砚石埠周氏系图:**

靖→亥→谨→恪→文郁→茂林→淇→祯→务→华→钦→满→栋→焌→均→如秀→有仁→宗道→丰、芑、球、珍、琛、璿

**徙居外地:**

周伯松,行29世桥字第,迁居本邑江东;

周幼棠,行30世煦字第,迁居湖南;

周迪富,行30世煦字第,迁居杭州;

周长林,行30世煦字第,迁居杭州;

周兆瑞,行煦四十五,迁居湖州。

## 湖卜坞村周氏

湖卜坞,今浣东街道霞阳行政村湖卜坞自然村。

伯九公恪八世孙钦,行巩二。巩二公七世孙讳伯贞,行嘉二十二,迁居湖卜坞村;讳鼎钰,行

嘉九十五，迁居湖卜坞村，均为湖卜坞村始祖。

**湖卜坞村周氏字第：**

自周靖十世（敦颐十三世）始自成一派（详见“十年派历世字第”），靖廿六世（敦颐廿九世）统一接万派合同字第。

**湖卜坞村周氏系图：**

靖→亥→谨→恪→文郁→茂林→淇→祯→务→华→钦→泷→楚→爨→垗→墉→伯贞→兆骥、啟元（湖卜坞村始祖）

亟→国学→鼎钰→志尹（湖卜坞村始祖）

## 浬浦溪水口周氏

浬浦溪水口，今属五美行政村。

伯九公恪八世孙钦，行巩二。巩二公第六子满，行准十二。满七世孙性道，性道幼子巏，由砚石埠徙居浬浦溪水口村，浬浦溪水口村始祖。

**浬浦溪水口村周氏字第：**

自周靖十世（敦颐十三世）始自成一派（详见“十年派历世字第”），靖廿六世（敦颐廿九世）统一接万派合同字第。

**浬浦溪水口村周氏系图：**

靖→亥→谨→恪→文郁→茂林→淇→祯→务→华→钦→满→栋→焌→均→如秀→有义→性道→巏

## 石家弄村周氏

石家弄村，今山下湖镇石家弄。

该村原住石、王、章三姓，村内有一弄堂，通过石姓住宅，故当时村名定为石家墙弄。后石兴，王、章衰落，便名为石家弄。位于诸暨市区东北面，距城16公里。东接祥头，南邻岭东，西接竹浦坂，北毗诸泌公路。

伯九公恪八世孙钦，行巩二。巩二公第六子满，行准十二。满五世孙维屏，行嘉七十一迁居石家弄，为石家弄始祖。

**石家弄村周氏字第：**

自周靖十世（敦颐十三世）始自成一派（详见“十年派历世字第”），靖廿六世（敦颐廿九世）统一接万派合同字第。

**石家弄村周氏系图：**

靖→亥→谨→恪→文郁→茂林→淇→祯→务→华→钦→满→桢→良宪→塩→如成→维屏

## 小山坞村周氏

店口镇金湖社区小山坞村，北接萧山，东连绍兴，为诸暨最北之村。距诸暨市区 28 公里，距店口镇政府驻地 7 公里，是一个由多个自然村组成且多姓氏村落，2015 年年底调查统计，全村有 446 户，1196 人，其中周姓 70 户，237 人，为村中第二大姓。

小山坞村因座落在小山坞里面，故得名为小山坞。村位于诸暨市区北端，地形似畚斗状，座北朝南。东北西三面，峰围山抱，南面开阔，距店口南方五金城 2 公里许。北有螽斯岭与萧山区进化镇曹坞相邻，岭顶折南接巧溪岭 ，通绍兴柯桥区夏履镇双桥村。

小山坞周氏定居于小山坞时间较晚，绝大多数从绍兴夏履镇双桥村迁居。最早为均(忠)坤公，行中，清光绪二十五年(1899)迁入小山坞。次为善茂公，行正(濂溪公 28 世)，清宣统元年(1909)迁入。桂義公、桂发公；其花、其林公均在民国初年迁来。文详公更晚，于抗战期间民国 30 年(1941)迁入，他们都属绍兴双桥头。1957 年忠夫公从本县阮市甘溪坞迁入。

据查考，双桥头是制造“鹿鸣纸”的发源地，而小山坞从清道光年间开始制造“鹿鸣纸”，从双桥头迁入小山坞的周姓均是造纸的技术人员。他们来小山坞时上无片瓦，下无寸土，然立足之顺利，发展之快，除了他们勤劳、朴实、和气之外，与造纸业有关系。例如，善茂公二十余年后自已成为造纸户，当起老板，余者生活虽艰辛，但均安逸。

绍兴周氏始祖澳第十九世孙讳善茂从绍兴夏履镇 双桥村迁居诸暨小山坞村为祖。

其先世系诸暨南门上派周氏，尊周靖为一世祖。一迁为诸暨南门徙绍兴柯桥周家桥；二迁于周家桥至夏履桥温泉双桥；三迁于双桥至诸暨店口小山坞村。

周氏在小山坞通过数十年奋斗，历尽沧桑，虽无党政要员，但在经济领域里一直处于领先地位。如善茂公、均坤公之孙辈均对诸暨店口改革开放、发展经济作出重大贡献，其曾孙辈更是店口上市公司之大股东、董事，是搞经济之人才，办企业之精英。

**小山坞村周氏字第：**

其衍派字第：二十五世前沿用绍兴周家桥字第，第二十六始，统一接万派合同字第。详见绍兴周家桥字第及万派合同字第。

**小山坞村周氏系图：**

靖→亥→谨→恪→文郁→茂林→澳→完二→文益→宗贤→忕→清→玉璋→景明→昇菴→永忠→良稽→继明→享义→利信→贞标→孝成→悌照→忠坤

忠仁→善茂

**小山坞周氏系图**

惇颐——寿、焘
焘——缜、絪（彝）、组
絪（彝）——镇、靖、彦卿
靖——亥
亥——勤、谨、和、缓
谨——治、訚、恪
恪——文乔、文郁、文实
文郁——茂森、茂林
茂林——淇、澳、清
澳——德、完一、完二、完三
完二——文益、文显、文仁、文礼
文显——诏、广、达、宗贤
宗贤——恂、忯、恮、忭、恺、恪
忯——鑰、铣、鍊、清
清——玉璇、玉璘、玉佩、玉璋
玉璘——景安
玉璋——景明
景明——鸾菴、昇菴
昇菴——永忠
永忠——良稽、良明
良稽——继川、继明
继明——享茂、享义
享义——利仪、利成、利彬、利彰
利仪——贞华、贞标
贞标——孝成
孝成——悌能、悌永、悌良、悌金、悌照
悌照——忠远、忠仁
忠仁——善茂（迁小山坞）

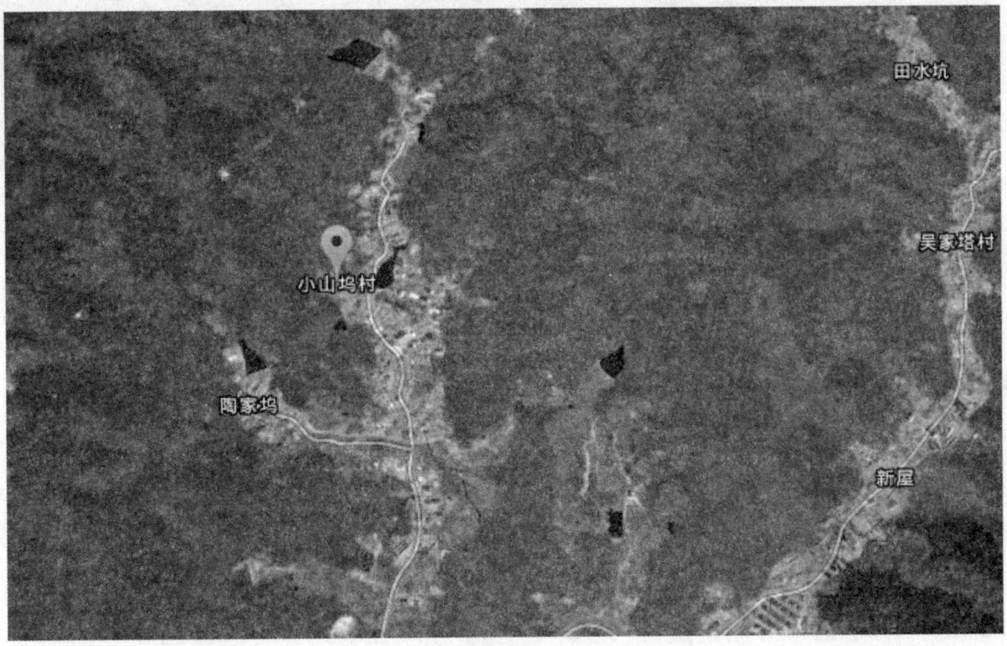


小山坞村电子图

## 琴坞村周氏

琴坞，其名源于宋朝。该村前有两条象弦似的小溪，溪上有桥，形若琴上弓马。故将此地形比作胡琴。因村庄座落在两溪之中的山坞里，故得名琴坞。位于诸暨市区东北面，距城29公里。东邻弦腔，南接中村水库，西连里市坞，北靠白子山。

诸暨市店口镇上畈村琴坞自然村周氏，有两脉，于不同时间迁居，均来自绍兴市柯桥区夏履镇双桥村，爱莲堂，系濂溪之后。

懿字辈的周大品，7岁左右，来到店口镇中村小姐姐家，由姐抚养成人，后在琴坞成家定居，生三子：长明、长根、长生。长明生四女，长根生二子（梅员、岳才），长生生四子（岳林、岳富、岳高、岳勇）。

周康森，行垂，迁居琴坞村后，生三子一女。银海、小川、宁水。宁海生三子三女：福根、福刚、福良。小川生一子三女：利军。

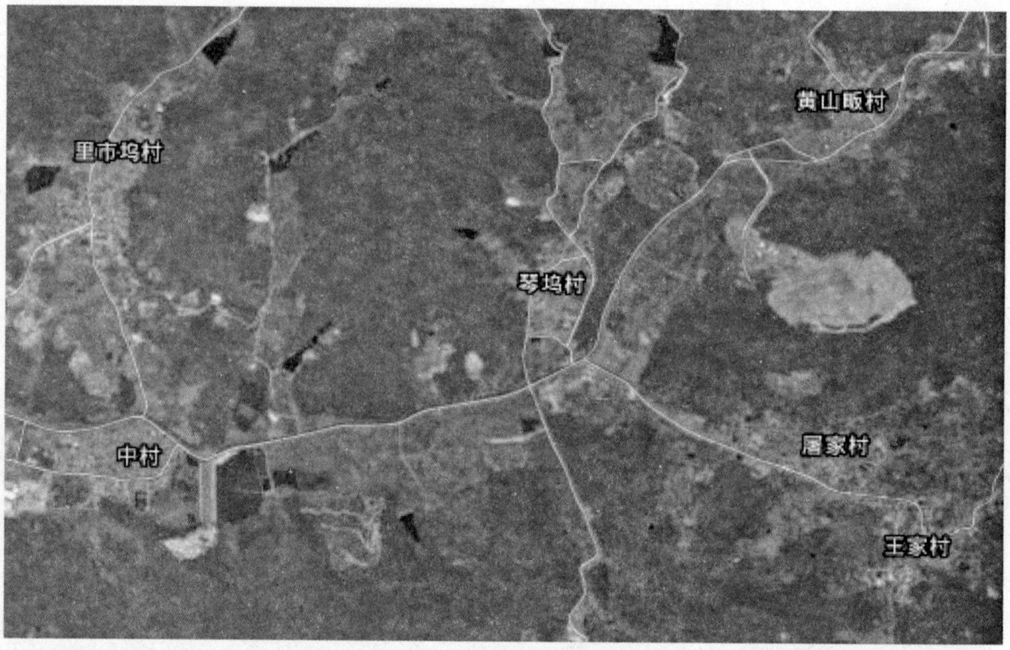


琴坞村电子图

## 应家滩村周氏

据传：清时，应姓祖先从应店街迁居浦阳江东边的沙滩上定居，发展成村，称应家滩。店口镇三江口村郑应自然村应家滩，位于诸暨市区北面，东临黄潭湖，南接郑家，西、北靠浦阳江。在诸暨北面，距城关25公里。至2015年有周姓31户，计103人。

始迁祖玉其公，于清咸丰年间，随母从绍兴市柯桥区夏履镇莲西村周家田头（周家田头周氏始迁祖为周芹），来到应家滩。母再嫁后未再生育，玉其公成人后，娶妻生四子：东水、金水、银水、孟水。孙辈12堂兄弟。接受采访者周荣法，现年83岁，12堂兄弟中行第九。

据《山阴温泉周氏宗谱》载："完二公子文益生广，广生悌，悌生芹，芹由周家桥迁居于此。"

莲西村与周家田头、西坞口，方家埭、金家埭、建民、里西坞和门台村七个自然村合并为一村，今为夏履镇莲西村村委所在地。

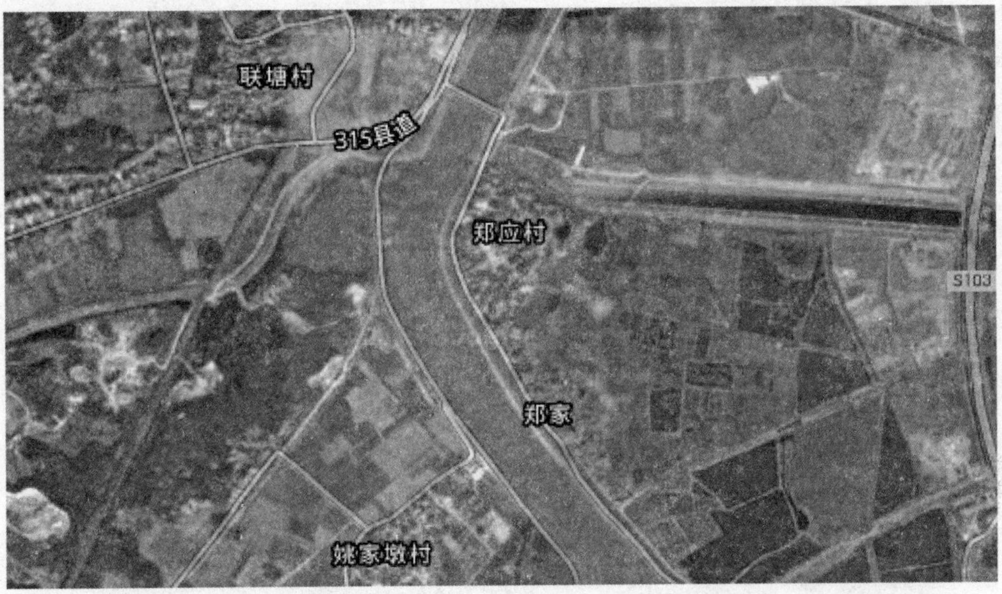


郑应村电子图

## 新旭村周家周氏

王家井镇新旭村周家(新旭村上周村周家，原属新壁公社上周大队周家)，400年前，周姓从诸暨三踏步迁此，以姓氏得名为周家。位于诸暨市南部，距市中心10公里。东接宣家墙弄村，南临宣店毛家，西近祝家村，北连戚家。至2015年有周姓人家近100户，200多周姓人口。据周奎良(1936，桥字辈)介绍，我们"小沥湖周家"与砚石埠、山下周、桥下周一起修谱的，总祠堂在三踏步，字辈为"…钦承懿，桥煦垂…"。据周奎乐(1934，桥字辈)回忆，我们是到南门祠堂接谱的，家谱箱子上写着"周氏十年派款轴(音)"，始祖为"文正公(音)"。

小沥湖电子图

查暨阳十年派民国戊午(1918)周氏宗谱，周靖第十二世孙澜，字廷德，生六子：梳、桥、朴、模、植、樟。次子鸾二十七公桥，娶赵氏，生五子：良奎、良壁、爙、燈、灯，迁居洋湖，为洋湖始祖。

燈三世孙如恩、灯三世孙如相又从洋湖迁居小沥湖周家为始祖。

**王家井镇新旭村周家字第：**同十年派周氏字第，靖二十六世统一接万派合同字第。

**王家井镇新旭村周家系图：**

靖→亥→谨→恪→文郁→茂林→淇→祯→务→华→钦→澜→桥→燈→大元→如恩→有俊→灯→大明→如相→有文、有明、有义、有福→应达→瑞宝(字文征)→曰江→凤仪→钦绪→炳森〔行承二百二，庠名丙生，号莲臣。生四子：正祺、正校(早世)、正麟、正富〕

新旭村上周村周家电子图

## 石门周家周氏

马剑镇石门村周家，位于诸暨市西北角，距市中心 32 公里，距马剑镇政府 7 公里。东靠金岗坪，南接上山头村，西连九山，背望天师堂。2015 年有周姓人家约 30 户，约 120 人。

因村南两山对峙，形似石门，故名石门。

据周氏分支石门城头蕉园畈源流：濂溪公五世孙文郁(实为八世孙)由道州迁住越之暨阳，文郁公生淇，复由暨阳徙居浦之横溪。淇公生昌，昌生镇，镇生静，静生道文、道武。道文公相度盘溪山水灵秀，由横溪来迁遂定为世居之所。道武公生伯仲，伯仲生宗仁，宗仁生继述，继述生宾四，又由盘溪迁住石门。周姓不愿攀附远派，以宾四公为始迁祖。历数世后，明朝正德年间有仲韬子和二公又由石门分迁城头蕉园畈。

城头，原村后侧埂塍栽有树木，林茂如城，故名城头。辛亥革命后，地形演变，改称仁头。

**石门周氏系图：**

文郁→淇→昌→镇→静→道武→伯仲→宗仁→继述→宾四(盘溪迁徙石门为祖)

**城头周氏系图：**

宾四→义二→礼一→智一→子文→仲韬(由石门迁居城头为祖)

**蕉园畈周氏系图：**

宾四→义二→礼一→智四→了和→仲庄(由石门迁居蕉园畈为祖)

**附：诸暨南门十年周氏系图：**

周靖→亥→谨→恪→文郁→茂林→淇→祯→昌→荣→镇→采→融

“仁义堂”周氏厅堂，三间三进，保存尚好，有住户。据周金章(1941)介绍，我们村的家谱，原来是在“仁义堂”梁上悬挂着的，放在宫灯中，“文化大革命”中，得到消息要破“四旧”，恐怕家谱被烧，由周海江宗亲保存了下来。周海江家，还保存着历代石门周氏家谱九种，难能可贵。

附：保存家谱者家族世系：

文熺(字永寿)(森廿三公)——家高(字乃照)(懋廿二公)
- 兴禄(字芝茂)(进廿三公)
  - 海定(庆海)
  - 海根
  - 海江
- 兴详(字子山)(进三十七公)

**附：南门十年周氏迁原二十一都(今同山镇)村落**

**文安村周氏**

文安村旧名“坟安”、“文庵山下”、“凤凰山下”，原属王沙溪乡和睦山行政村，距诸暨县城25公里。东南靠近发达畈村，南邻毛庄村，西近和睦山村，东北为浦阳江水域。村子不大，但均为周姓，30来户人家，百十来号人口。1958年修建安华水库，响应政府号召，村民纷纷投亲靠友外迁，村址被淹没于水库底下。

大连迁萧山，大青迁杭州，保成携子敏良居和睦山村，煦金、煦浩迁金家墙弄村，保山、煦金、信夫迁中央宣村，生照携子信全、益均、益标、益忠迁宅基村，保生、才龙迁三斗后畈村，培校携子超英迁缸窑弄村，林水、立勇、立泉、立祥迁藕塘下村，林达、云达随母居五指山村，煦田、煦民迁城关镇郭家村，懿潮携子根苗迁植树王。

文安村周氏与荷花塘头周氏同宗同祖，同属南门周氏十年派，巩二公周钦七世孙嘉十八公允祚始居于此。至2015年底，最新字第为“梓”。

**文安村周氏系图：**

靖→亥→谨→恪→文郁→茂林→淇→祯→务→华→钦→泷→棱→丞→基→士瑜→允祚

**文安村周氏字第：**

祥 仲 慎 伯 文 元 兴 福 员 琼 巩 准 鸾 高 雍 熙 嘉

**谢村周氏**

谢村亦名谢川村，近和睦山，属王沙溪乡和睦山行政村。巩六公六世孙如臣迁居于此。如臣生三子：雲龙、际龙、曾龙。后子孙繁衍不多，且因各种原因，有几户人家解放前已迁居别地，确切情况目前已很难查考。

谢村周氏系图：

靖→亥→谨→恪→文郁→茂林→淇→祯→务→华→镡→洊→樌→祥→髦→如臣→雲龙、际龙、曾龙

谢村周氏字第：

祥 仲 慎 伯 文 元 兴(同四年尚) 福(同四年太) 员 琼 巩 准 鸾 高 雍 熙 嘉

**志高坞村周氏**

志高坞村旧时称“朱家坞”、“褚家坞”，东邻布谷村，西南为下坞底村，南为安华水库，北为蒋宅村。南门巩六公四世孙成，子三：雷、雲、候，迁居于此。

志高坞周氏系图：

靖→亥→谨→恪→文郁→茂林→淇→祯→务→华→镡→洊→栅→成→雷、雲、候

志高坞周氏字第：

祥 仲 慎 伯 文 元 兴(同四年尚) 福(同四年太) 员 琼 巩 准 鸾 高 雍

**凤凰山下下庄村周氏**

凤凰山下下庄村旧时属王沙溪乡吴村埠行政村，成公四世孙嘉六十五有成、嘉七十六有良、嘉六十六有宰、嘉百三十六有宝，迁居下庄。巩二公七子准十八汪；琼一公六子肇六镡，迁居凤凰山下。

凤凰山下下庄村周氏在1958年建安华水库时，懿根、金培及金培四个儿子迁城关镇凤山村，另有多户亦同迁凤山村。

凤凰山下下庄村周氏系图：

(1)靖→亥→谨→恪→文郁→茂林→淇→祯→务→华→镡

(2)靖→亥→谨→恪→文郁→茂林→淇→祯→务→华→钦→汪

凤凰山下下庄村周氏字第：

祥 仲 慎 伯 文 元 兴 福 员 琼 巩 准

## 迁徙外市(县)

### 绍兴筠溪村周氏

筠溪村现属越城区鉴湖镇秦望村，筠溪村自然村周姓有150户，计400余人。

筠溪村以溪得名。发源于兰亭紫洪山的一条清溪，三面环山，自西向东穿村转北流入鉴湖。筠溪周氏沿溪两边筑屋居住，分上、中、下，村呈带状，长1公里。东面隔山与秦望村相连，南面隔山与平水镇的兵康村相通，西面依靠兰亭紫洪山，村北及东北面是村较为平坦的唯一与外界联系的交通要道。

周靖九世孙讳昶，于绍定年间(1228—1232)由诸暨南门三踏步避难迁居山阴(今绍兴)筠溪为祖。繁衍生息，耕读传家，历时700多年，至今已繁衍二十余代。

筠溪周氏，世无完谱，无处寻觅。只有陈沅的《筠溪周氏家谱》序一篇，现附后。

## 《绍兴筠溪周氏家谱》序

氏族谱牒，昉于帝系，周已重矣。屈翁山《闾史序》曰：“左徒贤而能序其谱，故楚王使之为三闾大夫。三闾者，屈、昭、景三姓，楚之公族也。”彼时族谱之重，已可概见。

秦灭，而后载籍殆尽，人因之多昧本源。然诸氏谱录，间有存者。汉兴，司马子长作《史记》，因取材于其家之藏籍，与劫余之帝系；而《世家》《列传》，又多取材于氏族之《谱》以成。班孟坚续《汉书》，采撷诸家谱传，亦复不鲜。历魏、晋、宋、齐、梁、陈，尤重门阀，《族谱》皆藏秘府，有官专司。

齐贾渊自其祖弼之，三世俱精谱学，至渊尤称名家。曾撰十八州《士族谱》七百余卷行世。繇是缙绅士庶，罔不明所自出。隋唐迄五季，频经战乱，天禄东观之贮，名阀旧家之储，先后沦佚。顾《隋唐经籍》《艺文》两志所载，内府藏书，于《族谱》一类，仍有千数百卷。洎宋欧、苏私谱出，他姓效之，几各有谱。

吴越向称文物之邦，俗厚风醇，更笃报本追远之旨，其视谱牒，重于他书。即最稀之姓，无不有其家乘，纪厥受姓之原。累世之行，大率卅年一修。民国以还，干戈扰攘，物力已艰。凡诸地方要务，居多置而弗举，独于修谱一项，视为钜典。纵经济拮据，期届必谋续辑，罔敢或旷。敬宗壮族，有非他省所可比拟。郡邑志乘、文献或有不足，每每征采诸家谱牒，补其阙漏。是族谱之有裨于民族文化，讵浅尠哉。间有寒微之宗，与未明所自之族，牵引异派贵显，入于本系，攀附先代圣贤，为其祖祢。复虚标爵位，捏饰科第，籍以矜责侉荣。驯今家乘宗牒，渐为世轻，兼之轻近风会，浮嚣戾锲，毁古蔑伦，天丧斯文，鬼谋图新，谓《族谱》为封建之遗，进化之障，世界文明强盛之国，无有此种作述也，亟宜撕毁，俾跻大周，噫！何可尽轻欤？竟何其谬之一至于斯欤？

彼牵附之谱，其后有贤子孙出，或聘贤哲重修，必能考订而增删之，终成家族信史。至谓他国无《族谱》，是犹以盲聋之伧诳，聪明之士，可叹又可嗤也。予虽寡陋，于他国谱牒，当多寓目。其纪述范围，有较我国谱例广而且精。矧今举世竞讲民族，谱牒即民族史之一种。既欲推求民族流派，则阅民族之史籍，又安可偏废乎？设于广座中，偶一提起后魏、辽、金、元、清之族，听者无不以非我族类外之。民国因揭橥五族共和，究于畛畦，终难浑融。汉姓中为异种所混冒者，犹指不胜屈，兹略举其姓之最著者言之，若今刘姓有出于冒顿氏者，王姓有相互于胡支氏者，陈姓有出于侯莫陈氏者，杨姓有出于莫胡卢氏者，李姓有出于舍利氏、朱邪氏者，周姓犹有出于贺鲁氏、莫屯氏者，即诸如此类。莫非匈奴、鲜于、胡、羯、氐、羌之遗种，倘无谱牒记注，久而久之，则圣贤之裔与腥膻之族，将混淆而无泾渭之别，且与现所风行之民族之义，不几大相抵牾乎？则族谱盖不可废，不可弃也。

古越筠溪周氏，系出汝南，为宋道国元公胤。元公曾孙国子博士靖，绍兴间有自杭迁诸暨之紫岩，越九传处士袒，再自诸暨迁山阴之筠溪。今曰绍兴者，因民国初山阴与会稽合并，以其旧所管辖之府绍兴而名也。袒为筠溪始迁祖，绵延逮今，又二十传矣。

其裔周君志岳，余今春始识于吴门故友山阴张昌晖所，撝挹蔼谦，语言投契。初冬访君于泉唐，偕游枉快。旋邀余赴蠡城，主君家之“爱莲堂”。畅览越中名迹，畅接越中耆贤，掌故质询，诗文投赠，信可乐也。忆客秋入越，心所敬游之地，所敬访之人，因事倥偬，信宿离去，心常怏怏。这番重来，一住经旬，若地与人，皆一一游而晤之，甚慰宿怀。

一日君出视旧钞《家谱》一册，并属校订，爱而卒业。虽秪记元公至靖，及靖以下十八代之世次，暨前贤广记传志数篇。其历代生卒行谥，略而弗详，而追传系统，明而不紊，信而有征，比诸章附攀援，则简确胜于繁俗远多。

复承君曰:筠周原无完谱,后得族人瑞和来告,伊父正贵临终,曾示彼云:"有旧钞《家谱》一帙,向藏同族正昌家。"今正昌及其子阿贰相继逝,止遗伊孙庆福,日事农圃,该谱未审仍故保全。君闻讯,即趋询庆福,谱幸无恙。庆福且举以授君。君以钞存孤本,惧罹蟫蠧,乃资募钞胥,重录四册,分藏族属,以永保筠周仅有之文献。然此帙积世保存,不至失墜。卒归于君,扩钞增辑,殆筠先公灵爽,长为呵护,以竢君欤。君之先公先德,敦族敬宗,其用心可谓至矣。余诚荒落,庸敢辞乎。

旋与君携谱返杭雪雨湖楼,勘订讹误,整理棼绪。另就《朱子全集》《山阴后马周氏谱》两书中,录入有关筠周先世序、记、赞、跋、传、考九篇,编成两卷。踵事增华,期诸来许。

余再以意度之,筠周在清乾隆前,花封芹頫,代有其人,岂无有起而倡修家史者乎?疑经灾变,板本湮没,续纂乏人,遂传无谱,亦未可定。不然则此钞本何所据哉?族老正贵、正昌二人,或关心文献,或抱守残阙,逝以遗君,扩钞分藏,今且属余校订,以诒后人;余更为厘定,兼为增入文篇。存疑旧作,并附按语,盖欲俾后之从事增辑者,得所籍手,亦聊以副君之望。抑有进者,君弱冠辍学习贾,以秉性纯朴勤敏,兼知自奋,备尝艰辛,敦崇信义,大道占亨,爰致奇赢,抗爽不啬,斥资兴乡校,提挈族后生,济急赡穷,笃宗党友朋之谊,治家以孝和勤俭为准则,约为自奉,而厚于待人,深得元公遗风。

猗嗟!居今之世,要于阛阓中求一重伦理、达物情为君其人者,不啻详麟威凤,未之易逢。君不独允为乡族之范,犹允为社会之表,甚愿筠周子姓,群以君之立身处世为桀矱,则筠周之发扬光大,宁有涯资。余将归岭南,并书此留当左券焉。

西宁逸叟呵冻撰于泉唐寓次,时民国第一戊子(1948)岁季冬小寒日也。

### 永康桥头周村周氏

桥头周又称桥川,在桥下镇。员三公讳彦名,娶胡氏,生二子:维春、维经。约于明代中后期,迁永康太平花墙,再迁桥下黄店,然后定居桥头周。析居地有缙云溪弄坑。桥头周周氏是最尊祖睦族的周氏人之一,各房建有宗祠厅堂就有六座之多,一族人团结友爱、和睦相处。以先贤周敦颐为式范,不仅文学艺术方面蔚然成风、卓有成就,而且在经济领域敢为人先,独领风骚。改革开放初期,桥头周焦炭市场闻名遐迩,是永康五金产业发展的能源供应基地。

**桥头周始祖字第:**

在诸暨:笃 百 逸 详 仲 慎 伯 文 元 兴 福 员

迁居永康后:福 臻 禄 永 成 百 千 万 英 义 志 员 洪 咸 恒 谦 泰 熙 循 敦 崇 礼 富 贤 良 秀 荣 达 科 甲 齐 联 开 拓 创 新 务 实 求 真 清 正 廉 洁 莲 芬 长 存

**桥头周始祖在诸暨系图:**

敦頣→焘→絪→靖→亥→谨→恪→文郁→茂森→渊→演→彦名(员三公迁居永康桥头周)

### (四)马剑田东村周氏

田东村周氏,位于马剑镇六蓬村田东自然村。六蓬村由石岭头、田东、三门头三个自然村组成。

由朱、周、任、褚、卢、张六姓聚居，以每姓为一蓬，故称六蓬村。距马剑镇政府2.5公里许，距五泄风景区2.5公里许。六蓬村原属浦江县青山乡，1967年1月与马剑乡一起划归诸暨县管辖，此后，青山乡改名为平阳乡。现平阳乡与马剑乡合并为马剑镇，位于诸暨县城的最西面，相距28公里。

田东自然村，四面环山，是个小盆地，村落居民在盆地的北面沿山成弧形分布。村坐北朝南，村前是一片良田，隔田与笔架山相望，东依狮子山，隔山与五泄风景区相连，西濒阳山下剑溪，北靠九灵山、元宝山，隔山是石门村。

宋周敦颐之曾祖从远，世居道州。传六世至泰，北宋政和六年(1116)迁浦阳西皋，渊迁浦阳横溪。渊传五世至瑧，行万四，字善璋，配范氏，继朱氏。自横溪迁胜峰山下兴贤乡周宅村，为始祖。

敦颐公二十一世孙，讳一儒公(1619—?)，行淳一，字元之，生于明万历己未(1619)十月十五日子时，于清康熙年间(1662—1722)由浦江胜峰山脚下兴贤乡的周宅村迁至田东村居住，配许氏，生四子：时济、时浩、时渊、时满。康熙癸巳(1713)闰五月初二日巳时卒，夫妇合葬田东村后山。

**知名人物：**

周华高(1818—1887)，咸丰辛酉(1861)拔贡。

周宝陀(1941—)，浙江大学毕业，中国航天总公司702所组织处处长，高级工程师。

周冬全(1943—)，东北工学院毕业，曾任中共重庆市保密委员会副主任，中共重庆市保密委员会办公室主任、重庆市保密局局长。

周伟枨(1946—)，浙江省委党校大专毕业。曾任组织部办公室副主任、干部二科科长，中共诸暨市委老干部局局长。

周冬祥(1948—)，进修本科毕业。中学高级教师。

周程锦(1973—)，女，西南政法大学毕业，重庆市社保局养老科科长。

周旭裕(1974—)，长春航空大学毕业。中国人民解放军空某师上校，正团职。

周丽女(1974—)，浙江师范大专专业。中学高级教师。

周　鹏(1976—)，女，重庆师范大学毕业，重庆市保密局检查处副处长。

**传统文化：**

田东周氏位于马剑镇六蓬村，由田东、三门头、石岭头三个自然村，聚居着朱、周、任、褚、卢、张六姓，每姓为一蓬。

为了各姓氏间互相团结，和睦相处，自古约定在每年正月初三日晨，每蓬家长，于“三姑庙”聚拜仙姑圣母，仪式隆重，祭毕，均在值蓬各户共进早餐，餐食十分丰盈，餐后共议村中大事。事后，由值蓬姓给各蓬每户分发猪肉一块(包括肚里)，以示诸姓(猪心)相联，团结一致。此习一直延续至解放前夕。

**田东周氏字第**：自一儒公淳一始，详见田东周氏字辈。

**田东周氏系图：**

敦颐→焘→缊(又曰渊，浦阳横溪祖)→谐→燧→康→瑧(迁居周宅祖)→勇→荣→宏度→孟→津→大振→云长→仕聪→奎→宗表→廷泰→仲杰→克洋→尚贡→一儒(迁居田东始祖)

## 田东周氏世系图(1)

- 惇颐
  - 寿
    - 宁(居广东德化)
    - 秦(与弟同迁浦阳)
    - 泰(浦阳西皋祖)
  - 焘
    - 溥(居濂溪阳居)
    - 渊(又曰缊,浦阳横溪祖)——谐——燧
      - 保(迁通化即溪口)
      - 康
        - 臻(周宅祖)
          - 夷——荣——宏度——孟津
            - 大振
              - 道成
              - 云龙
              - 云长——仕聪
                - 钟
                - 楠
                - 淇
                - 焕
                - 奎
                  - 宗表——廷泰
                    - 仲文
                    - 仲仁
                    - 仲傑
                      - 克洋
                        - 尚贤
                        - 尚贞
                        - 尚贡——一儒(迁田东为祖)
                      - 克源
                      - 克湖
                      - 克淮
                  - 宗材
                  - 宗松
                  - 宗柏
              - 云骑
              - 云骅
            - 大发
          - 灵
        - 璜
        - 珊

## 田东周氏世系图(2)

- 一儒
  - 时济
    - 以良
    - 以隆
      - 洪球
        - 鼎富
        - 鼎贵
        - 鼎荣
      - 洪琏
        - 鼎康
        - 鼎泰
      - 洪珏——鼎华
      - 洪立
    - 以钦
  - 时浩
    - 以贤——洪熙
    - 以相——洪朝
    - 以德
  - 时渊
    - 以方
      - 洪范——鼎祚
        - 正彦
          - 华亭
          - 华成——加灿——良礼——士济
          - 华登——加炜——良义——士汶
          - 华高——加炳——良佐——士灏
        - 正亮
        - 正楠
          - 华元
          - 华科——加焕——良适——士颖——光安
          - 华书——加裔——良春——士洲
          - 华文
          - 华章——加祐——良助——士穆
      - 洪宇
        - 鼎玉
          - 正初——华封——加瑞——良能——士鏻
          - 正国
            - 华聪——加烈——良海——士球
            - 华海
            - 华有——加彧——良武——士溪
        - 鼎全
          - 正邦——华福——加纹——良宗——士金
          - 正达
            - 华琏——加赓——良宝——士大
            - 华年——加虎——良贤——伟柁——旭明
            - 华相——加品——良诺——士昌
          - 正道
            - 华仁
            - 华明
            - 华斌
        - 鼎秀
          - 正义
            - 华嵩——加俊——良瑞——士僖——光源
            - 华森
          - 正庠
            - 华楷
            - 华桐——加绪——良琳——士多
    - 以松
      - 洪治
      - 洪固
  - 时满

田东周氏自洪武壬戌(1382)至民国戊辰(1928)共计修谱15次,前11次与胜峰同修。咸丰庚申(1860)田东第一次自行修谱,二修光绪庚辰(1880),三修光绪甲辰(1904),四修民国戊辰(1928)。

第四十二世永九朝阳,迁东阳白鹤殿。

第四十二世永一百六,朝虎迁东阳湖塘。

## (五)长宁洄溪村周氏

诸暨市枫桥镇洄村(原名:洄溪村),因一条曲折洄转的小溪穿村而得名,村中主要河流为“栎江”,系枫桥江的主要支流,直接汇入枫桥江。洄村东连海角村,南临郭店村,西靠西奕村,北接霞朗村,位于浙江省中北部,诸暨市东北部,距城关20公里,在枫桥镇西南面。洄村人口2056人,780户周姓人家,面积3.75平方公里。村民以“周”姓为主,隶属于浙江省诸暨市枫桥镇。省级重点高中——学勉中学依村而建。

洄村周氏,尊智强公为始祖。智强,字祖元,自号太平、逸叟。绍濂堂。濂溪公七世孙讳德荣,字世杰,行称二,在宁宗朝(1195)为避韩侂胄之难,畏朝廷窜逐,故从祖母骆氏姓,成为洄溪周氏始迁祖。自暨阳东郭门隐居暨阳长宁洄溪,至今已有820年的历史。至清雍正乙巳年,族人书升公续修宗谱时,改骆为周,复姓周氏,还其本来面目。

坦(字大亨、号承斋、行细五),大观四年登博学宏词科第一。宋靖康二年(1127)南渡居武林。绍兴七年任萧邑(今杭州市萧山区)教谕,生五子,散居各邑。其次子讳永泰,字京安,号松坡,行铨十,迁诸暨东郭门。中省元,授本府治中。赘东郭王百九太君家,遂为诸暨人。

始迁祖:称二(敦颐七世孙)公,讳德荣,字世杰,自诸暨东郭门迁长宁洄溪村后,子孙繁衍,而他徙成族者又有五处。五世孙圭公徙居横山为祖;文一公徙居里亭为祖;八世孙清八公徙居甘岭为祖;十三世孙通六公徙居石马山为祖;十三世孙贤十一公徙居凤桐八都为祖。除此之外,还有上阳、青口、湖家洞等处的周氏也是从洄村迁过去的。

另据枫桥镇志记载:“洄村周姓,元代时居诸暨城关三踏步,明洪武间(1368—1398)周文焕以荐辟出任广东布政使左参议。致仕后,徙居枫桥洄村,洄村周氏始奉周文焕为始祖。”但据《暨阳长宁洄溪宗谱》《洄溪骆氏宗谱》谱载:“称二公,讳德荣,字世杰,幼失怙恃,避韩侂胄之难,从祖母骆氏姓,迁居长宁,配韩氏,生清三,继配何氏,生清七、清十五、清十九。清三,讳元善,字长卿,辅庠生,建孝友堂于洄溪,配章氏,生廉二、廉六。”“十一世孙(即敦颐公九世孙)讳彦章,字文焕,行廉六。饱学笃行,孝友兼至,洪武初,举贤良,对策称旨,授广东布政使司左参政,政绩详传。卒,谥文莊,葬石碑石宕山,即飞凤形。夫人魏氏,葬堰山大坟湾。”世杰(称二)—长卿(清三)—文焕(廉六),文焕公系始迁祖世杰公之孙,谱载文焕公与诸暨城关三踏步周氏无直接关系。但洄溪宗谱淳熙辛丑(1181)、庆元丙辰(1196)的谱序都是朱熹写的,内容大部分同南门三踏步谱。

**知名人物:**

(一)

周信中(1906—1948),中共党员,烈士,牺牲于河南省开封县。

周　达(1913—1947),烈士,中共党员,牺牲于山东莱芜。

周巨贤(1914—1946),烈士,牺牲于湖南省湘潭县。

周一律(1915—1947),烈士,牺牲于诸暨枫桥。

周培贤(1915—1943),中共党员,烈士,牺牲于余姚县四明山。

周恒煊(1916—1946),烈士,牺牲于湖南省湘潭县。

周禹木(1916—1945),烈士,牺牲于余姚县陆家埠。

周启洪(1918—1939),烈士。中共党员,牺牲于湖南省长沙。

周天源(1919—?),黄埔军校第十九期步科(战干团三期)。

周锡淼(1920—2004),1951年任西安乡第一任乡长,期间担任三江并道副总指挥,负责三江并道重大水利工程建设。

周小堂(1921—1943),中共党员,烈士,牺牲于鄞县樟村。

周和炎(1921—1943),烈士。牺牲于鄞县江桥。

周　杓(1921—1945),烈士,牺牲于嵊县。

周志贤(1922—1938),中共党员,副连长,烈士,牺牲于山东泰安。

周清治(1924—1946),烈士,牺牲于诸暨狮象。

周文龙(1928—1848)副连长,华东二级人民英雄,烈士,牺牲于安徽萧县。

(二)

周旺贤(1951—),原福州军区后勤部管理处处长,正团级。

周其勇(1957—),原浙江省建设银行人事部经理,副处。

周仕龙(1964—),浙江省建设银行营业部财务部经理,高级统级师。

周金华(1964—),国家统计局浙江调查总队调研员,高级统计师。

周永平(1965—),浙江省粮食局高级工程师。

周解荣,诸暨市政府办副主任。

洄村电子图

洄村周氏，为何又称骆氏？根据谱载："敦颐五世孙讳必桓，字汝常，号勉斋，行录三，谥英哲。公学优能文，声名籍甚，由庠生宾兴太学，中省元，任本州知州，为政仕恕，民无怨尤。因从兄必大为相，沮抑韩侂胄，反被韩侂胄媒孽籍没，凡周之在官者尽逐。公闻之，忧悸而卒。厥配夫人骆氏，义乌人，携二子(注：指孙子称二公和侄子骆贵六)卢墓于东郭后村埂，虽路人妇人知其为知州妻也。是时，周氏在州者甚众，但能具呈称与必大不族者俱获免，宥惟夫人以知州故额不敢上呈。因从兄子骆贵六避姓为骆之请，遂以骆姓抄籍焉。"在洄溪韬光养晦，寓情山水，生息繁衍发展成族。

**洄村世系图**

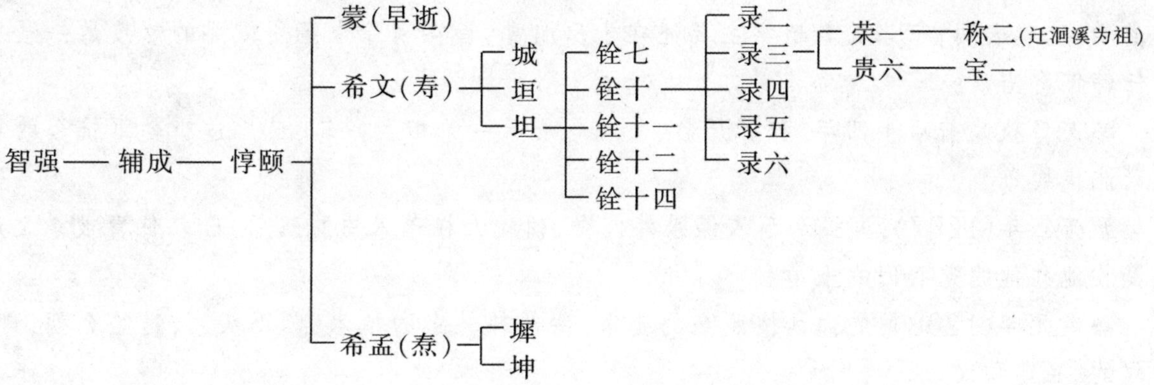


**附：韩侂胄与"庆元党禁"**

韩侂胄禁绝朱熹理学与贬谪宗室赵汝愚，史称"庆元党禁"。

韩侂胄(1152—1207)字节夫，河南安阳人，南宋中期权臣、外戚。北宋名臣韩琦之曾孙，父亲韩诚官至宝宁军承宣使，母亲为宋高宗吴皇后妹妹，侄孙女是宋宁宗恭淑皇后。韩侂胄以父任入官，淳熙末，以汝州防御使知阁门事。绍熙五年，与宗室赵汝愚等人拥立宋宁宗赵扩即位，以"翼戴之功"，官至宰相。任内追封岳飞为鄂王，追削秦桧官爵，力主"开禧北伐"金国，因将帅乏人而功亏一篑。后在金国示意下，被杨皇后和史弥远设计杀害，函首于金。宁宗即位不久，韩侂胄就逐赵汝遇出朝廷。从此，掌握军政大权达 13 年之久。在他擅权的前 7 年，制造了"庆元党禁"，凡与党人有牵连的，不得任官职，不得应科举。

朱熹初次见宁宗，就进讲正心诚意、人欲天理的道学。任侍讲后，进讲《大学》。旧制：单日早晚进讲，双日休息。朱熹请不分单双日和假日，每天早晚进讲。借着给皇帝讲书的机会，多次进札，对朝廷政务多加论议。朱熹又和吏部侍郎彭龟年弹劾韩侂胄，并在进讲时说宁宗被左右的人(指韩侂胄)窃取权柄。

绍熙五年(1194)闰十月，宁宗下诏免去朱熹的侍讲，对人说："朱熹所言，多不可用！"赵汝愚拜谏，陈傅良、刘光祖、邓驿等纷纷请求留朱熹在朝，都被宁宗拒绝。

韩、京执政，朝中反道学的官员，纷纷指责朱熹道学的虚伪，称道学是伪学。庆元元年(1195)，右正言刘德秀上书，说道学是"依正以行邪，假义以干利"，"如饮狂药，如中毒饵"，"口道先王语，而行如市人所不为"。又说："孝宗锐意恢复，首务覈实，凡虚伪之徒言行相违者，未尝不深知其奸。臣愿陛下以孝宗为法,考核真伪,以辨邪正。”请宁宗效法孝宗抗金,识辨道学。

宁宗下旨,朱熹落职,朱熹门徒蔡元定送道州编管。

庆元三年(1197)六月,朝散大夫刘三杰上书说:“朱熹专于谋利,借《大学》《中庸》作文饰,对他下一拜就以为是颜(回)、闵(子骞);得到他一句话,就以为是孔孟之道。得利越多,越肆无忌惮,但还没有上边有权势的人给他支持。后来周必大作右相,想夺左相王淮的权,引用这帮人说大话,颠倒黑白,排挤走王淮。

十二月,知绵州王沇上书,请置“伪学之籍”。宁宗下诏,订立伪学逆党籍。宰执四人:赵汝愚、留正、王蔺、周必大;待制以上,朱熹、彭龟年、薛叔似等十三人;余官刘光祖、叶适等三十一人;武臣和士人十一人;共五十九人。两年多后,朱熹病死。列入伪学逆党籍的人员,并非都是信奉道学,这就表明:宁宗的禁道学主要还在于反朋党,旨在清除朱熹所依附的赵汝愚一派官员,专任韩侂胄当政。

韩侂胄执政前后十四年,权势显赫,曾与赵汝愚一党相互倾轧,最后适应朝野抗金的要求,发动北伐战争。

开禧三年(1207),史弥远等人谋杀韩侂胄,朝廷大权落入史弥远手中。韩侂胄被杀之后,朝廷没收他和他的党羽们的土地。

嘉定元年(1208),史弥远按照金的要求,凿开韩侂胄的棺木,割下头颅,送给金朝,订立了屈辱的《嘉定和议》。

因韩侂胄反道学,长期遭到程、朱门徒的咒骂。元代修《宋史》,特立《道学传》崇程朱,又依南宋《国史》立《奸臣传》,不列入史弥远,反而将韩侂胄与秦桧并列,辱骂他是“奸恶”,完全颠倒了历史的是非。后世史家立论,或沿袭旧说,也不免有失公允。现代史学家范文澜称韩侂胄为南宋的名相。(录自百度“庆元党禁”的解释)

**洄溪村周氏字第:**

西房:称 清 康 颙 圭 尚 堪(贤)尊(宪)万(忠)宰(良)英(奇)豪(芳)永(凉)庆(梓)齐(煜)恭 和 信 敏 惠 鑑 洪森 焕 垛 钧 浩 楷 熹 增

东房:称 清 康 颙天 準 通 亨 伦(太)循(深)德(思)镇 祥 浚 恒 恭 和 信 敏 惠 鑑 洪 森 焕 垛 钧 浩 楷 熹 增

**洄溪村周氏系图:**

智强→辅成→敦颐→希文(寿)→坦→永泰→录三→荣一德荣

洄溪周氏共修谱 13 次,其中有两次续修间隔相差百余年。宋咸淳丁卯(1267)修至明宣德八年(1433)续修,相隔 166 年,明宣德八年至嘉靖十七年(1538)续修,又相隔 105 年。

**洄村周氏迁徙情况:**

五十八都甘岭下、上阳、横塘头、大霪头、湖家洞、青口、八都骆家坞(万家坞)、里亭、宣家坞、下园。

次坞镇新民村骆家坞自然村周氏:

- 周仁林
  - 周曹根住骆家坞 —— 周宣达(1938) —— 周建明 —— 周大伟
    - 周哲帆
    - 周哲航
  - 周曹龙住凰桐 —— 周宣云
    - 周建军 —— 周挺
    - 周建江 —— 周强

## 泌湖村周氏

泌湖村位于诸暨市山下湖镇东南部，毗邻枫桥镇及本镇的解放村、新桔城村，由大宣、下宣、建华(埂头)三个自然村合并而成。

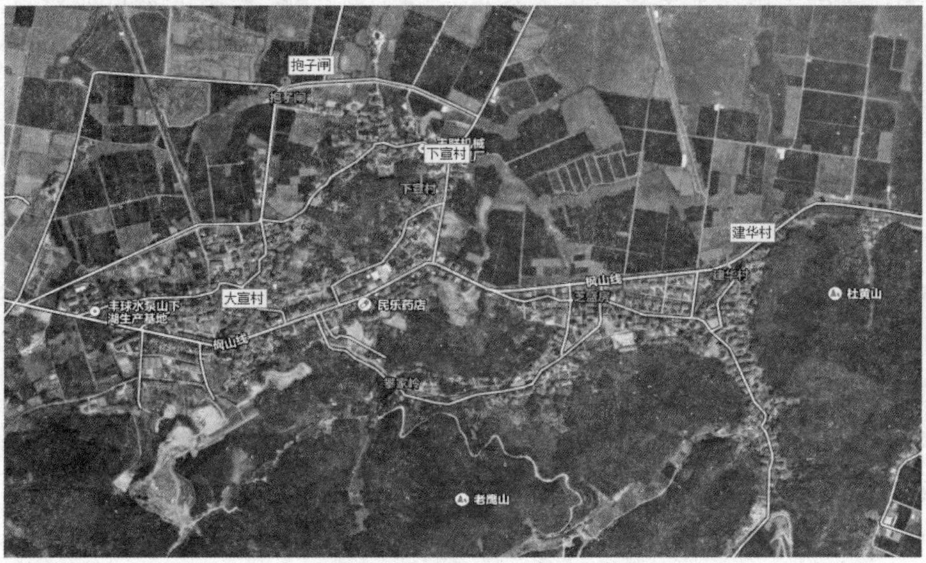


泌湖村电子图

大宣原系宣氏住宅，后因宣氏渐趋衰落，有周、魏、赵、王诸姓陆续迁入，而该村仍以宣姓为名，因村子大于下宣，故名大宣。南临班坞水库，西接祥头，北连抱子闸。

泌湖原是洪涝成灾的湖。人民为了生产、生活在湖内另筑小埂自守。埂程到头之处称埂头，因此得名为埂头。位于诸暨市区东北面，距城 18 公里。东靠杜黄山，南接六家岭，西邻下宣，北接西新湖。

全村区域面积 5.9295 平方公里，3473 人，1257 户。至 2015 年 12 月 30 日，有周姓人家 205 户，周氏人口 607 人。泌湖村耕地面积 4077 亩，其中水田 3802.2 亩，旱地 274 亩，山林 2671 亩。

泌湖村周姓，系準七公周锦的后裔。在大宣村建有周家香火，香火大门上有石匾“日初公祠”，石匾上方，还有一尊骑着麒麟、戴着似郭子仪的官帽的小石像。“文化大革命”前，大宣村周国光的父亲，系最后一名“香火(祠)”看守人。因历史原因，“文化大革命”后，“日初公祠”不复存在。当初建祠之地，现已为周国光家住地。家谱中发现三处与“日初公”有关的资料：1.卷二，P020，有準七公与日初公墓图。2.卷二，P138，“章高公传”，公讳章高，字春宝，霖族祖也。“(光绪年间)晚年追忆五世祖，日初公卜筑于斯，派下子孙众多，建造祖堂三间，费用皆公垫发，俾乃祖乃父，实式凭之，今大宣周氏，居然亦一望族也。”3.卷十一，P066，桓 15，讳日初，生康熙乙未五月廿六日巳时，配徐氏，继蒋氏，卒乾隆辛卯十一月廿二日丑时。生三子：蒋占、太占、正国。

泌湖村周姓原宗谱于民国丁巳年(1917)曾重修,后无单独修谱记载。从天津师范大学收藏的《暨阳长宁洄溪周氏宗谱》了解到,泌湖村周姓字辈为:

惇颐寿细铨禄荣称清廉颙天准通亨伦循德镇祥浚桓恭和信敏惠鑑洪森

大宣、下宣周氏字第在《暨阳长宁洄溪周氏宗谱》按"东房"字第排序。

(一) 大宣自然村周氏属:通廿二房亨三十二公住湖家洞派。

**系图:**称二→清七→廉十→颙六→天四→准七→通二十二→亨三十二→伦三十三→循十六→德九→镇六→祥七十二

(二)下宣自然村周氏属通九房亨十八公住大霪头派(下宣村由五个自然村组成,其中之一为"大行头"自然村。大行头与大霪头,"行"与"霪"在方言中音相近,而且"行"字大家认识,书写方便,所以家谱上的"大霪头"改称现实中的"大行头")。

**日初公系图:**称二→清七→廉十→颙六→天四→准七→通九→亨十八→伦五十一→循三十一→德三十九→镇十八→祥三十七→浚二十二→桓十五,讳日初。

通九房亨十八公上阳派,祥三十二公住上阳。

**系图:**称二→清七→廉十→颙六→天四→准七→通九→亨十八→伦四十一→循十五→德三十八→镇二十四→祥三十二

埂头27户周姓,自称廿七房、四房两脉(具体待考)。

**知名人物:**

周　军(1973—),南京军区一军一师副参谋长。

周国军(1962—),绍兴市信访局副局长。

周志荣(1960—),诸暨市林业局副局长。

周国苗(1971—),诸暨市社保局副局长。

周岳松(1975—),诸暨市人民医院副院长。

周　青(1975—),诸暨市教育局干部。

## 第三节　兵公派村落

浙东兵公周氏各房派几经迁徙,繁衍发族,房派分东阳、诸暨、磐安、缙云、嵊州、天台、义乌、永康、新昌等地,人口达十万之众。在诸暨的后裔主要由东阳玉峰迁徙的岭北周和嵊州开元迁徙的花亭周氏二支。

岭北周,位于诸暨市区南端,距市区30余公里。原属东阳县管辖。明隆庆年间,东阳县分68都,建14个乡,岘北属六十七都,隶甘泉乡。民国21年(1932),岘北境域属1区,分8个乡。其中岘北乡驻地岘北周。民国24年(1935)设岘北乡。1951年改为岭北乡。1967年2月,经国务院批复:东阳县岭北公社划归诸暨县管辖。1993年3月撤岭北乡设岭北镇。

花亭,原属诸暨县花亭乡,今属浬浦镇。

## 一、少公支

浙东兵公周氏来自岐阳汝南郡望族。据《浙东周氏宗谱》记载:隋时,先祖行暹公任雍州刺史,次子融公南下入浙处州(今浙江丽水)括苍。融公之子兵公隋(597—657),于唐武德年间(618—626)任东阳教谕,卜居淮岩。兵公生二子:进、益。益公生四子:虎、论、少、叫。徙居玉峰。虎公生二子:魏、旺。少公生四子:陈、造、广、迎。迎公迁居岘山之北(今诸暨市岭北周),为岘北周氏始祖。

少公字世大(644—?),于唐麟德间(664—666)自淮岩同兄弟徙居玉峰模槎坳,娶张氏,生四子:陈、造、广、迎。少公夫妇与兄虎公,同厝廿六都后周修磨园。其四子迎公(706—763)生于唐,文学雅士,精通天文地理。酷爱山水,一日游岘山之北,见群峰挺拔,山青水秀,五龙落脉,屏笔耸翠,可樵可渔,于是卜居发族,即岘北周氏始祖也。自东阳玉峰迁居岘山之北,时称甘泉乡太平里。

自四世祖迎公定居创业,经祖辈数十代辛勤,开源疏流,创建东西二宅,至十三世琼公,宋(1186—?),字伯玉,号南窗。宋绍定进士,诏封龙图阁直学士,致任归乡,创办南溪书屋,培育子孙,首修宗谱,建造宗祠,堂号绍濂堂。后子孙繁衍,择地分居,十八世全十六颀翁公,明(1328—1386)卜居陈村。后称陈村房。十八世全三十七弥历公,元(1340—?)自岭北周迁居新阳创业,后称新阳房。二十二世炎四十一兆怀公(1466—1544),明创建下宅于清赏桥下、仁里坊中,今称下新屋村。尚有诸多迁居各地不胜枚举。(见后各村迁居史)。

自琼公于宋宝祐三年(1256)建谱以后,世代接力传承,至2006年,第二十次重修岘北周氏宗谱,自兵公至聚字辈,共四十一世,入谱族人地域涉及诸暨、东阳、义乌、临安缙云、杭州等地八十余个村。海外族人涉及美国、加拿大、澳大利亚、台湾等诸多国家和地区。至今自光字辈至聚字辈,共九代同堂,一万一千多人。可谓根深叶茂,源远流长,人才济济,事业辉煌,迎公后裔,子孙万代荣昌。

### (一) 岘北周氏

#### 岭北周村周氏

岭北周村位于浙江会稽山脉东麓,诸暨市岭北镇南部。自然村有船山、桐坑、西周、岭北周、下新屋、高台门。2006年诸暨市行政村规模调整中,合并为今岭北周村。据2006年年底统计,该村共有1381户,3704人,区域面积15.10平方公里,驻地原岭北周村。清《国朝三修诸暨县志·山水志》载:"金华府东阳县北境大岭,开化溪之源出焉。北流二十五里,至开化乡三十八都之界头村入境。又北流二里至航村名航村溪,西受寺基坪水。……又北流至乌岩,东受鹭鸶岭溪。鹭鸶岭,在(诸暨)县南八十里,属开化乡,跨连东阳界。水自东阳境西北流至枫树头入境(旁连白水岭。《万历府志》云:'白水岭,在县南东八十里东阳县界')"(卷6第1页)。

岭北周村景图

据《岘北周氏宗谱》载：东阳有岘山山脉，南谓岘南，北称岘北，故称岘北周。1950年因地处大岭之北，改名岭北周。兵公四世孙迎，字东源，排行二十四，娶暨阳吴氏，同厝西坑。生三子：伯归、伯阳、伯超。于唐(706—763)自东阳玉峰迁居岘山之北，时称甘泉乡太平里。

**知名人物：**

(一)

周　老(824—？)，排行家七，家贫事母至孝，不慕富贵，癖好山水，一日游太白峰，遇两老翁对弈，坐观良久，相忘岁月。得人一桃，刚咬一口，忽思家母，下潭洗桃，桃滑下沉，摸桃坠潭身亡。孝母之心感动族人，将其庐改为庙，每逢干旱，村人祈雨，果获灵验，时县令闻之甚奇，奏报朝廷。宋端平三年(1236)敕封太尉，遂命建庙谓之"太保殿"，岁时必祭，凡水旱疾疫，有求必应，香火鼎盛。民国9年(1920)改庙为楼，称之"崇孝楼"。

周锡恩(987—？)，字南涧。授信州路提学。

周国宾(1074—？)，字景玉，号平山。授永宁巡检。

周　琼(1186—？)，字伯玉，号南窗。宋绍定元年科中乡试第8名，后中会试第10名，赐进士，补龙图阁直学士，著有《逸史外编》、《南窗寄傲集》等。

周侅孙(1228—1291)，号松坡。贡生，授嵊县县尉。

周国纲(1257—1307)，字存耕。宋信州路通判。

周与进(1310—1392)，字彦升，号存斋。元至大科解元。

周希文(1547—1617)，明以军功擢浙闽把总。

周守国(1570—？)，明由贡生任休宁赞政县尉。

周守春(1585—1650)，字仲元，号肇初，明以军功擢东征千总。

周守英(1596—1672)，字仲彦，号完璞。幼年攻读于东阳北宫书院，与城东托塘张国维、字忠敏(后任明末兵部尚书兼兵马大元帅)同窗共砚多年，结为金石之交。年长同赴府试，途遇相士，谓"尔等两人一富一贵，周当大富，张当大贵"。当时守英负其才，不以为信。而后国维连捷南宫，平步青云为显官。而守英改读从商，取号完璞，乐善好施，名闻乡里。不出20年，家道臻臻日上，如云蔚霞蒸，业胜陶朱，富冠一邑。乡人守英公援例入官，守英不从，决意留我书香，以待后人。遂设庠产50亩，为培育英贤岁科乡会之资；另立常租200亩，为祭享外，劝募义举之需。以后裔孙尊守英之命，设考棚制钱40000文，为每年奖励优秀人才之用，订有细则视为乡规民约，此举延续至土改时期。清顺治二年(1645)五月,明末兵部尚书张国维,保太子南下,督师钱塘江上,所需军饷悉贷于守英。次年6月初兵溃,张国维由诸邑之廊下经溪北,绕道吴村越岭而行(后谓之苦马岭),主仆从横山分道夜行赶至岘北周,与守英相见,两人握手痛哭,国维失声道:吾贵不及尔富也,老兄璞则完好,吾张某不知置身何地也。席间,谈及护驾将士尚有数千余众,忍饥而行,人马困疲已极,公闻之即命连夜宰猪造饭,次早派人送至大岭头,又助饷数千,犒劳将士。国维与守英言别时,赠守英宝物数件,其中有玉杯1只,墨砚1方。

周其进(1610—1642),明由武生授南京把总。

周士骧(1626—1680),明兵部以平寇有功,提授宁夏游击。

周尚灿(1658—1705),又名方煜。清邑庠生,入太学补授州司马附贡。

周人初(1661—1731),又名之清。清太学生,乾隆甲子贡生,候补县丞。

周飞熊(1748—?),又名懋秦,字德明。郡庠生,督办乡团堵塞小岭庵苦守7昼夜,战功显赫。

周懋瑜(1753—1812),又名琏。金华协右营外委把总,军功卓异。

周懋仪(1803—1862),字可法。贡生。

周锦涛(1825—?),又名洪涛,号之亭。贡生。

周炳麟(1830—1904),又名光迎,字振甫。贡生。

周之翰(1831—1899),又名光迪,号锦屏。贡生。

周光祯(1831—1887),字致兴。六品军功。

周尧聪(1833.3—1861.10),字厅甫,庠名环,邑廪生,在藉督团阵亡(小岭头抗“粤匪”),奉旨给予云骑尉世袭罔替。

周光迥(1833—1908),又名品莲。清恩贡铨选儒学正堂,授职直隶州州判。

周品蓉(1835—1900),又名光尧,字允详。贡生。

周佩瑾(1837—1910),又名懋瑾,字世修。贡生,候选同知。

周品华(1837—1872),又名光週,字邦彦。贡生。

周尧思(1838.9—1861.10)字恭甫,庠名佩蘅,邑庠生,在藉团练,御敌阵亡(小岭头抗“粤匪”)奉旨给予云骑尉世袭罔替。

周学濂(1840—1921),又名文喜,号杏楼。岁贡,候选训导,内阁中书衔。

周光莲(1845—1919),又名万英,字文选。由武生拔补外委升授花翎浙江部司提标中营副府。

周尧恺(1846—1911),又名庠。光绪乙酉(1885)科拔贡,候选直隶州州判,戊子科(1888)北闱乡试中式张坪榜第84名举人,挑取国史馆誊录议叙知县,选授湖州府孝丰县训导以畿辅水灾,协理赈济,功保升严州府淳安县教谕服阕,选授湖州府安吉县教谕,钦加五品,升衔兼署训导代理武康县教谕训导,覃恩加五级,诰授奉直大夫。

周尧夔(1856—1918),又名璜,号杏泉。郡庠贡生。

周　庚(1858—1909),又名尧晫,号镜唐。廪贡生,科岁贡。

周德仁(1865—?),又名光鑫,号雨香。由附贡生授湖北候补县丞,加捐五品衔,代理恩施县左堂。

周鼎新(1867—?),又名光升,字雪茗。贡生。

周锡桐(1872—1931),又名树枚,岘北周人。清浙江常备新军2标1营司务长,世袭云骑尉抚标右营追补千总。

周锡棋(1880—1906),又名树杞。在营效力,蒙定海提镇曾公清远汇案保奏五品军功,即补千总。

周鹏飞(1888—?),字福根,陆军炮工学校第2期教官区队长,骑兵团中校团副。

周星敖(1898—1986),上海绸厂工人,中共党员。1937年受中共上海市失业丝绸工人支部委派回原籍东阳发动群众开展抗日救亡运动,曾任中共下新屋支部书记。1939年3月14日出席中共东阳县第1次代表大会。

周锡潮(1899—1939),又名周寅。国民党陆军第6师步兵第17旅第33团机枪连任少尉排长,在抗日战争中参加台儿庄战役,英勇牺牲,1939年12月被追认为烈士。

周品湘(1902—?),岘北周人。20世纪30年代初在上海创办锦孙绸厂,任总经理。

周柳生(1902.2—?),又名尧宰,字则三,学名以让。武昌高师毕业,曾任交通处中将处长周永年秘书,解放后在东阳中学任教。

周启兰(1906—1989),少校军需主任。

周友敖(1906—1942),1938年参加革命工作,中共党员。抗日战争时期革命烈士。1942年6月牺牲于岘北周村箭桥头。

周长林(1908—1973),岭北大队总支委员。

周宝书(1912—1999),又名宝水、马义生。1931年加入共青团,次年转入中国共产党,任交通员。1937年12月—1939年3月任东阳县工委书记,东阳县委书记。1939年3月14日出席中共东阳县第1次代表大会。1939年春,调新四军工作,后任江苏省江都、高邮、祁东、溧南、太湖等县委组织部长、副书记、书记等职。1946年调任华东局组织部巡视员,苍马县委书记。解放后,分别任青岛市中纺第4纺织厂军代表,党组书记,上海市总工会劳保部部长,上海市杨浦区副区长、区人大常委会副主任等职。

周宝满(1913—1995),上海锦孙绸厂厂长。

周永清(1914—1946),又名永春,华东野战军第1纵队3旅8团2营副班长。1946年6月牺牲于山东泰安,革命烈士。

周生玉(1916—1993),岭北公社革委会副主任。

周永锦(1918—?),黄埔军校第16期,骑兵团副团长。

周德华(1920—?),黄埔军校第16期,步科连长,杭州警察训练所主任。

周永绣(1920—?),黄埔军校第16期,连级。

周永新(1923—?),17期无线通讯独立营营长。

周永飞(1925—?),字翼畅,陆军少校。

周森衍(1925—),教授,正师级;潜水医学专家,长期从事军事医学科学研究,曾获国家科学技术进步一等奖及三等奖各1次;获中国人民解放军全军科学技术进步一等奖1次,三等奖5次,四等奖2次;1995年获全军“八五”重大科技成果奖,在部队被授予“海军后勤系统优秀党员”先进科技干部称号,享受国务院政府特殊津贴。

周永誉(1927—？),字志仕,总统府卫士中尉。

周锡鹏(1927—2002),字根海,1943年参加金萧支队任杨思一警卫员。1949年解放东阳后分管文卫工作。1949年5月至1951年9月任东阳人民政府卫生院院长,筹建东阳人民医院,曾出席东阳县第1届各界人民代表大会,诸暨市第11届人大代表。

周立歧(1928—1950),又名利起,志愿军某部战士。1950年12月牺牲于朝鲜,革命烈士。

周友槐(1929—1949),1949年参加革命工作,志愿军50军149师445团战士。1950年12月牺牲于朝鲜沙基木,革命烈士。

周世来(1930—1951),烈士,牺牲于朝鲜加里州。

周万机(1930—1952),又名周学明,中国人民解放军12军36师108团2机械连战士。1952年5月牺牲于四川铜梁。革命烈士。

周维庆(1930.10—？),某部炮兵营营长,转业东阳人民银行。

周维标(1933—2003),岭北公社管委会主任,岭北乡党委书记。

周裕云(1939—2012),南京军区政治部正团级;南京市水利局办公室主任。

(二)

周永范(1929—),中国科学院上海有机化学研究所研究员。

周偶姣(1930—),岭北乡副乡长。

周永良(1930—),岭北公社副社长,岭北公社革委会副主任。

周贻锵(1930—),哈尔滨铁路局工务处处长,高级工程师。

周友唐(1931—),师广州铁路局车务处处长,高级工程师。

周生土(1932—),台州(黄岩)长潭水库林业科科长。

周哲生(1932—),樟村公社党委委员,东阳江公社党委委员,人武部部长。

周文荣(1933—),岭北乡总支副书记,岭北公社革委会副主任,岭北公社党委副书记。

周月生(1933—),岭北公社党委委员。

周圣时(1934—),宁夏灵武县供销总社副主任。

周友洪(1934—1995),岭北大队总支委员。

周仕龙(1934—),浙江省第1监狱任组织科科长,保卫科科长。

周允文(1935—),国防重庆建设机床厂总工程师,高级工程师。

周安金(1936—),南京浦镇车辆厂高级工程师。

周章基(1936—),机械电子工业部国营烽火无线电器厂党委书记,高级工程师。

周永策(1937—),团党委委员,浙江煤炭总公司2队党委书记。

周维泉(1938—),上海静安区房管局科长。

周雨金(1940—),杭州电子工业大学教授。

周永佩(1941—),东阳市地矿局局长;林业局局长。

周安银(1944—),南京军区政治部、宣传部新闻处处长、主任记者,中央电视台驻南京记者站站长,大校军衔,享受军职待遇和政府特殊津贴。4次获得中国新闻最高奖,出席全国海、陆、空三军代表大会;先后荣立三等功2次,嘉奖多次。

周学良(1945—),苏州市沧浪区工业局党委书记,政法委副书记。

周田法(1945—),岭北镇党委书记,诸暨市交通局正局级调研员。

周璋琮(1945—),上海海事局高级工程师。

周　诚(1947—),南空汽车修理厂政治协理员,上校军衔。

周兰珍(1948—),湖州九八医院正连级,转业南京工商联科长(局级)。

周龙寿(1951—),浙江黄金公司办公室主任,高级工程师。

周立仁(1953—),岭北镇中中学高级教师。

周嘉生(1954—),全国工商联银珠宝业商会副秘书长,浙江省饰品行业协会副秘书长。

周章法(1955—),绿化乡党委委员。

周江伟(1957—),岭北镇、璜山镇镇长。

周国俊(1958—),绍兴市越城区文教局副局长,绍兴市教育局普教处处长,招生办主任。

周俊明(1959—),宁夏大学附中中学高级教师。

周俊良(1961—),宁夏灵武市园艺试验场工会主席,副局级。

周　亮(1961—),绍兴文理学院附中党支部书记,实验中学校长,中学高级教师。

周坚男(1962—),东阳市湖溪高中中学高级教师。

周连进(1962—),绍兴军分区预备役团政治部主任,中校军衔;转业绍兴市财政局任财政监督室主任(副局级)。

周晓光(1962—),中国新光控股集团董事长、中国珠宝首饰行业协会副会长、浙江饰品行业协会会长,全国十、十一届人大代表,全国妇联第十一届执委。

周秀华(1962—),安徽武警纵队医院放射科副主任医师;转业安徽行政学院财政金融系书记。

周建农(1964—),岭北镇、璜山镇副镇长。

周天蓉(1964—),中学高级教师,杭州清泰实验学校教导主任。

周克俊(1964—),日本高级工程师。

周建杭(1965—),中共杭州市高新区(滨江)区委常委,公安局局长。

周巧龙(1966—),绍兴市第六人民医院放射科副主任医师。

周洪元(1966—),诸暨市职业教育中心中学高级教师。

周荣新(1969—),中国核工业华兴建设公司第3工程公司高级工程师,上海市某实验室主任。

周贤龙(1970—),上海市消防局黄浦支队后勤处长,上校军衔。

周　珍(1973—),南京市水利局办公室副主任。

周江峰(1974—),东阳市横店镇副镇长,纪委书记。

周　鑫(1972—),主任编辑,中国财新传媒集团副总监。

周　韵(1972—),注册会计师,双硕士,定居加拿大。

周　頔(1975—),英国YOYK博士,武汉外国语学校副教授。

周如钢(1979—),浙江省作家协会委员,曾创办《牧野》杂志并任主编。

周翰磊(1983—),北京爱立信公司高级工程师。

周卿伟(1988—),中国科学院博士研究生。

**文物：**

2012年岭北周村已被列入浙江省历史文化村落。

竹园脚“斯可堂”，岭北民宅木雕建筑代表作之一。建于清代，正厅3间加左右厢楼12间，照墙开圆门组成三合院。梁头、枋、檩均刻上花纹、线脚。牛腿、雀替、正厅、厢楼门窗的木雕采用浮雕、透雕技法。画面喻菊，隐迹者也；牡丹，富贵者也；莲，君子者也；桃，红艳者也。开“廿”字弄堂，廊顶开设长方形3个藻井。整座楼设九重门。天井左有百年茶花，更添古朴风雅。现部分结构遭到破坏，正厅右门窗被日本侵略军焚烧，无法复原。前后厅明间，前檐柱透雕牛腿。厢房门窗木工，雕刻精细。

绍濂堂（周氏大宗祠）：宋淳祐（1241—1252）在安园建祠，成化（1465—1487）遭火焚。后在隔溪银涧建大宗祠。清嘉庆乙丑（1805）重修。规模恢弘，气象峥嵘。3开间，由门楼（整衣冠）、前厅（以序昭穆）、中庭（以妥侑）、后楹（以棲神）。左右侧设两庑（楼房）。明间月梁，梁幽深凹，龙须纹半月状。抬梁式，复水椽屋架，柱石鼓形，瓜楞磩。门楼设置万年台，斗拱飞檐，“鸡笼结顶”，为独具的岭北木雕藻井。天井均以石板围沿，鹅卵石铺地。祠前置旗杆石（高1米）1对。于1972年拆周氏家庙，建大会堂。2009年，建造商品住宅楼。现存惠时堂（花厅）、彝训堂（小份厅）、麟振堂、九如堂、凤岐堂、七份厅，在2012年修缮一新。

**文化：**

（一）元宵节迎龙灯。自明清时期，村就有元宵迎龙灯的传统，正月十一出灯，十五夜结束。

（二）七月十四中元节，古有兰盆、挂金银树、挂十样，造法船等习俗。

（三）十月初一迎棚灯，庆丰年。各钯花灯，十几盏为一棚。

（四）1930年至20世纪40年代曾自发组成坐唱班、昆腔班、徽戏乱弹班、滩簧班，每年春节前后到义乌、东阳等地演出。

（五）20世纪30年代，周维金先生自制行头，请名角，成立徽剧，先名“北岘舞台”后名“周长青”的专业剧团。20世纪50年代成立“岭北婺剧团”，演出传统古装戏三十多本。20世纪60年代改演现代戏、样板戏。

（六）20世纪40年代，由周东山、周章洪发起建立“北屏文学社”，发表新思想文章，刊印多期。

（七）周锡州书法，执教40多年，爱好书法，犹精小楷作品发表，多次获奖。2014年个人出专著《乐寿斋书法集》。

（八）周生元诗联，在各种书刊发表诗词300多首，多次获奖，在首届国际诗词大赛得二等奖，并荣获新世纪文化名人、汉文文学博士荣誉称号。2013年个人出版《萤窗吟草》诗联集。

**岭北周周氏字第：**

自兵公四世孙迎公始，详见岭北周周氏字第（少公派）。

**岭北周周氏系图：**

暹→融→兵→益→少→迎→伯阳→日移→向→恩锡→承→埙→向→处俭→琼→仁孙（为居岭北周各房祖）→侅孙→国维（陈村房祖）、国宾（新阳房祖）

**岭北周氏迁居外地情况**

岭北周村（少公派）

第三十世贤三百八十九人楼(圣六六智房),迁东阳练仙坞。
第三十世贤一百六十七人纪(圣六六义房),迁东阳西金西兰村。
第三十一世礼六百八洪炉(圣六六义房),迁东阳东步头。
第三十一世礼七百七十洪宁(圣六六义房),迁东阳徐施。
第三十二世善三百六十一懋云(圣六六义房,迁东阳青塘安。
第三十世贤六百七十三人槃(圣七六五常),迁东阳六石西光。
第三十三世德六百二十九光明(二房仁五十公下),迁东阳三角塘沿。
第三十三世德千二百廿一光顺(小份),迁东阳广东坞。
第三十四世泽八百尧渠(四常),迁东阳溧塘里北。
第三十六世先七百十三永进、弟永保,迁东阳罗店。
第三十四世泽四百九十二尧法(二常),迁义乌华溪岐山村。
第三十五世绍七百三十二锡根(二常),迁义乌楂林。
第三十三世德千二百三十一光李(花厅房),迁临安高山牛头湾。
第三十六世先五百十六永唐(圣六六礼房),迁临安市。
第三十六世先五百七十四永槐(圣六六礼房),迁临安廊口村。
第三十六世先六百四十七永敖(圣六六礼房),迁临安青云桥。
第三十六世先五百三十永康(圣六六礼房),迁临安西华村。
第三十二世善七百八十六懋笛(花厅二房),迁东阳后岑山苦竹岭。
第三十四世泽九百十七尧林(二常),迁临安夏禹桥大山脚。
第三十六世先一百八十六永钰(圣六六礼房),迁义乌廿三里。

## 迁徙村落

## 下新屋周氏

据传:明时,周氏迁居后按地势上下建造新屋分居。该村在下方,故称下新屋。位于县城南面,距城35.1公里。东邻岭北公路,南接岭北周,西靠金山湖,北连高台门。耕地面积222亩,共255户,人口672人(其中周姓481人)。山林3198亩。以粮林生产为主。海拔155米。下新屋

下新屋村景图

是岭北镇的政治、经济、文化中心。

兵公第二十二世孙兆怀，字文性，号长乐翁。明(1466—1544)年间从岭北周迁居于此，为下新屋村周氏始祖。兆怀，娶华氏，生三子：仁鑰、仁枢、仁杭。

兵公第二十五世圣八十六希凤公，明(1571—1641)字子灵号碧泉，公秉性仁厚，措行端庄，和气接人，义方垂训，以勤俭持家。自岭北周迁居下新屋。娶鹤岩王付使侄女，合葬桐坑飞凤。生七子，守恂、守慄、守恻、守恒、守慥、守忭、守权。

兵公第二十七世忠二百八十八学渊公(1645—1718)字思跃，自岭北周(花厅三房)迁居下新屋。葬张家岭义二百十二公侧。娶乌岩蔡氏，娶侧室诸暨胡氏，生七子尚橹、尚楫、尚栲、尚甫、尚樟、尚梧、尚圣。

兵公第二十七世忠二百四十七学璐公(1637—1689)字思美，自岭北周(圣六十六公礼房)迁居下新屋。娶本都傅家坞金氏，合葬杨家平。生五子尚安、尚案、尚宸、尚实、尚家。

兵公第二十七世忠二百五十六学选公(1636—1711)字思遴，自岭北周(圣六十六公智房)迁居下新屋。娶大爽楼氏，合葬占家坞香山岗侧面。生三子尚锦、尚铤、尚镇。

兵公第二十九世和一百五十六嘉澄公(1686—1767)庠名之详，号适斋，邑庠生，自岭北周(圣六十六公义房)迁居下新屋。葬于五家坞口，娶义乌钱塘孙氏，葬金家坞骑龙右边。生一子人经。

兵公第三十世贤一百二十七人忠公(1709—1781)字子厚。自岭北周(圣七十六公四常)迁居下新屋。娶王氏合葬王家业，生五子洪仁、洪仪、洪仔、洪份、洪储。

**知名人物：**

(一)

周伯光(1559—1613)，字邦明，号绍南。明·由贡生授江西萍乡县县丞，安乐镇巡检。

周守德(1588—1658)，字仲心。广东肇庆府府卫经历。

周竹生(1623—1702)，字学绍，庠名立。清康熙辛未岁贡，候选儒学教谕。

周懋钰(1823—1894)，又名鸿。清由武生授浙江抚标左营经制外委拔补千总。

周尧兰(1896—1945)，1937年8月参加中国共产党，任诸(暨)东(阳)边区中共党组织联络站联络员。1945年11月牺牲于下新屋，革命烈士。

周尧相(1915—1951)，字文太，黄浦军校16期岭北乡乡长，连级。

周章荣(1916—1946)，又名荣根、周荣。1937年受中共上海市失业丝绸工人支部委派回东阳原籍发动群众开展抗日救亡活动。1938年5月参加中国共产党。1938年5月至1945年9月任中共下新屋支部书记。1945年9月21日，随金平欧带短枪20支，每支配3发子弹，从苦竹溪返回诸义东地区，立足义乌楂林一带联络党员，在十分困难的情况下，坚持斗争。1946年1月2日，金平欧带领何汝木、周章荣应“邀”到楂林镇与国民党义乌县楂林镇镇长金祖统，五乡联防队队长傅梦山“和平谈判”时被扣。1月3日，金平欧、周章荣被杀害于楂林镇下桥头，为中国革命献出了年轻生命。革命烈士。

周世来(1930—1951)，志愿军后方勤务司令部5分部辎重12团战士。1951年12月牺牲于朝鲜。革命烈士。

周永生(1932—2012),营级,转业诸暨车辆厂任厂长、书记。

(二)

周　恺(1931—),中国船舶公司船舶系统工程作战指挥研究室主任;高级工程师。

周锡生(1932—),杭州铁路大修队高级工程师。

周华金(1936—),国家高级美术师、书法家,新魏体创始人;中国当代艺术协会终身名誉主席、中国书法家协会会员、中华书画研究院院士、上海铁道书协主席、上海市文联副主席、浙江省钱江书画院顾问、世界知名人物(书画)。

周贤昌(1938—),岭北乡党委委员。

周江荫(1961—),空军第5飞行学院副院长;大校军衔;空军特级飞行员;绍兴市委某办公室主任。

周正林(1963—),黑龙江工程技术大学教授。

周国新(1964—),诸暨市财政局副局长。

周永忠(1966—),诸暨市气象局副局长。

周志其(1972—),东海舰队作战支援舰第2支队机电业务长,副团级,中校军衔,现任诸暨市建管局副局长。

周国龙(1977—),蒋堂监狱副大队长。

周丽军(1980—),乔司监狱第二分监狱副监区长

周钢兴(1981—),杭州西溪国家湿地公园(余杭)管委会管理服务中心副主任。

**文物:**

敦本堂、仁德堂(厅)、垒德居(小书堂)。

**文化:**

(1)村内保存珠灯、竹丝灯、琉璃灯、羊皮灯等彩灯一批。

(2)传说:学绍公画菜

学绍公,字竹生,天资颖异,过目悉志,善琴棋工书画,翰墨诗词,无不精绝。传说有一次画了一株九心芥菜,朝露历历在目,青翠欲滴,送进京都,人人称奇。皇上命人寻访下落,欲招为驸马。只因官差误事,学绍公埋没乡间。有《课余诗草》,水墨花卉山水行世。诗入《东阳县志》《金华诗录》,并载《两浙輶轩录》。

**下新屋周氏字第:**自兵公二十二世孙兆怀公始,详见岭北周周氏字第(少公派)。

**下新屋周氏系图:**兵→益→少→迎→伯阳→日移→向→恩锡→承→埙→迵→处俭→琼→仁孙→国瑞→道童→净光→宗亿→清→元实→惟锭→兆怀(迁下新屋始祖)

**下新屋村迁徙外地:**

第三十一世礼九百六十二洪坊,迁义乌李孟宅。

第三十二世善七十一懋恩,迁东阳六石后里。

第三十二世善一百十懋恩,迁东阳六石后里。

第三十二世善一千四十六懋钰,迁杭州南星桥。

第三十三世德八百九十光春,迁义乌李孟宅。

第三十四世泽八百尧莫，迁东阳罗店。

第三十四世泽千二百五十五尧塘，迁东阳罗店。

第三十四世泽八百七十六尧兴，迁东阳江北宅口村。

第三十四世泽一百四十七尧纪，迁东阳李宅。

第三十五世绍千二百五十五锡芝，迁杭州馒头山。

第三十五世绍千三十三锡洪，迁义乌华坎。

第三十五世绍三百三十七锡铎，迁临安大山脚。

## 高台门周氏

村多四合院，且台门较高，故称高台门。东靠前山，南连下新屋，西接金山湖，北毗西周村，海拔150米。位于岭北镇北面。共155户，419人，其中周姓313人。

高台门村景图

兵公有三支后裔迁居高台门村。(1)第三十一世孙洪漠(1760—1822)，排行礼四百九十九，从岭北周(花厅大房迁居高台门)娶李氏，生二子：懋功、懋章；(2)第三十二世孙懋修(1787—1850)，排行善三百四十二，娶虞氏，生三子：光国、光裱、光详。从岭北周村(圣六十六智房)迁居高台门；(3)第三十二世孙懋义(1778—1850)，排行善三百四十二，娶蒋氏，生三子：光汝、光连、光昆。自下新屋迁高台门、懋仪(1803—1862)，排行七百四十二，字可法，贡生，娶陈氏、侧室叶氏、刘氏，生二子：光福、光祺，与长兄懋修从岭北周(圣六六智房)同迁居高台门。

第三十四泽四百廿六尧斑迁居义乌大陈

**知名人物：**

(一)

周光宣(1815—1866)，字日照。贡生。

周宝林(1893—？)，黄埔军校少校教官，炮兵营一等军需。

周永年(1899—1990.2)，字积金，号巩侯，高台门人。陆军中将。早年，毕业于浙江省立工业专门学校电机工程科。1926年,任国民革命军中央军事政治学校(黄埔军校)第4期电讯技士兼教官,参加北伐战争、淞沪会战、浙赣战役等。1942年退役。

周万根(1905—1979),1937年加入中国共产党。1938年5月至1945年9月,任中共高台门支部书记,在"四清"时期把珍藏在家中墙壁内的党旗献给东阳县党史馆。1985年核准复党。

周志新(1909—1993),又名国良。1928年参加中国共产党,解放战争时期任团级干部,解放后历任杭州利群卷烟厂厂长,上海国棉14厂厂长和20厂厂长等职。

周志英(1913—1997),又名至云。1942年加入中国共产党,并加入新四军。先后参加过孟良崮、淮海、渡江等重大战役,多次负伤立功。1951年参加抗美援朝,在上甘岭战役负伤,为三等甲级残废军人,转业至山东淄博市木材公司工作。

周华泉(1917—1991),参加孟良固淮海渡江等战役任南京军区联防部后勤秘书、后勤部锯木厂厂长(正团级)。

周森陛(1917—1951),黄浦军校第三期,副团长。

周森林(1922—1996),1938年3月加入中国共产党,同年10月入伍。抗日战争时期,任新四军江北指挥部军医院1分所副所长,4分所所长,某师某旅卫生部卫训队队长等职。参加过占鸡岗、王子城和老虎山等战斗。解放战争时期,任新四军某师某旅卫生部医务主任,第3野战军第7纵队卫生部医保科科长,第7纵队第20师卫生处处长,第3野战军第34军卫生部副部长等职。参加过苏中涟水防御战,宿北、莱芜、孟良崮、南麻临朐、胶河、胶济线西段兖州、淮海、渡江等战役和战斗。新中国成立后,任华东航空军卫生部副部长,福州军区空军后勤部卫生部副部长、部长等职。1960年被授予大校军衔。先后荣获三级独立自由奖章,三级解放奖章和独立功勋荣誉章。1982年11月离休,享受副军职待遇。

周友仙(1937—2010)杭州公交公司;全国劳动模范;杭州市人大代表。

(二)

周正庚(1922—),黄埔军校第六期,连级。

周森琰(1925—),慈溪浒山中学高级教师。

周仕森(1932—),西安微生物研究所高级工程师。

周生姣(1933—),金华县工业局副局长,金华市经贸委正科级组织委员。

周森旗(1936—),长沙交通学院党办主任,副研究员。

周维昌(1942—),20军某师后勤部军械科科长,南京市外贸公司总经理。

周　诚(1947—),曾任解放军320部队主任军医,空军上校军衔,转业后任南空汽车修理厂政治协理员。

周洛平(1954—),南京市物价局处长。

周志跃(1960—),空军航空兵某师技术装备部部长助理,副团级,转业任金华市电力局保卫处处长。

周博生(1962—),山东淄博市博山区广电局党委委员。

周新浩(1962—),诸暨实验职中副校长,诸暨市职业教育中心中学高级教师。

周英豪(1964—),浙江商业技术学院经贸学院人事处处长,教授、高级经济师。

周华龙(1975—),中信银行上海分行投资银行部总经理;中信银行上海浦东分行行长。

周荣浩(1976—),诸暨市陶朱街道副主任。

周单英(1978—),诸暨市建设局高级测绘师。

周双强(1978—),中铁四局工程管理中心高级工程师。

**文物:**

崇孝楼、光裕堂、洋房,2003年,诸暨市批准为市文物保护单位。

崇孝楼,又名太保殿,始建于清乾隆年间,系周氏后裔为弘扬祖德,崇尚孝道,以追念宋敕太尉公而建。周氏宗谱中记曰:"周太尉者讳家七,生于唐长庆甲辰(824)东邑岘北周人也,家贫事母孝,不慕富贵,癖好山水……"崇孝楼座北朝南,三间二廊,通面阔12.5米,通进深7米。2004年,耗资十五万元,得到重修,望后世子孙记住先人的崇孝大义,做一个大孝之人。

光裕堂,建于道光年间,古朴的三合院,出过贡生,堂前还留存旗杆石。

洋房:中西合璧,前厅后堂,走马楼,四周围合式,门窗都有雕刻,并有书有画,占地628平方米。2015年政府投资60余万元,修葺一新。

**文化:**

民国年间,高台门组织过昆唱班,腊月、正月到各地坐唱。20世纪60年代,兴办俱乐部,演过《南海长城》等剧目。

**高台门村周氏排行字第:**自第三十一世孙洪漠始,详见岭北周周氏字第(少公派)。

**高台门村周氏系图:**

(1)希龙→守芝→学海→尚桢→嘉然→人时→洪漠(迁居高台门始祖)

(2)希濂→守人→学义→尚微→嘉仔→人能→洪芳→懋义(迁居高台门)

(3)希俸→守诏→学越→尚晐?→嘉焯→人璋→洪溥→懋修、懋仪(迁居高台门)

## 新阳村周氏

据传:明时,周氏从岭北周迁入,先居南飞凤山脚。因山高阳光少,乃移居北飞凤山脚向阳处,故名新阳。位于县城南面,距城31公里。距镇政府驻地西北8公里,属新阳行政村,主姓周。2002年底统计,全村有128户,337人,其中周姓272人。耕地106亩,山地3041亩,呈长方形分布。东至坑口,南邻广岭头,西接金家脚,北靠里家岭。海拔115米。

新阳村景图

兵公后裔迁入新阳的有四支:(1)第十八世孙弥历(1340—?),排行全三十七,字伯仪,号和处士。自岭北周入赘新阳,为新阳村周氏始祖。娶应氏,生子三:如渊、如阜、如山;(2)第三十世孙洪维(1772—1834),排行礼六百九十八,自岭北周迁居新阳。娶虞氏,生二子:懋模、懋梓;(3)第三十世孙洪仔(1783—1828),排行礼一百二十七,自岭北周迁居新阳。娶吕氏,生三子:懋陈、懋陸、懋陶。(4)第三十六世孙永土(1933—1997),排行先八百六十一。娶周偶根,生一子:生强。少年时随母自下新屋迁居新阳。

第二十三世智八十六仁东,迁东阳七都王村。

第二十六世义二百五十八守堂,从王村迁梧桐。

第三十三世德重千五百八光杰,迁临安夏禹桥。

**知名人物:**

周阳生(1970—),92118部队舟山勤务船副大队长,副团级。

**文物:**

村建有:宗祠贻谋堂、厅三间。村口建栖霞寺,规模宏伟。

**新阳村周氏字第**:自兵公十八世孙弥因公始,详见岭北周周氏字第(少公派)。

**新阳村周氏系图**:兵→益→少→迎→伯阳→日移→向→恩锡→承→埙→向→处俭→琼→亥孙→国宾→日昺→震→弥历(迁新阳始祖)

## 潘宅村周氏

南宋时,潘姓居此,以姓氏得名。位于县城南面,距城32公里。距镇政府驻地西北5公里,属潘宅行政村,主姓周、蔡。2002年年底统计,全村179户,494人,其中周姓230人。耕地144亩,山地3800亩,呈方形分布。东靠前山岗,南接坑口,西连岗岭头,北接新阳、王店。海拔130米。

潘宅村景图

兵公有三支后裔迁入潘宅。(1)第二十世孙学潭，排行忠三百二十，清(1657—1699)自新阳迁居潘宅。为潘宅周氏始祖。生二子：尚贵、尚芝。(2)第三十三世孙光斐，排行德七十六，娶水带应氏，生一子尧明。清(1792—1852)自下田畈迁居潘宅。(3)第三十四世茂林排行忠十四，娶董氏，生四子：顺招、顺元、顺安、顺昌。清(1775—1769)自曼坑迁居潘宅。

**知名人物：**

周仙能(1898—1975)，又名周世能。中共党员，土改时积极参与领导农村革命建设，支持儿子周平参加抗美援朝。曾任岭北乡人民代表，东阳县第1—4届政协委员。1954年8月出席全国荣复军人烈军属代表大会。

周　平(1927—1952)，又名阿兔。1942年加入人民游击队。1945年5月在安徽整编为新民主主义革命军，在剿匪战斗中曾多次立功，被评为甲等模范，并加入中国共产党。1951年在部队响应祖国召唤，参加中国人民志愿军，赴朝作战，任31师93团3营9连班长。1952年10月在上甘岭战役的五圣山战斗中，多次负重伤，腹部被弹片穿破，肠流出体外，仍坚持战斗至气绝，壮烈牺牲，立一等功，被誉为“钢筋铁骨的战斗英雄”。同年11月，部队授予“一等人民功臣”“二级战斗英雄”称号。革命烈士。

周永林(1931—1954)，又名周生详。解放军0084部队3支队3分队排长。1954年8月牺牲于普陀县，荣立二等功1次。革命烈士。

周森棠(1938—)，浙江省省委党校教授。

**文物：**

村建有花厅“孝思堂”。

**潘宅村周氏字第：**自兵公第二十七世孙学潭公始，详见岭北周周氏字第(少公派)。

**潘宅村周氏系图：**

(1) 兵→益→少→迎→伯阳→日移→向→恩锡→和承→埙→向→处俭→琼→亥孙→国宾→日丙→震→弥历→如山→文懋→惟育→道森→仁瑛→泰→希豹→守祜→学潭（迁潘宅始祖)。

(2)希洙→守聪→学纯→尚贤→嘉宏→人祖→洪林→懋循→光裴(迁潘宅祖)

(3)兆华→思成→廷文→大寿→守明→佛德→海福→国星→茂林(迁潘宅祖)

## 大岭头村周氏

据传：明时，周、陈两姓从岭北、义乌相继迁入此大岭岗上定居，地处大岭之巅，故名大岭头。位于诸暨市区南面，距城36.4公里。距镇政府驻地南面5公里，属大岭头行政村，主姓陈、周。2002年底统计，全村有122户，366人，其中周姓102人。耕地117亩，山地2033亩。村形如畚箕。东接大恬村，南连官田畈，西靠灵岩山脚，北邻礼户村。海拔335米。

(一)兵公第三十世孙人魁，清(1736—1800)，排行贤四百九十七，娶葛氏，生一子：洪财；(二)第三十一世孙洪月(1736—1800)，排行礼一百十六，娶吴良吴氏，生四子：懋德、懋律、懋循、懋从。从岭北周村迁入。(三)第三十四孙尧德(1876—？)，排行泽八百八十九，娶大岭陈氏，

大岭头村景图

生一子锡林。从下新屋迁入。(四)周凤详,民国时期从礼户迁入大岭头。

**大岭头周氏字第**:自兵公三十世孙人魁、三十一世孙洪月始,详见岭北周字第(少公派)。

**大岭头周氏系图**:(1) 惟铧→兆银→仁璟→忠→希相→守福→学达→尚有→嘉楠→人魁(迁大岭头为祖) (2)希龙→守英→学伸→尚錞→嘉泳→人柱→洪月(迁大岭头祖)

## 盛庄周氏

盛庄原名陈村。元末周氏从礼户迁此,仍称陈村。因重名1981年10月改为盛庄。位于诸暨市区南面,距城37.7公里。距镇政府驻地南面6公里,属盛庄行政村,主姓周、张。2002年年底统计,全村有126户,356人,其中周姓75人。耕地131亩,山地2518亩,呈方形分布。东接伏

盛庄村景图

虎山后山坞，南连水头山苋竹岭，西靠青龙山地平岗，北邻安头山梅坞口。海拔326米。

兵公第十八世孙颀翁，明(1328—1386)，排行全十六。娶陈氏，生二子：庆有、庆杰。由岘北周迁居，不二三传派绵延不绝。

兵公第二十四世孙伯正，清(1573—1639)，排行仁百二十三。娶杨氏，生三子：希宾、希宝、希实。清时，自陈村迁居东阳江北新塘里发族。

周啟圣(1712—1780)，自礼户迁入发族。

**知名人物：**

周峥明(1962—)，岭北乡副乡长。

**盛庄周氏字第：**自兵公第十一世孙颀翁始。详见岭北周周氏字第(少公派)。

**盛庄周氏系图：**琼→俟孙→国维→日升→相实→颀翁

## 塘岭村周氏

塘岭村因此地有塘有岭而得名。东至长山背，南靠高塘，西邻马各塘，北接龙化岗。海拔535米。距镇西7公里。周姓42人。

塘岭村景图

兵公后裔迁居塘岭有三支：(1)第三十二世孙懋顺，清(1775—1862)，排行善二百七十七。娶陈氏，生四子：光星、光彩、光宇、光清；(2)兵公第三十二世孙懋满，清(1848—1893)，排行善千四十九。娶李氏，生三子：光春、光富、光荣；(3)兵公第三十三世孙光求，清(1848—1920)，娶孚家湖金氏，生一子：尧荣。自下新屋迁居塘岭。

**塘岭村周氏字第：**自兵公第三十二世孙懋顺、懋满始。详见岭北周周氏字第(少公派)。

**塘岭村周氏系图：**

(1)桐→希和→守纲→正大→尚铢→嘉和→人俟→洪祐→懋顺

(2)桐→希和→守统→正盛→尚珰→嘉迎→人德→洪祯→懋满

## 三洲村周氏

三洲村曾称山洲，因（岭北、白坑、虬坑）划开三块绿洲而得名。东至十二炮台，西毗北腰坑，南邻北坞，北连下田坊，海拔130米，距镇北2.5公里。全村共466户，1357人，其中：周姓179人。

兵公第二十九世孙嘉祐，清（1681—1716），排行和一百四十二。娶三洲吴氏，生三子：人烈、人然、人鳌。从岭北周迁居三洲。

三洲村景图

**知名人物：**

周龙涛（1908—2001），字永福，号三礼。1924年以东阳中学第1名的成绩考入浙江省第1师范学校，毕业后在杭州、蚌埠、海门等地从教。1946年回故乡，修复被日本侵略军摧毁的校舍，恢复岘北小学并任校长。

周永胜（1917—1939），日军入侵，全民抗日，与村人吴永法、吴汝雄3人一起应考从军。1937年9月淞沪战场在浏阳罗店与日寇血战7天7夜，背部中弹，拯救后回家休养。1938年伤愈后重返6师，奔赴湖北襄阳鄂北战场，屡立战功，任排长。1939年在景山店战役中被日军包围，血战3天3夜，终因寡不敌众，壮烈牺牲，年仅23岁。1945年抗战胜利后，政府追认周永胜为抗日烈士。

周永昌（1927—2005），抗美援朝中任机枪连班长，荣立集体一等功。

周　山（1945—），高级工程师，绍兴市政协常委。

周忠法（1955—）爱好书画，精于山水花卉，多次获奖，中国书画研究院研究员，绍兴市书法家协会会员，美术家协会会员。

周云峙（1962—），国家一级注册电气工程师，浙江展诚建筑设计有限公司设备总工程师、副总经理。

周霭瑶(1989—)美国宾夕法尼亚大学法学博士学位。

**三洲村周氏字第**:自兵公第二十九世孙嘉祐始。详见岭北周周氏字第(少公派)。

**三洲村周氏系图**:希倖→守锷→学琇→尚友→嘉祐(迁三洲为祖)

## 下田坊村周氏

下田坊村,据传:明时,周氏从岭北周村迁此定居。因地处三洲村的一坊田畈之下,故此得名。东接古塘畈,南连诸东公路,西毗三洲,北靠前山。海拔 120 米。距镇北 3 公里。位于诸暨市区南面,距城 33.2 公里。距镇政府驻地北面 3 公里,属下田坊行政村,主姓周。2002 年年底统计,全村有 186 户,575 人,其中:周姓 391 人。耕地 212 亩,山地 1394 亩,呈方形分布。

下田坊村景图

兵公后裔第二十四世孙杨公,明(1526—1590),排行仁三十二,字邦植,号两槐。生四子:希俊、希秀、希荣、希华。梓公,明(1526—1590)排行仁四十二,字邦才,号两峰。娶妻华氏,生四子:希濂(复居下新屋)、希溪、希洙、希和。兄弟二人自下新屋迁居三洲,后创基三洲下畈,即今下田坊。为下田坊始祖。

**知名人物:**

(一)

周森泰 (1926—1945),1943 年参加革命工作, 浙东游击纵队第 3 支队第 1 大队任班长。1945 年 10 月牺牲于江苏常熟南丰。解放战争时期革命烈士。

周泉塘(1931—1968),1951 年 3 月入伍参加抗美援朝,期间曾立功受奖,后被选拔到军官学校学习。1968 年 7 月上旬,兰江特大洪水,7 月 9 日时任轮渡班长的他带领其他工作人员,先后救起 5 名遇险的排运工人。次日,洪水继续猛涨,在渡轮作业过程中与另一船只碰撞的危急时刻,奋不顾身,猛扑解危,保住了国家财产,挽救了10多位工作人员的生命,而年仅38岁的周泉塘英勇献身。省、地、县媒体对"英雄一扑"的壮举均作详细报道。浙江省交通厅召开追悼大会,并授予浙江省交通系统"工人英雄"称号。革命烈士。

周正乾(1903—?),上海棉纱厂高级工程师。

周森岭(1922—1951),字品相、襄,黄埔军校18期步兵科,3营12连。

周锡范(1935—2012),杭州铁路大修队副大队长;高级工程师。

周生园(1944—2000),营级转业,陈蔡派出所指导员。

(二)

周智新(1954—),岭北镇中心学校中学高级教师。

周晋东(1975—),绍兴市公安局看守所副所长,新昌县公安局副局长。

周军锋(1978—),空军长兴场站副营职干事;转业后任王家井镇党委委员、人武部部长。

**文物:**

启德堂:清咸丰9年(1859)建,位于下田坊村中心。建筑面积682平方米,设前厅中庭后楹,正屋均3开间,连左右厢房共17间。2001年重修,投资20余万元,整体结构是我镇保存完好的祠宇之一。明间抬梁式,梁头龙须纹呈半月状。雀替、牛腿雕刻精美。

**下田坊村周氏字第:**自兵公第二十四世孙杨公、梓公始。详见岭北周周氏字第(少公派)。

**下田坊村周氏系图:**惟锭→兆怀→仁錀→杨、梓(迁下田坊为祖)

**下田坊村周氏迁徙外地:**

第二十九世和又四百三嘉成,迁缙云山岭头三里街。

第二十九世和十九嘉麟,迁东阳托塘。

第二十九世和七十一嘉鼎,迁东阳托塘。

## 前山坞周氏

清时,周氏从岭北周迁此居住,取名周八户村。后因地处高山坳之前,故名前山坞。位于诸暨市区南面,距城38.1公里。镇政府驻地南面7公里,属前山坞行政村,主姓周。2002年年底统计,全村有24户,70人,其中:周姓57人。耕地34亩,山地1250亩,呈长形分布。东靠船山村,南接大坟岗,西接苋竹岭,北与后山坞上严岗相连。海拔335米。距镇7公里。

清时,兵公有二支后裔,自下新屋迁居前山坞村。为前山坞始祖。(1)第三十一世孙洪桢(1775—1816),排行礼七百二十五。娶葛氏,生二子:懋官、懋宣;(2)第三十二懋桂(1819—1902),排行善一千零二,娶蔡氏,生四子:光禄、光荣、光椿、光选。自岭北周迁入。

**知名人物:**

周生浩(1976—),东北大学博士、副教授。

**文物:**

村清时建有宗祠三间。

**前山坞村周氏字第:**自第三十一世孙洪桢、三十二世孙懋桂始,详见岭北周周氏字第(少公派)。

前山坞村景图

**前山坞村周氏系图：**(1)兆怀→仁枢→佩→希评→守祚→学默→尚雯→嘉先→人袍→洪祯(迁前山坞为祖) (2)希龙→守芝→学海→尚桢→嘉烈→人至→洪钺→懋桂(迁前山坞祖)

## 坞底村周氏

坞底属岭北镇水带新村,因所住地形而得名,民国32年(1943),曾改名五店。1981年地名普查定名坞底。村东至加坞岗,南邻楼坞,西连赵家坑,北毗九十岗,海拔159米,距镇北十公里。全村249人,周姓34人。

坞底村景图

兵公第三十世孙人月，字清辉(1765—1839)，排行贤七百五十九，自下新屋迁居坞底。娶西楼王氏，生四子，洪华、洪纯、洪浩、洪恩。

**坞底村周氏字第：**自第三十世孙人月始详见岭北周氏字第。

**坞底村周氏系图：**希祖→守理→学仲→尚喜→嘉镇→人月(迁坞底祖)

## 茶山村周氏

茶山村属岭北镇水带新村，因住地得名，东与陈宅镇南庄接壤，南邻水带，西毗新阳岭，北至界头。海拔98米，距镇北6公里。全村124人，其中周姓10人。

茶山村景图

兵公第三十二世孙懋灿，字朱泰清(1853—1911)，排行善千二百八十，自岭北周迁居茶山木大坞。娶茶山韦氏，生一子，光基。

**茶山村周氏字第：**自三十二世孙懋灿始，详见岭北周氏字第。

**茶山村周氏系图：**希琴→守圣→学柏→尚炳→嘉进→人梁→洪炳→懋灿(迁茶山祖)

## 孚家湖周氏

孚家湖最早叫傅郭坞，因傅郭两姓人在宋时已定居，后另外各姓迁居改称孚家湖。东连平原山下坑，南至孝儿岭，西接龙头坑，北靠油桐湾。海拔122米，距岭北镇东8公里。全村1168人，其中周姓101人。

兵公第三十三世孙光恕(1842—1913)，排行德九百一，自岭北周迁居长殿，娶朱氏生二子尧典、尧福。

孚家湖村景图

兵公第三十四世孙尧栋(1835—1899),排行泽二百二十三,自下新屋迁居长殿娶吴氏,续娶吴氏,生二子锡恩、锡惠。

**知名人物:**

周生芳(1960—),副营级转业诸暨市供电局。

周生伟(1967—),高级讲师。诸暨技校书记;诸暨技师学院党委书记。

周坚伟(1973—),杭州市机关事务局副局长。

**孚家湖周氏字第:**自三十三世孙光恕、三十四世孙尧栋始,详见岭北周氏字第。

**孚家湖周氏系图:**(1)学潜→尚格→嘉煬→人升→洪锵→懋忠→光恕(迁孚家湖祖)(2)学绍→尚楷→嘉焕→人坊→洪錞→懋潘→光枬→尧栋(迁孚家湖)

## 桐坑村周氏

岭北镇桐坑村,东与东阳市巍山镇广东坞相连,南靠豆缸沿,西邻高台门,北接梅树湾,海拔185米,距岭北镇东北1公里,全村103户,278人,其中周姓36人。

兵公第三十五世孙志恩,1935年生,排行绍一千四百三十四,又名志英,20世纪50年代自下新屋迁居桐坑,娶桐坑金冬香,生四子,成龙、云龙、云珍、希正。

兵公第三十七世孙森德,字华土(1905—1987),自高台门迁居桐坑。娶桐坑葛香根。生三子,维尧(出继宗二十七森葵居高台门)、尧生、维禹。

**知名人物:**

周维禹(1939—),南京市肉联厂设备基建处高级工程师。

**桐坑村周氏字第:**自第三十五世孙志恩、三十七世孙森德始,详见岭北周氏字第。

桐坑村景图

**桐坑村周氏系图**:(1)嘉松→人炬→洪堂→懋镜→光志→尧栴→志恩(迁桐坑)(2)嘉然→人时→洪谟→懋功→光被→尧选→锡钏→永清→森德(迁桐杭)

## 杨宅村周氏

杨宅属璜山镇大门村,东靠淡竹,南邻杨庄,北连翁家山,西毗下坞。距璜山镇南5公里,全村140户,260多人,其中周姓13户,51人。

杨宅村景图

兵公第三十六世孙永华(1864—1926),排行先九,字万春。自下田坊迁居开山大门里杨宅。娶金山坞陈氏。生四子,森福、森唐、森德、森球。

**知名人物:**

周金江(1987—),湖南大学毕业,现宁波建筑公司高级工程师。

另外从仙居迁居杨宅周姓3户,10人,居杨庄周姓2户,7人。

**杨宅村周氏字第:**自第三十六世孙永华始,详见岭北周氏字第

**杨宅村周氏系图:** 希溪→守忠→学谟→尚宝→嘉麒→人春→洪端→懋坚→光发→尧章→锡耀→永华(迁杨宅祖)

### 泄阳村周氏

泄阳村原名雪头。今属璜山镇寺下行政村。东至傅村,南接黄家店,西连茅塘,北毗寺坞。距璜山镇西南10公里。全村70户,200人,其中:周姓24户,77人。

泄阳村景图

兵公第三十世孙人澎公,字吉人,于清(1742—1784),自岭北周迁居诸暨三十七都雪头,今称泄阳。娶三十七都楼氏,合葬雪头小坑大菜园。生五子:洪敬、洪数、洪教、洪歙、洪收。

**泄阳村周氏字第:**自三十世孙人澎始,详见岭北周氏字第。

**泄阳村周氏系图:**希俸→守谕→学肃→尚建→嘉汉→人澎(始迁泄阳祖)

## 二、虎公支

虎公字世尊(639—684)于唐麟德间(664—666)自淮岩携三弟徙居玉峰模槎坳,娶王氏,生二子魏旺,与弟少公夫妇同厝廿六都后周修磨园。旺公生六子,轩、淳、圆、庆、训、睦,迁居临宅。

淳公生三子兑、晓、渥,渥公生三子,道之、罗之、奶之,道之生三子,伸、竞、势,伸公生三子遘、勉、宽,遘公为尖山礼户、溪西等派之祖。宽公为榧坞曼坑等之祖。睦公生二子,昶、德,德公为迁居西周之祖。圆公生六子,都、尚、懿、奭、海、琼。尚公为缙云、新城、佐村东门、吕畈、雅坑、卢塘等房祖。奭公迁居嵊县开元,为开元及暨阳花亭房之祖。琼公号望台,因黄巢起义,自玉峰迁居台州,为天台上西山之祖。虎公后裔繁荣昌盛,人才辈出,如十七世进士多人、文武状元师锐公、高州太守仲虎公、三司大将军中和公等,人才济济不胜枚举。而今族大分派为十多个房派,各自建谱,族人分布于东阳、磐安、缙云、天台、新昌、永康、嵊县、诸暨等地。2008 年东阳兵公周氏同修宗谱,其中虎公派计有 7 万多人,可谓泱泱大族也。

## (一)花亭周氏

花亭系暨阳古乡名,包括四十五都、四十六都、四十七都、附四十七都等行政区块。其中四十五都包括:大小兼溪、周家坞、沙滩、外上周坞、吾家坞、大林、佳溪坞、施坞、张家湾、白杜坞、古娄亭、旺村、桥头店、殿下、徐岸、李家坞、高头、八字桥、上典、里上、周坞、屠家坞、闹桥、梨树坞、溪坞、梓树山头、金村等二十六个自然村。今属浬浦镇和东和乡。

兵公之六世孙奭,字仁普,号建元。北宋景祐三年(1036),自婺州东阳县(今金华市所辖东阳市)第二十五都玉峰乡迁居嵊县开元,生息繁衍,成为剡西望族。奭公之十三世孙讳绅公,行元二(在开元为泰二),字子贵、信公,号振书。配新昌诸氏,于元至元二十六年己丑(1289)由剡县(今嵊州市)开元为避兵乱徙居暨阳花亭周家坞村太平桥头(今属小兼溪村)为祖。生清、源、渊三子。第四世孙昌三公入赘兼溪申屠氏,遂为周氏暨阳花亭之始迁祖。随着子嗣增加,不断迁徙,形成众多分支,分布在今大溪、大兼溪、小兼溪(含下新屋、上新屋、旺村、夹衖)、杜家坞、吾家坞、上周坞、周家坞、周家湾、大林、八字桥、尚典、施坞、闹桥、沙滩、外上周坞、佳溪坞、白杜坞(含前旺、坳子、沙滩、古里亭、梓树山头、蔡家弄)、古娄平、王村、桥头店、徐岸、上店、白果树下、毛家塘、火烧吴等一带。生息繁衍,子孙昌盛,科甲边绵,成为暨东南的一大望族。花亭周氏一族现有人口一万多,有祠堂十五座。

花亭派周氏尊兵公十八世孙绅公为始祖,自明朝成化乙巳年(1485)由振三公好问,第一次修家族宗谱,后又在明嘉靖丙寅(1566)能三十九公鼎续修宗谱,前后续修超过九次。

其堂号为萃文堂、思成堂、推本堂,房派堂号见村落。

**花亭周氏系图 1**

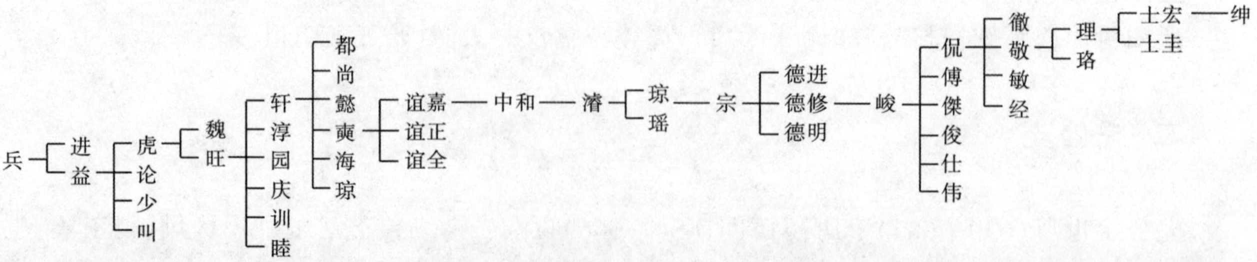

**花亭周氏系图2**

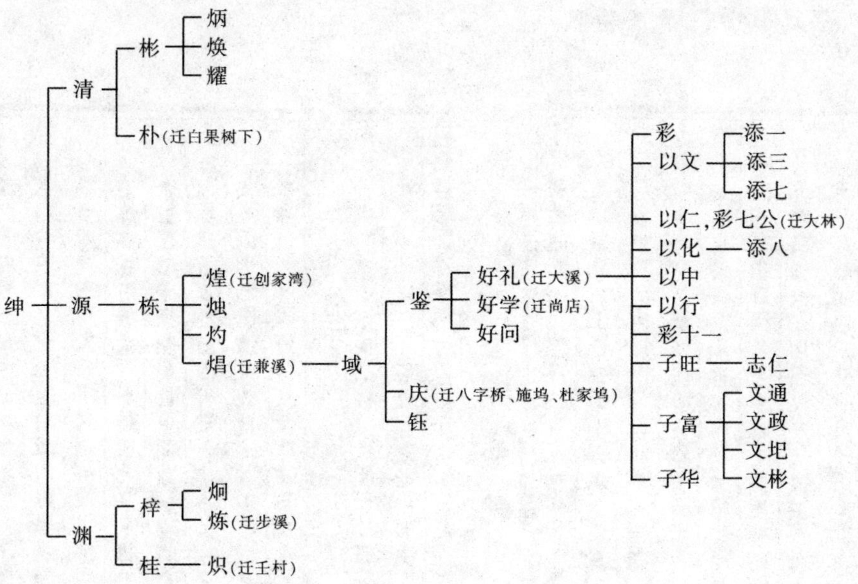


## 附:始祖元二公遗嘱

余之世系,其来远矣!按我谱牒所载家世,本姓姬,由太王邑于岐周。厥后,子孙遂因以为姓而寻不复改,及平王封庶子继阳于汝南,历迁于斯,其鹿凡五,然世次虽远,宦达连绵,汉、唐、晋、宋以来,备述图谱,历历可征,世德之发于前者,不为不厚难不成。迨我祖讳奭,字仁普,又祖,居东阳玉峰。景祐中,就别产始居嵊之开元,至我父母生我兄弟,俱各婚配,教立成人且常训我等,曰:"我先世颇称巨族,仕者辉映,虽隐居者,亦往往富厚,至我独勤苦自甘,汝等当效力,以光先德,勤生理,以恢拓产业慎勿怠惰,各宜勉旃。余承此训,笃志向学,力课农桑,自是家道渐至充足,及元至元二十六年已丑(1289)十月初五日,贼杨振龙据宁海,集众数十万,自称大兴国,寇东阳、义乌、新昌等县,浙东大震且风闻指日来,里中无籍者,乘势为盗,放恣杀,夺财物,煨烬屋庐,家人各奔窜,父子逼不相顾,余与汝母诸氏,进退莫之适从,乃卜之于神,得西行之兆,即率诸奴,各负囊橐,赍余粮、家缁、牛马,亦不暇顾尽弃而行,是夕宿于紫岩山寺,明朝由走马峰出诸暨,忽后来者问之,知宗人无恙,且喜、且懼惧,穷日之力行至一山谷间,偶遇樵者问之,答曰:某姓周,祖居周坞,余亦以姓名告之樵者,喜与同姓遂止宿,即引之而前,至家,杀鸡为黍,相与酬酢极欢,因有愿留之意。余观山溪环秀,又喜其与已同姓而眷爱之诚,即不忍舍去,遂卜居焉,迄今数十年矣。生汝三子,买田筑室,立业成家。诸孙蕃衍,衣裕食足,是皆先灵远佑之功。汝母勤劳赞助之所致也,予何能焉?呜呼!昔遭寇难,弃亲戚,去坟墓,崎岖至此,艰苦百端,有不忍言者。予今九十三矣,暮景已迫,故特书此以遗汝,欲汝知宗祖之源流,识我造家之艰难也。望汝等,各光大门户,教子以诗书,务农桑,睦族和亲,敬乡里友善,良恤贫苦,西上主人恩德不可忘也。其二子见在虽驽弱,汝当时加省察,以扶持之还念故乡。岁时,今节,当引诸幼往拜尊长祭扫坟墓,勿惮其远,倘依此嘱,付庶箕裘接续而不失也。所有开元遗业,并住基、田土、坟墓、山楂、庵舍,俱有条段,四至具载簿书。乃汝亲叔收掌,亦不必与之屑较,但愿汝厥后克昌。余之所嘱，不过如此，汝其敬之慎毋忽诸。元至元六年庚辰(1340)五月望后一日。

父图存老人书，绵远嘱咐嗣子清等收执。

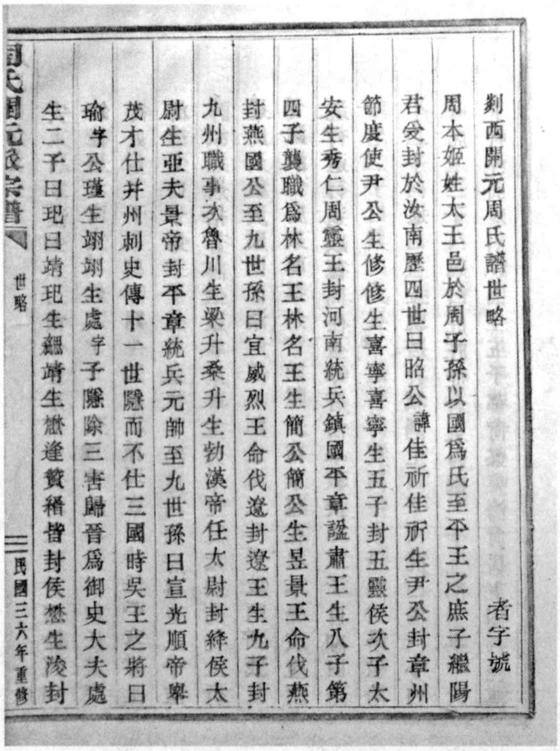
剡西開元周氏譜世略　者字珹
周本姬姓太王邑於周子孫以國爲氏至平王之庶子繼陽
君受封於汝南歷四世曰昭公諱佳沂佳沂生尹公封章州
節度使尹公生修修生喜寧喜寧生五子封五顯侯次子太
安生秀仁周靈王封河南統兵鎮國平章謚肅王生八子第
四子襲職爲林名王林名王生簡公簡公生昱昱王命伐燕
封燕國公至九世孫曰宣威烈王命伐遼封遼王生九子封
九州職事次魯川生梁升桑升生勃漢帝任太尉封絳侯太
尉生亞夫景帝封平章統兵元帥至九世孫曰宣光順帝舉
茂才仕并州刺史傳十一世隱而不仕三國時吳王之將曰
瑜字公瑾生翊翊生處字子隱除三害歸晉爲御史大夫處
生二子曰玘曰靖玘生勰靖生懋逢贊稽皆封侯懋生浚封
世略
民國三十六年重修

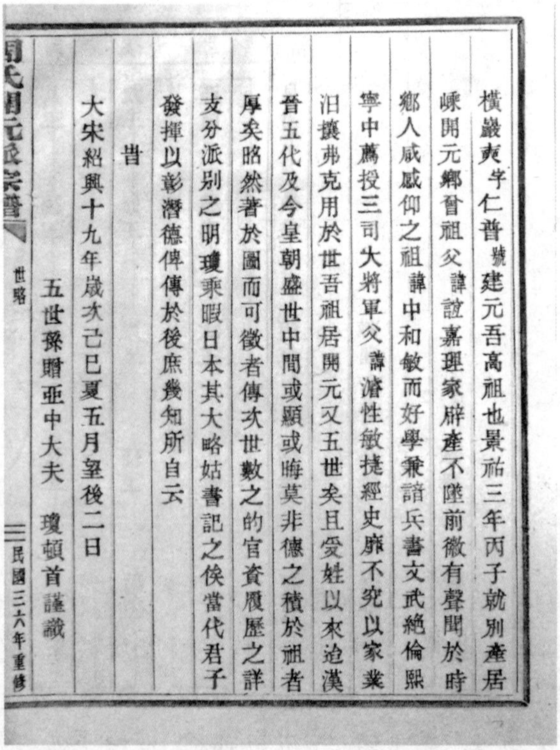
横巖夷字仁普號建元吾高祖也景祐三年丙子就別產居
嵊開元鄉曾祖父諱誼嘉理家辟產不墜前徽有聲聞於時
鄉人咸感仰之祖諱中和敏而好學兼諳兵書文武絕倫熙
寧中薦授三司大將軍父諱濬性敏捷經史靡不究以家業
汨攘弗克用於世吾祖居開元又五世矣且受姓以來迨漢
晉五代及今皇朝盛世中間或顯或晦莫非德之積於祖者
厚矣略然著於圖而可徵者傳次世數之的官資履歷之詳
支分派別之明瓊乘暇日本其大略姑書記之俟當代君子
發揮以彰潛德俾傳於後庶幾知所自云
旹
大宋紹興十九年歲次己巳夏五月望後二日
五世孫贈亞中大夫　瓊頓首謹識
世略
民國三十六年重修

安東將軍浚生顗字伯仁晉永昌時僕射生五子鎔鈴鏗釗
銓徙居汝南安城銓之十五世孫諱子諒唐元宗朝任監察
御史生三子翔翱翻翱生隋隋之孫堺宣宗時任平章事生
濤濤生四子第三子燧咸通四年除處州知府事生三子誼
諄誠遂居括蒼諄生康寧康寧生光平光定光宏光定生行
逢周太祖廣順間除湖南道州刺史至九世孫敦頤字茂叔
號濂溪任廣東轉運判官就隱居南康蓮花峯下光宏生行
道行暹行暹顯德間任金華府儒學教授生二子曰翮曰融
融生二子曰興曰兵兵字處信開寶間任東陽縣儒學教諭
生二子曰進曰益益就居於城隅生四子曰虎曰論曰少曰
呼虎生二子曰魏曰旺旺徙居東陽縣二十五都玉峯生六
子軒淳圓慶訓睦圓生五子都尙甦爽海尙居東陽縣槎溪

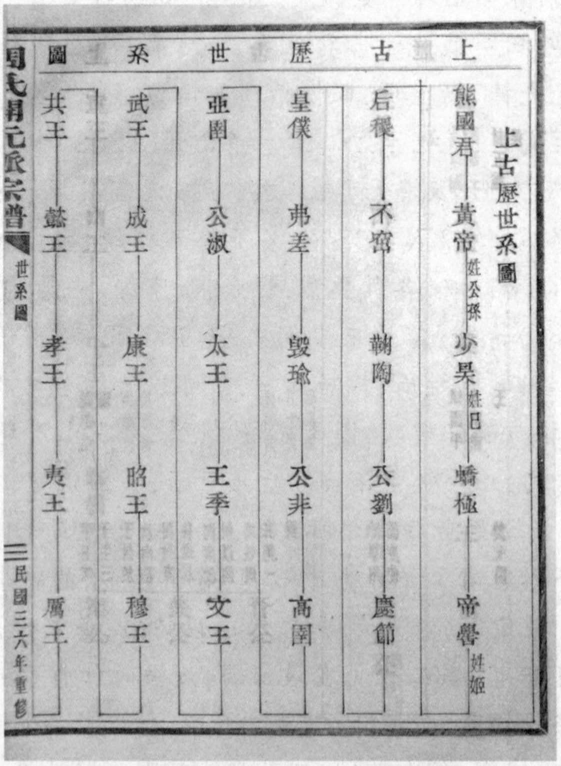
上古歷世系圖
上古歷世系圖
熊國君—黃帝姓公孫—少昊姓巳—蟜極—帝嚳姓姬
后稷—不窋—鞠陶—公劉—慶節
皇僕—弗差—毀瑜—公非—高圉
亞圉—公淑—太王—王季—文王
武王—成王—康王—昭王—穆王
共王—懿王—孝王—夷王—厲王
世系圖
民國三十六年重修

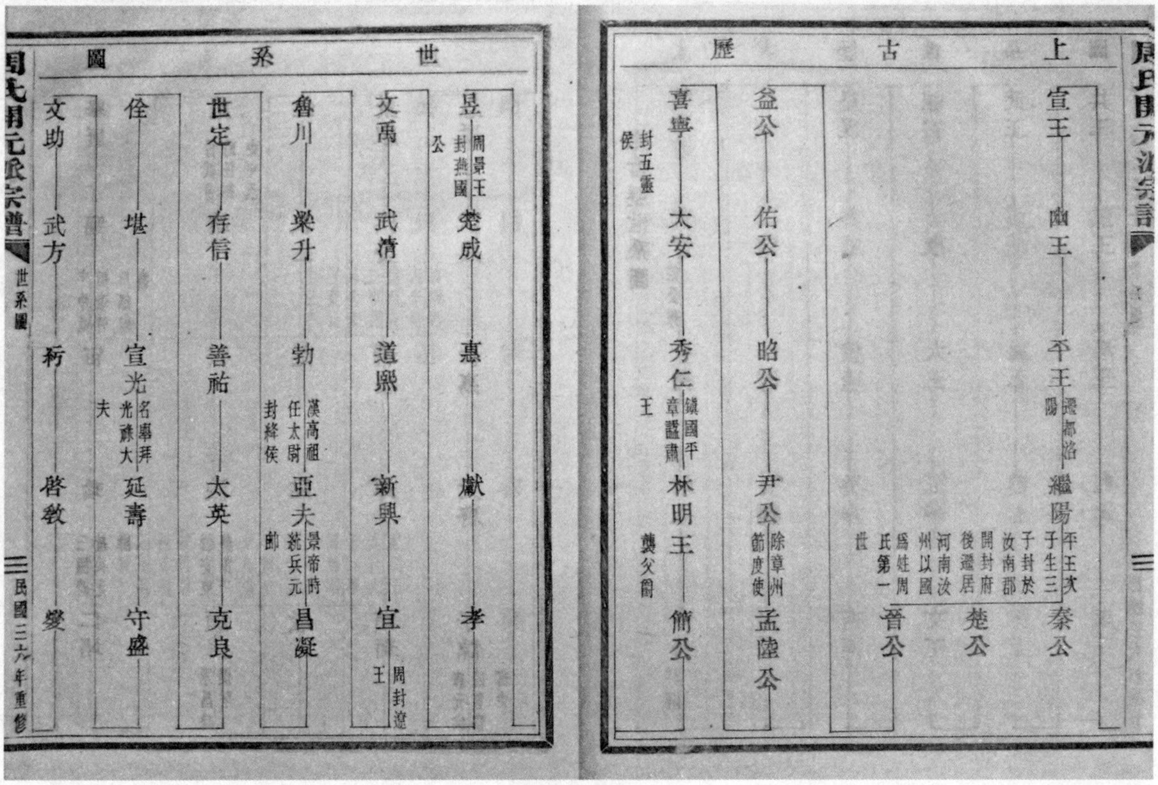
周氏開元派宗譜
上古歷
宣王—幽王—平王遷都洛陽—繼陽平王次子生三子封於汝南郡開封府後遷居河南汝州以國爲姓周氏第一世—秦公
楚公
晉公
益公—佑公—昭公—尹公除章州節度使—孟陵公
喜寧—太安—秀仁鎮國平章監肅王—林明王—簡公
封五臺侯
襲父爵
周氏開元派宗譜　世系圖
世系圖
昱周景王封燕國公—堯成—惠—獻—孝
文禹—武清—道熙—新興—宜周封遼王
魯川—粲升—勃漢高祖任太尉封絳侯—亞夫景帝時統兵元帥—昌凝
世定—存信—善祐—太英—克良
佺—堪—宣光名專拜光祿大夫—延壽—守盛
文助—武方—秎—啓敎—燮
民國三十六年重修

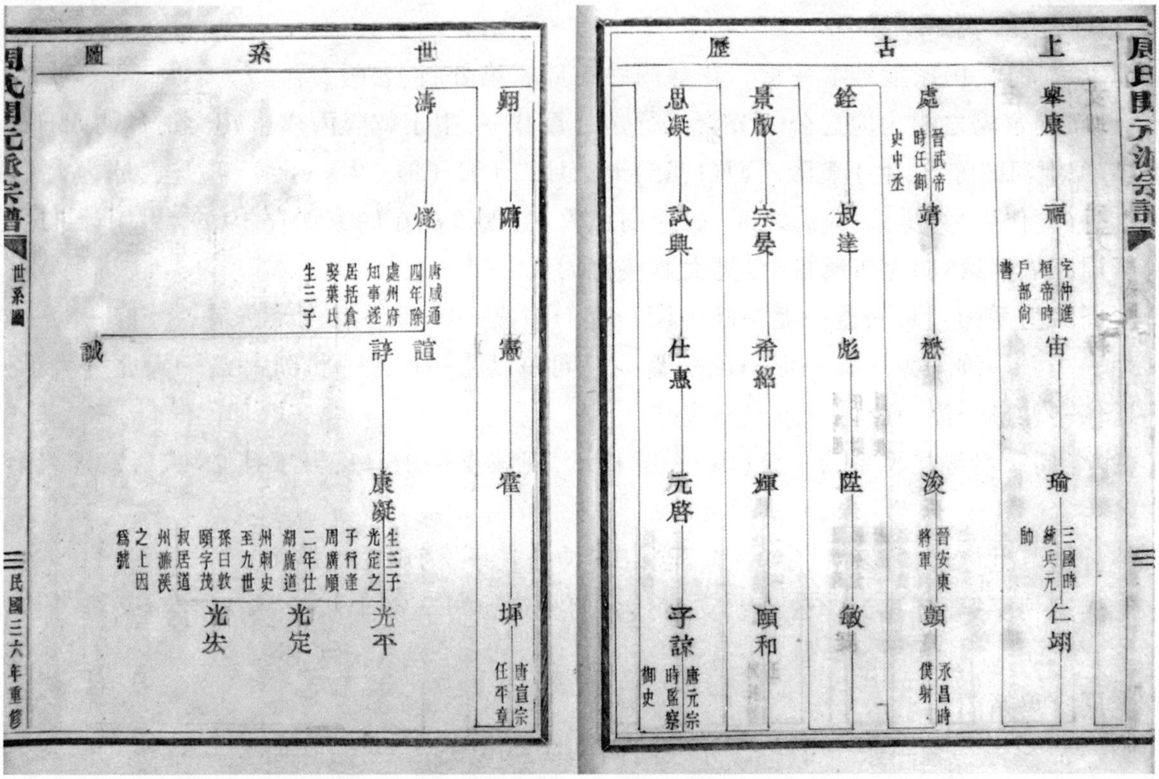
周氏開元派宗譜
上古歷
舉康—福字仲進桓帝時戶部尚書—宙—瑜三國時統兵元帥—仁翊
處晉武帝時任御史中丞—靖—懋—浚晉安東將軍—顗永昌時僕射
銓—叔達—彪—陛—敏
景敝—宗晏—希紹—輝—頤和
思凝—試興—仕惠—元啓—子諒唐元宗時監察御史
周氏開元派宗譜　世系圖
世系圖
翔—隔—憲—霍—埰唐宣宗任平章
濤—燧—誼唐咸通四年除處州府知事遂居括倉娶葉氏生三子
詩—康凝生三子光定之子行達周廣順二年任湖廣道州刺史至九世孫日敦頤字茂叔居道州濂溪之上因爲號
光平
光定
光宏
誠
民國三十六年重修

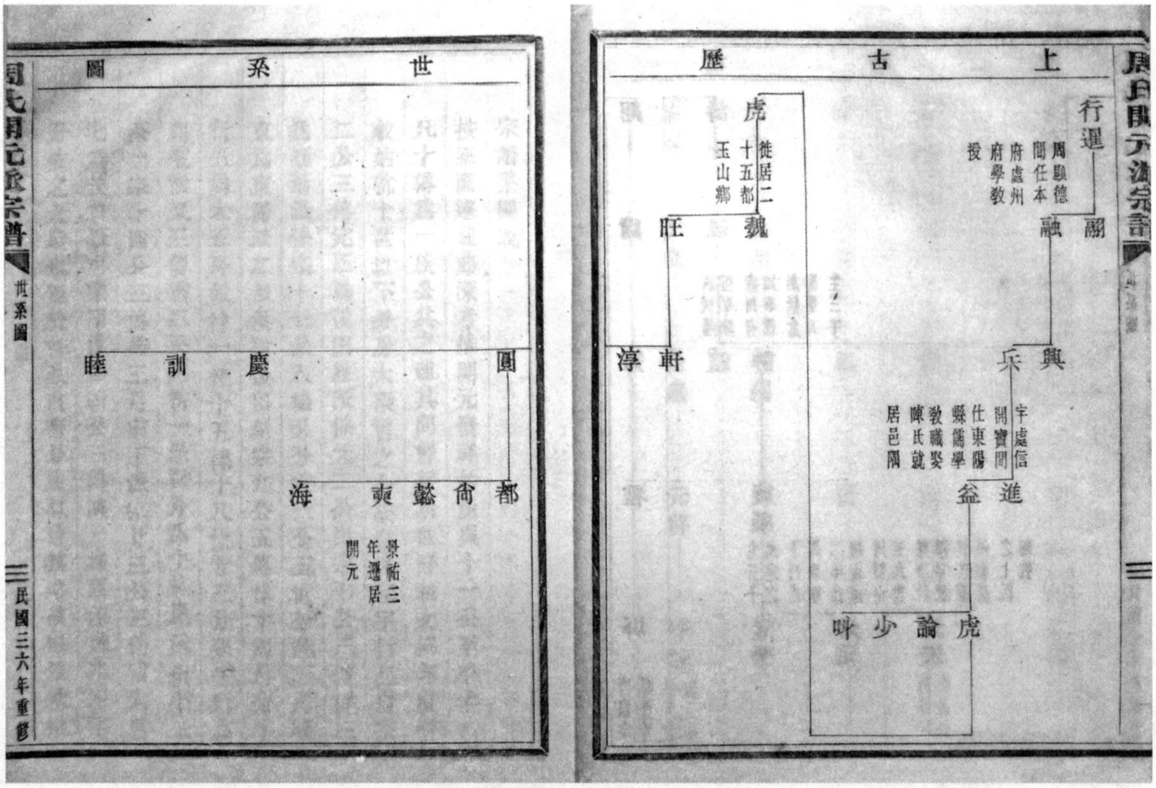


兵公系图

## 周家坞村周氏

周家坞周氏，房派堂号本一堂。花亭周姓在周家坞分新、老两支：

(1)新周家坞之祖为应芝公，字南台，行学二百廿一，生于乾隆丙戌(1766)正月初四日子时，卒不详，配上河图陈氏，生于乾隆乙酉(1765)十二月二十日子时。生一子缠。应芝公原为大兼溪友百三十公(允仁公)大房派，应念之时，始迁周家坞村，现该支在周家坞存19户，男丁计37人。

**新周家坞字第**：同大兼溪村，详见大兼溪村周氏字第。

**新周家坞系图**：兵→益→虎→旺→园→爽→谊嘉→中和→濬→琼→宗→德修→峻→杰→敏→理→士弘→绅→源→栋→焆→域→鉴→好问→以礼→世杰→惟凯→鼎→天宠→大训→允仁→迁伟→仲琳→津→茂枢→高玘→应芝

(2)老周家坞等之祖系云一公(清)一脉相承，现该支存16户，男丁计28人。房派堂号：本一堂。

绅公第二世讳清，行云一，字取缨，配郭氏，绅公长子，为周家坞始祖 。

**老周家坞字第**：详见云一公(清)支前代各房分递字母。第十八世“新”字第后，统一接花亭周氏字第。

**老周家坞系图**：

绅→清→彬→耀→永十二→真五→同四→匡一→天一→俊三→滔一→仁十九→儒四十四→思庆

**徙居外地：**

云三公讳渊，迁居小兼溪壬村。

瑞二公讳炯，迁居步溪。

昌三公讳焆，迁居大兼溪。

齐一公，迁白果树下。

升九公即呈十三公，迁居白果树下。

俊十一公，迁居三十八都。

仲十九公讳英奇，迁居宁波镇海县。

仲五十六公讳增贵，迁居宁波镇海县东门里。

彰四十一公，迁居绍兴莲花桥。

群十三公讳程学，迁居宁波定海县。

群十六公讳程章，迁居宁波定海县。

群三十一公讳士鼎，迁居白塔湖朱家站。

学千四百十九公讳国宝，迁居大东乡钟家岭。

增贵，仲五十六，字有，号殿侯，生于崇祯戊寅(1638)十二月十日亥时，卒于康熙己丑(1709)十一月廿九日酉时，任宁波镇海守，皇清诰封明远将军，配施氏，生于顺治庚子(查无顺治庚子)五月廿四日丑时，卒于康熙庚辰(1700)二月初八子时，诰封恭人。

另外第廿三世敏学，行时字第，有三户分别迁诸暨三都、城关及璜山五灶村。

**知名人物：**

增贵，行仲五十六，授宁波镇海县千总，诰封明远将军。

**白果树下周氏始祖：**

花亭周氏第九世齐一公，由周家坞迁居白果树下之祖。

1977年建造陈蔡水库(今诸暨东白湖水库)时，白果树下作为移民，全村搬迁安置在各地。

东白湖水库

原村址在今水库底下。

**白果树下周氏系图**:绅→清→朴→华→亨三→禹二→昱一→廷一→齐一新千二百三十五公,讳裕霖,迁居县城。

## 大兼溪村周氏

大兼溪,以溪得名。位于县城东南偏东方向,距城18.4公里。由浬浦镇沿浬闹公路(浬浦至东和乡闹桥)上行6公里至大兼溪村口之思成桥,其村落中心再由思成桥由东行约2公里。东靠孝四公社,南连周家坞,西邻小兼溪,北接白杜坞。距镇政府驻地5公里,2006年始大兼溪村与西邻之小兼溪合并一村称兼溪村,主姓周。东邻东白湖旅游开发区,距诸永高速互通口4公里,交通便利,环境优美。全村359户农户,1034人,水田559亩,山林1700余亩。大兼溪村东、西、南三面青山矗立,一条清澈的小涧清溪自东向北曲折蜿蜒穿村而过,村总面积为4.27平方公里,以山地居多,隶属于浬浦镇。

大兼溪村始祖是花亭周氏第四世焻公(于昌三),字子善、号兰野、生卒无文字记载,卒葬附四十七都岙子盒里仙桃形,配申屠氏,生一子域:焻公本居周坞"因瑜山秀岭下申屠氏女为公好逑,十三得归妹,昌炽之兆,遂以礼聘,爰赘居焉,厥后岳父母丧乏嗣,公厚葬毕,因爱其溪灵秀,即家于此,自是周氏日盛屠姓渐凋,此人杰地灵兼溪所由始也"。焻为大兼溪村周氏始迁祖。全村428户,人口1184人,主姓周。

大兼溪祠堂

**知名人物:**

(一)

**悦九十九公暨二子登仕郎明宇华宇合传**

府君遗迹,前纂无有实传。大约称其为笃实,好修士耳。生二子。长讳德庆,佐政徽州黟县。

次讳国琳,佐政山东平原县,咸有惠爱及人,登仕版。而兄弟各以禄秩效职勤民,於下僚称廉史焉,非公之根本,植而连枝合契舆。

族侄孙廷伟谨识

**附国琳公奏疏**

万历中,刘光复知诸暨县九载,多政绩,后召拜御史,事涉皇储。禁系在狱。公为之叩阍,申救疏载经野规略,疏曰;尔闻边疆之警,召诸大臣议,起废臣,任用御史潘汝正,悚举系臣刘光复充监军之任,诚以光复素娴谋略,夙著威望,业已见能,于治邑暨称难治,惟光复冰筑自持勤慎,自历种种善政,难以枚举。及行取之日,攀辕者十室九人,祀祝者逐里一祠,此其贤良,固有卓出,群令之表者。偶闻事涉皇储,失于检核,皇上罪之宜也。然猶曲加眷念仁爱,溢于法外。光复深自渐责,期於报功。今者边壤不靖,正光复捐躯自赎之秋也。有治邑之长才,必有安邦之奇略。能驯难治之民,必能治难御之寇。今部臣交揭御史疏荐,望皇上赦光复,以收天下之心。琳等不揣愚蒙,敢布忠悃,以身代光复羁囚。倘无成绩,请正欺罔之罪,竿首藁街所甘心焉。不避斧钺,冒瀆宸聪。

万历四十六年闰四月二十六

丙午年董事 县志编述

周邵伟(1913—?),字乐三,号金高。黄埔军校毕业,曾参加印缅抗日远征军任炮团团长。

周宏遇(1916—),浙江医专毕业,任师军医处长,参与长沙保卫战。

周洪生(1918—1953),烈士,牺牲于朝鲜。

周仲勋 (笔名萧白)(1925—),1948 年从长沙赴台, 授民国中校军衔。1945 年开始写作,1946 年,萧白在《中华时报》副刊“夏风”上发表了处女作《病兵》的短诗。1968 年,萧白的散文集《山鸟集》获得了当时台湾最高文学奖“中山文艺奖”。43 岁时萧白一举成名,成为台湾文坛的著名作家。20 世纪 60 年代开始,萧白先生专注于散文创作,风格多变,著作颇丰。著有散文集多种,萧白自选集,散文集《响在心中的水声》《风吹响一树叶子》《浮雕》等。他描山画水采风摘云,沉醉于绚丽多彩的大自然。

(二)

周功山(1928—),曾任保和乡社校及西岩陈蔡社校校长。

周维波,曾任民国 88 军军需处长。

周造乾,号承业,曾任民国保和乡乡长,县参议。

周启生(1930—),曾任保和乡乡长,草塔中学校长。

周开苗(1933—),曾任浬浦公社党委书记。

周火才(1933—),曾任陈蔡中学校长,湄池中学等校长二十多年。

周瑞明(1934—),现住王家井,省劳动模范,高级教师,中学校长。

周泉均(1936—),曾任诸暨县糖烟酒公司经理等职。

周伯武(1936—),青海师院毕业,曾任青海刚察县商业局局长。

周宏宇(1937—),大专学历,曾任空军副团长。

周功耀(1939—),上海交大毕业,研究生教授级,参与两弹研究工作,享受国务院特殊补贴,大校军衔。

周士才,湖州军分区军事科科长,中校军衔。

周龙海(1940—),曾任斯宅盘山、西岩中学及社校校长。

周楚材(1943—),浙江省军区司令部副团职参谋。

周国良(1945—),1973年杭州大学政治系毕业,曾任陈蔡区工办主任,乡长等职,正科。

周功鑫(1947—),女,辅仁大学法国语文系学士,中国文化大学艺术史中国研究所硕士,法国巴黎第四大学艺术史与考古学博士。历任台北故宫博物院秘书、编辑、展览组长、研究员兼组长等。曾任2002年在辅仁大学成立博物馆学研究所并担任所长。辅仁大学织品服装系暨法文研究所教授、辅仁大学教育发展资金室主任兼任教授、政治大学图书资讯学研究所兼任副教授,台北故宫博物院院长。元代黄公望《富春山居图》在清初遭遇火厄、断为两截,乃致《富春山居图》(剩山图)与《富春山居图》(无用师卷)分离360余载。2010年3月,温家宝总理在两会中外记者会上回答台湾记者的提问时,深情谈起了《富春山居图》:“我希望两半幅画什么时候能合成一整幅画。画是如此,人何以堪。”并最终在周功鑫院长和各界努力促成下得以实现。

主要研究著作:1.《中国雕漆工艺的制作与发展》,《中国科技史》。2.《古物展示中的问题》,《文化资产维护研讨会专辑》。3.《清康熙前期款彩汉宫春晓漆屏风与中国漆工艺之西传》。4.周功鑫,《一个展览的诞生》,《艺术与宗教。意大利十四至十七世纪黄金时期绘画特展》。

周伯其(1949—),曾任浬浦中学,海南三亚鲁迅中学副校长,诸暨中学高级教师,中国数学会会员,绍兴市首届学科带头人。

周晓峰(1949—),台湾清华大学毕业,留美普林斯顿大学获博士后学位,现任台湾清华大学教授。

周凤良(1951—),中央党校本科毕业,正营级。

周信尧(1951—),中校军衔,海关关长。

周宏光(1952—),曾任开三乡乡长。

周培和(1954—),诸暨市工商局工作,正科。

周文光(1956—),浙江大学研究生,上校军衔,正团级。

周志远(1956—),研究生学历,正处级。

周慧素(1957—),(女),曾任保和乡团委书记,陈蔡区副区长,区环保局办公室副主任等职。

周琪舫(1959—),诸暨农林局高级农艺师。

周小平(1962—),同济大学毕业,浙江大学研究生学历。现任诸暨市勘测设计院院长,教授级高级工程师。

周东方(1963—),解放军信息工程大学博士生导师,青年科学家。总参谋部郑州科技创新工作站管理委员会秘书长。

周永春(1964—),浙江师大毕业,现任石化部处级干部。

周吉人(1966—),诸暨市职教中心校长,浬浦中学书记。

周国行(1967—),绍兴军分区干部正营级,绍兴市档案馆处长,正科级。

周文杰(1971—),现住王家井,大学学历,经济学硕士,全国劳模。现任上海银监会办公室主任。

周向东(1973—),硕士学位,高级工程师。

周　巍(1976—),浙江武警部队营房物资管理处处长,正团级。

周荣生(1976—),杭州市九四七八二部队政治处主任,副团级。

周春峰(1976—),浙江农发集团有限公司人力资源处,副处长,副处级干部。

周勇飞(1981—),浙江工业大学本科毕业,学士学位,现任杭州市诸暨商会副会长兼秘书长。

**文物:**

挂周氏宗祠内的旌孝匾

**附:周氏宗祠堂记**

夫举天下之至美与其乐,有不得兼焉者多矣。故穷山水登临之美者,必之乎宽闲之野、寂寞之乡,而后得焉。览人物之盛丽,跨都邑之雄富者,必据乎四达之冲、舟车之会,而后足焉。盖彼放心于物外,而此娱意于繁华,二者各有适焉。然其为乐,不得而兼也。灵爽无不之也,故门堂寝室之具备,示崇闳也,岁时除黝垩其洁也,藏衣冠桮棬于寝室,为之宗庙以祀享之义,取诸萃也.聚祖考既散之气于祠中,使子若孙得聚其精神,以孚祖考之精神也。

兼溪东有岩山焉,石矗其脊,突兀若狮形,俗名狮子岩,岩山耸立似屏其麓,豁然开宕,海螺形斜抱于左,凤仪龛之石榴园斜抱于右,两边南北之山,面面相向交,而互出若排衙,然去西二里许,一金沙关之,又里许,横嶂廊下后山,朝之如挂榜,麓有二泉,右泉色绿,左泉微白,释登仕郎悦九十九公顾而乐之;当夫柳展翠眉,梅敷幽艳,桃李相参而成色,杏棣杂出而争妍。樱桃楷木笔纷披,兰蕊与萱花掩映,金风吹,玉露降,林枫染,暮山拟,金花声,恒欲醉,菊妆淡,色秀更可餐。对此群卉之芳菲,恍然有悟,忽悟易之蒙卦,曰山下出泉蒙蒙以养正,此正可以建塾堂也,遂售其地,筑精舍,颜其额,名曰"思成香堂"。

自万历甲辰(1604)初,鸠工度木,于丙午(1606)仲秋工竣。帷此华盖前后,呈岩山峰峦对圆与殿顶,云簇奇峰。祠周四景齐整。纤秾绮丽之境,再生众绿肤绯,实碧红绽黄,肥榴叶密而花稠,竹枝修而笋长,茂草葳蕤而含翠,蔚林蓬勃而发扬,对此盛气之充盈,恍然置身于沉宝高华之境,橘柚之实,垂垂喷鼻,而其香非俗。月星之辉皎皎当头,而其洁愈扬,对此景物幽姿,老烁之精神，于高古劲健之境，夫四时之间，各有其物，因时变，变化无穷，即物兴怀，其随时之足以悟诗，思文机者岂少哉。至于马鞍虎休之岭，起而伏断而连往。还聚会层匕有团结之妙，兼水之溶漾，纡余宛转曲折，时而怒涛汹涌奔放浩瀚，而莫可止遏者何一不可以悟其境，学者诚能於风雨晦明之际；览山川之形胜，相阴阳之煌建大宗祠于兼溪，制更恢弘为举族同宗之祠，厥后氏族蕃衍拓。各立家庙以祀其分祖。吾裔孙等有力者，咸慨然乐输以襄斯。举俾得庙貌巍然，足以崇荐祖考者，虽云子孙之不忘，亦由创垂之所致也。

友百三十九讳德庆谨撰
明万历丁未(1607)来年

**大兼溪村周氏字第：**

元 云 崇 昌 方 盛 振 彩 添 贤 能 和 悦 友 嘉 裕 景 第十八世“新”后，统一接花亭周氏字第(详见花亭周氏字第)

**大兼溪村周氏系图：**

兵→益→虎→旺→园→爽→谊嘉→中和→濬→瓊→宗→德修→峻→杰→敏→理→士弘→绅→源→栋→焆

**迁徙各地：**

振二公讳好学，迁居藏典。

彩七公讳以仁，迁居大林。

添二十公讳世俊，迁居吾家坞。

贤三十九公，迁居浦江县。

贤三十九公，迁居浦江县。

和九十二公讳天轩，迁居青山下。

悦百二十六公讳大谅，迁居小兼溪下新屋。

悦百三十公，迁居杨树畈。

悦百三十二公讳大茂，迁居沙滩。

友三十二公，迁居古楼亭。

友百二十九公讳日晟，迁居白杜。

友百八十五讳日明，迁居小兼溪上新屋。

友二百二十二公讳鼎昌，迁居岐岸。

友又二百二十二公，迁居火烧吴。

嘉三百三十公，讳廷级，迁居小兼溪旺村。

嘉四百十四公讳化顺，迁居苏州。

盛三公讳钰，龙潭下栏杆派之祖。

良七十二公讳文质，龙潭下栏杆派迁居王家井。

增三十五公讳魁，先与子大贤由□□迁居王家井。

洪四公，由龙潭下栏杆派迁居辽东。

莘八十六讳永瑞,龙潭下栏杆派迁居张家湾。
莘五十八公讳有官,由龙潭下迁居嵊县半程。
莘八十九公讳永祥,由龙潭下迁居凤仪楼。
莘公讳招麟,由龙潭下迁居台州府衙前。
裕四十五公讳允仁,迁居萧山县。
裕四十八,迁居杭州。
裕百七十五公讳仲璋,迁居泥墙里。
裕三百十公讳锡功,迁居四十五都下水口。
裕三百七十公讳仲鲁,迁居宁波舟山。
景百五十七公讳祖轩,迁居山阴小金。
景百八十一公讳长寿,迁居张家湾。
景百九十三公讳瑞龙,迁居小兼溪夹弄。
景百九十七公讳士球,迁居宁波象山县。
景二百五十公讳国锜,迁居上斯宅。
景二百六十七公讳士礼,迁居王家井。
景二百七十四公讳九生,迁居嵊县。
景二百九十三公讳国新,迁居琴弦岗。
景三百十二公讳圣瑞,迁居嵊邑东阶。
景三百二十三公讳介生,迁居梓树山头。
景四百十二公讳之福,迁居下蔡。
景五百二十九公讳冕,迁居黄岩檀头。
景五百四十四公讳宣六,迁居白水山。
新八十公讳祖昌,贤九房派迁居李家宅。
新八十九公讳嘉德,能二十六房迁居墺子。
新二百四十三公讳世明,迁居梓树山头。
新三三十七公讳茂模,迁居本都金村。
新四百十五公讳世升,由镇海迁居宁波舟山。
新四百四十七公讳维孝,迁居梓树山头。
新四百六十一公讳秀云,迁居嵊邑。
新五百二十九公讳法秀,迁居浬浦溪。
新六百二十三公讳益,迁居嵊邑西大湾底。
新七百四十六公讳世俊,友九二房迁居梓树山头。
新七百五十公讳法贤,迁居浬浦溪。
新九百六十九公讳文孝,迁居王家井。
新千二百三十四公讳士道 ,迁居十五都毛洋。
啟七百三公讳启桂,迁居衢州府城内。

啟千五百三十七公讳士球，迁居宁波象山县。

孝三十三公讳长成，由龙潭下迁居钱家庄。

孝四十公讳长美，由龙潭下迁居钱家庄。

学千二百七十一公讳阿茂，迁居章家埠。

英九百七十七公讳雨田，迁居嵊邑章家埠。

英千三百四十六讳福禄，迁居十五都毛洋。

英二千七百六公讳金照兄弟四人，迁临安横板溪。

## 八字桥村周氏

八字桥在大林之南边，约距1500米左右，溪水穿村而过，有古桥二座呈八字形并列，村由此而得名，现桥尚在，已成历史遗迹。村中尚有巨大樟树一株，枝繁叶茂，状如罗盖，矗立大路边村办公室前，男女老少闲时纳凉憩息俱会于树下，其乐融融，别有一番“长夏山村事幽幽”之趣。八字桥区域面积0.90平方公里，全村133户433人。2006年与尚典、梨树坞、杜坑四村合一称“凤联村”，归属于东和乡。

位于诸暨县城东南面，距城19.5公里。乡政府驻地以南5公里，属八字桥行政村，主姓周。 耕地面积189亩，其中水田123亩，山地180亩，村宅呈半圆形分布。东靠屠家坞、尚典，西南邻梨树坞，北连大林。

绅公第六世庆，行盛二，由兼溪迁居八字桥。配洪氏，继朱氏，续张氏。生二子：涓一、涓二。八字桥村周氏堂号肃雍堂。

**知名人物：**

（一）

周克勤(1849—？)，保定陆军军校毕业，中校军衔。

周和钧(1896—？)，曾任国民党国防二厅秘书，中校军衔。

周星良(1934—？)，曾任诸暨姚江区江藻镇镇长。

（二）

周水标(1940—)，曾任诸暨市第十二届人大代表。

周松良(1948—)，宁波市统战部工作，诸暨人联谊会会长。

周灿苗(1954—)，空军飞行员，转业后任浙江省海盐县水利局副局长。

周全根(1954—)，曾任诸暨市第十四届人大代表。

周栩杰(1971—)，绍兴市清洁服务中心总经理，浙江省劳动模范。

周伟祥(1974—)，中国人民解放军副营，转业后黄岩市属区纪委书记。

周水木(1981—)，曾任诸暨市第十六届人大代表。

**八字桥周氏字第：**

元 云 崇 昌 方 盛 涓 滋 洵 浩 万 宰 宁 宗 荣 耀 魁 新 自十八世后，统一接花亭周氏字第(详见花亭周氏字第)。

**八字桥周氏系图：**

兵→益→虎→旺→园→爽→谊嘉→中和→濬→瑗→宗→德修→峻→杰→敏→理→士弘→绅→源→栋→焆→域→庆→涓二→滋四→洵→浩五

**迁徙各地：**

浩十公,迁居施坞。

耀 公讳正,迁居板桥。

新四百七公讳全孝,迁居四十三都壬家湾。

新四百五十一公讳元昌,迁居杜坑。

新七百六公讳世英,迁居四十四都呼马塘。

啟六百二十八公讳全治,迁居嵊邑对溪。

啟千七百一公讳大传,迁居四十四都吴家庄。

啟千九百三十五公讳池一,迁居高湖山顶。

道二千一百六十一公讳素传即廷标,迁居嵊邑斯家培。

学千七百四十五公讳正荣,迁居县下九都平阳庄。

学千八百九十五公讳学海,迁居五十八都马叫山头庄。

学二千二十九公讳上海,迁居上周坞。

英千六十九公讳应华,迁居板桥。

英千九十一公讳星禄,迁居嵊邑对溪。

英千九百七十九公讳丙聚,迁居石碑。

敏二千八百七十六公讳保全,迁居呼马塘。

敏二千九百三公讳明松,迁居县下平阳地。

## 大溪村周氏

明时,该村祖先从大兼溪迁此定居。四面环山,村中清溪岸阔流长,大溪由此得名。大溪自然村坐落在诸暨市东南,相距45公里许,镇政府驻地东北11公里,由原单家甸、大溪、岫山三个自然村合并而成,属大溪行政村,主姓周。与诸绍交界的会稽山西麓(亦称刻石山)。东毗绍兴娥眉山,南邻石峡梓坞山,西连楼谢单家甸,北接西溪馒头山。位于诸暨县东北面,距城30公里。全村总人口约1400余人,周姓占85%左右。齐东公路穿村而过,交通便捷。

元二公绅第四世孙焆,字子善,号兰野,行昌三公,入赘兼溪申屠氏,遂为周氏始迁祖。始居大溪周氏者为兵公二十四世孙(绅公七世孙)讳好礼,行振一,字志本,号石峰,于元、明之交,为避遭兵丁之役,从兼溪徙居大溪,以竹木生产为业,开村立基,生息繁衍,子孙昌盛,科甲连绵,至今已有600余年的历史。大溪村周氏房派堂号为宁远堂。

**知名人物：**

(一)

周文焕(1881—1942),清末考中邑庠生,后任福建财政厅幕员。

大溪村村口竖石

周兆旦(1897—1963),曾任中共江苏省委委员兼上海闸北区委书记、卢湾区委书记。

周绍春(1919—1947),烈士,牺牲于山东鲁西南。

周维德(1921—1947),烈士,牺牲于山东鲁西南。

周宏涛(1923—2005),曾任江苏省盐城军分区后勤部政委,浙江检察院刑事检察处副处长。

周桂灿(1931—2008),曾任东和乡、全堂镇党委书记。

周志江(1933—1951),烈士,牺牲于朝鲜。

周君富(1945—2006),浙江大学附属医院第二医院硕士生导师。

(二)

周赓标(1923—),民国中央警官学校毕业,陆军少校军衔,现居台湾。

周灿松(1936—),曾任杭州大学生物系主任,浙江大学副教授。

周禄娣(1937—),女,杭州市纺织局高级工程师。

周承楷(1946—),曾任王家井党委书记,诸暨市工商联党工委书记。

周均吾(1946—),曾任安华镇镇长。

周承德(1961—),曾任舟山边防支队政委、支队长,舟山城市管理行政执法局副局长。

周惠明(1963—),中学高级教师。

周灿根(1964—),解放军301医院院务部副部长,大校军衔。

周少春(1964—),女,上海体育学院毕业,中学高级教师。

周武丹(1966—),浙江师范学院毕业,中学高级教师。

周胜国(1966—),中学高级教师。

周秋萍(1967—),女,高级工程师。

周胜均(1968—),浙江农业大学毕业,浙江省农科院教授。

**文物：**

1.大溪周氏宗祠宁远堂，是诸暨市文物保护单位“史称三造共和”(逼迫清帝退位，抵制袁世凯称帝和讨伐张勋复辟这三件大事)的段祺瑞，在主政期间为宗祠题祠“周氏宗祠”，至今保护完好。并于2013年修葺一新。

2.在大溪境内，有刻石山，亦称秦望山，属会稽山主峰，海拔630米。据史料记载，公元前10年秦始皇南巡会稽，祭禹望海，道度诸暨，登刻石山，令丞相李斯篆书刻石记功。2010年，举民间之力，对泐湮千年的刻石进行重立。圣碑重光，古韵生辉。

**大溪村周氏字第：**

云二公前代各房分递字第，元 云 崇 昌 方 盛 振 彩 子 文 勉 郁 善 署 杲 昇 明 永 自十八世新后，统一接花亭周氏字第(详见花亭周氏字第)。

**大溪村周氏系图：**

兵→益→虎→旺→园→奭→谊嘉→中和→澮→瑗→宗→德修→峻→杰→敏→理→士弘→绅→源→栋→焆→域→鉴→好礼

注：好礼九子中，其中彩一至彩十一在兼溪均数传而绝，只有子旺、子富两子在大溪生息繁衍至今。

**大溪周氏迁徙录**

绅公七世孙讳好礼，行振一，字志本，号石峰，于元明之交，由兼溪迁来大溪村，至今已传二十二世，先后外迁县内外省内外的已有多人，除山阴石船坞、阮港村聚居发展成族以外，余均为散户，现根据宗谱世系图有明文记载的节录如下：

调元公，十四世，行杲，迁广东；

世禄公,十四世,行杲,出继余姚;
瑞元公,十四世,行杲,配丁氏迁府城大营;
天禄公等,十四世,行杲,配金氏,住枫桥;
世奇公,十四世,行杲,迁山阴(绍兴)峡山;
孝明公等,十五世,行昇,迁山阴(绍兴)阮港村;
昇公等,十五世,行昇,配陈氏住嵊县;
上平公,十六世,行明,迁嵊县杜山村。
成式公等,十六世,行明,迁阮市乌程;
成寿公等,十六世,行明,迁山阴匣山;
成英公,十六世,行明,配金氏迁汤村;
永百公,十七世,行永,迁广东;
海寿公,十七世,行永,出继沙埭郭姓;
松郎公,十七世,行永,出继山阴张甫陈瑞木;
元绍公,十七世,行永,迁本邑五十一都蔡村;
悠森公,十七世,行永,出继山阴柯桥;
元相公等,十七世,行永,迁山阴兰亭灰灶头;
元儒公,十七世,行永,任江西饶州林壁县右堂遂家也;
广孝公,十七世,行永,迁江苏扬州;
元明公,十七世,行永,配阮氏,住山阴;
恒昌公,十七世,行永,配邱氏,迁林壁县四尹;
绍久公,十八世,行新,出继山阴南池朱氏;
如效公,十九世,行启,迁嵊县里呑村;
双贵公,十九世,行启,配王氏,住上虞;
贵宁公,十九世,行启,出继山阴宝珠桥,王姓;
悠福公等,二十世,行道,迁山阴草茅桥;
啟元公,二十世,行道,迁吕呑大湾村;
恒足公,二十世,行道,生于嘉庆戊午,卒于同治壬戌,配陈氏,生五子,迁山阴石船坞村;
先奎公,二十世,行道,系乡宾,迁嵊县城关;
恒松公等,二十世,行道,迁杭州;
恒惠公,二十世,行道,出继本邑姚家庵姚蕙峰;
荣惠公,二十世,行道,住嵊县上陈村;
耀良公,二十一世,行学,迁黄壁坞村;
泮祥公,二十三世,行敏,迁王家溪头;
菊生公等,二十三世,行敏,住山阴兰亭花街;
延寿公,二十三世,行敏,配李秀清,移居新疆农四师;
成楣公,二十三世,行敏,住全堂杨山村;

敏章公,二十三世,行敏,住兰州市;

横荣公等,二十三世,行敏,配余月珍,移居杭州;

敏法公等,二十三世,行敏,迁上海徐汇区;

泉根公,二十四世,行绍,移居本邑视北虞村易姓虞;

绍生公,二十四世,行绍,移居绍兴紫红山入赘易姓;

秋生公,二十四世,行绍,住江苏徐州;

志均公,二十四世,行绍,配唐雅文,移居江西省樟树市;

绍灿公,二十四世,行绍,迁绍兴紫红山,改姓;

绍林公,二十四世,行绍,配毛氏,迁本邑永宁石砩;

其清公,二十四世,行绍,移居东阳;

永哲公,二十四世,行绍,配姜丽,移居浙江海盐;

向华公,二十四世,行绍,配陈亚珍,迁居江苏省张家港市;

承法公,二十四世,行绍,移居贵州;

伯莲公,二十四世,行绍,配胡月爱,移居本邑赵家上京村;

成根公,二十四世,行绍,入赘绍兴紫红山易姓;

承其公,二十四世,行绍,移居余姚;

庚标公,二十四世,行绍,配徐松影,住台湾;

绍洪公,二十四世,行绍,移居江西;

建抗公,二十五世,行宏,出继姑母为嗣,称居温州乐清;

月波公,二十五世,行宏,住齐东王村;

文哲公,二十五世,行宏,住诸暨浣纱街道;

天佐公,二十五世,行宏,住诸暨暨阳街道;

建东公,二十五世,行宏,配朱丽赛,移居乐清;

洪章公,二十五世,行宏,配骆孝美,移居本邑视北朱沙村;

天佑公,二十五世,行宏,移居本邑草塔镇,易张姓;

绍益公,二十五世,行宏,配张月珍,移居本邑下廊桥;

周永公,二十五世,行宏,配王美丽,住本邑外东坞;

宏泉公,二十五世,行宏,配陈国美,入赘绍兴越城区南池;

富良公,二十五世,行宏,入赘占山头;

夫均公,二十六世,行功,配詹夏妹,住本邑山下湖长山村;

功谓公等,二十六世,行功,移居东阳,入赘易姓。

## 尚典村周氏

约在200多年前,该地原名叫藏典,指这里藏着一个好地方的意思。周氏祖先从周坞迁来此地定居,随着子孙增多,村宅扩大,才形成藏典村。后为了书写方便,演变为尚典村。尚典区域面积2平方公里,206户553人左右,其中一户姓王、三户姓冯外,全村均系花亭周氏后裔。主姓周。尚典村现与八字桥、梨树坞、杜坑四村合为“凤联村”,村委所在地在八字桥大樟树下。属东和乡管辖。

位于诸暨县城东南面。距城20公里。距乡政府驻地6公里,属尚典行政村耕地面积296亩,山地1409亩,村宅呈长方形。尚典村在八字桥东南向约一公里公里,东连杜坑,南朝西岩公社琴弦,西邻八字桥,北靠杜家坞。

周绅七世孙好学,行振二,自周坞迁居尚典村,为尚典村始祖。配冯氏,生五子:以信、以恭、以俭、以让、以良。

**知名人物:**

（一）

周顺天(1802—),例贡生,清朝武举人。

周祥元(1866—),例贡生。

周智荷(1872—),曾留学日本早稻田大学。任浙江建德县县长,浙江政法大学校长。

周子豪(1878—1956),讳伯雄,承本支廪膳生,清朝商科举人。清政府公派留学日本东京明治大学深造。曾任浙江省都督府参议行政公署内务府第一科科长等职。民国8年(1919)任江西省贵溪县长,后调南昌任署理。历任国民党中央二、三、四届代表,执委,浙江政法大学、上海政法大学校长。

抗战初期回诸暨,担任翊忠小学校董,后与乡贤斯烈等热心人士在今浬浦镇创办“战时利普初中学生补习学校”(今诸暨中学与浬浦中学的前身),亲任校长。解放后任浙江省文史馆官员。与上虞人经亨颐为儿女亲家。经亨颐为中国近代著名教育家、书画家,上虞春晖中学创始人,早期西泠印社社员。育有二子五女,其长女经玉梅配周子豪儿子周思溥。另一女名经普椿,配廖承志先生。周思溥,字孟知,民革成员,日本东京帝国大学医学系留学生,归国后,一直在杭州行医,文革中受到牵连回原籍诸暨老家生活,1968年去世。其连襟廖承志先生,著名无产阶级革命家,杰出的社会活动家,其子廖晖,现任全国政协副主席,国务院港澳事务办公室主任。

周仲云(1887—),例贡生、总务厅长,江翰义局局长。

周启植(1890—),保定军校毕业。任黄埔军校教官,保安军区参谋长,镇海县县长,少将军衔。

周思溥(1896—),曾任后勤医院院长,同春医院院长,日本留学生。

周天均(1899—),曾任后勤医院院长,同春医院院长,日本留学生。

周镇海(1901—),议叙从九品、奉江巡按使。

周宾陶,例贡生。

周种良(1902—),浙江高等法院院长。

周种土(1904—),高级工程师。

周宾轩(1910—),六品官。

周思靖(1910—),日本留学,曾任天津市公安局局长,徐州市市长,七七事变时任对日谈判代表团团员,中将军衔

周翼诚(1912—),少校军衔,曾任嵊州、新昌、上虞公安局局长。

周　茅(1914—),黄埔军校毕业,中校军衔,第一届至第十届全国人大代表。

周思廉,上海交大毕业,教授。

周思根,军事科学家,副军职级。

周祖望(1915—),绍兴文理学院教授。

周彰夫(1936—),农民技术员,柿子嫁接技术显著,事迹收录在2009年《越中名人录》、2010年《共和国不会忘记人物录》。

(二)

周卓康(1931—),新疆天山山脉防火办副主任(副师级)。

周祖通(1936—),海军话剧团政委(正师)。

周　强,浙江大学教授,移居美国。

周　晓,杭州市半山机械厂高工。

周祖信(1941—),杭州市公路段高工。

周荣富(1952—),1970年应征加入中国人民解放军,正营级。

周成方(1955—),初中高级教师。

周金忠(1964—),高级工程师。

周祝平(1965—),曾任诸暨市第十三届人大,十一、十三届政协委员。

周　杰(1968—),中国人民解放军31军独立旅旅长,大校军衔。

**尚典村周氏字第:**

元云崇昌方盛振彩添德钦金铭镜信炯圻新自十八世后,统一接花亭周氏字第(详见花亭周氏字第)。

**尚典村周氏系图:**

绅→源→栋→焆→域→鉴→好学

## 大林村周氏

该处地形象菱,原称大菱。清朝末期,周氏祖先在此居住,当时大菱四面环山,树木成林,就把"菱"改为"林",故以大林为村名。位于诸暨县城东面,距城19.5公里。乡政府驻地东南5公里。大林为浬舞公路之终点,南邻八字桥,北接闹桥,东邻屠家坞,曾为舞凤公社所在地。大林区域面积2.91平方公里,人口1192人,主姓周。2006年诸暨市行政村调整时大林与杜家坞村合为一村,归东和乡所辖。

元二公绅七世孙好问,行振三,迁居大林村,为大林村周氏始祖。以仁公生卒失考。配楼氏。生一子:世英,行添六。明成化乙巳(1485)公创修宗谱。大林村周氏堂号永言堂。

**知名人物:**

(一)

周于德,崇祯末年任广东新会县丞。

周寅生(1901—),陆军交淄学校毕业,中校军衔。

周惠然(1911—),黄埔军校毕业。

周哉六(1932—),曾任东和大队(乡)大队长。

(二)

周月明(1943—),曾任东和乡副乡长,枫桥镇副镇长。

周祝强(1948—),曾任诸暨市农业银行人事科、保卫科科长。信用合作干校校长。诸暨市第九届人大代表。

周云祥(1952—),大专文化,曾任东和乡乡长,浣东街道人大工委主任。

周哉龙(1960—),曾任赵家镇副镇长,东和乡专职人大副主席。

周　平(1963—),大学文化,现任江苏省公安厅通讯处处长。

周美凤(1962—),(女),海军东海舰队训练基地计生办主任。

周日伟(1969—),现任杭州市西湖区卫生监督所所长。

周大均(1974—),高级讲师,诸暨市技师学院副院长。

周　龙(1978—),曾任陶朱街道办事处副主任,现任直埠镇纪委书记。

周小雄(1979—),曾任暨阳街道办事处副主任,现任店口镇党委副书记。

**大林村周氏字第:**

云二公前代各房分递字第同兼溪村(详见兼溪村字第),自十八世后,统一接花亭周氏字第(详见花亭周氏字第)。

**大林村周氏系图:**

兵→益→虎→旺→园→爽→谊嘉→中和→濬→瑗→宗→德修→峻→杰→敏→理→士弘→绅→源→栋→焻→域→鉴→好问

**迁徙各地:**

友公讳东庆,迁居余姚县。

嘉百五十七公,迁居枫桥蟠龙窠。

嘉四百六十二公讳喜寿,迁居盛京。

嘉四百七十四公讳凤新,迁居会稽宝场巷。

裕二百六十三公讳金凤,迁居嵊邑开元。

裕二百七十七公讳一贤,迁居四十三都。

裕三百四十四公讳文进,迁居步溪。

景八公讳文西,迁居白水山。

景三十八公讳一洪,迁居江东。

景五十公讳小(女肯),迁居绍兴城内。

景二百三六公讳全美,迁居枫桥蟠龙窠。

新四十三公讳长官,迁居温州府瑞安县。

新二百四十二公讳宏业,迁居处州府。

新三百四十五公读承宗,迁居上虞县蒿霸。

启二十九公讳达先,迁居闹桥中秋畈。

启七百八十六公讳文明，迁居琴弦岗瓦箬湾。
启千三百十九公讳大秀，迁居四十八都铁炉湾。
道三十四公讳兰蕙，迁居四十一都五龙山前。
道二百八十七公讳继望兄弟四人，迁居嵊邑马前村。
道九百八十八公讳绳祖，迁居萧山县。
学十公讳有仁，迁居步溪。
学十九公讳其炜，迁居四十一都五龙山前即茅店。
学二十一公讳陈炳，迁居峡山。
学三十二公讳有荣，迁居步溪。
学三十五公讳陈炯，迁居峡山。
学六十九公讳其美，迁居泄头。
学八十三公讳陈烄，迁居峡山。
学八十九公讳陈煋，迁居枫桥。
学九十二公讳其煚，迁居四十一都五龙山前即茅店。
学二百八十一公讳德照，迁居城内木叉庙大夫第。
英十五公讳三乐，迁居四十八都下丁家坞。
英四十七公讳三位与弟三垣，迁居闹桥。
英四百三十公讳瑞蛟，迁居石礴石山头。
敏二千二百六十三公讳全洪，迁居墨城。

## 闹桥村周氏

闹桥村在大林北约 2 公里处，在大林至赵家公路东西两旁。位于诸暨县城东面，距城 19 公里。距乡政府驻地 2.5 公里，主姓周。2006 年与施坞合并为一村，归东和乡行政管辖。闹桥区域面积为 2.72 平方公里，427 户，人口 1273 人。

周氏宗祠戏台

闹桥村祠堂沿其照公祖宅

据传:约400年前,村中有一座木板桥,每年逢节日闹花灯,过桥的人来往不绝,热闹非凡,故取名为闹桥。村宅呈长方形。东靠龙溪村,南临浬舞公路,西邻上周坞,北接子和村。闹桥在2006年诸暨行政村调整时,与施坞村合为一村称“施坞闹桥”,归属于东和乡。闹桥村周氏,房派堂号植彝堂。

闹桥周姓之祖为花亭周氏第十九世达先公,行启廿九,由大林贤三房十七公派,迁闹桥中秋畈。达先公,生、卒无考。配沈氏,侧室陈氏。生四子:楫、栋、楷、梅。

另外,大林十七房景十三公派,英字行(周氏第二十二世)三位公与小第三垣公后亦迁闹桥。三位公生、卒失考。配桃氏,生四子:四辅、四本、端本、四杨。三垣公生、卒失考。配吴氏,生四子:四创、四槎、四岳、四凤。

**知名人物:**

(一)

周水林(1928—),曾任舞凤乡乡长。

(二)

周凤瑞(1936—),清华大学水利系毕业,获优秀毕业生金质奖章,教授级。水利部、人事、劳动、教育司高等教育处处长。

周哉夫(1946—),曾任东和乡、梅岭乡乡长。

周　金(1953—),曾任临安市建设局副局长(副处)。

周友苗(1954—),功字辈。诸暨人民医院副主任医师。

周建江(1965—),曾任诸暨市国土局副局长,璜山镇镇长,党委书记。现任诸暨市商务局局长。

周智敏(1965—),浙江日报绍兴分社社长,绍兴记者站站长,主任编辑。

周许培(1966—),研究生学历,现任浙江邮电职业技术学院副院长。

周智光(1966—),1984年考入海军大连舰艇学院,学士学位。在海军驱逐舰服役期间参加“神圣94”“和平使命”中俄联合军演等多次。1999年抽调赴俄罗斯接新型主战舰艇,参与改装舰艇的验收,试航,正团职上校。转业后任绍兴市体育局副局长。老干部局副局长。

周普伟(1973—),现任诸暨市委政研室副主任。

**闹桥村周氏字第:**与大兼溪村周氏同。

**闹桥村周氏系图:**兵→益→虎→旺→园→爽→谊嘉→中和→濬→琼→宗→德修→峻→杰→敏→理→士弘→绅→源→栋→焆→域→鉴→好问→以仁→英→高→庆→环→滚→柱→昶→永宁→之鋐→肇毅→达先(迁闹桥中秋畈)

## 陈昂村周氏

该村系枫桥镇所辖,由陈昂、天马、丁驾山三个自然村组成。东临溪东村、西南靠天马山、北接将军村。距市中心近20公里。现有周姓人口约40余人,系由尚典、杜家坞、闹桥等村迁居,宗谱系图分别录入了这三村的房派。2012年因新建永宁水库,整体搬迁到海角村安置,新小区为永安家苑,2015年入住。

**知名人士：**

周　滨(1969—),大学学历,曾任诸暨市旧城改造办副主任,现任诸暨市民间投融资中心经理、诸暨市创新金融管理服务中心总经理。

## 白水山村周氏

凤凰山白水山自然村,据传:宋时有人迁此“山林茂密、泉水清淅”的山上。把“泉”字分为“白水”作村名。故称白水山。位于诸暨市区东南面,距城 20.3 公里。东、西、北三面环山,村建在山岙之中。东接下吴宅,南邻张家湾,西与原保和公社接壤,北毗原舞凤公社。现属于五峰行政村。白水山村距张家湾三里,与大兼溪村亦相隔一岭,岭名曰榔树岭。周姓人口约 150 余人。

花亭周氏第八世彩十二讳以义,字伯宜,配阮氏,继娶楼氏,生六子:添十四、添十七、添二十二、添二十六、添二十八、添三十。由大兼溪村迁居白水山,为白水山始迁祖。张家湾、白水山、泥墙里均属思成堂,宗祠在大兼溪村。

**白水山村周氏字第**:与大兼溪村周氏同。

**白水山村周氏系图**:兵→益→虎→旺→园→奭→谊嘉→中和→濬→琼→宗→德修→峻→杰→敏→理→士弘→绅→源→栋→焻→域→鉴→好问→以义(迁白水山始祖)→添二十二→贤二十五→能三十五→和七十二→悦百七十四→四官→招妣→位寿→宣六

## 吾家坞村周氏

据传:吾家坞原名张家坞。约在 400 多年前,部分周氏族人从大兼溪分居来此,后该村改称吾家坞,意为我家居此坞。1958 年后,诸暨铜矿驻此村旁,部分社员在铜矿做临时工,当时改名为工农大队 。吾家坞村在小兼溪村之西南,两村接邻,吾家坞之西南与浬浦五美村相毗邻。吾家坞村座落在铜岩山脚,诸暨铜矿即在此。吾家坞区域面积约 3 平方公里,全村 300 户,914 人左右,主姓周。吾家坞归浬浦镇所辖。东邻寺坞,南靠铜岩山,西连枫林,北接小兼溪。吾家坞周氏房派堂号“敦一堂”。

世俊,行添二十五,于明永乐六年(1408)前后迁吾家坞,为吾家坞始迁祖。世俊公,生卒失考。配朱氏,继庐氏。生五子:惟定、惟桢、惟悌、惟龄、惟臣。

贤二十七公讳惟龄,由吾家坞迁居梓树山头

**知名人物：**

周师洛(1897—1977),字仰川,1917 年考入浙江医药专业学校药科。毕业后回到诸暨创办诸暨病院。后应邀主持杭州同春医院药局,在杭州创办民生药厂。曾赴日本考察为利用国产原料制造中性玻璃做出贡献。

周乃山(1953—),曾担任诸暨市浣纱中学校长。

周泉根(1935—),曾担任孝四乡党委书记,陈蔡区副区长。

周章铭(1964—),现任建设银行绍兴市分行信贷处处长。

周均良(1963—),曾任浬浦镇盘山中学校长,现任诸暨市华实建筑工程有限公司及钻石大酒店董事长。

周祝宁(1955—),曾任绍兴县建设银行副行长,绍兴市建设银行监察室主任兼保卫科科长。

周仕龙(1964—),任绍兴市科技局农村社会科技处处长,地震处处长。

周仕勇(1970—),绍兴市越城区法院执行庭庭长。

周志伟(1970—2000)中共党员,86911部队连长,烈士,荣立三等功一次。

**吾家坞村周氏字第:**

元二公各代分递字第, 元 荣 崇 昌 方 盛 振 彩 添 贤 能 和 悦 友 嘉 裕 景 自十八世后,统一接花亭周氏字第(详见花亭周氏字第)

**吾家坞村周氏系图:**

兵→益→虎→旺→园→奭→谊嘉→中和→濬→瑗→宗→德修→峻→杰→敏→理→士弘→绅→源→栋→焻→域→鉴→好问→以礼→世俊

## 青山下村周氏

青山下,属吾家坞的一个自然村,但与吾家坞座村又以一山相隔,地处浬舞公路由浬浦上行约2公里处之东侧山麓的小村,百余人口,基本全为周姓。始迁祖为花亭工第十二世和七十二天轩公。

**青山下周氏字第:**与吾家坞相同。

**青山下周氏系图:**绅→源→栋→涓→域→鉴→好问→以礼→世杰→惟凯→鼎→天轩

**迁徙各地:**

学千九百十四公讳序茂,迁居白鱼潭转徙毛家园。

学二千百二十五公讳序春,迁居白鱼潭转徙嘉兴府冻煞口。

## 施坞村周氏

据传:清时,周氏祖先从嵊县迁来兼溪周坞后,第十一世浩十公再分移于此定居。村背紧靠犁刀、安相、东桥、道场四个较大的山坞,故名四坞。后以同音字改作施坞。位于诸暨县城东面,距城18.5公里。距乡政府驻地3.5公里。

施坞位于浬舞公路上行约12公里处,在上周坞村新丰水库东侧。区域面积约五平方公里,总计253户总人口约665余人,除二户杜坑人外,全村均为花亭周姓。施坞在2006年诸暨行政村调整时,与闹桥村合为一村称“施坞闹桥”,归属于东和乡。耕地面积379亩,山地1400亩,村宅呈长方形。东靠大林,南接梨树坞,西邻新丰水库,北接闹桥。施坞村周氏房派堂号绎恩堂。

施坞周姓之祖系花亭周氏第十一世(上塘前谱为第十世)浩十公,由八字桥迁居施坞。浩十公生卒无文字记载:配郭氏,生四子(万三、万六、万十、万廿九)。

**知名人物：**

（一）

周　绍(1897—)，曾任东阳县人民法院院长。

周光武(1923—？)，黄埔军校第十九期步科(西安七分校)。

周绍辉(1931—？)，曾任舞凤乡副乡长，保安公社管委会主任，舞凤公社党委副书记。

（二）

周　泰(1935—)，山东大学教授。

周绍坚(1935—)，1964 年为庆祝建国二十五周年，赴京参加音乐舞蹈史诗《东方红》演出，受到毛泽东、周恩来等党和国家领导人接见，并合影留念。

周　华(1939—)，大学学历，曾任浙江省参议长，东和乡乡长。

周朝龙(1951—)，曾任檀溪乡、梅岭乡乡长。

周朝海(1959—)曾任省水电建筑第二工程处办公室副主任，诸暨水电局质量监督站站长。高级工程师。

周智勇(1960—)，浙江杭氧集团总工程师。

周瑾惺(1962—)，曾任绍兴市计经委能源处处长，现任浙江新建纺织印染有限公司董事长。

周祖成(1963—)，大学教授博士生导师。

周仲文(1968—)，教授，上海华山医院外科病理主任。

周其生(1956—)，诸暨市人大教科文卫副主任。

**施坞村周氏字第：**绅公前与同，绅公后字第与其世系图相同(至始祖浩十公)，浩十公后自衍字第。

浩 万 宰 宁 天 进 思 惠 原 成 详 珪 和 荣 华 鳞 满 桐 炳 增 铨 润 椿 照 陞

**施坞村周氏系图：**

兵→益→虎→旺→园→奭→谊嘉→中里→洞→绅→源→栋→焆→域→钦→涓二→滋四→洵→浩十

**迁徙各地：**

宁三公，迁居藏典。

宁四公，迁居大东乡白水。

宁四十六公，迁居三十都茅家塘。

宁九十七公，迁居浬浦。

荣百二十五公讳历问，迁居茅家塘。

耀九十四公讳茂芳，迁居枫桥。

耀百三公讳安定，迁居台州太平县(今温岭市)大谷塽。

新百九十八公讳瑞详，迁居东山吴。

新三百二公讳永瑞，迁居萧山县。

新三百四公讳三妃，迁居高湖塘。

新千三百三十六公讳裘姐，迁居嵊邑杨大坑。

新千四百公讳郦法,迁居四十八都小坑。

新又千四百二十一公讳观会,迁居店口。

学二千六十公讳法裕,坞迁居温州埠头。

啟千六百四十九公讳龙瑞,迁居嵊邑麻厂。

## 上塘前周氏

上塘前村,原属璜镇上新屋上塘前自然村。今属璜山镇三璜山行政村,由上市、中市、下市、上新屋四村于2006年合并成一村。位于县城东南面,距城区18.3公里。东邻璜山,南接老虎尾巴山,西北靠后溪江。

上新屋村原人口为1039人,而"上塘前"周姓为197人。房派堂号永思堂。

阅清同治壬申年(1872)暨阳上塘前宗谱,上塘前周氏系出嵊州开元,奭公五世孙绅(花亭谱为十二世孙,两者相差七代),绅公十世孙(花亭谱为第十一世孙)浩十六公,迁上塘前,配毛氏,生四子:万八、万十二、万十九、万二十六。为上塘前周氏始祖。

**上塘前周氏字第**:元 云 崇 瑞 方(永) 盛 振(涓) 彩(滋) 洵 浩 万 宰 宁 天 进 思 惠 原 成 详 珪 和 荣 华 鳞 满 桐 炳 增 铨 润 椿 照 陞

**上塘前周氏现有三个系图:**

1、上塘谱

兵→益→虎→旺→园→奭→谊嘉→中里→洞→绅→源→栋→焻→域→钦→涓二→滋四→洵→浩十六

2、花亭谱

兵→益→虎→旺→园→奭→谊嘉→中和→濬→瑗→宗→德修→峻→杰→敏→理→士弘→绅

3、岭北谱

兵→益→虎→旺→园→懿→谊臣→中理→洞(没有注名见后)

始祖绅,上塘谱与花亭谱世系要差8代。

## 杜家坞周氏

据传:明朝年间,屠氏居此坞,以姓氏取名为屠家坞。随着朝代更替,姓族变迁,村中已无屠姓,多数姓周。解放后,群众一直书写为杜家坞。杜家坞地处大林东侧,在大林至西岩公路的边上,距大林闹市约1公里处,区域面积1.13平方公里,全村184户509人,现与大林合为一村,属大林行政村,主姓周。归东和乡所辖。位于诸暨县城东南面,距城20.5公里,距乡政府驻地6公里。耕地面积277亩,山地640亩,村宅呈长方形。东连高山,南靠尚典,西接八字桥,西北面与大林相邻。

绅公七世孙庆,行盛二,由兼溪迁八字桥,浩八公讳(第十一世)为杜家坞之祖,文字记载系由八字桥,迁至杜家坞。浩八公生卒失考,配郦氏,生卒失考,生六子:万一、万九、万十七、万廿

二、万廿三。

迁居杜家坞,为杜家坞村始祖。杜家坞村周氏堂号为滋四公祠和敦本堂。

杜家坞村敦本堂

杜家坞村古凉亭 里仁亭

**知名人物:**

(一)

周伯忠(1929—),曾任舞凤乡乡长。

(二)

周功明(1948—),曾任诸暨市第十五届人大代表。

周祥辉(1956—),任诸暨市教育局财务科长。

周秀梅(女)(1970—),现任浙江步人集团董事长,诸暨市政协常委。

周均良(1874—),诸暨爱币喜进出口有限公司经理。

**杜家坞村周氏字第:**

元 云 崇 昌 方 盛 涓 滋 洵 浩 万 宰 宁 宗 荣 耀 魁 新 自十八世后,统一接花亭周氏字第(详见花亭周氏字第)。

**杜家坞村周氏系图:**

兵→虎→旺→园→奭→谊嘉→中和→濬→瑗→宗→德修→峻→杰→敏→理→士弘→绅→源→栋→焻→域→庆→涓二→滋四→洵→浩八

**迁徙各地:**

荣六十公之子讳阿春,迁居衢州府。

荣七十八公讳国英由,迁居杭州城内。

荣二百六十五公讳恩林,迁居嵊县吕墺。

惠六公,迁居三十八都小山脚。

魁二百六十五公讳万生,迁居嵊邑三十都朱家墺。

魁三百三十四公讳万光,迁居嵊邑三十都墺。

新五十八公讳海寿,迁居嵊邑二十八都。

新百七十公讳肇林,迁居山阴小金。

新三百二十一公讳二美,迁居山阴小金。

新千四百七十三公讳仁一，嵊邑吕墺。

敌三十二公讳宏训，迁居义乌苏溪。

道二十七公讳丹叶，义乌苏溪。

道有一天是八十七公讳瑞雁，迁居嵊邑三十三都李家岭。

学二千九百六十公讳逵，迁居临安县横板溪。

绍七百三十九公讳绍篚，迁居孝丰北门外理图白杨庄。

## 小兼溪村周氏

因村内东有周家坞小溪，南有大高坞小溪，有一村兼两溪的地形特点。又传明末清初，周氏从兼溪分居到此，故定名小兼溪。位于县城东南偏东，距城17、4公里。小兼溪村在浬闹公路(浬浦至闹桥)由浬浦镇上行约5.5公里处。亦是东、西、南三面青山怀抱，东、南两条山溪沿村而下在上新屋合成一溪向北流去至新凉亭汇入陈蔡江支流（桂溪)，2006年小兼溪村与大兼溪村合为一村称兼溪村。小兼溪村区域面积约4平方公里，全村4327人，主姓周。(花亭绅公后裔)，其余小半为郭姓及其他少数王、饶、张等姓。小兼溪东靠大兼溪，南接吾家坞，西邻廊下，北接白杜坞。距镇政府驻地4公里。主姓周。耕地474亩，山地1419亩，村宅呈散列状分布。

绅第四世孙焻，行昌三公，入赘兼溪申屠氏，焻五世孙以礼，行彩十四，迁居小兼溪村，为小兼溪村周氏始祖。房派堂号维新堂。

**知名人物：**

(一)

周宝堂(1894—)，浙江陆军测量学校毕业。1927年任杭州市总工会委员兼秘书长。1940年夏任诸暨县县长(实际担任军统诸暨站站长)，浙江行动纵队司令。1946年任少将参议(冀鲁特别站站长)在国民党任职期间接受进步思想，信仰共产党，做了大量有益于人民的工作。1978年居住地陕西省眉县对他的一生重新作了客观公正的评价，坎坷的一生颇具传奇。

(二)

周民强(1933—)，绍字行，北京大学数学系教授，历任函数论教研主任，数学系主任等职，全国《数学学报》编委，全国《数学通报》主编，事迹收入《浙东知名人物录》《浙江绍兴知名人物录》。

周　楷(1937—)，毕业于上海戏剧学院美术系。广西艺术学院任教，长期担任油画，水彩画创作课教师。主要作品《野菊》《壮乡秋日》等。著有《怎样画水粉画》《名家技法》等。获全国教学成果二等奖，自治区一等奖。广西优秀教师称号。享受国务院特殊津贴。

周天游(1944—)，毕业于南开大学历史系，历史学硕士学位。1955年任陕西历史博物馆馆长，并兼任西北大学，西安美院，兰州大学等教授博士生导师。曾任中国秦汉史研究会会长。1979年、2003年两度被评为陕西省有突出贡献专家。1993年开始享受国务院特殊津贴。代表作有《八家后汉书辑注》《秦汉社会文明》《汉官六种》《论汉代文化的基本特征》《二十世纪中国秦汉史研究》等多部。为陕西省九三学生常委，省人大代表，全国政协委员。

周　烈(1945—)，曾任北京第二外国语学院院长。祖父辈住东和上姚村，为孤姓。

周平儿(1962—)，女，绍兴师专毕业，中学一级教师，事迹收录于《浙江专家名人大辞典》。她一家父、子、本人及妹均为教师。1990年教师节绍兴市人民政府特授予《教育世家》匾额。

周　炯(1975—)，国防大学作战指挥学博士研究生，现任中国人民解放军军事学术研究所所长(副师职)。

**小兼溪村周氏字第：**同大兼溪村周氏，详见大兼溪村周氏字第。

**小兼溪村周氏系图：**

兵→益→虎→旺→园→奭→谊嘉→中和→濬→琮→宗→德修→峻→杰→敏→理→士弘→绅→源→栋→焆→域→鉴→好问→以礼

小兼溪村周姓始祖因有五个自然村，故各为五个始祖：

**1.下新屋周氏**

悦百二十六公讳大谅，由兼溪迁下新屋，为下新屋始迁祖。大谅公字汝恒，生于嘉靖乙卯(1555)七月二十日，卒于崇祯乙亥(1635)十月十九日午时，配某氏，生于嘉靖乙卯(1555)十一月初一日，卒于崇祯辛未(1631)十二月十九日亥时，俱葬四十四都琴弦岗，生五子鼎新、鼎弦、鼎濂、鼎龙、鼎富。

**下新屋周氏字第：**同大兼溪村，详见大兼溪村周氏字第。

**下新屋周氏系图：**兵→益→虎→旺→园→奭→谊嘉→中和→濬→琮→宗→德修→峻→杰→敏→理→士弘→绅→源→栋→焆→域→鉴→好问→以礼→世杰→惟凯→鼎→天宠→大谅

**2.上新屋周氏**

友百八十五公讳日明，号乾阳，生于万历甲申（1584）四月十八日寅时，卒于顺治壬辰(1652)八月十五日子时，葬本都(附四十七都)坳子门口山。配璜山黄氏，生于万历乙酉(1597)八月初七日丑时，卒于顺治乙丑(1565)三月十九日戌时，生五子：廷俊、廷杰、廷傅、廷儒、廷仪，日时公由兼溪迁小兼溪上新屋。

**上新屋周氏字第：**同大兼溪村，详见大兼溪村周氏字第。

**上新屋周氏系图：**兵→益→虎→旺→园→奭→谊嘉→中和→濬→琮→宗→德修→峻→杰→敏→理→士弘→绅→源→栋→焆→域→鉴→好问→以礼→世杰→惟凯→鼎→天表→大庆→日明

**迁徙各地：**

隆五公，由小兼溪壬村迁居步溪。

裕三百六十三公讳啓宗，迁居绍兴府山阴县前。

景四百二公讳守仁，迁居绍兴城内。

景四百十三公讳守义，迁居绍兴城内。

新三百八十三公讳楷，迁居王家坪坑。

学二千六百四十六公讳占亨，由下新屋迁居十里牌次贤房。

**3.旺村周氏**

始迁祖嘉三百三十公讳廷级，字详甫，生于万历丙辰(1616)十二月廿八日，卒于康熙庚申(1680)七月十四日卯时，由兼溪迁旺村，配黄氏，生于万历丙辰(1616)二月十七日丑时，卒于康熙丙辰(1676)五月廿三日申时,公氏合葬七十都火烧吴厅顶屋后山。生一子:瑞。

**旺村周氏字第**:同大兼溪村,详见大兼溪村周氏字第。

**旺村周氏系图**:兵→益→虎→旺→园→爽→谊嘉→中和→濬→琼→宗→德修→峻→杰→敏→理→士弘→绅→源→栋→焆→域→鉴→好问→以礼→世杰→惟凯→鼎→天章→悦百六十四→ →廷级

**4.夹衖村周氏**

始迁祖景百九十三公讳瑞龙,生于康熙戊申(1668)六月十六日午时,卒于康熙辛丑(1721)十月廿七日丑时,葬外寺山。配郭氏,生三子:继仁、继贵、继旺。

**夹衖周氏字第**:同大兼溪村,详见大兼溪村周氏字第。

**夹衖周氏系图**:兵→益→虎→旺→园→爽→谊嘉→中和→濬→琼→宗→德修→峻→杰→敏→理→士弘→绅→源→栋→焆→域→鉴→好问→以礼→世杰→惟凯→亶→天才→大仁→友三十九→嘉百十九→美周→瑞龙

## 徐岸村周氏

徐岸村现所属浬浦镇五美村行政村,位于浬浦镇东南面,距镇1.5公里,浬斯线靠村而过,东邻东白湖旅游开发区,距诸永高速互通口4公里,交通便利,环境优美。五美村全村427户,1243人,水田645亩,山林4100余亩。产业以种植为主,个私经济发展,有家庭剑杆织机70余台,2001年被命名为文明村,2006年被诸暨市农村建设办公室列为新农村创建单位。

周绅第十四世孙鼎昌,行友二百二十二,自周坞村迁居徐岸村,为徐岸村始祖。

**知名人物**:

周功达(1949—),大学学历,高级政工师。曾任中国人民解放军南京军区空军师政治部副主任等职。出席空军党代会受到邓小平等党和国家领导人接见。转业到地方后,当选杭州市下城区第九、十届人大代表。

周功灿(1952),1970年应征加入中国人民解放军,从战士到排长,后任炮兵学院教员。转业后到绍兴中级人民法院任民庭副庭长,仲裁委员会秘书长,正处级调研员,绍兴市仲裁协会会长,绍兴市第五届政协委员。

周功明(1962—),工学硕士学位,后留学美国获有机化学博士学位,现任美国麻省Spectra Anaysisi分析仪器公司应用工程总监。拥有复合材料、聚合物材料、弹性体的多项专利和学术论文。

周赞斌(1965—),浙江三博聚合物有限公司董事长、总经理。

周功淼(1966—),大学本科毕业,工程师。现任杜邦、陶氏、埃克森、美孚、L6电子化学等中国区口译专家与渠道经理。中华周氏杭州、宁波联谊会常务理事。

周赞琪(1966—),浙江三博聚合物有限公司副经理,嵊州市政协委员。

**徐岸村周氏字第**:同大林村(详见大林村字第),第十八世后,统一接花亭周氏字第(详见花亭周氏字第)。

**徐岸村周氏系图**:绅→源→栋→焆→域→鉴→好问→以礼→世杰→惟凯→鼎→天宠→大

浩→鼎昌

**迁徙各地：**

英五百三十八公讳文礼，迁居吴家庄。

英九百四三十公讳应玉，迁居临安县。

敏四百十七公讳家驹，迁居浬浦溪。

敏七百五十六公讳明友，迁居杭州临安福星里。

## 白杜坞村周氏

白杜坞村在小兼溪村之东北方，与小兼溪村相邻，自村口第一自然村坳子开始，其余其各自然村呈一字长蛇形向里延伸，至梓树山头上与施坞、上周坞之村相邻，整个白杜坞村总长达四公里余，区域面积4.44平方公里，全村627户，人口1885人左右，实为泱泱大村，白杜坞除少数几户为张、王两姓外，其余为花亭周氏后裔，主姓周。

白杜坞村包括前旺、梓树山头、古里亭、蔡家弄（一名高塔墩）、坳子、金村、沙滩等自然村，其周姓始祖为：

**1.前旺村周氏**

前旺，据传，钱黄两姓先居住此地。以“钱黄”音相似得名前旺。位于东县城东面，距城17.2公里。东靠毛竹尖岗，南连大小兼溪，西邻廊下象路岭，北接上周坞。距镇政府驻地北6公里，属白杜坞行政村一自然村，主姓周。 2002年底统计，全村有175户，684人，耕地283.5亩，山地1100亩。

前旺之祖为周氏第十四世日晟公，行友百二十九，由兼溪迁白杜坞前旺，日晟公卒失考。配吴氏，继陈氏，续骆氏。生四子：廷楫、廷栋、延楠、延贾。

**前旺周氏字第**：同云二公（源）前代各房分递字母，新以后统一接花亭周氏字第。

**前旺周氏系图**：兵→益→虎→旺→园→奭→谊嘉→中和→濬→琼→宗→德修→峻→杰→敏→理→士弘→绅→源→栋→焻→域→鉴→好问→以礼→世杰→惟凯→鼎→天表→大庆→日晟

**2.梓树山头村周氏**

梓树山头，原是白杜坞行政村的自然村。梓树山头周氏有五支始祖：一支由吾家坞迁居；四支由兼溪村迁居。

（1）第十七世讳维龄，行贤二十七公，由吾家坞迁居梓树山头。配郑氏，生二子：能三十三、能三十八。

**字第**：与前旺村周氏同

**系图**：兵→益→虎→旺→园→奭→谊嘉→中和→濬→琼→宗→德修→峻→杰→敏→理→士弘→绅→源→栋→焻→域→鉴→好问→以礼→世杰→惟龄

（2）第十七世讳介生，行景三百二十二公，由兼溪迁居梓树山头。介生公配惠氏，生五子：宏业、宏廷、宏圣、宏文、宏朝。

**字第**：与前旺村周氏同

**系图：**兵→益→虎→旺→园→奭→谊嘉→中和→濬→琼→宗→德修→峻→杰→敏→理→士弘→绅→源→栋→焻→域→鉴→好问→以礼→世杰→惟凯→鼎→天宠→大训→德宏→化淳→仲珍→介生

(3)第十八世讳维孝,行新四百四十七公,由兼溪迁居梓树山头。

**字第：**与前旺村周氏同

**系图：**兵→益→虎→旺→园→奭→谊嘉→中和→濬→琼→宗→德修→峻→杰→敏→理→士弘→绅→源→栋→焻→域→鉴→好问→以礼→世杰→惟凯→鼎→天宠→大训→德宏→化茂→仲琦→觉生→维孝

(4)第十八世讳世俊,行新七百四十六公,由兼溪九二房迁居梓树山头。

**字第：**与前旺周氏村同

**系图：**兵→益→虎→旺→园→奭→谊嘉→中和→濬→琼→宗→德修→峻→杰→敏→理→士弘→绅→源→栋→焻→域→鉴→好问→以礼→世杰→惟凯→鼎→天宠→大训→德宏→化茂→仲琦→昌生→世俊

(5)第十八世讳世明,行新二百四十三公,由兼溪迁居梓树山头。

**字第：**与前旺村周氏同

**系图：**兵→益→虎→旺→园→奭→谊嘉→中和→濬→琼→宗→德修→峻→杰→敏→理→士弘→绅→源→栋→焻→域→鉴→好问→以礼→世杰→惟凯→鼎→天宠→大训→德宏→化茂→仲琦→德生→世明

**3.坳子、金村周氏**

坳子、金村,原是白杜坞行政村的二个自然村。

第十八世讳嘉德,行新八十九公,由兼溪能廿六房迁居白杜坞坳子。

**字第：**与前旺村周氏同

**系图：**兵→益→虎→旺→园→奭→谊嘉→中和→濬→琼→宗→德修→峻→杰→敏→理→士弘→绅→源→栋→焻→域→鉴→好问→以礼→世杰→惟凯→昽→天相→大廷→德隆→应麟→文标→元熙→嘉德

第十八世讳茂模,新三百三十七公,由兼溪迁居白杜坞金村。

**字第：**与前旺村周氏同

**系图：**兵→益→虎→旺→园→奭→谊嘉→中和→濬→琼→宗→德修→峻→杰→敏→理→士弘→绅→源→栋→焻→域→鉴→好问→以礼→世杰→惟凯→鼎→天宠→大训→允仁→廷伟→仲琳→澜→茂模

**4.沙滩周氏**

沙滩,原是前旺村的自然村。

第十三世讳大茂,悦百三十二公,由兼溪迁居沙滩。

**字第：**与前旺村周氏同

**系图：**兵→益→虎→旺→园→奭→谊嘉→中和→濬→琼→宗→德修→峻→杰→敏→理→士弘→绅→源→栋→焻→域→鉴→好问→以礼→世杰→惟凯→鼎(目字旁一个龙字)→天相→

大茂

白杜坞为浬浦镇管辖。白杜坞之祖还有周氏第十四世友三十二公由兼溪迁居白杜坞古楼亭。

**5.古楼亭下新屋派周氏**

第十四世友三二公由兼溪迁居白杜坞古楼亭下新屋派。

**字第**:与前旺村周氏同

**系图**:兵→益→虎→旺→园→奭→谊嘉→中和→濬→琼→宗→德修→峻→杰→敏→理→士弘→绅→源→栋→焻→域→鉴→好问→以礼→世杰→惟凯→鼎(目字旁一个龙字)→天宠→大训

**6.古楼亭高塔墩派周氏**

高塔墩派周氏为花亭周氏的栏杆派，由元二公十四世孙忠三十九公从兼溪栏杆台门迁居古楼亭高塔墩,上谱男丁 75 户,189 人。

**字第**:元 云 崇 昌 方 盛 馗 端 甫 洪 恩 正 忠 良 萃 增 孝第十八世"新"后,统一接花亭周氏字第(详见花亭周氏字第)

**系图**:兵→益→虎→旺→园→奭→谊嘉→中和→濬→琼→宗→德修→峻→杰→敏→理→士弘→绅→源→栋→焻→域→钰→馗二→端五→甫十→洪三十八→恩廿四→正五十五→忠三十九

**知名人物**:

(一)

周功越(1923—),曾参加抗日远征军。

周尚棣(1929—),国民党炮兵少校副营长。

周金登(1937—),大学学历,高级工师。

周榆林(1937—),团参谋长。

(二)

周校品(1949—),陈蔡公社管委会副主任,副乡长。

周生忠,浙商湖北商会副会长。

周国良(1960—),曾任诸暨市教育局副局长、诸暨师范学校校长。诸暨市人力资源与社会保障局副局长。

周　军(1960—),任绍兴市文澜中学校长。

周　统(1963—),博士,南京市经济技术管委会主任。

周哉芳(1967—),宁波商会秘书长,省人大代表,宁波市政协委员。

周春松(1973—),诸暨市人民检察院副检察长。

周宇芳(1981—),绍兴建行行长。

**迁徙各地**:

道七百八十公讳宗浩,由白杜坞迁居衢州南门外田铺官路桥。

英九百八十四公讳应坎,由全旺迁居衢州府。

## 火烧吴村周氏

相传，吴氏从新昌迁居于暨阳太平桥乌石村。其后在战乱中，吴氏宗祠被毁，子孙不忘祖居，故名火烧吴。位于诸暨市区东面，距城 11 公里。东靠丁家山，南邻双蒋及原花厅公社钱家坞，西毗徐家坞，北接上黄、朝湖山。

源出花亭周氏。其先周绅传十四世至友又二百二十二，于明万历年间(1573—1620)自花亭兼溪迁居火烧吴，为始迁祖。

**火烧吴村周氏字第：**

元 云 崇 昌 方 盛 振 彩 添 贤 能 和 悦 友 嘉 裕 景 第十八世后，统一接花亭周氏字第(详见花亭周氏字第)

**火烧吴村周氏系图：**

兵→虎→旺→园→粛→谊嘉→中和→濬→瑷→宗→德修→峻→杰→敏→理→士弘→绅→源→栋→焆→域→鉴→

## 张家湾周氏

张家湾村，位于大兼溪村东侧，距大兼溪村仅一岭之隔，岭名曰钱大王岭，岭长三里。张家湾村原属陈蔡地区孝四乡，全村 800 余人口，其中周姓人口 650 余人。陈蔡地区于 1976 年开始建造陈蔡水库，建成后于 2008 年改名为东白湖镇。原前坑坞村、下河图村、上河图村、张家湾村、白水山村合并，现名为五峰村。

始迁祖花亭周氏第十七世孙讳长寿，景一百八十二公，字仲岳，为张家湾始迁祖。张家湾、白水山、泥墙里均属思成堂，宗祠在大兼溪村。

**知名人物：**

(一)

周龙公(1932—1995)，18 岁即响应政府号召，踊跃参加中国人民志愿军。入朝参加了抗美援朝战争，在部队积极勇敢，多有建树，深得上级尝识和下级的爱戴，由班、排、连升到少校正团级。朝鲜战争结束，回国后仍在 24 军任职，驻军河北唐山。直至 20 世纪 80 年代退役，回老家诸暨，任职于城关北庄畈干休所干部。1995 年 7 月逝世，生前立下遗嘱，骨灰撒于东白湖中。

(二)

周晓东(1950—)，现为浙江五峰电子有限公司董事長、云南省瑞丽市样样好国际珠宝有限公司董事长、中国珠宝玉石首饰行业协会常务理事、云南省珠宝首饰行业协会常务副会长、德宏州浙江商会会长、德宏州工商联副主席、德宏州政协常委、诸暨市人大代表、诸暨市文联委员、诸暨市 2005 年首届十大孝德楷模。高级经济师。享有著名慈善家之盛名。关爱社会、捐资助学、帮贫扶困、支持公共设施建设，仅“五峰奖学基金”就达 300 万元。关心云南瑞丽当地百姓的民生问题以及教育事业，先后捐款 400 万元，如盈江地震，第一时间捐款 20 万元。

2009年开始与文友一起成立了诸暨市浣纱文学读书会,出版《越读》杂志,现为该会会长。2014年出版的60余万字的著作《风雨世面》获广泛好评。

周国卫(1959— ),河海大学农田水利专业,浙江水利水电学院水利水电工程概预算专业(本科第二专业),香港公开大学工商管理硕士(MBA)。任绍兴市曹娥江大闸工程建设局局长、绍兴市人民政府防汛防旱指挥部办公室副主任。荣获浙江省廉洁高效公务员、浙江省劳动模范称号,荣立二等功、三等功各一次。

周建飞(1963—),曾任宁波市农经委社会发展处处长、宁波市委农办综合调研处处长、秘书处处长、宁波市委办副主任。现任宁波市委政法委委员、市委某办公室主任。

周国治(1974—),1974年12月参军入伍,在陆军31军高炮某部,历任战士、排长、指导员。转业地方工作后,先后任厦门市原杏林区纪律检查委员会、监察局任科员,纪委常委、副局长,厦门市原杏林区机关党工委任常务副书记,厦门市集美区教育局任党委副书记、纪委书记,厦门市集美区委宣传部副部长、集美区社科联常务副主席、集美区文联主席。

周炳福,曾任陈蔡、枫桥、市城关法庭庭长及市法院审监庭庭长。

**张家湾周氏字第:**与大兼溪村周氏同。

**张家湾周氏系图:**兵→益→虎→旺→园→奭→谊嘉→中和→濬→琼→宗→德修→峻→杰→敏→理→士弘→绅→源→栋→焻→域→鉴→好问→以礼→世杰→惟凯→昽→天相→熤→友三十二→于礼→裕九十一→长寿

**迁徙各地:**

道千九百四十三公讳道圣,迁居嵊邑通源乡大畈田。

新三百公讳桂圆,迁居嵊县白石岭下。

## 上周坞村周氏

古时,周氏来此山坞上方居住,故称上周坞。位于诸暨城东面,距城17.2公里。位于浬浦镇北面,距镇7公里。东靠施坞,南接白杜坞,西邻塔塘,北接邵家坞,四面环山。主姓周。全村233户,726人。

诸嵊线靠村而过,东南邻东白湖旅游开发区,距诸永高速互口12公里,交通便利,环境优美。

周绅二十一世孙讳上海,行学二千二十九,由八字桥迁居上周坞村,为始祖。

**上周坞村周氏字第:**自上海公"学"字第始,详见花亭第十八世后的字第。

**上周坞村周氏系图:**兵→虎→旺→园→奭→谊嘉→中和→濬→瑗→宗→德修→峻→杰→敏→理→士弘→绅→源→栋→焻→域→庆→涓二→滋四→洵→浩五→万一→宰十八→宁十八→宗五十→国富→士鸣→维坦→元华→作汉→茂芳→上海

## 王家井村周氏

据传：古时王姓定居于此，建有水井一口，为村人共饮，故得名王家井。位于诸暨城区南面，距城9公里，镇政府驻地西北公里。东靠定荡坂，南连阮村畈，西邻大砚石，北接王家井桥。

花亭绅公后裔有三支迁居该村。

1.绅公第十五世孙讳文质，排行良七十二公，由栏杆派迁居；

2.绅公第十七世孙讳魁先，排行增三十五公，与子大贤由 栏杆派迁居；

3. 绅公第十七世孙讳士礼，排行景二百六十七公，由大兼溪村迁居。

**王家井村周氏系图：**

1. 绅→源→栋→焆→域→鉴→好问→以礼→世杰→惟凯→亶→天民→大诏→友三十一→汝成→国详→士礼(景二百六十七)→文孝→尚镐→廷栋→毓璋→茂红→恭敬→绍元（生三子：善根、善良、善富)→善根→东方→周杨

2. 绅→源→栋→焆→域→鉴→钰→馗一→端四→甫二十七→洪五十二→恩百一→正八十一→忠三十七→良又七十二公文质

3. 绅→源→栋→焆→域→鉴→钰→馗一→端一→甫一→洪三十四→恩五十八→正五十二→忠五十四→良又七十二→萃又五十→增三十五讳魁先→大贤

## 飞凤岗周氏

东白湖镇日溢村飞凤岗自然村(原属西岩公社施家沿大队自然村)，位于诸暨东部，距市中心约40公里，目前有周姓人家30户，约90人。飞凤岗与嵊州一岭之隔，东接雾露尖，南连大岗岭，西近施家沿村，北望上衣山村、青石坑。

周绅第十四世孙鼎昌，行友二百二十二，自周坞村迁居徐岸村，为徐岸村始祖。鼎昌第八世孙文礼，行英五百三十八，由徐岸村迁居飞凤岗(大兼溪宗谱上是迁居吴家庄)，为飞凤岗始祖。

**飞凤岗周氏字第：**同徐岸村(详见徐岸村字第)，第十八世后，统一接花亭周氏字第(详见花亭周氏字第)。

**飞凤岗周氏系图：**绅→源→栋→焆→域→鉴→好问→以礼→世杰→惟凯→鼎→天宠→大浩→鼎昌→国斌→恭先→明→人桢→佳贵→道亨→学魁→文礼

## 吴家庄周氏

东白湖镇日溢村吴家庄自然村，位于诸暨市东部，距市中心约37公里，现有周姓人家20户，约60人。吴家庄东近飞凤岗，南望上王山，西连施家沿村，北靠上衣山村。

东白湖镇日溢村系由施家沿村和外部村合并而成。原施家沿村包括六个自然村：施家沿

村、吴高坞、飞凤岗、夹山、吴家庄、上王山。原外邵村包括五个自然村：外邵、里邵、王家湾、石岭下、上英山。这十一个小自然村组成新的“日溢村”(既是谐音，又隐含此处为诸暨最东端，海拔也高，诸暨人看到的“日头”是从这边出来之意。)

绅公第六世庆，行盛二，由兼溪迁居八字桥。配洪氏，继朱氏，续张氏。生二子：涓一、涓二。涓二第十三世孙大传，行畋千七百一公，由八字桥迁居吴家庄，为吴家庄始祖。配丁氏，继马氏，生四子：国清、国有、国实、国才。

**文物：**

诸暨市人民政府于 2003 年 7 月，在吴家庄立“浙江省古树群保护碑”，这里的南方红豆杉珍贵稀罕。

施家沿村古树群保护碑

村口的红豆杉树

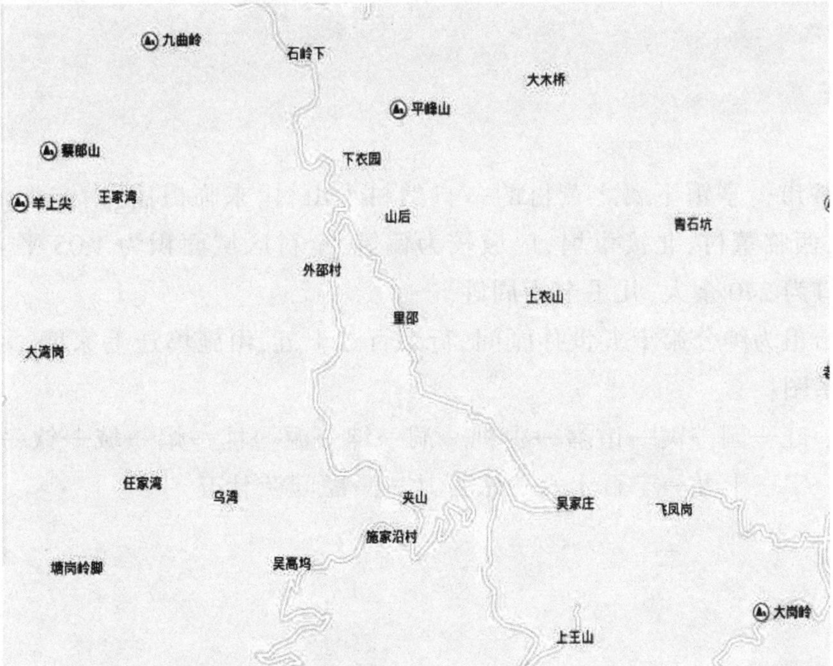


施家沿村电子图

**吴家庄周氏字第**:同八字桥周氏,自十八世后,统一接花亭周氏字第(详见花亭周氏字第)。

**吴家庄周氏系图**:

兵→益→虎→旺→园→爽→谊嘉→中和→濬→瑗→宗→德修→峻→杰→敏→理→士弘→绅→源→栋→焆→域→庆→涓二→滋四→洵→浩五→万十一→宰四十八→宁八十八→宗百五十→五凤→钱美→广效→宏亮→大传→国清、国有、国实、国才

## 蟠龙窠周氏

枫桥镇钟山村叠山自然村蟠龙窝(谱载"蟠龙窠周氏",百度地图显示"蟠龙窝",门牌挂着"大盘龙"),位于枫桥镇东部,距市中心23公里。蟠龙窠东接上旺自然村,南望小盘龙自然村,西近绍诸高速,北连鲚鲤尖。

蟠龙窠周氏,入谱《暨阳花亭大林周氏宗谱》,嘉百五十七公〔生万历二十八年(1600)〕,迁居枫桥蟠龙窠为始祖,景二百三十六公全美,字安仁,号农官。生于康熙癸丑(1673),卒于乾隆已巳(1749),配骆氏,生三子:世昌、贵宝(出继弟为嗣)、月宝(出继弟为子),继续住在蟠龙窠为祖。目前有周姓人家30户,约100人。

**蟠龙窠周氏字第**:同大林周氏字第。

**蟠龙窠周氏系图**:

清→源→栋→焆→域→ →好问→以仁→世英→惟中→鏞→琬→汏→友五十五→嘉百五十七(配邱氏住枫桥蟠龙窠)→尔成→全美

〔附:采访者资料,宝林(敏)、成栋、成标(绍)、成樑、友焕、海焕(宏)、泰焕、友堂、绍章(功,1929年出生)〕

## 毛家塘周氏

毛家塘系诸暨市街亭镇下属之董村的一自然村小山村,东临梅店,南与浬浦镇廊下、枫林二村以一村之隔,西临董村,北接章坞,地域较为偏僻,全村区域面积为1.05平方公里,距市区约为11公里,人口为240余人,几乎全为周姓。

毛家塘周姓始祖为绅公第十五世孙歷问,行荣百二十五,由施坞迁毛家塘,为毛家塘始祖。

**毛家塘周氏系图**:

兵→益→虎→旺→园→爽→谊嘉→中裡→洞→绅→源→栋→焆→域→钦→涓二→滋四→洵→浩十→万十→宰三十九→宁百十六→宗百廿三→歷问荣廿五

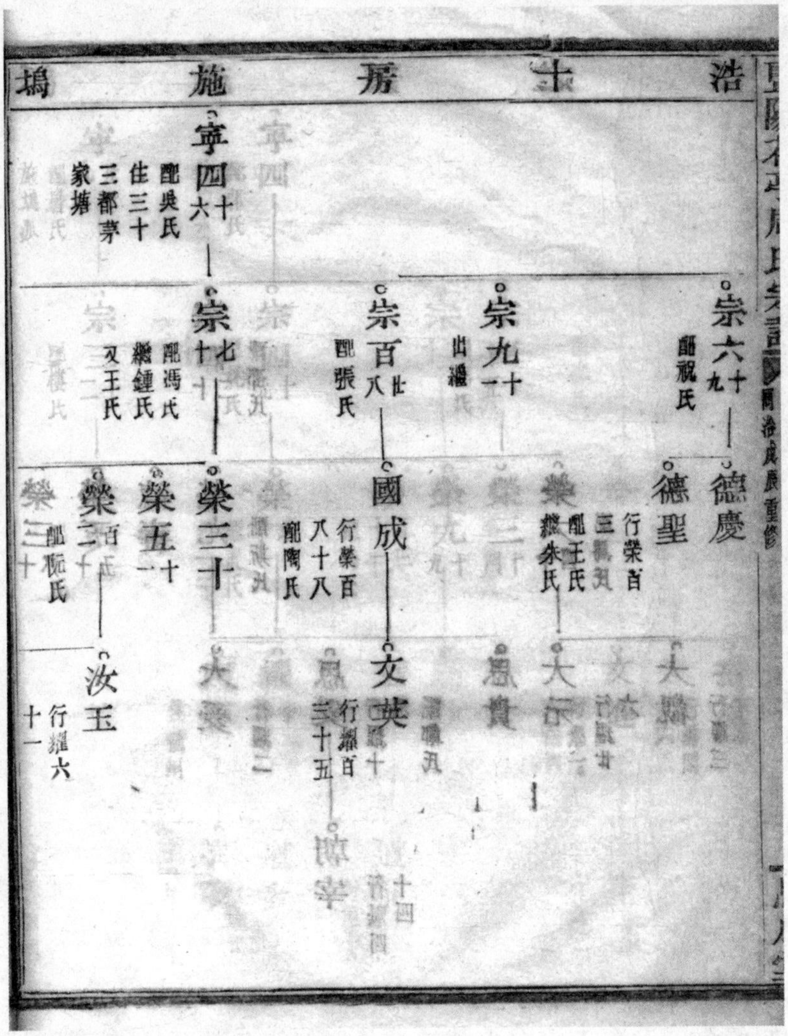


### 王坑周氏

2006年东白湖镇下属之袁陈、王坑、八石坂、坑口四村合并为“里四行政村”。王坑地处斯宅之东的一面，高山耸立的偏僻小山村，其东与嵊州的支头鹰仅以一岭相隔，南与八石坂村相邻。全村区域面积为3.29平方公里，距市区约为28公里，全村89户300人，几乎全为周姓。

王坑周姓始祖为绅公第十八世孙讳楷，行新三百八十三公，由小尖溪迁王家坪后转迁王坑。

**王坑周氏世系：**

兵→益→虎→旺→园→爽→谊嘉→中和→濬→琼→宗→德修→峻→杰→敏→理→士弘→绅→源→栋→焻→域→鉴→好问→以礼→世杰→惟凯→鼎→天表→大庆→日明→嘉三百四十七→裕二百八十→景二百七十三→新三百八十三

**花亭周氏迁徙外地**

荣百九十五公讳拾姐，迁居福建省。

莘六十六公讳国相,迁居处州府。

裕二十六公,迁居嵊邑。

裕四百四十五公讳子圣,迁居宁波象山县。

茂一公讳寿福,由壬村迁居枫桥邓村山下。

圻九公讳瑞,由藏典迁居火烧吴。

新四百七十四公讳茂宜,由□□迁居张家沿头。

新九百九十八公讳彩能,由上店迁居嵊邑三十三都石母岭。

啟五百五十二公讳大声与弟大正,由蟠龙窠迁居河南。

啟千十八公讳大仪与堂兄,由蟠龙窠迁居河南。

啟千二百七十七公讳如瀛,由□□迁居嵊邑城内。

道二百九十六公讳道成,迁居余姚县。

道九百十以讳道海,由王家坪迁居嵊邑城内。

道千二百二十一公讳道潮,由王家坪迁居王坑。

学千二百九十公讳法传,与弟法寅,由王家坪迁居王坑。

道二千二十九公讳伸道,由上店迁居嵊邑。

英千百六十一公讳阿牛,由□□迁居嵊邑夏相。

## (二)良忠周氏

### 曼坑村周氏

曼坑在清朝叫鳗坑。发源于东白山麓的一条形似鳗鱼的溪坑,弯弯曲曲,绕村流入岭北溪,村以溪坑名,命名为鳗坑。原鳗字现简化为曼字,鳗坑即今曼坑。解放以后大多数村民迁居于暨东公路二边,位于县城南面,距城32.8公里。距镇政府驻地东北4公里,属曼坑行政村,主姓周。2002年年底统计,全村有93户,258人,其中:周姓192人。耕地66亩,山地711亩,呈长形分布。东至水带村,南靠古塘村,西至枫殿畈,北连柴包山麓。海拔115米。距镇北4公里。

兵公十七世孙廷育,排行蕃十七。生一子,名尔瑞,排行千三。由东阳玉峰临泽迁居东阳城东井头园为祖。尔瑞生三子:良惠、良忠、良志。良忠,排行万二,明(1376—1419),迁居东邑吴宁北四十余里的大松山脚下鳗坑。娶曹氏,生一子:永安。鳗坑周氏尊瑞公为一始祖,良忠公为二世祖。

第二十八世　显九廷武　迁居东阳后溪。

第二十八世　显十八廷栋　显四十七廷保　兄弟二人迁三十八都陈店。

**知名人物:**

周秀忠(1969—),副主任医师。陈宅镇卫生院院长。

**曼坑周氏排行字第:**自兵公十八世孙尔瑞始,至2012年年底最新为"谦"。详见浙东(兵公)周氏(虎公派)字第。

曼坑村景图

**曼坑周氏系图：**

兵→进→虎→旺→淳→渥→道之→伸→宽→文宸→堆玉→坚光→允满→兆显→先仁→汝孟→廷育→尔瑞→忠良(迁曼坑祖)

## 水带村周氏

水带村因住地而得名，村前一水似带形故称水带。东至陈宅镇南庄，高地，南连孝儿岭，西与曼坑村相连，北邻茶山。距镇北5公里。海拔112米。全村237户，597人，其中：周姓60人。

①兵公三十三世孙思美公(1667—1726)，排行智三十九，娶应氏生一子：信义。自曼坑迁居毛竹坞。

②兵公第三十六世孙永牛(1928—？)，排行先七百六十四，在20世纪50年代自岭北周迁居水带，娶陈氏，生三子：生荣、生昌、生余。

**水带村周氏字第：**详见暨阳周氏(曼坑)字第。

**水带村周氏系图：**(1)兆彩→思敬→廷珠→马林→佛明→国麟→思美(迁毛竹坞)

(2)嘉宾→人纠→洪梣→懋室→光辉→尧渭→锡春→永牛(迁水带)

## 吴宅村周氏

吴宅村东靠诸东公路，南邻陈宅，西连里山，北毗湖田，距陈宅镇政府北1公里。

吴宅村景图

兵公第二十八世孙廷樟，排行显三十三公，明(1529—？)自曼坑迁居吴宅，为吴宅始迁祖。娶潘氏，生四子：大亮、大开、大达、子法。

兵公第二十八世孙廷榧，字子直，排行显三十六公，明(1534—1602)自曼坑迁居吴宅，为吴宅始迁祖。娶田氏，生五子：大华、大端、赵进、赵圆、赵龙。

**知名人物：**

周章达(1930—)，曾任璜山区委书记，诸暨市供销合作社副书记，商业局副局级巡视员。

周迪祥(1964—)，大连大学毕业，高级工程师。

周建军(1975—)，桂林电子学院毕业，任武汉联通公司总经理。

周巨东(1976—)，江西大学毕业，高级工程师。

**吴宅村周氏字第：**

吴宅村周氏其衍派字第自兵二十八世廷樟、廷榧公始为：仁 慧 礼 智 信 忠 顺 勤 敬 和 俭 闻 间 里 谦 雅 颂 奕 世 志 先人 业 书 香 绍 后 昆

**吴宅村周氏系图：**

尔瑞→良忠→永安→尧福→祖平→天顺→佛正→文通→兆奇→思钦→廷樟、廷榧

**其后裔迁徙外地：**

第三十一世礼六十瑞长，赘居楼子吴。

第三十七世敬九十七敬炎，迁临安横畈。

第三十八世恭六十二炳扬，迁临安沃山脚。

第三十八世恭重三十四莲生，迁诸暨双桥金村。

## (三)通公周氏

### 礼户村周氏

据传:宋时,周氏从东阳县玉山迁来大岭头西面山坞定居,称里坞。后以相似音改为礼户。位诸暨市区南面,距城37.2公里。海拔360米。距镇政府驻地南面4公里,属礼户行政村,主姓周。2002年年底统计,全村有195户,586人,其中:周姓473人。耕地174亩,山地1980亩,呈圆形分布如燕窝。东北接金山湖,南靠大岭头,西南连梅坞,北邻黄城坞。

礼户村景图

兵公第十九世孙通公,排行衍二十二,宋时自东阳玉峰避寇乱,先迁入官田,遂卜居而居,后迁居礼户。娶徐氏,生一子:万。

**知名人物:**

周公瑾(1407—1469),宋(1250—1316),字廷献。任南直隶徐州丰县县丞。

周良思(1571—1655),字宗得,号完九。明国学生,是当时发家敛财的传奇式人物,民间流传甚广。

周良志(1583—1627),字宗孝,别号道斋,礼户人,义乌县掾吏。

周廷总(1625—1684),字惟权。候选州同知。

周邑宰(1628—1713),庠名佐生,号性吾。附贡生,著有《龙山草堂诗草》。

周希芳(1651.9—1718.1),字尔联。选授府经历。

周邑裕(1660—1717),字永生,号性庵。戊午入泮壬戌恩贡,治东宫眼疾有功,廷授奉仪大夫并敕母张氏为一品太老夫人。

周邑焕(1661—1688),字其章。康熙辛酉拔贡,候选儒训导。

周希德(1690—1752),字敬候。雍正甲寅岁贡生。

周际晨(1866—？),字树屏,清邑庠生,贡生。

周志英(1920—1952.)又名朝林,礼户人,中国人民志愿军23军69师206团5连战士,1952年10月,牺牲于朝鲜战场,革命烈士。

周加龙(1950—),空军航空兵9师26团2大队大队长;正营级。

周伟民(1966—),湖北省黄州区纪委常委

周乐彬(1969—),中天集团西安分公司高级工程师。

周秀华(1971—),万马联合控股集团有限公司副总经理高级工程师。

**文物:**

清康熙十六年(1677),曾在大岭头建周氏大宗祠。在村里建祠堂二座〔清同治十年(1871)建缵绪堂;十一年(1872)建继志堂〕

**文化:**

1.元宵棚灯入选绍兴市第六批非物质文化遗产名录。

2.周良思的传说

周良思,字宗德、号完九,生于明朝隆庆辛未(1571),卒于清朝顺治乙未(1655),享年八十五岁,是兵公第二十八世孙,国学生,礼户人,家巨富,有数万亩田地,大片的山林,请巨匠建造了进德堂、缵绪堂、继志堂等众多的厅堂大宅。周良思一生勤劳,家虽富有,但自己从不闲着,还要亲自参加田间劳作,上山割柴、挑柴到城里卖。他性格温和,为人仁德,多行义事、善事,扶贫济困,对有困难的过往游客,无不一一资助。也因此而名声在外,有关他的故事和传说很多,现选较广为流传的几则,以飨读者。

一、剃头

良思公卖了柴,上理发店剃头。剃头匠看他是土头土脑的卖柴佬,就毛里毛糙地几下子就剃完了。就连该刮的地方亦没剃到。良思公把怒气压在心中,拿出一大把钱往桌上一放,转身就走。剃头匠看到许多钱,非常高兴,觉得这个卖柴佬如此大方,肯定是有钱人。从此,把良思公的模样儿牢牢记心中。不久,良思公又到这家理发店剃头了。这次剃头匠是赶紧搬凳子,谨慎仔细地干活,比平时多花了好多时间才把头剃好。心想这次肯定会收到比上次更多的钱了。可良思公只给了他几个钱。这让剃头佬不高兴了,问良思公:“你上次给我许多钱,我这次给你剃得特别干净,而钱反而少了？”良思公回答说:“我料定你这次会给我剃得这样仔细,我上次给你的就是这次的钱,今天给你的是上次的钱。”剃头匠黯然无语。

二、治背痈

良思公患上背痈,到北门外王医生家里去治疗。王医生见良思公一副痛苦相,就叹口气说:“可惜呀!这背痈要是生在周良思背上多好呀,却要生在你的背上。”良思公问:“为什么？”王医生说:“周良思是大富翁,我可以向他收取很多的医药费。而对你,我只当做好事了,随你给点医疗费吧!”良思公说:“我家没什么东西,就给你挑几担柴火烧烧吧。请你准备堆柴的屋子。”王医生估计大不了几担柴,随便堆哪里都可以,就说:“你随时都可以挑来,我家有的是堆柴的地方。”良思公说:“好,过两天我准把柴挑来。”良思公找来几十位壮汉,吩咐每人挑一担柴到王医生

家,回来时到某人家带回一担谷子,并没有提起工钱是多少。到时,王医生见送柴的挑进家门,觉得这个背痈佬倒是守信用,真的送柴来了。谁知放下一担,后面又跟进一担,连续不断,一会儿就堆满了空屋,王医生看得目瞪口呆,连喊:“够了,够了……”可后面的人还是往家里送,竟把王医生吃睡的地方亦堆满了柴。这些送柴的挑夫按思良公的吩咐,又到了某人家去担谷子。老实人挑了满满一担,偷懒的挑了浅浅的一担,调皮的就干脆空手回来。挑夫回到良思公家,良思公说:“各自把谷挑回家吧,这些谷子就是今天帮我送柴的工资了。”那些偷懒的人后悔不已。

三、买碗

良思公卖完柴,在街上转转,见一家新开的瓷器店很是热闹,也挤了进去,叫伙计拿碗看看,看了一个,又叫换了一个,挑三拣四换了好多个也没有看中一个,伙计很不耐烦,没好脸色的说:“你这卖柴佬,看你也买不起,不要多烦了。”良思公一听这气话,就说:“什么?我买不起?你店里所有的碗我全买了。”随手从兜里拿出一个元宝放在柜台上。店主一看元宝,有此大买主,连忙叫伙计把所有的碗搬到店门口。良思公拿起一个碗,对着太阳照了照,说:“太差,不好用。”随手丢到街上,成了碎片。如此一个又一个把店里的所有碗摔了个精光。满街都是碎片。看的人很多。这时,良思公在碎碗上撒上几把钱,走了。街上的人都向碎碗片中捡钱,住在临近的人则拿来簸箕和挑篮,把碎片装入栏中,挑到家里慢慢再捡钱。不多时,街上就扫得干干净净了。(周际伟整理 2012 年 6 月)

**礼户村周氏字第:**自兵公第十九世孙通公始,详见浙东(兵公)周氏(虎公派)字第。

**礼户村周氏系图:**兵→进→虎→旺→淳→渥→道之→伸→遘→文勋→云虎→造德→治显→卓然→先滉→世忠→箕叟→之震→通(迁礼户为祖)

**其后裔迁徙外地:**

第二十五世仁十二虔,迁东阳江北周店马鞍山。

第二十五世仁十五吉,迁东阳骆村。

第二十八世显五,善光迁东阳蟹陂塘。

第三十二世俊七十二廷福,迁东阳卢宅紫荆山。

第三十六世道一百四十八启琅,迁东阳江北渔晚村。

第三十九世裕一百六十九承标,迁东阳光跃。

第三十九世学翠,迁东阳茅蓬。

第三十九世秀土,迁义乌华溪。

第四十一世仪八十二际逵,迁义乌何宅。

第四十二世永九朝阳,迁东阳白鹤殿。

第四十二世永一百六,朝虎迁东阳湖塘。

## 梅坞口村周氏

据传:明时周氏从礼户村迁此定居。因村北山坑口有条梅溪,自西向东流过坞口,故名梅坞口。位于诸暨市区南面,距城 37.3 公里。距镇政府驻地南面 5 公里,属梅坞口行政村,主姓周。

2002年年底统计,全村有120户,351人,耕地94亩,山地1527亩,呈方形分布。东邻上银山,南接陈村,西靠后山,北接里梅坞。海拔330米。

梅坞口村景图

兵公第三十世孙大彰,明(1527—1611),排行良三十。娶李氏,继娶娄氏,生子一:良心。明时自礼坞迁入后凤上宅,民国时改名梅坞口。为梅坞口周氏始祖。

兵公第三十六世孙永山(1909—1998),排行先三百四十四,娶王氏,继娶青头山徐照,生一子:子其。自岭北周迁居。

**知名人物:**

周祥木(1945—1969),1965年8月加入中国共产党。解放军6299部队9连战士。1969年8月牺牲于温州市。革命烈士。

周伟良(1968—),北京康达(杭州)律师事务所主任律师。

周国富(1972—),岭北镇、直埠镇中心学校校长。中学高级教师。

**梅坞口村周氏字第:**其衍派字第自兵公第三十一世孙良心始,详见岘北周氏(礼户虎公派)字第。

**梅坞口村周氏系图:**通→万→观邦→严→绅→德光→道智→思盛→安→善悌→昱→锦→良心(迁梅坞口为祖)

## 稳草村周氏

据传:明时,周氏从梅坞口迁来此蕴草繁衍的山塘旁定居,故得名蕴草,后改为稳草。位于诸暨市区南面,距城36公里。距镇政府驻地南面7公里,属稳草行政村,主姓周。2002年年底统计,全村有40户,114人,其中周姓68人。耕地32亩,山地1571亩,呈长形分布。东靠梅坞村,南邻梅坞口,西连东阳市甘溪山,北毗灵岩山脚。海拔360米。

稳草村景图

兵公第三十七世孙子芳,(1742—1783),排行启一百一,字永联。娶吕氏,生子二:洪胜、洪泮。自梅坞口迁居稳草村,为稳草村周氏始祖。

**知名人物:**

周伯甫(1938—),巍山镇党委委员,人武部长。

**稳草村周氏字第:**其衍派字第自兵公第三十七世孙子芳公始,详见岭北(礼户)周氏字第。

**稳草村周氏系图:**良心→廷聪→邑灵→希袍→闻智→启份→子芳(迁稳草为祖)

## (四)子美公周氏

### 西周村周氏

西周村因住地而得名。村门前岭北溪自南向北流,溪西有陆地称西洲。据传先有东周,后有西周。东邻前山,南接高台门,西与西坑相连,北靠麻园岗。海拔136米。距镇北1公里。全村52户,128人,其中:周姓103人。

兵公第六世孙德公,字惟明。自玉峰临宅赘东阳城内东门郑氏,生二子:源、深。明道间(1032—1033)游至岘北花园,见四山钟秀,来龙挺拔,可樵可渔,遂于明道癸酉(1033)挈二子徙居其间。

兵公第十三世孙子美公(1160—1240),排行兆十四。生子二:亦可、亦渊。自岘北花园迁居西周村。

第十七世震四十一德钦,迁居东阳赤岩后赵。

**知名人物：**

（一）

周国华（1940—1979），兰州军区汽车运输团副团长，转业诸暨汽车站任党委副书记，革委会副主任。

周秉龙（1941—），副营级，转业中共璜山区委。

周晓峥（1966—），诸暨市滨江中学高级教师。

周其耀（1972—），岭北镇中、浬浦镇中、枫桥镇中校长，同山中心学校校长，中学高级教师。

周映红（1975—），中国银行业监督管理委员会绍兴监管分局科长。

周其钢（1978—），副主任医师，杭州江干区彭埠卫生院院长。

**文物：**

曾建颐和堂厅三间，民国11年（1922）大水冲毁。

**西周村周氏字第：**详见岭北西周字第。

**西周村周氏系图：**兵→益→虎→旺……→睦→德→源→启→瑞……→子彦→公成→焕→之美（迁西周为祖）

西周村景图

## （五）舜痒公周氏

### 古塘村周氏

因祖先开凿过三口井，故取名古塘。东靠后山，南接下田坊，西接牛栏坞，北到曼坑，海拔116米，距镇北3公里。

兵公第三十三世孙舜庠公（1571—1636），字宗学，自东阳蟠松房之垕　迁居古塘。为古塘始迁祖。娶杜氏，生二子：禹成、禹明。

**古塘村周氏字第**：与岩头下字第同。

**古塘村周氏系图**：梦霖→仲茂→禹佐→汤治→观京→忠文→存延→瑞蕙→环俊→善宁→大庸→崇道→开顺→佛贵→时昌→仲怡→尧麟→舜庠(迁古塘祖)

古塘村景图

## (六)仲芳公周氏

### 岩头下村周氏

岩头下村属陈宅镇管辖，因地处后山脚，村中建凉亭二个，上面名“保安亭”，下面名“知福亭”。并建土地庙三间二厢，名“白石庙”，因前面田中有一块大岩头得名。东至吕村，南邻棠里

岩头下村景图

坞,西靠后山,北毗独山村,距陈宅镇北5公里。

兵公第三十三世孙舜骋,排行义十八,字宗善。明(1583—1650)自东阳蟠松西田畈迁居诸暨岩头下村。为始迁祖。娶金氏,生三子:禹德、禹秀、禹桂。岩头下是兵公第十七世仲芳公后裔,归东阳周氏(兵公)蟠松房派。2001年参加东阳蟠松修谱,现村有75多户,243人。

**岩头下村周氏字第:**

万 庆 广 衍 英 开 清 显 承 怡 恭 文 愷 智 贤 明 仁 义宏 谦

**岩头下村周氏第图:**

第十六世起:梦起→仲芳→尧佐→墀→铜→伯信→珪孙→德璇→日盛→善详→仕玢→永细→廷杰→惟昆→时修→仲本→尧奇→舜骋(迁岩头下祖)

**知名人物**

周培信(1938—),诸暨人民医院大外科主任,主任医师。

## (七)溪西周氏

### 周家村周氏

据诸暨地名志载:南宋时,周氏从湖北逃荒到此居住。后绝嗣,其继子从岘北来此成族(阅溪西谱,此说不实),以姓氏得名周家村。位于县城西南面,距城25.3公里。距安华镇政府驻地西南4.5公里,现属珠峰行政村,主姓周。全村有300余户,1300余人,耕地面积379亩,山地166亩,呈正方形分布,村庄沿金杭公路。东邻大陈江,南靠崇新庵,西杨茂岭村,北靠五指山村。村东浙赣铁路、杭长高铁,村西金杭公路、杭金衢高速,交通便利,四通八达。

暨阳溪西周氏明隆庆壬申年重修宗谱序:吾状元师锐公实其后裔,及其孙衎二十三府君,以恩授宁海镇守,与子英十三府君挟祖父英德府归班敕命,而迁暨阳五指山前,卜居桃花树塔焉。

暨阳溪西清咸丰元年重修宗谱序:……暨阳周氏皆以濂溪公冠首,而我则以东阳祖师锐府君宋嘉定元年右科状元冠首,事详载婺州贤达传,并墓铭志延今六百余年,勅命赠序俱在。孙衎二十三公迁居暨阳五指山之南,贵一公复居东阳,贵二公迁居周行,贵三公仍居五指山南为始祖。自是厥后,南六公迁居石宕,南八公迁居上宅,美三十二公移住前庄,禄四十公派住周家村,则由一派而分为数派,合数派而汇为一派,共成谱牒其事不亦繁乎!……

师锐(1184—1231),生二子:余孙、华生。余孙生二子:埜老、坦老。埜老(行衎二十三,以恩监海宁镇。),埜老生一子:弼。弼〔行英十三,字允忠,号继斋,仕国子学校,宋咸淳间(1265—1274)居暨阳溪西,以为始迁之祖〕。弼生三子:国卿(行贵一,复迁居东阳)、国佐(行贵二,住余姚周行)、国相〔行贵三,字尽心,号慕廷,仕至师门,生宋咸淳庚午(1270),卒元至治癸亥(1323)〕。国相生一子:学秀。学秀生二子:阳(行南六,字子元,号道山。)、阴(行南八,字子山,号碧山。)

谱始修明隆庆壬申年(1572),共计修谱16次。2005年8月由二十七世孙周维翰主编续修。周家村共有户数180户,人口550人。迁徙后裔:义乌梅湖150户,人口450人;楼村60户,160人;安华镇五指山之石塘5户,15人;长度之麻车塘10户,30人;杨茂岭之前庄20户,30人。皆其族。

**知名人物：**

（一）

周师锐(1173—1231)，行庆二十七，嘉定元年(1208)考取武状元，嘉定十四(1222)官英德府知府知州。

周惟容，行万十五，官武义大夫。

周埜老，行衎二十三，以恩监海宁镇守。

周　弼，行英十三，字允忠，号继斋，仕国子学校。

周国相，行贵三，字尽心，号慕廷，仕至师门。

周　礼，權十二，洪武间，以公直举为卿。

周时造(1865—?)，民国时曾任萧山、江苏昆山地方法院书记长，浙江省高等法院书记长。

周鸿桥(1914—？)曾任国民党部队团部军需主任，少校军衔。

（二）

周承利(1963—)，任解放军交通学院装备处处长。

周承余(1964—)，曾任企业财务处长，财务总监，总经理，董事长，高级会计师。

周兆云(1971—)，现任云南省民族事务委员处级干部。

周海斌(1974—)，高级工程师。

**周家村周氏系图：**

1、外纪

兵公→益→虎→旺→淳→渥→道→伸→遘→文孚→居正→予华→殷实→存详→

2、内纪

世修→惟容→师锐(暨阳溪西始祖)→余孙→埜老→弼〔宋咸淳间(1265—1274)居暨阳溪西，为始迁祖〕→国相→学秀→阳(行南六，字子元，号道山。)、阴(行南八，字子山，号碧山。)

**周家村周氏字第**：详见“暨阳溪西周氏字第”。

**迁居情况：**

(1)弥一公派迁居道地垅(张家坞派)

**系图**：世修→惟容→师锐→余孙→埜老→弼〔宋咸淳间(1265—1274)居暨阳溪西，为始迁祖〕→国相→学秀→阳→金→道→惟敬→天庆(弥一)→珙→仲泰→本浩→大章(禄五十七，迁道地垅)→良臣→云章→法成→禹公(张家坞派)

(2)弥一公派迁居黄竿蓬下

**系图**：世修→惟容→师锐→余孙→埜老→弼〔宋咸淳间(1265—1274)居暨阳溪西，为始迁祖〕→国相→学秀→阳→金→道→惟敬→子高(弥二，迁黄竿蓬下)

(3)弥一公派迁居石宕

**系图**：世修→惟容→师锐→余孙→埜老→弼〔宋咸淳间(1265—1274)居暨阳溪西，为始迁祖〕→国相→学秀→阳→金→道→惟敬→天庆(弥一)→珙→仲俊→文美

(4)弥一公派迁居江苏镇江

**系图**：世修→惟容→师锐→余孙→埜老→弼〔宋咸淳间(1265—1274)居暨阳溪西，为始迁

祖〕→国相→学秀→阳→金→道→惟敬→天庆（弥一）→珙→仲宸→轼→铨→大华→景羲→继文→天福(奇十三,迁镇江)

(5)弥四公派迁泉潭坵

**系图:**世修→惟容→师锐→余孙→埜老→弼〔宋咸淳间(1265—1274)居暨阳溪西,为始迁祖〕→国相→学秀→阳→金→道→惟敬→子亨(迁泉潭坵)

(6)弥四公派迁居竹蓬

**系图:**世修→惟容→师锐→余孙→埜老→弼〔宋咸淳间(1265—1274)居暨阳溪西,为始迁祖〕→国相→学秀→阳→金→道→惟敬→子亨(弥四)→琪→厚→敖→威(全六十七)→

(7)弥四公派迁居义乌如塘东山

**系图:**

1、世修→惟容→师锐→余孙→埜老→弼〔宋咸淳间(1265—1274)居暨阳溪西,为始迁祖〕→国相→学秀→阳→金→道→惟敬→子亨(弥四)→珮→濂→远三十二→豈(全三十七,迁居义乌东山)

2、世修→惟容→师锐→余孙→埜老→弼〔宋咸淳间(1265—1274)居暨阳溪西,为始迁祖〕→国相→学秀→阳→金→道→惟敬→天庆(弥一)→璋→仲文→隆→良成(迁居如塘东山派)

(8)弥四公派迁居东阳

**系图:**世修→惟容→师锐→余孙→埜老→弼〔宋咸淳间(1265—1274)居暨阳溪西,为始迁祖〕→国相→学秀→阳→金→道→惟敬→子亨(弥四)→珮→濂→远三十二→兴(全五十八)

(9)弥五派迁鹳鸟窠下

**系图:**世修→惟容→师锐→余孙→埜老→弼〔宋咸淳间(1265—1274)居暨阳溪西,为始迁祖〕→国相→学秀→阴→玉→义→惟恭→子连、子文、子宪(迁鹳鸟窠下),现无后裔。

(10)弥九公派迁前庄

**系图:**世修→惟容→师锐→余孙→埜老→弼〔宋咸淳间(1265—1274)居暨阳溪西,为始迁祖〕→国相→学秀→阴→玉→义→惟爱→子元(弥九,迁前庄)→遂→竹、松、桂、槐(迁前庄)

(11)南八公派迁周家村

**系图:**

世修→惟容→师锐→余孙→埜老→弼→国相→学秀→阴→玉→义→惟爱→子天(弥十一,迁周家村)

→宝→仁→惟贤→子阳(弥八,迁周家村)

礼→惟忠→子东(弥十七,迁周家村)

→璜→信→惟亮→子京(弥十四迁周家村)

(12)弥十一公派迁义乌梅湖派

**系图:**世修→惟容→师锐→余孙→埜老→弼〔宋咸淳间(1265—1274)居暨阳溪西,为始迁祖〕→国相→学秀→阴→玉→义→惟爱→子天（弥十一，迁周家村）→玑→象→廷槐→顺廿四(迁居义梅湖)→良嘉(谦一)、良美(谦三)、良祐(谦四)、良恒(谦五)

(13)弥十一公居钱塘

系图：世修→惟容→师锐→余孙→埜老→弼〔宋咸淳间(1265—1274)居暨阳溪西，为始迁祖〕→国相→学秀→阴→璜→信→惟亮→子宗(弥十八居钱塘)

(14)弥十四公派迁富阳

系图：世修→惟容→师锐→余孙→埜老→弼〔宋咸淳间(1265—1274)居暨阳溪西，为始迁祖〕→国相→学秀→阴→璜→信→惟亮→琼→坚二十二(迁富阳)

# 第四节　其他派周氏

诸暨周氏渊源悠久，因战火硝烟和社会动荡的变迁，加上宗谱的遗失，虽然通过各种渠道的挖掘，仍有些村落找不到自己的源流和始祖，现只好把他放在其他派周氏一节中来叙述，待今后找到自己的始祖和源流后归宗。

## 一、霞岭脚村周氏

古时，霞岭脚村此地有条寒霞岭，村座落于岭脚下，故村得名霞岭脚。于同山镇一山之隔，四周环山。

霞岭脚村位于诸暨市西南，距市中心 22 公公里，东连东山下，南望牌轩下村，西接上岭脚，北近溪口水库。目前有周姓人家 200 户，近 800 人。 堂号为“存德堂”，解放前有家谱(大概是 1947 年、1948 年修的)、有庙、有祠堂，“文化大革命”时都毁了。

据传说，祖太婆称要是陈家小孩前半夜生就姓周，后半夜生就姓陈，后来这小孩恰好是子时生的，祖太婆看这孩子不错，就抱来了。始祖生三子：一子为霞岭脚祖；二子为长潭街祖；三子是璜山(塘北村黄家墓)祖。为便于纪念，原是陈家得来的，叫陈得堂，后改会“存德堂”。属四年派，由梅山迁入。

我的太公，名朝云，字曾山。解放前，在牌头是有名的绅士，在杨曙霞教书，霞岭脚村应该还有老人认识(曾山先生)的，我们“存德堂”因陈家孩子的原因，始终不让我们归宗，1946 年经曾山先生的努力，正式续谱。曾山先生也曾协助做了杨曙霞、丰江周等等好多家谱，1946 年在诸暨南门待了大半年做诸暨周氏总谱，只可惜是草谱，后因战乱，不了了之。(根据长潭街周氏后裔周才昌提供的资料整理，待考！)

查 1946 年《暨阳丰江周氏宗谱》续修人员一栏中没有曾山先生的名字。说明曾山先生没有参与续谱。

根据周铨安家保存的手抄族谱记载，霞岭脚周氏字辈：湧 江 汉 洪 涛 溢 海 滨 美 长 成 华 茂 发 兴 隆(懿) 桥 煦

分析：霞岭脚周氏如属靖公之后，桥、煦字辈接万派合同字母的话。桥为敦颐公 29 世，湧十一公，即为敦颐公 13 世，靖公 10 世。

德安公(煦)，手抄族谱谱载前六世，无名讳生卒，至海百九公(敦颐公 19 世，靖公 16 世)，

无名讳，有生卒：生于万历乙酉年(公元1585年)七月二十九日，卒于崇祯丁丑年(1637)四月初八日。

此族如是梅山迁居的话，梅山祖在明景泰元年(1450)前后迁居。而敦颐公16世海百九公，生于明万历十三年(1585)。1585-1450=135年，135年传三代有点不合事实。而且忭公的出生年代比1450年还要早。

武杨公，字有光，滨七十二(敦颐公20世，靖公17世)，生于崇祯庚午年(1630)六月初十申时，卒于康熙庚午年(1690)八月廿八日申时。

现查四年老谱：茂五百三十三公次子，端六百五十二，讳宪姬，字兼三，生康熙己巳(1689)七月初三日亥时，卒乾隆乙丑(1745)三月初三日未时，娶马氏，生康熙辛未((1691)正月二十六日戌时，生四子：爰洵、爰谓、爰详、爰诚，迁居马郎埠。

端六百五十二公长子，肃六百四十七，讳爰洵，字圣孝，娶楼氏，生六子：久道、志道、志学、志豪、志杰、志鸿，梅山派居马郎埠。

肃七百十七，讳爰谓，字圣美，娶俞氏，生一子志韶，梅山派居马郎埠。

肃八百四十七，讳爰详，娶吴氏，生二子志政、志加，梅山派居马郎埠。

钦千二百二十八，讳志政，字克端，生一子维泮，梅山居马郎埠。

钦千二百三十七，讳志杰，字冠雄，梅山居马郎埠。

钦千三百六十三，讳志鸿，生一子维安，梅山居马郎埠。

承千二百二十七，讳维忠，娶戚氏，生一子国清，梅山居马郎埠。

承千二百三十五，讳维琦，娶张氏，生一子桂详，继娶边氏，梅山居马郎埠。

承千五百十六，讳维孝，梅山居马郎埠。

从以上四世的资料中可证明，从梅山迁居马郎埠的时间应在康熙末与乾隆初。再说从梅山迁居的，四年周氏宗谱应该把霞岭脚村周氏做在内的，但在他们的老谱中没有发现霞岭脚村周氏的有关信息，故可确定霞岭脚村周氏不是从梅山村迁居的。

霞岭脚村村口牌坊

**马郎埠周氏系图：**辅成-敦颐-焘-絪-靖-亥-谨-闇-文溢-必举-天泽-大-允恭-盛-玹-武-忭-大用-天赋-凤集-子焕-应助-煜荣-琛嘉-兼三，生四子：爰洵、爰谓、爰详、爰诚，迁居马郎埠

**附：传说中的霞岭脚周氏来历**

牌头镇霞岭脚村周氏，原本不姓周。传说，古时该村周氏第一位太公，被丰江周周氏先生招为书僮(也有说做佣人的)，旧时规定，做佣人或书童，一到主人家就要改姓，改为主人的姓即叫周某某。

有一天，先生和书童一起去参加一大户的庆典，一进门先要在签到簿上签名，这时该书童不知如何签，跑去问先生，先生先生我姓什么？先生正好同主人在说话，说的正高兴的时候，突然被佣人打断，内心很不高兴，向他白了一眼，并气呼呼地说："姓周"。

该书童在先生家做得不错，先生为感激他，后来把霞岭脚原属先生家的土地送给他去安家立业，繁衍后代。之后，该书童把自己的子孙正式改为主人的姓即"周氏"。但霞岭脚"白眼周"的传说，也被后人传了下来。

有人搞不清"白眼周"一字的来历，也出了不少笑话。专门有人去看霞岭脚周氏箩筐、稻桶等农具上"周"字的写法，有的人字写的不正规，如在土字下面出了头或在口中多点了一点，同丰江周的周有区别，以为这就是"白眼周"。(根据采访整理)

## 二、璜山镇黄家墓周氏

璜山镇寺下村塘北自然村黄家墓，距诸暨市中心40公里，位于市中心南面。东近陈宅，南接万家店，西连晓居村，北靠塘北傅村。现有周姓人家近三十户，周姓人口70人。

据周乃昌(1941—)介绍，他们村的周氏家谱是与牌头镇霞岭脚村一起修的，该村周志良

黄家墓电子图

(璜山镇退休教师)刚好入谱,曾山先生帮着修的。据该村周章巨回忆,家里原来存有家谱,当时村里穷,烟民撕家谱纸卷烟叶抽烟,慢慢的就撕完了。

## 三、周都村周氏

明时,周氏从奉化迁此定居。其后嗣在朝为官,朝廷封为“明封都族”,其匾额悬于周氏宗祠内,故名为周都。位于诸暨市区西南面,距城23.5公里。镇政府驻地南面2.5公里,周都现属绿剑行政村,主姓周。2014年底统计,全村有94户,257人。村呈圆形分布。东邻王家大门,南接捣臼湾,西靠古竹大山,北连古竹。

同山周都周氏,万历乙巳年(1605)第七世孙讳兆良、应元等一旦有感九族之亲,欲订百之义,会众纂辑,第一次修谱。谱序中说:元至正三年癸未(1343),铨公,行乾一。铨公长子震,行观三,携弟霖,行观四,霆,行观五,从宁波新庄檀树头村迁居绍兴诸暨同山周都,为周都始祖。(经向宁波方面核实:檀树头属海宁县,不属宁波新庄)

先世邦一、邦二、邦三;启一、启二;兴一、兴二,俱远徙无据,不录于谱。

**知名人物:**

周忠贤(1963—),1980年9月参加工作,1983年7月加入中国共产党。中央党校大学毕业。曾任上海警备区守备二营排长、副政治指导员(其间挂职任作训处参谋);宁波市监察局信访处科员、副主任科员;宁波市纪委信访室副主任科员、主任科员,副处级纪检员,案审室副处级纪检员,执法监察室副处级纪检员,执法监察室副主任(主持工作),执法监察室主任(副局级);慈溪市委常委、纪委书记;鄞州区委常委、纪委书记。

周都周氏徙居外地的有:杭州、萧山、浦江、嘉兴等地。

周如智,行琼二十一,由周都迁居萧山。

周永全,行文五十九,由周都迁居杭城。

周永干,行文六十四,由周都迁居杭城。

周之炎,行武四十二,由周都迁居萧山河上镇。

周锦文,行盛二十九,由周都迁居萧山河上镇。

周锦玉,行盛四十三,由周都迁居萧山河上镇。

周锦元,行盛五十一,由周都迁居萧山河上镇。

周锦位,行盛六十三,由周都迁居萧山河上镇。

周人麟,行忠十六,由周都迁居暨邑三官殿前。

周大华,行盛三十五,由周都迁居暨邑三官殿前。

周大富,行盛三十六,由周都迁居暨邑三官殿前。

周大谋,行盛三十八,赘居湖州府归安县唐家浜唐氏。

**周都周氏字第:**衍派字第自乾一公始,至2014年年底最新行为“世”字第。详见同山周都周氏字第。

**周都周氏系图:**铨→震、霖、霆

**周都周氏世系图**

- 始祖铨（行乾一）
  - 震（行观三）——学诗（行邦四）
    - 本润（行启六）——文廉——如松——兆珣——大德——元仁
    - 本澄（行启十四）
      - 文音
      - 文奇——如惠——兆能
      - 文彦——如恩——应元——子朝
  - 霖（行观四）
    - 学书（行邦五）
      - 本渊（行启六）——文竟——如初
      - 本澜（行启十三）
    - 学礼（行邦九）——本浩（行启九）
      - 文产——如祖——兆瑢——广清
      - 文诏——如仪——兆明——广智——惟仪
  - 霆（行观五）——学易（行邦七）
    - 本济（行启七）——文绍——如成
    - 本洧（行启八）——文绅
    - 本潮（行启十一）——文绪——如泰
    - 本源（行启十五）——文统——如嵩——兆达——子莲——惟胜
    - 本瀠（行启十六）——文经——如桂
    - 本清（行启十七）——文绮——如曾——兆期——子美——惟清

## 四、杜月坞周氏

江藻镇江藻村杜月坞自然村，位于诸暨北部，距城关 18 公里。始迁祖周福寿生于同治年间（1870 年左右），十岁左右（清光绪年间），随母从嵊州来诸暨杜月坞定居。母改嫁后，未再生育。

杜月坞村电子图

福寿公成人后，娶妻生7子3女(其中1子2女早逝)，周生忠、周生奎、周校焕(迁枫桥镇定居)、周静山、周生发、周小相，目前有周姓18户，计70人。世系代考。

(根据福寿公裔孙周金龙、周定灿叙述记录。2015年12月2日)

## 五、桥下周周氏

桥下周，即现暨阳街道宜南村新周自然村。2001年区域调整后，上马、上杨、下杨、新周四自然村合并而成现在的宜南村。

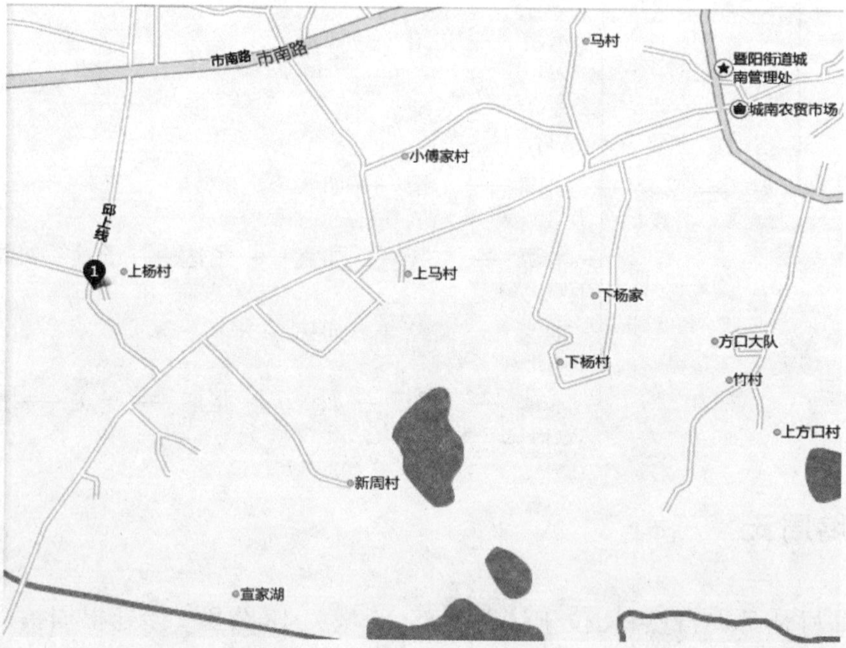


桥下周村电子图

桥下周村古井、古建筑

新周自然村原名桥下周自然村,解放后与杨护弄自然村合称周杨村,四清运动时,拆分为上杨、新周两个自然村。

新周自然村距市中心10公里,东北方向为下杨村,北接上马村,上杨村在西北方向,西南方向为宣家湖。有周姓人家约150户,计300人。自称汝南人,属爱莲堂,用暨阳南门万派统一字第:钦承懿 桥煦垂钧泉……, 系由诸暨南门祠堂分迁,1948年从南门祠堂接谱 (周文波22岁时)。村里保存有“纪二公”厅堂,厅堂里曾悬挂有“三代一品”“文魁”“太守”等匾额。隔一条小路,有香火大间,厅堂与香火祠之间有一眼古井,从未枯竭过。

据周善忠老师回忆,很小时候,我们村有重大活动,必定是“旗锣伞铳”游村以后,再去南门祠堂参加活动的。据此推断,桥下周周氏,应该为十年派之后,具体待考。

**知名人物:**

周晓明(1956—),浙江诸安建设集团有限公司董事长兼党委书记,绍兴市工商联副会长,浙江省安装行业协会副会长,浙江建筑业十大杰出企业家,中国安装行业协会常务理事,全国安装行业优秀企业家。

# 第三章　文以载道

## 第一节　各派历代谱序

谱序是每部族谱都不可缺少的内容,它包括本族人写的序和邀请外族人写的序,以及跋语等等。族谱序跋的内容一般可包含修谱缘由、修谱经过、家族的渊源传承以及谱学理论等。随着族谱纂修次数的增多,序跋也不断增多,故一些大型的族谱,至清末民国时历经数修之后,序跋多达十余篇乃至数十篇,本书所录各派首次修纂之谱序和选用特别重要的谱序编入书中。

### 一、濂溪公派

#### 皇宋神宗五年(1071)《汝南周氏宗谱》序

古之赐姓也,或以功、以爵,或以族世,或以字谥。周为有邰苗裔。氏以国者。周自平王少子烈得姓,始此矣。嬴氏迁鼎,既著版图,溢宇内汝南称最,繇汝徙楚南道州。考以上世系皆可稽,无俟更饰为记。颐少获希夷先生学,毅然以斯道为己任,于勋名澹如也。嘉祐时,过舅氏郑署,谬以一言清疑谳,为有司物色,先司理南安,历康郡知事,惴惴焉虑不称当官。幸际圣天子澄清吏治,访求俊乂,凡山林薮泽之中,片雨寸光,靡不罗试奏。颐固樗陈材,何忍效市隐为也。道迩于夏,挈羁南郡,卜莲峰下,构斗室栖之。说者谓秋水蒹葭,可以啸老于斯,颐则以为不然。盖望天之或假以年,候异日秽涤尘净,扶藜返濂水,过城则愀然,入社则喟然,望故庐而依先人之墓,涓然而泣,情不自禁,如列御寇之所云者,此颐志也。今寿未逮下,精神口敝,筋骨牵掣而关若不栳。计为国家报效,宗祖光昭者,殆未可逆臆矣!深虑诸子狃于康,视道为畏途,一传再传,道之庐舍陵寝,其不等于麦秀禾黍者几希薄!书之暇勉取宋谱,嗣续公志而再加编辑,生殁先后暨嘉言懿行,依本纪作为坊表。劳动阡(陌)所系,尤重载之务详;为作别传,以昭世守。设诸子无志旧乡,可于此牒识道之梗概。若后有贤者,望昆仑之墟,穷星宿之海,开卷了然,不类乎晋之谈,颐其后卷幸矣。古云:狐死首丘有味乎,其言之也。识之哉,毋忽!

皇宋神宗五年岁次壬子秋月

裔孙敦颐沐手书于南康之署内

## 南康明洪武戊午(1378)谱序

谱牒之有裨于世教也。彝伦之叙,风俗之厚,皆有系焉。然往往视同姓之亲,漠若途人者,良由谱牒不讲,则家之尊卑失,族之情义乖,此世道之可忧,士君子所甚惜也。近世衣冠之胄,遗籍荡然,无复谱牒之存,致有不识先世之讳名者,间有能记之,殊属仿佛耳。

吾乡周氏埙,谱其先世,自晋都督公曰浚而下,三十世灿然有条,秩然有序,会而集之,若万川之赴于海,分而达之,若一木之干而枝然,源深则流长,本盛则木茂。故自元公之始祖都督公一人观之,子三人,孙三人,曾二人,玄一人。五世至十一世遭兵变而沦亡者众,十二、十三两世二人,十四世以后,世唯一人,至二十一世怀成,即辅成,于蔡齐榜奏名。二十二世元公钟天地间气,挺生其间,倡明道学,以继孔孟不传之绪,真灵毓萃,天实启之,夫岂偶然哉?故诗人咏周之兴曰“绵绵瓜瓞”,言瓜之结实,近本者小,其蔓不绝,至末而后大也。嗟夫!德厚者庆远,于是益信元公之厚德也!

壎、埙,元公七世孙。元公孙缜。缜四子:正卿、直卿、良卿、彦卿。彦卿生淡,淡生谟,谟二子:名恩、名埙。埙出身洪武间,明经荐辟,世居南康。当与南门正夫公誾、诚夫公恪,皆兄弟行也。好古博雅,能谱其先世所自来编集,传后是《谱》之作,使千载如一日,百世如一家何优乎。所谓视之如途人乎,使家有其《谱》,人各亲其亲,长其长,家齐国治而天下乎矣。吁!吾于是有感焉。

时明洪武戊午秋七月

乡贡进士、朝列大夫、海北海南道宣慰使司、都元帅佥事,郡人张韶舜臣述

## 紫岩宋淳熙辛丑(1181)谱序

夫谱何为而作也,盖谱赖以明氏族、别世系,俾昭穆相承、亲疏有序而作也。其有关于风化,切于世教,孝子顺孙之尊祖敬宗,笃厚伦谊者,曷有重于此哉?且姓肇于周姬,巨族遍天下,贤人君子原世无之第,世远年湮,屡罹兵火,谱如弗继,渐至失传。史策虽昭,裔绪难考。呜呼!谱其可以已乎?若乃忤子逆孙视为细故,藐为虚谈,则其忘本,弃亲之罪亦甚矣。是故仁人君子,必思夫水源本木之义,而惓惓于谱之辑欤!故先正程子曰:“管摄人心,收系宗族,厚风化笃彝伦,使人不忘本”。须明是谱由是观之,谱之所系大矣哉!

熹自早岁私淑濂溪,读其遗书,每痛其缺失,博求四方,一无所获。予至道州,访遗稿于其子孙,较世之所传者差多,然亦散乱而无序,迨至南康拜神像,以慰夙昔私淑之心,因与僭撰祠堂之记,求遗书于道州,稿简多一二,但《太极》、《通书》溷焉无别,而是谱殆亦未之见也。

今公事至浙东,闻评事周仲宾濂溪之曾孙也,予访之。因以《世谱》示予,余历观之,迨至濂溪行迹,图《太极》于前,序《通书》于后,与余平日之所序者吻合,余不胜喜跃,而谓其实切于世

教,有功于吾儒之书也。且其脉络分明,裔派昭晰,诚足以收系宗族,笃厚彝伦于万世者,故予不待其求而乐焉,为之序云。

宋淳熙辛丑春三月

提举浙东常平茶盐公事进直徽猷阁新安朱熹序

## 诸暨南门周氏大宋庆元丙辰(1196)谱序

谱牒之作,所以别宗支、明世系,诚士君子有家之要务也。其意起于"黄钟",形于"律吕",其法始于始祖,一世、二世,以至五宗九族列为傍从之类。族有图,以别昭穆、明亲疏,而礼制、丧服行焉,尊卑、上下、等级、隆杀设焉。

予观周克慎之世系,本出姬姓,黄帝之裔,以国为氏。绵千余年,支分派别,蔓延天下,而尤望于河南。至始迁祖讳靖,字天锡,世居祥符,为国子正录,扈跸南渡居杭,迁于诸暨。历四世祖伯五、伯八、伯九迁南郭,于今凡几世矣。其谱系所辑,灿然明备,先世之泽,至今赖以不坠者,克慎之力也。俾同源分派,人易世疏,不有谱,将使宗支世系紊乱无考,其后世之弊,殆有不可胜言者矣。呜呼!可不谨哉。

时大宋庆元岁次丙辰秋月中浣

晦庵朱熹叙

## 梅轩公大宋宝庆改元乙酉(1225)宗谱自序(一)

夫有夫妇而后有父子,有父子而后有兄弟,有兄弟而后有宗族。一家之亲始于三者而已,然自一家至于九族,上承下继而亲亲有自矣。孔子曰:"不爱其亲而爱他人者,谓之背德;不敬其亲而敬他人者,谓之悖礼。"爱敬先于吾亲而后及于他人,斯不失先后之序矣!使能知一本之理,则知吾身本于亲,吾亲本于祖,推而上之,则爱敬之道又不止亲身而已。《记》曰:"亲亲,以三为五,以五为九。上杀下杀旁杀。"良有以夫。

吾之先,本姬姓,厥后,子姓以国为氏。秦汉以来,显者历历有稽,而断自祥符来迁,则东镇关为世居。有讳靖字天锡者,当宣和间登进士第,授太学正录,升太常博士朝散郎。娶世戚李翰林女,生一子讳亥,行二十,从父扈跸南渡于杭,登绍兴九年进士,任大理评事文林郎,卜居越之诸暨紫岩盛厚里。生三子,曰勤、谨、和。勤生三子,长居盛厚,次迁剡之开元,季赘山阴阮港唐氏,因冒其姓而居焉。和登进士,任大理卿。生二子,归隐江大。谨吾父也,任行军司马,娶廖氏,讳淑,生三子。长曰治,行伯五,迁居南隅;仲曰闾,行伯八,赘本隅金氏,受宣义郎宁国路教授;季即恪,亦叨宣义郎,迁殿前承旨,奉诏致政,从兄治共居之。世与廖枢密亲谊,暨晦庵先生友善，书札往复及家刻警录，皆摹石位列于图。以家藏旧书，考正异同，我族繁衍未详，近以入正录南渡于杭，为今之始祖。其族中更有知所自者，增以辑之，使子孙闻其姓，察其名，相为永之，乃曰："吾之族属也。"必加礼而异于路人，庶不失爱敬之义矣。斯谱传之不朽，俾后世阅是谱而知所本焉。

时大宋宝庆改元乙酉仲春望日

四世孙恪谨序

（摘自南门、丰江谱）

## 梅轩公大宋宝庆改元乙酉(1225)宗谱自序(二)

有父子而后有兄弟，有兄弟而后有宗族，然则人之于宗族也。去父子才一间耳，奈何人之情之于宗族也，远则疏之，弥远则益疏，而至于忘之，是盖以身为亲疏，不以先人为亲疏也。若推先人之心，爱其子孙，岂以远而忘之哉。恪上世本姬姓，平王庶子曰继阳公，分封汝南郡，氏国曰周，世望于汝南。入汉唐渐南徙括苍，永泰中有廉、白二州太守曰崇昌，卜居宁远。裔孙从远转徙营道之濂溪堡，三传为桂阳令辅成，登祥符八年进士，历官多善政，族众而业儒，特望于其邑。桂阳令生子元公敦颐，以疾求知南康军，爱匡庐莲峰之胜，乃结屋临流，寓濂溪之名以终老。元公生太庙斋郎寿、宝文阁待制焘。焘生开封知府彝，开封恪高王父也，寓祥符东镇关。生曾王父靖，以进士官国子正录升博士。博士生王父仲宾亥，以进士官大理寺评事，何弃仲农父谓濂溪之周，至今蕃衍，讵不信夫夫何属。靖康之变，相踵随驾南渡，环顾故土皆骚然，而我暨环山阻水，号小安。先博士遂定居紫岩之盛厚里，为我暨始迁祖。今以宦留异地，而与南康诸父伯兄不果叙宗盟敦敬睦者，是所谓弥远则愈忘，不以先人为亲疏，而以身为亲疏者也。父司马公虑此至熟，图其世系，附列《家警录》，有晦庵先生为之叙，则此心用是差慰焉。矧今，人无固志，家鲜宁居，而季父大理公又徙江大，吾伯父克敏公、父司马公仅守先遗。今吾兄弟又相率徙邑南门，分崩离析，不益可惧也哉。盖人之礼文，常备于太平无虞之日，每忽于变故多事之时，矧宗族之谊，在分崩离析之后乎，及今不有叙述以贻将来，果孰知今日之父子，为后日之宗族乎。抑孰知后日之宗族，乃今日之父子乎，则夫远而疏之固亦宜矣。故吾复次夫可见之世，而几转迁、官爵与夫宗支世德详具于册，使知所考且知所法。《礼》曰：君子返古复始。《诗》曰：虽有他人，不如我同姓。苟知此则虽千百年如一日，千百人如一身可也，而又何远何近何疏何戚哉，先人之心断断乎其可推也已。

时大宋宝庆改元乙酉(1225)仲春望日

四世孙恪谨撰

（摘自南门四、七谱）

## 梅轩公大宋宝庆改元乙酉(1225)宗谱自序(三)

有父子而后有兄弟,有兄弟而后有宗族,然则人之于宗族也。去父子才一间耳,奈何人之情之于宗族也,远则疏之,弥远则益疏,而至于忘之,是盖以身为亲疏,不以先人为亲疏也。若推先人之心,爱其子孙,岂以远而忘之哉。恪上世本姬姓,平王庶子曰继阳公,分封汝南郡,氏国曰周,世望于汝南。入汉唐渐南徙括苍,派有曰光廷、光宏为盛。光宏次子暹,显德间典教东阳寓其邑。隅子孙转徙东阳之玉山槎溪、嵊之开元为三大族。光定(廷)子行逢,周太祖,广顺间除湖南道州刺史,寓营道之濂溪。八传为桂阳令辅成,登祥符八年进士,历官多善政,族众而业儒,特望于其邑。桂阳令生子元公敦颐,以疾求知南康军,爱匡庐莲峰之胜,乃结屋临流,寓濂溪之名以终老。元公生太庙斋郎寿、宝文阁待制焘。焘生开封知府彝,开封恪高王父也,寓祥符东镇关.生曾王父靖,以进士官国子正录升博士。博士生王父仲宾亥,以进士官大理寺评事,何弃仲农父谓濂溪之周,至今蕃衍,讵不信夫夫何属。靖康之变,相踵随驾南渡,环顾故土皆骚然,而我暨环山阻水,号小安。先博士遂定居紫岩之盛厚里,为我暨始迁祖。实与嵊开元同出括苍为从兄弟,而今不克叙宗盟敦亲睦者,是所谓弥远则愈忘,不以先人为亲疏,而以身为亲疏者也。矧今,人无固志,家鲜宁居,而季父大理公又徙江大,吾伯父克劝公、父司马公仅守先遗。今吾兄弟又相率徙邑南门,分崩离析,不益可惧也哉。盖人之礼文,常备于太平无虞之日,每忽于变故多事之时,矧宗族之谊,在分崩离析之后乎,及今不有叙述以贻将来,果孰知今日之父子,为后日之宗族乎。抑孰知后日之宗族,乃今日之父子乎,则夫远而疏之固亦宜矣。故吾复次夫可见之世,而几转迁、官爵与夫宗支世德详具于册,使知所考且知所法。《礼》曰:“君子返古复始。”《诗》曰:“虽有他人,不如我同姓。”苟知此,则虽千百年如一日,千百人如一身,可也,而又何远何近何疏何戚哉,先人之心断断乎其可推也已。

时宋宝庆改元乙酉(1225)春仲望

殿前承旨曾孙恪谨撰

(摘自十年周氏谱)

## 梅轩公大宋宝庆改元乙酉(1225)宗谱自序(四)

夫有父子而后有兄弟,有兄弟而后有宗族,一家之亲始于三者而已。世远族疏,不会而聚之,则宗族散漫,不知源本所之所出者多矣。此谱之所由作而又不可以易得也。暨阳盛厚周氏,其先始于后稷,乃至文王邑岐,武王伐商,平王东迁,庶子继阳分封汝南,厥后光定、光宏者,唐时,暹汝南徙括苍。光宏之子曰显,高祖乾祐间兴教东阳。生三子,二子信,住东阳玉山槎溪,一子迁嵊之开元,为三大族。光定之子逢,后周广顺间,除海(湖)南道州刺史,因家于营道县。六传而至濂溪公惇颐,生二子:长曰寿、次曰焘。寿生彝,登绍圣间进士,官至礼部侍郎。徽宗大观元年,蔡京复相被谪黜,知开封郡守,遂家于祥符县之东镇关外,即为河南人。生子靖,登沈晦榜进士,授太常博士,配洛阳李翰林之女,扈驾南渡于杭。生子亥,聪明英伟,登高宗绍兴九年己未黄度榜进士,任大理寺评事,迁越之诸暨紫岩乡。生四子:勤、谨、和、缓,厥嗣顾名思义之意耳。勤生五子:长伯一,居紫岩之故庐;次伯二,迁嵊县之西门;三伯三,继山阴阮港唐姓;四伯六,继源潭何氏;幼伯十,膂力绝人,拜车骑将军,赘泰北江埂章氏,建业外家,子孙就产居焉,倡名其地曰周埠。和登嘉定间郑自成榜进士,任大理事少卿,生四子,隐居江大,嗣京徙州之开元。谨吾父也,任行军司马,娶廖氏,生三子:长曰治,行伯五;仲曰闇,行伯八,赘南隅金氏,授宣义郎,宁国路教授;季即恪,亦授宣义郎迁殿前承旨,乞恩致政,同兄闇共居。世于浮玉廖枢密亲谊往来,暨晦庵先生友善,纂辑图谱,乃以入正录为始祖,俾后世阅是谱而知所本云。

时宋宝庆改元己酉仲春望日
殿前承旨曾孙恪谨撰
(摘自周家埠周氏谱)

## 继周公景定甲子(1264)宗谱自序

余家世出姬姓,以国为氏。望于祥符之间,自宋正录府君扈跸南渡侨于杭,徙居诸暨之紫岩盛厚里,卒卜葬六都大将山,子大理评事因家焉。厥后,先严梅轩府君从兄迁居城南,卒葬家后苎萝山之原。世与廖枢密亲谊暨晦庵先生友善,以书柬往复,及刻《家警录》,谨序于谱。且曾子尝曰:"慎终追远,民德归厚矣!"则子孙克尽之,亦归于厚矣。不然将如老泉苏公所谓:久之而忘,喜不庆,忧不吊,相视如途人耳,慎终追远云乎哉!宗姓之亲,本于一气,苟愚不肖,不足与言,智而贤者亦当爱之,不忘举先人之善以为劝。俾其服虽尽,而亲无穷也,身虽亡而心不泯也。且以九族之义言之,原其身之所生则有父,自身之枝则有子,是谓族之三人之亲,莫此为近,此子思作《中庸》,必以亲亲为天下国家之经也。自己之父视己之子则为孙,以己之子视己之父则为祖,等而上之自己之祖,以至己之孙则为族之五。以己之祖,视己之孙则曰曾,曰元。以己之孙,视己之祖,则曰高,曰曾等,而上之则为族之九,此《尧典》所谓以亲九族是也。圣贤因其远也,而隆杀之辨,故定为五等之服,使之守而不失其正,岂以亲疏而异其心,推而达之,又有异姓之亲服,曰母族、妻族是也,扩而广之,则有亲丧为位之服,所谓五典之伦朋友是也。苟不能推是心于已,往彝伦犹不能序,而况于九族乎!苟能推心,类而举之,虽异姓之亲犹不忍忘,况同姓乎!人之有生均气同体。矧祖考子孙本乎一气,其统系百世不别也。自同姓九族之亲,等而上之,其源岂有异哉,推而达之,云礽未有已也。予虽未迄九族之外,犹谓五服之亲,亲尽则情尽则忘之矣。子孙之善继善述者,既惧其久而忘也。则当念其先人所垂统可继之道,识其本末,演为一图,自我作古,俾子孙有所观感焉。则古之视今,犹今之视昔,是乃本心亲亲之仁,正犹慎终追远之遗意,宁忍遽至于远而忘之乎。况穷达有异,或士或农,而为工为商,以及宦游亦可考也。凡为周氏子孙,宜自今之宗谱辑而熙之,其永永无斁。

时景定甲子上元日
五世孙文郁谨叙

## 塘头大明宣德岁次癸丑(1433)宗谱序

古者,宗法掌于春官小宗伯,所以辨亲疏别同异,而睦族爱亲之道,井然有条而不紊,所谓亲其所疏同其所异者,无奈去古既远,淳风不还,而先王之法制存什一于千百,宗法遂废矣。虽族属同出于一源,而视之如途人者盖有之矣。间有好古君子创为谱牒,以统族属,以明本源,虽宗伯失官,而大宗、小宗之支派脉络犹存,且将藉此而有考。谱牒之作,其有补于世教,夫岂小哉。南郭周君以昭,一日以所辑宗谱,求予记其事。予按周为著姓,代有显者皆出河南,世德绵远,厥后散处四方,益繁衍不可殚记。

今以昭自常博以下而独致详于本支之祖,分以世次字行,至于生卒婚葬,亦莫不详尽而备录之。其所以叙源流之实,垂后嗣之规,而得夫尊尊亲亲之义,其用心可谓仁而勤者欤!亦可谓善继而善述者欤!复隆古宗法之美以厚风俗,余窃有望焉。虽然积之于前者固云厚,承之后者,可不益培其根,益浚其源,而加夫积累之厚,以绍先而遗后乎。若然则南郭周氏之子孙,其光荣显大,岂止若是而已耶!因书以为序。

时大明宣德岁次癸丑三月上浣
同邑王钰撰

## 五年丰江周氏明成化乙巳(1485)宗谱序

周氏始迁之祖曰天锡,仕宋为博士,当高宗南渡始家于诸暨。二世曰仲宾,任大理评事。四世曰正夫,任宣义郎;弟诚夫,亦任宣义郎,迁殿前承旨。五世曰选,任淮阳监运使普济,任转运司运干,继周任提举。六世曰元达,任建康肃政廉访使,皆以诗书起科第。九世曰景濂,任御史,出守兴国。十世曰宗祚,任军储副使。厥后子孙繁衍,穷经游庠者代不乏人,良由积德之深厚,有本而然耳。今十一世孙应槐子湘,诚贤嗣也,纂修宗谱,类集先世以来官爵、生卒娶葬之详,而能与叔父敬甫汇编成帙。征予言为序,辞不容已。予尝病世之人,先祖有美而不知,甘为庸下而不辞,骨肉疏远视为途人,傲傲而不识,其与湘奚啻霄壤矣。使世之子孙皆如湘,有尊祖敬宗之诚,仰瞻先德,而莫不起高山景行之心,则其交于宗族,必欢然有恩,以相爱而不薄于所厚矣。若湘者,可谓仁人孝子,能继志述事,出于寻常万万矣,因嘉其志,故乐为之序。

时大明成化廿一年乙巳春三月既望
奉训大夫道州知州邑人徐琦撰

## 诸暨周氏五年派丙戌(1946)修谱叙

濂溪公子孙迁诸暨者凡四派,曰四年派、曰五年派、曰七年派、曰十年派。县数族大姓,必曰丰江周,其男子存而名于今谱者,至近六千人,则五年派也。县之习,上者力学,其次力田。

三四十年来,重欧美而尊孙吴,县之士应之,五年派男子得欧美学以归者,至十余人,长师、旅、团、营者,至二十余人,不徒蕃衍轶他派,尚六公之精爽,必叹其炽昌矣。赴欧美,至远劳也;习孙吴,至危严也,士之所为赴焉、习焉!而忘其为远劳危严者,盖将狭以淑其身,广而推之,以淑其国也。

自子张学干禄,士之不忘乎禄者,乃不得不假欧美孙吴为干之具,于是欧美、孙吴之学,实可致国于富强者,用之不谨,国乃因之日穷,以乱至于今日,闻欧美、孙吴,几无不掩耳者?是望我五年派宗人,奉濂溪公之严训:"勿悖孔孟之义理,勿忘稼穑之艰难。"有以矫而正之。

余虽七十二岁之衰年,犹望及身而闻天下,称美吾周氏之异于人,晓然而信欧美、孙吴,乃淑身淑世之学,而非玷宗祸国不祥之物。是则天下之庆,不惟诸暨周氏五年一派之光,尚六公之精爽,乃大愉慰也。

钦行善培拜言

## 2007年续修《浙江暨阳丰江周氏族谱》序

周姓,源于轩辕帝五世孙姬氏后稷。

后稷名弃,弃后裔古公亶父率族迁周原,建周国,为周太王,其曾孙武王姬发灭商,建周朝。周平王封子姬烈于汝南,被称为周家,遂为周姓。周朝末代天子周赧王被秦灭后沦为平民,即以国为姓,改姬姓为周姓,以纪念祖先之功。周氏子孙繁衍,遍布全国及海外,菁英辈出,建功立业、彪炳史册者甚众。

浙江暨阳丰江周氏,源于姬烈六十四世孙周敦颐。周公曾孙周靖随宋南迁,由余杭而至暨阳紫岩,其四世孙徙居诸暨南门江,为治、闾、恪三族。闾五世族周魁迁丰江,为丰江周氏之始祖。其子孙迁徙各地,繁衍发展,诸暨境内即有周姓村庄二十五个。周姓为诸暨第二大姓,全国第十姓,可谓昌矣!

《浙江暨阳丰江周氏宗谱》自周靖孙周谨于紫岩制家谱始,历宋、元、明、清、民国至共和国约八百余年间,先后修编逾十八次,号称"万派归宗",为周氏迁南门江后最齐全完备之族谱。各编次版本分藏于国图、上图、浙图等三大国立图书馆及南开大学图书馆和绍兴鲁迅纪念馆。然自一九四六年(民国三十五年)修谱后,未曾续修。

六十二年,沧海桑田,时移势变,周氏人丁兴旺,流转迁徙,子孙遍布大江南北,或定居海外,以致族人相见,兄弟聚首,亦不识同宗共祖;弟袭兄名,孙蒙祖讳,更不知其误,诚可叹也。我辈有幸,躬逢盛世,国强民富,政通人和,续修族谱,发扬中华民族源远流长、独具特色的谱牒文化,正其时也。

周氏先祖为华夏民族之融合发展,中华文化之繁荣昌盛,作出了杰出贡献。建国以来,丰江周氏子孙,为国家民族之振兴,为社会民众之安定,为乡里桑梓之福祉,勤勉工作,人尽其职。无论耕耘田地、经营工矿、还是挥戈卫国、培育桃李;无论悬壶济世、钻研科学,还是建言献策、行政司法,莫不尽心竭力,恪尽职守,上无愧于先贤,下可为后进之表率!

旧谱之祖训遗教,对族人之团结奋进、和睦昌盛,功不可没,为我后世子孙难得的精神财富。时代在发展,社会在进步,今日之中国,"神五"上天,"嫦娥"奔月,正在迅速崛起,巍然屹立于世界强国之林。盛世修史,隹时续谱,可谓顺理成章;存先德祖训之精华,去旧日昔典之芜杂,亦势所必然。《浙江暨阳丰江周氏宗谱》必将成为经得起后世稽核检验之信史,众谱之典范。

续修族谱,诸事繁杂,众多族贤,或勤勉查访,或慷慨捐资,共襄盛举,高风令德,令人敬佩!承乡人错爱,嘱余为丰江周氏新谱作序。余一生从业从政,未涉史事,才疏学浅,恐难胜任;然余深知修族谱乃追远祖之轨躅,使周氏昭穆有序,以晓后人之善举,况余亦周氏后人,理当尽绵薄、效微力,故不揣冒昧,谨草此文。愿丰江周氏后人遵纪守法,勤俭持家,尊老爱幼,讲信修睦,为家族之繁荣昌盛,为国家之长治久安,尽心尽职!愿《浙江暨阳丰江周氏宗谱》编续不止,永传千秋!此祈共勉,是为序!

浙江省政协主席 周国富

二〇〇七年十二月

## 江大周氏明万历辛巳(1581)宗谱序

粤自巨姓大宗皆有谱牒,以贻于后世,名曰家乘,与国史同,其鉴观亦法祖绳宗意也。周本姬姓,文王之后,子孙以国为氏,世居汝南,代有伟士载在史册者,予固不暇述矣。传至有宋而有濂溪公,缵承道学,为世巨儒。生二子:曰寿,曰焘。焘生彝,登进士第,累官至兵部侍郎。以言忤当道,黜守祥符郡,遂家于祥符东镇关外,占籍河南。子靖,太常博士,扈跸南渡居于杭,后以岳武穆遇害,吁天泣曰:"忠良之殄,邦家之祸也。中原终不复矣!"携子亥隐居暨之紫岩乡,子孙世为诸暨人。迄今,传世逾远,支流散逸,伯一公为紫岩盛厚之祖;伯二公为嵊县西门之祖;伯三公继山阴阮港唐氏之姓;伯八公、伯九公,为浣城南门之祖;伯十一公为泰北江大之祖。若夫迁邑之丰江、梅山、湖西、五指山、杨柳堰、吴家桥、清平岭,山阴之周桥,姑苏之吴江,萧邑之来苏,此又自南门派也。不有谱牒以纪之,何以统同而联属之乎。博士公十三世孙鹃同侄廷懋,礼聘稽山云石张君续修之。噫,自此谱之再订而彼之为子若孙者,咸知祖宗之所以奋迹,家绪之所以相承,效法之思油然其生矣。其有裨于周氏之彝教也,岂其微哉!是为叙。

时大明万历九年岁次辛巳(1581)仲春既望

赐进士第、南京通政使司右通政、前刑科都给事,会稽沈束撰

## 四年康熙丙寅(1686)续修宗谱序

周氏之有族谱,自克慎公始也。克慎公为濂溪先生六世孙。自其祖太常寺天锡公扈跸迁暨阳,至克慎公三世始作谱牒,以别宗支、明世系,时在宋庆元丙辰,朱子考亭为之序。迄今族大以蕃,乔迁几遍一邑。明季重修,旧谱只列世系,未及行传,世疏人易,犹然昭穆莫辨也,雁行莫稽也,子姓堂从莫得而考也。其于登载仕宦,表扬节孝及潜德幽光,得毋有缺焉,而未备者乎。主宗政者德宣晋公,公率族弟更生、偕家君讳埙嘉,字介音,于兹岁之秋,毅然以纂修自任。延戚友瑞龄寿先生于其家,校阅参订,祈登诸梨枣,真不愧先贤之后也哉!

余思古者,姓氏上之太史,士大夫家乐追述先世,以启其后人。况周氏为濂溪之后,继往开来,可不聿念尔祖,勿替引之也哉！兹集之成,增以行传,自一本九族,大宗小宗,开卷了然,某也通籍荐绅;某也列名庠序;某也齿德冠于一邑;某也行谊卓于乡评;节烈则有若共姜敬瑜之矩范;孝行则有若醴泉芝草之休征;友恭则有若分梨让枣之天植,传之一二世,以及千百世,不于斯谱有探源昆仑之思也哉！予尝纂修邑志,知周氏之盛,南阳公成进士,而后明经选隽代有著声,安知继起科名者,不将拭目以俟耶!抑闻之科名之荣,固所尚矣。惟诗书之芳泽久而必传,愿周氏之子姓,勿忘先贤之裔,则兹谱之传,即与《图书》《易说》,并寿不朽,可也。是为序,以志景行之思云。

时大清康熙丙寅(1686)季秋月上浣之吉

赐进士、文林郎、原任河南府知永宁县事,眷侍教生章平事顿首拜撰

## 山下周氏康熙戊辰(1688)谱序

尝闻源之深者流必长,木之固者枝必茂。祖功宗德之积累厚者,子孙必繁衍而万派千枝,开巨族、发名家于不尽。汝南周氏由来久矣,汉而将相,宋而公卿,簪缨累累,其丰功懋烈莫不可殚述。

考皇宋大儒道国元公之后,有天锡公讳靖,为太常博士,扈跸南渡,生评事公讳亥,迁暨盛厚里。自评事公顺推而迄七世,子孙繁众,迁派不一,惟序四公,因序五公迁丰江,亦赘居山下马氏。仰九乘之峥嵘,接金鹅之耸秀,相阴阳观流泉,遂爰居,爰取名山下周焉。夫民之初,生有姓与氏,以别生来。自天子诸侯而下,因生赐姓,胙土命名,然萍水相逢,疑是他乡之客,堂从偶聚,莫伸长幼之情,溯而上之,高曾之矩矱,奚遵推而下之,追报之孝享莫伸,皆由谱牒不修,宗派莫识,以致亲疏尊卑之失次耳!今裔孙等心焉伤之,言家之有谱犹国之有史。史以志民物之盛衰,谱以纪氏族之亲疏,而且扶纲正伦,端本肃化,尽在于斯,其可忽诸?卜日聘师,集旧纂新,遵欧法苏,世系行传备举两全,自始祖以暨高曾,一派相承,叙源流也;由祖父子孙递传而下,明嫡派也;自行传一二三四而十百千万,排雁行也;长者序其齿德,赞颂有辞,崇年高也;贵者书爵书升,或

褒封、阴袭、敕诰、赐赠必载，尊禄位也；更有慷慨忠孝，誓守节义者，或碑铭传赞，虽多必纪传，所以鼓励夫忠臣、孝子、义夫、节妇，示奖劝也；先有传而后无嗣，先有继而后无承，略不禄，遵远祧也；嫁娶必书里居，氏族繁所自也，生卒葬殡详其年月日时，土名堡境，备祭祀也。此尽尊亲之遗，敦本睦族之义，明嫌别微之深意也。夫万斛之泉循其流，而或忘其源。千寻之干爱其枝，而或遗其本。今观周氏之谱，上追百世，下示千秋，皆明乎祖功宗德之在昔者，如彼而万派千枝者，始得如此厥功，诚匪浅小也。余亡友完伯者，为博士公十八世孙，故不辞鄙俚而言之，不厥其详也。是为序。

康熙二十有七年岁次戊辰(1688)春王正月　旦

文林郎、知广西郁林州博白县事，屏山冯劝拜书于官署

## 七年康熙己丑(1669)修谱序

祖功宗德百世不迁，亲亲，所以独推周道也。而派别支分不能无大宗小宗之说，濂溪公营道人，知南康军，爱庐山，筑室莲花峰，下有溪，前合湓江，取营道路所居濂溪以名，学者称为“濂溪先生”。续微绪，开群蒙，蔡虚齐以二程为宋之闵，以公为宋之仲尼，讵不信乎？公四世孙博士公靖扈宋南渡，侨于杭，后徙诸暨之紫岩盛厚里，遂开巨族。

邈自濂溪公生时，在宋天禧丁巳，距今皇帝二十八年己巳，凡六百七十三年，递传二十余世，无问蔓延他邑，若山阴之塘下、周桥、张川、瓜田、后马、前梅，萧山之周家湖、来苏，姑苏之吴江，诸族不可胜纪，即在暨颇星罗散布，统贯为艰，此如昆仑一出，万岭千峰，奔驰海内，岂一时所能殚收耶。濂溪公二十二世孙宏易，考故策、访遗闻，循次辑修，重加厘订，以濂溪公为祖，追其始也。以博士公为大宗，郡马公为小宗，纪本支也。标年月于其上而实之以行、讳、卒、葬，仿考亭纲目例也，图旁注几世，而昭穆直下，昆季并行，此太史公《年表》意也，著其明、疑其缺焉。家乘犹国史，贵信也，有行实可采者，别具传以为得失之镜，不没长且劝善也，呜呼！盖其慎哉，夫一宗之传，未遑全族后之览者或遗憾焉。顾分之虽万派之一，而溯其源，同归星宿，俾各为宗者，咸若斯之简要详明，则分即可合，安在小德之川流，果剌谬于大德之敦化也哉，老子曰：“三十辐共一毂”，良有以也！

时康熙己巳春三月朔越三日

二十一世孙于德撰

## 清平康熙岁次癸酉(1693)宗谱序

家乘与国史等也，其义甚严，其责甚重，非有仁人孝子之思者，不能操其柄，并不能董其成。

吾族始祖元公，本营道人，孙讳絪，又更名彝，官开封府，留寓祥符之东镇关。开封子靖，官

太常博士。靖康之变，随思陵南渡侨于杭，越九年定居紫岩盛厚里，遂为诸暨人。博士公曾孙闾，官宁国路教授，徙南门，五传为郡马公文缙，又二传为辉十四公仕名，依母家清平岭下。生六子，析为六房，传今一十余世，人烟辐辏，村落星罗，往往有同出一宗，见面不相谋者。呜呼！势远则情疏，则恩义寖薄，世道之变由此其基也，尚忍言哉！然则维世道莫如厚宗盟，厚宗盟莫如辨支派，辨支派以厚宗盟，莫如辑家乘。我故曰家乘等国史，义甚严而责甚重也。郡马公十世孙鼎候，十一世孙闇章，十二世孙而强、汇征、伯揩之五君者，分非宗老，齿示商山而精明练达，早为一族之推，乃既然以清平岭谱牒为念，谋宗长延请谱师开板印刷，自壬申之冬以至癸酉之春之季始告成焉。展卷读之，渊源确也，析派明也，传世真也，转徙实也。行传系图如观火也，而后叹此五君者，禀仁孝之思，辨支派、厚宗盟，其为世道维系岂浅鲜哉！假今周氏各宗有如此五君者，则营道以至清平几千百里之遥如一室，可也。假今周氏累世有如此五君者，则自元公以迄今几千百世之远如一时，几千万我之众如一人，可也。后之有志宗盟者，尚勉旃焉。

时皇清康熙岁次癸酉季夏月
同十二世祖指山宏易谨撰

## 山后周氏康熙戊戌(1718)宗谱序

予家宗谱，自伯五公肇迁以来，生齿冠于我邑，闻士甲于他乡，前叙以详，无容复赘。今系族浩繁，难伸长幼之义，其事急耶否耶？或因循不修，前无所承，后无所继，无论异地相逢，亲疏莫别辨，即在同井上偶会，长幼奚分，矧其仕宦文学之迹，忠孝节义之间乎哉？以故祠长文英，穷念水源木本之义，以重尊祖敬宗之道，故而浼玉征稿，细排行第，分别尊卑，务使某孙系某祖之派，某派为某孙之祖。悉皆一脉相承，不令异枝滥入。至于乾行足式，不使没忘；坤德可嘉，咸录垂后。则事谱牒之修，匪敢以虚词谥美为情之誉也，亦以昭晰家声振起人文焉耳！嗟呼！莫为之前，虽美弗彰；莫为之后，虽盛弗传，则夫世世协修，以敦族属者，更有望于后之贤达矣。是为序。

大清康熙岁次戊戌(1718)黄钟月上浣之吉
宗末明玉拜撰

## 乾溪乾隆岁次己丑(1769)修谱序

家之有谱，犹国之有史也，国无史，则政治之得失，人品之臧否，无自稽考；家无谱，则支派之远近，名分之尊卑，无从别白，宗谱所系，不綦重者。余览《周氏世谱》，自濂溪公之四世孙，讳靖字天锡，护跸南渡，定居暨阳之紫岩。再传世孙，讳世龄，行千一，赘江埂周氏，卜居花山泰北之周埠，子孙世守绵延勿替。数传而后，有忠一公讳洙者，因赴蠡城，道经牛门岭下，有乾溪一带，山明水秀，土地饶腴，欣然叹曰："良禽择木，此土可安居也！"遂卜居是间，曰乾溪坞。传今二十余世，谱牒未加纂修。己丑八月，德昌、德义诸公，延余掾笔从事，日夜劳心，凡系图行传，悉加详考，支派之远近，明如指掌，名分之尊卑，皎若列眉。由是敦宗睦族，亲亲之谊日笃，而风俗亦寖寖乎日上矣。是为序。

时在乾隆三十四年岁次应钟月全浣之吉
长宁幞峰王奕高鉴远氏拜撰

## 乾溪坞周氏重修谱序(1928)

尝闻谱与史，表礼相同。史载历朝之兴败，大臣之贤能；谱纪一族之盛衰，子孙之善良，所以谱与史相仿佛者也。岁戊辰乾溪周氏重修宗谱，周君恒鹤、恒灿等请序于余，余谊关姻戚，不文以不敢辞。遂阅其谱，考著世系，乃靖公，系濂溪先生之曾孙也，世居河南，宋宣和二年进士，授国子监正录。高宗南渡，随驾临安，忤奸相秦桧，遂隐居暨阳紫岩之盛厚里。传四世夔公者，拜车骑将军，赘江埂章氏，倡名其地曰周埠。夔公传十世孙讳洙，行忠一，赴蠡城，道经牛门岭，见山明水秀，遂择乾溪而居，自为乾溪坞第一始祖。继继绳绳，耕樵为业，传至于今，计世三十，计年九百，虽家不满百，丁不成千，乡里之间，亦称盛矣。惜咸同辛壬(咸丰辛亥至同治壬戌—1851—1862)，包氏起义，洪杨攻打包村，号称二十万之众，周围五十里之广，乾溪，离包村不下十里，岂能免乎？人口十去其八，村宇殆烬。呜呼，遭此一劫，大伤和气，衰之久已。今七十年来，生齿日繁，户口颇多，族房人等，复议修谱之举，延师纂葺，一修于乾隆己丑，首创之际，未免错讹缺疑，二修于光绪戊子，乱世之后，老成凋谢，亦未详细，今三修于民国戊辰，悉心考订，分亲疏、别长幼、详生卒、载葬所，不数月而告竣，爰著数语，是为序。

时民国十七年岁次戊辰孟夏之吉
同乡冯仲达撰

## 马剑田东周氏咸丰庚申(1860)初修谱序

家谱之作，所以明亲亲之谊也。祖宗一脉相延，无非一本之亲，总阅世既久，支分派别，有谱以联属之，庶不至散而无纪，混而莫辨。是谱事欲其合，不欲其分，理也。亦情也！然有时不得不分者，非亲亲之谊衰，实时与势为之耳。吾族自一儒公，由胜峰始迁田东，虽重建家祠以隆祖祭，而宗谱仍与胜峰合修，惟道光丁酉纂辑后，距今已二十四年，倘若再延时日，擦诸敬宗收族之心，何由自问。况近时烽烟不靖，吾等山乡仍能聚族而居，诚为幸事，万一变生不测，安保无散处四方之虑。故丁酉以前已入宗谱者，日后自可稽考，惟丁酉以后，凡生卒嫁娶未曾载谱者，指不胜屈，倘不亟为添载，恐日久月长，当散而复聚之时，必有尊卑无别，亲疏混淆，视同体若异体者。为此，亟聘杨君泉源重加修辑，但卷帙浩繁，无力尽载，故于序文择尤要者刊之，于行讳只提本支载之。惟系图，为水之源木之本，于载明本支外，另附胜峰各房系图一卷于后。今虽暂行分谱，仍寓分而复合之意。是役也，经始于二月二十有八日，告竣于闰三月六日。谱分天、地、人三部，每部四本，族长家执天字部，文房执地字部，武房执人字部。董事者族长正国，共事者华登、华福、华高、华书四人也。尽谱之所关甚钜，幸诸悉心协力，颇不懈于事，爰书巅末，以志不志云尔。

时咸丰庚申闰三月上澣之吉
二十五世孙绍濂校正并识

## 藏绿周氏康熙甲辰(1664)纂修世谱序

司马子长称良史才，《史记》之作，上述黄帝，下穷汉武，其书某生某某，某地人也，似乎凿凿可据，而不免多所牴牾，后世如罗长源《路史》、欧阳公《帝王世次图》序皆力底其诬，迁时尚有国史可采，家乘可集，使是是非非一禀乎经，善善恶恶不诡于正，何至来后世浅陋不学，疏略轻信之讥，而吾谓家史之作难于国史，古来得姓受氏，如应劭《氏族篇》、林宝《姓纂》、聊氏《万姓谱》及郑子《氏族志略》等书，班班可考。厥后，子孙式微，迁徙靡常，有不知其所自来者，有仅知其所自来，而不能辨其世次所系、支派所属者，无国史可採，无家乘可据，遥遥千百载，以意度之，以词饰之。吾知史马迁于此，必将如南华副墨之子，洛诵之孙，以非非想谱，无名氏九代瓜瓞图者，文斯妙矣！千百载后，孰从而信之，又孰从而疑之也哉！

吾周氏本后稷之裔，而为宋濂溪公之后迨乎支分派别，南北迁处，有可知有不可知者。不可知者阙之，不意度、不词饰，夏五郭公，一禀乎经，可知者深明而切著之，详世次、别支派，工诵史祝不诡于正。自始祖清三公而下，大书特书不一，书有保摄之义焉！所见所闻所传闻，有宗仰之思焉！疑疑而信信，毋失之浅陋，而不病乎疏略，斯作家史之法也，或曰："以始迁之清三公为始祖是矣！清三公以上既不可知，何由知为濂溪公之后。"予曰："否，否！"如若言，何不称两太尉乎？何不称坚忍伉直之御史大夫乎？何不称五经纵横，三辟不屈之宜光父子乎？附其贤名，立德立功，孰非不朽。称濂溪公者，盖自姚江以来，历世相传，以至于今无异词者也，书缺有间矣！而见于他说，疑信添半，不敢妄为依据，自生牴牾，以视夫副墨之子、洛诵之孙之迂诞而不经，荒谬而不可稽者，用心为较慎矣！

裔孙肇岐谨撰

## 长宁洄溪周氏万历壬午(1582)宗谱序

周,西伯裔也,宋濂溪茂叔,缵承道统为世钜儒。厥孙大亨公,靖康二年擢第宏词,扈驾居杭,绍兴中任萧邑教谕。生五子,迥类超群,散居各邑。次子治中公,永泰间赘诸暨东郭王氏,生五子,依外居家焉。四世孙傑,自东敦迁长宁,以忠孝绳宗,清白律己。明大添公即以贤良徵宗祊,继振家声益著一时,缙绅交相推重,太师姚公、进士胡公,旌以"孝友""友于"匾,是以周之嗜义者,咸相若也。嗣后族大且蕃,圭六公为横山之祖;文一公为里亭之祖;清八公为甘岭之祖;通六公为石马山之祖;贤十一公为凰桐八都之祖。不有谱牒以纪之,何以统同而联属之乎!濂溪十三世孙,员二十五府君以先世谱图,俾侄洄溪公辑之,公即心维手录,越载而后成,可谓劳矣。迄今,传世愈远,名讳重叠,尊卑失序。宗之贤孝礼延予戚,四郊张君续修之,嘱予以序。噫!员二十五公之再订,而彼之为子若孙者,咸知祖宗之所以奋迹,宗祚之所以相承。勃然兴效法之思端于此有赖矣。若夫萧邑之桃源,山阴之周桥,则详于前序云。

时万历十年壬午(1582)十一月既望

赐进士第出身、文林郎、知常州府宜兴县事,山阴心斋郁言撰

## 长宁洄溪道光庚子(1840)续修宗谱序

邑之东有洄村周氏,在长宁乡之灵台里,其地溪水潆洄,故名回溪,与县治相距五十里。南宋以来,聚族于兹六百余年矣。著姓也,亦望族也,其先系出于姬,姬属黄帝之姓。逮至于周,而平王封其少子秀于汝川,人皆称为周家,遂以周为氏。十九世而地併于秦,氏仍宗周,至汉兴而复封其裔为汝坟侯,号正公,名仁者是也,继此绛侯而下,递晋阅唐,世居河南。公侯将相,勋名盖世者,笔不胜书。厥后,濂溪先生接孔孟之统,为道学之宗,而朱晦翁、二程子并师其门,周氏更为大有其人矣。迨至汴宋鼎迁,大亨公扈跸南渡居武林,遂为浙江之始祖。景安公赘诸暨之东郭门,乃为诸暨之始祖。称二公,字世杰者,迁居长宁,是即洄村之始祖。公避韩侂胄之难,从祖母骆氏姓,择居于长宁之乡。固谓有山可樵,有水可渔,室家由兹而安宁,心志由兹而清宁,即子孙之攸处攸宁者,得乐山之静而仁;得乐水之动而知忠臣孝子出其间,道学文人出其间也。乃数传而文焕公果以贤良征,元善公即以孝恭闻,文中公兼以友于称,地灵人杰,洵不诬矣!然而族大户繁,非有谱以联之,则一本而视同路人。况宗宏公于前明永乐间,呈官改周。公逝而裔被骆讼,仍抄骆姓籍,遂致原骆者从骆,原周者从周,周骆两岐尤不可不辑谱以联之。今秋枣月,其族复有修谱之举,司事者贲旧谱而丐序于予。予展其帙,乃氏分周骆而谱同一集,凡其中之世系支派,昭穆行第,源源本本,悉无两歧,无一不见孝子顺孙之至意。人谓予曰:"骆既别乎周,周既别乎骆,而其中之仍归一辙,歧而不歧者,有合于别姓之道乎?"予曰:"此真不忘始祖之自出,宗功之缔造,而无有不合之谓也!"即如黄帝之子二十五,别姓者一十二,姬姓者一十三。数世而后,

姬姓之裔，以国为姓者二十八，以氏为姓者五十九，而天潢之谱，无不仍系一姓，同归起宗，此非太史珥笔之赘也。详其祖必详其姓，正为异其姓不异其祖也。

今骆之系周，犹周之系姬，谱帙之联，不诚善哉！他日振振子姓，能继濂溪公之道而为儒；能效文焕公之忠以事君；能与元善，文中公之孝友辉映，将由此敦本一念基之焉！吾观《种德堂之记》曰：“德厚流光，长发其祥。”斯知当年之植根固本。以谋厥攸居，乃祖固大有望于来兹，而云门先生之作《记》，亦卜其寖昌寖炽，不独克光门楣，而且为家乘荣者，非浅鲜也。吾故展是《谱》而三复之，不禁庆德裔而乐为之序云。

时道光二十年庚子龙潜月

本邑贡士黄岩县教谕蒋源镐拜撰

## 二、兵公派

### 兵公周氏雍正六年戊申(1728)重修宗谱序

闻之万物本乎天，人本乎祖，天以阴阳五行化生万物，人以一本九族发为枝派，是知宗谱之修，如木之求其根，如水之遡其源也！吴宁周姓传自姬，周之后，固属金枝玉叶。但世代久远，有莫可得而考者，自李唐初，有兵公者，由括苍任本邑教谕，乐山水之秀，卜于邑之淮岩而居焉！生二子，曰进、曰益。益公生四子，曰虎、论、少、吲。虎公迁居玉峰，生二子，曰魏、曰旺。旺公生六子，始迁临泽曰轩，淳、圆、庆、训、睦。淳公生兑、晓、渥。渥公生道之、罗之、奶之。道之公生伸、竞、势。伸公生遘、勉、宽。勉继竞公为嗣，生一子曰舜。势公生泰，创建新安寺，又生灿与、乌金。泰公生文禧，居飞泳坊。又生文、质。质公生先、达。达公生梦栢，居聚英坊。梦柏公生元、祥。祥公生安、鏋。鏋公生洪，重修新安寺，捨香田四百馀，又捐助开放生池。洪公生谦亨、晋亨。晋亨生可立公，生二子，曰珞、曰瑀。珞公生俸，此正元里始迁之祖也！晋亨公又生可久公，为铜坑始祖，生可大公为后周之祖，此世系之秩然可见者也。若乃族居星散，参商异处，又当著其地焉！若永宁自元杰公发祥塘下，由元载公创基东北之周宅巷，俱属第九世泰公之后，其间枝派虽蕃，承理寺祀，实系聚英、永宁、铜坑、双泉，世世相传勿替。石宅乃九世灿公之后，至若瞻山、双泉、下宅、黄坞、白云诸族，皆以九世遘公为祖。周田乃九世麻屏之裔，双溪、岭头、杨坑俱以九世尧公为本，卢塘是九世陈公之派，里庆、上泉，九世舜公所遗，祝坞为九世宽公之枝。呇溪一族发出诸派者，难以枚举，咸由于九世豪公所自。居槎溪由于谊朋公，今新城东门、左村、吕畈本此为祖，至于浮牌，根源在元里，廷泽公生五子，长曰仁标，住居元里。荣、梁、桁、杞四公，迁业之祖。徙居岘北者，为四世迎公。此本邑之族居，昭然在人耳目也！若天台郡之岩下与平潭，以及嵊邑之开元，乌伤之塔下，并且东阳、永康皆肇始于兵公者也。唐时，叨一命而为长吏、为佐，二者往往有之，及至南宋，科甲连绵袍笏云，仍登右科状元者一，成进士者十余人，或居翰苑，或为郡邑，载在邑志，勒在学碑，功名之盛堪与五府诸公相为颉颃。元明间亦代有伟人，如文光公之登正德甲戌进士，秀士文人虽不能超轶乎前，亦云继序于后者矣。是谱也，始于八世祖兢公，宋绍兴己未，编缉成帙,再修于嘉定庚午,又修于元至正丁酉,又修于明正统戊辰,又修于嘉靖戊申,又修于国朝康熙戊午,今已五十余年,周姓贤后嗣颜环、颜发、颜球、孟舆、孟理、孟正诸君,知祖功宗德之不可泯,水源木本之不可紊,会集同宗又将宗谱续而新之,经始于今雍正丁未年春衍正月,历二周而谱告竣,嘱序于予,予见其序昭穆则以排行辨,亲疏则以流枝,德行足录者,则以传纪,非其族者,不得与焉。上遡先朝之诰敕、历代之志铭,莫不有源有委而灿然大备也!正如万物之纷纭错出,而皆本乎天,孙子之炽昌蕃盛,而皆由乎祖,此后瓜瓞绵绵自与天为永久也矣。是为序。

时雍正六年戊申黄钟月望日之吉

眷晚生巍山庠生赵启德拜撰

## 乾隆戊午(1738)浙东(兵公)周氏迁派里居纪名序

窃惟通宗以义,睦族以亲,虽云别派分枝,须识同源共本。周氏之族,在昔拖紫曳金,溢于朝宁,盛称阀阅名家。至今云流星散,遍于州闾,尽属乔门世系,淮岩肇始,临泽发祥,呇溪松竹傍门,周田溪山绕屋。行客道迟,瞻山可以寄寓;游人马倦,岭头可以停骖。浮牌不是水牌,元里何非仁里,新城溪田环绕,隔水系是同源,东门山水盘旋,吕畈尤为共本,蟠松右族。明太祖所亲临造演场,圣迹千秋。后石各区,周烂银之自出洒银岩,流传万古。派分岘北花园,盛出西周;枝发岑南赤岩,名夸后赵。芦塘源通鱼水,永宁秀映鹿峰。问双溪则合浦邻居;访里庆则浦潭密迩。至铜坑而瞻石洞;往杨坑以望禹山。晋水育鱼,祝坞之欸客;持竿垂钓,塘下之延宾。里坞钟灵,龙蟠凤翼,左溪村毓秀;虎踞狮蹲,石宅近于荆溪。上泉粼于田畈,越官清而至黄坞。过安文以达白云东城,聚英北碟婺口,岩下原在台郡,平潭亦属天台。或判脉于暨阳,或分枝于嵊县,无不可问而得数而知者也,是故欲识其同,必先识其异,无遗其远,始不遗其亲。稽其里居,而音问可达;考其远近,而庆喜可通。源本既已有归,支流于焉无失,庶几通宗睦族,亲义无涯云尔。是为序.

时乾隆岁次戊午仲春月上浣之吉

眷侍教生杜伟元顿首拜撰

## 岘北周氏光绪二十七年(1901)重修谱序

黄帝之子二十五人,得姓者五。惟姬宗为最大,周固姬之所自出也。汉兴,求周苗裔,爵姬嘉为侯,始别姬为周氏,而族益昌盛。下递两晋六朝,以迄唐宋,代有显者,史不绝书。唐武德间,有教授东阳者,讳兵,自括苍徙家邑之南郭淮岩,嗣后子孙繁衍,散居玉峰、浉山、浮牌、祝坞等处,及嵊之开元,暨之涧溪,皆其嫡支也。

《岘北周氏家谱》,以兵四世孙讳迎,始迁岘北太平里为鼻祖,不纪远而纪近,仿《鲁春秋》讬始隐公元年例，志慎也。至十五世孙琼由进士起家，十七世孙与进以秋闱领解，而谱于科通份关，如殆亦仿司马迁记高祖父，曰：太公未详其字，于母但曰：刘媪者。同一阙疑之意也。准是以推其它，载笔之信而有徵可知矣，夫谱者，布也！谓布列而见其事也；谱者，属也！普也！谓统属世系而周普也。今谱牒家，但知谱之当普与当属，而攀援华胄、谬托同宗，如正伦倚赵相，李揆呢辅国，狄棐分梁公之告身以为荣，崇韬拜汾阳之墓而号泣者，何可胜数，甚又捏造名字，杜撰故实，忘凭胸臆，倒置时世，直若桃源洞人之不知有汉者，然则是吕尚窃陈恒之齐，刘季盗王莽之汉也。周氏谱志慎阙疑，固无是弊，而余抑有多焉者。周生香泉以家谱不远千里问序于余，并述其从叔子香明经之任是役也，刻苦茹淡，不滥费分文，校字排行不轻假人手，而身应睦州守刘君聘，主讲席，不获与襄纂辑，深滋愧恧，是知道周亲亲之流泽为孔长，而仁让之休风至今未坠，其食报为无穷也，遂不辞而为之叙。

赐进士及第、诰授光禄大夫双眼花翎、前户部尚书兼协办大学士、翰林院修编，
常熟翁同龢顿首拜撰（翁同龢清帝师、咸丰状元）
光绪二十七年五月

## 岘北周氏重修宗谱序(2006)

树有根本，水有源头，姓有始祖。考我周姓氏族，汝南郡望，历史悠久，源远流长。追本溯源，我周姓望族，乃黄帝后裔。黄帝之子，二十有五，惟姬宗为最大。帝舜封后稷于武功，太王迁于岐阳之周原，文王，武王发祥于斯，灭殷商而立周朝。周平王东迁洛邑，封次子姬烈于汝坟，十九传至姬邕。秦灭东周，封国不存，邕乃别姬为周，此乃周姓之源也。汉初汝坟侯周仁徙封地于汝南，此乃汝南郡望之始也。

周姓乃华夏之大姓。宋朝《百家姓》中，周姓排列第五。今乃华夏第九大族，根深叶茂，人丁兴旺，支脉遍布大江南北，此岂不足令周氏后嗣引以为豪哉！考我岘北周氏，支脉源远。唐初兵公，东邑教谕，自括苍徙居淮岩，此为周氏适东阳之始也。其孙少公，迁至东邑玉峰。少公四子迎公。自幼敏学，知识过人。某日游于岘北花园，见四山仲秀，来龙耸拔，涉水盘环，可樵可渔，遂移居岘山之北而发祥。故迎公为岘北周氏之始祖也。自迎公以来，世代繁衍，生生不息，枝繁叶茂，后嗣兴旺，至聚字辈，已历三十八世，计有一千二百余年矣。

今之岭北者，迎公卜居于斯时，名曰太平里。曰岘北者，盖因地处东阳岘山之北而得名。后曰岭北者，盖以地处大小岭之北而名也。岘北周为岘北周氏始居之地，自以周姓聚居而得名。岘北自古属东阳管辖，公元一九六八年划归诸暨，此亦为民国壬申重修宗谱以来之大事也。

岘山之北，自古要道，南通东阳，北通诸杭，群山逶迤，峰峦叠嶂，五龙落脉，三涧汇流。自迎公以来，周氏先人，百折不挠，世代开拓，治山治水，改天换地，，如草庭翁开其源，南窗翁浚其流，逢山开路，遇水架桥，后世诸辈，继之不已。如今岭北，通公路，通水电，通电话，通电视，山川毓秀，人丁兴旺，经济繁荣，气象更新，黄发垂髫，怡然自乐。此先人之丰功，今世之伟绩也。先祖

有灵,当可自慰,后嗣有志,当以自勉。

我岘北周氏,承岐邑仁风之源远,继濂溪道脉而流长,地灵人杰,人才辈出。名宦如太尉公,龙图公,文学如秋元公,竹生公,义侠如完璞公,现代有民国少将永年,中共东阳县委首任书记宝书,当代有森林,华金,安银等,人才济济,不胜枚举。历代文官武将,文人雅士,隐逸义侠,能工巧匠,良医名师,或忠勇辅国,或济世匡时,仁义道德,忠孝廉让,崇武尚文,耕读传家,爱国爱民。青山簇簇溯不尽岐邑仁风,绿水潺潺流不完濂溪道脉。其事其迹。实为周氏人文之精华,我族历史之荣耀。堪立传录于宗谱,宜留后人之共仰。

国不可无史,方不可无志,族不可无谱。族谱乃记述同宗血缘、氏族世系、人物事迹、风土人情之史籍;寻根问源、认祖归宗之依据;启迪后嗣、教化子孙之教材;与方志、国史共同构成民族历史之三大支柱,内蕴众多关乎民族、社会、历史、政治、经济、文化、教育人物、风情等信息,乃我中华文明之瑰宝,历史文化之遗产,于学术研究极具价值,更于海内外华裔寻根问祖增强民族凝聚力大有裨益。我辈焉能数典忘祖,等闲视之?

按古之成例,宗谱间世一修。然我周氏宗谱,自民国壬申重修以来,已隔七十余年矣!何以至今方得重修?实因因民国壬申以来,其间世事沧桑;几经周折。宗谱被焚,残牒难全,虽有拳拳之心,也不敢妄议修谱之事。

改革开放,春风化雨万物复苏,百废俱兴。如今经济繁荣,文化复兴,建迎归亭,造登云台,修崇孝楼,岭北古村,焕然一新。盛世修谱,顺理成章。于是族中长辈,有识之士,奔走呼号,发起修谱。惟因谱牒散佚,难以为继。幸有我族中长辈顺银,历尽万险,藏下宗谱,其侄树立闻我族议重修宗谱,慨然献出,方能认祖继嗣,绳绳相垂,而有重修之望。

今我周氏族人,公推田法等二十三人,成立第二十次重修周氏宗谱董事会,共举修谱盛事。周氏族人天龙、晓光等,纷纷响应,慷慨资助;各方迁徙之族嗣,远游之后裔,纷纷来电来函,关心支持修谱盛事。或提供资料,或寻根问祖,群策群力、同心同德。新阳房派(新阳,泮宅,梧桐)曾于上次修谱时拍出,今闻重修宗谱,屡次联系,要求归宗修谱。此乃我族团结昌盛之祯祥也。

重修宗谱,工程浩大。七十余年间,世事变迁,族人迁徙,世代繁衍,资料搜集,困难重重。地域涉及诸暨、东阳、义乌、临安、缙云、杭州等地八十余个村镇,海外族人涉及美国,加拿大,澳大利亚,台湾等诸多国家和地区,入谱族人自光字辈至聚字辈共计九代一万一千余人,文字图片,世系排行,汇编成册,共计十卷,可谓洋洋大观。诸位董事编委,肩负周氏族人,重托,四处奔波,多方联络,夙兴夜继,尽瘁谱事,劳苦功高,堪为后世之楷模。

今仰祖宗之阴德,同宗之齐心,族裔之合力,周氏新谱,庶几可成,我族历史,可得重辉,实为可喜可贺! 忆先祖创业维艰,看今朝气象更新,望未来后继有人,我迎公后裔,周氏子孙,定将如日月经天,江河行地,万年辉煌,永世长流!

值此新谱将成之际,我受董事会之嘱,为谱作序。我人在义乌,心系故乡,深感如此盛事,义不容辞,故不揣鄙陋,谨作此序。

三十八世裔孙嘉生叩首拜撰

公元二〇〇六年八月

## 浙东周氏(兵公)2008年宗谱序

木发于本,流发于源,族发于祖。浙东周氏,根深而叶茂,源远而流长。血脉传自黄帝,姓氏启于岐阳,郡望封于汝南。周秦交替,别姬为周。此为我族姓氏源头。隋时,先祖行暹公任雍州刺史,次子融公南下处州任知府,卜居括苍,此乃我族入浙之始也。融公之子兵公于唐武德间任东阳教谕,慕邑南淮岩山水秀丽而卜居。而后繁衍生息,致有今之浙东望族。故我浙东周氏,兵公后裔,源自括苍,发于东阳,淮岩为发祥之地,兵公为肇始之祖也。

自始祖兵公卜居淮岩,至今已历一千三百余年,世代相传,瓜瓞绵绵。兵公生二子:进、益。益公生四子:虎、论、少、叫,徙居东邑玉峰。虎公生二子:魏、旺。少公生四子:陈、造、广、迎。旺公生六子:轩、淳、园、庆、训、睦,迁居临宅。迎公迁居岘山之北,生三子:伯归、伯阳、伯起。即今之诸暨岭北周。而后各房派子孙几经迁徙,繁衍发族,房派分布于东阳、磐安、诸暨、缙云、嵊州、天台、义乌、永康、新昌等地,人口达八至十万之众。呜呼,一本之出,竞至千枝万叶,我族后裔焉能不追终慎远哉?

浙东周氏,兵公后嗣,历朝历代,人才辈出。如师锐公之为殿元,琼公之登进士而补龙图阁直学士,中和公之拜三司大将军,科甲连绵,簪缨络绎。即便如良思公,虽不为官,亦创基立业,德泽后人。现代浙东周氏,文有博士、硕士、教授,武有军职、师职,政界有省市级干部,科技界有高科技师,文化界有文化名人,企业界有著名企业家,尽忠国家,造福社会,人才济济,不胜枚举。此乃浙东周氏之精华,我族后嗣之楷模,堪录芳名于谱牒,当记事迹以传世。

国有史,方有志,族有谱,历史文明藉此以传承。而族之有谱,方能上溯本源,下启裔嗣。惜我浙东周氏,自兵公以下,房派迁徙,支脉分流,各修分谱以垂后,却无总谱可溯源,以致同宗族人世系不清,昭穆不明,此乃浙东周氏之憾事也。

欣逢盛世,改革开放,百废俱兴,物阜民康,各房分谱,陆续修辑。二〇〇六年春,千年同宗,欢聚尖山,共议修缮淮岩祖墓,尊祖敬宗之大事。同宗族人协商成立修建委员会,推举明龙等负责联系各房派。经四方奔走联络,蒙各房仁人资助,于二〇〇六年冬完成修墓立碑之盛举,并建成“德泽亭”一座,继而计划刊印纪念册,意期藉此缅怀先祖之德泽,纪念当世之盛事。值此之机,岭北周村同宗族人田法提议修编《浙东周氏(兵公)宗谱》,以统一兵公以下各房派世系,汇编各房派名人大事。经各房派代表多次协商:于二〇〇八年一月在雅坑成立《浙东周氏(兵公)宗谱》修编董事会、编委会,公推田法为董事长,国川为主编,议定本宗谱修编宗旨与内容,择定于二〇〇八年十月一日在兵公发祥地颁谱。而后各董事编委分工合作,夙兴夜继,尽瘁谱事;晓光、雪萍、荣潭等族人鼎力资助,共襄盛事。此则本次修谱之缘由也。

今新谱将成,颁谱在即,古谱缺憾,得以弥补。此乃兵公裔孙之大喜事也。吾受董事会之嘱,为谱作序。吾虽不才,然当此盛事,义不容辞,故撰此文,聊以为序。

周氏裔孙岭北嘉生叩首拜撰

二〇〇八年八月于青岛

## 岘北周氏重修宗谱序(礼户)

余荷特眷,日侍螭头芸阁,清华翰墨和九天之露,兰台秘重,丝纶裁五色之云。今年春,告假还乡,在武林与宗兄良思遇,言及家谱,虽已历修,尚未与梓人为缘也。今弟良惠、兆勤、兆信暨侄邑志等,以重赀梓成,幸不惜琳琅则宗盟益重,斯谱有光矣。余询之,谓有唐初讳兵公者,始迁本邑之淮岩,迨後徒居玉峰临泽瞻山,枝繁派衍,不能尽载。今第即始居岘北岭顶之祖讳通公,之后有仁三府君定基礼户,仁十二府君创业马鞍山下东园,仁十五府君居大岭,合其三派,汇成一谱。余曰:"然,《语》有之:'水盛则扬,木盛则华。'"故德厚者则流光,此理势之必然也。寝昌寝炽,如日之升。迨于崦嵫,曷其纪极。今以世叶之繁衍,一舍之齿错,条幹离析,井然合于根枝,涣散萃矣。逆系别生,九服著矣。虽世守素封乎,数将复泰丰剑久埋,紫气已腾于牛斗。《诗》云:"凤凰鸣矣,于彼高冈。"言得时而驾也。又云:"风雨如晦,鸡鸣不已。"言遇潜而修也。余愿今之济济英彦,益当自奋以尉在天之灵,则异日者会修统谱,赫赫簪缨,方足以表海宇矣。故不靳弁首之言以为序。

时崇祯岁次辛巳候之朗景

赐进士第、承德郎、詹事府左中允、侍经筵东宫讲官,槜李宗人巢轩凤翔盥手书

## 重修《东阳赤岩周氏宗谱》序(西周)

东阳赤岩周氏宗谱于民国庚辰年重修,今已六十年了,其经倭寇入侵国难当头,我国军民八年抗战,打败小日本而取得胜利;继三年内战爆发,终于在1949年取得解放,成立中华人民共和国。遗憾运动频繁,尤为十年文革,中华文明丧失,国家经济崩溃,人民灾难深重。1978年实施停止阶级斗争,从大乱到大治;对内全面改革,对外实施开放,实现了伟大的转折,国运畅通,国力日趋强盛人民得到休养生息,达到安居乐业。百废俱兴制旧事,乃重修周氏宗谱,可谓刻不容缓正当时了。

吾周氏系中华之大姓,源自公元前十一世纪周文王章歌立朝到周平王之仲子姬阳公封汝南侯,秦灭周后子孙易姬为周居开封之地。三千多年,纲目有条不紊支派繁衍无数,无法估量,到唐始。分发繁衍则从第四世开始第九世以后进入高峰,有史可查就有玉峰、临泽、岭溪、尖山、双泉、黄鸣、白云、祝鸣、里庆、上泉、聚英坊、飞永坊、周宅巷、石宅园、石宅园、周店、岭头、双溪、杨坑、新城吕坊、卢塘、楼下潭、下宅、蟠松、杨村、后石、白严、铜坑、后周等等派系,如繁星密布,成为东阳之大姓之一。

我西周赤岩派系则源自东阳周氏第四世讳旺者,分居玉峰,第六世讳德者娶东门郑氏从玉峰迁居岘北花园,延至十二世讳焕者生二子,长名子才,次名子美,子美则从花园迁徙西周居住,分二房,其长子为天房,次子为地房;天房居西周外,尚分居玉山、炉头、岭下、长乐、前玉等

处至今。而长子才则留居花园，数世后的明朝洪武年间，岘北花园毁于大火；当时十七世孙纬德钦者被迫迁居赤岩，赤岩周氏其传自此开始，其子则又分为溪东、溪西二派，溪西后分居楼宅、胡村、干溪、支塘等处。而溪东则分五大房，其中有四大房则已分居王坎头、黄严、陈宅等处。唯留赤岩本处是第四大房，其以下则分为里房、外房二系；外房又分长房、小房；里房分为长房、二房、小房，直到迄今为止。综上：兵公是东阳周氏之始祖，德公是岘北花园、西周、赤岩之共始祖，德钦公是赤岩之始祖，周氏苗裔其传渊源流长。

吾周氏自上而下，历代贤豪贵显挺生，犹如谱上载之的勃、亚夫、仲进、公瑾、伯仁云云之上者则已无有不晓，毋庸再表；而我浙东名家则多起赵宋南渡之后，是时科第盛行，东阳周氏大扬其名，仅谱中有载举中进士及第以上竟达二十多位，如孔庙之前文庙以东立有状元坊，上记东阳南渡五魁，其中官至阁门的师锐公是周氏十三世孙。而异地为官者如中宪大夫仲虎，奉议大夫伯固、廉洁奉公的梦森、惇颐，异地太守梦龙、梦伯、梦雷、监察御史焕新，三司大将军中和等等可谓枚不胜数。综观周氏门第之光，诗书之泽、科甲之芳、英才辈出不穷。观我宗谱虽经祖宗历代纂修，有据可查牒谱毕竟历尽兵变，战火无情?，丧失殆尽，留存的可谓凤毛麟角，已散颇失其详，但幸存者尚可追溯明清时代，祖上为引导务农不习举者，激发修德扬名。争光前烈，奋发向上，为国效忠，特订立养贤约，计开养贤田，规定公常奖励科考、应试、中举和及第者的偿金、礼金，到道光年间，更是发扬光大，鼓励了求学和赴考。然至大清晚期，帝皇昏庸，帝国主义专制侵略，割地赔款，沦为殖民；虽经三民主义民国三十八年，吾国民不屈不挠，仍达不到复兴中华民族之目的，直到当今的新中国时代，国家日益昌盛，国际威信日渐提高，人民生活不断改善，我赤严也随国家的强盛而天天向前，文人秀士、高校大学生年年层出不穷，教授博士锋芒显露周氏复兴指日可待。

纂修宗谱，意为弘扬中华，发扬民族精神，公元2000年，是20世纪的最后一年，是千禧年，是巨龙腾飞年，同时将跨入21世纪的新千年，周氏宗谱可谓水到渠成；仰望周氏愿以新谱为契机，继往开来，同心同德，团结一致，奋发图强，爱国爱家，振兴中华，代代相传，万世其昌。

公元2000年(农历庚辰年)黄钟之吉
第三十四代孙　昌富谨撰

## 汝南暨阳周氏(曼坑)2012年重修宗谱序

水有源头，树有根，姓有始祖，族有宗谱，考我周姓，汝南郡望，历史悠久，源远流长。溯我周氏望族，乃黄帝后裔，黄帝有子，二十五人，惟姬宗为最大。帝舜封后稷于武功，太王迁于岐阳之周原，文王、武王发祥于斯，武王伐纣灭商，而建周朝，立八百年之基业。周平王东迁洛阳，封次子姬烈於汝坟，十九傅至姬邕，秦灭东周，封国不存，邕乃别姬为周，此乃周姓之源也，汉初汝坟侯周仁徙封地于汝南，此乃汝南郡望之始也。

周姓乃华夏之大姓，宋朝《百家姓》中，排名第五，今乃华夏第九大族，支脉遍布大江南北，根深叶茂,人丁兴旺,此足以令周氏后嗣,引以为豪哉!考我周氏,支脉源远,唐初兵公自括苍至东阳任文学教谕,公学识广博,精通天文地理,酷爱山水,闲时游览东阳名山胜地,慕邑南淮岩而往游,见其地山青水秀,风景优美,龙蟠五指,虎踞三台,狮岚聚秀,象岫呈祥,公慧眼独具,就在此建别室而卜居,后择吉地秀穴,与吕氏安人次子益公,次媳王氏安人同厝而发祥,祖德绵绵,子孙繁昌。益公生四子,虎、论、少、叫,徙居东邑玉峰,虎公生二子魏、旺,少公生四子,陈、造、广、迎,旺公生六子轩、淳、圆、庆、训、睦迁居临泽,迎公迁居岘山之北而发族,即我岘北周氏之祖也。有道是树发千枝根系共,族分万派溯源同,暨阳周氏乃肇迁临泽、宽公一脉,与玉山樞坞,兄弟分派,与我岘北周氏同宗共祖也。

兵公后嗣,遵祖训耕读传家,习文武忠勇辅国,历来人才辈出例如十七世,南宋师锐公,文中进士武中状元、勤政爱民丹心报国。廷育公任南京清吏司刑部主事、恪尽职守,为官清廉。公生一子名尔瑞,任承事郎,从临泽迁居东邑吴宁,为暨阳周氏一世祖也。

尔瑞公生三子,良惠、良忠、良志,明洪武庚辰秋万一公偕弟万九迁井头园创业,万二公迁东邑城北四十余里大松山脚下开荒建屋,依山傍水而居,群山逶迤,岚峰叠嶂,山溪蜿蜒,环前流过,故称“鳗坑”。后裔富二公定居发族,富十一公迁居诸暨吴宅,至今历史六百余年,子孙财丁兴旺,事业昌隆。

因古代近山地少,为生计养家糊口,替人干苦力,挑担度日,后来有头脑灵活、爱好音乐人,以一技之长为艺业。也有学剃头阉猪等手艺,技艺相传,为营生之业。在封建旧社会,人分三教九流,岐视劳动人民,视技艺人,低人一等,被邻村豪绅凌欺,划为异族,称作小姓,此实荒谬之论也。自古以来,帝胄龙孙无小姓,状元进士有名家,玉山樞坞同宗谱,浙水源分並不差。社会变革,历史洪流波涛激浪,几经改朝换代,推翻封建制度,全国解放,劳苦民众当家作主,穷苦百姓,扬眉吐气。随着时代发展,曼坑同宗从山湾迁居大路旁边,经数十年艰苦奋斗,改溪造田,生活提高,气象更新,如今诸东公路从门前通过,家家通水电,通电话、通电视,山川毓秀,人杰地灵,富二公后裔,人丁兴旺,经济繁荣,人才济济。改革开放以来,涌现出大批能工巧匠,经济企业家。例如周国洪、国团兄弟,率先创办浙江九鼎装饰有限公司,带领村中青年外出务工,並在省内外办起数十家九鼎装饰分公司,以诚信经营,事业云霞蔚蒸,如日中天,大展宏图,前程无量。二〇一〇年周国团先生投资九百万,搞村旧房拆建,新农村建设,一幢幢高楼拔地而起,一幅美丽蓝图将呈现在人前,为创建精神文明,和谐社会,造福乡梓,作杰出贡献,其志可嘉也。

国史、方志、族谱,构成民族文化三大支柱,国不可无史,方不可无志,族不可无谱,族谱是记载氏族世系,人物事迹,风土人文之史籍,寻根问祖之依据,教化子孙之教材,内蕴众多关寽,民族,社会、历史、政治经济、文化教育,风情信息,乃中华民族历史文化之遗产,于学术研究极具价值。暨阳周氏宗谱,自清乾隆、嘉庆、道光、光绪数次重修,民国时期一九四六年,由后溪村银水先生发起,曾与蟠松房派合修,资料整理完整,尚未付梓刊印,时遇解放,未能修成。因世事沧桑,几经周折,资料遗失,修谱无以为继。欣逢改革开放,春风化雨,百废俱兴,经济繁荣,文化复兴,盛世修谱,人心所向,邻村各姓修谱成风,暨阳周氏有识之士,也思发起重修宗谱。曾派人到蟠松、玉山查找资料,因无旧谱,难以为继。例如吴宅迁居临安同宗,在十年前,靠长辈回忆,做了册无谱头的家谱，内中载录，自敬炎公带子侄迁居横畈沃山脚创业，历史一百三十余年，以耕读传家，培育子孙，而今良师名医教授、工程师等，大专以上计近百人，可谓人才济济也。

二〇〇七年秋，为修浙东周氏兵公宗谱，周田法书记与生元专程赴上海图书馆，查找有关兵公以下各房派资料，在目录中查到暨阳周氏宗谱，光绪时期，一册、四存三、调出翻开仔细一查，内中鳗坑、潘宅、吴宅等，白纸黑字宛然耀目，我们马上电告周国团先生，你们一百三十多年前老谱找到了，然后把它复印带回，后来周国洪兄弟俩赞助一万元，把曼坑资料世系接联玉山旧谱，分列曼坑房派，通过浙东宗谱颁谱，周国团先生与村中有识之士，多次协商，发起重修宗谱。于二〇一〇年正月初九，派车接田法书记和我俩人，在岭北山庄召开修谱会议，推选国洪、国团二先生为名誉理事长，友志先生为主编，邀我协助修编，接着又召开潘宅、后溪、里山、吴宅、临安各有关房派负责人联席会议，正式成立修谱理事会，并分发资料，登记造册，修谱工作正式开始。国洪先生兄弟四人率先带头赞助五万元，作启动资金。承蒙众同宗同心合力，提供信息资料、纷纷慷慨赞助，根龙、友志、友火等主要负责人，不辞辛劳，四处奔波，多次赴诸暨东阳横店，玉山临安等地，查找外迁同宗，众位理事，编委会成员，多方联络，搜集资料，认真细心，多次校对，功夫不负有心人，一部记载暨阳周氏，近六百多年历史的宗谱，将付梓刊印，入谱自恭字辈，至谦字辈共六代一千一百多人，文字图片，世系排行，汇编成册共四卷，可谓洋洋大观也。仰祖宗之阴德，同宗族裔齐心协力，新谱庶几可成，暨阳周氏历史，可得重辉，实为可喜可贺！值此之际衷心祝愿，暨阳周氏同宗，人丁兴旺发达，事业更加辉煌，子孙万代繁荣昌盛！

值此新谱将成之际，受理事会之嘱，为谱作序，深感如此盛事，义不容辞，故不揣鄙陋，谨作此序。

岘北周氏同宗生元拜撰

公元二〇一二年冬月

## 溪西周氏重修宗谱序

周本姬姓，太王邑于周，子孙以国为氏者也。至平王之后，继阳受封于汝南，故凡天下姬姓者皆易之为周也。我族系出东阳之师锐府君，因今尚有诏勅之可征也。然欲考其详而不可得，惟唐代有燧公者，任处州知事，居括苍盘溪，生三子曰：谊、谆、谨。越数年传至兵公，典教东阳，爱淮岩山水之秀，遂卜居焉。吾状元师锐公实其后裔，及其孙衍二十三府君，以恩授宁海镇守，与子英十三府君挾祖父英德府归班整命，而迁暨阳指山前，卜居桃花树塔焉。生一子曰瑞，瑞生南六、南八府君。厥后，水患频，仍居处靡定，南六府君分迁道地等处。南八府君分迁鹳鸟窠下。历年既久，遂至视亲属如途人。呜呼！此非谱之不修故耶！壬申秋，以修谱事谋于伯叔，伯叔命侄于德，孙大赍稽查世系，别白支派暨大宗、小宗秩然不紊，在此举矣，第迁居后遭世□□□□□修，旧谱之有者，多属残缺而又无力与东阳同修，其□有，有行无讳，有讳无行者，故仍其旧，因以误传误，不敢臆断，犹史之有阙文也，然则此举也，不过详其生卒，列其行第，以续旧谱所未载耳！至于历稽渊源以补残缺，深有望于后之贤子孙焉，是为序。

时明隆庆壬申年仲秋望日之吉
第十五孙滨谨誌

## 溪西周氏重修宗谱序

夫周氏蔓延天下，多名门右族，但时以势力相高，富贵之家非族而强拔，贫贱之家虽亲而罔认。惟吾周括苍派，有曰光定、光宏者为盛。光定子行逢，广顺间除湖南道州刺史，后裔寓营道濂溪。光宏次子行暹派，显德间，兴一公典教东阳，卜居淮岩。其后，亨一公居玉山，德九公居槎溪，纯九公居嵊之开元，为三大族。今不能远□诸族，仅从有据源流，编成谱帙。宋嘉定间，状元师锐府君祖居东阳玉峰，逮行衍二十三府君始迁暨阳五指山之南，卜居桃树塔焉。后更洪水之变，各就地星居，地名繁琐，难以遍举，咸以水推周称职，此故也。然历史既久，族□日繁，岁时祭享不合称呼，行第不一，亲者日疏，迩者日远，甚则族人之相夷无异秦越之角犄而不知恤，若此者何哉？由谱牒废而宗法斁也。

我族自壬申修辑以迄于今，三十五年矣，生年卒葬之未入谱牒者恐历久遗忘，故特谋诸族众而续修之。即或有迁徙远方，出仕他乡者，相逢之际问及姓氏，遡厥源流则曰：此祖父行辈也，此昆弟行辈也，此子孙行辈也，尊尊亲亲之心，油然而自生矣。奚至相视如秦越哉！此可见谱之系于人道大矣。近见世之作谱者，多列名贤显宦于谱首，以相誇耀，不知源流，不明适足，贻识者之嗤笑。

今吾谱以状元帅锐公为始祖，诰勅现存，以衍二十三府君为始迁祖，坟墓具在。历代相传，昭人耳目，夫岂等于妄扳者哉！故特表此，以释后续者之疑，余备前序，毋容多赘。

时万历丙午仲冬
十六世孙于德主修

## 暨阳花亭周氏成化乙巳(1485)宗谱序

谱牒之设，其来尚矣。仿于《世本·公子谱·百官谱》，历晋、魏、唐皆重之。宋之苏老泉、欧阳公，敷畅尤盛欤，明世次，辩昭穆，舍谱何以哉？周之受姓，自太王、文王邑于岐周，其后孙子遂以国为氏，奕世传绵，散处不一。我邑花亭周氏之祖，自括苍徙东阳玉峰，由玉峰徙嵊之开元，由开元徙暨之花亭周坞者，讳绅，字子，行元二，是为花亭之鼻祖也。绅四世孙焻，字子善，行昌三，赘申屠氏女，且爱其山溪秀丽焉，即今之所谓兼溪，而焻实始迁祖也。又四世孙好问，字志明者，益能拓大其家，甲于他族。生三子：长曰以仁；次曰以义；又次曰以礼，皆英俊特达，与予有姻戚之好，因出所修谱牒，征予为文。予怃然叹息曰："宗法之不修崇本返始之道矣，亲疏溷淆，尊卑失秩，其弊曷有极乎？"今志明公重修谱牒，使亲疏井然而不紊，尊卑秩然而有序，非怆恻至恳出予衷，安能继述祖宗有如是哉？故志明公虽不仕禄，而家声振溢，诸子皆贤，且崇儒、重道、学文，行谊彬彬，又盛于昔。将见周氏之族愈远愈彰，而流泽于千百世之下者，曷有穷乎！

成化二十一年岁次乙巳年春三月二十四日

赐进士南京刑部员外郎冯珏拜

## 周氏宗支图轴序

花亭周氏，盖暨之右族也。其先自嵊之开元迁于暨之周坞，而兼溪、而大林、屠坞等处，元·至元迄今已十有四世，族属繁衍，世次渐乖。

世孙鼎悯《家乘》之散逸，昭穆之混而无别也！乃西宾翁德齐编叙族谱，凡可以联同姓而敦睦族之义者，支分派别织悉备举，既又以《家乘》虽足以备观，而《谱牒》之藏或不能耳提而面命也。又设为宗支图轴，各支一轴，轴各绘其始出之祖，下详支派与谱中合一，使观之者不待稽诸谱系，而孰亲、孰疏、孰远近，自源及委灿然可观。

图成，属礼叙一言于首。予维万物本乎天，人本乎祖，故易于萃涣皆以假庙为首务，而先儒谓宗法之立，朝廷大有所益者，此也。且乡田同井，死徒无出乡，出入相友，守望相助，则百姓亲睦。后世自井田之法坏，而迁徙不常；自宗子之法废，而乡党无厚俗，所赖以维持而联合之者，在谱牒之修而已，然其法之简便而详书者，尤莫如宗支一图也！何者，人之情必有所不敢忽也！而后著于其念，必有所不能忘也！而后存于其心、著于其念。存于其心而后见之于颜色言论，志之于弓矢、几杖、盘盂、剑席，绘之于图画而日省之于其心。今周君尊祖敬宗之心不能自已于怀，故作为宗支图轴，俾若子若孙朝夕观览，以识不忘推是心也！必将曰："某祖某父其创垂若是，则所以秩其常祀，永其孝思，以昭世守之敬者，恶可已也！"又将曰："某支祖、某支父某，而某祖、某父同一始祖某，则派分而支别者，虽各不同而水木本源固通一无二也！"诚如是也！又岂可以智诈愚、勇苦怯、富暴贫、贵凌贱者乎！夫上以思厥祖考，尊尊也！思祖代之，所以直道而行也！吾安知今日东越之周，非昔日丰镐之遗民乎？且夫思驰骋者，爰观夫射猎游牧之物；甘乐逸者，喜亲夫博局燕饮之具。今周君之见于图绘者，不于彼而于此，则其释回增美之意，范俗型家之道，尤溢于常情之外者，异日使乡表孝廉，里名仁让，以光大其家门，未必不由此以致之矣，予是以喜谈而乐道之。

嘉靖岁次丙寅十月之吉

赐进士第行人司行人缵亭骆问礼拜撰

## 大溪周氏宗谱序(2011年)

周氏巨族,源远流长。脉传自轩辕,氏启于岐阳,郡封于汝南。周秦交替,别姬为周。此乃我族姓氏之源头。隋时,先祖行暹公任雍州刺史,次子融公南下任处州知府,卜居括苍,此为我族入浙之始祖。唐武德年间,融公之子兵公,自处州括苍任东阳教谕,遂卜居淮岩,为我族入东阳淮岩之始祖。兵公第六世孙奭公由东阳玉峰迁嵊县开元,为我族入嵊县开元之始祖。元至元二十六年(1289),奭公之十三世孙元二公,因战乱始迁暨阳花亭周坞,为我族入花亭之始祖。元二公之四世孙焆三公赘申屠氏女迁暨阳兼溪。为兼溪派之始祖。

我大溪始祖振一公为焆三公孙盛一公之长子。生居兼溪,配上店吴氏,生六子。元、明之交,岁征乡之兵丁,公为长子,恐失宗祀,遂孤身跋涉避匿于本邑边境之大溪。此地先有周姓者居住,亦未祥其派系。公处此,其人相继而亡。迨故明定鼎,上店吴太君已仙逝。公即于大溪继娶,配山阴大苍金氏。金太君生有三子一女,子旺,子富,子华,一女适汤道镇。上店所生六公数传乏嗣,大溪子华公亦无所传。惟子旺,子富公瓜瓞衍绵,后嗣兴旺。

自振一公开村肇基以来,至聚字辈,历经二十二世,历时六百来年,人逾二千之众。代代开拓,百折不挠,治山理水,开路架桥,后世诸辈,继之不已。今日大溪,改天换地,山青水秀,云竹万亩,村洁路畅,村风文明,族人安居乐业。此先祖之丰功,今人之伟业。先祖有灵,当可自慰,后嗣有志,当以自勉。大溪周氏,振公后裔,承光风霁月之品行,继孝悌忠信之道脉,贤德传世,人才辈出。尽忠国家,匡济社会,造福乡里,德望誉族之人之事,胜不枚举。实为我大溪周氏人文之精华,我族后嗣之楷模。堪录芳名于谱牒,当载事迹以传世,宜留后人之共仰。

修谱是一件尊祖敬宗,啟迪后人的传世之举。我辈岂能数典忘祖,等闲视之!按古之成例,宗谱间世一修。然我大溪周氏宗谱自民国丙辰(1916)由思成堂合修以来,时隔近百年矣!何以至今得以重修,实因沧桑多故,世事变迁,原谱毁失,残牒难全,无源可溯。以致同宗同族,世系不清,昭穆不明。此乃我族之撼事也!如今国运昌盛,文化复兴。盛世修谱,民心所思,大势所趋。若失此良机,有负先祖,愧对子孙。族中有识之士为之奔波呼吁。我族以承楷、汝海、国奇、敏均等发起续修大溪周氏宗谱之倡议,族人无不欢庆额手,欣然赞同。并于2010年9月筹建了《大溪周氏宗谱续编委员会》。

修谱是一项浩繁的系统工程。因年时久远,族人迁徙,资料搜集困难重重。幸有上海图书馆收藏的同治年间和光绪丁亥(1887)及同族白杜坞民间收藏的民国丙辰(1916)残谱提供了部分原始依据。然大师精力重在内查外调。所调询地域远美国、台湾、北京、上海、深圳、东北、新疆、青海、江苏、江西、黄岩、武义、宁波等二十多个地区、省、市、县,村落广及三十多处,人口众达二千之余。工作之艰辛可想而知。本次修谱旨循欧苏例式,秉承原谱精华,适应时代发展,融纳现代元素为宗旨。综集世系行传,像赞图照,大事纪略,历史沿革,村况概述,名胜古迹,山水人文于一体,沉沉九卷,可谓洋洋大观。编委同仁,肩负族人之重托,乐此不疲,夙兴夜继,殚尽竭虑,尽瘁谱事。房分亲属,大力支持。志士贤达,鼎力资助。精诚所至,堪为后人之楷模。

历经近二年努力,仰先祖之德泽,同宗之齐心,后裔之合力,百年新谱庶几可成。颁谱在即,始祖纪念碑同期告竣。此举光耀先祖,传诸后昆,为千秋宏业,功不唐捐,弥深钦敬,乃我振公后裔之大喜事也!

我受编委会之嘱托,为谱作序。自省德齿俱阙,尤不善文,难胜此重任。然当此盛事,义不容辞。故惶恐执笔,勉力为之,聊以为序。

裔孙承楷敬撰

公元二〇一一年十二月于诸暨

## 三、其他支派

### 同山周都万历乙巳(1605)周氏宗谱序

自生民以来,凡林林总总类聚于大块中者,必各有谱牒以昭姓氏,在天子则金枝玉叶,派衍天潢。在庶人则名门巨族具载家乘。以其泝源流,明世系,序昭穆者,固班班可考矣!然谱果何为而作也?盖混沌之初,未有民物开辟之后,人生于寅,乾道成男,坤道成女,男女交而夫妇成,然后有父子,有兄弟,以至于宗族,世代迭承,宗支繁盛,多则丽千万,少者不下什百,或仕宦而择取,或商贾而羁留,或因事而迁徙,即一姓之人,东挤西挪,南楚北燕,迥不相识,殊不知祖宗一脉,恩岂容绝。譬之水虽千流,万派同出一源;木虽千枝万叶,同归一本。本源之理,则知宗祖一脉之恩矣!然此一脉也!亲竭则服穷,人亡则泽斩。藉今无谱以志之,则后世子孙何所凭据,何所考证,而宗族暌违,教人亲亲之道,不几于息乎。是故先生因生,赐姓命氏,制为谱牒,虽曰别婚娶重人伦,实所以崇恩爱厚亲族,而笃水木本源之义。吾固因是而知谱之不可以不作也。又因是而知作谱之有功于家教也。周氏之姓其来久矣,毋容赘述。今同山有周姓者,其始祖居宁波府奉化县新庄檀树头,乾一府君长子观三,精通法律,受牒给事暨阳。公衍于元朝至正三年,同弟观四、观五,挈家迁居绍兴诸暨同山周都之地,创业垂基凡九世矣。第七世孙讳兆良、应元等,一旦有感九族之亲,欲订百世之义,会众纂辑,此诚善继善述之孝也。不惟继往且以开来,盛德大业,何其美哉!嘱予缮录,敢僭为之序。

时万历岁次乙巳(1605)林钟月上浣之吉

浦阳邑庠眷生叶圣山拜撰

### 来苏宗谱序

民之初生,有姓与氏以别生类,自天子诸侯而下,因生赐姓,胙土命名,以谥以邑五当王者而已。稽周氏本于姬姓,自后稷至太王邑于岐,后之子孙遂以为氏。其在汉时,则有若一心事主之信武侯,若安刘之勃,若不奉诏之昌,其在三晋又有若处之一门五侯,访之三世将相,皆世居汝南,为汝南望族。自是而后,分派不一,至从远徙居营道,家世业儒。从远生智强,智强生辅成,登祥符八年蔡齐榜进士,任贺州桂岭令。辅成娶唐氏,生砺,任谏议大夫。继娶郑氏,生敦颐,字茂叔,号濂溪,任虞部郎中。继往圣开来学,而汝南之派独盛于营道,濂溪之长子寿,字元翁,登元丰五年黄裳榜进士;次子焘,字次元,登元祐二年李常宁榜进士,任朝议大夫,徽猷阁待制。焘生絪,字庆和,后奏改名彝。登何昌言榜进士,任礼部侍郎,出知开封祥符,遂留居祥符东镇关。彝次子靖,字天锡,登宣和二年沈晦榜进士,任太学博士。扈高宗南渡,家于暨之紫岩盛厚里。靖一子亥,字仲宾,登绍兴八年黄度榜进士。亥长子勤;次子谨,为行军司马;季子和,登嘉定九年郑自成榜进士。谨生三子:治、闾、恪,咸出诸暨邑之南门。治一子文衍。闾三子:文溢、文侃、文敏。恪生三子:文乔、文郁、文实。文郁之孙澳,婿于山阴之西温渎村,因卜居其地,名曰周桥,历数传而盛。文实之子副,行元十一,博士公之六世孙也,元世兵乱,徙居萧山之来苏里,子姓蕃衍尤甚,散处曰西周、东周、县前周、周家湖,又来苏之同源而分派者也。我朝天子聿登大宝,天下景从,而周氏子孙科甲相望,孝义奕叶,殆未有艾。兹谱周氏,而原其派有如此其详,见诸宗图与世系云。

嘉议大夫翰林院学士承旨知制诰兼修国史兼太子赞善金华宋濂撰

## 山阴塘下元天历戊辰(1328)谱序

上古因生而赐姓,胙土以命氏,若姜氏、魏氏、仓氏、库氏之类。此氏族之所由起,族大则子孙众,历久而亲疏昭穆或失其序,乃立宗法以领之。大宗百世不迁,小宗五世则迁,祖迁于上,宗易于下,虽百世之远,而亲疏昭穆不失。后世宗法,不立五世之外,愈远愈失。故近世苏氏、欧阳氏皆作谱法以系之,其法本始祖一人,所出者各图列于后,五世亲尽,复从近者起,仿佛大宗小宗制,又为列传以记人之行谊及生死本末。凡同宗女出嫁,异姓女来归者,著其姓氏,故虽异姓之亲亦可考,此作谱良法也。赭川周氏,宋世居南康,以扈跸南渡侨于杭,继家于暨。七世孙尚一,因宋末兵乱,避兵卜筑山阴赭川,是时兵火谱毁,幸留一老谱稿,公惧久远,宗族昭穆失其叙,因命冢嗣太一广,往各宗会谱,并公平日之闻知见知,亲支嫡派作谱,征予为序。呜呼!人本乎祖,尊祖故敬宗,敬宗故睦族,六世之外亲属绝矣。系之以姓而弗别,缀之牒而弗殊,明有本不忘亲也。自人心不古,五世之后,即视其族人如途人,饥寒患难略不相恤,甚至同气阋墙,诚何心哉?周氏宗族蕃衍,子孙世远,各自为亲,族渐离散,今作谱以系之,亲疏昭穆犹可寻究,尊祖睦族之道在乎兹也。

时元天历戊辰秋九月望日

中书右司郎、中礼部尚书、前四台御史张养浩撰

## 山阴前梅大明弘治十七年(1504)宗谱序

古者,小史掌邦国之志,奠世系、辨昭穆。而公卿大夫家,各有宗法以收世族,故尊祖敬宗之道,上下无弗惇者,风俗之厚有由然也。汉唐以来,宗法虽浸废,而名宗右族犹明谱牒之学,故其姓氏自受命以来,溯源循委无弗易考。迨季世谱牒亦废,乃有视族属为路人者,间有知谱牒当修,则又旁引曲附,真赝不分,其不蹈崇韬之失,能几何哉？翰林庶吉士,山阴周君天兆,以其世父乡进士廷瑞所修家谱,示余属叙。盖周自得姓以来,世代绵远,莫详谱系,独据旧牒之可信者,始自宋朝有讳靖者为初祖,靖登宣和间进士,为太常博士。肇自祥符迁于杭,复自杭徙居诸暨之紫岩盛厚里,始定家焉。靖再传至行军司马谨,其子治、誾、恪,复迁诸暨之南门。恪再传至茂林之子淇、澳,澳赘居于山阴之温渎村俞一诚家。淇仍居祖家。澳三传至宗达之子才,复别居于前梅里。今其子孙自诸暨而下,皆簪绂蝉联不绝,故各具卜筑之所而异其派,乃其世次则统以常博为始迁祖,传至今盖十二世矣。支分派别,远有端绪,而尊祖敬宗之意,蔼然于图牒中。其谱始修于司马,在宋庆元丙辰,晦庵文公为之叙。毁于兵,司马之子恪,重修于宝庆初元。至景定甲子,恪之子文郁又续修之。今国朝洪武十一年,九世孙务,重加采辑。宣德八年,务之子华,又复修之,皆一时巨儒叙述。今廷瑞所修,则又各以其类增入,自皆的然可信不诬。若周氏者,可谓好古笃信,知重其本者矣。夫古之所谓世家者,非徒以其衣冠之盛,顾其德与否耳！故鲁之三卿不如四科,唐世以门族相高率材,子贤孙不损世德,若行马画戟之施,虽当时亦羞称,况后世乎？今观周氏之谱,其衣冠之盛,固项背相望矣。而读其家约,乃恳恳然以忠信道义相戒饬。考其文乘,又皆有行谊名列仕者,为邦国之贤处者,为乡邑之望,则其传世之远,岂偶然哉？继自今,为子孙者,按图考牒,益思绍前休不替,固非但尊祖敬宗于是益笃也。而凡观者亦有所感发,不视族属为路人,则风俗之复古为易易,而是谱之修,其关于名教,岂小补哉！因为之序,并以告于为周氏之后者,廷瑞自举于乡,以终养弗仕,其行谊可概见,宜其汲汲于是谱也。

时大明弘治十七年三月既望

赐进士及第、翰林院侍讲学士、奉直大夫、经筵讲官同修国史,东川刘春叙

## 山阴周桥大明正德十年(1515)宗谱序

先正有云:世之风俗,近古者三,其士大夫家贵经术、尚氏族、立功名,庶乎三代汉唐之风。以愚论之,三者之中氏族为重,盖氏族者,经术功名之所由兴也,氏族之义不明,则宗子之法不严。人昧其所自出,其于先世之美、天属之亲、创业守成之艰,漫不加意,遂肆志妄为,甚至坠书香、绝宗祀,又乌有于经术功名也哉？是以仁人孝子用心于斯,凡吾身之所当知当尽者,莫不谨书备录以示不忘,且俾后之子孙有所警惕劝免,将为善思贻乃祖令名,将为不善思贻乃祖羞辱。思之又思,以至跬步之间,皆有所惧而不敢忽,则礼义日进,道德日明。培其根达其枝,可以传之

悠久而无替，岂徒贵经术、立功名者取耀一时已哉？呜呼！因氏族而立谱牒，此古人创制立法之大义也。世之君子不知所务，而徒以门第相高，何其不自反也。虽然谱之作也，得于上世之相授者易，得于子孙之播迁相求者难。旁沿曲绍，小至于改夏候，大至于拜郭墓，为识者所诽诮多矣。昔太史公采《世本》，为《诸侯世家》，自燕召公五世至惠侯已缺其传，次而欧阳公作《唐·宰相世系表》，无不备见，苏公依大小宗次各为《世谱》，而后之言谱者，必以欧苏为称首。盖取其实而不华，正而不诡，谱之近古者也。诸暨南门周氏，蔚为巨族，而其始迁流寓，先儒叙述之备矣。今则重修是谱，懿孙用文，以从叔父简庵先生命来征言叙诸谱首，余不敢辞。观其集旧谱并今增其未备者，其立法之意，不敢远宗而以切近，有功者开其先，真可谓仁人孝子之心，而得欧苏二公之心法者，于是乎叙。

时大明正德十年

赐进士及第、资善大夫、南东吏部尚书、前詹事府詹事、兼翰林院学士致仕，余姚王华撰

## 前梅廷泽公明正德十一年丙子(1516)宗谱自序

《谱》《图》必首本源之所自，必疏流派之所系，必列枝叶之所分，而世俗独取喻于木当为本，而曰宗支者，非无谓也。人本乎亲，身与兄弟，亲之支也，子子孙孙，支而叶者也。厚于本者枝叶繁，薄于本者枝叶单。理则固，然《图》所以作，吾山阴周氏，其先自宋之太学博士靖，随思陵南渡侨于杭，又自杭徙居诸暨之紫岩盛厚里。生子亥，绍兴八年黄度榜进士，官大理评事。三子：长勤；次谨，行军司马；季和，登嘉定元年郑自诚榜进士，累官至大理寺卿。司马生三子：治、訚、恪。治生一子文衎。訚生三子：文溢、文侃、文敏。恪生三子：文乔、文郁、文实。治不仕。訚仕至宣义郎宁国路教授。恪仕至宣义郎殿前承旨。恪及治、訚出居邑之南门。文溢仕至承事郎，转运司运干。生子必举，元时由儒科累官江东建康道廉访使。生四子：长天泽尚一，提举，以世乱避兵乔居山阴赭川；天泽次子仍居南门，名大；长子同迁，名广。文侃、文敏、文乔，俱不仕。文郁仕至提举，生二子:茂森、茂林。茂森生四子；茂林生二子：长淇，仍居南门；次澳，以行省令史，乃自南门婿于山阴温渎村俞氏，因定居周桥，为吾始迁之祖，传历四代吾父静学处士，再迁前梅里，今又五世矣。廷泽既作周氏族谱，欲便于观览，又作此《图》，且将刻之，分卑于族之人，而序为之先焉。自靖至茂林为诸暨派，具于叙矣。自澳而迄于今，是为山阴派，则见于《图》焉。夫谱山阴之族而叙及于诸暨始祖者，尊所从出也。其间迁流，或仕或处，无虑数十百人离析转徙，暌隔述忘，不复布置为图，所以别亲枝也。自澳以来统萃为图，以揭世系，详吾本支，以别远族也。五世共若干人，书名书行书字，有官者，以所终官注以朱字，庶使先后尊卑了然在目，而子孙命名重复且知回避耳，然《图》以挈世系，而《谱》兼载事略，览者尚勿以此而废彼哉。

时明正德十一年丙子四月初吉

山阴六世孙、封征仕郎、翰林院检讨，廷泽拜书

## 山阴周桥宗谱序

周氏为越望族,与余家积世姻亲,往不遑述,即今创所公为冲阳叔祖馆甥,此犹外房也。伯遇乃恭寰从叔家婿,而长甥寿祺,又为九华弟妹倩,是周氏与刘氏,固当曰秦晋也。岁癸酉,予刻《刘氏家乘》,而伯遇即承父命,有事宗谱,予窃意其废久难举也,散处难稽也,且人众难齐也,事繁难竣也,曷若我刘氏聚处一隅也。乃观其宗谱,始知迁居府城西北隅之方塘公者为其高祖,而来山阴之楮斋公者,为其十二世祖也。其扈跸南渡居诸暨紫岩之博士公者,为元公曾孙,乃其十八世祖也。自博士而下,散居诸暨之南门、丰江、五指、清平、梅山、湖西、江大与姑苏之吴江,萧邑之来苏者,总一本之殊枝,一源之分派也。夫支蕃易乱,派众易淆,兹乃高元相承,甲乙相递,使上下数百年,远近数百里,灿然秩然,如视诸掌焉。夫周氏之谱,始于有宋庆元丙辰,晦庵先生为克慎公叙之矣。其间修辑者具有名序,至拙庵孝子谱,则东川公序之为详,然第皆手剥耳,乃伯遇则遵父命而镌勒之,是上继前人,下垂奕世,真媲美于拙庵,真等于克慎公矣。犹愧宗周不能附骥尾于晦翁先生也,因其诚恳,义不容辞,仍僭为之叙。

时明赐进士第、资政大夫、兵部左侍郎、前顺天府尹、通政司右通政,水澄刘宗周撰

## 第二节　各派历世字第

字第,又称行第、派语、排行、字辈等,是表示家族辈份的字(多为名字中间的字),俗称派,最正式的字第起源于唐朝。字第是中国传承千年的重要取名形式,也是古代一种特别“礼”制,它一直延续到现代。字第的形成是为了分尊卑,别长幼。此处的尊卑并不是指政治地位上的尊卑,而是指家族内部辈分的高下。字第的使用,对一个大家族,尤其是像孔门这样绵延数十代,繁衍达数十万的持久型家族来说,就显得尤为重要。由于字第的这种能够分尊卑、别长幼的功能,也就为其他一些需要分尊卑、别长幼的群体所借鉴,如宗教教派、社会帮派、武林门派等。这样一来,字第这种原来纯粹为家族内部使用的文字形态也就有了更大的适用范围。通过字第可以把两个不认识的人团结到一块儿,可以使陌生人之间产生突如其来的亲切感,更能够增强各群体间的凝聚力。

字第应该说一部完整家谱不可或缺的部分,是一个家族的印记,它一直延续到现代。由于各种原因,自五、六十年代以后,世人对字第变得陌生,这种现象在年轻一代更是明显。字第作为姓氏文化的一部分,我们应该将它很好地继承和发扬下去。

## 一、濂溪公派

### (一)靖公支

1. 南门字第

外纪字第

诚 笃 百 逸 祥

**暨阳南门各派周氏历世字第**(各派的老谱上记载:字第都是从周敦颐曾孙周靖开始的)

**四年派字第**

祥 仲 慎 伯 文(同细) 元 尚(同兴)太(同序) 允 义(同聪) 锦(同积) 新 鉴 绍 恭 敬 壮 严 芳 茂 端 肃 钦 承 懿 桥

**七年派字第**

五指山(街亭):祥 仲 慎 伯 文(同细)元 尚(同兴) 太(同序) 仁(同四年允) 辉 旻 昊 升 祖 详(同四年恭)瑞 裕 永 享 康 宁 显 谟 承 烈 桥

**清平派字第**

祥 仲 慎 伯 文(同细)元 尚(同兴)太(同序) 仁 辉 旻 昊 升 祖 宗(清平岭祖)荫 祐 相 辅 圣 君 肃(道) 钦 承 懿 桥

**五年派字第**

丰江周:祥 仲 慎 伯 文 元 尚(同兴) 序(同四年太) 良 性 恢 恺 悌 怀 恒 深 悦 基 墨 浩 椿 爆 培 承 懿 桥

山下周:祥 仲 慎 伯 文 元 尚(同兴) 序(同四年太) 良 礼 武 盛 林 茂 玄 艮 方 享 庆 齐 汉 桓 炯 承 懿 桥

**十年派字第**

祥 仲 慎 伯 文 元 兴 (同四年尚) 福 (同四年太) 员 琼 巩 準 鸾 高 雍 熙 嘉 彬 琰 奎 镇 灏 钦 承 懿 桥

2. 江大字第

祥 仲 慎 伯 细(同四年文)

**第六世** 景 太

**第七世** 恒 庚 懋 (同尚 兴)

**第八世** 浩 炎 良

**第九世** 棋 和 顺 荣 安 迎 寿 福

**第十世** 深 希 式 堂 荣

**第十一世** 寻 宗 原 明

**第十二世** 方 信 渊 旸

**第十三世** 太 谨 海 昱

**第十四世** 宁 联 潮 昂

第十五世　如 秉 干 澄 贵

第十六世　总 美(徙山海)

第十七世　珏 任 春 广

第十八世　愷(后都一个字第)

统 茂 端 肃 钦 承 懿

3. 紫岩字第

乾溪坞字第:祥 仲 慎 伯 文(同细) 千 万 贵 端 连 义 亮 闾 忠(乾溪祖)枝 炎 均 鉴 深 相 灿 坤 钦 潮 桂 炯 培 锐 浩 槐 炳 墉 铨 法 梓 然 增 锦 河 本 焕 城 铣

周家埠字第:智 辅 敦 寿 彝 靖 亥 勤 伯 千 曾(万、曾)端(贵、正同端字第 ) 义(大、景、如、连四字同义字第) 亮 信 忠 贤 楠 樟 柏 松 炳 增 洪 源 涓 清 湟

4.南门外迁各派字第

(1)山阴周桥字第

祥 仲 慎 伯 文 元 兴(迁周桥祖,同四年尚) 完(桥东祖) 聪(同义) 明 睿 智 宽 裕 温 柔 发 强 刚 毅(同四年端) 斋 庄 中 正 文 理(桥) 密 察

(2)周桥迁桥东字第

祥 仲 慎 伯 文 元 兴 (同四年尚) 完 洪 □ 积 (同四年锦) 德 贻 谋 立 志 持 躬 兰 芳 桂(同四年端) 茂

(3)周桥迁张川字第

祥 仲 慎 伯 文 元 兴 完 益 达(迁张川祖) 贵 貌(同四年锦) 言 视 听 思 恭 从 明 聪(同四年义) 睿(同四年端) 肃 义 哲 谋 桥

(4)桥东迁后马字第

祥 仲 慎 伯 文 元 兴 完 洪 茂(迁后马祖) 演(同四年锦) 乾 坤 兑 坎 师 履 泰 豫 谦 随(同四年端) 观

(5)张川前梅字第

祥 仲 慎 伯 文 元 兴 完 益 达 才(迁前梅祖)南 恒 恭 敬 谦 让 顺 逊 孝 友(同四年端) 姻 睦 任 恤 智 仁 圣 懿 桥

(6)萧山来苏字第

祥 仲 慎 伯 文 元 兴(同四年尚)庆 闰 惟 纯 经 襄(迁石板弄祖) 赞 开 鸿 业 惇 诚 振 伟 (同四年端) 恒 浩 荣 明 旸(桥)

(7)萧山周家湖字第

祥 仲 慎 伯 文 元 兴 绍 振 恭 信 昂 雍 敦 伏 熙 仁 隆 庆 镐 溥 楠 炳 均 锦 滐 樽(桥)

5.字第合一序

伏读:

今皇帝赋《序引》,言曰:“以父母之心为心者,天下无不友之兄弟;以祖宗之心为心者,天下无不睦之族人;以天地之心为心者,天下无不爱之民物。”而皇帝以为斯三也,人尽宜勉。又以为以祖宗之心为心、为要,固谓立身而念祖宗则身修,出治而念祖宗则治隆,夫固帝王之宝道焉。

但天下之分不等，天下之理无不一。天子此身、士庶此身。天子有此身之自来者祖宗，士庶亦有此身之自来者祖宗。所以天子之族曰“天潢”，士庶则称“氏族”。天子之《谱》曰“玉牒”，士庶则称“家乘”。是其不同者，分与位异之也。若伦叙之缘，天而定者，一而已矣。洵哉②！在上在下均必以祖宗之心为心也。

我族详开暨邑盛厚，衍庆南门，而渐而四乡，而渐而他郡别邑，更仆难数，瓜瓞绵绵，亦云盛哉！夫惟族繁则庐井不能一所，地异则谱册不无互异。其在本邑者，则尝以编户名支派，曰“四年”、曰“五年”、曰“七年”、“十年”；亦以地著名支派，曰“江大”、曰“清平”。如在他郡邑者之，以衢名，以台名，以周桥名，以桥东，以前梅、后马、张川，来苏等名，徙迁近远又统有百数十余处(原谱上为“区”，当为“处”)。用是各《谱》之承其本派一字，后字各不同。更有如第十世之同一元字，又有大、有恒、有庚；第十一世之同一尚字，而又有兴，宜乎？后此行字皆纷纷师心自裁，致世次不可遽辨。如为父行、兄行、子行者，必询其地之故老，而称谓始有据也。不几③，几与同姓不族者等④，幸我先人虑此至熟，示：“凡各房辑《谱》告成，印送一册于大宗祠内，以著分而仍合世次秩然之意。”然必从分承行字递下，则自十世以上，恒难猝记，曷若各《谱》同一行字，一遇问答而长幼立辨，视其尊尊亲亲，以敬以爱者，即发见于觌面之顷，虽异《谱》异地，毋致秦越人之易视也。况我本朝以孝友端风化行革，戒其践履“天潢”之谊美，恩明昭昭，耳目所以涵濡于六字者，亦既深而且久哉。又况会稽裘氏，阅二十五世而异爨，则吾今日伯叔弟侄尚食一厅。即德安陈氏，阅十八世而异爨，则吾今日亦不过初分二三世之伯叔弟侄焉，至此谱字不同之疏远耶！全缘兹意，质之族长申建、霜赤、殿右、承璧、连三、武千、公备，佥首肯许可，爰依《河图》运行相生次序，先编木字二十字成句，以后各用一字领四字，共得一百世字样，如“桥、煦、垂、钓、泉、梓、燮、均、钟、涓、檠、荣、在、银、汉、松、焲、堂、鐄、瀌”于左。庶自今后行字易排，称谓易别，而万派同行，万派一源矣，抑且累千百世而仍然可准可行也，亦我周之宗盟永远引之，勿替者也。

时清乾隆二十二年十一月朔日　萝山全顿首序

宗谱行递字第，由易名之义推之，于私谥正相等也。吾南门统族，自八字后，各派宗谱另取字递。一百世字第是乾隆二十二年丁丑年(1757)补立。大将山行详八天锡公墓祭，各房长会集祠内，缘尊卑称谓一时莫辨，众议嗣后各派谱虽分做，而字第均宜合一，庶几族众会集之时，世次秩然，称谓易明，故依河图木火土金水五行相生之法，编立一百世字第续接。

右四年，四年世孙全，字备公，所立字第俱以木傍字样，联络成句，如桥、梓、檠、松、柏、梁、楹、植、楷、模、梗、楠、标、榛、榧、桢、榦、楙、枌、榆，每一字领起火土金水四字，合成一百世字第。至字句之间有未及联贯处，盖依河图五行迭运之法，既限于字例之一定，又避其声音之雷同，恐犯其旧第之字第复，删其释义之不详，兼此四者，则可采用之。则真难之尤难者也，凡我通族各宜谅之慎，勿吹毛求疵，以为佶屈聱而讪笑之也，不胜幸甚，嗣此绵绵延延，依样缵续，专望夫各派之贤达者，井莲氏再跋。

**附:万派同行字第【即暨阳南门分派合仝字第】**

| | | | | | | | | | | |
|---|---|---|---|---|---|---|---|---|---|---|
| 世次 | 29 | 30 | 31 | 32 | 33 | 34 | 35 | 36 | 37 | 38 |
| 字第 | 桥 | 煦 | 垂 | 钓 | 泉 | 梓 | 燮 | 均 | 锺 | 涓 |
| 读音 | qiao | xu | chui | diao | quan | zi | xie | jun | zhong | juan |
| 世次 | 39 | 40 | 41 | 42 | 43 | 44 | 45 | 46 | 47 | 48 |
| 字第 | 槃 | 縈 | 在 | 银 | 汉 | 松 | 烨烨爗 | 堂 | 鐄 | 瀍 |
| 读音 | pan | ying | zai | yin | han | song | ye | tang | huang | chan |
| 世次 | 49 | 50 | 51 | 52 | 53 | 54 | 55 | 56 | 57 | 58 |
| 字第 | 柏 | 炯烔 | 壂 | 鍸 | 湲 | 梁 | 燕 | 埾 | 镀 | 添 |
| 读音 | bai | jiong tong | dian | hu | yuan | liang | yan | jun | du | tian |
| 世次 | 59 | 60 | 61 | 62 | 63 | 64 | 65 | 66 | 67 | 68 |
| 字第 | 楹 | 照 | 臺 | 鏐 | 溢 | 植 | 焕 | 坛 | 锋 | 滇 |
| 读音 | ying | zhao | tai | liu | yi | zhi | huan | tang | feng | dian |
| 世次 | 69 | 70 | 71 | 72 | 73 | 74 | 75 | 76 | 77 | 78 |
| 字第 | 楷 | 烈 | 垐 | 铃 | 澜 | 模 | 炳 | 坒 | 镜 | 汧 |
| 读音 | kai | lie | ci | ling | lan | mo | bing | bi | jing | qian |
| 世次 | 79 | 80 | 81 | 82 | 83 | 84 | 85 | 86 | 87 | 88 |
| 字第 | 楩梗 | 炛 | 堞 | 鈖 | 溪 | 楠 | 煜 | 坦 | 锷 | 湄 |
| 读音 | pian geng | guang | die | fen | xi | nan | yu | tan | e | mei |
| 世次 | 89 | 90 | 91 | 92 | 93 | 94 | 95 | 96 | 97 | 98 |
| 字第 | 标 | 烋 | 壐 | 鐨 | 润 | 檫 | 烺 | 睦 | 锟 | 漪 |
| 读音 | biao | xiu | xi | wei | run | cha | lang | mu | kun | yi |
| 世次 | 99 | 100 | 101 | 102 | 103 | 104 | 105 | 106 | 107 | 108 |
| 字第 | 榧 | 燿 | 圭 | 铎 | 涯 | 桢 | 煇 | 城 | 鈊 | 瀰 |
| 读音 | fei | yao | gui | duo | ya | zhen | hui | cheng | qin xin | mi |
| 世次 | 109 | 110 | 111 | 112 | 113 | 114 | 115 | 116 | 117 | 118 |
| 字第 | 榦 | 烛 | 坚 | 鐏铮 | 浽 | 楙 | 焯 | 地 | 鋙 | 潍 |
| 读音 | gan | zhu | jian | zun | sui | mao | zhuo | di | wu | wei |
| 世次 | 119 | 120 | 121 | 122 | 123 | 124 | 125 | 126 | 127 | 128 |
| 字第 | 枌 | 煌 | 壤 | 铭 | 泂洄 | 榆 | 燄 | 坊 | 铨 | 淇 |
| 读音 | fen | huang | rang | ming | jiong hui | yu | yan | fang | quan | qi |

注:一世次存在两个不同递世字第的,属于各派谱牒记载各异的情况,有待进一步考证后再予确定。

(1)45 世四年、五年为"烨",七年为"烨",清平、江大为"爗";

(2)50 世四年、江大为"炯",五年、七年、清平为"烔";

(3)56 世四年、七年、清平、江大俱"为"埾,五年为"坚",且与 111 世"坚"重复,查乾隆五十一年《丰江周氏宗谱》为"埾",应属笔误;

(4)79 世四年、七年、清平为“梗”,五年、江大为“梗”;112 世四年、七年、清平、江大为“鐏”,五年为“铮”;

(5)123 世四年、五年、江大为“洞”,七年、清平为“迴”。

**6.田东字第**

**(1)行第字辈:**悌、赐、宜、千、万、寿、仁、义、礼、厚、禅、童、积、成、林、森、钦、中、淳、敦、美、启、金、玉、永、标、奇、咸、怡、恒、俊、泰、福、顺、祥、祯、兰、桂、庆、安、康(同万派合同字母四十三世“汉”字辈)

**(2)讳字母:**首、季、茂、善、本、德、志、孟、大、云、仁、曰、宗、廷、仲、克、尚、一、时、以、洪、鼎、正、华、加、良、士、光、承、昌、清、知、英、名、盛、学、得、经、业、留

**7.马剑石门字第**

**字母:**

仁 义 礼 智 后 起 贤 昌 康 宁 森 懋 进 禄 增 光 忠 孝 友 悌 谦 恭 蔼 吉 长 发 其 祥 啓 迪 英 俊 百 世 流 芳

**字第:**

子 仲 宗 维 廷 国 文 家 兴 庆 昭 明 啓 绍 承 永 成 和 葆 荣 华 元 昌 祥 延 休 嘉

**8.洄村字第**

**西房:**称 清 康 顒 圭 尚 堪(贤)尊(宪)万(忠)宰(良)英(奇)豪(芳)永(凉)庆(梓)齐(煜)恭 和 信 敏 惠 鑑 洪森 焕 埰 钧 浩 楷 熹 增

**东房:**称 清 康 顒 天 準 通 亨 伦(太)循(深)德(思)镇 祥 俊 恒 恭 和 信 敏 惠 鑑 洪 森 焕 埰 钧 浩 楷 熹 增

## (二)周寿支

**藏绿周氏字第**

**1.周敦颐至逊公字第**

乃 服 衣 裳 推 位 让 国 有 虞 陶 唐 吊 民 伐 罪 荣

**2.逊公至清三公(在姚江浒山)字第**

华 章 美 俊 壬 继 清

**3.到藏绿后统一字第**

清 钦 文 恭 敬 贤 能 英 圣 淳 桢 燿 奎 钜 源 森 煜 培 镐 汉 植 熙 基 铭 沛 本 焕 均 铨 涵

## 二、兵公派

### (一)岘北字第

**岭北周少公派字第**

百世传家宝曰惟勤与俭千万贵宁亨全彬澄本炎智仁圣义忠清和贤礼善德泽绍先宗恩褒佳俊彦臺阁品文章公候名誉显精英伟业昌麟趾呈详瑞

**虎公派曼坑周氏字第**

兴元亨利贞纯德大小昇恒日月照衍铨蕃千万泰福开兴荣华富贵显仁慧礼智信忠顺勤敬和恭俭闻闾里谦雅颂奕世志继先人业书香绍后昆

**礼户周氏字第**

兴元亨得贞纯德大小昇恒日月照千万庆光衍英成清泽贵仁恭荣显惠忠良俊奇贤正道启佑裕让仪永茂盛逊顺惇彝伦涣復需归萃

师谦屯鼎临

**西周周氏字第**

兴元亨利贞纯德大小升千万兆胜季晋震盛祚禄义礼智信详庆顺延惠泽恭敬谦逊让慈恩恺悌全深

### (二)溪西字第

**周家村字第:**

1千 2万 3庆 4广 5衍 6英 7贵 8瑞 9南 10子 11權 12荣 13弥 14高 15坚 16福(南六公派:江 厚 敦 瞻 远同福) 17禄(南六公派:贤 仁 全 资同禄) 18嘉(良 坦 儒 斌 元 亨 谦同嘉) 19美 20俊 21奇 22文 23章 24宇 25宙 26新 27纲 28常 29承 30祖 31德 32孝 33友 34显 35家 36声

### (三)花亭字第

**1.暨阳花亭周氏字第**

**(1)云一公(清)支,前代各房分递字母**

元云崇瑞永会高贵京信(呈)谦(明)仁(伦)儒(理)彰(如)孟(昌)仲(盛)郡(忠)新(以下统一)

**(2)云二公(源)前代各房分递字母**

元云崇昌方盛振彩添贤能和悦友嘉裕景新(以下统一)

(3)云三房(渊)支

元 云 崇 瑞 隆 敬 慎 言 尚 广 盈 积 福 寿 康 茂 芝 新(以下统一)

(4)十八世后统一

启 道 学 英 敏 绍 宏 功 赞 辅 赓 详 雍 芳 名 秉 全 惘 树 艺 大 化 育 载 莲 慕 清 芬

**2.上塘前周氏字第**

元 云 崇 瑞 方(永) 盛 振(涓) 彩(滋) 洵 浩 万 宰 宁 天 进 思 惠 原 成 详 珪 和 荣 华 鏻 满 桐 炳 增 铨 润 椿 照 升

## 三、其他支派

### 周都字第

**1.历世字第**

乾 观 邦 启 兴 瑗 升 英 贤 振 高 明 文 武 盛 忠 贞 佐 朝 迁 德 业 冠 今 古 勋 猷 炳 日 星

**2.历世班辈字母**

铨 震、霖、霆 学 本 文 如 兆 广、道、子、大、明 元 惟 思 应 奇 永 之 大 人 志 在 光 家 国 圣 世 允 钦 道 德 儒

### 霞岭脚周氏字第

涌 江 汉 洪 涛 溢 海 滨 美 长 成 华 茂 发 兴 (懿) 桥 煦

# 第三节 各派历代诰敕

## 一、诰敕

诰命又称诰书,是皇帝封赠官员的专用文书。据史载,从宋代始,凡文武官员的迁改职秩,追赠大臣,封赠其祖父妻室,都用诰命。明沿宋制,清沿明制,五品以上授以诰命,六品以下至九品授以敕命。夫人从夫品级,有俸禄,无实权。诰命与敕命形如画卷,轴端一品用玉,二品用犀,三品与四品用裹金,五品以下用角。

## 封濂溪公汝南伯从祀诏

敕命

宋淳祐元年正月十五日，宋理宗赵昀追封周敦颐为汝南伯的圣旨一道，全文如下：

追封濂溪公汝南伯从祀诏一道

奉

天承运

皇帝诏曰：朕惟孔子之道，自孟轲后不得其传，至我朝周敦颐真见实践，深探圣域，千载绝学，始有指归。中兴以来，又得朱熹精思明辩，表里浑融，使《大学》《语》《孟》《中庸》之书，本末洞彻孔子之道，益以大明于世，朕观贤臣论著，启沃良多。今视学有日，令学宫列诸从祀，以示崇奖之意。

宋淳祐元年(1241)正月十五日

## 敕虞部郎中周惇颐擢提点广南东路刑狱

朕姑罢赋泉之令，复徭役之法，使下出力以事，其上不责其所无有，几以富之闵闵焉。如农夫之望岁也，而差发之际，吏或掾为奸农民，在官，贪者动心焉。若郡县御胥吏不严，而监司察郡县不谨，则南亩之民不困于县官，而困于吏。尔以治行，达于朕听，必明识朕意，以保民察吏为本，谨视其廉、贪、仁、暴、勤、惰，明、闇，以昭赏罚。

朕亦将观汝所为而进退焉。

如右牒到　奉行

敕　命

熙宁三年四月廿四日

之　宝

## 封濂溪先生道国公制

奉

天承运

皇帝诏曰：盖闻孟轲既殁，道失其传，孔子微言，人自为说，谅斯文之未丧，有真儒之间生。濂溪周惇颐，禀元气之至精，绍绝学于独得，图太极而妙斡万化，著《通书》而洞归一诚，俾圣学灿然复明,其休功尚垂不泯。朕守成继体,贵德尊贤,追念前修,近稽彝典,已从庙庭之祀。盍疏邦国之封,于戏!霁月光风,想清规之如在,元衮赤芾,冀宠命之斯承。

制 命
元延祐六年十二月十八日下
之 宝

## 敕太子詹事周必大除门下侍郎

特进知枢密院:东台出命,久隆献替之风,右府本兵,实总枢机之任,眷我近弼,为时荩臣,宜锡命书,得膺盛选。太子詹事周必大,醇深而庄重,宽厚而刚方,问学高明,潜天人之极致,材器宏远,备文武而咸宜。自结眷知荐,历华要擢愈,陪于机务益茂,著于忠勤,告辰猷而具臧,秉一德而不爽,言可底绩,知无不为,以儒术之渊源,达兵家之形势,智谋深博,可以运筹帷幄之中,声名隐隆,可以折冲庙堂之上。

朕心所属,与论攸归,畴咨弼亮之村,延登宥密之地,峻升文秩,申衍户封。庸示龙光式昭,体貌德维,既于厥心,以对扬于休命。

如右牒到　奉行

敕 命
淳熙十一年六月十一日下
之 宝

## 敕赞待制公焘像

赞曰:志有守,学有成,厚其施而昌其龄。呜呼!令名万世是歆。

宋建炎三年三月初一日下

## 敕赞开封公彝像

赞曰:卿之学也,博卿之行也。确卿之出也,风云廊庙卿之处也。烟霞邱壑。

宋绍兴二十年三月初二日下

## 敕兵部侍郎周葵兼朝奉大夫起居舍人兼太子侍讲

周行之士,得循序而升宠矣。至于服在近,著与井泉,从臣联华,属车间又儒者之至荣也。有被进擢岂云,故尝为学,探本原。元行迪醇茂,实谋枢筦。笔殿坳广,誉翕闻简。在冲顾、在省,虚次佥曰:汝宜惟一言一动必谨,其书而嘉谋、嘉猷入告于后,毋替素守,斯称渥知可。特授依朝奉大夫起居舍人,兼太子侍讲。奉敕如右符到

奉　行

皇宋绍兴三十二年二月十五日

## 诰封大理卿克慎公父母二轴

奉

天承运

皇帝诰曰:授职固本乎朝廷,教子实由乎父母。授人子以官,可不推恩于父母乎。今特加赠大理卿周和父周亥,转中奉大夫枢密直学士。尔中书奉行无滞。

诰　命

绍定六年(1233)三月三日下

之　宝

奉

天承运

皇帝诰曰:朕思群臣之用于国,其才能固本于父而又必资于母,所以均有褒荣,实副朕重贤之心也。大理卿周和母王氏,加赠为恭人,并荣夫子,尚服诰词,奉行无稽。

诰　命

绍定六年(1233)三月三日下

之　宝

## 赐兴国州知州周景濂手敕

诰曰:古人用人历试诸艰,汉试萧望之于三辅,盖将因能而任焉。尔以耆年应召,试御史台

二年，于兹率当朕心。今复属尔以大州，务使德泽流绥，风化辑睦，以副朕忧缗元元之意，往服训词，朕不汝遗。

敕 命
明洪武二十六年七月十五日
之 宝

## 隆庆戊辰进士授江西袁州府推官陞常州府治中周继夏敕命二轴

奉
天承运
皇帝敕曰：人臣奉庭训，以事君则为忠；人子徼国宠，以显亲则为孝。体视臣工，恩荣追恤，所以劝忠而广孝也。尔周玠，乃江西袁州府推官周继夏之父，宅心仁厚，禔己清修，敦孝友而庭无闲言，周贫乏而乡多令誉，可谓盛世之良士矣。训子能官而禄养弗逮，宜有恤典，以表行谊，是用赠尔为文林郎、袁州府推官，爰丕锡乎慭纶，以增光于幽壤。

敕曰：母氏劬劳，义兼教育，故凡上计之臣，必体其显亲之心，而施荣之典，罔有遗也。尔赵氏，乃江西袁州府推官周继夏之母，资钟秀淑，德秉孝慈，躬顺正以，相夫穆修，壶政兼敬，养而训子，丕阐家声，妇道母仪，实为兼尽，是用封尔为孺人，钦佩纶言，永绥禄养。

奉
天承运
皇帝敕曰：人臣奉公之义，当随分以业其官，朝廷待下之仁，必覃恩以彰其绩，义惟示劝，恩岂滥施。尔江西袁州府推官周继夏，性资端雅，学术通明，拔颖秀于京闱，遂擢官于江右。而尔矢心金石，持节冰霜，查盘纤弊，不遗明非，任察听决，寸冤必释，志在得情，惠每施于蒸黎，法不挠于豪侠，绩懋而才愈练，任久而守弥坚，凡兹卓政，具在荐书，宜侈休恩，以示渥典。特授尔阶文林郎，锡之敕命。尔其殚虑毕忠，明刑弼政，益共厥职，嗣有简征。钦哉。

敕曰：妇人之行，隐于闺闼，而敬助之贤亦托于夫。而见国家褒录臣僚，则疏荣中阃，所以重齐体之伦也。尔江西袁州府推官周继夏妻郑氏，出自义门，嫔于哲士，柔恭有度，婉娩无违，克相尔夫，官箴祇慎，尔之阃范有足嘉者，宜霈廷恩，以彰内绩，兹特封尔为孺人，祇荷恩嘉益隆。儆戒。

敕 令
万历三年(1575)三月陞常州府治中
之 宝

## 封周彦章广东左添政敕

奉

天承运

皇帝敕曰：朕惟藩垣乃重省之具，瞻纪纲攸主辅政，实邦屏之梁栋，风教攸司必得学贤乎天人，德师乎俊，又者，庶几赞理得人，刑平政事，苛非其土厥任曷胜。今臣周彦章，性质资明敏，博达古今，德备道全，材优学广，虽居畎亩，而纶之志已成；夙处山林，而赞襄之材已具。兹特擢尔为大中大夫，广东布政使司左添政，尔其盖励初兴绥皇猷而不替，懋坚晚节，秉佐理以无疆，汝往钦哉！毋替朕命。

敕 令

洪武三年(1370)十二月十六日

之 宝

## 周师锐之父武议大夫敕命

敕曰：国家登极之际，懋兹崇秩，朝宁推恩之典，隆在荣亲。腹心所昭，显扬斯伟。咨尔周惟容乃阁门舍人周师锐之父，丘园页质，孝友葆真，裕经济之才华，茂忠贞之鞠育，经文纬武，蔚川兵以渟灵，说《礼》敦《书》，饬家庭而式穀。今特晋尔阶为武议大夫，用锡亢宗之英，实阐懋官之训，尔其益励娉修，对扬休命，钦哉。

敕 命

景定庚申年八月望日下

之 宝

## 武议大夫周惟容之妻郑宜人敕命

敕曰：秀灵诞育之精，资乎培养；闺阃抚摩之德，本乎兹仁，劬劳斯（？），宜宠章攸逮，咨尔赠武议大夫周惟容之妻郑氏，乃阁门舍人周师锐之母，坤贞效顺，乾索呈男，绮亭阁之鸾辉，曦仪廷之凤羽，婉姿淑性，内正位以垂型胜，实蜚英外，宣猷而用誉，今特赠尔宜人，荣载锡以母徽，贵亦从乎夫秩，其以励尔笃棐，光北丕显，钦哉。

敕 命

景定庚申年八月望日下

之 宝

## 周仲虎之父武议大夫敕命

敕曰:国家抡英武之才,干城攸寄;瓯粤被甸宣之化,堂陛斯隆。振朝宁之鸿仪、家庭之燕翼,储兹蔼吉,靖彼边疆之绩惟勤,殊恩斯荷。咨尔周世忠,乃高州府知府事、中宪大夫、统兵两浙康军周仲虎之父,风优天性克竣丰裁允义方用膺休命。兹特晋尔阶武义大夫,宏声誉于显扬,懋嘉修于号脉,弼尔其钦哉。

敕 命
绍定辛酉十月五日下
之 宝

## 閤门舍人周师锐敕书

敕曰:衔閤门舍人知英德府兼封州事周师锐,惟尔发身贤科,职任黄门,剔历岁久,克有效劳,特加尔一级,转为奉议大夫,益修厥德,尚励后图,以副朕命,钦哉。

敕 命
景定庚申年八月六日下
之 宝

## 御赐周仲虎敕书

敕曰:自古重边防、饬边境,奠安中国,抚事四方,寇外地遥,聚散无常,若防不严,即入为患,待有入而后防,则塞上之民必散,今特一阶命尔为中宪大夫,统兵镇守两浙康军,严肃西北,赋民养军,法宜戒谨,尔其懋哉。

敕 命
绍定辛酉十月五日下
之 宝

## 周师锐历任黄门兼督有功

右敕

周师锐历任黄门兼督有功,敕到奉行。

朕惟欲求臣之尽忠，必先崇其爵秩，听臣忠言谠论，以辅弼之职。尔周师锐登名进士，历任黄门兼督，有功及社稷。我朝荐历既久，陞今兵部尚书，所以彰朕报臣之心，尔当益励厥志，益修厥德，可依前件，奉敕如右。

敕 命
宋嘉定元年五月十一日辰时诰下
之 宝

## 周师锐升工部尚书

奉
天承运
皇帝制曰：

朕以菲德，嗣承丕绪，中外乂安，四夷宾服，皆藉辅臣，匡予不逮，今肃伏虎，臣周师锐登名进士，历任黄门，尝佐事典，才有兼裕，故特命尔为宝谟阁待制，升工部尚书，仍兼内阁之重，期尽相之功，尔当勉励恪守乃职。

敕如右，牒到奉行，辰时下，升绶如前，右敕一为吏部尚书周师锐承此。

敕 命
宋嘉定元年五月十一日辰时下
之 宝

## 宋理宗赐进士周仲虎知府敕书一道

敕曰：自古重边防、饬边境，奠安中国，抚事四方，口外地遥，聚散无常，若防不严，即入为患，待其入而后防，则塞上之民必散。今特加一级，尔为中宪大夫，统兵镇守两浙康军，严肃西北，赋民养军，法宜戒谨，尔其懋哉。

又绘像，赞：

卿貌而古，卿德而丰。事上而下，以仁以忠。噫，斯人也，媲美乎周绍之风。

敕 命
宋嘉定二年十月五日下
之 宝

## 周中和特进封三司大将军

奉

天承运

皇帝诏曰：朕嗣登位，已历数载，未有深仁厚泽，覆育海隅，于兹霄旰，不遑宁处，近因广右顽苗作扰，得都指挥周中和精练夙成，深晓军机，善将兵旅，克劳征剿，设施有方，今已地宁事息。特进封三司大将军，食禄一千顷，赐紫金鱼袋、一品绯服、象简、银甲金盔，庶几以表匡辅之功。

念朕会托之重，特此诏颁，宜遵恪守。

敕 命

绍圣二年三月十八日颁下

之 宝

藏绿周氏宗谱中载有诰命敕命数十个，不及备载，仅举以下两例：

## 清花翎二品顶戴加一级直隶补用道覃恩诰授荣禄大夫周公冕暨赵氏梅氏夫人诰命

制曰：治佐甸宜，聿奏保釐之绩；职司法纪，用嘉干济之才。尔花翎二品顶戴加一级直隶补用道周冕。剔历著声，剧繁就理。握虎节以搴帷，车随甘雨；绾麟符而叱驭，路指福星。适逢庆典之颁，用锡宠章之贲。兹以覃恩，授尔为荣禄大夫，锡之诰命。于戏！克荷金汤之寄，裁宜锁鑰之猷，拜此新纶，勉乃茂绩。

制曰：奉职恪共，懋举劳巨之绩，同心黾勉，载嘉德配之贤。壶范攸昭，国恩斯沛。尔花翎二品顶戴加一级直隶补用道周冕之妻赵氏，毓自名家，嫔于望族，采藻频于碧涧，充襄修祀之诚，咏紽緎于素丝，克励自公之操。兹以覃恩赠尔为一品夫人，于戏！被宠光于象服，懿问交流。锡荣奖於鸾章，惠风益畅。祇承显命，弥励阃仪。

制曰：奉职恪共，懋举劳巨之绩。同心黾勉，载嘉德配之贤。壶范攸昭，国恩斯沛。尔花翎二品顶戴加一级直隶补用道周冕之妻梅氏，毓自名家，嫔于望族，采藻频于碧涧，充襄修祀之诚，詠紽緎于素丝，克励自公之操。兹以覃恩，赠尔为一品夫人，於戏！被宠光於象服，懿问交流。锡荣奖于鸾章，惠风益畅。祇承显命，弥励阃仪。

清光绪三十一年(1905)十一月二十八日

## 清敕赠儒林郎周公堪绪暨沈氏安人敕命

制曰：资父事君，臣子笃匪躬之谊，作忠以孝，国家宏锡类之恩。尔周堪绪乃州同职衔周钧之父，善积于身，祥开厥后。教子著义方之训，传家裕堂构之遗。兹以尔子遵例急公，赠尔为儒林郎，锡之敕命。于戏！殊荣必逮于所亲，宠命用光。夫有子尚宏佑启，益励忱恂。

制曰：奉职在公，嘉教劳之有自，推恩将母，宜锡典之攸隆，尔沈氏乃州同职衔周钧之母，壶范宜家，夙协承筐之孅；母仪诒穀，载昭画荻之芳。兹以尔子，遵例急公，封尔为安人。于戏！彰淑德于不瑕，式荣象服，膺宠命之有赫，益贲徽音。

清光绪三十二年(1906)九月十三日

# 二、像赞

## 像赞(濂溪先生)　朱　熹

道丧千载，圣远言湮。不有先觉，孰开我人？书不尽言，图不尽意。风月无边，庭草交翠。

——参见王晚霞：《濂溪志》(八种汇编)之[明]胥从化 第25页

## 像　记　宋　濂

金华宋濂曰：濂溪周子，颜玉洁，额以下渐广，至颧而微收。然颐下丰腴，修目末微耸。须疏朗微长，颊上稍有髯。三山帽后有带，紫衣褒袖，缘以皂白，内服缘如之，裳无缘，乌赤色。袖而立，清明高远，不可测其端倪。

——参见王晚霞：《濂溪志》(八种汇编)之[明]胥从化 第25页

## 濂溪公德政

舂陵常祠有祀，思贤有堂，爱莲有池。四川重庆有宋良之称，湖广宝庆有人物之纪，广东广城有宋史无愧之羡，韶州有山川无愧之记，江西南昌有道宁始倡之颂，南康有名宦之传，分宁士大夫有辨狱之赞，赣州有厚于得民之美，南安有既雅治行之称，南康有人物足纪之休。

朱子曰：道之在天下，所以托于人而行于世者，惟天所畀乃得与焉。《河图》出而八卦画，《洛书》呈而九畴叙，而孔子于斯文之兴丧，亦未尝不推之于天。自周衰孟轲氏没，而此道之传不续，至宋受命，五星聚奎，开文明之运，而周子出焉。不由师传，默契道体，建《图》作《书》，根极领要，当时见而知之有程氏者，遂扩大而推明之，而周公，孔子、孟氏之传，焕然复明于世，非天所畀，其孰能与于此。

## 像赞 程颐

年未六旬，道通万世。
掌握乾坤，包罗天地。
仁以勉仁，学以效学。
允矣师范，启我后觉。

## 像赞 吕公著

浩浩之气，岩岩之风，
其容肃肃，其度雍雍。
乐学居仁，格勿知止，
天挺人豪，濂溪周子。

## 宋濂为周恪题像赞

三奇之貌，七步之才。
胸襟浩浩，大度恢恢。
皎如秋月，澹若寒梅。
硕望隆于，山斗操履。
不染尘埃，宜其子孙。
螽斯蛰蛰，欲族巍巍。

# 第四节　艺　文

## 一、艺文选录

### 宋史·道学传

周惇颐，字茂叔，道州营道人，元名惇实，避英宗讳改焉。以舅龙图阁学士郑向，任为分宁县主簿。有狱久不决，惇颐至，一讯立辨。邑人惊曰："老吏不如也。"部使者荐之，调南安军司理参军。有囚法不当死，转运使王逵欲深治之。逵，酷悍吏也，众莫敢争，惇颐独与之辨，不听，乃委手版归，将弃官去，曰："如此尚可仕乎？杀人以媚人，吾不为也！"逵悟，囚得免。

移郴之桂阳令，治绩尤著。郡守李初平贤之，语之曰："吾欲读书，何如？"惇颐曰："公老，无及矣，请为公言之。"二年，果有得。徙知南昌，南昌人皆曰："是能辨分宁狱者，吾属得所诉矣。"富家大姓、黠吏恶少，惴惴焉不独以得罪于令为忧，而又以污善政为耻。历合州判官，事不经手，吏不敢决，虽下之，民不肯从。部使者赵抃惑于谗口，临之甚威，惇颐处之超然。通判虔州，抃守虔，熟视其所为，乃大悟，执其手曰："吾几失君矣，今而后乃知周茂叔也。"

熙宁初，知郴州，用抃及吕公著荐，为广东转运判官，提点刑狱，以洗冤泽物为己任。行部不惮劳苦，虽瘴疠险远，亦缓视徐按。以疾，求知南康军。因家庐山莲花峰下，前有溪，合于溢江，取营道所居濂溪以名之。抃再镇蜀，将奏用之，未及而卒，年五十七。

黄庭坚称其"人品甚高，胸怀洒落，如光风霁月。廉于取名，而锐于求志；薄于徼福，而厚于得民；菲于奉身，而燕及茕嫠；陋于希世，而尚友千古。"

博学力行，著有《太极图说》，明天理之根源，究万物之终始。又著《通书》四十篇，发明太极之蕴。序者谓"其言约而道大，文质而义精，得孔、孟之本源，大有功于学者也。"

掾南安时，程珦通判军事，视其气貌非常人，与语，知其为学知道，因与为友，使二子颢、颐往受业焉。惇颐每令寻孔、颜乐处，所乐何事。二程之学，源流乎此矣。故颢之言曰："自再见周茂叔后，吟风弄月以归，有'吾与点也'之意。"侯师圣学于程颐，未语，访惇颐曰："吾老矣，说不可不详。"留对榻夜谈，越三日乃还。颐惊异之曰："非从周茂叔来耶？"其善开发人类此。

嘉定十三年，赐谥曰"元公"，淳祐元年，封"汝南伯"，从祀孔子庙庭。

二子寿、焘，焘，焘官至宝文阁待制。

——王晚霞：《濂溪志》(八种汇编)之[清]彭玉麟 第 814 页

### 濂溪先生本传　朱　熹

先生姓周氏，名惇实，字茂叔。避厚陵潘邸名，改敦颐。世居道州营道，父辅成，大中祥符八年登蔡齐榜进士第，尝为贺州桂岭令，赠谏议大夫。母郑氏，封仙居县太君。先生少孤，养外家。景祐，用舅氏龙图阁学士郑公向奏试将作监主簿，授洪州分宁县主簿。先生博学力行，遇事刚果，有古人风，其为政精密严恕，务尽道理。县有狱，久不决，先生至，一讯立辩，众口交称之。部使者荐其才为南安军司理。狱有囚，法不当死，转运使王逵欲深治之。逵苛刻，吏无敢与相可否者。先生独与之辩，不听，则置手板，归取告身，委之而去，曰："如此尚可仕乎？杀人以媚人，吾不为也！"逵感悟，囚得不死，且贤先生，荐之。移彬州桂阳令，皆有治绩。用荐者改大理寺丞，知洪州南昌县。南昌人见先生来，喜曰："是能辩分宁狱者！"于是更相告语，勿违教命，而以污善政为耻也。改太子中书舍人，签书合州判官事，转殿中丞。一郡之事，不经先生手，吏不敢决，民不肯从。赵清献公为使者，小人或谗先生，赵公临之甚威，而先生处之超然也。转国子博士通判虔州，赵公来为守，熟视先生所为，执其手曰："今日乃知周茂叔也。"迁尚书虞部员外郎，通判永州，权发遣邵州事，新学校以教其人。熙宁元年，用赵公及吕正(文)献公荐，为广南东路转运判官，三年，转虞部郎中，提点刑狱。先生不惮出入之劳、瘴厉之侵，虽荒崖绝岛，人迹所不至处，亦必缓视徐按，务以洗冤泽物为已任。设施措置，未及尽其所为，而先生病矣，因请南康军以归。赵公再尹成都，复起先生，朝命及门，而先生卒矣。熙宁六年六月七日也，年五十有七，葬江州德化县清泉社。娶陆氏，封缙云县君。再娶蒲氏，封德清县君。子寿、焘，皆太庙斋郎。先生所著有《太极图》《易说》《易通》数十篇，诗十卷，藏于家。

先生在南安时，年甚少，不为守所知。洛人程公珦摄通守事，视其气貌非常人，与语，知其为学知道也，因与为友，且使其子颢、颐受学焉。及为郎，故事，当举代，每一迁授，辄以荐之。程公二子，皆倡鸣(明)道学，以继孔孟不传之绪，世所谓二程先生者，其原盖自先生发之也。在彬时，其守李公初平知先生论学，叹曰："吾欲读书，如何？"先生曰："公老矣，无及也。惇颐请得与公言之。"初平遂日听先生语，盖二年而有得。王荆公提点江东刑狱时，已号为通儒。先生遇之，与语连日夜，荆公退而精思，至忘寝食。先生自少信古好义，以名节自砥砺，其奉已甚约，俸禄尽以周宗族。在南昌时，得疾暴卒，更一日夜始苏，或视其家，只一敝箧，钱不满百。李初平卒，子幼，不克葬，先生护其丧归，葬之。分司而归，妻子饘粥不给，旷然不以为意也。庐山之麓有溪焉，筑室其上，名之曰濂溪。因语其友清逸居士潘延之曰："可仕可止，古人无所必。束发为学，将有以设施，可泽于斯民，必不得已，止未晚也。此濂溪者，异时与子相从于其上，歌咏先王之道，足矣！"此其出处之本意也。豫章黄庭坚称之曰："茂叔人品甚高，胸中洒落，如光风霁月。好读书，雅志林壑，不卑小官，职思其忧。与民决讼，得情而不喜。其为使者，进退官吏，得罪者自以为不冤。濂溪之名，虽不足以对其美，然茂叔短于取名而乐于求志，薄于徼福而厚于得民，菲于奉身而燕及茕嫠，陋于希世而尚友千古。闻茂叔之风，犹足律贪，则此溪之水配茂叔以永久，所得多矣。"识者亦或有取于其言云。

——王晚霞：《濂溪志》(八种汇编)之[清]吴大镕 第445页

## 养心亭说　周敦颐

孟子曰:“养心莫善于寡欲。其为人也寡欲,虽有不存焉者,寡矣;其为人也多欲,虽有存焉者,寡矣。”予谓养心不止于寡焉而存耳,盖寡焉以至于无,无则诚立明通。诚立,贤也;明通,圣也。是圣贤非性生,必养心而至之。养之善,有大焉如此,存乎其人而已。

张子宗范有行有文,其居,背山而面水。山之麓,构亭甚清净。予偶至而爱之,因题曰“养心”。既谢,且求说,故书以勉。

——王晚霞:《濂溪志》(八种汇编)之[明]胥从化 第 31 页

## 爱莲说　周敦颐

水陆草木之花,可爱者甚蕃。晋陶渊明独爱菊,自李唐来,世人甚爱牡丹。予独爱莲之出淤泥而不染,濯清涟而不妖。中通外直,不蔓不枝,香远益清,亭亭净植,可远观而不可亵玩焉。予谓菊,花之隐逸者也;牡丹,花之富贵者也;莲,花之君子者也。噫!菊之爱,陶后鲜有闻;莲之爱,同予者何人?牡丹之爱,宜乎众矣。

——王晚霞:《濂溪志》(八种汇编)之[明]胥从化 第 32 页

## 拙　赋　周敦颐

或谓予曰:“人谓子拙。”予曰:“巧,窃所耻也,且患世多巧者。”喜而赋之曰:“巧者言,拙者默;巧者劳,拙者逸;巧者贼,拙者德;巧者凶,拙者吉。呜呼!天下拙,刑政彻。上安下顺,风清弊绝。”

——王晚霞:《濂溪志》(八种汇编)之[明]胥从化 第 33 页

## 年　谱　度　正

山阳度正曰:维周之先,自帝喾生后稷,至太王邑于周后,遂以为氏。汉兴,封周后于汝南,先生盖其后也。世家青州,远祖崇昌,唐永泰中卜居道之宁远县大阳村。裔孙从远徙居营道,先生生于营道之营乐里,东距郡城二十里,有水萦纡如青罗带,是曰濂溪,周氏家其上。先生晚寓庐阜,构书堂,前临溪水,亦以濂溪名之。学者宗之,称为濂溪先生云。

愚莽桑氏曰:“先生自虔移官永州,赵阅道自成都寄诗云:‘君向濂溪湖外行,倅旛仍喜便归程。’盖指道州之濂溪。杨杰《无为集》有诗云:‘山为康仙传旧姓,溪因廉士得新名。’盖指九江之濂溪，见《通志》。"愚莽名日昇，零陵人，所著有《易经图解》，周子《太极通书解》，藏于家。

真宗天禧丁巳(1017) 先生生。

乾道(兴)壬戌(1022) 先生年六岁。

仁宗天圣癸亥(1023) 先生年七岁。

天圣己巳(1029) 先生年十三。志趣高远，濂溪旧有桥，桥有小亭，先生钓游其上，吟弄风月。

天圣庚午(1030) 先生年十四。濂溪之西十里有山拔耸，中为岩洞，门通东西，当洞之中，虚其顶，圆象月之望，离而东西视之，则如月上下弦焉，故俗呼为月岩。先生好游其间，世传先生睹此而悟太极理，或然也。

天圣辛未(1031) 先生年十五。先是谏议公已卒，是年，郑侍禁之子龙图阁学士向，令先生同母兄卢惇文挈之，遂偕母仙居县太君自营道入京师，依舅氏。龙图公知先生远器，爱之如子。公以"惇"名子，因以"惇"名先生。而卢氏子亦名惇文，惇文即太君前适卢郎中生也。

景祐丙子(1036) 先生年二十。始冠，行谊著闻。龙图公以叙例应荫子，乃奏补先生试将作监主簿。是年，娶陆氏。

景祐丁丑(1037) 先生年二十一。七月十六日，先生母仙居县太君郑氏卒，葬于润州丹徒县龙图公之墓侧。

康定庚辰(1040) 先生年二十四。服除，从吏部调洪州分宁县主薄。

庆历辛巳(1041) 先生年二十五。先生序彭应求诗，自言庆历初为分宁主薄。以序考之，当是此年。时分宁有狱，久不决，先生至，一讯立辨。邑人惊诧曰："老吏不如也。"尝被台檄摄袁州卢溪镇市征局，袁之进士来讲学于公斋者甚众。

庆历甲申(1044) 先生年二十八。部使者以先生为才，奏举南安军司理参军。

庆历乙酉(1045) 先生年二十九。南安有囚，法不当死，转运使王逵欲深治之，无敢相可否者。先生独力争之，不听，则置手板，归取告身，委之将去，曰："如此尚可仕乎？杀人以媚人，吾不为也！"逵感悟，囚不得死，且贤先生，荐之于朝。

逵以深文失人非辜，赖先生力争，囚得减死，逵既无憾于先生，且以为贤而荐之。至诚而不动者，未之有也。(潇山草堂私考)

庆历丙戌(1046) 先生年三十。大理寺寺丞知虔州兴国县，程公响假倅南安，视先生气貌非常人，与语，果知道者。因与为友，令二子师事之。每迁授，当举代，辄以先生名闻。二子：明道、伊川也。明道先生传云："自十五六时，与弟颐闻惇实论学，遂厌科举之习，慨然有求道之志。"其后先生作《太极图》，独手授之，他莫得闻焉。是年冬，以转运使王逵荐，移郴州郴县令，至县，首修学校以教人，有《修学记》。

按，明道从先生学，年十五，当生于仁宗明道元年壬申(1032)，

伊川年十四，当生于明道二年癸酉(1033)。一师二弟叠生一时，昌明气象，概可想见矣。(潇山草堂私考)

庆历戊子(1048) 先生年三十二。知郴州事，职方员外郎。李初平知其贤，不以属吏遇之，尝闻先生论学，叹曰："吾欲读书，何如？"先生曰："公老，无及矣。请得为公言之。"初平遂日听先生语，二年果有得。

皇祐己丑(1049)　先生年三十三。李初平卒,子幼,先生曰:“吾事也。”为护其丧归葬之,往来经纪其家,始终不懈。

皇祐庚寅(1050)　先生年三十四。改彬州桂阳令。

至和甲午(1054)　先生年三十八。用荐者改大理寺丞,知洪州南昌县。南昌人见先生来,喜曰:“是能辨分宁疑狱者,吾属得所诉矣。”于是更相告语,莫违教命。盖不惟以得罪为忧,而又以污善政为耻。尝得疾,更一日夜始苏,友人潘兴嗣视其家,服御之物止一敝箧,钱不满百。

嘉祐丙申(1056)　先生年四十。改太子中舍,签书合州判官事。先生性好山水,溯峡至秭归,闻龙昌洞之胜,与庐陵蒋概、洪崖彭德纯游焉,蒋记之,见《秭归集》。十一月至合州。

嘉祐丁酉(1057)　先生年四十一。正月作《彭推官宿崇圣院诗序》,遂宁傅耆,字伯成,少有俊才,年十四荐于乡,先生妻党陆丞自小溪解官东归,过合阳,为先生言傅之为人,先生致书于傅,傅答云:“执事以济众为怀,神所劳赉,故得高士与施至术,而心朋远寓名方,岂不盛哉!贱子闻之,弗盛喜蹈。”(心朋意指二程)后书又云:“违远高贤,鄙吝复萌。曩接高论,固多余意。行思坐想,默有所得,不遂溺于时习,失于古道也。”(时傅已来合阳见先生矣)又云:“蒙示《姤说》,意远而不迂,词简而有法。”卢次山亦谓词意深密,如轲之文。(次山,或卢郎中族党之知学者)是岁转殿中丞,赐五品服,仍判合州。

嘉祐戊戌(1058)　先生年四十二。缙云县君陆氏以疾卒。

嘉祐己亥(1059)　先生年四十三。左丞蒲宗孟,阆中人,太常丞蒲师道之子也,从蜀江道于合见先生,相与款语连三日夜,叹曰:“世有新人欤!”乃以其妹归之,是为先生继室。

嘉祐庚子(1060)　先生年四十四。被台檄按赤水县簿书,与其县令费琦游龙多山,有诗刻石。六月十九日,先生解签判职事,还京师,吕给事陶为铜梁令,有送先生序并诗。先生在合四年,人心悦服,事不经先生手,吏不敢决,即下之,民不肯从。既去,相与祠之。先生在合,士之从学者众,先生尤称张宗范有文有行,名其所居之亭曰养心,为之说,以示圣学之要(说见《遗书杂著》)。先生东归时,王介甫为江东提点刑狱,年三十九,已号通儒,先生遇之,与语连日夜。介甫退而精思,至忘寝食。

《鹤林玉露》曰:“荆公少年不可一世,独怀刺,谒濂溪先生,足三及门而不得见,荆公恚曰:‘吾独不可求之六经乎’。”

嘉祐辛丑(1061)　先生年四十五。迁国子博士,通判虔州。道出江州,爱庐山之胜,有卜居之志。因筑书堂于其麓,堂前有溪,发源莲花峰下,洁清绀寒,合于湓江,先生濯缨而乐之,遂寓名以濂溪。谓友人潘兴嗣曰:“此濂溪者,异时与子相从于其上,歌咏先生之道足矣。”既至虔,知虔州者赵清献也,先生前在合阳,清献为部使者,人或谮先生。清献临之甚威,先生处之超然。清献疑终不释,至是,熟视先生所为,执其手曰:“几失君矣,今日乃知周茂叔也。”荐之于朝,论之于士大夫,终其身。

赵清献,君子也,以谗言怒先生,君子而不仁者,非耶。人固不易知,知人亦不易也。卒之铜芥之投,论荐交至,《复》之初九曰:“不远复,无祇悔,元吉。”其此之谓与?(潇山草堂私考)

嘉祐癸卯(1063)　先生年四十七。在虔,行县至雩都,邀余杭钱建侯、四明沈幾圣游罗岩,正月七日刻石。四月英宗登极,迁虞部员外郎,仍通判虔州,赠父桂岭君爵郎中。五月作《爱莲说》。

英宗治平甲辰(1064) 先生年四十八。冬,虔民失火,焚千余家。朝廷行遣差替,遂对移通判永州。时程师孟知洪州,以诗送行,有"永水自然胜灨水,浯溪应不让濂溪。沙头候吏瞻旌脚,境上乡人待马蹄"之句。

谢觋曰:"旧志载虔民失火,先生移官一事,先生时出行县,不自辩明,韩魏公曾鲁公皆知之,遂对移永州通判。夫先生出县与否姑不必论,然失火行遣乃朝廷之公法,先生以道自处,以民瘼为任,一夫不获,皆己之辜,岂容有自辩保官之理?假令先生不出行县,能保虔民之不焚乎?故失火不必为先生讳,而出行不辩,不足为先生美谈也。"此论甚正,故著之。

治平乙巳(1065) 先生年四十九。先生之永,道经江州,三月十四日同宋复古游庐山大林寺,有诗。江南西路转运使李大临才元以诗谒先生于濂溪云:"檐前翠霭逼庐山,门掩寒流尽日闲。"李寻丁忧,先生以疏慰之,经武昌以诗一轴寄蒲左丞。四月,赵清献复尹成都,闻先生移永,寄诗云:"君向濂溪湖外行,倅旛仍喜便归程"之句。

治平丙午(1066) 先生年五十。在永与族叔及诸兄书云"来春归乡,即遂拜侍"。又寄诗与乡人,有"故人若问吾何况,为道春陵只一般"之句。

治平丁未(1067) 先生年五十一。先生素贫,初入京师,鬻其产以行,止存十余亩。畀周兴耕之,以洒扫其父郎中之墓。至是自永携二子归展墓,三月六日与乡人蒋瓘、区有邻、欧阳丽、理掾陈庚同游含晖洞。八日,营道给吏文付兴,俾掌墓田,从先生之言也。神宗登极,迁朝奉郎,尚书驾部员外郎,加赠父谏议大夫,与其兄子仲章手帖云"可具酒果香茶,诣坟前告闻谏议"是也。先生在永尝作《拙赋》。既去,永人思之,为立祠,题曰康功。是秋,摄邵州事。州之学在牙城中,左狱右庾,卑陋弗称,先生度城东南高明之地迁焉。逾月而成,九月,自邵阳发递,以改定《同人说》寄傅伯成,时傅知嘉州平羌县。明年,傅复书云:"蒙寄贶《同人说》,徐展熟读,较以旧本改易数字,皆人意所不到处,宜乎!人宗师仰慕之不暇也。"

神宗熙宁戊申(1068) 先生年五十二。荆湖北路转运使孔延之为先生作《邵州迁学记》,先生自作《释菜文》,俱作治平五年正月。时改元诏尚未到也,吕文(正)献公公著在侍从,闻先生名,力荐之,会清献公在中书,擢先生广南东路转运判官,先生谢文献公启云"在薄宦有四方之游,于高贤无一日之雅"云云。

熙宁庚戌(1070) 先生年五十四。转虞部郎中,擢提点广南东路刑狱。

熙宁辛亥(1071) 先生年五十五。正月九日,领提点刑狱职事,行部至潮州,有《题大颠堂》诗。时虞部郎中杜咨知端州,禁百姓采石(端溪石为砚最良),独知州占断,人号为杜万石。先生恶其专利,请凡自今仕端者,买石砚毋得过二枚,遂著为令。先生尽心职事,务在矜恕,得罪者自以为不冤。俄得疾,闻水啮仙居太君郑氏墓,遂乞南康。八月朔,移知南康军。十二月十六日,改葬郑太君于江州德化县庐阜清泉社三起山,葬毕曰:"强疾而来,为葬耳,今犹欲以病污麾绂耶?"上南康印,分司南京而归。

熙宁壬子(1072) 先生年五十六。先生酷爱庐阜,尝筑书堂于其麓,至是遂定居焉。先生平日俸禄,悉以周宗族、奉宾友,及分司而归,妻子粥饘不给,旷然不以为意。

熙宁癸丑(1073) 先生年五十七。时清献公再尹成都,闻先生去官,拜章乞留,朝命及门,而先生以疾卒矣,时六月七日也。以十一月二十一日,葬先生于仙居县太君郑氏墓侧,从遗命也。

二子寿、焘官另详。(度氏谱终)

宁宗嘉定十三年(1220),赐谥曰"元"。(续补)

理宗淳祐元年(1241),封"汝南伯",从祀孔子庙庭。(续补)

元延祐六年(1319),封"道国公"。(续补)

明正统元年(1436),赐其家世复。(续补)

明景泰七年(1456),赐其嫡长子孙官翰林院五经博士,世袭。(续补)

大清康熙二十四年五月(1685),奉圣旨周惇颐子孙准与程朱子孙一例,世袭五经博士,允礼部覆准都宪姚公之请也。(续补)

赞曰:唯德言功,称三不朽。任重道远,既大且久。可仕可止,先民是守。志伊学颜,流光积厚。伊人之生,夫岂其偶。朝斯夕斯,如饮醇酒。

濂溪周夫子志卷三终。

——王晚霞:《濂溪志》(八种汇编)之[清]吴大镕 第 457 页

## 题周茂叔濂溪书堂　赵抃

吾闻上下泉,终与江海会。高哉庐阜间,出处濂溪派。
清深远城市,洁净去尘埃。毫发难遁形,鬼神缩妖怪。
对临开轩窗,绝胜画图绘。固无风波虞,但觉耳目快。
琴樽日左右,一堂不为泰。经史日枕籍,一室不为隘。
有莼足以羹,有鱼足以脍。饮啜具乐真,静正于俗迈。
主人心渊然,澄彻一内外。本源孕清德,游咏吐嘉话。
何当结良朋,讲习取诸《兑》。

——王晚霞:《濂溪志》(八种汇编)之[明]胥从化 第 97 页

## 道州宁远县先生祠记　魏了翁

嘉定九年(1216),了翁奉使东川,为濂溪周先生、河南二程先生请所以易其名者。诏下如章。十有五年,了翁召还,道九江谒先生故宅,以"元公"之命书告。后二年,道州宁远县令黄太明以书来曰:"吾闻古之乡先生殁而祭于社。宁远县蕞尔邑,而先生之流风未坠,不可以无祠也。子也学先生之道而尊其名,丽牲有日(石),将以识里人奉尝之思,子为记之。"

了翁尝闻人道要有三:曰父,曰君,曰师。无父无生,无君无以生,无师犹无生也。唐虞三代盛时,民生于风气之未漓,又得尧、舜、禹、汤、文、武、周公为之君师,今其法度纪纲犹可概见,大抵合以并收,联以比闾,教以庠序,导以师长,维以谏救,考以德艺,无一壤一民不相联属焉。正岁孟月之吉,党里社营之会,无一事一时不相警策焉。夫然后,教行俗成,而君师之分尽。迨厉、宣、幽、平,已不能如成周之旧。仁寿鄙夭,民自为之,为君师者不及知也,矧自是以降乎！曾子曰:“上失其道,民散久矣。”当斯时,而民之散已二三百年,则虽以孔孟之道而无位,亦不能联属而维持之。然犹不忍吾之同体,佽佽然如穷人之无所归也。乃属其徒类面教之,近以淑其国人子弟,远以垂诸天下后世。民之久散者,固已不能遽返,而为士者犹有所属,则斯文不坠以俟后圣,犹将有望焉。而天未欲平治也,虽以孔门弟子,一再传而失之,况秦汉而后,学残文阙,师异指殊,泮涣滋甚。董仲舒尝请诸不在六艺之科、孔子之术者,皆绝其道,庶几统纪可一,民知所从,而时君不足以行其说。迨其后也,才知之士各挟其所溺以行于世。不务记览,则沦虚无;不为权利,则炫词采。至是而不特民散,士亦散矣。不有先生发太极本然之体,明二五所乘之机,而示人以日用常行至近至切之理,则异端小道将诬民惑世于无所终极。又非二程子、张子推而大之,扶持绵延以开中兴诸儒,则先生之绝学又将孑然孤立矣。猗欤盛哉！

然而至近世朱文公、张宣公、吕成公诸儒死,士又各挟其所以溺于人者溺人,而士之散滋甚。记问,学之末也,今又非圣贤之书,而虞初稗官矣。虚无,道之害也,今又非佛老之初,而梵呗土木矣。权利,谊之蠹也,今又非管晏之遗,而锥刀毫末矣。词章,技之小也,又非《骚》《选》之文,而淫哇浅俚矣。此宜忧世之士所以悼道之湮郁,而慨然有感于儒先之教,像而祠之,尸而祝之也。然而民既散矣,有士以属之;士既散矣,终不可复属耶?有书以属之,天命流行,亘千古如一日。先生能见孔孟之心于千百年之久。先生之书,灿如日星,家藏而人诵之,岂无见先生之心而兴起者邪?先生初见二程,使之求孔颜之所乐。他日笔之于书,曰:“志伊尹之所志,学颜子之所学。”呜呼！得孔颜之所乐,则必不以务记览、工词章、慕虚寂为能也。得伊尹之所以志,则锥刀毫末之得失,不足以为戚忻也。吾党之士,盍相与懋明此理,尚庶几士有所属而不至失望焉。

资政殿大学士前签书枢密院事魏了翁撰。

——王晚霞:《濂溪志》(八种汇编)之[明]胥从化 第 61 页

## 重建先生祠记　龚维蕃

营道之西,距城十八里,有水曰濂溪。发源于大江源,汇为龙湫,东流二十里至楼田。其乡曰营乐,其保曰濂溪。广横数百亩,溪行其中,虽大旱不竭。周氏家其上,即濂溪先生故居也。考其谱谍(牒),世居青州,远祖讳崇昌,唐永泰中为廉、白二州太守,因卜居道之宁远县太阳村。其裔孙讳虞宾,有子十二人。中子讳从远,始徙于此。再传至谏议,讳辅成,登祥符八年进士第,终贺州桂岭令。没葬于故居之侧半里许,累赠谏议大夫。谏议生二子,长曰砺,次则先生。先生少孤,舅氏龙图郑公珦(向)笃爱之。始冠,奏以初秩,既长,从宦四方。嘉祐八年,先生自虔移倅永,有书与其族叔及诸兄,云“周兴来,知安乐,喜无尽。平春归乡,即遂拜侍。”寻移文营道县,云有田若干,旧以私具,为先营守者资,族子勿预。营道给凭文付周兴。其后先生归展墓,题名于含辉洞云:“周惇颐,区有邻,陈赓,蒋瓘,欧阳丽,治平四年二月十六日,同游道州含辉洞。”刻石于洞口。是岁神宗登极,覃恩迁驾部员外郎,加赠父谏议大夫。以手劄付兄子仲章,令备酒果香茶,诣坟前告闻。

先生晚岁寓九江，爱庐阜之胜，筑室于溪上，命名曰濂溪，示不忘本之意。其留故居者，付仲章及其从弟意。先生既没，仲章贫甚，元丰三年及七年，再拆其产鬻于意之子伯顺，而故宅基尚存。伯顺死，无后，其女以其地适何伯瑜，生侪。侪登第，为邕州教官而卒。至淳熙己亥，周与何欲拆其产，闻于郡。守赵汝谊阅营道所承永州公牍，乃治平印文，按验皆合。用先生治命，以田畀守茔者，藏其籍于学宫，其故宅基尚属何氏。何氏之孙揖，于淳熙十一年以其地归于意之曾孙兴嗣，书于券云："兴嗣系谏议宗族，秉性纯慈，有志力教子以绍祖风。其宅地与本人住宅相接，今愿尽将所承外祖周伯顺元承祖谏议住宅祖地，从东至西，长五丈，就卖与兴嗣。将来起造祠堂，承外氏一派先魂，庶几亡者于里塾有所依托，不绝春秋之奉。"

前此未有先生祠。绍兴己卯五月，太守向子忞始奉祀于州学之稽古阁，编修胡公铨记之。淳熙己未，郡博士邹旉迁于敷教堂。壬戌，太守赵汝谊以其逼仄，更创堂四楹，并二程先生像，南轩张公为记。庚子，郡士胡元鼎与其乡人何士先、义太初、孟坦中、欧阳硕之，创舍设像，教授章颖为记。故居有祠昉乎此。距遗址十余丈，中隔小溪，卑陋湫隘，岁久不复迁。至嘉定癸酉，郡守方信儒访求濂溪之裔，得兴嗣之子钥，以为学宾。

丁丑之秋，维蕃被命入境，延见郡士，扣濂溪所向，皆言今祠非故基。其后访于钥，尽阅累世契券，亲至其地，质于乡邻族党，始得其实。溪流清泚，地势平衍，冈垅丘阜拱揖环合，其左曰龙山，右曰豸岭。山川之秀，实钟于是。乃鸠工度材，一新栋宇。命营道尉蔡则董其役，经始于是岁十二月，落成于明年之三月。中为祠宇，设先生像。其前为堂四楹，不侈不陋。二斋旁翼，两庑对峙。外为台门，高于堂称。左右二塾，虚明敞洁，以延学子。又其外为都门，缭以垣墙，庖爨湢浴，罔不毕且(具)。环以松竹，门外筑道属于山之趾。于是规制始备，而邦人严事之意益虔。自先生以故居溪名冠九江之寓宇，黄太史赋诗，谓其用平生所安乐，媲水而成名。东坡继有作，来者承其误，莫究所从。至南轩张公、晦庵朱公，尝略辩证。尚书章公来典教，质以《大富桥记》，以为此邦自有濂溪，然亦弗深考。今得其谱(牒)契券，始究源委。当何氏以地归兴嗣，预有建祠之语，迄今乃有成。则废兴显晦，殆若有数，而非偶然者。先生之学，实嗣洙泗之统，传之伊洛，浸以大显，载在方册，人知诵习。凡辄迹所至，今皆有祠。而父母之邦，先茔所在，乃因陋就简，于烝尝不称，是乌可以已？故因其落成，述其颠末，用登载于乐石。文皆从旧，不敢增损以没其实，庶以传信，俾览者得详焉。

——王晚霞：《濂溪志》(八种汇编)之[明]胥从化 第 43 页

## 道州路重修濂溪书院记　欧阳玄

道州路濂溪书院，是为子周子专祠。其址在郡城西偏，与学为邻。郡学有先圣庙，每岁春秋二仲，上丁郡侯率教授、山长各以其职率生徒，祀先圣于郡学。次丁则合祀子周子于书院之专祠，每月朔望，款谒皆然。原其初建，盖由时制其独祠濂溪，亦其事势适然。故祠事之专，无间言者。岁久，祠宇浸弊，至正壬午，山长张议撤新之，郡侯李某乐助以相其志。未讫，代去，代者区诚能继其事，于是祠宇一新。岁乙酉，番易吴侯肯来为判官，仰瞻新祠而门庑弗称，谋诸郡长复加缮修,适山长戴世荣又来代区,而郡士蒋通复亦请出赀,改作应门四楹两庑,称是。祠之后旧为诚源堂,堂之后为故守高峰杨公之祠,左有爱莲亭暨清远楼,右有光风霁月之堂,至是斥故易新,丹雘相映。世荣割己俸,作石台于应门之南,从广二丈,衡倍之。又率郡士文某作瞻德亭,亭甃石为街,绳直砥平,中外改观,前此未尝有也。先是周子有子二人,长子司封郎中寿,次子徽猷阁待制焘。寿之后迁居江州,焘之后迁居道州。吴侯求得其八世孙善溥,荐之当道,请援颜、孟例,世以其后人之贤者为书院山长,以奉专祀。宪府是其议,移有司达至行省焉。明年丙戌冬,吴侯以漕事至,则偕世荣奉事状谒予欧阳玄,请纪以文。玄惟周子祠事若舂陵、若九江、豫章、邵阳皆有碑刻,作者多名世大儒。玄于是叙劳绩,纪岁月斯可矣。然而抽绎父师之言,亦有可赘一辞者,不敢以剿说辞也。

昔者子贡谓"夫子之文章可得而闻也,其言性与天道不可得而闻也",孔子言性与天道莫著于《易》,所谓"乾道变化,各正性命"。所谓"一阴一阳之谓道,继之者善,成之者性也"。皆言性与天道者也。时门人可以与于斯者,鲜有人焉。子贡晚年始获有闻,故有叹美之言。及孔子没,知此者,唯子思、孟子而已,两汉以下诸儒见其仿佛焉。子周子生乎千有余载之下,得孔孟之绪言,著《太极图》《通书》,泄造化之机,发圣贤之秘,如指诸掌。故孔孟之后首言性与天道者,周子一人焉。世儒或疑周程授受不及《图》《书》,殊不考程子之言,有曰:"天地储精,得五行之秀者为人,其本也真而静,其未发也五性具焉。"曰:"仁、义、理、智、信,形既生矣,外物触其形,而动于中,其中动而七情出焉,曰喜、怒、哀、乐、爱、恶、欲。"谓斯言非本于《太极图说》《通书》可乎?孟子言天地之性,程子兼言气质之性,然后荀、杨、韩子之说俱废。气质之论原于周子,昭然而无疑者也。自《太极图说》《通书》行世,世之为儒苟知濂洛之书者,无不获闻性与天道之言焉。假令子贡复出,当叹今之学者得闻斯言为幸。而诸儒犹有横议于当时者,果二书之为异欤?抑立论者之好异欤?皇元定宋,九儒从祀,周子居其首。寻又有制,进汝南伯为道国公。盖乾淳以来,新安朱子最先尊信其书,圣朝重朱子之学,以程式天下之士,则周子之书益表彰于世,宜哉。虽然,国家兴校官,广书院,为学者之地,可谓至矣。周子曰:"师道立,则善人多;善人多,则朝廷正,天下治矣。"继自今以后,教者以师道自持,学者以善人自期,将见真儒之效施于朝廷四方,未有纪极。如是,则书院之修,岂徒侈专祠示观美而已?

某幼年侍先君子,职教是邦,读书濂塾之侧,追思昔贤来游来歌之地,又因吴侯之请,辄以旧所闻于家庭者,附书于斯焉。吴侯肯,字以堂,以教官入流,选为宪掾进行省,历代昌、南海两县尹皆有善绩,为政廉明,且知大体。是役也,达鲁花赤塔海大中同知虎都鲁实纲维之,其赞襄协恭则经历李时,知事李信也。

注:本文作于至正七年(1347)。

——王晚霞:《濂溪志》(八种汇编)之[明]胥从化 第44页

## 濂溪故居祠堂记 欧阳玄

舂陵郡之西,距城可十里,有乡曰营乐,里曰濂溪,周子故居在焉。左有山曰龙山,其形蜿蜒如龙。右有岭曰豸岭，岩石?岈，其状若豸。中为平田，有水逶迤田间，澄澈见底，即濂水也。其居旧制有堂三间，门庑称是，堂塑周子之父谏议大夫像，居其中，周子像居其右侧。司封郎中寿、徽猷阁待制焘之像以次待（侍）坐，周子之二子也。在宋之代，春秋二仲，以次丁日，守令诣祭圣。元崇右濂洛之学，追封周子为道国公，祀事视昔加豊（丰）。而故居湫隘，岁久浸敝，祭毕饮福，守令以下杂列门庑。

延祐七年，邑人熊伟调营道主簿，尝预祭列，进里儒唐道举而勉之曰："周子故居沦没弗称，祠祀弗严，君生其里，可坐视乎？今以缮修之责相属，君其勿辞。"道举对曰："故居乃数岁有司辄一修之，因陋就简，饰故为新，补蘧为完而已。吾欲异于是，可乎？"主簿嘉其好义，即白之郡侯，以公檄奖励之。道举聚财庀土，伐石陶瓦，除其旁地，斥大旧基，崇台三间，立为专祠，以祀周子。列先贤碑刻于其侧，后为重屋，上下皆施双梁，如厅事。上设谏议像，正坐，旁设司封、徽猷像，坐东西，相向。下为与祭官止息之所。未及落成，而道举即世。后三年，应诏复作东西序，凡十间，以毕先志。未几，属邑有警，兵事方殷，作辍者十余年。至正六年，府判吴濬实来访应诏，竟成之。应诏感激，于是缭以周垣，?以坚甓，丹垩彰施，新扁昭揭，规制完美，百倍于前。为屋大小内外以楹计者，百四十有奇。然后每岁祀事，边（笾）豆有序，班次有位，陟降有仪，彻俎而燕，旅酬有所，仆从列为，咸有蓖（芘）赖。乃介士子濬仪赵君嗣隆，奉事状来请玄记之。

惟昔商容，商之贤人也。周武王伐商，有天下，过其闾而式之，史书于册，召伯布政南国，听民讼甘棠之下，南国之人为诗以相戒曰："蔽芾甘棠，召伯所茇，勿剪勿伐。"夫商容，一代之贤，其所居为时君子所敬礼；召伯，一日之居，其所止为邦人之所爱护，犹且如是。子周子上接孔孟之绪，下开程朱之学，有功斯道，昭被万世，其故居修营，是固王政之所当先，侯度之所当举。然赞府熊君谋于其始，通守吴侯济于厥终，唐氏父子实克继绍，是究是图，垂三十年乃底成，绩其可无记载乎？大德丁未戊申间，玄从先君子翼国公典教是邦，岁祠，屡造故居，盖尝目击而能言者，乃记以授嗣隆，俾归勒之石，以劝方来云。至正八年，岁在戊子，九月己酉记。

——王晚霞：《濂溪志》（八种汇编）之[明]胥从化 第 46 页

## 永州府学先生祠记　张　栻

零陵守福唐陈公辉下车之明年，令信民悦，乃思有以发扬前贤遗范，贻诏多士。他日偕通判州事曾公迪诣郡学，顾谓诸生曰："永虽小郡，而前辈巨公名德，往往辱居之。如本朝范忠宣公、范内翰公、邹侍郎公，皆既建祠于学宫矣。惟濂溪周先生，嘉祐中尝倅此州，而独未有以表出之，岂所以为重道、崇德、示教之意乎？"于是，教授刘安世率诸生造府，请就郡学殿宇之东厢辟先生祠。前通判武冈方公畴以书走九江，求先生像于先生诸孙，得之。陈公命零陵宰高祈董其事而成之。绘像俨然，栏楯周密。既成，属栻为记，栻以晚生，属辞不获，敬诵所闻，以广其意。

先生讳惇颐，字茂叔，舂陵人，历官凡九迁，至通判永州。用吕正（文）献公荐擢广南东路转运使判官，改提点刑狱。所临力行其志。晚以病丐分司，筑居庐山下。有溪流其旁，名之曰濂，故号濂溪先生。栻尝闻程公太中倅南安，先生为狱掾，太中公视其气貌非常人，与语，果知道者。

因与为友，故明道自十五六时闻先生论道，遂厌科举之业，慨然有求道之志。伊川年十二三，亦受学焉。惟二程先生倡明道学，论仁义忠信之实，著天理时中之妙，述帝王治化之源，以续孟氏千载不传之道，其所以自得者，虽然(非)师友可传，而论其发端，实自先生，岂不懿乎！先生著《通书》及《拙赋》，皆行于世，而又尝俾学者求孔颜所乐何事。噫！以此示人，亦可谓深切矣。后之登斯祠者，睹先生之仪容，读先生之书赋，求先生之心真，积力久，希圣希贤，必有得颜子之所乐者矣。

——王晚霞：《濂溪志》(八种汇编)之[明]胥从化 第63页

## 霁月之亭 朱熹

予以辛丑闰三月二十七日罢南康郡，四月六日拜濂溪先生书堂遗像。孙澄请为诸人说太极图义，先生曾孙正卿、玄孙涛，为设席于光风霁月亭。

北渡石塘桥，西访濂溪宅。
乔木无遗株，书堂唯四壁。
竦瞻德容睟，跪荐寒流碧。
幸矣有斯人，浑沦再开辟。
平生劳仰止，今日登此堂。
愿以图像意，质之巾几傍。
先生寂无言，贱子涕泗滂。
神听傥不遗，惠我思无疆。

## 斋居感兴诗 朱熹

昆仑大无外，磅礴下深广。
阴阳无停机，寒暑互来往。
皇羲古神圣，妙契一俯仰。
不待窥马图，人文已宣朗。
浑然一理贯，昭晰非像罔。
珍重无极翁，为我指重掌。

——王晚霞：《濂溪志》(八种汇编)之[清]周诰 第688页

## 又七绝二首

邹鲁宫墙世莫逾，先生深造类平居。
功名岁晚云归岫，德业川增水到渠。
洁净精微穷太极，明通公溥见遗书。
要知今古存清致，一派濂溪玉不如。

其二

发明正学久无闻，千载寥寥独见君。
喜有人能宏此道，定知天未丧斯文。
永阳遗俗堪垂则，溢浦流风又策勲。
我率诸生拜祠下，要令今古播清芬。

## 留题濂溪书堂　度　正

维莫(暮)之春万象都，望花寻柳过溪居。
一源流水元清洁，几片浮云自卷舒。
独对高山吟景行，细看芳草订遗书。
可怜鱼鸟浑无意，相向欣欣总自如。

——王晚霞：《濂溪志》(八种汇编)之[明]胥从化 第 99 页

## 爱莲诗　朱　熹

闻道移根玉井傍，开花十丈是寻常。
月明露冷无人见，独为先生引兴长。

——王晚霞：《濂溪志》(八种汇编)之[清]周诰 第 688 页

## 谒濂溪先生祠堂　王　溉

有宋淳熙，岁承火羊，月临水鼠，阳生后之三日，郡太守王溉同贰车赵希勉、周梓款谒濂溪先生祠堂。陪礼者幕官吕蚁、唐绍彭、朱光祖、邑令尹黄灏广、文应振，郡庠诸生六十有二人。行礼讫事，王溉赋诗二章，以纪其事云：

其一

邹鲁宫墙世莫踰,先生深造类平居。
功名岁晚云归岫,德业川增水到渠。
洁静精微穷太极,明通公溥见遗书。
要知今古存清致,一派濂溪玉不如。

其 二

发明正学久无闻,千载寥寥独见君。
喜有人能宏此道,定知天未丧斯文。
永阳遗俗堪垂则,溢浦流风又策勋。
我率诸生拜祠下,要令今古播清芬。

——王晚霞:《濂溪志》(八种汇编)之[清]周诰 第689页

## 送周茂叔赴合州佥判 任大中

一帆风雪别南昌,路出涪陵莫恨长。
绿水泛莲天与秀,蜀中何处不闻香。

——王晚霞:《濂溪志》(八种汇编)之[明]胥从化 第98页

## 和周茂叔席上酬孟翱太博 傅 耆

古人务乐善,见士即推毂。今也多忌才,对面远贤躅(属)。
顾予尝喜学,幽室未偶烛。幸会才翘翘,深惭识碌碌。
升堂厅高论,惟愁日景促。经义许叩击,诗章容往复。
荷公引重语,玞珉变良玉。一违几席来,羲娥迭昏旭。
远闻落帽节,宾朋相追逐。乘摘篱下黄,痛饮杯中醁。
清谈已忘倦,佳篇又相勖。毕力为徒弟,强勉攀高躅。
异时公行道,其势不可独。首愿策疲蹇,助公施蕴蓄。
舒张太平策,散作苍生福。此心答此惠,庶几不忝辱。

——王晚霞:《濂溪志》(八种汇编)之[明]胥从化 第96页

## 赠周茂叔　潘兴嗣

心似水轮浸玉渊，节如金井冽寒泉。
每怀颜子能希圣，犹笑梅贞祇隐仙。
仕傥遇时宁枉道，贫而能乐岂非贤。
区区世路求难得，试往沧浪问钓船。

——王晚霞：《濂溪志》(八种汇编)之[清]周诰 第 680 页

## 题濂溪　潘兴嗣

鳞鳞负郭田，渐次郊原口。其中得清旷，贵结林泉友。
一溪东南来，潋滟翠波走。清响动灵粹，寒光生户牖。
峨峨双剑锋，隐隐插牛斗。疏云互明晦，岚翠相妍丑。
恍疑坐中客，即是关门叟。为歌紫芝曲，更击秦人缶。
窅然忘得丧，形骸与天偶。君怀康济术，休光动林薮。
得非仁智乐，夙分已天有。斲鼻固未免，安能混贞(真)守。
归来治三径，浩歌同五柳。皎皎谷中士，愿言与君寿。
殷勤复恳恻，杂佩贻琼玖。日暮车马徒，桥横莫回首。

——王晚霞：《濂溪志》(八种汇编)之[明]胥从化 第 96 页

## 同周敦颐国博游马祖山　赵　抃

晓出东江向近郊，舍车乘棹复登高。
虎头城里人烟阔，马祖岩前气象豪。
下指正声调玉轸，放怀雄辩起云涛。
联镳归去尤清乐，数里松风耸骨毫。

——王晚霞：《濂溪志》(八种汇编)之[明]胥从化 第 97 页

## 次韵周茂叔国博见赠　赵　抃

蜀川一见无多日，瀫水重来复后时。
古柏根深寒不变，老桐音淡世难知。

观游邂逅须同乐，离合参差益再思。
篱有黄花樽有酒，大家寻赏莫迟疑。

——王晚霞：《濂溪志》（八种汇编）之[清]周诰 第 681 页

## 吉州彭推官诗序

惇实庆历初为洪州分宁县主簿，被外台檄，承乏袁州庐溪镇市征之局。局鲜事，袁之进士多来讲学于公斋，因谈及今朝江左律诗之工。坐间，诵吉州彭推官篇者六七，其句字信乎能觑天巧而脍炙人口矣。我闻分宁新邑宰上未逾月，而才明之誉已飞数百里。有谓惇实曰：

“邑宰太博思永，即向所诵之诗推官之子也。吉与袁邻郡，父兄辈皆识推官，第为善内乐，殊忘官之高卑，齿之壮老，以至于没。其庆将发于是乎！”惇实故又知推官之德。暨还邑局，闻推官之诗益多，亦能记诵不忘。

十五年，而太博为刑部郎中直史馆、益州路转运使。惇实自南昌知县就移佥署巴川郡判官厅公事。益、梓邻路也。沂流赴局，过渝州，越三舍，接巴川境。间有温泉佛寺。舣舟游览，忽睹榜诗，乃推官之作。喜豁读讫，录本纳于转运公。公复书重谢，且曰；“愿刻一石，若蒙继以短序，尤荷厚意。”故序于诗后，而命工刻石，置寺之堂焉。

实嘉祐二年正月十五日云。承奉郎守太子中舍佥署合州军事判官厅公事周惇实撰。

——王晚霞：《濂溪志》（八种汇编）之[明]胥从化 第 32 页

## 濂溪书堂　周敦颐

元子溪曰瀼，诗传到于今。此俗良易化，不欺顾相钦。
庐山我久爱，买田山之阴。田间有流水，清泚出山心。
山心无尘土，白石磷磷沉。潺湲来数里，到此澄澄深。
有龙不可测，岸竹寒森森。书堂构其上，隐几看云岑。
倚梧或欹枕，风月盈中襟。或吟或冥默，或酒或鸣琴。
数十黄卷轴，贤圣谈无音。窗前即畴囿，囿外桑麻林。
千蔬可卒岁，绢布足衣衾。饱暖大富贵，康宁无价金。
吾乐盖易足，名溪朝暮侵。元子与周子，相邀风月寻。

——王晚霞：《濂溪志》（八种汇编）之[清]周诰 第 676 页

## 牧　童　周敦颐

东风放牧出长坡，
谁识阿童乐趣多。
归路转鞭牛背上，
笛声吹老太平歌。
——王晚霞:《濂溪志》(八种汇编)之[明]胥从化 第 36 页

## 春　晚　周敦颐

花落柴门掩夕晖，
昏鸦数点傍林飞。
吟余小立阑干外，
遥见樵渔一路归。
——王晚霞:《濂溪志》(八种汇编)之[明]胥从化 第 35 页

## 剑　门　周敦颐

剑立溪峰信险深，
吾皇大道正天心。
百年外户都无闭，
空有关名点贡琛。
——王晚霞:《濂溪志》(八种汇编)之[明]胥从化 第 35 页

## 游山上一道观三佛寺　周敦颐

琳宫金刹接封峦，
一径潜通竹树寒。
是处尘劳皆可息，
时清终未忍辞官。
——王晚霞:《濂溪志》(八种汇编)之[清]周诰 第 671 页

## 自 述　周敦颐

芋蔬可卒岁，
绢布是衣食，
饱暖大富贵，
康宁无价金，
吾乐盖易足，
廉名朝暮箴。

## 任所寄乡关故旧　周敦颐

老子生来骨性寒，宦情不改旧儒酸。
停杯厌饮香醪味，举箸常餐淡菜盘。
事冗不知筋力倦，官清赢得梦魂安。
故人欲问吾何况，为道舂陵只一般。

——王晚霞:《濂溪志》(八种汇编)之[明]胥从化 第37页

## 思归旧隐　周敦颐

静思归旧隐，日出半山明。
醉榻云笼润，吟窗瀑泻清。
闲方为达士，忙只是劳生。
朝市谁头白，车轮未晓鸣。

——王晚霞:《濂溪志》(八种汇编)之[清]周诰 第676页

周敦颐悟道处——月岩

## 书窗夜雨 周敦颐

秋风拂尽热，半夜雨淋漓。
绕屋是芭蕉，一枕高响围。
恰似钓鱼舡，蓬底睡觉时。

——王晓霞：《濂溪志》(八种汇编)之[明]胥从化 第34页

## 和吴拭暑雪轩 周 焘

**五言律诗 押删韵**

崇台穷石照，气味乐偷闲。
南陆朱明驭，西阑白雪山。
茶瓯回舌本，麈尾落谈间。
欲缀风烟句，弥高不可攀。

## 合江亭(其一) 周 焘

**七言律诗 押庚韵**

共思赤脚踏层冰，聊适江皋兴自清。
昨夜雨云驱浊暑，晓来烟水快新晴。
山疑九叠张云势，滩激千岩落布声。
巾履从来在丘壑，愿陪闲日此间行。

## 合江亭(其二) 周 焘

**七言律诗**

却暑追随水上亭，东郊乘晓戴残星。
余歌咽筦来幽浦，薄雾疏烟入画舲。
兴发江湖驰象魏，情钟原隰咏飞令。
故溪何日垂纶去，天末遥岑寸寸青①。

按：① 以上宋程遇孙《成都文类》卷八。

## 游天竺观激水　周　焘

七言绝句　押庚韵

拳石耆婆色两青，竹龙驱水转山鸣。
夜深不见跳珠碎，疑是檐间滴雨声[①]。

按：① 宋王十朋《增刊校正王状元集注分类东坡先生诗》卷五《次周焘韵》题序引。

## 诗一首　周　焘

七言绝句　押真韵

东山蜡屐坏车轮，小草青知山外春。
园柳鸣禽唤幽梦，惠连诗句更何人[①]。

按：① 同上书卷一六《和钱四寄其弟和》题注引。

## 题罗汉院小阁　周　焘

七言绝句　押寒韵

匹马招提晚憩鞍，前村箫鼓饯余寒。
谁知小阁栏干曲，却得梅花正面看。

## 再宿次前韵　周　焘

七言绝句　押寒韵

重来端复解征鞍，清夜溪风六月寒。
欲写经行二年事，平林须入画图看[①]。

按：① 以上《舆地纪胜》卷一四五《成都府路·简州》

## 和周焘合江亭(其一)　孙　侔

七言律诗　押庚韵

炎夏江风冷欲冰，坐陪袁谢有余清。

旧闻蜀地四时雨，今快岷山千里晴。
旋切银丝尝鲙味，聊攲玉枕听滩声。
晚来忽起扁舟兴，更傍中流看月行。

## 和周焘合江亭（其二）　孙　侒

七言律诗　押庚韵

西南都会锦官城，持节来寻汉客星。
去国谩追千里马[①]，还家拟泛一帆舲。
公才磊落宜方面，我病荒疏冒使令。
未许东山同笑傲，胜游聊可上丹青[②]。

按：① 自注：侒后公数日出京。
② 以上宋程遇孙《成都文类》卷八。

## 和周焘合江亭（其一）　吴　栻

七言律诗　押庚韵

使者风流照锦城，东郊揽辔更澄清。
春江合处烟凝晓，秀岭横边日弄晴。
石鼎煮茶浓有味，金钟注酒酾无声。
何时却信桥南步，细读诗人古柏行。

## 和周焘合江亭（其二）　吴　栻

七言律诗　押庚韵

闻公载酒合江亭，要使邦人识使星。
宿雨乍晴聊信马，晓风初熟更扬舲。
赋成不是缘鹦鹉，诗就当和为脊令。
只欠湘灵来鼓瑟，渔歌声断数峰青[①]。

按：① 以上宋程遇孙《成都文类》卷八。

## 次周焘韵并叙 苏 轼

五言绝句 押庚韵

周焘游天竺,观激水,作诗云:
拳石耆婆色两青,竹龙驱水转山鸣。
夜深不见跳珠碎,疑是檐间滴雨声。
东坡和之:
道眼转丹青,常于寂处鸣。
早知雨是水,不作两般声。

## 濂溪辞 黄庭坚

溪毛秀兮水清,可饭羹兮濯缨,不渔民利兮又何有于名。弦琴兮觞酒,写溪声兮延五老以为寿。蝉蜕尘埃兮玉雪自清,听潺湲兮鉴澄明。激贪兮敦薄,非青蘋白鸥兮,谁与同乐。津有舟兮池有莲,胜日兮与客就闲。人闻拿音兮,不知何处散发,醉高荷为盖兮,倚芙蓉以当妓(伎)。霜清水冷兮舟着平沙,八方同宇兮云月为家。怀连城兮佩明月,鱼鸟亲人兮野老同社而争席,白云蒙头兮与南山为伍,非夫人攘臂兮,谁予敢侮。

——王晚霞:《濂溪志》(八种汇编)之[明]胥从化 第94页

## 故周茂叔先生濂溪(溪在庐山下) 苏 轼

世俗眩名实,至人疑有无。
怒移水中蟹,爱及屋上乌。
坐令此溪水,名与先生俱。
先生本全德,廉退乃一隅。
因抛彭泽米,偶似西山夫。
遂即世所知,以为溪之呼。
先生岂我辈,造物乃其徒。
应同柳州柳,聊使愚溪愚。

## 侨杭偶咏 周 靖

洛阳名园钟鼓沉,乱鸦啼破泪霑襟。

何人得似香山老，千载精灵托梵音。

又

几年魂绕浙东西，十里荷花漾锦陂。
踏遍两峰三竺路，又随青嶂入云栖。

## 迁紫岩自咏　周　靖

千里旌旗拥六飞，投簪欲上钓鱼矶。
无端忽被闲云引，回曜峰前掩竹扉。

## 莲蓬人　鲁　迅

芰裳荇带处仙乡，风定犹闻碧玉香。
鹭影不来秋瑟瑟，苇花伴宿露瀼瀼。
扫除腻粉呈风骨，褪却红衣学淡妆。
好向濂溪称净植，莫随残叶堕寒塘。

## 七绝一十首　书爱莲说后　周载熙

### 莲花之君子

品格清莲蔑以加，时中君子号无差。
不贪富贵牡丹伴，阴逸何妨等菊花。

### 出淤泥而不染

勿使污泥半点侵，水中特出势高临。
皭然浑浊如蝉蜕，谁说莲花不染心。

### 濯清涟而不妖

清涟久濯秀而韶，色不媚人花不妖。
别具仙姿波浪畔，牡丹艳态菊同消。

### 不蔓不支

莲非蔓草虑难图，节节枝枝复绝无。

一律整齐排水上，参差荇菜回悬殊。

### 中　通

天然生质本玲珑，折叶为杯号碧筒。
竹解虚心差可拟，未能易像卜黄通。

### 外　直

莲岂直寻枉尺名，一茎直上本天成。
不扶自直蓬休比，凭藉麻中寄此生。

### 香远益清

花放莲房映水沄，香清近与远相闻。
池塘一样和风送，百步而遥倍几分。

### 亭亭净植

清莲无倚亦无偏，卓立亭亭操独坚。
不类岸傍垂柳质，随风三起复三眠。

### 可远观而不可亵

亵玩远观判易难，莲殊沅芷与沣兰。
名花只许眼前赏，慎勿拈花入手看。

### 莲之爱何人

众爱牡丹势若狂，莲花与菊爱奚尝。
孤芳纵蹇逢知己，贵在知希老子详。

编者注：周载熙先生是丰江周村人，是牌头中学前身同文公学第一任校长，住同文约20年，为校长10年，受先生教育者不止如孔子之3000人也。录自《暨阳丰江周氏宗谱》卷二

## 紫岩铭　冯梦祖

有崿有崿，峰开石络，碛(qi)异龙门，不穿不凿，乡域暨州，嶒嵘邱壑，樵采佃渔，耰锄群作，水涌山迤，盈川弥陌，雨暘时乘，云霞壁臒，俯瞰鉏瞻，懸厓寻拓，松柏风飕，憩徐释熇，岱狱袤(mào)崇，坛壝非窄，终古岩岩，于村于落，维夏献将，履屐交格，何以奠之，有神来宅。

——《国朝三修诸暨县志》卷九

### 紫岩诗　屠倬

岩石缀红树，
枯藤缭绕之。
迟徊动行色，
正是出山时。

——《国朝三修诸暨县志》卷九

## 二、墓志铭

### 濂溪先生墓志铭　潘兴嗣

吾友周茂叔，讳惇颐，其先营道人。曾祖讳从远，祖讳智强，皆不仕。考讳辅成，任贺州桂岭县令，赠谏议大夫。君幼孤，依舅氏龙图阁学士郑向。以君有远器，爱之如子。龙图公名子皆用“惇”字，因以“惇”名君。

景祐中，奏辅试将作监主簿，授洪州分宁县簿。君博学力行，遇事刚果，有古人风，众口交称之。部使者以君为有才干，举南安军司理参军。转运使王逵以苛刻莅下，吏无敢可否。君与之辨事，不为屈，因置手版，归取诰敕纳之，投劾而去。逵为之改容，复荐之。移郴令，改桂阳令，皆有治绩。用荐者，迁大理寺丞，知洪州南昌县。其为治精密严恕，务尽道理，民至今思之。改太子中书佥判，覃恩改虞部员外郎，通判永州。今上即位，恩改驾部。赵公抃入参大政，奏君为广南东路转运判官，称其职。迁虞部郎中，提点本路刑狱。君尽心职事，务在矜恕。虽瘴疠僻远，无所惮劳，竟以此得疾。恳请郡符知南康军。未几，分司南京。赵公抃复奏起君，而君疾已笃。熙宁六年(1073)六月七日卒于九江郡之私第，享年五十七。君笃气谊，以名节自砺。郴守李初平最知君，既荐之，又赒其所不给。初平卒，子尚幼，君护其丧以归，葬之。士大夫闻君之风，识与不识，皆指君曰：“是能葬举主者。”君奉至廉，所得俸禄分给宗族，其馀以待宾客。不知者以为好名，君处之裕如也。在南昌时，得疾暴卒，更一日一夜始甦(苏)。视其家，服御之物，止一敝箧，钱不满百，人莫不叹服，此予之亲见也。尝过浔阳，爱庐山，因筑室溪上，名之曰濂溪书堂。每从容为予言：“可止可仕，古人无所必。束发为学，将有以设施，可泽于斯民者，必不得已，止未晚也。此濂溪者，异时与子相从于其上，歌咏先王之道，足矣！”此君之志也。尤善谈名理，深于易学。作《太极图》《易说》《易通》数十篇，《诗》十卷，今藏于家。母郑氏，封仙居县太君。娶陆氏，职方郎中参之女。再娶蒲氏，太常丞师道之女。子二人，曰寿，曰焘，补太庙斋郎。以其年十一月二十一日，窆于德化县德化乡清泉社，母夫人墓左，从遗命也。寿等次列其状来请铭，乃泣而为之。铭曰：“人之不然，我独然之。义贯于中，贵于自期。谫谫日甚。风俗之偷，乃如伊人，吾复何求。志固在我，寿则有命。道之不行，斯谓之病。”

——王晚霞：《濂溪志》(八种汇编)之[清]彭玉麟 第824页

**濂溪新墓** 公于北宋熙宁六年(1073)终老于九江(卒熙宁六年癸丑六月七日),享年五十七岁,与其母及二妻同葬于江西德化县清泉社三起山(今九江南郊十里铺冯家村周家后湾庐山莲花峰莲花镇之栗树岭)。据考证,原濂溪墓园沿中轴线自南向北依次是:石牌坊、八角亭、荷塘、牌楼门、爱莲池、状元桥、濂溪祠、爱莲堂,台阶、拜坛、墓冢、环形照壁,墓区围墙作莲花蕾之状的走向沿坡而上,以喻濂溪先生终生爱莲之意。由此,濂溪墓园曾是旧时"江州八景"之一。

现公路直通新墓园大门水昵路段约200米,石牌坊一座,墓园大门一座,五十七级花岗石台阶一条(象征元公享寿57岁),以及祠堂、爱莲堂、莲花池及状元桥,"濯缨""爱莲""光霁""光翠"等凉亭4座,墓碑及三块古碑的清理修整,植树600棵,满铺草地1300平方米,数百米围墙粉刷等工程。最终于2006年9月基本修复了古周夫子濂溪(周敦颐)墓园。

## 重修周元公祠记　李宗昉

西湖之湄,南宋建周元公祠,岁久倾圮,至元延祐重建于清波门外之钱家湾。

我国朝康熙、雍正间,屡请修葺,嘉庆丁丑(1805),裔孙凯等复请修,落成日请记于余。余曰:"周元公之绍圣明道,爼豆馨香,从祀两庑庙食百世不待,家之有无也!砭愚订顽,民胞物与,天下后世群奉一编,知与不知,争相户视,不待西湖之专祠也。坐言起行,诚中形外,圣贤气象,霁月光风,又不待哲嗣之葺祠而焕然表见也。余言不亦赘乎,虽然元公之作已八百载,忠臣节烈奕世间作,孝子顺孙继继承承,禴祀蒸尝,追远报本,以此谊而推之一乡,推之一国,推之天下,则户有弦歌家传兹让,薰蒸块块,翔洽太和,即四子之学于以传,达道达道于以立,而我朝之煦妪覆育,教化广披,使人亲其亲,长其长,皆不外是则嗣之葺祠为有名,西湖之专祠不为滥,而家祠之为历代褒崇,圣主俞充,以风示天下后世之学者,若揭日月行江河矣!祠背山面湖,春夏菡萏敷披，迎朝霞而映初日，想见公之和，际空濛而濯烟雨；想见公之洁，縈回香风，不濡不染；想见公之度，渔唱菱歌，妇子筐筥採实，撷节盈溢于市；想见公之质，如日月用饮食有补于生民斯世。

此西湖之祠堂，所独甲于天下，霁是不可以不记。

嘉庆乙卯(1807)夏五月既望

山阴李宗昉撰

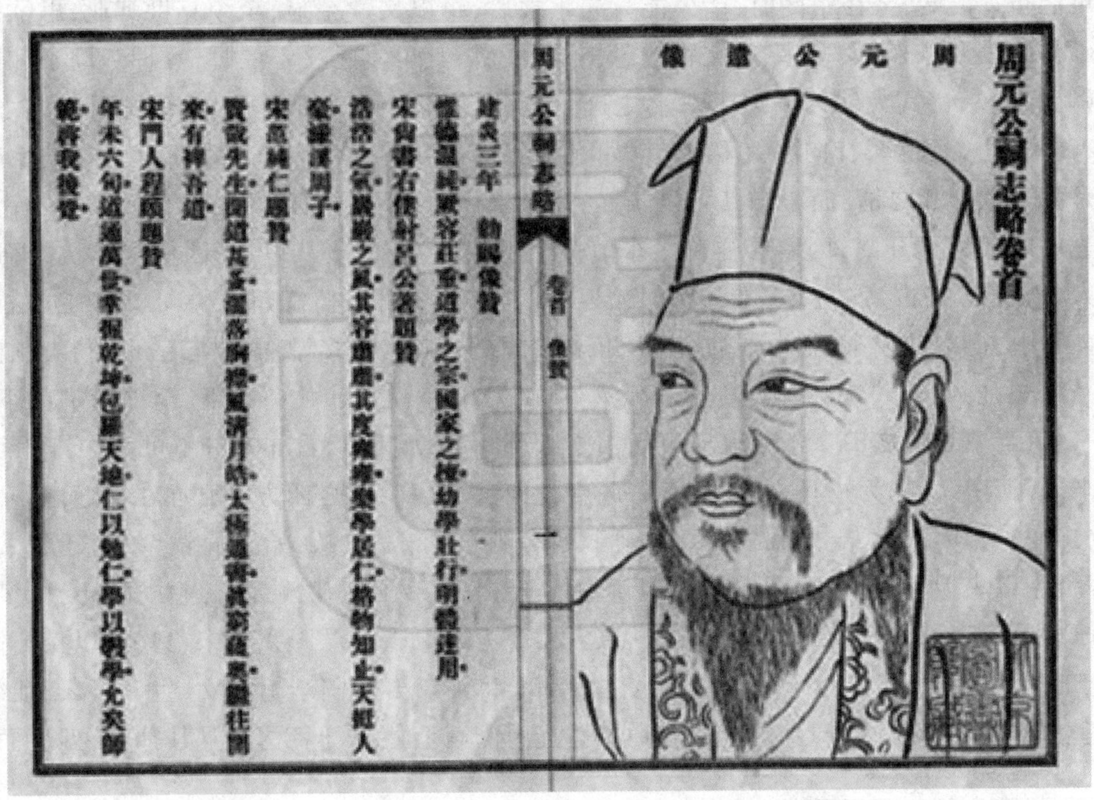
周元公祠志略卷首
周元公遺像
周元公祠志略　卷首　像贊　一
建炎三年　勅賜像贊
惟德溫純　實容莊重　道學之宗　國家之楨　幼學壯行　明體達用
宋尚書右僕射呂公著題贊
浩浩之氣　巖巖之風　其容盎盎　其度雍雍　樂學居仁　格物知止　天挺人
豪　濂溪周子
宋范純仁題贊
賢哉先生　閒道甚多　灑落胸襟　風清月皓　太極通書　其窮甚奧　繼往開
來　有裨吾道
宋門人程頤題贊
年未六旬　道通萬世　幸握乾坤　包羅天地　仁以勉仁　學以教學　允矣師
範　啓我後覺

## 恭赋重建先元公祠

清波门外钱家湾，我祖濂溪祠岿然至今百年，颓且废，无复铜雀片瓦全，所存故址弓十九，直弓四十，马难旋，吁嗟乎！先儒面神树无依所寄于社庙，奈如何？乙亥暮春，经斯地触目伤心，碑摩抄椤，告秀水沈遁谷，遁谷先生修疏请郡咨部，谋规度基地，先筑堤，门前再填数丈坡，两边栏街立牌楼，中间磨砖雕门窗，前有五间并门墙，中殿飨奏《云和》，后殿启圣，两面厅前恭崇圣后，宾过聚集，群孙秋乡试，告于本支募张罗，濂溪非我一家祖，留待读书并揣摩，呜呼！先贤之祠尚如此，不若僧人容易多。

# 周靖墓志铭　李大同

三代盛时，圣贤继作，道统日以修明，百姓日用而不知，盖时虽有治乱，而道无一日不在天地也。道学之名，何自而立哉？秦汉以降千三百年，圣贤亦复不作，天下贸易而无一人能识其用，儒者何从得之，以尊其身而独立于天下耶？吾是以叹斯道为不传之妙物矣。濂溪先生溯源邹鲁，倡导伊洛，图书行世，日月丽天，盖其推明二五之尊，得天所卑，不由师传，诚一代之醇儒而卓乎其不可尚也。已始，余在馆阁时，诸公能言先生之后，每以文学至显，至今克世其业，思欲一交其人而不得。丧乱以来，人事弗齐，文物遗献，若周氏者，其可复见乎？一日，大理寺周子和以著作陈蓍卿氏书，求铭其大父国子博士墓上之碑，因阅其家世，则开封之子，而开封则濂溪之孙也。其事有慨于心，且使畴昔向慕之私，一旦如行空谷而闻足音之跫然，适故都而见流风馀韵之存也。是我虽欲却和之请，而心知其可以张之，矧和求之再乎。博士讳靖，字天锡，其先本南康人，自其先君彝起家至开封，因留居祥符之东镇关。思陵南渡，博士从以迁，因侨居于杭，再迁而为诸暨人。幼通敏好古，善属文。在汴都时始以父荫奏补承信郎，监江州酒税，非其好也，去。举进士。宣和中，得出身起家，主中江簿，转彬州录事，遏于守帅，事多掣肘，君守法不阿，尝预内铨已而。靖康之乱，中外共忧，家国危迫，君孤远不恤，乃以宗社大计关白大臣，至欲投书阙下，庶几天子一悟，当事者呵之曰："尔所言何事而书之纸耶？"卒为其阻，君亦知势不可为，乃遂弃归。自是以来，环河南北，鞠为戎马之区，大家右族弃骨肉、去坟墓，散之四方。君亦在播迁之中。绍兴癸丑(1133)，銮舆南幸，定鼎临安，百僚奔问，官守兆庶，自发以从，始息肩钱塘，朝廷收采舆望，谓宜甄录，以表遗直，起为国子正录。明年进博士，三舍弟子列几数百人，业成而仕，后多知名。居亡何力丐罢官，以诸暨有中州风，遂徙居之，故今为诸暨人焉。隆兴癸未(1163)以疾卒。距生于崇宁壬午(1102)，享年六十有二。葬邑之六都大将山。娶洛阳李翰林女，生一子亥，仕终大理寺评事。孙勤、谨、和。铭曰：濂溪汤汤，道久弥光；泽流演漾，派于四方。君其孙曾，五世而昌；受

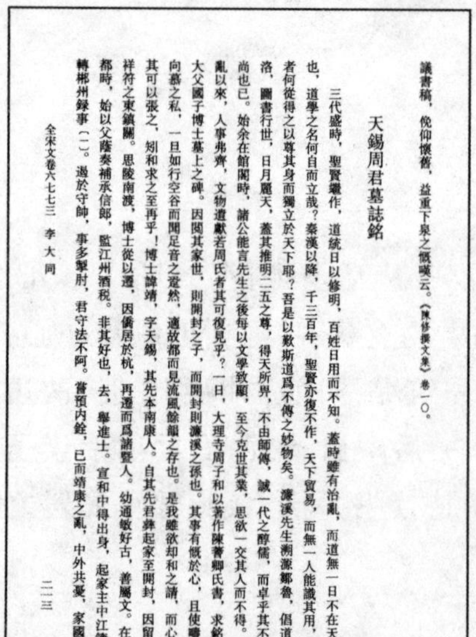

議書稿，俛仰懷舊，益重下泉之慨嘆云。《陳修撰文集》卷一〇。

天錫周君墓誌銘

三代盛時，聖賢繼作，道統日以修明，百姓日用而不知。蓋時雖有治亂，而道無一日不在天地也，道學之名何自而立哉？秦漢以降，千三百年，聖賢亦復不作，天下貿易，而無一人能識其用，儒者何從得之以尊其身而獨立於天下耶？吾是以歎斯道爲不傳之妙物矣。濂溪先生溯源鄒魯，倡道伊洛，圖書行世，日月麗天，蓋其推明二五之尊，得天所畀，不由師傳，誠一代之醇儒，而卓乎其不可尚也已。始余在館閣時，諸公能言先生之後每以文學致顯，至今克世其業，思欲一交其人而不得。喪亂以來，人事弗齊，文物遺獻若周氏者其可復見乎？一日，大理寺周子和以著作陳耆卿氏書，求銘其大父國子博士墓上之碑。因閱其家世，則開封之子，而開封則濂溪之孫也。其事有慨於心，且使疇昔向慕之私，一旦如行空谷而聞足音之跫然，適故都而見流風餘韻之存也。是我雖欲却和之請，而心知其可以張之，矧和求之至再乎！博士諱靖，字天錫，其先本南康人。自其先君彝起家至開封，因留居祥符之東鎮關。思陵南渡，博士從以遷，因僑居於杭，再遷而爲諸暨人。幼通敏好古，善屬文。在汴都時，始以父蔭奏補承信郎，監江州酒税。非其好也，去，舉進士。宣和中得出身，起家主中江簿，轉郴州録事〔一〕。遇於守帥，事多掣肘，君守法不阿。嘗預内銓，已而靖康之亂，中外共憂，家國危

全宋文卷六七七三　李大同　二一三

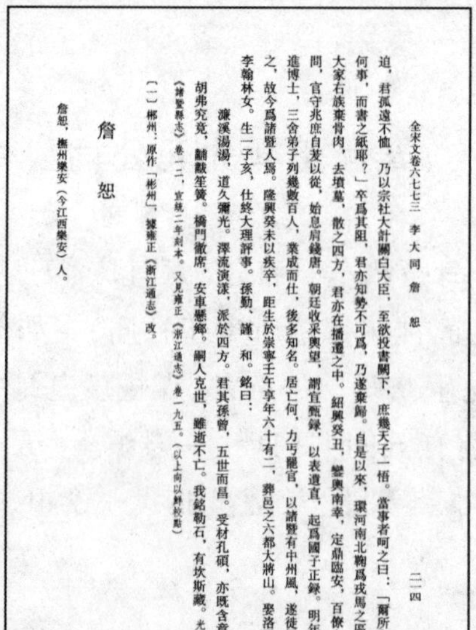

迫，君孤遠不恤，乃以宗社大計闕白大臣，至欲投書闕下，庶幾天子一悟。當事者呵之曰：「爾所言何事，而書之紙耶？」卒爲其阻，君亦知勢不可爲，乃遂棄歸。自是以來，環河南北鞠爲戎馬之區，大家右族棄骨肉，去墳墓，散之四方，君亦在播遷之中。紹興癸丑，鑾輿南幸，定鼎臨安，百僚奔問，官守兆庶自茇以從，始息肩錢唐。朝廷收采輿望，謂宜甄録，以表遺直，起爲國子正録。明年，進博士，三舍弟子列幾數百人，業成而仕，後多知名。居亡何，力丐罷官，以諸暨有中州風，遂徙居之，故今爲諸暨人焉。隆興癸未以疾卒，距生於崇寧壬午，享年六十有二，葬邑之六都大將山。娶洛陽李翰林女。生一子亥，仕終大理評事。孫勤、謹、和。銘曰：

濂溪湯湯，道久彌光。澤流演漾，派於四方。君其孫曾，五世而昌。受材孔碩，亦既含章。胡弗究竟，韞櫝笙簧。橋門徹席，安車懸鄉。嗣人克世，雖逝不亡。我銘勒石，有坎斯藏。光緒《諸暨縣志》卷一二，宣統二年刻本。又見雍正《浙江通志》卷一九五。（以上向以鮮校點）

〔一〕郴州：原作「彬州」，據雍正《浙江通志》改。

詹　恕

詹恕，撫州樂安（今江西樂安）人。

全宋文卷六七七三　李大同　詹恕　二一四

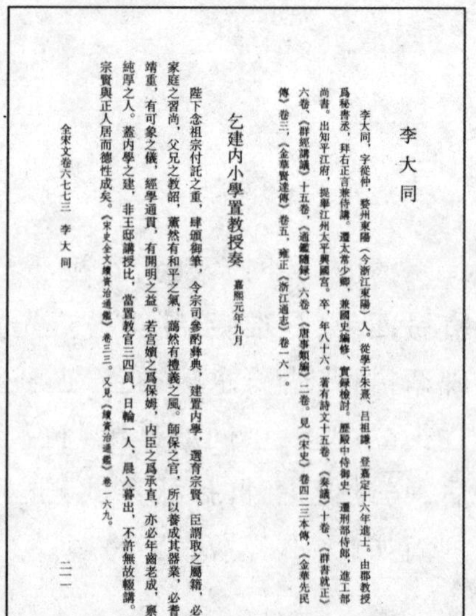

李　大　同

李大同，字從仲，婺州東陽（今浙江東陽）人。從學于朱熹、吕祖謙，登嘉定十六年進士。由郡教授爲秘書丞，拜右正言兼侍講。遷太常少卿，兼國史編修、實録檢討。歷殿中侍御史，遷刑部侍郎，進工部尚書。出知平江府，提舉江州太平興國宫。卒，年八十六。著有詩文十五卷、《奏議》十卷、《群書就正》六卷、《群經講義》十五卷、《通鑑隨録》六卷、《唐事類編》二卷。見《宋史》卷四二三本傳，《金華先民傳》卷三，《金華賢達傳》卷五，雍正《浙江通志》卷一六一。

乞建内小學置教授奏　嘉熙元年九月

陛下念祖宗付託之重，肆頒御筆，令宗司參酌彝典，建置内學，選育宗賢。臣謂取之屬籍，必其家庭之習尚，父兄之教詔，薰然有和平之氣，藹然有禮義之風。師保之官，所以養成其器業，必耆德靖重，有可象之儀，經學通貫，有開明之益。若宮嬪之爲保姆，内臣之爲承直，亦必年齒老成，稟資純厚之人。蓋内學之建，非王邸講授比，當置教官三四員，日輪一人，晨入暮出，不許無故輟講。庶宗賢與正人居而德性成矣。《宋史全文續資治通鑑》卷三三。又見《續資治通鑑》卷一六九。

全宋文卷六七七三　李大同　二一一

材孔硕，亦既含章。胡弗究竟，黼黻笙簧；桥门彻席，安车悬乡。嗣人克世，虽逝不亡；我铭勒石，有坎斯藏。

注：

1.此文收入《光绪诸暨县志·山水志》。

2.李大同，东阳人，字从仲，南宋嘉定进士，学于朱熹，首陈谨独之戒，官右正言兼侍讲，迁工部尚书，以宝谟阁直学士知平江府。有《群经讲义》。

3.周子和，周靖之孙，嘉定元年(1208)进士，任大理事。

4.陈蓍卿，临海人，字寿老，嘉定进士，官至国子监司业。有《论孟纪蒙》《赤城志》等。

5.居亡何力丐罢官：亡何，不久；丐，乞求。居(临安)不久，即力求辞去官职。

6.思陵：宋高宗赵构死后葬于会稽之永思陵，因以“思陵”为高宗代称。

7.诸暨周氏一世周靖(周敦颐曾孙)迁居店口紫岩盛厚里，葬诸暨六都大将山。

——参见李海文：《周恩来家世》P9

## 宋进士周君墓志铭

宋进士周君墓志

## 有宋进士周君墓志

宗末迪功郎前袁州州学教授春陵周焕书

契末迪功郎前泉州州学教授永嘉丁一凤填讳

亲末修职郎新宜差池州州学教授赵正□题盖

先君讳钦明，字文思，其先汝南人，今居越之暨阳。曾祖惟晓，祖显昌，父汝朋，世业儒。先君幼失所怙，事母陈氏以孝，□性宽厚，生平无愠色，处婣族邻党，一意辑睦。乏者减籴价以赒之，病者施药艾以疗之。蚤历艰辛，虽务简俭，婚丧宾祭，于礼皆称。笃意义方，师友必名胜士。喜群书，耳目所接即收览。晚年酷嗜内典，逍遥物外，家事悉付诸子，不复关心，人称其达。生于庆元戊午九月四日，殁于咸淳乙丑六月二十六日，享年六十有八。男三人，长璘，习举业，娶王氏；次清，仙从释，屡董名刹；次恺，习举业，娶王氏。孙四人，□□□漕榜，娶赵氏；次垚，娶方氏；次溥，次高，俱习儒。曾孙二人，应雷、应详。曾孙女一人，雅。女许适胡进士。诸孤卜是年八月二十日乙酉，奉襄于泰北乡鲁山之原，合先妣郭氏之茔也。昊天罔极，呜呼痛哉！不肖孤璘泣血谨志，以内诸圹。黄昕刊。

（周录祥　标注）

墓碑拍照时间：2012 年 1 月 7 日

墓地：暨阳街道孙家村渔橹山脚

周氏始祖兵公、益公陵墓
重修于二〇〇六年仲冬，墓址淮岩

兵公墓左前侧德泽亭，亭址淮岩
新建于二〇〇六年仲冬

周迎公陵墓

状元周师锐陵墓

## 状元周师锐公墓志铭

孝皇在御以来，郡国俊秀，患贡额之狭者，多改习武科，吾里中士以能魁进者，凡三人，仪父其一也。仪父少以词赋得声，从诸先达游，间有杰作，吾侪辈传诵。乡试辄不利，乃奋然曰："有万人之场，贡额才十有一，岂可以咎有司耶？吾当假道于右科。"竟以是策名，时嘉定之初，士习弊于柄臣。

天子方更新，庶政场屋取士，先气节。仪父策陈万言，皆切于事宜，真公德秀考艺殿庐，得仪父卷，喜甚，遂置上第，士林韪之，真公出，语人曰："此文何独可冠右科，使在文举亦当为首选。"仪父既第，为学益不辄时，大比将复试，礼闱其友，遇于棘门之外。乃责之曰："文、武均为进士，已为右榜第一，而尚薄之耶？"义父谢曰："吾过矣！"竟不试而返。从戎四载，擢閤门舍人，知滁州，未行，留为御带器械兼干办。皇城司出知英德府，代还归班，又复出知封州，姻旧多劝以弗再踰岭外，仪父曰："君天也，东西维命，其可辞乎？"知封州致政再岁而卒，实绍定四年八月初九日也。仪父在朝惟陟降庑陛间，无职业以自见，每遇临对，凡御军之策，辄恳恳与上言之，语催科之一弊，救灾、恤荒之二事，教阅之具及执器械之徒，攻取克守，数皆明切详实，断断可行。

御命使北，时敌不能支，鞑兵窜徙河南，使指迄不通而返。万喙嚣嚣，皆欲乘其时以复世仇，仪父《上时宰相书》："独以为当今之势，莫先以压浮议所请，运气既衰，机会勿失。"等语，皆足以惑视听、动摇人心，而吾之根本不充，讵容轻举。开禧之前即可鉴也，其后兵端遂开，迄今多故，曲突徙新之言，世莫有知之者，自出英德召还，复有疏，谓今日势事，可虑者不专在此，而在岭南之摧峰军士，江西汀、赣等处，必且挺为盗。上不顾，为之虑。陛辞往封州，又极言古今激盗贼之变者，非一端有以力役劳民而致变者，有以科罚横敛而致变者；有以轻佻妄作，公肆立刻而致变者，今岁不登，求宁无益，而弭之之术，则在乎贪酷而择循良耳！北汀、赣、二广，寇贼鸱张，往往悉如仪父所言，其识虑之精如此，岂不学孙、吴者所能至哉！盖源流有自来矣！平生安贫乐义，不妄取与，岭南归，装不持南物。有风和尚者，黥隶英德，仪父问曰："此何为者？"吏以郡产怪石，其尤奇绝者，聚于斯人之庐，士大夫者，过必造而求焉，又每每窃论郡政是非，故前后郡守畏焉，无敢拒其谒者。仪父审，如是，乃语之曰："必欲见，吾徙黥他郡。"遂易辞而退，终仪父任，不敢矜张为患。仪父外貌宽和，与物无竞，居官律己，凛不可犯，性好孝友，伯仲怡怡如也。如兄弟早世者，抚其所出如己子，后进有寸善，乐为之延誉，逮以讣闻，识与不识皆为之嗟悼。悲夫，有如此者顾局于科目之异，所试不足究其所存，可憾也！

仪父讳师锐，字仲祺，世为婺之东阳玉峰右族人，大父修容，赠武毅大夫，妣郑氏，赠宜人。娶王氏，封恭人。男二人，长曰余孙，娶寿氏。次曰华孙，早卒。孙男二人，埜老、坦老。余孙今当受仪父致仕恩，始仪父遇劝奏荐，首及其侄晋孙，今为武忠郎，监军临江新淦县，县户部赡军酒库。女一人，适王桂高，亦以宝玺捧表，封官。将以绍定腊月初三日癸酉，葬于本邑雅兆之原，请铭。余与仪父邑学同舍，仕同朝，契分良厚，其何敢辞，遂为之铭。

曰：先多士兮文章，履荣显兮俊良，服櫜鞬兮帝之旁陟，降周旋兮其仪孔彰，咨访不及兮忠规易扬，科目有制兮施为未光，武事不试兮民痛则长，呜呼！仪父兮负才而亡。

宋绍定六年癸巳腊月一日辛未
本邑平章军国重事太师鲁国公乔行简谨撰
——《暨阳溪西周氏宗谱》卷之一

## 重修天锡公碑记

博士公讳靖，字天锡，宋理学鼻祖濂溪公之曾孙，暨阳周氏始迁祖。公生于北宋崇宁元年(1102)，宣和甲辰年(1124)举进士，绍兴癸丑年(1133)扈驾南渡，官至国子监博士。后因岳武穆遇害，深感“忠良之殄，邦国之祸也。中原终不复矣！”又因仰慕暨阳有中州风，遂于绍兴中携子辞官隐居诸暨紫岩乡盛厚里。卒于南宋隆兴癸未年(1163)，葬六都大将山。

八百五十余年来，博士公裔孙浩繁，英才辈出，名德硕彦，昭垂竹帛。近代以来，文学巨匠树人，人民总理恩来，声名显赫，皆为博士公后裔。

沧海桑田，世事变迁。博士公墓于乾隆丁丑年(1757)族祭之后鲜有记载。裔孙常念先祖功德，辗转寻访，终于二〇〇八年才得谒墓。然因年代久远，风雨侵蚀，碑碣毁迹，陵墓倾圮，见之无不潸然。二〇一一年清明，博士公裔孙五百余人，集聚于祖墓前，奉三牲五谷，焚香酌酒，慰祭先灵。

今欣逢盛世，国泰民安。后裔深感祖茔久湮，祭奠难展，合族共商重修大计。族人襄力举事，慷慨解囊，众推裔孙永根、叶生等督办。于是精心规划，鸠工庀材，修造墓冢、祭坛、碑亭、墓道、

大将山周靖墓纪念亭

牌坊等，复其原状，以再现昔日气势。工程于二〇一二年八月动工，二〇一三年三月竣工，历时八个月，耗资六十余万元。

我祖系出理学名门，自应足寿千古。今墓园重辉，周氏族人心愿既成，先祖英灵可慰。追宗溯源，祖德昭彰；出资出力，其行可嘉。为传承宗风，启迪后人，特著文勒石，立碑为记。

诸暨市濂溪文化研究会

二〇一三年四月四日

## 三、祭文

### 祭周天锡公文

维公元2009年4月4日，岁逢己丑，序列三春。青山郁郁，溪水潺潺，兹遇盛世，偃武修文。诸暨周氏，靖公后裔。集有心之贤达，择清明之暇日；会六都之大将山，拜先祖于灵寝前。

念我先祖：敦颐公之曾孙，暨阳郡之始祖。生于北宋崇宁元年，卒于南宋隆兴癸未。累官至国子博士，却仕于国难之际。羯鼓震帝京，徽钦赴黄龙。不愿作胡人之吏，泣别祥符之亲；甘心为大宋之民，徙钱塘而暂居。国之遭殃，祸不单行；奸佞当道，忠良遭戮；北定无望，南隅偏安。既无力齐国，便有心治家。宁灌园作田野之翁，不摧眉事奸佞之吏。遂迁隐诸暨紫岩，憩趾盛厚山岳。仰祖荫泽厚，历八百韶光；喜子孙蕃盛，成诸暨望族，继衍山阴、萧山、吴江。世出人才，笔名鲁迅，一代文学泰斗；代有精英，总理恩来，我朝开国元勋。

吾辈诸君，虽分枝别派，但源系靖公，情如一脉。集宗亲于陵前，率各辈而有序。祷祭文而告先祖，育后人而求继昌。

爱莲遗风，百世传承。呜呼先祖，伏维尚飨！

濂溪公三十二代孙新明　撰于拙园

### 祭周公天锡文

维公元2011年，岁次辛卯，三月戊子朔，越三日庚寅，时值清明。靖公后裔奉三牲五谷于寝陵，焚香酌酒，祭拜先祖。

告曰：

紫山巍巍兮，草木繁盛；绿水潺潺兮，大地回春。莲叶田田兮，怀祖德举杯行觞；濂溪浩浩兮，荫子孙源远流长。美哉《爱莲说》，天下奇文共咏唱，神矣《太极图》，世间理学呈仪象。中华周氏，无论伯仲，脉系黄帝世家；暨阳周裔，当有昭穆，源出濂溪烟霞。

念我靖公，敦颐公之曾孙，暨阳郡之始祖。聪颖睿智，官至国子博士；浩然正气，忧及大宋福祇。奸佞当道，别祥符之亲，不作胡人之吏；北定无望，徙钱塘之滨，甘为大宋子民。然无力齐国，便有心治家。禾田园以隐退，作山野之翁；读春秋以修身，养爱莲之风。紫岩地灵兮，仰祖荫泽厚，历八百韶光；盛厚人杰也，喜子孙蕃盛，成暨阳族望。诸暨绍兴，分枝频添；萧山吴江，子孙繁衍。世有才俊，椽笔数鲁迅，文学之巨匠；代有精英，理国仰恩来，史家之名相。

呜呼！

传祖德于万代，继先业之永昌；肇基业于千秋，开未来之吉详。

伏惟尚飨！

（祭文由周新明起草，周海宝、周建华修改后定稿）

## 祭博士公文

维公元2013年，岁次癸巳，二月丁丑朔，越祭日庚子，时值清明。裔孙等以重修祖茔事毕功成，特奉三牲五谷，焚香酌酒，慰告吾祖。

告曰：

紫山巍巍兮，草木繁盛；绿水潺潺兮，大地回春。莲叶田田兮，怀祖德举杯行觞；濂溪浩浩兮，荫子孙源远流长。美哉《爱莲说》，天下奇文共咏唱，神矣《太极图》，世间理学呈仪象。中华周氏，无论伯仲，脉系黄帝世家；暨阳周裔，当有昭穆，源出濂溪烟霞。

念我博士公：濂溪公之曾孙，暨阳郡之始祖。聪颖睿智，官至国子博士；浩然正气，忧及大宋

福祇。奸佞当道，别祥符之亲，不作胡人之吏；北定无望，徙钱塘之滨，甘为大宋子民。然无力齐国，便有心治家。禾田园以隐退，作山野之翁；读春秋以修身，养爱莲之风。紫岩地灵兮，仰祖荫泽厚，历八百韶光；盛厚人杰也，喜子孙蕃盛，成暨阳族望。诸暨绍兴，分枝频添；萧山吴江，子孙繁衍。世有才俊，椽笔数树人，文学之巨匠；代有精英，理国仰恩来，史家之名相。

呜呼！传祖德于万代，继先业之永昌；肇基业于千秋，开未来之吉详。

伏惟

尚飨！

## 花亭周氏修谱祭文

溯我祖自剡溪分派，兼水发祥。丕振家声，勿坠绛侯统绪，世传理学，常存道国清风。所由教训夙娴，邑推望族，渊源有自，辈出英才，报国精忠，捐躯甘赴蔗城之火。事亲惟孝，庐墓?乘菽水之欢，嗣陶母之徽音；妇多节操，普范公之惠泽，士有义声；翔步泮宫，频喜春芹撷秀；扬眉月窟，会经秋桂攀香，明经而贡树生花，广文宜化，援例而成均纳粟，国学观光，会列耆英，盛世称为人瑞，胸藏韬略，武夫亦作干城，孰非蒙祖德之滋培、宗功之阴庇也乎！今因邀集耆绅续修谱牒，阅三时而告竣，昭穆无紊，汇万卷以成编，系图有序，依行作传，十三村朗若列眉，别派分支，二十六世了如指掌，董事者任劳任怨，助理者克俭克勤，庶岁精爽式凭，神灵鉴祐，丰登年谷，使宗支共享升平，沐浴诗书，俾后嗣胥如礼节，敦雍睦于千百世。光泽常留，庇本根于亿万年；旧章永式，伏惟以妥以侑，降鉴声香来格，来格锡于祉福。

尚飨

清光绪丁亥冬月

裔孙敬身恭撰

## 花亭周氏修谱通用祭文

粤惟我祖，功德巍峨，水木之本源堪溯，创垂悠远，其裘之继述靡崖，诗书礼乐，代有文人，稼穑桑麻，世传家业，惟德泽之光辉，留贻自昔，斯云礽之幸覆，矩簸永存，兹者，吾周氏之星罗棋布也！各祖其宗，恪守旧志，自光绪丁亥续修宗谱，迄今三十载矣，诚恐世远年湮，岁视同宗如陌路，爰合村坊，复延谱师，节界春分，谨开谱局，时维小雪，敢告成功。窃冀修辑以来，则数十族之生灵，英华发越，参订以后则千万年之宗社磐石永安，用肃明礼，合大宗小宗以族，食聊申菲，敬冀远祖近祖之式凭，伏惟椒衍瓜绵，神灵呵护，服畴食德，福祚延长，以妥以侑，来格来歆。尚飨！

民国丙辰年十一月

## 四、家训

家规、祖训是家庭教育的重要方式，历代名人志士、文豪学者、社会贤达、世家大族多以家训的形式训诫子弟、垂饬后代。以家训、族训的形式对族人进行教育。诸暨周氏历代来在修谱时均载有祖训、家训或家规，内容丰富翔实，富有教育意义。是历代治家的经验总结和智慧结晶，是中华文化的重要组成部分。或孝顺父母、尊敬长辈，或崇尚仁义、诚实守信，或尊师重教、重礼谦逊，或和睦宗族、团结乡邻，或勤奋读书、勤俭节约，或自强不息、艰苦创业，等等。

训以治家，训以育人，训以养德。这些关于立身、治家、处世、为学的经验总结，传承着中华民族的文化传统、道德风尚和伦理观念，寄托着诸暨周氏后裔的生命信仰、情感依托和家国情怀，因而成为了润泽滋养诸暨周氏最富养分的精神食粮。为适合时代要求的内容和意义，使这些古老的家训与时偕行，焕发出夺目的智慧光芒，时代性、思想性、实用性兼具，实属难能可贵。忠厚持家远，诗书继世长的优良家风，与社会主义核心价值观相对接，继往开来，丰富人们的精神世界，提高诸暨周氏道德素质，很有意义。为实现中华民族伟大复兴的中国梦夯实道德之基，精神之本。

### 周氏家训

——伟大的中华周姓

唯我周公后，濂溪百世孙。
殷勤遵圣训，笃信守贤文。
礼乐千秋仰，图书万苦存。
居身恭俭正，处世厚谦温。
报国忠廉节，传家孝义纯。
闺门宜整肃，礼法不容紊。
男女非无别，尊卑自有伦。
笑言休苟且，举念要平匀。
戒慎其不睹，恐惊所费闻。
存心思济众，立志望超群。
无罪身为贵，成仁名亦尊。
高明昭日月，大道遍乾坤。
赫赫流芳远，巍巍树德敦。
吾人能学武，福寿永长春。
上可光先祖，下堪裕后昆。

## 汝南堂周氏家训

自古巨宗望族,莫不有家礼家训,昭示子孙,永垂鉴戒,用作惩劝,爰探其主肯而发明之,撮其要义而扩大之。治家传上策,克俭克勤;教子有良方,课耕课读。勿越轨而犯法,毋长恶而饰非。远匪人所以避祸,视君子所以省愆。善日积而名彰,恶日滋而身灭。从淫欲,习赌博,败家即在目前;用机巧,行乖张,享业只争瞬息。礼义廉耻存半点,不愧为良民。

士农工贾成一家,无忝于大众。诗书不可少废,勿诿子弟为庸愚;祭祀不可虚疏,毋以祖宗为辽远。矜孤恤寡,敬老怜贫。因财贿而失友朋,殊非义士;听妇言而疏骨肉,岂是丈夫?勿发人之荫私,勿唆人之诉讼。勿轻妯娌,勿薄乡邻。横逆之来,安知非我之有亏,当平心自问;潜愬所及,何必恨人之诡议,宜着意访求。静坐当思己过,闲谈莫道人短。宴会有节,勿务为长夜之欢;妓女易诱,亟摈诸大门之外。园蔬四季长春,可以无饥;国课及早输将,斯称至乐。相逢肩挑贸易,勿占便宜;每遇困苦视邻,宜加抚恤。婚姻无慕势利,取与更要分明。尊师重儒,敦宗睦族。一团和气,斯真为大家;同室操戈,即流为败俗。毋耻恶衣恶食,菜根咬得有余香;须法善行善,言仁义,饱时无俗态。善不期人见,便是真善;恶惟恐人知,便是大恶。不得则反求诸己,不欲则勿施于人。本此修身,一家庶几于仁孝;用之处世,四海皆致其敬恭。愿我子孙,勉旃毋忽。

## 须立碑记

坟墓者,祖宗体魄所安。孝子慈孙,固当世守而不可忘也。然而岁月之迈,事势更迁,凡为人子孙者不立碑记以报祖德,或风雨残害、或牛马损伤,一失查理,遂同荒丘。至于世远年湮,时移物换,或有垦为田地、掘为沟渠者,可胜惜哉!凡我孙子于祖宗坟墓,记以碑石曰某祖之墓。则世代虽远,碑石永存;平毁之患,于兹可免。

宋道国公濂溪先生之曾孙礼部侍郎固谨识

## 周氏爱莲堂祠规

### 1.力亩耕

力亩耕稼为衣食之所自出,税粮之所由供,乃国家之大本,生民之常业也。见有弃农业而工别务者,始则见利之速,若将易于务农及其终也,利微财尽欲归前业而不可得矣。视彼之任风波于万里,至亲舍于云间,于我何如耶?后之子孙宜防水患、垦荒陌、粪薄莳、谨藏种,开源节流,量入为出,而谋生之道勿外乎此。

**2.省冗费**

衣帛、食肉，惟父母之养为宜。下而妻子，不使其冻馁而已。宾客往还，称家接待，不须强为。外饰祭祀岁有成数，婚姻礼有常，经艺术之士，勿令缔交隶卒之徒，无与结契优之属，尤严狎昵。至若修斋诵经理不可信，张乐设晏事不可频，宫室车马朴素为佳，冠服器皿省约是务。凡为百事概以简实为主，宁失之俭，毋失之奢。则岁有余财，而用无不足矣。

**3.毋争讼**

争讼之事，或起于忿，或起于财。讼者之意不过欲以泄其忿，利其财耳。殊不知一入官府，轻则受囹圄之辱，重则取鞭杖之苦。纵使忿可伸、利可夺，抑且所得不补所失。况官府好恶不常，吉凶莫测，或至情真受诬，理直见枉，又不可必耶。故君子守退让，重廉耻，避嚣顽若蛇蝎，视刑宪如鸩毒，宁含忍而勿与角，则彼何得而讼我哉。

**4.毋赌博**

世之有害而无益者，无如赌博之事。至愚而不明者，莫如赌博之人。盖赌博之所，各出囊中之赀。虽执千金，而夜以继旦，消磨易尽，且囊中之物，非祖宗所遗，则经营所得。乃不思成立之难，求谋之苦。操有限之金钱，供亡躯之豪赌。偶而获胜，则以为快活生涯，贪得之心益横。不胜而负，则欲倾囊为注，求复之心愈滋，以致丧家失业，流荡无依。不为乞丐，必为盗贼矣。凡我子孙，士宜务读，农宜务耕，慎勿效此愚人，行此拙计。

**5.亲贤俊**

德行迈众曰贤，才略过人曰俊。若斯人者，实国家栋梁之资，宗庙瑚琏之品。今虽混于嚣尘之中，焉知异日不乘风云而上下乎?彼其言皆药石，行者矩，父兄信之。安富尊荣，子孙从之。孝悌忠信，奉为师友，时与往来。不惟德业进修，识见增长，而亦永可为平生所依赖矣。

**6.毋交匪人**

唆拨词讼，耽嗜酒色，谐谑之徒，杂戏之类，俱能引人亡身丧家，废时失业。苟非见机明决，执守不惑者，一与之游，则如入鲍鱼之市，必至不闻其臭矣！其害可胜言哉?惟不与之往返，乃可以杜后患矣。

## 藏绿萃亲堂家训

**1.崇祭祀**

礼有五经，莫重于祭。豺祭兽，獭祭鱼，孝子所为不忘其本也。春露秋霜，致敬致爱，凡我子孙各宜竭诚尽慎。自古未有祭祀不诚而不速致败亡者，史书所载，昭戒不远。所有祭田，宜立规制，世守勿替，以永矢报本追远之诚。

**2.正名分**

名分之严，今古昭然。叔虞之派已疏，周襄父称晋文，中山之裔甚微，汉献叔加昭烈，天子且不敢忽，况士庶乎。近世俗薄，因贫富为尊卑，凭好恶而上下，称谓之间古道湮矣。孔子曰：名不正则言不顺，故贵贱虽殊莫乖一本之义，亲疏纵别毋移百世之称，此宗族中敦伦之始事也。

**3.厚宗族**

宗族虽繁,其初一人之身也。近世俗薄,于富贵则亲之,贫贱则疏之,有故则亲之,无事则疏之。晏平仲之推恩乘车,范文正之施惠义田,风斯邈矣,思之思之,生人不能无贫富之殊,吾族何可有亲疏之别耶。

**4.重丧祭**

孔子曰:丧与其易也。宁戚、子路曰:与其哀不足而礼有余,不若礼不足而哀有余。自今凡有丧葬附身附棺必诚必信,至于亲朋之集,贫者宜俭,富亦不宜过丰,盖此等大事若不亲理必多妄费,必身亲之,人子何安。世有集宾客为美观,破产不恤,不足法也。若夫殓必鼓乐,相沿成习,以乐声间哭声,刘贞一公常以为戒,即人子又忍闻乎,其永禁鼓乐。

**5.肃闺门**

夫妇为人伦之始,闺门乃风化之原。贞静幽闲阃范端矣,授受不亲内外之防必密,夜行以烛,嫌疑之避必严,曾南丰《列女传》有云:家人之义归于反身,二南之业本于文王。故曰:身不修不可以齐其家。

**6.禁闲技**

无益之技徒耗精神,徒负光阴,徒费职业者,博奕之类。是已假令移博奕之力用之于诗书,是有颜闵之志也,用之于智计是有良平之思也,用之于资货是有猗顿之富也,用之于射御是有将相之备也。慎勿以有用之心思置之于无用之地。至如牌色等物,即遇岁时宾客既行禁绝,以杜赌盗之源。

**7.端蒙养**

美质堪培知后生之可畏,懿范在望见先进之当从,古人所为易子而教择师以训也。凡延西席宜学优而品端。庶我童蒙,可言法而行则士,先器识而后文艺,与其文胜于行,何如行胜于文,其慎之。

**8.息争讼**

鼠牙雀角世间多有。是非每不能自辨,自今凡有不平,宜告宗长族长和解。至于家法不能绳者,乃许控理于官,慎勿逞一朝之意气,耗数年之蓄储。

**9.急公务**

公而忘私固立身大要,勤以应务亦行已一端。自今凡有兴举,或关于朝廷,或系于祖宗,或施于乡党,或行于宗族,皆公务也,务须输诚恐后,慎勿观望周章。

**10.宽债负**

发财不若发身,积金何如积德。柱下之训曰:既以与人己俞有,既以分人己俞多。近见子钱之家放利而行,数年间子复生子以倍其母,俗薄甚矣,孰知利之所聚即害之所起乎,慎毋溺于攻取之途,致夺儿孙之福。

## 周家埠世遗祖训

**——首完国课**

国课不完,士庶胡以称良,故能依限如数全完,不啻仅免硬拖处毙之咎,庶几堪追比屋之可封也，其共遵之。

——**尚耕读**

民以食为天，子必由教□□□者，并重亦更相须也。毋为懈惰而虚仓囷，勿□□□以悲老大，务在及时骎进，念惟日不足之忧，俾世绳祖武，代振家声，予心方慰。

——**孝、悌、忠、信、礼、义、廉、耻**

世之纲常，人之秉彝也，必求自慊，而毋自欺于朝，勿玷国史，在乡无羞家乘，不亦诈伪之习既斩，而奸盗之风永绝乎。人良俗美，宗灵殆无恫矣。

——**氏族**

皆同根一脉所生，总使枝长派远，而尊尊亲亲之谊，万不可逾。倘有倚富欺贫，恃贵凌贱者，固为薄道无过吾门，而下之犯上，少之□□，□充属不肖，共斥无容。

——**嗜奕好酒**

以至辟赌数者，风俗□□而靡伦理，因之以秉矣！凡吾子孙不得坠堑其中，以秉懿行为幸。

——**祖茔**

墓固在详志以勤祭扫，所遗祀田亦宜款书区亩，社废产匮，祀之弊。至于同宗无后，孤坟之有顷滔者，一体封培，致有所考，此亦触目怆心之遗惠也。

——**宗族**

不平之事，必先赴诉家长，从公议妥，以全和气。间有暗唆寡者，众咸坐罚以戒，将来倘有不鸣家长而竟讼公庭者，虽属有理亦□□坐，以其违训伤和也。

——**宗谱**

乃传家至宝，掌之宗长，□□□□匪人，以致于失，尤宜朔望及闲暇之时，展卷朗诵，使诸子弟人人得以亲其亲，长其长，而敦伦睦族之典，修、齐、治、平之道，焕然聿新，谱牒之益，岂其微哉。

## 洄溪家规十二条

**一曰孝**。孝为百行之先，众善之长。要思我身所从来，当念父母劬劳，故《诗》载《蓼莪》，《书》称《洗腆》。天经地义，亘古常昭；罔极之恩，图报无穷。凡为子者，必须问寝视膳，毋使甘旨有缺，诚善承亲志，无违色笑，即菽水可以承欢。倘或忤亲意，有逆颜色，虽列鼎无以相悦。不特读书谈道固当明发不寐，永怀二人即愚夫愚妇亦当得亲顺亲，先意承志。凡属后裔，均宜思切陈情之表，时怀行役之什。

**一曰悌**。尊卑上下，自有等级，伯叔兄弟，伦谊咸在。倘骄矜之气习，成而尊卑之分莫辨，不几蹈伤伦败俗之辙乎？凡为卑幼，宜敬尊长，循规守矩，毋使伦常乖舛，致啓犯上之讥。诚能尊卑有序，上下有别，同气亲兄弟，尤克怡怡，人人亲其亲而敬其长，则骄悍之气消而雍睦之风成矣。凡属后裔，当思伦常攸系，毋蹈阋墙之愆。

**一曰忠**。凡人即未尽出面事君，顾日常行亦必须忠以尽己，恕以待人，常严三省，终身不懈。他时骧首天衢，揽辔皇路，无论一命再命，服休服采，均当靖共尔位，恪奉厥职，方免旷官素餐。

凡属后裔,当慕伊吕芳流奕叶,毋效敦下贻诮千秋。

**一曰信**。信为立身之大本,行事之要务。孔子曰:“人无信,不知其可也。”又曰:“民无信不立。”信之关于人,诚重且切矣。大而定国经邦,切勿疑贰猜忌;小而待人接物,亦忌尔诈我虞。是故表里如一,初终罔间,方为完人。凡属后裔,宜恪守诚一不贰之心,以为立身行事之本。

**一曰礼**。冠婚丧祭,大节攸关。升降拜跪,细行宜谨。若太过则有奢侈之责,不及则有亵慢之咎。礼必贵乎中节,乃能率履罔愆,可以垂模式后。故礼仪三百,威仪三千。凡属后裔,宜循规守矩,勿蹈相鼠之刺,常存俨若之思。

**一曰义**。纲常伦理,大端所系,进退荣辱,名节攸关。合乎义,虽万钟何辞?背于义,则一介勿取,故处心积虑以义为主,应事待人以义为权。凡属后裔,固宜见利思义,毋贻苛得之讥,亦见义必为,常凛无勇之戒。

**一曰谦**。寡欲狷介,操守宜坚。失节贪婪,则讥堪耻。故却金以明心,惧“四知”之难掩,还遗以济厄,媿“三让”而何惭?士君子立身行已,切莫多欲以狗私,万勿堕节败行。心如玉洁,庶可适性而怡情;志若冰清,时凛临深而履薄。凡属后裔,勿贪一朝之小利,致损终身之令命,永怀坚白,垂范后昆。

**一曰耻**。羞恶之心,人皆各具,耻辱之行,断宜自惩。若悖理逆情,罔顾名节,违条千法,不齿乡人,众口讥诮,顽钝不知,行同駔狯,耻孰甚焉?凡属后裔,勿云忍辱可以偷生,含垢可以肥囊,要必端方律已,始能寡过终身。

**一曰勤**。大禹惜荫,千古遵为懿训;陶侃运瓮,晋室赖以匡扶。故业荒于嬉,事精于勤。一日之计在寅,一年之计在春,一生之计在勤。士农工商皆以勤立业,若懈惰偷安,则志怠而事难成,必勤劬自勉,始心坚而功可就。凡属后裔,永守寸荫之儆戒,勿求刻晷之闲游。

**一曰俭**。俭为起家之本,守基之要。苟侈靡无节,虽丰盈必倾;穷奢极欲,则沧海亦涸。必量入为出,自可继而可久余,余九余三,乃不竭而不匮。故聚滴成河,积粒成山,非虚言也。凡属后裔,宜师先哲之俭,毋干侈靡之讥。

**一曰耕**。积于不涸之源者,务先服田;藏于不竭之府者,务在力穑。是以《月令》首重夫祈谷,《幽风》致警于举趾。若忘稼穑维艰,何以宁考而介寿?如其菽麦未辨,曷云秋报而春祈?凡属后裔,急宜俶载于南亩,切勿荒芜于西畴。

**一曰读**。读书不变化气质,则沦于粗鄙;读书不砥砺谦隅,则入于卑庸。所以读圣贤书行圣贤事,要必实践躬行,无负圣贤之书斯可耳。大而讲道明学,垂教后世;小而修身养性,律已端躬。古朱子云:“子孙虽愚,经书不可不读。”凡属后裔,务陶淑其性情,必敦笃夫礼义。

## 族规六条

溯降衷伊始,仁义中正何人不具于性情。自涉世以来,孝友睦姻,其事恒资乎启牖。虽圣传经而朝定法,已极精详,家垂训而族立规,尤为亲切。读朱文公所著博大精微,考司马公所垂真诚切实。今纵不能如二贤之言皆为,则未尝不愿乎,吾宗之户尽可封,爰揭六条,各疏数语,惟我族众永为遵循。

**一曰:孝顺父母**

至德要道最可弥于两间,地义天经行近著于一己。虽谓承欢养志,寻常所难,然思离里属毛,昊天罔极。苟至性至情之自动,即为人为子之常怀,由勉强而渐近自然,修仪节而终全天性,谁无父母,应同申言孝之谈,况其祖宗忍坐视逆亲之子。

**二曰:友爱兄弟**

最难得者兄弟;所当尽者友恭。相害相残,曹氏痛心于煮豆;争财争产,田家悔志于分荆。三复《杕杜》之篇,何堪罥踽;屡诵《棠棣之什》,须切究图。试观鸿雁排行,尚后先之有序。彼鹡鸰急难,真友爱之从心,尚期和乐。且湛庶几父母其顺。

**三曰:和睦宗族**

人易世疏,固足庆椒联之衍,流分源合,还应溯瓜瓞之初。若使等同宗于道途,何异弃先人之肢体。昔范文正义田赡族,至德可师;若张公艺忍字宜家,高风足继。冀吾族属共笃宗盟,美厥谊而明厥恩,无庸小忿,喜相庆而灾相恤,爰合太和。

**四曰:敦崇礼让**

人而无礼,相鼠有体,莫不令仪,其桐载美,况伯叔兄第之相接,敢恣睢凌万以蒙。愆世派、别尊卑,卑不抗尊,乃能安分;年龄分长幼,幼无并长,岂欲速成。就令齐齿而同行,亦各情深文至。至于慈幼而逮贱,斯为德盛礼恭。安平之李氏,堪钦雍雍风礼;河东之裴家,足法奕奕声名。盖其遵循以成令族。

**五曰:恢扩烝尝**

有田则祭祀,虽为士而言,事亡而存意,实尽人而具。故祀产之攸阙良重,而后昆世守宜珍,因已有而益加扩充,固以见继述之善,于本无而特为创置,尤足征光裕之模,用告宗人各恢祖泽,务使仓盈庾亿,千秋之妥侑有资,庶木本水源,百代之音容可接。

**六曰:顺立继祀**

人所憾于天地,莫若无儿,道与时为变通,因之立继。自来定律必以同服周亲,其或乏人,方及二功疎族。年纪既宜,相顺昭穆,尤贵适当。若立爱立贤之多端,相谋相夺之滋弊。谨约吾族脱不幸而待继绝之时,务按服图顺序,而得承祧之正,无贪财产,以至交争勿狥,偏私而招聚讼。

## 族禁六条

司徒掌教,有劝则必有惩,宗子治家立规,亦须立禁。欲使常触于目、庶警于心,乃能各释其回,共增其美。历陈六款,虽殊道之以政、齐之以刑。凡我族人,所当父戒其子、兄戒其弟。

**首禁:乖理乱伦**

唯禽兽为无礼,故至聚麀;备理气以成人,岂宜乱族。自古娶妻不娶同姓,况敢渔色以坏人伦。歌雄狐,歌娄猪,遗臭至今可鉴;赋墙茨,赋河水,丑言在昔难详。苟犯次条,必删于谱。

**次禁:鬻身奴隶**

士、农、工、商,皆君子立身之道;娼、优、隶、卒,乃人生不齿之徒。即使迫于饥寒,共谅谋生之乏术,岂无至亲,叔侄何荣,坐视其包羞荐仆。御以身列朝,端谁为晏子。脱笞奴而威行,塞外有几卫青。凡甘心于执鞭徒腼颜而在世,本人斥不登谱,至亲罚亦难辞。

**三禁:侵卖坟祠**

佳城郁郁,前人体魄攸归;庙貌峨峨,历代英灵如在。所贵善相保护,岂容巧肆侵谋。盗葬先坟,恐有妨于窀穸;侵占宗庙,不无碍乎几筵。况乃转鬻诸他人,尤必伤残其先祖。起幽栖之白骨,鬼哭荒郊;绝世享之明禋,魂飘空野。不仁不孝,孰重孰轻。轻则罚而追赃,重必删之出族。

**四禁:侵灭祭产**

歌《楚茨》而艺黍稷,享祀爰资;赋《南山》以甸理疆,苾芬是藉。故凡祀产、牲杀、器皿出其中,所赖后人保守,拓充于勿替。若恃强而乾没,曷供祀事孔明,至贪利而别售,是斩先人血食。侵蚀者议而加罚,典鬻者众所不容。

**五禁:非种承祧**

春功既绝,律有明条卜立,同宗礼垂成。宪公情炳,若默地难欺,不特血抱他姓,明属篡宗,即或产出姊姑,亦云非类。祭不肯与谱,岂容登。

**六禁:停棺不葬**

从来五礼,固有吉而有凶;凡在四民,岂有生而无死。销形难免,安土是谋,自惑牛眠,方吉何时,马鼠可封。夜永磷,愁遍残花衰草;天荫哭,恨牵绿水青山。最慎水火之难防,更虑子孙之多诿。是诚动魄而惊魂,宁毋伤心而惨目。自兹以后犯者按惩。

## 五年丰江周芝秀公家训

### 第一篇　总论做人之道

**一、享福更要造后福**

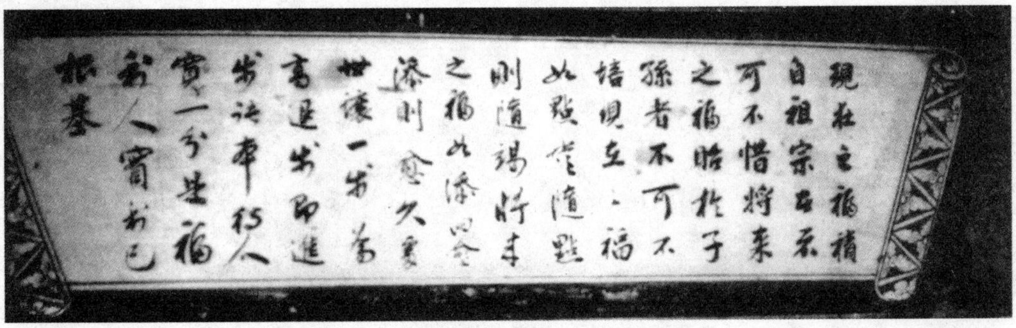

书写于丰三村后新屋原大厅墙壁上(一)

现在之福,积自祖宗者,不可不惜;将来之福,贻于子孙者,不可不培。现在之福如点灯,随点则随竭。将来之福如添油,愈添则愈久。处世让一步为高,退步即进步诸本;待人宽一分是福,利人实利已根基。

## 二、富贵莫忘贫贱

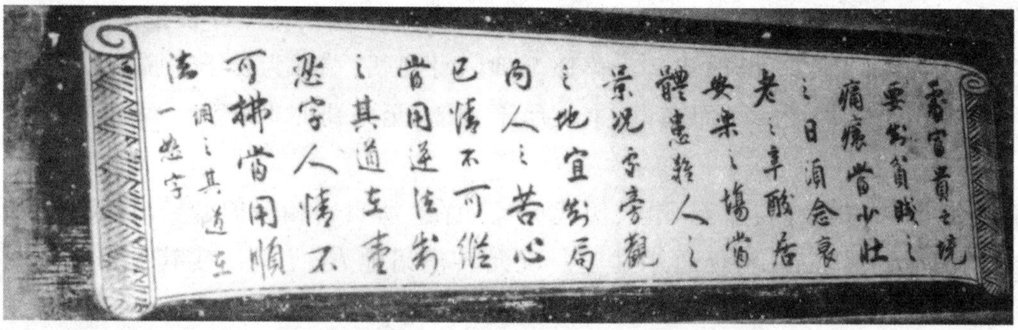

书写于丰三村后新屋原大厅墙壁上(二)

处富贵之境,要知贫贱之痛痒;当少壮之日,须念衰老之辛酸,居安乐之场,当体患难人之景况;处旁观之地,宜知局内人之苦心;己情不可纵,当用逆法制之,其道在一忍字;人情不可拂,当用顺法调之,其道在一恕字。

## 三、忌满盈要宽仁

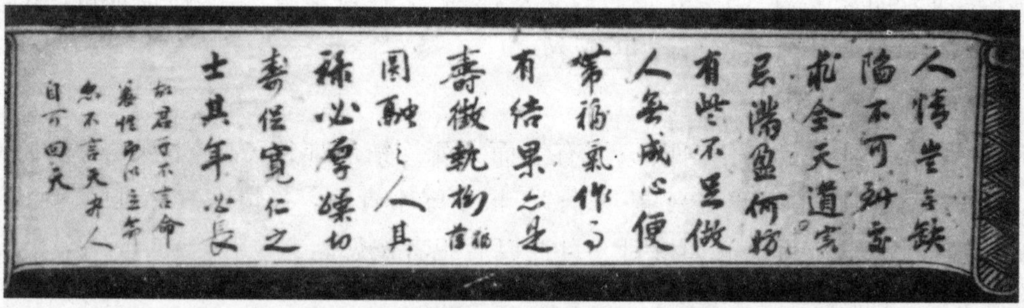

书写于丰三村后新屋原大厅墙壁上(三)

人情岂无缺陷,不可到处求全;天道实忌满盈,何妨有些不足。做人无成心,便带福气;作事有结果,亦是寿徵。执拗福薄,圆融之人,其禄必厚;躁切寿促,宽仁之士,其年必长。故君子不言命,养性即以立命,亦不言天,尽人自可回天。

## 四、创业与守业

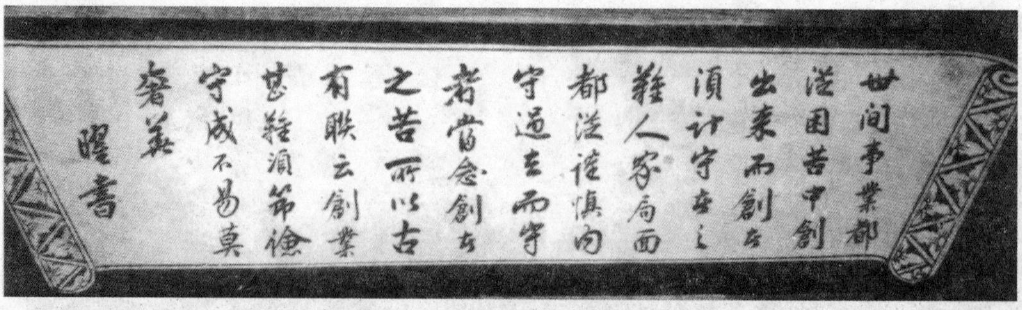

书写于丰三村后新屋原大厅墙壁上(四)

世间事业,都从困苦中创出来,而创者须计守者之难;人家局面,都从谨慎内守过去,而守者当念创者之苦,所以古有联云“创业甚难须节俭,守成不易莫奢华。”

## 第二篇　处　事

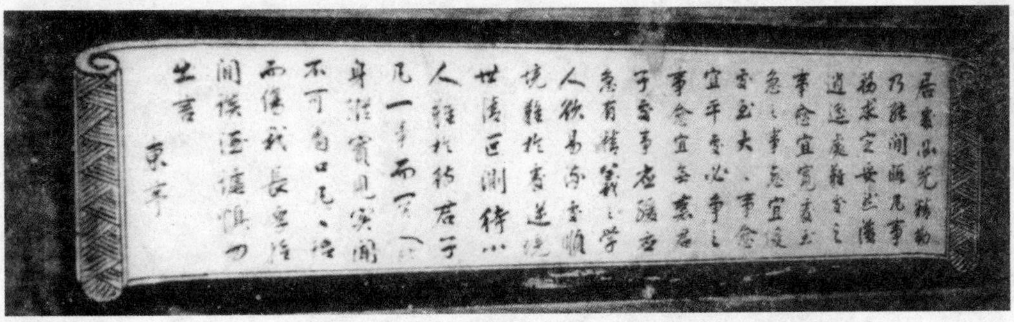

书写于丰三村后新屋原大厅墙壁上(五)

居处必先精勤,乃能闲暇;凡事务求定妥,然后逍遥。处难处之事,愈宜宽处;至急之事,愈宜缓处;至大之事,愈宜平处;必争之事,愈宜无奈。君子处事,应缓应急,有精义之学。人欲易流,处顺境难于处逆境;世情叵测,待小人难于待君子。凡一事而关人终身,从实见实闻,不可着口;凡一语而伤我长厚,虽闲谈酒谑,慎勿出言。东亭

## 第三篇　管教子弟、少年

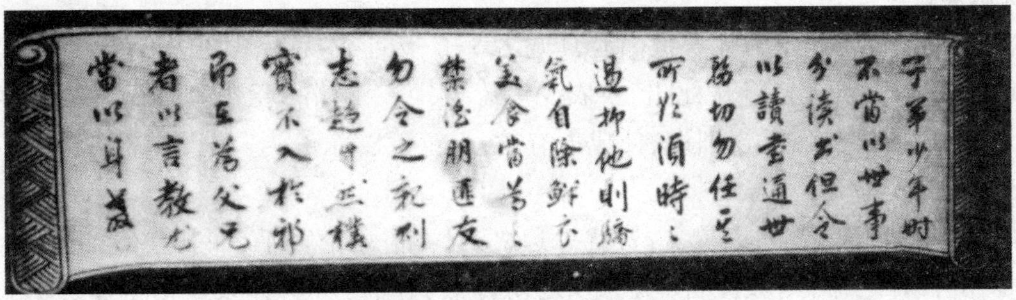

书写于丰三村后新屋原大厅墙壁上(六)

子弟少年时,不当以世事分读书,但令以读书通世务,切勿任其所期,须时时遏抑他,则骄气自除。鲜衣美食,当为之禁,酒朋匪友,勿令之亲,则志趋自然朴实,不入于邪。即在为父兄者,以言教尤当以身教。

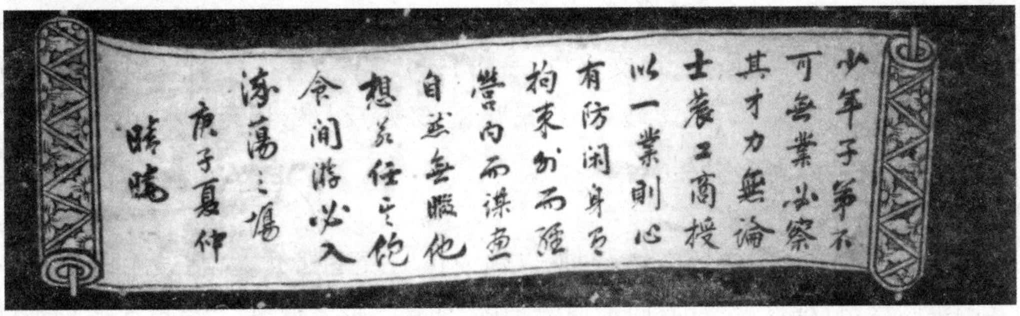

书写于丰三村后新屋原大厅墙壁上(七)

少年子弟,不可无业,必察其才力,无论士农工商,授以一业,则心有防闲,身有拘束,外而经营,内而谋划,自然无暇他想;若任其饱食闲游,必入流荡之场。庚子夏仲　晴晓

第四篇　少求名声，多做善事

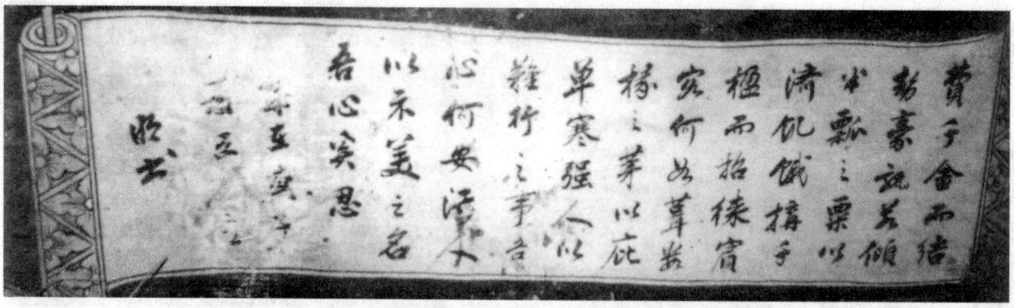

书写于丰三村后新屋原大厅墙壁上(八)

费千金而结势豪，孰若倾半瓢之粟以济饥饿；构千楹而招徕宾客，何如葺数椽之茅以庇单寒，强人以难行之事，吾心何安？污人以示美之名，吾心奚忍？岁在庚子　夏五　立

## 花亭周氏永言堂家训八则

**——规勉孝行**

万事以仁为本，百行以孝为先。世间有真诚之孝子，天下必无不是之父母。贫穷益显至性，孤孽增其不能，古来大圣大贤皆从此出，乡农少读诗书，习于陋俗，耰锄箕帚，恩义相伤，家门之不详，孰过于此。为父兄者，反复训诲，使成人有德，当童蒙以养正。

**——敦厚风俗**

胜母不入，朝歌回车，名之不善，古贤犹思远之，况习俗之沦败乎，如其型仁，讲让酒食为先生之馔，举废由长者之命，则敦庞古处，一乡之内蔼然，春满天地，迩来风俗不厚，实由人心不古，生齿未龀，辄以欺诈为能，黄口在颐，竟以刚武相尚，染斯习者，亟为悛改风俗，幸甚，若等身家亦幸甚。

**——亲睦邻里**

居之有邻，以德相尚，非以势相加也！世风浅薄，强则彼此争长，弱则依势侵凌，匪婚媾而为寇诬云：指腹在前，方朝清而设版，谬言祊田故业，昧厥良心，使人冤抑无伸，周氏灯火相望十有余里，附近邻姓无非亲邻，瓜葛婚产，所交当以礼往情来，切不可捏无为有，凡遇邻里争竟，祠长必细察实情，若邻欺我力不能者，代为理冤，若我欺邻，必婚反赵璧田复汶阳，更令其待罪服情，以戒后来。

**——闺范内则**

无非无仪，妇人无干外事，必敬必戒，妇人以顺为正。故室有贤妻，则夫无横祸，堂有贤母，则子成令名，闺范阃仪，自难枚举。吾族尚余周南之化，犹有毳菼之畏，宜长守齐家之训，以成善族。

**——恪共祀典**

祭祀所以报先也，致其如在之诚，乃伸追远之义，序穆序昭，明辨有理，二分二至，荐享有时，敬其事而礼在中矣！祀产司有专职，届期交割，分明福胙，不亵神馀，轻重颁给，有等各循规

矩,毋致嚣凌。

**——尊重文教**

农登嘉谷而士安食之,女勤蚕绩而士被服之,非优养独裕也！自屈首受书,清夜寒灯、甘苦自知,至于困惫场屋,踯躅榜下,荣辱相形,是何等景象,而谓读书人讨便宜耶！为士者亦不可妄自菲薄,达则俎豆生光,穷则礼仪范俗,重廉耻、惜名节、延血脉于久长者,非儒冠,孰赖本族近鲜奋荣之英,尚多子衿之士,凡属有志向上者,俱在优厚,毋谓祖宗偏狥。

**——戒饬非为**

士、农、工、贾,各有专业;富贵贫贱,原从分定,安生理岂有闲工,守本分必无妄想,须知逞狂为非,当看末场结局。嗜酒色者必伤身,好赌博者决破家,逞强武而自陨身命,挟狡诈而贻祸子孙,鉴观已往,可卜将来,吾族安堵保聚,宜恪遵祖训,如有不遵之徒,敢为悖逆之行,立以家法惩治,决不少纵,戒之慎之,毋致噬脐。

**——裁抑强横**

族之有隆替,家之有盛衰,消长循环,理所必然。迩来浇薄成风,强凌弱、众暴寡,相倾相轧,恶习在在,皆然不知三郄灭亡,六族改移,目前势焰,岂能长保？吾族苟有凌侮衰弱之事,无论本族邻居,必以情理下平论,不得稍有依阿。若强盛之家悛悔习染黠诈,力尚礼义以保厥终,尤所望焉。

## 花亭公议监谱例则

从来一事之举,贵于用人,尤贵得人,贵得人则用人自不可不慎,况以葺谱大事,为一族攸关,其责重,用人尤不得恕。我周氏族属繁衍房派愈多,而文人学士及素明姓理者,安得房房均有,近来人心不一,族风不古,未免附和从权,难做砥柱,甚且多怀私见,或籍房分,有无职司,辄生旁议,以非能事之人。因籍房分,徒取名色,则瑕瑜并举,必将能者不肯效力,终至苟且偾事,其弊岂浅鲜哉？自后监修者,必取房分瑞碓耈长兼达大体者,方可居之,以通文墨者为览阅;以识字义者为校正。至总理出纳钱文,料理众务,尤非刚直无私,书算并美者,难充其任,惟董事窠丁稿,派房费,可以按房选取,如此则用人得宜,办事周详,庶有籍焉,故谨书之,以为后世法。

## 本宗乡约

花亭周氏自元季由剡而暨,卜居浣东,祖宗之明训远矣！历有明一代,保族宁居,宛然一家,乡大夫、缙绅先生虽未立法示后,总以孝友耕读传家,醇风穆如也！至国朝族姓加繁,超然公虑不才问生,祖训就湮,仿《周礼》属民读法,悬象而观之,意使智愚共晓以敦善,族遂于乾隆三年申明《条约》,刊载木榜,至今遵而守之,赫赫若前日事。第星霜屡易,奈朽蠹何,各房长佥曰:“不刊之《典》,当铭以‘金石’。”低徊摩挲,如是者有年。俄而,集众祭酺,卜吉勒石,特于神前誓之曰:“今而后以石刻之,非于前训稍有增减。”不过因而仍之,愿世世子孙千秋一日也。目击而存,咸兴维新,行将废雀角补南陔,可为升平风谣,采祖德之有光,是赖后人之克振也,夫爰记其颠末,仍将各《条约》开列于左。

### 木榜条例

一、禁擅兴词讼:

族内事有不平,理合声明族众,以俟委屈调处。处而弗服,万不得已,然后鸣官。如有未经鸣族,径走公庭以图讼势钳制者,即以毁灭家法论罪。先押至祖前扑责二十板,然后徐议曲直。

二、禁窃取强抗:

族内贤否不一,强弱不同。如遇窃物有据,无论家野而强抗不服情理难容者,小则记列簿内俟祀节扣胙,理论大则众力共攻,或被穷之家力不能费者,则取诸公或祀银缺损则宁捐胙补之。

三、禁僻地戏赌:

吾族向勤职业,不容村落之内幽僻之地有开牌掷骰,以及跌钱等戏,今仍申严禁,犯者罚酒罚银,告官不等,宁重毋轻。又,凡败伦伤化,以及穿窬入室,玷亲污族等项,或扑责神前,或摈斥祠外,显然不容,童叟共知,不列条内慎之慎之。鼖鼓之设,原始不平者振响鸣冤,但不容小忿乱击,警众或族旧例,每击输纳银三钱照《周礼》纳入钧金,束矢之法使人不敢轻举。今仍申此例,其银责归理曲者出之,如不能现缴,则记薄以俟散胙时扣论。

乾隆庚子十一月 日勒石

## 溪西周氏家范

——古者必建宗祠,以妥先祖之灵。或遇倾圮,为子孙者,当用心修辑以光庙貌。

——宗祠为子孙观礼之地。春秋为后人观礼之时,绅耆、董事人等,须整齐衣冠以尊体统,如礼貌不周,跛踦以临者不准与祭。

——寒不衣祭服,贫不鬻祭器,古礼也。凡为子孙者,宜深体此意而谨守之。

——家业之成,难于登天,当以勤俭耕读为本。

——冠婚丧祭,称家有无,与其奢也宁俭。

——子女不论贤愚,教之读书数年,要他解“人伦”二字、“天理”二字,不至流于游簿。

——子弟游荡,父兄宜约束之,切勿使之习与性成,流而忘返。

——乡邻有斗,须直判其事,非而和解之,切勿因房分远近而存偏袒之心。

——前人创建之事,务各费经营而存深意焉,后人切勿因意见不同妄为变易。

——绅耆为一方所钦仰,阖族之领袖,宗族关系赖为维持,不使所气傲物是为得之。

注解:【寒不衣祭服,贫不鬻祭器】:最寒冷的时候,也不能拿祭祀时专用的祭服来穿;最贫苦的时候,也不能拿祭祀时专用的祭器去变卖典当。

## 溪西周氏祠规

——辈尊齿长，曰“族长”。族中有事须禀命焉，为族长者亦不得径行直遂，当与总理、董事、绅耆商议而行。

——掌庶务，曰“总理”。一正一副，清白为要，与邻村交接，有事出难已者，亦宜熟审进退得失，干以理势使众人咸悟也。

——各房司事，曰“董事”。赠祠内力役诸端，当同心共济。

——祭毕燕饮福食。绅耆、董事人等，酒宜适可而止。

——祖宗遗下坟山、田产，子孙自当世守，违者作不孝论。

——宗族与外姓有交涉，宜会同各房议定后行，如有违众议釀忿端者，惟伊是问。

——阴阳两宅或来龙或朝山，不许妄自开拙以伤风水，违者合族阻止。

——子孙嫁娶必须顾名思义，贪财下嫁与失节敬合，皆足贻宗族之羞。

——族之有谱，犹国之有史，子孙宜珍藏之，如有卖于他族，重罚。

——祖遗横山，坐落义邑，离家路远，管顾不能周到，倘界址被山邻侵占，宜即与伊理明。

## 四年派浦阳周氏家训

——族中妇女或不幸夫亡，青年矢志，二十年内为苦节，二十外为贞节，贞节难，苦节尤难。宗长宜以始末行传闻之于上，以凭旌奖，不能，则为求名公《赞》、《传》，志之于谱，以为激励①，若年过三十分内事也，不必旌矣。

——聚材贵乎能散，族中或有硕望耆德之翁，好善乐施，悯人之困，济人之危，此亦薄俗中之无壤也，宜明书于谱以著淳厚。

——族立庠、祀二产。一以培斯文；一以永孝思也。宜明书其产之地名、堡、号、亩分于谱。以杜后世侵食盗卖之患。

——夫作谱之法，宜于欧、苏二公。欧则详于《图》而略于《传》，苏则详于《传》而略于《图》。惟明时兰江章枫山先生并而用之，前《图》后《传》，最为详悉，今奉行之。

——族内或有孝子顺孙先意承志，克著孟庄之誉与克家幹蠱能夫先人之咎，当明书于谱，以为表率。

——子干犯尊长者，先将卑幼于公堂内责灭伦之过，然后评论，非委曲调和，遂致涉讼，以伤族谊如秦越。凡我后裔自当力行毋使干犯。

——凡父母偏护子弟为横暴等事，诚为助奸济恶之，族众其惩之，以杜凫薄之风，俾归于仁厚而已。

——凡有继祧者，无论应继择继，必须邀同亲族置酒公议而立《继书》方可入谱，不得自行继祧，以致亲房争论。倘有不遵公论者，暗行私谋，伪造笔据者，不准为凭。

——继祧实为祖先传后之大端,从公议论,和协入继,如有违议而继子,只得继父名下已产执管,公产、祭产一切仍归公中管业,以免日后毁祀拆祭废弃祖制。

——凡有祭产、公产,日后子孙只宜聚不宜散,不得分为已产,以拆毁祭祀,尚有不肖或私押公田,盗卖祭产者,犯此最重,呈官究治。

——子孙谱无绝法,以昭穆相应者,则继祧之,切不许异姓紊乱子孙,谊关亲属,须知重本宗也。

——子孙或有孀妇养女,无论自生之女,一切遵前辈向不准典赘令婿入 紊乱宗支羞祖宗。

## 周氏家训 周嵩尧

读书为重,次即农桑。取之有道,工贾何妨。
克勤克俭,勿怠勿荒。孝友睦姻,六行皆臧。
礼义廉耻,四维毕张。处于家也,可表可坊。
仕于朝也,为忠为良。神则佑汝,汝福绵长。
倘背祖训,暴弃疏狂。轻违礼法,乖桀伦常。
贻羞祖宗,得罪彼苍。神则殃汝,汝必不昌。
最可憎者,同类相残。不念同气,偏论异乡。
手足干戈,我心忧伤。愿我族姓,怡怡雁行。
通以血脉,泯厥界疆。汝归和睦,神亦安康。
引而亲之,岁岁登堂。同底于善,勉哉勿忘。

注:周嵩尧(周恩来的六伯父)

## 五、杂著

### 周勃至濂溪公直系世系

勃(一世)——亚夫(二世)——蕴(三世)——锡(四世)——堪(五世)——党(六世)——汝励(七世)——充道(八世)——举(九世)——緦(十世)——福(十一世)——咏(十二世)——昌(十三世)——处(十四世)——靖(十五世)——懋清(十六世)——炎之(十七世)——镐(十八世)——畅(十九世)——延年(二十世)——邦裕(廿一世)——瞻(廿二世)——新(廿三世)——恪(廿四世)——伯英(廿五世)——大亮(廿六世)——墀(廿七世)——悰(廿八世)——玄节(廿九世)——升之(三十世)——式(卅一世)——叔兴(卅二世)——一经(卅三世)——繇(卅四世)——冕(卅五世)——延鲁(卅六世)——范(卅七世)——洽(卅八世)——宣(卅九世)——元公(四十世)——寿、焘(四十一世)

**汝南周氏世系图**

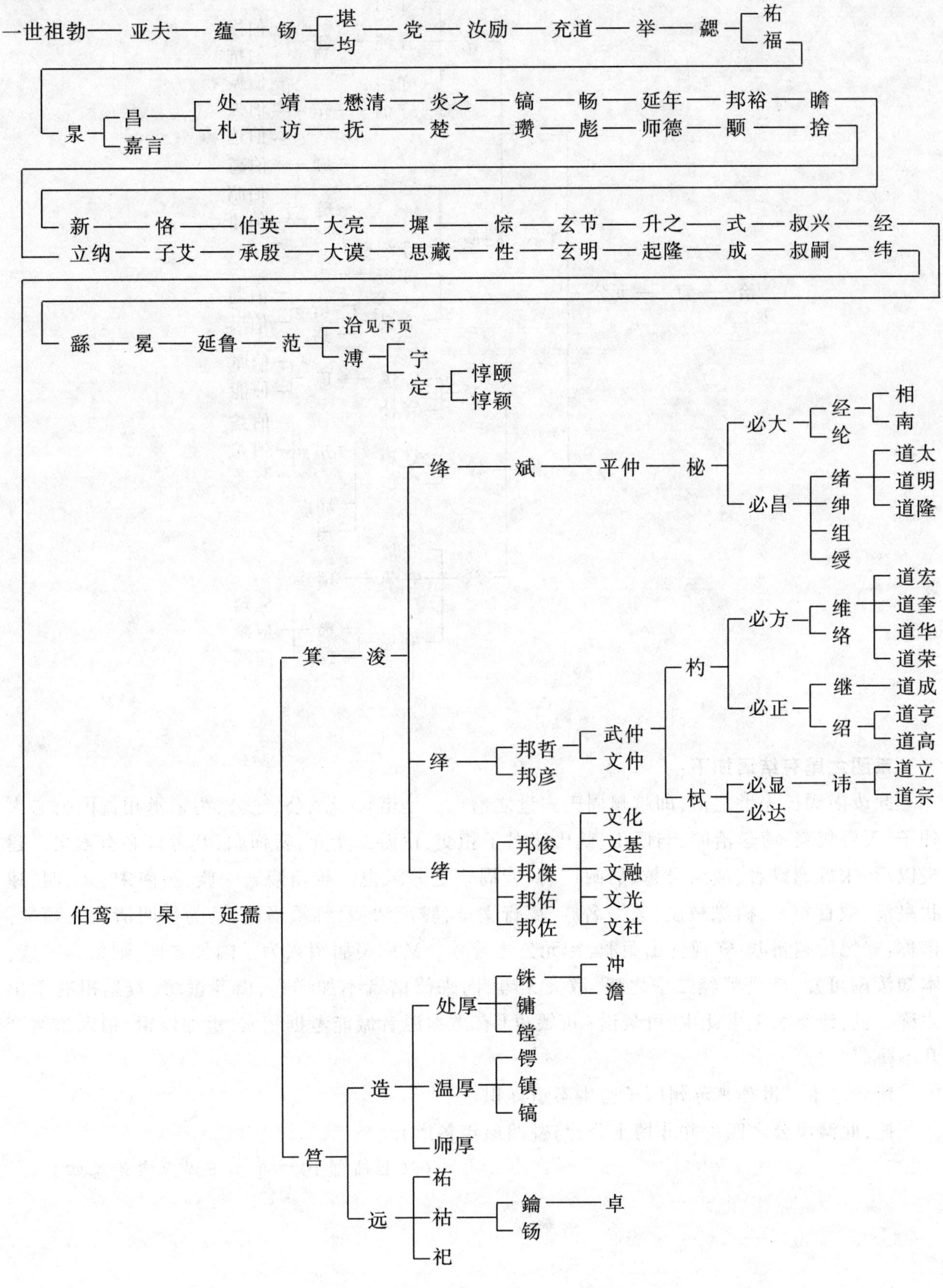
一世祖勃
亚夫
蕴
钖
堪
均
党
汝励
充道
举
勰
祐
福
彔
昌
嘉言
处
靖
懋清
炎之
镐
畅
延年
邦裕
瞻
札
访
抚
楚
瓒
彪
师德
颙
捨
新
恪
伯英
大亮
墀
悰
玄节
升之
式
叔兴
经
立纳
子艾
承殷
大谟
思藏
性
玄明
起隆
成
叔嗣
纬
繇
冕
延鲁
范
洽见下页
溥
宁
定
惇颐
惇颖
伯鸾
杲
延孺
箕
浚
绛
斌
平仲
秘
必大
纶
经
相
南
必昌
绪
绅
组
绶
道太
道明
道隆
必方
维
络
道宏
道奎
道华
道荣
杓
必正
继
绍
道成
道亨
道高
绎
邦哲
邦彦
武仲
文仲
栻
必显
必达
讳
道立
道宗
绪
邦俊
邦傑
邦佑
邦佐
文化
文基
文融
文光
文社
管
造
处厚
铢
镛
镗
冲
澹
温厚
锷
镇
镐
师厚
远
祐
祜
祀
鑰
钖
卓

洽——宣——元公
接上页

- 元公
  - 寿
    - 铭
      - 守约
      - 守纯——玉
        - 伯揆
        - 伯抗
      - 守缗
      - 守纲——瑄
        - 伯振
        - 伯强
        - 伯达
    - 鉴
      - 守缙
        - 瑚——伯高
        - 琏
          - 伯昭
          - 伯晤
      - 守纪
      - 守统——璟
      - 守义
        - 珩
          - 伯勱
          - 伯忠
        - 珞
  - 焘
    - 镇
      - 守华——璋
        - 伯厚
        - 伯能
      - 守朴
    - 铨
      - 守矩
      - 守矩
        - 玑
          - 伯益
          - 伯龙
          - 叔龙
        - 珊
        - 玙
    - 録
      - 守敷
      - 守荣——璘
      - 守恩
        - 璜
          - 应鶱
          - 应麟
          - 应麟
        - 琛

**系图之尾有结语如下：**

此汝南周氏先世之谱，即越州周氏先世之谱也。是谱辑于筠公、纶公，为宋丞相益国公必大仲子，天资隽爽，博学洽闻，与西山、鹤山诸君子相交，宦游二十年，耆而归，其考订必有素矣。建炎以后，宋族扈跸者，或居吴越、居闽广者，皆周宗之分派也。越州紫岩一族，历南宋、元、明，逮我皇清，数百年来，树滋枝茂，蔚为名族，德行文章，骏声清望，雅重当世，其为神明清淑之裔矣。谱称：守纪传越州派；守规传山荫派，皆元公之曾孙。又称美居绍兴为益国公之孙，则紫岩一族，本知汝南可知，应谱牒经二季之燹，散失无考，向来修谱者不加详察，卤莽掇缀，致始祖有重出之称一世，建空名之享此主，可焚谱！可毁也！有志本源者诚能考据精实，重加修辑，祖宗懿绪庶几不坠。

紫岩二十二世孙来苏州国子监生泰道谨识。

按，此濂溪公之四世并非博士公，与暨四递年各谱异。

（以上摘自 1927 年山下周氏宗谱卷四）

# 周敦颐名字演变考辨

提要：改名之改是基于小名起点的全方位考察。周敦颐名字演变及改名过程，总括为“宗实（小名）→敦实（学名或正名）→惇实（舅氏改）→惇颐（避讳自改）→敦颐（避讳他改）”。

**一、周敦颐名字演变中“惇”字起用的时间**

周敦颐舅氏龙图阁直学士郑向“名子皆用惇字”，这个，可用陆游祖父、周寿连襟陆佃，为郑向长子、其老丈人郑惇忠所作的《朝请大夫郑公墓表》举证考实（见陆佃《陶山集》）。即“龙图公”二子名惇忠、惇儒。

周敦颐第一次改名，并非避讳，而是舅氏龙图阁学士郑向“以君有远器，爱之视子，龙图公名子皆用惇字，因以惇名君”。背景：周辅成于天圣九年辛未（1036）亡故，周敦颐幼孤（15岁。《仪礼?丧服》——子幼条下注：“谓年十五以下。”）依舅，舅氏视为己出，且在走入社会，有“以叙例荫子”之时（20岁），以名子之“惇”字名君，改了周敦颐“敦实”以“惇实”之名。发生的时间点为“宋仁宗景祐三年丙子（1036），周敦颐时年二十，行义名称，有闻于时”之时。

周敦颐行冠礼又改名之年，郑向以龙图阁直学士之身份，有资格荫及异姓亲。此年，按叙例封子，为周敦颐谋了一个“试将作监主薄”，亦即“将作监”的试用主薄的职位。以当今的说法就是进入了“公务员”的序例。（周敦颐同母异父兄卢氏子名“惇文”，也在此时，可推知此年前不叫“惇文”）

宋刻本《元公周先生濂溪集》，现藏中国国家图书馆，具有特别的原始史料价值，但当今学界少有利用。内载《度正年表》（简称度谱）足证周敦颐名字演变中“惇”字之起用的时间节点，以及改名原因。此集中，潘兴嗣撰于熙宁六年（1073）十一月的《（濂溪）先生墓志铭》，对此，有着一致的述说。这是更早的说法，且是周敦颐生前好友潘兴嗣，因其周敦颐长子周寿等“能次列其状，来请铭，乃泣血而为之铭”。

显然，“墓志铭”具有更强的证信力，印证了度正（字周卿）并非孤说。此两证的内在逻辑是：“一铭”是应周敦颐长子周寿等请铭，潘兴嗣撰写的《（濂溪）先生墓志铭》的高信度史料；“一表”是《度谱》原始宋刻版。两证互相补充印证，构成了严密的证据链和内在逻辑。显然，“惇为原点”之说难以成立（见附图1、2）。

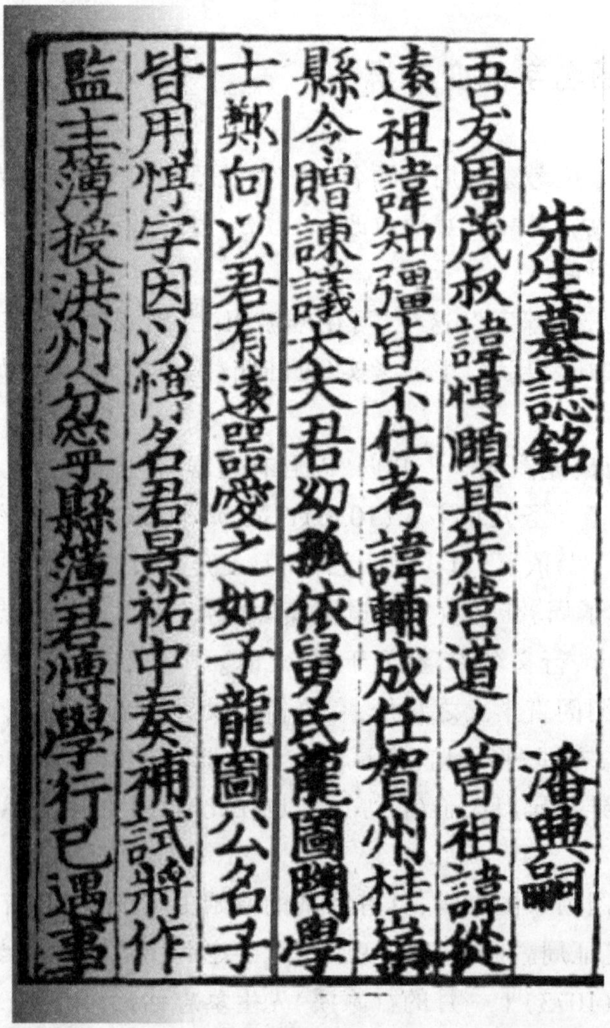

先生墓誌銘　潘興嗣

吾友周茂叔諱惇頤其先營道人曾祖諱從遠祖諱知彊皆不仕考諱輔成任賀州桂嶺縣令贈諫議大夫君幼孤依舅氏龍圖閣學士鄭向以君有遠器愛之如子龍圖公名子皆用惇字因以惇名君景祐中奏補試將作監主簿授洪州分寧縣簿君博學行已遇事

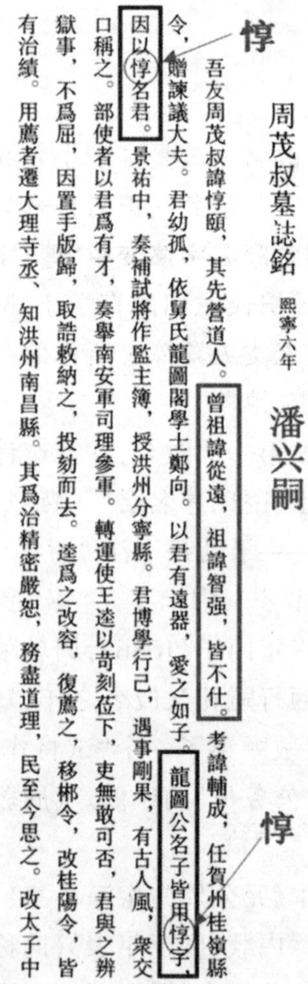

## 周茂叔墓誌銘 熙寧六年

潘兴嗣



吾友周茂叔諱惇頤，其先營道人。曾祖諱從遠，祖諱智强，皆不仕。考諱輔成，任賀州桂嶺縣令，贈諫議大夫。君幼孤，依舅氏龍圖閣學士鄭向。以君有遠器，愛之如子。龍圖公名子皆用惇字，因以惇名君。景祐中，奏補試將作監主簿，授洪州分寧縣。君博學行己，遇事剛果，有古人風，衆交口稱之。部使者以君爲有才，奏舉南安軍司理參軍。轉運使王逵以苛刻莅下，吏無敢可否，君與之辨獄事，不爲屈，因置手版歸，取誥敕納之，投劾而去。逵爲之改容，復薦之，移郴令，改桂陽令，皆有治績。用薦者遷大理寺丞、知洪州南昌縣。其爲治精密嚴恕，務盡道理，民至今思之。改太子中

同时，据理反推，龙图公“以惇名君”即“惇实”之前应有对举一名，即曰“敦实”(见宋史本传、宋李幼武《宋名臣言行录》元名之证附图3、4)，是否合乎事理呢？！

宋史周敦颐本传

欽定四庫全書　宋史 卷四百二十七　三

程氏既見朱熹相與博約又大進焉其他程朱門人考其源委各以類從作道學傳

周敦頤字茂叔道州營道人元名敦實避英宗舊諱改焉以舅龍圖閣學士鄭向任爲分寧主簿有獄久不決敦頤至一訊立辨邑人驚曰老吏不如也部使者薦之調南安軍司理參軍有囚法不當死轉運使王逵欲深治之逵酷悍吏也衆莫敢爭敦頤獨與之辨不聽乃委手版歸將棄官去曰如此尚可仕乎殺人以媚人吾不

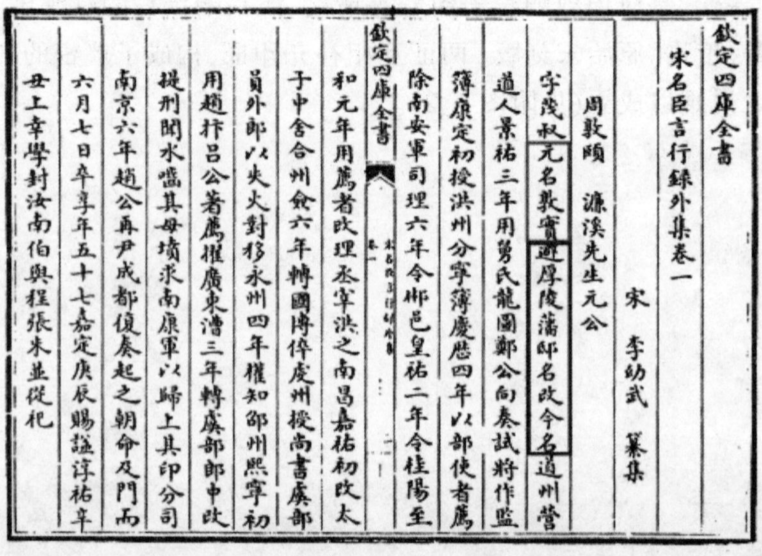

欽定四庫全書

宋名臣言行錄外集卷一

宋 李幼武 纂集

周敦頤 濂溪先生元公

字茂叔元名敦實避厚陵藩邸名改今名道州營道人景祐三年用舅氏龍圖鄭公向奏試將作監簿康定初授洪州分寧簿慶歷四年以部使者薦除南安軍司理六年令郴邑皇祐二年令桂陽至和元年用薦者改理丞宰洪之南昌嘉祐初改太子中舍合州僉六年轉國博倅虔州授尚書虞部員外郎以失火對移永州四年權知邵州熙寧初用趙抃呂公著薦擢廣東漕三年轉虞部郎中改提刑聞水嚙其母墳求南康軍以歸上其印分司南京六年趙公再尹成都復奏起之朝命及門而六月七日卒享年五十七嘉定庚辰賜謚淳祐辛丑上章學封汝南伯與程張朱並從祀

以上是周敦颐“名讳字号”演变的一个重要支点和基点。以此为中心，向前向后推延，以还原周敦颐名字演变的全过程。

**二、以“惇”字起用基点往前推：小名及正名**

小名，是童稚时代第一次标记性、附号化的名字，是人生记忆中最初的个人生命符号。其间浸润了母爱、父望、族老、姻亲与童年伙伴、乡亲们的乡音名字。古往今来，几乎人人都曾有过一个哺乳时期的专用小名。

小名，又称乳名、奶名、小字，是襁褓中由父母取定的爱称与昵称。取小名之俗，自古而然。《礼记·檀弓》疏：“始生三月而加名。”《白虎通德论·姓名》“名者，幼少卑贱之称也。”这名指的主要是小名，因按古礼“幼名，冠字”，而长大了还要“别取正名”。

回顾个人生命历程的生活场景，及兴趣于姓氏史，我们不难发现小名“朝野一体、古今同俗”的认识。曹操的小名叫“阿瞒”，刘禅小名叫“阿斗”，朱元璋小名叫“重八”，明代航海家郑和小名叫“三保”，鲁迅的小名叫“阿张”，周恩来的乳名叫“大鸾”……。读者诸君的小名叫什么呢？

据此，出生于书香门第的周敦颐，有一个“宗实”小名，寄寓蒲夫人“殷殷深情”之母爱，辅成公“崇实不虚”“承宗尚实”之父望，是为题中应有之议。何况又有宋人张端义《贵耳集》(见附图 5)之“先名宗实”之记载。此“先”是个时间概念，与小名“第一次授受”相切合。

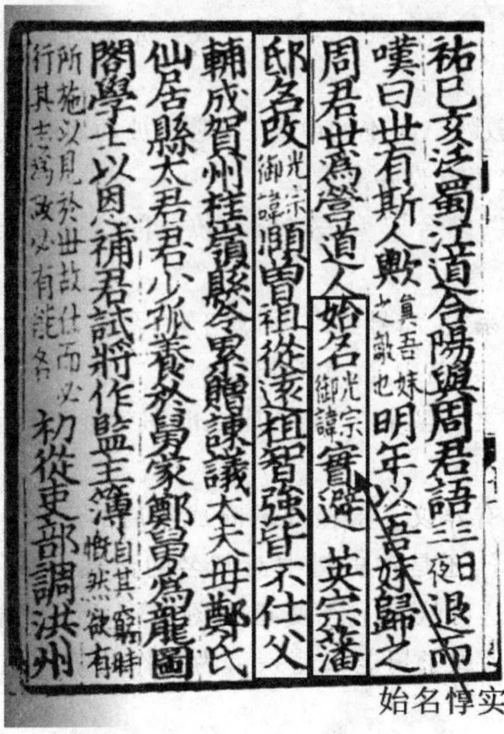
祐巳亥泛蜀江道合陽與周君語三日三夜退而
嘆曰世有斯人歟真吾妹之敵也明年以吾妹歸之
周君世為營道人始名光宗御諱實避英宗藩
邸名改光宗御諱頤曾祖從遠祖智強皆不仕父
輔成賀州桂嶺縣令累贈諫議大夫母鄭氏
仙居縣太君君少孤養於舅家鄭舅為龍圖
閣學士以恩補君試將作監主簿自其慨然欲
所施以見於世故仕而必
行其志為政必有能名初從吏部調洪州

宋刻本蒲宗孟《（濂溪）先生墓碣铭》

始名惇实

因小名的使用，一般是限于家族姻亲及儿时不大的社交圈内应用。故小名具有使用上的“狭隘性”“非正式性”。加上与宋英宗原名赵宗实同名，这也是周敦颐初名“宗实”，因后人避讳，史料鲜为记载，仅为时人口说称呼，并为后人难识的原因。

小名随口称呼，仅是孩时使用的名字，也即不是正式的名字。及长，自然要有“正名”，这个“正名”就是学名或谱名。待到上学读书时，就得取一个“学名”了，这个“学名”才成为正式的名字。而《宋史》本传所记元名敦实之“敦实”才是周敦颐的“学名”，也就是正式名字。而“元名”之“元”，《说文》解：元，始也。就是指开始取用的正式名字之意。

**三、以“惇”字起用基点往后推：因避讳两改名**

1.生前第一次主动改名（舅视甥为己子改）

舅氏龙图公郑向，把周敦颐之名由原“敦实”之名改为“惇实”。这个，我已经在拙文第一部分作了考述。在此不多赘述。这是周敦颐第一次主动性改名，并非避讳。

现将与周敦颐因避讳改名密切相关的两个皇帝简历，依据《宋史》本传、《铁庵集》等史料概写如下，供参考：

宋英宗赵曙（1032.2.16—1067.1.25），宋太宗赵光义曾孙，商王赵元份之孙，濮王宁江节度使赵允让第十三子，宋仁宗赵祯养子。景祐二年（1035）赵曙四岁时，被无子的仁宗接入皇宫抚养。嘉祐六年（1061），经韩琦请赐御名赵宗实。嘉祐七年（1062）被立为皇子，改名赵曙。嘉祐八年（1063），赵曙即帝位，庙号英宗，在位五年，葬于永厚陵（今河南巩义孝义堡）。

宋光宗赵惇（1147.9.30—1200.9.17），宋孝宗赵昚第三子。绍兴十七年（1147）九月乙丑生于藩邸宫中〔光宗把这天定为重明节〕，属相兔。绍兴二十年（1150）赐名赵惇。;乾道七年（1171）立为皇太子。淳熙十六年（1189）二月，孝宗禅位，光宗即位，以明年为绍熙元年。绍熙五年（1194）禅位于次子赵扩，成为太上皇，史称“绍熙内禅”或“光宗内禅”，在位共5年（1189.2.18—1194.7.24），卒葬会稽永崇陵。

据以上述情况，1036年周敦颐二十岁的改名，非避讳被动而改，而是舅氏主动性而为。

2.生前第一次被动改名（避讳自改并寓意）

既然有“敦实”改为“惇实”，结合宋英宗赵曙在位时间，“避英庙之旧讳”之类说就言之成理了。

宋英宗赵曙，原名(旧讳)赵宗实，庙号英宗，因葬于永厚陵，后人也有用“厚陵”指称者。周敦颐避英宗庙号旧讳（名），以“惇实”名中之“实”避讳为“颐”，即“惇实”之名改为“惇颐”。就是避英宗赵曙旧名所对应的“宗实”之“实”字。“避英庙之旧讳”“避宋英宗之旧名”“避厚陵讳”等为同一说。

此说，学界、研究界一般没有异议。检核周敦颐成年后的后半生时间段，无论是原始版古籍中周敦颐现存可见为文落署，还是古史料中对其名的记载，除了以字表名为尊、避讳以号指称外，大都是“惇颐”用名。这可从(明)《圣贤道统图集》中所载《濂溪元公行实》：“避英宗藩邸讳，后改实为颐”所印证，更为周子舅老爷蒲宗孟为其作的墓碣铭（见宋刻本附图6）中的记载所强化。

“改”与“名”因果互联，避与取两相对举。

从先前的“敦”到“惇”，一个“惇”字，承继了“敦厚、厚道、笃厚”的原“敦”字意蕴；从“惇实”到“惇颐”，“惇”与“颐”的新组合，又生发了“推崇”“尊重”的“惇”字第二意。而“颐”者，养也。百年曰“期颐”。寄寓了周敦颐“为人品德”要求与“崇尚道学”并“援道入儒”的人生理想。

3.死后被后人因避讳改名

宋光宗赵惇,宋孝宗赵昚第三子。1147年9月30日生于藩邸宫,故有"藩邸"指称宋光宗者。史料也有谓周敦颐名避"厚陵藩邸讳"之记,实避宋英宗、宋光宗两人讳而两改名的合称。避"厚陵藩邸讳"一句话,简洁明快之语中蕴含着丰富的内涵,反映了这二次避讳改名的实质。

最后"敦颐"之名是由"惇颐","惇"改(复)"敦"而来。谁改?显然,不是其父周辅成,也不会是其舅龙图公,更不会是周敦颐本人,因为赵惇即位做皇帝时,是淳熙十六年(1189)二月,所涉三人均已经不在人世了,即使离周敦颐逝世的1073年,也已经过去116年了。答案只有一个,唯后人南宋人避当朝赵惇讳所为也!

有一个普遍感兴趣的话题,即"死去的先贤用得着为活着的后人避讳吗"?

这里涉及到二个概念,即"死去的先贤"与"活着的后人"。

首先说说"死去的先贤",既然先贤已死,当然他自己已经无法主动避讳。是后人替他避讳,不避犯规,是不避者触讳,承担责任者是不避者。这里,包括"先贤"在内的所有人都不例外。但是,如周敦颐两个表兄弟"惇忠""惇儒"的出现,是在墓志铭上、撰者的文集中、或墓主的家谱里,那何须要避。墓志已刻了,书籍已出了,家谱已印了,仅且仅因当时避讳的历史需要而言。

再来说"活着的后人"这个概念内涵的界定问题。如果这个"活着的后人"是一般普通人的话,当然不必为其避讳。如果是特殊人的话,那就应该避讳,必须避讳。这个"特殊人",也就是避讳的对象。"死去的先贤为活着的特殊后人避讳",这是题中应有之议。结合下面避讳概说,深入例证。

**四、避讳概说与本例应用**

避讳,主要分为三大类:"避国讳",也称"公讳""避家讳"也称"私讳""避圣讳"。本论所涉及的主要是"避国讳"。"普天之下,莫非王土;率土之滨,莫非王臣。"王权至高无上,谁人敢不避讳而尊,即使象周敦颐这样的先贤也不例外。后人在说到写到周敦颐时,谁敢直呼直书当朝王者(包括王父、王祖)相关的名,轻者刑狱伺侯,重者人头落地。

而避讳之法,以周敦颐为例,要么"缺笔"("惇"少最后一横),多见在刻本书籍;要么"改字",即以"敦"改"惇"。既有"敦厚"意义上的互通,也有"敦实"之名曾经使用的复用;要么"省字",也即"空字省字法"。即在书写中遇到应避讳之字时,或空一格,或画一个方框,或干脆将字省去。这就是我们有时在史料中见到"周□颐"或"周??颐"或"周颐"的原因;要么"代称字词"(包括以号、以字行代名等),如"茂叔""濂溪""濂溪先生"等代。还包括即使在说周敦颐避讳时,也不想出现王者名字的情形,那怎么办呢?就是用"代称字词"法。如避"厚陵、藩邸"讳,而不说避英宗旧讳宗实和光宗御名惇。

总之,避讳是中国特有之风俗。其俗起于周,成于秦,盛于唐宋,止于民国,其历史延达二千余年之久。特别要提到的是,宋时避讳之风尤盛,故宋人言避讳者亦特多。避讳之种类有"改姓、改名、改官名、改地名、改干支、改经传文、改常语、改诸名号、改物名、改圣贤孔子讳例……",真是五花八门、奇出怪样。至于死去的先贤为后人避讳,当为"改前人名避讳",本例即是。这在当时是寻常事,何况还有因避讳"改前人谥、改前代官名、改前代地名、改前代书名、甚至改前朝年号"等等的事例。

可见,避讳之流弊足以淆乱古文书,然而反利用之,则可以为我们考古所用,以做还原历史真相之线索,本考即是避讳实例应用。

2016年4月12日子时定稿于浙东三北听松斋书室

(浙江 慈溪 周学斌)

## 濂溪公名字考辨札记

### 前 言

先祖濂溪公名字的取和改,跨越了生前身后的整整203年,即从1017年至1220年!

而濂溪公名字的正名和释名,则几乎从公殁直至如今,纠缠了942年!

周氏谱民,特别是濂溪后裔,心酸异常,愧怍无比认准、记准祖公名字为谱事第一要着,万万错乱不得！否则,岂非上有辱先祖、下误导后人?

三年前,远孙之我草成《濂溪公的名讳字号考辨》,近日翻出,颇觉粗浅,上有辱,下有误。兹围绕名字一项删繁就简,并选择“札记”形式展开,将所涉及的重点事项一桩桩、一件件说清,有话则长,无话则短,顺其自然,独立成文,共得三块:

一、辅成公命名原始;

二、濂溪公用名小史;

三、两次避讳改名始末。

“札记”中摘录的语句,出自岳麓书社2007年版《周敦颐集》,下文省称岳麓版。岳麓版刊印依据为现存最早的宋版孤本《元公周先生濂溪集》,其始刊时间:南宋咸丰年间(1265—1274);

始刊地点:江州,即今日的九江;

岳麓版为现代汉语简化字点校本,文中名字变革无一涉及简化字;

因此,岳麓版《周敦颐集》,不但文献价值很高,而且适用范围最广!

宏义八旬,原本谱盲,土得掉渣,甘冒方家之讥,泼胆重作,岂有他哉?向祖宗奉献一瓣心香,为族人还原一段历史,以分享濂溪遗爱,弘扬濂溪家风。

一、辅成公命名原始

濂溪公的原名到底是谁取的?有人抠潘兴嗣《先生墓志铭》,说濂溪公15岁丧父依舅后,”龙图公名子皆用’惇’字,因以’惇’名君(君,指代濂溪公)”。撇开潘铭是否真有濂溪公15岁丧父的话,姑信其有,却又奇了,怪了:难道濂溪公15岁前就没名字吗?考谱,当然要有考据支撑,但是否合乎义理岂可忽略!

千古百年来,中国民间再婚家庭前公后母的关系本就复杂,又常常遇到随母过堂、生养收养这种一碗水难端平的棘手问题,若处理失当,家庭就会失和,甚至离散。辅成公续娶郑太君,同样面临了这些考验,却处理得十分周到细致,礼义圆融,给子女取名一事就是一个极好的范例。

郑太君携惇文来归周家后，生有一女二子，因此，濂溪公有两个哥哥，一个弟弟，还有一个姐姐。按出生先后，五人的大名依次是：砺，惇文，季淳，惇实，惇赍。前二人的生年已不可考，只知 1010 年郑太君携惇文来归时，砺公可能两三岁，且砺长文次；此后，1012 年季淳妣生，1017 年濂溪公生，1021 年惇赍公生。

据此可以确认：

一、太君来归时，随母过堂之子已有大名，号惇文，从而证明龙图公以“惇”名子再以“惇”名文，是惇文寄养周家之前的既成历史事实。

二、后四人的双名都有一个右旁相同、意义相关的字，很明显四人的取名是以“惇”字为原点和纽带的连锁关系，是取名人厚爱和匠心交融的连续过程。

抓住上述两点综合考量，谁取名、其底蕴，就水落石出。

季淳比濂溪公大五岁，“淳”与“惇”，字义上交叉，都有敦厚的意思。这个事实说明在给季淳取名时，辅成公就已充分领会并把握了龙图公对子辈、甥辈的深沉挚爱和美好愿景；再以“惇”名实，此后还以“惇”名赍，则是顺理成章的事。

既然析“惇”名淳在前，以“惇”名实和赍在后，两者又是个一线串联的完整过程，怎能前不顾“季淳”，后不顾“惇赍”，单从中间挑出“惇实”来释名呢？这样孤立地释名，也太牵强附会，难以自圆其说吧？因濂溪公 15 岁时，姐死弟殇已逾三年，龙图公还会追加命名？再说，按中国民俗，生身父亲享有第一取名权，即使他们一字不识，取名人也得征询一番，更何况辅成公是“六举以上”进士？

综合考量，辅成公亲力亲为地析“惇”名淳、再顺理成章地以“惇”名实和赍，既有其可能性，又有其必然性，更有其事实存在的客观性！

前述取名过程，既然从“惇”的字形生发开始，以“惇”的字义穿珠成串，那么，辅成公为何要这样刻意经营？我以为，照顾了四大方面，寄托了四重深意：

第一、辅成公很尊崇妻兄，秉承旨意，奉如神明；

第二、辅成公很看重惇文，视同己出，厚望殷殷；

第三、辅成公很钟爱郑妣，博取欢心，情意深切；

第四、辅成公很期盼子女，兄友弟恭，孝悌为重。

辅成公不偏不倚、公平博爱治家的高风亮节，后裔自当感铭在心，永为弘扬！

### 濂溪公用名小史

程颐作《明道传》云，“自十五六时与弟颐闻周惇实论学”。（岳麓版 P.288）明道十五六岁，即 1048—1049 年，相当于濂溪公 32—33 岁。程向父子三人与濂溪公密切交往的切身见闻中，有关“惇实”的称谓，是史籍中最早的记录。本小题以此做引导，摘录部分濂溪公本人著述、题刻等用名实例做验证。

与二程听闻“惇实”相呼应的是：嘉祐二年（1057），濂溪公自己做的《彭推官诗序》（岳麓版 P.124），开篇道“惇实庆历初，为洪州分宁县主簿”。庆历为 1041—1048。这个“庆历初”比二程父子的亲历还早了七八年！

在此前后，濂溪公自称“惇实”的记述很多，如嘉佑元年（1056）《回谒乡官昌州司录黄君庆牒》(岳麓版 P.129)载“承奉郎守太子中允、签书合州判官厅公事周惇实……”。

最关乎情义的则是,治平三年丙午(1066)《与二十六叔等手帖》中濂溪公用的自称。除“惇实”抬头外,尾款尤其值得咀嚼再三:“侄男惇实状拜上二十六叔、三十一叔、诸叔母、诸兄长座前。七月六日夜。”面对一别三四十年未曾谋面的各位上辈长亲,濂溪公该用幼时他们耳熟能详的原名“惇实”以拉近距离,还是用他们因陌生而抵牾导致疏离的改名“惇颐”?这种解释很“人性”而非“任性”! 很新潮而非保守——当代礼仪学之ABC!

征信力十足的旁证也有不少,最具代表性的有二。一是至和元年甲午(1054)皇家下达给濂溪公的封诰《改大理寺丞制词》(岳麓版 P.197),称“敕惇实”;此为濂溪公在生之日!二是中华书局点校本《宋史》卷四百二十七《道学传·周敦颐传》载:“周敦颐……元名惇实”。此为濂溪公殁后。引文见书局版《周敦颐集》第 86 面。作者元朝丞相脱脱。“元名”与“始名”“初名”一个意思,即当初最原始的名字;“元”“原”,此处为通用字。

濂溪公自己用名的历史拐点见于《邵州州学释菜祝文》序(岳麓版 P.122):“维治平五年,岁次戊申,正月甲戌朔三日丙子,朝奉郎尚书驾部员外郎、通判永州军兼管内劝农事、权发遣邵州军州事上骑都尉赐绯鱼袋周惇颐……”。这段话有两大疑点:一、“治平五年”。二、款署“惇颐”。

原来宋英宗殁于治平四年十一月二十三,十二月初五改元熙宁,濂溪公写祝文的时间为熙宁元年(1068)的正月初三,改元令未到,故称治平五年。

署名“惇颐”确系避讳,但时间还可上溯为治平二年(1065)先祖公《慰李大临才元疏》,抬头书“惇实顿首”,落款书“汝南周惇颐疏上”!(岳麓版 P.127)

至于避讳改名的来龙去脉,下文专题剖析。

## 三、两次遭遇避讳改名始末

第一次避讳改名,始于1064年。宋仁宗赵祯三个儿子都夭亡了,为“皇图大业”,于景佑二年(1035)过继濮王赵允让三岁的儿子为嗣,赐名赵宗实,后更名赵曙。1064年仁宗殁,赵曙继位,时32岁,帝号英宗,改元治平,只当了四年皇帝就886了。赵曙继承帝位时,濂溪公在通判虔州任上,故不得不避“赵宗实”之“实”一讳,而改用“颐”。古时,在官场里混的人都有一本护身符,相当于帝室成员名录,到了出现避讳的时候自行避讳。濂溪公“一体知悉”,不敢“冒犯天威”,但也有例外,前文说过的1066年《与二十六叔等手帖》就照称“惇实”不误,因为,那是家书!《慰李大临才元疏》也是书信体,寄友人,故抬头用“惇实”,使收信人不觉突兀难辨;落款改“惇颐”,说明已例行避讳,没犯王法——明哲保身,用心深长啊! 考谱不能把某个、某些词语的用法僵化,不吃透其底蕴,必错!

第二次避讳改名,则是在濂溪公殁后的143年即1220年成文的。

该文献为魏了翁作《先生谥告》,载岳麓版 P.188-194。“谥告”是就申报谥号打给皇帝的报告,一路要经过若干政府职能部门签转。报告行文中四次提到濂溪公姓名“周惇颐”都省略了中间那个“惇”字,最后才用高文善传达圣旨的口气点明:之所以省略“惇”,是犯了宋光宗赵惇的讳。魏了翁的报告动念、动工始于1217年,即濂溪公诞生200周年,提议赐谥曰“元”,最后得到皇帝的批准、魏公成文作《先生谥告》为1220年“六月十四日奉圣旨,依宜赐谥曰元”。

“周颐”这种省称,仅见于《先生谥告》,但从濂溪公被尊称为“元公”起,图书典籍,含魏了翁自己的文章，则将“惇”改作了“敦”。约定俗成，一传八百年到如今。

**感言**

公祖名讳，星耀神光；还原历史，千古流芳！

分享遗爱，克尽担当；光风霁月，百世其昌！

濂溪公28世孙周宏义2016.04.01晨课记于株洲家居

（湖南　衡山　周宏义）

## 吴中周氏世系图

浚→顗→三子→二子→至十一世遭兵燹不绝如线→第十二世二子→二子→至十八世皆一子→第十九世从远（一子始居濂溪）→智强→怀成→敦颐→寿、焘，焘→絪→靖

以上是《山下周氏谱》所列的周浚至濂溪公直系世系。系图之尾有结语如下：

**吴中周氏世系图**

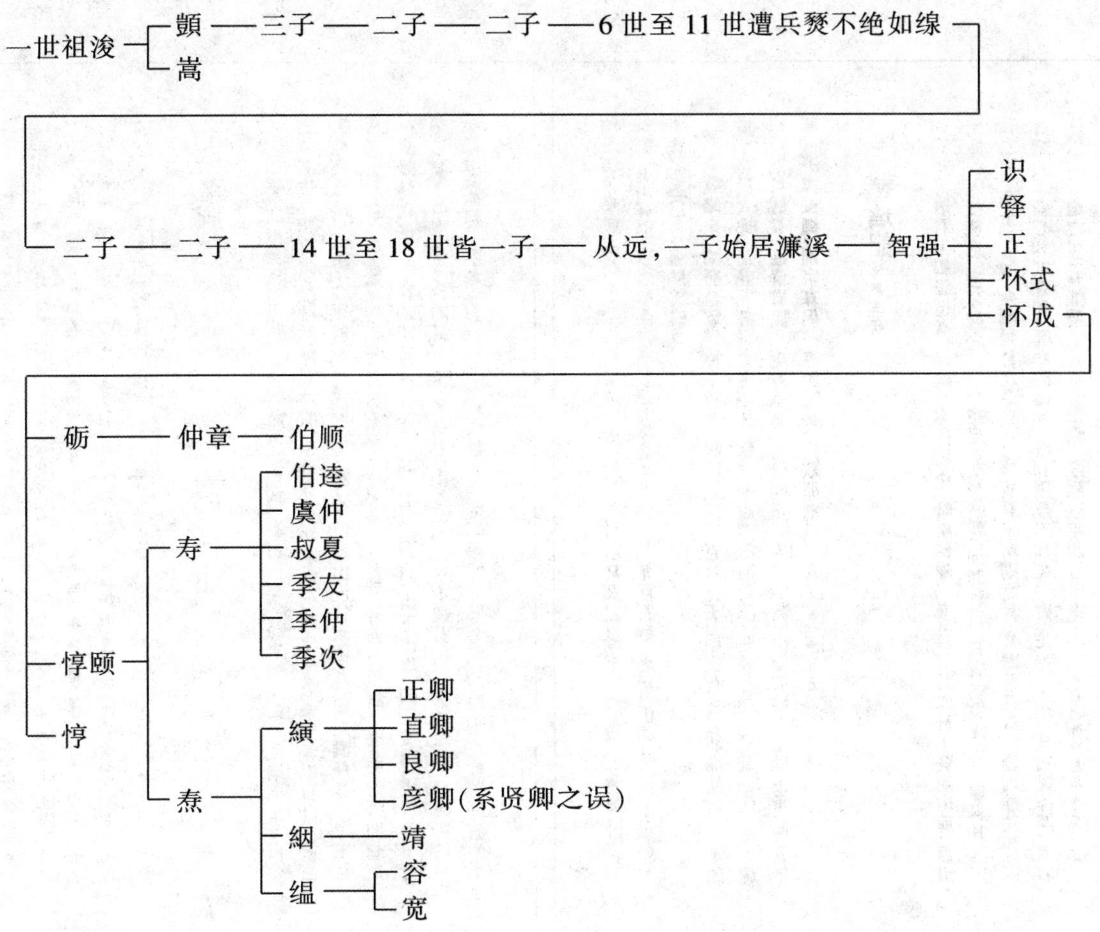

右濂溪世系，以晋扬州都督讳浚者为始祖，东周之后允汝坟之宗裔也。平王封次子烈于汝，锡土姓以立宗族，厥后，浚二子，曰顗，登尚书仆射。曰嵩，拜御史中丞。传至从远，代多哲人。从远始迁营道县濂溪旁，读书治产，占籍也。生子曰智强，智强生子曰怀式，又名伯高；曰怀成，又名辅成。皆登进士。辅成则元公父也。渊源所自，积庆亦云远矣。暨元公生二子，曰寿、曰焘，皆登第。寿随父徙居九江，生六子：伯逵、虞仲、叔夏、季友、季仲、季次。季仲荫迪功郎，德化县丞，生二子，兴裔、兴宗。兴裔授武功大夫，扈高宗南渡驻扎平江禦金虏，对垒殉节王事。敕葬常熟县虞山东麓，子二，曰昪、曰昱。昪奏为常熟县尉，世守祠墓而居焉。次子昱为丹阳尹。昪生玙，昱生珙。玙生才。才生文华、文英。文英生南老。南老生敏。敏生汝、浦、渊、源。浦生纲。纲生奎。皆兴裔之后。兴裔父季仲。季仲父寿为元公长子嫡派。嗣是，居吴支裔井然，但出仕有政绩美誉及著述者，载郡邑志传，间已搜采录辑，其恬隐未显者，具载世谱，不复备述。其自焘之宗派在道州者，事实更自有谱集，兹不重录云。

按，此濂溪公四世武功大夫扈宋跸，驻扎平江御金殉节，敕葬常熟县虞山东麓之兴裔派也。兴裔奏请随任，立元公祠于吴县虞台乡，其后(代)浦建崇本堂于苏郡东城，与爵复请建专祠于长洲弦歌里，支系井然。未著絪子为谁，且絪终固始县丞，亦无改名彝以侍郎出知开封留家祥符语。

(以上摘自 1927 年山下周氏宗谱卷四)



按：諸暨縣志卷四十二云：「紫巖鄉琴塢里，在六十都，宋侍御史屠道卜宅於此，榜其所居曰「琴塢」，後遂以名其地。」阮元宋御史屠公神道碑云：「……按譜：公諱道，字天叙，乾道五年進士。淳熙時歷官侍御史。光宗朝與權貴論事不合，至紹熙三年以疾歸，隱於暨陽之山。……樞密使劉正（按：当作留正）書欲復起之，不可。抱琴攜酒，徜徉山水間，號「樂琴居士」，而名其地曰「琴塢」，朱子為之記。」疑此記淳熙五年為紹熙五年之誤。

## 藍洞記

出縣城，度紫橋，計程二十里，踰峻嶺而西，有村莊焉。故老告予曰：此唐藍文卿所隱之藍洞也。洞有景八間，若岑巔遠眺，龜林弈碁，怪石隱伏於中，争為奇態者以百計。傍二大柱負土出，高數丈，宛若人形。洞之東，汀禽沙鳥出没柱渚中者，曰曲澗飛鳧。寒風斂霽，晴日初升，與凍雲相激薄者，曰南寨曝雪。寨上有坪，坪闊五里許。循兹而降，即洞南精華凝結處也。中流砥柱，為臺鼎峰。洞之西山圓曲，山下出環，四面波濤蕩漾，為半月峨。洞之西南為三台岡，洞之正北為七星臺。洞有泉水從石出，其冷異常。旁有古松一株，落落孤踪。儼若雲島，孤鶴翱翔棲飲者為飲鶴泉。洞之右有祠，離祠五丈餘，即石牛坵

釣魚磯。堂側石高十六丈，名玉笏。所居有動石，形甚圓，每潮至則自動。天將風，則石下有聲，名虎礁。宋熙寧中，邑尉張翥詠嘉禾風物，有「尤喜石翻」之句，正謂此也。宋淳熙二年春，新安朱熹謹拜贊曰：

猗歟陳宗，濬發自虞。協帝重華，順親底豫。克君克子，裕後有餘。胡滿受封，平陽繼世。至於大邱，節義尤敷。更考相業，聲名不虛。深羨釣隱，高尚自如。爰及五代，配天耀祖。剖符錫袞，遍滿寰區。更秉南越，有分開土。宋室納款，臣節弗渝。丕顯丕承，此其最著。子孫繩繩，別宗寡侶。源深流長，猗歟那歟！（道光廈門志卷九。）

## 琴塢記 淳熙五年

友人屠君天叙諱道者，以進士拜侍御史，辭疾歸隱。素善琴，乃作軒于暨陽山麓，蕭爽絕塵。入夜燕息，援琴鼓之，明月當户，光彩映發，神閒意寂，其資之者深矣。遂扁其居曰「琴塢」，請余記之。余聞聲音之道與政通，故君子窮則寓其志，以善其身；達則推其和，以淑諸人。蓋心和則聲和，聲和則政和，政和則無不和矣。暨陽之邑多山，其居民淳厚，天叙能以古音道之，必有能聽之者，是為記。淳熙五年四月甲申。（光緒諸暨縣志卷四十二。）

## 关于宗寿、宗焘的考证

诸暨周氏宗谱的编辑,从现存谱牒上看,最先编辑的应是紫岩司马公周谨。并请朱熹作序。稍后是宋承旨公周恪,辑谱并作序。以周敦颐为始祖,以详八公周靖为诸暨周氏始迁祖。当时迁诸暨只有周靖父子,谱上称周靖为详八公,可见当时应该与迁徙他处同族的宗谱编辑在一起的。

诸暨周氏,自从公元1142年周靖公迁入诸暨,短短八百六十年左右时间,仰仗祖宗福泽,人口迅速繁衍。据估计,周靖公之子孙,不会少于十万人丁。也算泱泱大姓。更难能可贵的是,代代有能人和热心人,关心宗族的事业,使之宗谱编辑完整,世系脉络清晰。

但世事变幻莫测,历史上虽有太平盛世之时期,也有战争离乱之苦厄。太平盛世,偃武修文,世人修谱辑系;战乱流离时,却是四处散失。如此漫漫历史长河中,世人虽常修辑宗谱,但战乱流离时失去的资料也会很多,并且很难再能完整收集。加之历史上修谱的次数较多,修谱之前辈,有能人亦有庸才,或者受当时历史时期的价值观影响。总之许多记载,已真假难辨,谬误之处,常常会跃然纸上。比如:周亥行传中记载:绍兴已未(1139)进士,开禧丁卯年(1207)卒。壬戌年(1142)随父迁诸暨紫岩隐居,绍定癸巳年(1233)以子周和复出。以公元纪年推算,公元1233年,周亥起码是100多岁高龄了,何况他在1207年已去世,死了26年后,哪里还能复出当官。

我认为,诸暨周姓,大都是濂溪先生后裔,应以濂溪公的人品为榜样,光明磊落,霁月光风。濂溪公在《通书》中,光"诚"就写了三章。所以我们应以诚待人,以诚做事,更应该以诚对待历史。尤其在修辑宗谱上,知之为知之,不知为不知,绝不能捕风捉影,风闻奏事。

诸暨周氏世系,大派是四年、五年、七年、十年、江大五大派。各派内支系数量繁多。但有一个非常不正常的现象是:有些家谱记载周靖的祖父是周焘;有些家谱记载周靖的祖父是周寿。如何会出现这种分歧呢?最近翻看家谱,方知该分歧争议已久。据二十九代孙周毓懋公修谱时记载:周氏宗谱开始时是以焘公为周靖的祖父,后根据宋承旨公周恪的南门谱自序。有太庙斋郎生开封彝之句而改为周寿。至清朝年间,因杭州重修西湖濂溪祠堂,富阳内翰公周凯,来诸暨捐资。携杭州周氏谱及《濂溪志》,与诸暨谱相互印证,双方基本一致,但在周靖祖父,是周寿和周焘上不一致。后经各位宗长族长商议,按照《濂溪志》为准,并修正,重新以焘公为靖祖父,这是清朝道光甲辰(1844)修谱时的事情。估计当时有一部谱没有更正,所以,周氏诸暨宗谱,周靖的祖父长期以来有两种不同记载。

据我考证,周寿、周焘谁是周靖祖父,历史上存在着三种意见。

第一种意见是以周寿为祖父,依据是《宋承旨公南门谱自序》,内有太庙斋郎生开封府彝,而太庙斋郎即周寿。(可能该谱序已被人修改,现已看不到该句,但毓懋公在《以博士公为始祖濂溪公为大宗叙》仍有记载)

第二种意见是以周焘为祖父,依据是旧谱原本就是周焘为祖父,嗣后又有《濂溪志》,江西九江濂溪公旧谱和浦江谱等记载。寿生六子,分别是周伯逵、周虞仲、周叔夏、周季友、周季仲、周季次。而周焘生三子,分别是周缜、周絪、周緼。而周絪,改名周彝,而生周靖。以此为证,故以周焘为周靖祖父。

第三种意见也是以周寿为周靖祖父，依据是海昌洛塘肇允公的《周氏宗谱世系叙》该世系叙中讲述了自西汉绛侯周勃起，其子孙各脉分支及迁徙定居状况。世系脉络，分析详尽清晰，几乎无懈可击。当讲到诸暨周姓时，是这样记载的："寿三子叔夏，仕著作郎，生朝、郎、铢，仕开封，居祥符，生长子大理寺丞泗，次渊，仕祥符，为汴人，生长谏议大夫正宗，次司农寺丞嗣源，三太常博士靖"。言之凿凿。似乎应该可信，并且该《叙》曾在杭州濂溪祠祠刊上登出，有较大影响。

三种观点各执一词，支持周寿者得其二，周焘者为一，形成了诸暨周氏为宗寿，宗焘的长期困惑，无法统一。前辈们只好采取折衷的办法：该办法是："以博士公为迁诸始祖，濂溪公世远为大宗，何必分辨寿，焘两公之承接，同出濂溪，画蛇添足，滋俾后人惑也"。用现在的话讲："谁是爷爷不要争了，反正太公是同一个人"。用此模糊策略，回避谁是周靖的祖父问题，这是没有办法的办法，只是暂时平息了争议，终究无法解决根本上的问题。

现根据我对宗谱的了解与研读，谈一点个人的意见，供各位同族们参考。

我认为：周靖的祖父是周焘比较接近事实。理由有二条。

一：既然江西九江谱，浦江谱，《濂溪志》等都记载周寿生六子，周焘生三子，特别是江西九江谱，因此处是濂溪公寿终之处，当地周姓传人，并无搬迁等情况，更无周寿、周焘谁是周靖之祖父之争的必要，所载内容客观上会比较接近事实。而且一般来讲，谱总比谱序更接近实况。既然都记载了焘公次子絪，而絪生靖。如此分析，周焘是周靖的祖父，应无异议。

二：以周寿是周靖祖父的依据是，《宋承旨公南门谱自序》和周肇允公《海昌洛塘周氏宗谱世系叙》的两篇谱序。但根据我对这两篇谱序的研考，发现这两篇文章都不是当事人所著，是后人的伪作。

先看《宋承旨公南门谱自序》，该文疑点有三：疑点一，既然当时写了谱序，那一定会编谱；如果不编谱，那写谱序做什么？既然有谱，谱上所载内容一定会反映到现在的谱中。宗谱的一项主要内容，是当时代人的出生年月日。但谱中自从周亥开始一直到周恪的子侄辈，共6代，没有一个人有出生的年月日。显然当时是没有编辑宗谱。既然没有编辑宗谱，何必写谱序。疑点二，我看过七年谱周恪之序和四年谱周恪之序，两篇序的内容差别很大。如果不是伪作，也是后人作了较大的修改，真实性不高。疑点三，不管四年派之序和七年派之序。写序时间到是一致。都是南宋宝庆乙酉年(1225)。但根据其他资料证实，他是绍兴壬辰科(1232)进士，而是1240年迁南门。依此推算，他写南门谱自序时，应是迁南门定居前15年。世上有这样的事情吗？如果有人以为：《宋承旨公南门谱自序》的题目是后世编谱之人加上去的，这篇序也有可能是紫岩时所写。这也不能自圆其说，因序中内容有"今人无固志，家鲜宁居，而季父大理公又徙江大，吾伯父克效父谨守先遗，今吾兄弟又相率徙邑南门"。如此看来，该序应是晚年所作，至少应是在南门居住一段时间后所作。所以该序的内容和落款，自相矛盾，不可置信。如果不是后人伪作，也一定是被人修改得面目全非了。因此，依据该序为理论基础，而尊周寿公为周靖祖父的论据，那么他的理论基础并不可靠。

再看以《海昌洛塘周氏宗谱世系叙》为依据，而主张尊周寿是周靖的祖父之观点的情况如何？该序是海昌洛塘周肇允公新撰，曾经被杭州濂溪祠祠刊出版，影响颇大。其实这篇文章最经不起推敲，一推敲就谬误百出，现在我指出比较明显的三个错误：一是周寿生于宋嘉祐二年

(1058),而周靖生于宋朝崇宁元年(1102),这些都有记载,两人相距44年,按肇允公世系排列,"寿生叔夏,叔夏生铢,铢生次子渊,而渊生靖"。两人相隔五代,四十四年时间,寿公竟做到高祖父,恐怕是天方夜谭吧!二是肇允公和周寿公相差13代,肇允公虽未在文中未注明自己的年龄,但对他的年龄文中还是有迹可寻。谱中曾记:"德祐末,某甫五岁,而父卒于王事"。南宋德祐年号,只纪年2年,即公元1275—1276年。由此推算,肇允公出生于1272年,也就是说周寿公和肇允公相距214年,而两人相差13代,即平均每16.5年衍生一代,如果以16.5年的速度连续繁衍13代,恐怕在世界吉尼斯纪录中也找不到。三是已知肇允公生于1272年,而撰序的时间是元朝至元丙子年九月,即公元1286年。公元1286年肇允公的年龄应该是15岁,且不说一个的15岁少年能不能写出该叙?但而他在叙中曾说:"某五岁而孤,几髦年而得子,周之不血食者几希,赖苍穹眷顾,默衍诗礼之传,不斩忠良之祀,是以力虽衰而复振,质虽鄙而弥虔"之句,其中髦年与力衰之说,显然已致暮年,但据他自己谱中的年龄推断,此时肇允公年仅15岁。如此谬误,也太明显了。显然作者自己是不可犯如此低级的错误。定是他人伪托无疑。

终上所述,尊周寿公为周靖祖父的两篇谱序,都有伪造迹象,很难采信,尊周焘为祖父的依据,真实性较强。比较接近事实真相。时至今天,我们是否可考虑诸暨周氏渊源,归于统一。而不被他族齿冷呢?

以上观点,提供诸位同族探讨辩论。

濂溪公三十二代孙　周新明

2007年11月18日写于拙园

## 周敦颐长子周寿的考证

藏绿周氏为周敦颐长子周寿一脉。这个考证结论的推出,是笔者进行大量史料钩沉后,作出的史志谱的无缝重合。

周氏源出古代姬姓,后迁河南汝南郡,遂以国号为氏。传至北宋周敦颐,为守母墓于公元1072年(卒前一年)迁居江西庐山莲花峰下,而后子孙分徙各处。

周敦颐长子周寿(1057—1126),一字季老,又字元翁。元丰五年(1082)黄裳榜进士。初以父荫补太庙斋郎,后任吉州司法,改浙江秀州知录、军府通判,曾假官湖北沔阳,终司封郎中。约70岁左右致仕,并居河南邓州(陈与义诗:《难老堂周元翁家》)。一生笃信佛理之道,嗜好金石书画。与山谷(黄庭坚)、诗僧道潜(参寥子)、贺鬼头(贺铸)、陈与义等相交历,并互有唱酬。宋大观四年(1110)左右为官秀州时,曾为海盐金粟庵寺写有《题金粟庵寺》一诗,为目前笔者所发现的周寿唯一存世作品。他的配氏是周敦颐母党一族,即著《五代开皇记》的舅公,南省元、龙图阁直学士、杭州知府郑向的孙女。其连襟是南宋大诗人陆游的爷爷陆佃。他与苏轼也具有姻亲关系。苏东坡知杭期间,与其弟周焘颇多唱酬。

周寿约于1126年后,卒葬江西庐山莲花峰三起山栗树岭其父周敦颐墓侧。同时代黄庭坚评价周寿人品为“胸中洒落如光风霁月〔宋黄庭坚《豫章集》《濂溪诗序》〕,是为一生的总括!

(慈溪　周学斌)

## 周公仲宾碑重现店口

店口镇在非物质文化普查中,使得盛厚里周公仲宾墓碑重见天日,此碑的重现为研究诸暨周氏起源和繁衍提供了实物史料。

2007年年底,全市非物质文化普查全面展开,普查员在盛厚里召开座谈会,有人提起仓库里有一方古老墓碑的线索,立即引起普查员的重视,当即到仓库考证,确有一方石碑用作踏步,经年累月面目全非,经过初步清理,确认是一方墓主为“周公仲宾”的墓碑,碑为竖式,高2.2米,宽0.6米,厚0.1米。碑文分三列直书,碑文为:宋□理寺仲宾周公□□□人王氏夫人合墓(因年久剥蚀有四字已无法辩认,理字尚缺偏旁王字)。信息反馈到《店口镇志》编纂办公室,蒋茂奎先生经过多方查证,此碑确系古碑,墓主为暨阳周氏第二世祖周亥(字仲宾)。

《周恩来家世》记载:靖生亥,字仲宾,敦颐第五世孙,受训于王绍明,讲求至理,落笔成文,19岁从父靖随康王南渡,居盛厚里,为暨阳周氏二世,绍兴八年(1138)中举人,九年中进士。官授大理寺评事。谏抗金反议和,遭权奸排斥,归隐尽孝,靖故守庐3年。绍定六年(1233)朝廷表彰其孝,又以子和(嘉定元年进士、大理寺卿)而诰封大理寺少卿,追赠中奉大夫。终年89岁。《国朝三修诸暨县志》对此也有类似记载。

《暨阳丰江周氏宗谱》记载《大理寺评事仲宾周公传》(宋庆元甲子年撰):评事公天资颖秀,读书通大义,17岁游邑庠,19岁食禀饩,20岁领乡荐,21岁登黄度榜进士,授大理事评事,因反对议和触犯秦桧而弃官还乡尽孝父靖,故筑庐守墓3年,当道表其孝,加封大理寺少卿,诰赠枢密直学士,娶王氏(王枢密之长女,追赠恭人)。卒年八十有九,葬于紫岩董公岭佩家园周家墓地。由此可知,仲宾生活的年代,正值康王南渡、秦桧专权之时,主战与议和两大阵营矛盾尖锐,主战派有李纲、宗泽(义乌人)、岳飞、周靖父子、杨晨、冯时行兄弟(店口人),由于秦桧权倾朝野,高宗皇帝昏庸无能,主战派不是遭到陷害就是弃官归隐。仲宾也正是在这样的背景下归隐老家盛厚里。

此碑的重现,使得绍兴周桥里周氏支派与诸暨南门支派的渊源脉络更加清晰。《暨阳清平周氏宗谱》系图记载:靖生亥(仲宾),仲宾生勤、谨、和;谨生治、訚、恪,三兄弟先后迁居南郭(现在的南门三踏步),为南门周氏始祖;訚生文溢、文侃、文敏,其后代主要分布在诸暨境内;恪生文乔、文郁、文实,文郁生茂森、茂林,茂林生淇、澳,澳徙居山阴周桥里,即鲁迅、周恩来之山阴嫡祖,为仲宾第六世孙。这与《周恩来家世》中记载相一致。

据座谈会中一老人回忆,当年此墓形制较大,但已无人管理,荒芜严重,毁于“文化大革命”,平毁时并无文物出土。因墓碑高大结实,故移作仓库踏步。由此考证,碑中所缺四字不难补正,即为:宋大理寺仲宾周公诰赠恭人王氏夫人合墓。周公仲宾古碑的重现,不仅为研究诸暨周氏起源和繁衍具有重要史料价值,也为鲁迅、周恩来的祖籍在诸暨提供了不可多得的佐证。

(安华　周建华)

## 朱子在诸暨

朱熹(1130—1200),字元晦,一字仲晦,号晦庵、晦翁等,南宋江南东路徽州府婺源县(今江西婺源)人。高宗绍兴十八年(1148)进士。孝宗朝,历官秘书郎,知南康军,直秘阁,提举江西、浙东常平茶盐,江西提刑,秘阁修撰。是中国历史上著名的理学家、哲学家、思想家、教育家。纵观朱熹一生,曾数度来到诸暨,并在各地留下了不少轶闻及墨宝。

淳熙五年(1178),四十九岁的朱熹因丞相史浩推荐,出任南康(今江西南康)知府,他由福建武夷山冲佑观出发赴任,一路访友寻故,于四月的某一天来到诸暨紫岩乡琴坞访侍御史屠道,与屠道抚琴和歌,把酒论政,撰写了著名的《琴坞记》,文曰:“友人屠君天叙讳道者以进士拜侍御,辞疾归隐,素善琴,乃作轩于暨阳山麓。萧爽绝尘,入夜燕息,援琴鼓之,明月当户,光彩焕发,神闲意寂,其资之者深矣,遂名其居曰‘琴坞’,请余记之。余闻声音之道与政通,故君子穷则寓其志,以善于身,达则推其和,以淑诸人。盖心和则声和,声和则政和,政和则物无不和矣。暨阳之邑多山,其居民淳厚,天叙能以古音道之,必有能听之者。是为记。淳熙五年四月甲申。”屠道,字天叙,宋孝宗乾道乙酉(1165)进士,官至侍御史。因触犯权贵,削籍隐居诸暨。“素善琴”,自号“乐琴居士”,因名村曰“琴坞”。

淳熙八年(1181),浙东大饥,当时绍兴遭灾最重,八邑中余姚、上虞受灾五分,新昌、山荫、会稽受灾八分,嵊县受灾九分,萧山、诸暨几乎颗粒无收。朱熹得宰相王淮改荐,任提举两浙东路常平茶盐公事。到职后,于淳熙九年正月,从会稽出发,经嵊县,于正月初九日进入诸暨,道经枫桥,闻里人杨文修有佛子之名,便邀请他一起到义安精舍,与谈名理、医学、天文、地理等,相谈甚欢,数日后才离开。后人将其谈理之处,辟为“紫阳精舍”。

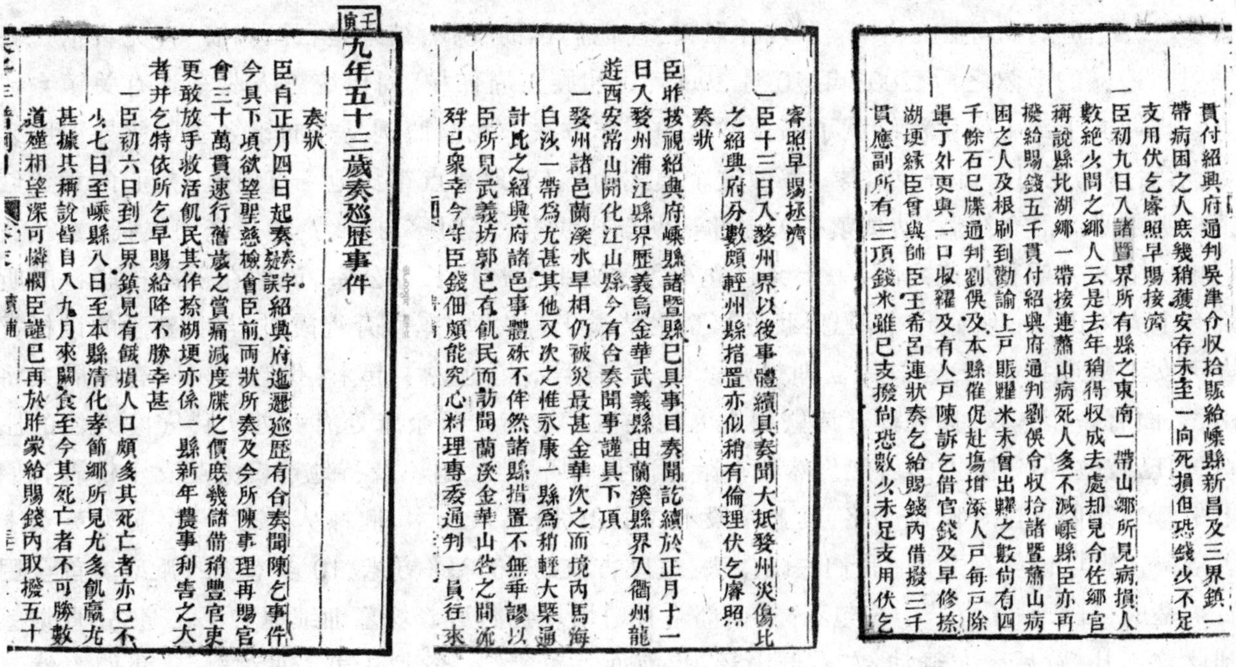
壬寅

九年五十三歲奏巡歷事件

奏狀

臣自正月四日起奏（奏字疑誤）紹興府巡歷有合奏聞陳乞事件今具下項欲望聖慈檢會臣前兩狀所奏及今所陳事理再賜官會三十萬貫速行舊歲之賞痛減度牒之價庶幾儲備稍豐官吏更敢放手救活飢民其作捺湖埂亦係一縣新年農事利害之大者并乞特依所乞早賜給降不勝幸甚

一臣初六日到三界鎮見有餓損人口頗多其死亡者亦已不少七日至嵊縣八日至本縣清化孝節鄉所見尤多飢羸尤甚據其稱說皆自八九月來闕食至今其死亡者不可勝數道殣相望深可憐憫臣謹已再於肸常給賜錢內取撥五十貫付紹興府通判吳津分收拾賑給嵊縣新昌及三界鎮一帶病困之人庶幾稍獲安存未至一向死損但恐錢少不足支用伏乞睿照早賜接濟

一臣初九日入諸暨界所有縣之東南一帶山鄉所見病損人數絕少問之鄉人云是去年稍得收成去處却見令佐官稱說縣北湖鄉一帶接連蕭山病死人多不減嵊縣臣亦再撥給賜錢五千貫付紹興府通判劉俣令收拾諸暨蕭山病困之人及根刷到勸諭上戶賑糶米未曾出糶之數尚有四千餘石已牒通判劉俣及本縣催促赴塲增添人戶每戶除單丁外更與一口收糴及有人戶陳訴乞借官錢及早修捺湖埂緣臣曾與帥臣王希呂連狀奏乞給賜錢內借撥三千貫應副所有三項錢米雖已支撥尚恐數少未足支用伏乞睿照早賜拯濟

一臣十三日入婺州界以後事體續具奏聞大抵婺州災傷比之紹興府分數頗輕州縣措置亦似稍有倫理伏乞睿照

奏狀

臣昨按視紹興府嵊縣諸暨縣已具事目奏聞訖續於正月十一日入婺州浦江縣界歷義烏金華武義縣由蘭溪縣界入衢州龍遊西安常山開化江山縣今有合奏聞事謹具下項

一婺州諸邑蘭溪水旱相仍被災最甚金華次之而境內馬海白沙一帶為尤甚其他又次之惟永康一縣為稍輕大槩通計比之紹興府諸邑事體殊不侔然諸縣措置不無謬以臣所見武義坊郭已有飢民而訪聞蘭溪金華山谷之間流殍已衆幸今守臣錢佃頗能究心料理專委通判一員往來

庆元四年(1198),朱熹为了避权臣韩侂胄之祸,再次来到枫桥,讲学精舍,旋去天台。

朱熹曾慕黄开(1119—1190)贤名,来过今东白湖镇岭上黄这个偏僻的小村子。《清国朝三修诸暨县志》记载:"斯宅岭上黄,有黄必先丙舍,两岸石壁嵯峨,古藤老树生石罅中,苍翠如滴,霜雪不凋,相传为晦翁(朱熹)访必先于此,流连旬月,此树乃其手植。"

是年三月九日,朱子卒于福建建阳考亭家中,终年71岁。

(诸暨　李科才)

## 寻天锡公墓记

根据丰江《周氏宗谱》的记载,诸暨周氏始迁祖周靖,生于崇宁壬午(1102),疾卒于隆兴癸未(1163),享年六十有二,葬邑之六都大将山。民间也煞有其事的传说在直埠方向。但多少代、多少人梦寐以求,想找到它的确切位置,以了却追根思祖、祭奠先贤之愿。然事与愿违,年年岁岁,难尽人意,遗恨绵绵……

周靖,字天锡(1102—1163)。宋代理学大师周敦颐(著有《太极图说》《爱莲说》《通书》《拙赋》等)之曾孙,由于良好的家教和祖辈高风亮节之传承,周靖自幼好学,生性耿直,宣和甲辰年(1124)举进士,后任太常博士。金兵入侵后,随北宋王朝由河南开封南迁钱塘。此后,周靖一是感叹秦桧等奸雄当朝,岳飞等忠良被害,中原收复无望;二是仰慕诸暨民风纯朴,刚勇强悍。故携子周亥隐居诸暨紫岩盛厚里。

仰仗祖宗福泽,经过八百多年的繁衍与发展,其后裔分布在绍兴、诸暨、萧山、嵊州、浦江、江苏吴县等地区,成为泱泱大姓,其后代更是人才辈出,周恩来、鲁迅等就是杰出代表。

怀着对先人的敬仰,为满足族人的要求,我下决心要寻访先祖之坟冢。我先后通过电话与直埠、江藻、应店街等镇的领导、朋友作联系,请他们帮助查找,结果是石沉大海、杳无音信。在失望与遗憾的煎熬之后,2008年10月29日,我和族人周伟柁、周伟统三人驱车到有关镇乡寻墓。长期的干部工作生涯练就了依靠群众的工作方法,我们照例是先向镇乡主要领导说明来意,然后发动联村干部提供线索。按照这个模式,我们来到重点查找地—直埠镇。热心的袁建红镇长听了我们的介绍后,动员镇机关干部帮助查找线索。经过多方努力,还是毫无收获。正当我们再次陷入失望和迷茫之际,镇干部赵立军急匆匆地走进镇长办公室,说他在祝霞村联村时听说有个大将山。一听到这个消息,我们兴奋之情溢于言表,驱车直奔祝霞村,与我熟悉的该村祝夫英女士知道我们的来意后,立即打开话匣子,滔滔不绝地说了起来:我们村东面有座周大将山,上面有一座古坟,据说埋着诸暨周姓人的先祖。坟前二百余米处有一处历代守陵人住的庄院,现已破败,但守陵人的后代仍然住在附近。我们听了后,迫不及待地请祝夫英女士带着我们上山。当我们穿过一段机耕路,爬上一段不高的山坡,钻入杂木、荆棘丛生之处时,祝夫英女士手指一穴古坟说就在这里。我们一眼望去,这座古坟约20余平方米,10多米长的弧型坟首全用石块垒成,且长满了青苔。坟包不高,顶部略有坍塌。我们沿着坟墓细细地看了几遍,凭直觉感到此坟不凡,背后来龙舞动,左右群山环抱,前面一览无余,充满灵气。面对祖宗,我们肃然起敬，跪下就拜。凝视许久后，我们仍然带着些许疑问下了山。

下山途中，祝夫英女士刚好看到守陵人的后代傅云林在路边田里收割稻子，我就故作不知地问他说："同志，这儿有叫大将山的地方吗？""不。"他用手一指说："前面这座山叫周大将山，周天锡公就埋葬在这儿。"这时，我们心中的凝虑一下子消除了不少。傅云林还急忙放下手中的农活，热情地邀请我们到他家做客。我们欣然前往。在他家入座后，照例是沏茶寒暄。主人指着门前不远处的断壁残墙，说这是我们祖祖辈辈为天锡公守陵的庄院，坍塌已经好多年了。我们后代都得到了天锡公的恩赐，家家住上了三层楼新房。在现场，我们找到了缺了角的《周天锡公坟庄》残碑（现保存在街亭镇周村拙园）。后来，傅云林又从楼上取来一个保存十分完好的纸包，小心翼翼地将外三层、里三层塑料纸、白纸打开，露出了一大叠缴纳地租的凭据，说这是解放前我们村部分村民租用坟田，向周氏南门后裔缴纳地租的存根。我们三人细细地翻看了一遍，上面清晰地记载着：X X户租用X X地，缴纳地租X X石等内容。看后，我们纷纷赞扬他们保管得好。我们为守陵人的虔诚而感动万分，深表敬意。

天锡公墓全景

至此，始迁祖周靖墓地是确信无疑了。面对列祖列宗，我们如释重负般地长长嘘了一口气，终于完成了一件神圣使命。

周靖二十八世孙　永根撰

"周天锡公坟庄"残碑

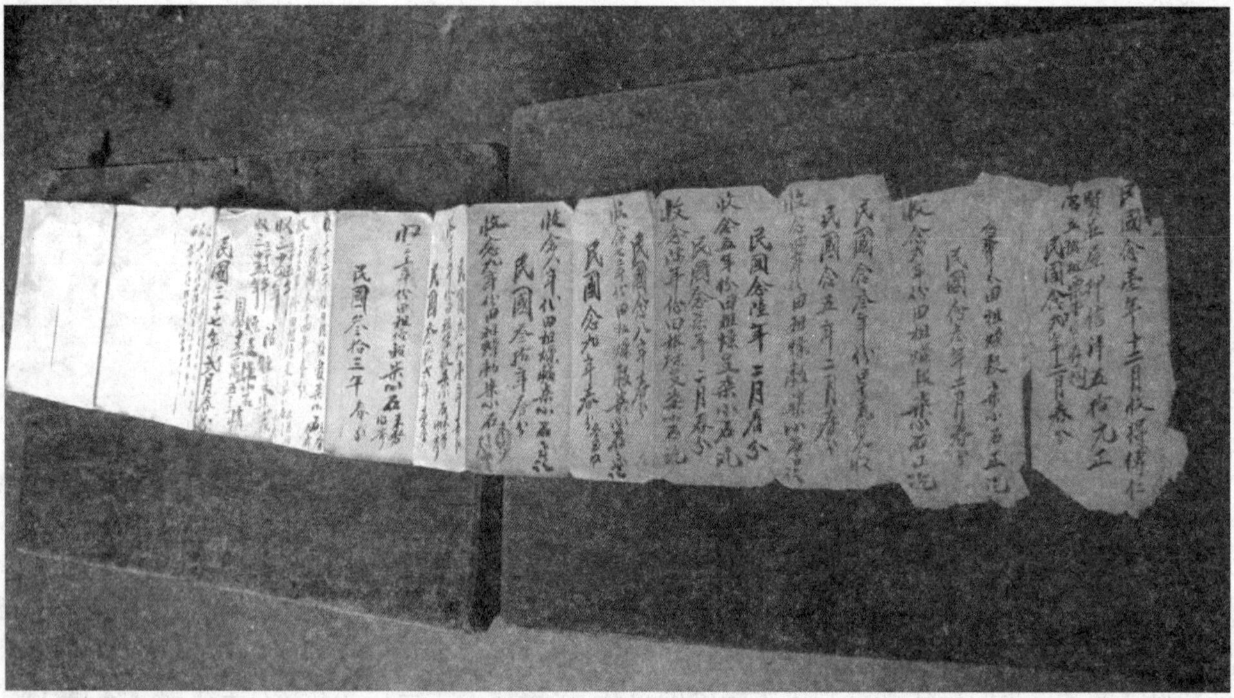

直埠镇祝园村傅仁贤1932—1948年间看守靖公墓及“周天锡公坟庄”交南门祠堂的田租契凭证。

## 国子监博士还是太常寺博士

### 民国乙丑七年派续修宗谱序

乙丑之秋，族议修谱，以麟曾与丙申续修颇有经验，委司纂辑之役，恳辞不获，遂于中秋诣局视事。披阅旧谱，见第四世祥八公行递，其官阶书国子监正录升太常寺博士，而注又云：公登宣和进士，历官国子监博士。其散见他处者，或太常或国子，参差亦复相同，惟祥八公“世家”及“墓志铭”佥称国子监博士。夫“世家”成于山阴襄绪公之手，为祥八公十四世孙，年代稍远，确否姑勿论，而“墓志铭”则撰自东阳李大同，固与祥八公孙和公同仕南宋者，年之相去仅数十，且身列朝端，熟谙掌故，非伏处草莽浅见寡闻者比，其撰述岂不足据为实录耶？然则易国子为太常洵旧谱之误也。时有以和公官大理卿，更加封赠之说，进者乃遍考宗谱，只载封赠和公父母诏敕，而祥八公则无之，疑为遗漏，而当日封赠和公之父，如其官岂封赠其祖，而必从降杀耶！执此以思，固可决其为臆说，而不足据为典要也。复考同宗五年、十年宗谱，其误与吾谱同，惟四年谱尚未见之。因思各谱以误传误，非搜求最古之谱不足以资考订。乃访觅数处而卒不可得，适有迁居魏唐者因事来局，述及家藏嘉庆丁丑谱一册，闻之甚喜，亟请送局，其人果数日携至，阅之知为评事公台及茂才公升手订检，祥八公行递大书“国子监博士”，注亦相合，然后知“太常寺博士”之误，非甲辰谱则戊辰谱也，戊辰误则丙申亦误，百年疑案一朝冰释，其快心为何如耶！犹忆南门宗祠春秋祭文俱称太常寺博士，牌匾题衔亦然，逞私臆断其始开自一人，而贻误几及全族，修谱一事可不慎之又慎耶。

孔子曰:“多闻阙疑,多见阙殆。”又曰:“君子于其所不知,盖阙如也。多闻见之,君子于其所疑殆而不知。”尚不敢自逞己见而从事武断,况其下焉者耶!故辩而正之,以为同宗告,并为后之续谱者告。

民国十有四年十一月吉旦

二十八世孙钟麟僭识

注:【国子监学】中国封建时代的教育管理机关和最高学府。晋武帝咸宁二年(276)始设,与太学并立。南北朝时,或设国子学、或设太学、或两者同设。北齐改名国子寺。隋文帝时以国子寺总辖国子、太学、四门等学。炀帝时改国子寺为国子监。唐宋亦以国子监总辖国子、太学、四门等学。元代设国子学、蒙古国子学、回回国子学,亦分别称国子监。明清仅设国子监,为教育管理机关,兼具国子学性质,光绪三十一年(1905)设学部,国子监遂废。

宋初国子监无博士,有直讲八人,熙宁改为太学博士。元丰定制亦无国子博士。大观元年(1107)乃置国子博士四员,国子正、录各二员。

太学博士,元丰改直讲为之。绍圣元年(1094),令:太学博士、正、录,令国子监长贰荐举,召试而后除。绍兴十二年(1142),置太学博士三员。国子正、录,大观初置,掌行学规,纠不如规者罚之。绍兴十三年(1143)诏正、录各置一员。

太学正、录:仁宗朝胡瑗掌太学,其正录第补诸生。熙宁末兴三舍,始选官为正、录,如学官之制,正、录各五人,掌行学规,不如规纠罚之。

## 周靖何时登进士

我暨阳周氏凡四派之宗谱内,对祥八公登进士之年,有四种书法:

① 在《博士公世家》中“宣和甲辰,年二十三举进士”。

② 在周恪《宝庆乙酉谱序》中“当宣和间登进士第”。

③ 在《各派源流纪述》中“登宣和二年沈晦榜进士”。

④ 在《南迁大宗世系》中“登徽宗宣和二年进士”。

先说宣和这个年号,宣和是宋徽宗的第六个年号和最后一个年号。共使用七年(1119—1125),其中宣和三年辛丑(1121)开科何涣榜;宣和六年甲辰开科沈晦榜。故《博士公世家》所述最为正确,周恪序中所述虽笼统但也没错,另二种记述,应错而纠正之。

(丰江周力辛考证)

# 濂溪一脉 赵文君

据诸暨、绍兴、上虞等地的《周氏宗谱》及《周恩来家世》和其他一些资料表明，鲁迅、周恩来的先祖是诸暨人，诸暨周氏七八万人和鲁迅、周恩来的先祖——宋朝著名哲学家周敦颐。为此，本报(《诸暨日报》)记者探究了诸暨周氏源流。

濂溪一脉；源远流长，历史名人自有历史的价值，为弘扬先祖的优良传统，本报(《诸暨日报》2000.6)今起推出系列报道《濂溪一脉》。

## 濂溪一脉 开篇

### 伟人始祖

（一）

公元1967年仲春，一个月黑风高的夜晚，浦阳江上游一个叫杨曙霞的村子里，村民周长寿冒着生命危险在即将要集中焚烧的“封资修”书籍中偷偷地抢回一张图……

说周长寿冒着生命危险并不为过。他出身地主，又干过伪职(在国民党手下当过警察)，若被造反派小将发现其胆敢窃取”封资修”书籍，岂不是自投罗网？

周敦颐像

却说这张图几易其主，珍藏至今。终于有一天，周氏同族的一位知情者以为此图和《周氏宗谱》一样，乃诸暨历史名流之佐证，开掘旅游资源之亮点，价值不菲。

公元2000年5月末，这张藏图的神秘面纱在记者面前揭开：

此系宋朝理学(道学)创始人周敦颐(号称濂溪先生)的遗像，横宽40多公分，高30多公分，画像右大半页为周敦颐正面半身彩色画像，上有南宋著名理学家、诗人朱熹题词：“道丧千载，圣远言湮，不有先觉，敦开我人，书不尽言，图不尽意，风月无边，庭草交翠。”画中间竖排大字：“暨阳南门周氏四年宗谱《卷一，爱莲堂》”，靠左是明大学士宋濂对濂溪先生外貌穿着的简短介绍。

当年周长寿冒险藏起此图，是因为诸暨周氏目前至少有七八万人的祖先是周敦颐，周长寿等人藏的是宗太公像。

据丰江周《周氏宗谱》、绍兴鱼化桥周氏《越城周氏支谱》等资料考证及由党建读物出版社、中国青年出版社联合出版发行的《周恩来家世》一书证实,周敦颐不但是诸暨周氏的先祖,还是鲁迅、周恩来的先祖。

周敦颐何许人也?

在中国古代哲学家中,周敦颐是一个非常重要的人物。周敦颐的《爱莲说》脍炙人口,千古流传:"予独爱莲之出淤泥而不染,濯清涟而不妖。中通外直,不蔓不枝,香远益清,亭亭净植,可远观而不可亵玩焉。"

周敦颐,字茂叔,宋真宗天禧元年(1017)出生在道州营道(今湖南道县)濂溪。周敦颐15岁失去父亲,母亲带他到开封投奔舅父龙图阁直学士郑向。他因舅父的官职荫恩为官,24岁任洪州分宁县主簿。后又调任南安军司理参军、郴州桂阳县令、合州通判等职。由于常年劳累,他疾病缠身,再也不能东奔西跑了。1072年他向朝廷提出,希望担任知南康军(相当于今江西星子、水修、都昌等县地的地方行政长官)。朝廷同意了他的要求,他便在庐山莲花峰下安了家。门前有一条溪流,发源于莲花峰,他就以家乡的濂溪称呼它,并以濂溪为自己的号。他有时徜徉庐山,乐而忘返;有时濯缨濂溪,心旷神怡。他在溪上筑了书堂,名为濂溪书堂,早晚读书、讲学,怡然自得。

周敦颐年轻时就信古好义,以名节自重,对自己要求严格。做官所得俸禄,基本上用来周济族中贫困的人和一些亲朋好友,自己连百钱的积蓄也没有,自己的妻子和儿女,有时甚至连粥也供应不上。他却旷然不以为意,从来雅有高趣。同代诗人黄庭坚赞曰:"茂叔人品甚高,胸中洒落,如光风霁月。"

周敦颐的爱莲说便是他人格的写照。

周敦颐是儒家学者,为官的同时,传道授业,著名理学家程颢、程颐是他的得意门生,朱熹是他的再传弟子。他的著作流传下来的有《太极图说》《通书》等书,后人编为《周子全书》。

周敦颐立学的宗旨是教人如何做个圣人,注重道德修养,讲真心诚意的性命之学。后人认为他的哲学是孔孟的真传,儒学的再起,其功绩仅次于孔、孟。南宋封他为汝南伯,元朝封道国公。

1073年6月7日,周敦颐逝世,享年57岁,葬于道州德化县清泉社。而如今在庐山脚下九江市东南郊也有一座周敦颐墓,此墓历经沧桑,几毁几建。1988年全国上下肃贪倡廉,乡民们敬佩周敦颐的清正廉洁,自发集资,义务献工,重修濂溪墓。另外,至今九江市星子县城的东侧,仍有爱莲池,周围数十余丈,中筑石台,上面造观莲亭,内立石碑,碑上刻周敦颐的名著《爱莲说》。史料记载为朱熹任知南康军时,对亭重修,又征得《爱莲说》墨迹,刻碑于亭。

(二)

诸暨周氏及绍兴宝佑桥周氏、绍兴鱼化桥周氏没有尊周文王、周武王为始祖,而尊周敦颐为始祖,有否冒认之嫌?如今看最主要的根据是周敦颐曾孙周 靖的墓志铭,作者为南宋嘉定进士李大同,其时距周敦颐去世时间仅差100余年,碑文的记载应是可信的,周靖的墓碑不复存在,但墓志铭全文收录于光绪年间修定的《诸暨县志·山水志》,为又一有力佐证。

周靖"以太常博士随高宗南渡,居于杭州。"系绍兴四年升为国子监博士,因岳飞遇害,靖吁天而泣,辞官迁诸暨紫岩隐居。

诸暨紫岩盛后里即今店口镇盛后村为诸暨周姓发祥之地，周敦颐四世孙靖为迁居诸暨紫岩的周姓始祖。周靖的后裔周敦颐的七世孙、周靖后裔周治、周闾、周恪始自紫岩迁居至诸暨南门三踏步,成为诸暨南门三族,而绍兴的周家桥周氏和后马周氏的始迁祖周澳为诸暨南门族周恪之后,被称为"山阴周氏始祖"。周澳为诸暨周氏第七世即周敦颐十世,绍兴鲁迅纪念馆保存的《越城周氏支谱》是鱼化桥周氏的族谱,此谱对诸暨南门族后裔的迁徙作了详细的记载,绍兴鱼化桥周氏与绍兴宝佑桥周氏,同为周敦颐十世孙周澳之后。也就是说周澳为在绍兴的鲁迅、周恩来共同始祖。

紫岩山

今年6月6日《浙江日报》刊登了一则消息又一次证实:鲁迅、周恩来属同宗本家。

史学界根据现有的部分资料推论鲁迅和周恩来应属同宗,但一直缺少鲁迅14世祖周逸斋和周恩来族先组周澳之间8代人的世系资料。据《浙江日报》报道,最近在上虞发现的一套修于清光绪年间的山阴《天乐周氏宗谱》,上有"烂溪姑苏吴江"一支的记载,又根据江苏吴江《烂溪周氏宗谱》等史料,宋代理学创始人周敦颐的嫡系后代"山阴周氏始祖"周澳,其长子周德在苏州一带经商,因"母亡父嫡",居无定所而入赘吴江车溪村,从而印证鲁迅是吴江烂溪周族延伸出来的后裔。由此,专家、学者断言:鲁迅与周恩来同为诸暨迁山阴的周澳的后代,他们各自的祖先周德、周完一是同父异母的亲兄弟。据此溯源查考,鲁迅、周恩来分别是周敦颐的第32世孙、33世孙。

## 濂溪一脉　之二

### 紫岩祥云

诸暨周氏有南门族、五指山族、丰江族、塘头族、周家渡(埠)族、梅山族、九眼族、湖西族、新州族、杨柳堰族等等,诸暨周氏的繁衍,源于诸暨周姓的始迁祖——周靖的紫岩族。

却说周敦颐的曾孙周氏四世祖自靖康之祸后随南宋高宗由河南迁至杭州,后因岳飞遇害,奸臣秦桧把持朝政,靖呼天而泣曰:“忠良之殄,邦国之祸也,中原终不复矣!”因羡诸暨有“中州风,遂徙居之,故今为诸暨人焉”(见《国朝三修诸暨县志·山水志》中收录的《周靖墓志铭》)。“中州风”意为自古有当兵风气,民风强悍。

时周靖已升为国子监博士,其子亥于宋绍兴九年(1139)为进士,受大理寺评事,靖要求儿子亥与之一起弃官归隐,亥亦答应其父曰:“奸相误国,吾不能尽忠矣,不如尽孝之为愈也。”公元1142年即宋绍兴十二年,父子遂一并始迁店口紫岩乡盛后里。

靖迁紫岩时39岁,1163年因病卒,享年62岁。葬六都大将山。“直步村乾隆癸酉解元傅学沆故里村西大将山有宋国子博士周靖墓”(见《国朝三修诸暨县志》卷九)。

再说周亥自父靖去世,“哀毁骨立,庐墓三载。”绍定六年(1233)当局表其孝后,以子和贵封大理寺少卿。亥卒年89岁。生三子:勤、谨、和。

“紫岩乡”为宋代至解放初的称呼。据诸暨《周氏家谱》所载《紫岩分族图叙》云:“周氏自南渡居诸暨之紫岩,历宋、元、明以迄昭代,子姓蕃盛,迁居成族者五十余处。”

紫岩山和紫岩庙

紫岩盛后今属店口镇，距紫岩山5华里,现已既几无周姓人居住,但与盛后邻近的店口下畈、阮市花园则多为周姓。

紫岩山为诸暨萧山交界的一座小山,因岩石呈紫色而名,位于金湖港与浦阳江交汇处，今湄池镇横山湖村背后。

紫岩庙依山而建，后半部有岩石为墙体,内供有祭祀,设香案。庙内岩石花纹斑驳,且下部有一处向里凹陷,有山水渗于此,形成地面岩石上的小水洼。据湖西村退休教师冯宗武等回忆,他们小时候(约60年前)常到紫岩山玩,记得紫岩庙里有块石碑,岩石底部现在的凹陷处有镂空带,伸头由下向山看,凭一线光亮可看到一尊石雕菩萨。不知何年何月岩石合为一体,如今雕像已无踪迹可寻。

据说紫岩庙过去香火极盛，当地妇女从事祭祀外，还喜上山在最高处顶峰一凹宕里摸螺蛳,传说摸着螺蛳生儿子,摸着田螺生女儿。“山顶凹宕深仅尺许,俗称‘观音脚印’。螺蛳和田螺是专门有人从山下湖里摸起来送到山顶去放生。"当年摸过螺蛳的村民这样解释。

紫岩山海拔仅45.3米，山不高而秀，大块紫色岩石衬着葱郁的山竹，环抱神秘的紫岩庙，使之别有洞天.登紫岩山由西向东瞭望，可以看到金湖江携着浦阳江向钱塘江奔流，与金湖江相邻的牛皋营山上有一平坦的凹宕所在，当地人称为"岳驻村"，传说是当年岳飞部队驻扎之营地，而"牛皋岭下"村又被当地百姓称为"牛皋营下"（牛皋为岳飞部下的大将，与岳飞为生死之交）。当地人尊周三畏为周太公，在传扬着当年岳飞率部抗金故事的同时，还传扬着周姓族人的先祖周三畏助岳飞抗金的故事。

传说周三曾赠一把宝剑给岳飞，后来岳飞被莫须有的罪名捕入囚牢，时任大理寺正卿的周三畏奉命审问岳飞。获悉是秦桧设计陷害，三畏即不肯屈刑加害。为了保护岳飞，周三畏组织了"万民书"，奏请南宋高宗以解救岳飞，因秦专权，奏本被压。三畏眼看岳飞将军一门忠良将被残害，携夫人弃官出走回故里。

湖西村周家祠堂内的人物画

上述虽系民间流传，但与周靖当时辞官迁徙诸暨紫岩的历史背景相符。因周靖迁诸暨为岳飞死后的1142年，靖心中忧戚，怀念忠良之心无可排泄，遂慕诸暨有"中州风"迁居之。

距紫岩山3华里的湖西村，81岁的老年协会会长周顶民收藏着1997年本报刊载的一则消息："周恩来远祖在诸暨"，并公正上书："缅怀祖先，以史育人。"

湖西村中30%为周姓。当地人说周姓先祖原为丰江周人，因看中湖西风水宝地遂迁居于此，邻村祝家坞人看周氏人鼎兴旺，羡而有数子亦迁湖西，所以有"周家媳妇冯家女"之说。

据周顶民等人谈论，周家香火为《爱莲堂》，过去曾挂有一块"道学流芳"的匾，为红底金字，可惜"文革"期间被毁。目前尚剩的周家祠堂，有些破败衰落，两侧厢房一直有两户村民居住。记者与泗池文化站等一行人走进周家祠堂，经搜索，在进门右侧厢房壁上发现一副栩栩如生的人物画，无疑年代久远。根据画上人物外貌及穿戴推测，其中一人为濂溪先生。依据是周敦颐为周氏先祖，此堂又为《爱莲堂》，而周敦颐在南宋时就被朝廷封为汝南伯，元朝又封道国公，从祀庙。画面上濂溪先生正向挑担戴着小笠帽的村夫问路，村夫停步卸下肩上担子作揖，画面可见濂溪先生谦恭有礼。

可惜年代久远，又有人在画面上擦拭了一番，影响了画的清晰度，画中人物所置形象模糊不清。

## 濂溪一脉 之三

### 在水一方

周氏一族从紫岩到南门、丰江周等处的繁衍和发展，有“择水而居，沿江而发”一说，“沿江十里周”、“周姓18村”，丰江周80岁老人周纪定随便报一下就报出一串周姓村子，丰一、丰二、丰三以及绍家泉、湖塘沿、江水沿、下丰、双峰、鹳鸣、溪北、椒山湖、坑塘下(86户)……

周敦颐之后五世亥生下三子，为勤、谨、和，勤长子荣仍居紫岩盛后里，其他两子分别迁嵊县、赘山阴；和生一子迁江大；而唯谨生三子治、闇、恪从紫岩迁南门。周治之子文衍无后，致闇和恪成为周氏南门世祖，为周敦颐第七世。

以诸暨南门为祖，绍兴鲁迅纪念馆保存的《越城周氏支谱》对南门族的迁徙作了记载。据记载的和实地对照看来，在南门的周氏迁徙族大多依水筑村，有的偎溪边，有的临江畔。大陈江畔五指山，第四世尚八公(名天道)孙景濂、景阳、景中、景瑞、景荣、景昌并居焉；石渎溪旁梅山族，新三公次子慄、三子惘移居，即上三房新八公三子徙居；杨曙霞，浦阳江上游，新三公幼子恻，新八公长子恂，次子果并居；街亭，陈蔡江、璜山江、板桥溪汇聚而北流浦阳江，第四世尚八公子孙居此；南门浣江口，第五世完二公次子文显迁居；湖西，第九世新五公(麟)迁居；另外尚有新洲、河汉、里蔡、塘头、九眼、平阔……

水乃生命之源，人类择水而居原属自然，然而周氏家族如此集中迁居在沿江临水一带，有其先祖生活习俗的沿袭，特别蕴含着对濂溪先生的一份崇敬和纪念……

杨曙霞村，300多户人家几乎全姓周。说起周敦颐先生，少有人知，说起“濂溪公”，大多老人知道，是周氏宗太公。尤爱莲花，有著作。三、四十年前村内外有20多个荷花塘。在老宅中发现号有“周爱莲堂”字样的风车和号有“汝南”的箩筐，为光绪年制。81岁的周金模老人说周氏先祖是河南汝南搬过来的。过去本村祠堂有一块“道学流芳”的匾，1米宽、2米长，村民周克权当床睡过，可惜在破“四旧”时焚烧了。同村的周郁武等老人回忆，小时候逢年过节，他们打的灯笼上号的字是“爱莲堂”，祖辈们常说他们周氏是大族，分8房。四清工作队进驻时，河南曾有人来排辈份；解放前夕，草塔梅山族祭祖、做家谱都来过本村。

街亭周家祠堂前原有大片荷花塘，据现66岁的村民周光泉讲，这池塘原占地2亩多，过去上头打围墙，塘底四周也筑围墙，满池莲花亭亭而植，如今荷花塘有小部分用来造了村办公室。村党支部书记周士文家中养了3缸荷花。

丰江周村民周伯岑珍藏的48卷50本《周氏家谱》

丰江周为周氏南门第二世文三公(名文侃)，四世孙魁徙居。村民周伯岑藏有完整的《周氏宗谱》，总48卷50大本。为此谱作序或为周氏先祖写文章的名人集入总汇，朱熹、文天祥、苏轼等展豪挥笔，为该谱增光添彩。犹记苏轼诗《江上怀永倅周茂叔虞部》:监州永陵去,远日分江干。烟浪三湘阔,风帆八月寒。不闻求进路,只见话休官。种竹濂溪上,归因作钓竿。

《周氏宗谱》开头段曰:濂溪公子孙迁诸暨者凡四派,曰四年派、曰五年派、曰七年派、曰十年派是数族大姓,必曰丰江周,其男子存而名于今谱者至今六千人。

如此看来,杨曙霞周长寿等人珍藏的周敦颐遗像边一行字:"暨阳南门周氏四年宗谱"这"四年"指的是周氏家谱的一种,和其一样规模还该有3种不同文本的谱(丰江周的《周氏宗谱》除外)。

丰江周《周氏宗谱》号称"万派归宗",是说此谱为周氏迁南门后最为齐全、完善的家谱,周氏族人、浣纱村人周国培1946年重修。据藏谱人周伯岑说,前几年周恩来老家人淮安方面及绍兴鲁迅纪念馆均有人来丰江周查谱及借阅。

周家埠为浦阳江下游,江藻镇的一个小村,600多人口中80%左右为周姓。记者在此看到了一部不同文本不同规模的《周氏宗谱》,封面为《暨阳周氏宗谱》,卷一的谱序和丰江周《周氏宗潜》有一些相同,也有周氏诸暨四世孙恪的《周氏宗谱源流序》及朱熹的《周氏宗谱序》,藏者村民周渝中说总有5卷,1937年修。

使记者意料不到的是周渝中在拿出旧谱的同时也展出新谱草稿,即他们自己家称"垂裕堂"的已开始筹划做家谱。

周渝中家的新家谱由其堂叔周赓安一手操办。周赓安解放前外出求学,曾担任过乔司农场公安负责人,现退休居杭。周渝中太公下有14堂兄弟,目前他们家族子孙在国外的至少有六、七个,大辈基本上住上海等地,约五、六人,有几个在旧时挺有文化,如他二伯赓昌,1916年省立商校毕业,后又就读省立法政专门学校,1927年后从政担任过云和县、乐清县县长;小祖父迟明(1895—1975),被后人尊为语言学家。1915年省立一中毕业后入北京高等师范国文部,毕业后在嘉兴、杭州、温州、宁波等地从事国文教学,曾担任南京教育部编审处编审,并与人合作编初高中国文教科书,1948年—1954年,任杭州师范学校语文教师继之山东大学中文系教师。迟明后来致力于汉语语法研究,参与编写《汉语修辞学》,留有《古汉语修辞》等著作。他的事迹收录《诸暨县志》。

丰江周氏宗祠

而渝中祖父周时寅的死,颇让人动容。

抗战时期周时寅担任诸暨县监察委员、水利委员等职,和何文隆一起共过事。1942年6月,周时寅在抢救连七湖河堤决门时被日本人借口抓住施刑,后在跨越决口时被日本人戳死落水,尸体被洪水卷走,结果尸骨未收。

周家祠堂为诸暨周氏家族文化遗风的一个特色体现。

就祠堂而论,丰江周的"周氏宗

祠”外部是保护得较好的。此祠去年修葺,分为三进,正面门壁建筑有教堂风格。遗憾的是内里本应有精雕细刻的牛腿为新牛腿所替代,历代名人题的匾额基本散失,除了历年周氏族人捐田地为宗祠的捐碑和一块光绪年间的匾额外,祠里似乎再找不到其它内容。

“周氏宗祠”过去一直作为小学使用,如今在祠堂后已造起一所新的小学,村里本打算学校造好后拆去祠堂,后经老协的坚持被保留下来。如今前面偌大的祠堂就作为学生的活动场所。

街亭周家如今1570多人95%为周姓。和丰江周“周氏宗祠”的空旷相比较,街亭的周家祠堂便显得热闹。如今有七、八户人家的10多台布机在祠内轰鸣。此祠也为三进,只不过门洞等的建筑不如丰江周的祠堂。据说此祠原名也叫“爱莲堂”,而令人注意的是祠内。10多只牛腿完整保留。有骑着大象狮子等各式动物的古人动态,也有古人宫廷生活写真等,流动的曲线和曲面,体现着优美、别致的艺术文明,也体现着一个时代的风土人情。

## 濂溪一脉　之四

### 游子情深

（一）

只要是稍识文墨的人大概没有不会背李白“床前明月光,疑是地上霜,举头望明月,低头思故乡”这首诗的,一背几十年,多少离乡的游子都成了殷切的思乡者。

公元1948—1949年当解放战争的硝烟尚在弥漫、大地处在动荡不安之中时,江水沿村有周氏12户人家14人迁往台湾。如今这些迁徙台湾的周氏一脉已发展到62户人家243人。

这些海外游子没有忘记故乡,带着一份萦绕的思念,一份对先祖的缅怀之情,以对家乡人民真诚的关注和爱,他们多次踏进故园来到诸暨。

他们清醒地意识到,诸暨的经济建设,故里的教育事业,牵系着儿时的赤脚伙伴、家里的长辈至亲、邻里的父老乡亲的生活,关心和援助家乡,需要从大处落墨;而两岸炎黄子孙的相互交流和探讨,更利于促进祖国的统一大业,

台胞周氏江水沿族人周朝章,就是关心和援助家乡的模范实践者。特别从1997年开始,朝章先生一直担任台北诸暨同乡会理事长,期间为宣传家乡的建没成就和投资环境,加强诸暨、台湾两地的进一步合作,促进更多人到家乡投资发展作出了努力。

1997年秋季,朝章先生牵头组织台胞团队来诸暨参访,时值我市正举行西施故里风情节暨经贸洽谈会,台胞对故里留下深刻的印象,对诸暨的建设事业有了完整的了解;今年4月,朝章先生又组织了第二代台胞对家乡参访;去年1月,诸暨教育代表团应邀赴台湾参观访问。这次考察,由诸暨籍旅台同胞自己的组织出面邀请,在台湾尚属首例,这全靠朝章先生为理事长的台北市诸暨同乡会的努力争取。

为了家乡的发展,朝章先生不顾自己年事已高,仍不辞辛劳地奔波。去年6月,他应政府邀请随之参加浙江省经贸洽谈会,今年6月,他又应邀参加了在宁波举行的浙江省经贸洽谈会。

台胞陈魏珍女士热心家乡教育事业的发展,在诸暨中学设立了10万美元奖学金,为人赞道。然很少有人知道在此之前,陈魏珍女士早在1994年在诸暨设立5万美元奖学金,是朝章先生为之牵的线。

在今年一份台北市诸暨同乡会发行的《诸暨同乡通讯》中，记者看到朝章先生对各位台北诸暨同乡会理监事、乡亲们的新年致词中有这样一段话："我诸暨市以农业为主，所以预计邀请其农业人员来台参访考察，以促使两岸交流，籍机把台湾最新的农业科技引进故乡，促使其迅速发展农业建设，进而成为全国农业示范区，一则改善农民生活，二则提升诸暨市的地位……"

朝章先生对家乡的透彻了解和为之寻求发展之情怀，从中可见一斑。

（二）

走访安华江水沿时，听村民谈台胞朝章先生等人的寻根故事，翻读朝章先生倡议并出资新编就的《周氏(江水沿)续修宗谱》，让人不由自主地想起唐朝另一首思乡诗名句："日暮乡关何处是?烟波江上使人愁。"

且看江水沿续修宗谱中，朝章先生在《江十二代孙周朝章传略》文中诉说质朴的乡情愁绪："自 1987 年政府开放大陆探亲以来，余每年至少回乡一次。少小即离家、阔别四十余年，初返故里，时年 66 岁；景物附近缺少前后村几棵大樟树，以及俞家滩之坟山被改建外，余皆依旧，然人事则已全非，目睹兄长及同村乡长生活贫穷之景观……不胜唏嘘……"

和诸多早年离乡的游子一样，朝章先生心中思念的家乡既具体又朦胧，具体到一个河湾、几棵小树，焦渴的思念旋急转换成回乡的行动，然而真的回乡，又免不了失望惆怅……

儿不嫌母丑。朝章先生不像某些游子那样朝夕思乡不归乡，而是年年至少回乡回江水沿一次。在亲身感受到家乡的贫瘠后他伸手援助，回乡之初(1987 年)即捐资 3 万元为江水沿村建造了自来水塔，解决了水源供应匮乏之现状，接着又陆续拿出 3 万元为村修葺学校、老年室。朝章先生为鼓励乡人奋发学习，还出资 5000 美元作为安华镇中奖学金，并在新造镇中时，捐资 3 万元。

为使江水沿村脱贫致富，朝章先生又和村民共同探讨经济作物的种植，引进草莓品种。

朝章先生不但携妻返乡探视，还带着儿孙们一起来诸。他常告诫儿孙"不可忘本"，鼓励儿孙多回乡了解关怀家乡的发展。他在台湾倡导组织的第二代台胞参访诸暨，正是为了预防台湾与祖国大陆家乡的联络断层。在他的言传身教下，他 3 个儿子都来过江水沿村。去年我市教育考察团赴台考察.他的儿子家伟放弃自己的工作，既当导游，又当领队.把每天的参访计划安排周全.深得参访同志的好评。

朝章先生生于 1921 年，至今已近八十高寿。他的人生经历，颇富传奇色彩。

1937 年朝章先生参加抗日战争军队后考入军事学校，毕业后又远征印度。携眷初到台湾时，因人生地不熟加上三男一女出世，生活苦不堪言。然他奋发努力，插班夜大，半工半读历经 5 年，顺利通过公职特考任用资格考试，从从军转从政并屡有升迁。1987 年退休后继之从商，与人合作投资开办高尔夫球场。

朝章先生满头银丝，然精神矍铄，闲暇时集好友击球健身。

先生正在为改变提高故乡人的生活质量而殚精竭虑。他倡议出资续修江水沿宗谱，目的是促周氏子孙后代发扬祖先的优良传统、耕读家风，光大尊老爱幼、艰苦朴素、勤俭持家之美德，树立开拓精神,建设美好家园。而这一切,不正是周氏先祖周敦颐先生立学的宗旨和他一生为之追求和努力实践的目标吗?

采访写“濂溪一脉”周氏家族时,恰逢朝章先生回乡探亲居城关,获悉他不喜张扬,不便登门拜访,完稿前一天(6月16日)先生离诸赴台,谨以敬重之目光遥遥相送。

## 濂溪一脉　之五

### 苎萝风雨

（一）

南门三踏步一带(浣纱村)为店口紫岩周氏迁徙的聚居地。浣纱村包括三踏步、高道地、石塔头、山丫扬、下七年等自然村,现有村民1000人左右,50%以上为周姓。记者踏进浣纱村时,正遇风雨大作,斜吹横泻,肆意撒蛮。

现实的风雨与历史的风雨交相融合。

雨声中,听三踏村82岁的周原真等几位老人说,南门临江南屏路口原周家总祠堂如何被日军炸毁,周氏族人又如何合力新建,以及小时候大人每年农历二月廿五一房一个代表同去九江濂溪公墓上坟等的传说,心中油生肃穆之情。

雨渐小,原真等几位老人坚持冒雨陪记者探寻周氏南门先祖周恪之墓。

周恪,号梅轩,宋绍定五年(1232)进士,授翰林殿前承旨,素与“晦庵先生友善”(晦庵先生,即南宋哲学家、教育家朱熹)。公元1240年,周恪随治、由紫岩迁南门,为周敦颐之后七世。

《光绪诸暨县志》载,苎萝山有翰林学士承旨周恪墓,山下三踏步村即学士里居。另,《光绪诸暨县志》又载:“濒江特起者曰苎萝山,亦白阳支峰也,山不大而端秀,宛然东向,即西子故里。”三踏步村年岁大的村民所共知的大坟头有两穴,一为人民医院后门宿舍处,另一为现西施殿旁水厂处,其址都可视为苎萝山上。

周吉富、兆富等老人证实住院部房屋建造为之挑泥,当时医院后门处原定计划造房子两排各9间,因一头有穴大坟头,所以后来一边造9间,另一边只造了6间。

在1957年左右,人民医院扩建,对医院后门口的巨冢去留,有了不同意见。浣纱村周氏族人周善培得知后,请示时任浙江省省长周建人,而周建人说,既然是建设所需,拆了就拆了吧。

一声令下,巨冢便被推翻。

待我们走近市人民医院后门时,发现前后两排屋,前排正面右角果然是低矮的平房,原真等几位老人异口同声:“大坟头就是这儿。”

拆穴坟居然惊动了省长周建人,穴中人会不会就是周恪呢?

周建人系鲁迅小弟,在本文开篇已述,鲁迅、周恩来同为诸暨南门始迁山阴的周澳之后,而迁南门始祖之一周恪为周澳之曾祖父,周建人极有可能从周善培的通报请示中知道了这穴坟的来历。

《度尽劫波 周氏三兄弟》等书籍资料探究了鲁迅家族源流。鲁迅家住老台门时,家仆在前边打的灯笼有“汝南周”字,祖父周福清在参加科举考试时所写履历,具体地写明自己的先族是宋代的周敦颐。

周福清在履历表中写道:“元公,宋封汝南伯,元封道国公,学者称濂溪先生,从祀文庙。”

由此可见,“汝南周”来自潦溪先生的封号“汝南伯”,这就是鲁迅家和诸暨周氏老宅人一样,在灯笼、风车上号“汝南周”字的来历。

周建人解放初期担任中央人民政府出版总署副署长、高教部副部长,继之担任浙扛省省长时间,该为五十年代末到六十年代期间。《周恩来家世》一书载,时任浙江省省长的周建人,对六十年代初,绍兴关于周恩来史迹的调查有过帮助和支持,也从另一侧面证明周建人对先祖从诸暨迁山阴来历的清楚。

也就是说原真等老人所述的请示周建人后巨冢拆去的真实性毋庸置疑,且因周恪身处官位,留有巨冢理所当然,《县志》有所记载,所以人民医院后门宿舍之墓应为周恪之墓。当年大家打着反封建旗号,祖宗墓及家族宗谱等自然是在劫难逃,周建人、周善培恐怕有心保护也未必能保住了。

原真所说的第二穴坟,即造自来水厂时拆去的坟,他们称之“二五公”之墓,据资料查考,应为“五二公”之墓,即周敦颐之后十一世、诸暨南门迄起第五世名完二之墓,为周澳之子。

完二随着父亲周澳迁居绍兴,但最终的归宿仍选择了诸暨。他归葬苎萝山,如同周澳迁居绍兴后来归葬诸暨桃花岭一样,是一种根的回归。

看来完二也与先祖周恪一起,本来与西施共结芳邻,如今便有些落寞。

(二)

第二次来到浣纱村,又是一个夏雨滂沱、雷电交加的日子。缘于高道地村民见到“濂溪一脉”文章发表,来电说有石碑、家谱珍藏,记者应邀一看。

现存的原高道地村周家祠堂石碑

碑在原高道地村周家祠堂现为一服装厂的前面庭院,为村民周伟良等在祠堂拆除时收藏起。细看其一为宗祠的田地捐碑,其二是周善培为祠堂刻的一块家族历史渊源的石碑。虽历经半个多世纪风雨剥蚀,字迹却清晰可辨。

从石碑上读之觉之,南门高道地该为周氏迁徙十年派。果然在村民周国方处发现《暨阳周氏十年派宗谱》,亦为周善培先生修,而读者该不会忘记,本文上篇已述,48 卷 50 大本的丰江周《周氏宗谱》同样为周氏族人周善培先生修,时间竟同出于民国戊午即 1946 年,时周善培 72 岁。宗谱同样有周善培写的谱序,只不过按卷目录中看,《暨阳周氏十年派宗谱》应为 12 卷,远少于丰江周《周氏宗谱》,而今只剩下 1 卷。

周善培无疑已成为周氏大家族历史文化延续发展的重要人物,要弄清周氏的历史渊源,有必要认识这位离我们年代最近的修葺家谱的周氏族人。

据三踏步人讲,周善培为浣纱村人,晚清时期为四川道台,解放初期任上海市政协委员。老人们记颂着周善培的善举:民国11年诸暨发大水,周善培记挂乡亲,特回乡给每户人家发20斤玉米。其子孟立"文革"迁故乡,后葬虎头山。现村人都说其孙子在西藏拉萨某医院任院长。

"善培年少最能文,鹤立寒鸡自不群。"此乃清光绪帝老师翁同和弟赵尧生与之的褒奖。据1986年《诸暨史志》中获悉,周善培(1876—1967),为清季学术诗文大家赵尧生弟子。曾与陈遹声、蒋鸿藻等共纂《国朝三修诸暨县志》。其学术专著《虚字使用法》、《四书精译》、《易学》等曾盛传学界。

赵尧生(1867—1948),四川荣县人,1894年以分官考试名列一等,授翰林院国史编修。周善培因学习勤奋有业绩,深得赵尧生赏识。周善培与其师赵尧生一样,刚直不阿。1911年,袁世凯任总理大臣,周善培恶袁所为,毅然谢绝"借重",远赴日本。回国后居重庆探讨民主革命理论,时朱德同志以滇军旅长居成都时,与赵尧生往来淡诗甚密,周善培亦得常与朱德促膝交谈……

## 濂溪一脉 结篇

### 史记 弦歌

#### (一)

"人生自古谁无死,留取丹心照汗青。"南宋士大夫、抗元斗争的杰出代表文天祥(1236—1283),在被元军俘后宁死不屈,留下千古名句,后人以其威武不能屈,富贵不能淫而作为坚守民族气节的典范。就是这位民族英雄文天祥,在《周氏宗谱》跋中虔诚地写道:"世以谱传,而不能以像传,能并以传者,必先人功业著于当时,道德鸣于一世……周氏谱像瑰然,可传千百世……"。

周氏在诸暨的一脉,从周敦颐曾孙周靖于河南祥符南迁余杭,再迁诸暨紫岩盛厚里,至周靖孙周谨在紫岩始做家谱,最后至民国13年、民国35年,周氏族人两次修家谱,请当时的周氏名人、浣纱村人周善培作谱序,历宋、元、明、清、民国、中华人民共和国,数代相传,至今800年左右矣。修谱粗粗一数至少达15次以上,如今不但是一部洋洋大观的家族历史文化大书,也成为后人拜读历史文化名人新作的新发现,是一顿丰厚的历史文化大餐。

高道地村《暨阳周氏十年派宗谱》,总12卷,今只剩头1卷,内里有周氏谱序、谱例、渊源考、各派源流、各宗始迁、诰敕等,最后便是遗像附赞(按目录看,丰江周《周氏宗谱》也该有先祖像,但没找到)。如文天祥740多年前所预言,周氏谱像瑰然,濂溪公四代像彩色绘制,犹光彩照人,历千年风雨而不衰。

据说古人作谱,喜请名人作序或跋,周氏也不例外。《周氏宗谱》里留有墨痕的名人,有周氏族人特邀的,也有许多为周敦颐被封"汝南伯""道国公"后,皇帝命"贤笔"赞之,还有一些是自然流传于社会,为周氏族人收集进谱内,读之,让人忆及当年的历史风云变幻、历史名人的丰采神韵。

朱熹撰写的篇章是《周氏宗谱》里出现最多的。这位南宋哲学家、教育家,尊周敦颐为理学(道学)的鼻祖,集北宋周敦颐、程颢、程颐之大成,为程朱学派主要代表人物,在任知南康军期间积极修葺周敦颐的遗迹、墓地。朱熹见诸于《周氏宗谱》的文章有《濂溪祠堂记》《濂溪书堂记》

《濂溪先生传》《濂溪先生像赞》以及《周氏谱序》等篇。

其他一些进谱留下墨痕的，也有诸多在我国古代史上享有盛誉。如宋书法大家米芾、文学家苏东坡、黄庭坚的题词留诗，另外还有北宋“铁面御史”赵汴等的题词，南宋知枢密院事马廷等写的谱序……

期间，周氏列祖列宗的生平小传一应俱全，家族繁衍脉络清楚，从周敦颐1017年出生之后，子孙承耕读传家之风，纷纷荣登甲第，也有言忤当朝，被贬谪的。一个家族的繁衍，映衬出历代王朝的背影，千年世事沧桑，几多历史风云，在此浓缩。

而周氏族人尊称宗太公的周敦颐，其高风亮节，激励后人，先生意味深长的《爱莲说》，成为古代文学瑰宝，“出淤泥而不染”，更为后人立身处世之座右铭。

国人的社会是在家族制度的基础上组织起来的，这种家族制度支配、渲染着国人整个生活形态。周氏族人之崇拜祖先，和国人崇拜祖先同出一辙，是对祖先创家立业以示崇敬感激，这和封建迷信有着质的区别。

林语堂先生曾经对此发表过见解：“这种家族意识和家族荣誉的感觉，也许是中国人生活上队伍精神或集团意识的唯一体现。”

不用说，诸暨周氏也是中国百姓生存在浩瀚历史中的一枝一叶，只不过周氏先祖留给后辈的是绵长的历史文化文明，给人们无尽的惦量和思考。

（二）

采写《濂溪一脉》过程中，记者走村串户，冒酷暑顶雷雨，访问有关人士不下百人，文章发表期间，常有读者来电来信或询问情况，或一起参与讨论。一般与之一起讨论的是文化界人士，他们惊叹周氏先祖传世文化，更惊叹周氏一族宗谱给后代留下如此深刻的影响。另一类参与讨论的则多为周氏族人，他们多为提供信息，有的藏有宗谱，时常研读。如一位退休的70岁老公安周培光，持有翻印得来的丰江周《周氏宗谱》一卷，诚邀记者一看，并与记者一起讨论周恩来、鲁迅的辈份及字第；而更多的周姓人来电询问记者还打算发几篇，能否把打印稿翻印给他们。

记者为拙文受到较大反响而内心感动并籍此致谢！在此特别需要说明的是，报纸无意为哪个姓氏光宗耀祖作宣传。因读《濂溪一脉》连载，已有读者为之沉思：报纸连篇累犊其意何在？

搜索枯肠，倾其所有，记者唯一腔社会责任感耳：即据无意的发现，献有意于读者，发掘历史长河中的文化亮点，寻找诸暨旅游资源的载体，投石问路，以让更多的市民为文化旅游业的发展建言献策。

难忘采访中的一幕幕。杨嗜霞村一村民在“文革”期间冒死抢出周敦颐遗像图；高道地人鼎力藏起4人都抬不动的周祠碑记；周家埠一村民数十年珍藏号有“周爱莲堂”字但却空空如也的家谱箱……更有浙江中周实业公司董事长周伟潮，因自幼知晓家族来历，数年前便把先祖周敦颐的《爱莲说》内涵引入企业文化，做入企业产品品牌，把“梦莲”“中周”等品牌名袜打向大江南北，把《爱莲说》名句“出淤泥而不染”作为产品的注释，并把“鲁迅、周恩来祖籍在诸暨”一并宣传……

为文明群落里取得的共识而欢欣，更为文化历史遗产的濒临消亡而不安、忧虑。

一位我市旅游部门工作的工程师断言，像《周氏宗谱》如此齐全完整，时间跨度近千年之久，历经六七个朝代的家谱，实属罕见。

中国历朝历代都重视修史，自古以来，国有国史，县有县志，家有谱谍。盛世修史，随着国泰民安，经济发展，各地修史渐成风尚，但很少有人提出对宗谱的研究，有些人恐怕还沉浸在反封建反结党营私的梦魇里，而忘记人之有祖，犹木之有本，水之有源，乃最自然不过。

对于宗谱的研究和探讨，带有对历史文化抢救的性质。

宣传周敦颐一脉自南宋迄至诸暨的迁徙、宣传暨阳这一方古朴的山水，古老的土地，这一处人杰地灵的耕读传家。

最先做谱的诸暨周氏3世周敦颐之后6世祖周谨，在谱中对《爱莲说》作了说明，作为古代文化艺术瑰宝，其艺术精神之生命力是恒久的，而周敦颐为官的清正廉洁、勤政为民，更有一种与当今时代相吻合的时代精神，为百姓敬佩，为勤政为民者仿效。它与物质文明不同，它的作用在于超越物象形迹不受时空限隔。

"奉天承运皇帝，诏曰……"周敦颐在宋元两代分别被封为"汝南伯""道国公"，从祠文庙，而时隔近千年，如今，周敦颐同样可以被当今百姓供奉。

（三）

既然濂溪一脉史实相符，既然诸暨周氏一世周靖（周敦颐曾孙）迁居店口紫岩盛厚里，葬六都大将山；既然周氏南门一世周敦颐七世孙周烙苎萝山有冢，又既然"山阴始祖"周恩来、鲁迅的先祖周澳（周敦颐10世孙）和兄周淇合葬桃花岭，而假日经济日趋火红，各地旅游资源纷纷挖掘，浣江主题公园正在规划开掘，我们为何不籍此为濂溪公及他的子孙留一席之地？在风光秀丽的紫岩山，也大有文章可做呀！

周氏在诸暨是大姓，据1990年人口普查，全市有姓氏416个；陈、周两姓人数最多，占总人口的13%，其中周姓62827人，如今周姓至少七八万人，而诸暨周氏海外侨胞又有数百人，更重要一点是周敦颐一脉分汝南族、营道族、南康族、祥符族，诸暨周氏属祥符族，周氏光迁徙诸暨的祥符族再迁往别处的有"山阴之周桥、姑苏之吴江、萧山之来苏"等，所以周氏子孙昌盛，若能吸引来诸暨问亲寻祖，或宣传"伟人先祖在诸暨"，把周恩来、鲁迅与诸暨姓周人的历史史实相联系，在诸暨的风景区辟特色景点，不失为美化诸暨的一着妙笔。

像桐庐人那样，不趋时媚俗，不在景点里搞一些粗俗不堪的仿古建筑、游乐设施和奇怪景观，而以弘扬华夏文明为宗旨，坚持高雅、朴素为原则，把江边严子陵祠堂到山上的钓台建成一处兼具民族传统和地方特色的高档次文化景区。如果我们能从中借鉴，在西施故里风景区，揽一帘清风，在绿树修竹掩映中，辟一条碑林长廊，刻以历史名人题写周氏濂溪的诗文，诚邀濂溪先生信步闲行，铭《爱莲说》手迹碑文；或再请诸公，十代同堂，其乐融融，情趣盎然；或建一濂溪书堂，让濂溪先生与朱熹先生并肩而立，读书悟道，补师生毕生未见之憾事，那也不失为一桩美事。

传说西施乃荷花神女，获悉旅游部门在景区上有规划打算建莲池，巧遇濂溪先生对莲情有独钟,可谓与西施有缘,这其中,该有异曲同工之妙。

今日,回归自然,返朴归真渐成风尚,人们开始种花养草,试图找回一份自然宁静。而由于心情浮躁,只求浅层次感官上的满足,仍缺乏从容闲适的心境,从这一点上讲,濂溪思想"出淤泥而不染"以及他推出的圣人修身养性说,均可作为游人后学自然渗透。濂溪一脉,溯之真实,牵出古代一屋名人,引出现代鲁迅、周恩来两位伟人,又有远方数百位侨胞、近处七八万诸暨周氏族人的关注,以濂溪先生及其道学文化美学意蕴的深厚,思想价值的深邃,这样的文章,值得一做。

谨以黄庭坚的《濂溪辞》为本文作结:"溪毛秀兮水清,可饭羹兮濯缨,不渔民利兮又何有于名,弦琴兮觞酒,写溪声兮延五老以为寿,蝉蜕尘埃兮玉雪自清,听潺湲兮……"

诸暨周氏十万余众和周恩来、鲁迅共一个先祖

## 诸暨探明周姓第一代太公周靖墓

周恩来堂侄、78岁的周华瑞老先生从扬州赶来祭奠

赵文君

### 直埠发现周氏始迁祖墓

"现在看来,诸暨直埠大将山周氏先祖周靖的坟茔,不光是诸暨等地周姓第一代太公的墓,也是我七叔周恩来的祖茔,是宋代历史名人的古墓。"日前,记者在采访周恩来的堂侄、78岁的周华瑞老先生时,周老先生如是说。

据清光绪年间修订的《诸暨县志·山水志》以及周氏宗谱等相关资料证实,周靖是北宋著名哲学家、理学派开山鼻祖周敦颐的曾孙,字天锡,公元1102年出生,自幼聪明好学,举进士后,以太常博士随高宗南渡杭州,绍兴四年升为国子监博士,后来有感于民族英雄岳飞陷入奸臣秦桧等人布置的罗网,中原收复无望,更仰慕诸暨民风淳朴,刚勇剽悍,有中州风,遂于南宋高宗绍兴十二年(1142年)辞官,退隐诸暨紫岩盛厚里,成为诸暨、绍兴、东阳、兰溪、吴江等多处周氏的始迁祖。

周靖迁诸暨紫岩时39岁,1163年因病去世,葬六都大将山。2000年,本报曾刊发《濂溪一脉》系列报道,记者根据《国朝三修诸暨县志》在文中载明,"直埠村乾隆癸酉解元傅学沆故里村西大将山有宋国子博士周靖墓"。但因年代久远,周靖之墓一直都下落不明。

怀着对先人的敬仰,周氏后人周永根、周伟柁、周伟统等人多次踏上寻墓之路,后来通过联系直埠镇镇、村干部,花了不少精力,才打听到直埠祝园村东面周大将山有一穴古坟,原来坟主就是周姓人的先祖周靖。

据周氏族人所述,周靖墓穴方圆约30余平方米,已显荒芜,坟前上下两层祭祀平台有点大,可站五六十人。三面群山环抱,远眺视野开阔。坟前不远处有一座守陵人住的坟庄,现已破败倒塌,但守陵人的后代仍然在附近居住。

今年清明节期间,诸暨周氏联谊会在直埠大将山公祭848年前的始祖周天锡公。

**千年历史名人墓要好好保护**

参加祭典的周华瑞老先生认为,诸暨发现周氏始迁祖周靖古墓,很有历史价值。近千年的历史名人墓,也是一笔宝贵财富,一定要妥善保护。诸暨还有周恩来、鲁迅迁绍兴一族的世祖——周澳归葬故地之墓,很多资料表明此墓在桃花岭,在诸暨西施故里规划景区内,很值得开发。周老先生认为,如果这篇文章做好了,对诸暨开拓旅游业有好处。

"照周氏宗谱排起来,周恩来与鲁迅是绍兴周桥(今周家桥)同宗,古墓中的周靖也是鲁迅、周树人、周建人祖先,他们比周恩来要长一辈。"

从扬州市老干部局局长位置上退休的周华瑞说,来诸暨亲自上山祭拜祖先,每时每刻都在感受着一个大家庭的浓浓亲情。"姓氏是终生相随的,从追根溯源的意义上讲,姓氏就像一条无形的纽带。周氏不仅仅是一个符号,更是一种代代相传的文化徽章。寻根问祖,饮水思源,这种血缘和文化是凝聚大家力量的源泉。"

周嵩尧:有历史影响力的人物

面对先祖周靖之陵,周华瑞老先生深切缅怀七叔周恩来和祖父周嵩尧。

周恩来的祖父跟周华瑞的曾祖父是亲兄弟,周恩来跟周华瑞父亲周恩夔是堂兄弟。周恩来在家排行老七,周华瑞称呼周恩来为七叔,邓颖超为七妈。

周华瑞说,七叔周恩来的家庭观,很值得后人深思。"七叔对我祖父评价很高,他们之间的关系非常密切。作为周氏的后人,周嵩尧确实也是一位历史上有影响力的人物。"

周嵩尧,字峋芝,公元1873年生于淮安城驸马巷,在周家同辈人中排行第六,所以周恩来一直亲切地喊他六伯父。

1897年(清光绪二十三年),周嵩尧考中举人,得到当时江北提督王士珍器重,进京受到慈禧太后和光绪皇帝的召见,被委为邮传部郎中,掌路政司。进入民国,周嵩尧曾先后担任江西、江苏督军专署秘书长,还曾获得国民政府颁发的多块勋章。后来周嵩尧因不同意袁世凯称帝,卸职返回淮安,携全家隐居扬州。

新中国诞生后,周恩来总理即邀他进京议事,常把他请到西花厅,向他请教清朝和民国年间政府各级机构的问题。1951年,总理周恩来聘请周嵩尧为中央文史研究馆的首批馆员。首批受聘到中央文史研究馆的人都是清末和民国年间德高望重的硕学名流,如符定一、章士钊、齐白石等。

## 祭天锡公墓

从周氏宗谱中考证:"乾隆二十二年丁丑(1757),诸暨周氏南门祠堂各派到大将山天锡公墓祭后,鲜有记载。"一炷燃烧了八百多年的心香,溯忆着开启暨阳周氏的维艰……一粒黄土都记载着历史的沧桑,诉说不完周氏繁衍的历程。这里是龙根之地,一种天涯隔不断的思念,流淌着万脉归宗的情怀。"清明祭扫中最具凝聚力的,莫过于对先祖的公祭"。

2009年4月4日上午,空中飘着蒙蒙细雨,"诸暨市濂溪文化研究会"成员和部分诸暨周氏后裔一行二十余人(桥、煦、垂、钧、泉、梓、燮七辈均有代表,年龄段为6—70岁),分别从绍兴、诸暨城关和各乡镇出发,奔赴诸暨市直埠镇竹谢村,参加周天锡公墓公祭。

上午十时,司仪高唱:"暨阳爱莲堂周氏祭祖典礼"开始!诸暨市濂溪文化研究会周永根会长主祭,执事者整衣分立两旁。按民间祭祀程序:进香、献酒,进馔、进帛、伏拜。由副会长周新明唱读祭文。尔后按桥、煦、垂、钧、泉、梓、燮字第次序,依次向先祖行跪拜礼,往坟丘上添上新土培护。司仪高唱:礼成、鸣炮!燃放爆竹后,太阳竟突然露出了笑脸!太阳当空,虽没有夏日耀眼,却也能感受春日阳光的灿烂,使人与天地俱传,日月同辉。从感情上我们相信,是在佑护我们……。

一川烟柳绿轻尘,细雨蒙蒙草色真。百代春秋传孝道,清明坟上纸花新。

靖公二十九世孙 泉渊 己丑清明于绍兴

## 辛卯清明祭祀始祖天锡公

溯本追源,怀亲以仁爱;先贤尽孝,虔诚以敬宗。思我周氏发端,从周敦颐曾孙周靖南迁临安,再迁诸暨紫岩盛厚里,历870余年,一路祥云,瓜瓞绵绵,后裔分布绍兴、诸暨、萧山、吴江等地,成为泱泱大族。人才辈出,树人、周恩来等当为杰出代表。

靖公,字天锡。宋代理学大师周敦颐(著有《爱莲说》《太极图说》《通书》《拙赋》等)之曾孙。公秉承爱莲遗风,自幼好学,生性耿直,宣和甲辰(1124)举进士,后任太常博士。金兵入侵后,随北宋王朝由河南开封南迁钱塘。此后,公一是感叹秦桧等奸雄当朝,岳飞等忠良被害,中原收复无望;二是仰慕诸暨民风纯朴,刚勇强悍,故携子亥隐居诸暨紫岩盛厚里。靖公生于崇宁壬午(1102),卒于隆兴癸未(1163),享年六十有三,葬六都直埠大将山。

"一炷燃烧了八百多年的心香,溯忆着开启暨阳周氏的维艰……每一粒黄土都记载着历史的沧桑,诉说不完周氏繁衍的历程。这里是龙根之地,一种天涯隔不断的思念,流淌着万脉归宗的情怀。"为此,诸暨市濂溪周氏文化研究会发起"辛卯清明祭祀乔暨始祖天锡公"活动。

2011年4月5日这天,和风送暖,春意盎然。来自江苏、上海、山东、江西、杭州、萧山、绍兴、浦江各地的周氏宗亲200多人,纷纷会集西施故里,参加本次祭祀活动,缅怀先祖功绩,追溯家族历史。直埠祝园村大将山,"辛卯清明祭祀乔暨始祖天锡公典礼"一道红色横幅高悬在墓后。随着司仪高唱:"周氏宗亲祭祀始祖天锡公典礼"开始!首祭、主祭、陪祭依次按程序进行。首祭的周氏族人有原浙江省环保局副局长、诸暨市委书记周惠良,诸暨市人大副主任周纪泽,原诸暨市副市长周全新等,周总理的侄儿周华瑞先生也应邀前来参加本次活动。主、陪祭由诸暨市濂溪周氏文化研究会的理事担任。参祭后裔从懿至燮字辈八代,按照辈次分20多批先后上香、参拜。所有参祭人员,都按三跪九扣礼节进行祭拜,仪式庄严隆重。表达了我们缅怀始祖的深情,以告慰先祖之灵。

此次祭祀活动规格高、规模大、内容丰富、仪式隆重。18面大彩旗(包括龙旗、虎旗)、伞、铳、宫灯队、锣鼓乐队组成庞大的仪仗队。后裔奉三牲五谷于寝陵，焚香酌酒，祭拜先祖。震耳欲聋的烟花爆竹声响彻云霄，腾起的烟雾遮盖整个山谷。

祭祀之后，举行祭祀大典招待午宴，周氏联谊会的理事，纷纷向宗亲祝酒，一片和谐亲热的景象。

靖公二十九世孙　泉渊

## 诸暨周氏癸巳清明祭祖纪略

读祭文、上香、祭酒、献三牲祭品、叩首、鸣炮…… 日前，由市濂溪文化研究会主办的“癸巳清明祭祀博士公典礼”在直埠镇祝园村大将山举行，来自绍兴、萧山、东阳、兰溪、吴江等多地500多名周氏后人参加了祭祀活动。

祭祀先祖博士公，原来是北宋著名哲学家、理学派开山鼻祖周敦颐的曾孙周靖。字天锡，公元1102年出生，自幼聪明好学，1124年举进士，1133年，以太常博士随高宗南渡杭州，官至国子监博士，后因岳飞遇害，深感中原收复无望，又因仰慕诸暨民风淳朴，刚勇剽悍，有中州风，遂于南宋高宗绍兴十二年(1142年)辞官，携子隐居诸暨紫岩盛厚里，成为诸暨、绍兴、东阳、兰溪、吴江等多处周氏的始迁祖。周靖迁诸暨紫岩时39岁，1163年因病去世，葬六都大将山。

2011年，周恩来的堂侄周华瑞前来参加清明祭奠活动，周老认为周恩来、鲁迅迁绍兴一族的世祖，周澳归葬故地之墓，就是在桃花岭，也就是在诸暨西施故里规划景区内。原来诸暨周氏十万余人和周恩来、鲁迅也是同一个先祖。

如此渊源，让周氏后人周永根感慨：诸山暨水，风水这边最好。在典礼现场，周永根一直忙碌着博士公典礼的准备仪式，“这个典礼已经办了两年了，就数今年祭祀场面最大，人也最多！”周永根感到无比自豪，而当时为了找到这个大将山古墓，他们可是费了不少周折。

“找到这个古墓实在不容易，我们为此花了不少心思。”周永根说出了心里话。2008年，他和周伟柁、周伟统等人查阅了相关资料，经过多次登山寻访，终于在直埠祝园村大将山发现了距今已有近850年历史的周氏始迁祖周靖古墓。据周氏族人所述，周靖墓穴方圆约30余平方米，发现时已显荒芜，坟前上下两层祭祀平台有点大，可站五六十人。三面群山环抱，远眺视野开阔。坟前不远处有一座守陵人住的坟庄，已破败倒塌，但守陵人的后代仍然在附近居住。这位守陵人后代是傅云林，他不仅向周永根指点地方，指出“周天锡公坟庄”的碑石和祖祖辈辈为天锡公守陵的庄院残迹，甚至到现在还保存着解放前部分村民租用坟田，向周氏南门后裔缴纳地租的存根，以此报答天锡公世代之恩泽。

“我们原先一直是在河南洛阳聚集相会，而现在已经确定了我们的祖先就在诸暨，就好像叶落归根，找到了心灵之地。”从福建赶来的周氏后人告诉记者，为了祭奠先祖，他带着一片诚心来参加祭奠。一路上，虽然没有过多言语，但他内心已是无比激动。

据悉，此次祭祀继承了“庄穆、恢弘、壮丽、典雅”传统风格，体现出“心祭、尚礼、明德”的时代气息，以此来共同缅怀先祖，发扬先祖仁爱美德精神。按照仪程，祭祀共分为首祭、主祭、阖族裔孙有序上香、参拜和执事上香参拜等四个环节。500多名周氏后人分组进行了参拜仪式。典礼完毕后，周氏后人还分别到西施故里参观了"潮涌浣江"濂溪文化研究会书画作品展和周剑成中国画作品展。

(原文《诸暨日报》齐聚诸暨祭奠古墓 祖先竟是周敦颐曾孙《诸暨日报》见习记者 赵亦)

## 乔暨始祖天锡公祭祀活动午宴致辞

诸暨市濂溪文化研究会会长　周永根

尊敬的名位宗亲：

大家好！

太平盛世，政通人和，祭祖修谱，追根溯源。今天，在座各位从江苏、上海、山东、江西、杭州、萧山、绍兴、浦江各地会集西施故里，参加乔暨始祖天锡公祭祀活动，缅怀先祖功绩，追溯家族历史，十分难得，意义深远！

乔暨始祖靖公，字天锡，宋代理学大师濂溪公之曾孙，生于1102年，卒于1163年，葬于六都直埠大将山。天锡公秉承爱莲遗风，生性耿直，好学上进，举进士，官至太常博士。金兵入侵后，随北宋王朝南迁钱塘。后因，靖公感叹秦桧等奸雄当朝，岳飞等忠良被害，中原收复无望，弃官隐居紫岩盛厚里。从此，周氏一路祥云，经870多年繁衍生息，成为泱泱大族。后代更是人才辈出，周恩来、鲁迅享誉全球，在座的惠良书记、全新市长是我辈杰出代表，老板精英更是不胜枚举，作为周姓后人，应该感到无比的自豪和光荣！

据宗谱记载，乾隆二十二年，诸暨周氏各派曾到大将山公祭天锡公。后来少有记载，甚至连祖墓位于何处，亦被遗忘。幸喜前几年有热心人士多方考证，总算如愿以偿，寻到天锡公祖墓之风水宝地。遗憾的是，因年久失修，祖墓已成一处荒冢。而今国泰民安，物阜民丰，我诸暨市濂溪文化研究会顺应众人愿望，为追根溯源，缅怀祖德，发起本次祭祀活动。

名位宗亲，今天大家都看到，我祖天锡公墓荒芜倒塌，有损我族人形象，有碍我后人祭扫。另外，不少周姓村落近百年来未曾修谱，致使数万子孙未入家谱，众多族人未入门墙。使宗谱失考，血缘不辨。为此，经濂溪文化研究会商议决定：一是重修天锡公墓，使我等子孙后代有一处祭祀先祖之所；二是编修《诸暨周氏统谱》，理清家世，明辨昭穆，以史育人，促进社会和谐。

名位宗亲：木有本，本荫而叶茂；水有源，源积而流长。我们衷心希望全体周氏族人热情支持，积极参与，献计献策，出钱出力，成此伟业，共襄盛举！

最后，祝各位宗亲在天锡公庇佑下身体健康、家庭幸福、事业兴旺、心想事成！

## 传统祭祖　传承文化

2013年4月4日上午,周氏诸暨(紫岩族)始祖周靖祭祀活动在直埠镇祝园村大将山隆重举行,来自绍兴、东阳、吴江等地的500余名周氏后裔前来祭拜,周恩来的侄儿现年80高龄的周华瑞特从扬州赶来参加活动,这次祭祀活动是继1757年之后又一盛典,让人感受到了浓浓的传统文化韵味。

周靖,生于1102年,卒于1163年。为宋代理学大师周敦颐的曾孙,是周氏诸暨(紫岩族)的始祖。周氏秉承爱莲遗风,敏而好学,擅长文章。1124年中进士,1132年随高宗南渡临安,官至国子监博士。目睹奸雄秦桧当朝,岳飞等忠良被害,既感中原收复无望,又不满朝纲秃废,仰慕暨阳民风纯朴,于1142年间弃官携带家小隐居诸暨紫岩盛厚里。八百余年来,周氏瓜迭绵延,后裔先后迁徙绍兴、萧山、吴江、江西、广东等地。据不完全统计,全族现有人口60000余人,仅安华一支就有12000余人。周氏后裔俊才辈出,文学巨匠周树人(鲁迅)、新文化运动的杰出代表周作人、开国总理周恩来、浙江省原省长周建人、浙江省委原副书记周国富等均为周靖后裔。

由于社会变迁和宗谱被毁,周靖的坟墓一度湮没,寻找祖墓一度成为后裔的思源之念。2009年,周永根、周伟统等根据宗谱资料和清《国朝三修诸暨县志》有关记载,几度访查,有幸在直埠镇祝园村大将山发现了周靖墓,因风侵雨蚀,碑碣毁圮,仅存荒坟一座。为追思先贤功德,激发后世奋进之志,周永根、周叶生等发起修墓活动,周全新等慷慨解囊,墓复旧观,增建祭坛、拜台、牌坊、碑亭和墓道。

祭祖既是一种文化的传承,又是一种精神的传承。这次清明节周氏传统祭祖典礼隆重而有序。旗锣伞铳开道,再现古典式的仪仗;奉三牲五谷,焚香酌酒,恭读祭文,传承传统的祭祀仪式;首祭、主祭、从祭,展示庄严而虔诚的传统程式。祭祀典礼显得庄穆、恢弘、壮丽和典雅。为配合祭祀活动,于当日在西施故里寿崇德纪念馆举办"潮涌浣江"濂溪文化书画作品展,60余位周姓书画爱好者联手创作,笔墨丹青,缅怀先祖。系列活动体现出"心祭、尚礼、明德"的时代文明气息。

(安华镇校　周建华)

## 诸暨南门周氏大宗祠灯会序

尝考《开元遗事》,叶靖师盛称帝前谓:天下灯火无如广陵。帝心欲往观,俄驾虹桥,帝步上至广陵,一时观者以千数,幽明道感,仙人现焉。后数日,广陵守奏其事,乃知太平风韵,百枝灯灿,千炬烛辉,士女纷然,踏歌轩,鼓鼙舞,殷荐祖考。闽有琉璃珠、滇有料丝、金陵有夹纱羊角、燕有云母。金吾驰禁,不独淮扬佳丽地为然也。

诸暨附城之宗祠,如钟氏、楼氏、赵氏,春正上元各有灯会,红灿如火毬,颇呈纤巧。周氏大宗祠既举博士公墓祀，裔孙叔封、公备、乾学等，又谋诸族之贤达者，各捐金购灯为不夜天。每年正月十三日起至十六日止，金凫玉螭，烟楼玉殿，杂以芙蓉、莲藕之奇，动鳞甲于鲸鱼，焰光芒于鸣鹤，蛾飘则碎花乱下，风起则流星四落。值年董事供瓶花数枝、炉香几缕、鼓一，再行弦管纷吹，笙歌竞奏，其应颁福胙，即在墓祭时一并给领，庶几事死如生，事亡如存之意欤。岁丙戌，余代庖蓬莱阁吏，周教职鼎谊嘱师生恳余一言为序。夫族姓之蕃炽，岁时可讲亲睦之谊焉。

予观周氏之庙，月下看灯灯富贵，灯前衎祖祖婆娑，左昭右穆，喧闹达旦，于以征人心之时，溥义举之迭兴，而卜世代之绵绵未艾云。

大清乾隆丙戌(1766)四月谷旦
奉直大夫浙江杭州府总捕同知
署绍兴府知府事青县张铎顿首拜撰

## 支派录·渊源小序

享七公《渊源考小引》称，山荫还梅公所辑《周氏全谱》载有《渊源考》，注释详尽，来历井井，遵公遗语，易以还梅公《渊源考》而续之以南门族，并缀之以《支派录》。

考吾周本非一族，若周武王时之周章、周越，汉高祖时之角里先生周术，吴之鄱阳太守周鲂，晋之御史中丞周处，此泰伯仲雍后也，为吴之望。从沛公定三秦，以功封者八人，此周赧王之后也，为沛之望。汉武帝时之周嘉，封"周子南君"(辛注：也叫做卫公，于元鼎四年分封)，嘉弟昭封"承休侯"，此周顷王子武强满之后也，为长安之望。又若宋之周畋、周需，需之子封"长兴县男"，载《一统志》，此长兴之望。皆非吾族也，惟吕山派系三世季仲公后(代)。

涵澄识
(以上摘自1925年周氏七年派谱卷一)

## 南门七年派周氏嘉庆丁丑(1817)重修正序

丙子(1816)春，阅道州《濂溪志》，知濂溪公生二子。长寿，子六：伯逵、虞仲、叔夏、季友、季仲、季次；幼子焘，子三：縯、絪(更名彝)、緼。因核宗谱，以縯、絪、緼为寿公子，而焘公竟无子。细阅世系知我七年宗谱，向祖天锡公，以公始迁暨也。

康熙己巳修谱始，由天锡公而追祖濂溪，以承旨恪公谱序为证，谓承旨公距濂溪公仅七世，距天锡公仅四世，考订必确意误矣。今秋孟，富阳同宗内翰凯，我暨分支裔也。因武林修造濂溪祠，去年蒙抚部院请员给币外，允许派下公捐，来暨捐资，携其谱与我诸谱核昭穆。我暨谱四递分宗，多与之合，并与《濂溪志》合，惟我七年谱，寿、焘二公承继不符，意己巳修辑之谱真误矣！

及秋仲，余族辑谱，将所误遍告宗长及修执事，请从《濂溪志》改正。或曰：前既从承旨公谱序订定矣，何必改。或曰，承旨公谱序误，安知《濂溪志》不误。余曰：知误而不改，是重昔人之过也。天锡公扈思陵南来国迁邑改旧谱，载淳祐三年，公三世孙紫岩勤公之子华公迁嵊县开元，《谱》因兵火失次，迁嵊者失次，迁暨者独不失次乎？且《渊源考·小引》中云：搜捡蔽箧得成宏间古谱一册（其成化乎，其宏治乎，修葺民间家谱必历二朝之久，其为随意依附，不辨可知），首尾为蠹鱼蚀去，岂寿、焘二公系图独不蚀去乎？其尾总注云：据承旨公《谱序》所载，妄添蠡见夫，不求濂溪公确据可第，据华公同时同行之承旨序为证，而断以已见乎，况宜从《濂溪志》改正者，更有说邑西《夫山孟氏谱》载：乾隆十四年，皇帝临雍讲学，命各省学政考拔十三祀后裔，夫山孟氏拔一名曰孟夏，其先必由督抚行文山东邹县，查诸暨孟氏是否孟子嫡裔，盖以孟子陵寝邱墓俱在邹邑，且系大宗世系必确。我族之祖濂溪犹夫山之祖孟子也。我濂溪之在道州，犹孟子在邹县也，其《志》岂不确哉，言毕，佥曰："旧谱诚误矣，宜改正。"爰偕指山姪孙升夙夜披阅旧谱，凡文传、行传、世系，谨遵《濂溪志》改正，不私增减一字，是固宗长之命也，执事劝勉之功也。余与升不过就《濂溪志》照本誊录，尔得免咎，幸矣，敢云劳哉？是为序。

盖念修史无妨存疑，而考古皆乐求实，特未得确凿之据，每为似是而非之说所淆也。康熙已巳，谱牒考定古图及承旨公谱序，参互考订而引证不乏矛盾者，非不尽力焉。因当时未得《濂溪志》，故寿、焘二公承继致错，后之人慎毋就古图承旨谱序，并渊源中小引妄起非议前人之心，是所望于同谱之贤达者。

清嘉庆丁丑应钟月吉量
二十五世孙台薰沐谨撰

## 暨阳藏绿周母徐太君六旬寿序

国军底定两浙之周岁，时和景清，文物呈瑞，民庆昭苏，地有仁寿。闻暨阳藏绿周母徐太君淑德芳徽，令仪景福，于鳌灯节后之二日为周甲帨辰，亲宾十郡，符祝三多，有足纪焉。暨阳隶古禹域，枕钱江，上流山水清幽，人文秀美，在昔霸图未泯，聿诞俊彦，代有闻人，藏绿周氏为邑中望族，歌聚千禩，蕃衍炽昌，东海徐氏，清华门第，耕读世家，太君在髫龄，即幽闲贞静，素娴女诫，适归周翼谋先生，瑟琴敦好，相敬如宾，佐治家政，条举纲张，闾里颂其贤明，戚?奉为圭臬，勤不言劳，顺以养志，所以蔚为一代之女宗，盖其树立初基已有特征也，若夫桓君朝绠，季妇夜灯，犹为余事，大抵世俗所震为特行者，太君皆处之为常，道宜其两党交称，一邑归仁也，矧妇德厥在相夫，于宗法斯为优美，盖翼谋先生先温恭孝友，志在有为，得太君匡翊之用，能展其全才，立功寿世，其于梓乡，葺修赈济善举，无役不从，迄今听大道与人之颂，称梁及孟光岂曰偶然，中年以后益致力于启后之方，督儿勤学，课妇治丝，处温饱不改清风，虽慈祥而能肃穆，正以驭众，勤以导先，故子弟习其诏勉，乡邻师其操持，婢仆感其等视，童奚乐其提命，太和之气翔洽，一庭四德能齐，迈于往代，洵足尚矣，洎乎翼谋先生少微星晦，遄归道山，太君以慈母而兼严君，出绪余以主外事，若解牛而游刃有余，喻烹鲜而惬心贵当，人惊其处事之衡平，天鉴其矢志之坚忍，论生产则合藏较盈，云昭先则门庭益振，男婚女嫁择贤淑不计奁资，俗薄世偷，崇俭勤不事粉饰，长君子威，勤服先畴。晨昏色养，比孝弟于西京，驰声华于上邑。佐亲治产，是许武一流，课弟成名，师薛包之美。太君则更诫以俭为中礼，啬损高明，故能接物公平，待人宽厚，盖继翼谋先生之遗志，而享一乡善士之名也。次君子欣，习计然术，有卜式风，温清亲舍，本无仲子，嗟捭阛市廛咸服，弦高之识，以锱铢忌较分明，然诺当重信义，故得置身圜阓，货殖传名，业固苞桑，智珠在手，三君子含学富三冬，名齐八俊，喻品格于圭璋，恣文词于珠玉，太君则复诫以文章贵乎经济，岂僅月露之清妍，德业可以钻研，要视正邪为取舍，用能人钦朴学自抑谦光，屏两晋之浮华，成五陵之清贵。四君即致远同志，大夏大学高材生，亦群所器识，叹为过我者，今任沪市部执行委员，党国长才，平民模范，分司工部，深广厦之思来自田间，易识衡茅之隐，询后生之可畏，尚志先人，服前哲而无惭，为仁由己赤氛遍宇，期揽辔而澄清，乌哺在衷，亟泛舟以归侍，太君则仍诫以致身忠悫，毋贻革命先烈之羞，清党持平勿涉瓜蔓牵连之举，是以名动中枢，化行海角，工农殷借?之心，宵小落有韓之胆，凡诸子等身之所立，皆太君景行之所昭备，德则福自全，积善斯家有庆文。孙士淦、士庆、士鸿、士健、士樑、士尧、士榮、士华，绅商学界各擅其长。曾孙森良、峥嵘头角，是天上石麟，浏亮声音，询人间雏凤。太君重闱，集喜乐有含饴，岁月婆娑，晚香益烈，今兹大庆，复诏诸郎，谓时局艰难，合节糜费，仁言利溥，永作壶仪。(群)惟不文未能颂扬于万一，但是婺星焕彩，宾座流霞，不有纪言，无以点莱觞之盛，爰次第闻见以为之序。

中央执行委员兼国民政府交通部部长侍生王伯群拜手敬撰

中央执行委员兼国民政府财政部部长愚姪宋子文拜手敬书

中华民国国民党中央执行委员兼国民政府主席侍生谭延闿、中央监察委员兼国民政府监察院院长侍生蔡元培、中央执行委员兼国民政府行政院军政部部长侍生何应钦、中央执行委员兼江苏省政府主席侍生叶楚伧、中央执行委员兼淞沪卫戍司令部司令侍生熊式辉、中央党部组织部部长侍生陈果夫、上海市商会会长侍生王孝　同顿首拜祝

中华民国十七年岁次戊辰二月　吉旦

## 关于上塘前谱与花亭周氏谱系图不一致问题的考证

一、嵊县奭公至暨阳花亭绅公的系图为：

奭—谊嘉—中和—濬—琼—宗—德修—峻—傑—敏—理—士宏—绅

但上塘前家谱的系图却弄成：

奭—谊嘉—中理—洞……绅

由此两者之间发生矛盾，差了七、八代。

二、实际上看，很清楚“上塘前”谱上所载的“奭公至绅公”传承关系是错的，应该以花亭其他各房所载的为准。

三、不但存在前述的错误,而上塘前谱上“谊嘉”后接是“中理”也是错误的。谊嘉后应当是“中和”。“中里”上代是“谊臣”。

花亭宗谱编委　周利员

2016年11月22日

## 太平天国运动对诸暨周氏生存蕃衍的影响

太平军(民间俗称粤匪或叫“长毛”)。太平天国运动正史上称是发生在清朝末年的一场反封建、反侵略的农民起义。大多数地方都受到拥护,而途经我们诸暨的两路太平军,由于受到诸暨各地民团的堵击,打死了不少义军。他们就把这个仇恨发泄到穷苦老百姓身上。凡是整个诸暨接近交通线上的村子,都受到史无前例的残酷杀戮。人口与经济遭到严重损失。所以当地老百姓视太平军为杀人魔王,叫他们“长毛”。诸暨周氏村落大部分却好是在交通线和包村的附近,不仅宗祠、宗谱尽毁,而且人口损失尤其惨重。长毛对周氏族人的乱杀之惨烈,诸暨周氏在做家乘时均有详细的记载。

**周氏人口减少惨重**

据浙江各州府志的记载:从太平军进攻浙江之前的1858年,至太平天国失败后的1865年,浙江全省人口由3127.4万减少到1497.2万,人口损失1630万,损失比例为52%! 其中,绍兴府八县(会稽、山阴、诸暨、萧山、上虞、余姚、嵊县、新昌)人口由660万减少到260万,人口损失400万,损失比例为60%!而诸暨人口由90万减少到27万,人口损失63万,损失比例为70%!

店口各村在包村避难者几乎死绝,后人称“吃的油,穿的绸,赶到包村去杀头。”乾溪坞、董公、西何、花园这些村,因离包村较近,人员殉难最多,可惜没有具体统计,只在续谱的序中有少量记载:

乾溪坞民国十七年(1928)续修的谱序中记载:“夔公传十世孙诛,行忠一,赴蠡城,道经牛门岭,见山明水秀,遂择乾溪而居,为乾溪坞始祖。传至于今,计世三十,计年九百,虽家不百,人不成千,乡里之间亦称盛难不矣。咸同辛壬〔咸丰辛亥至同治壬戌(1851—1862)〕,包氏起义,洪杨(洪秀全、杨秀清农民起义)攻打包村,号称二十万之众,周围五十里之广,乾溪,包村不下十里,岂能免乎! 人口十其去八,村宇殆烬。”

**杀人塘**

传说咸丰十一年(1861),太平军进入浙江,诸暨知县许瑶光命各地组织团练抵御太平军。于是太平军血洗了诸暨包村,“合村死者,盖数万人”,在血洗了包村前后,太平军也屠杀了廿四门廊村百姓,当天,本地的老百姓与乡绅,扶老搀幼,纷纷逃入猪头山大湾中避难,后来被他们发现,发生了误会与冲突,把所有的人斩尽杀绝,抛尸山边,血水往下流,塘水全红,周氏族人,包括十八堂兄弟,也被斩尽杀绝,这对周氏人口发展是一个致命打击,于是,这个池塘就被叫作杀人塘。到民国前后,廿四门廊村还有二十多户人家。

山下周同治八年续修谱序中载："暨邑老幼男女终日枵腹，西突东奔，雨雪中夜窜山林，坐卧荆棘，衣皆湿透，莫为对窜之燎，如此各种艰难险征特幸不躬逢，并未尝日睹。"

又在光绪二十四年续修谱序中载："兵燹后，吾族人丁或殉难，或被掳，大约十丧七八，其存者又受饥饿或染疾疫，朝生暮死，自顾不遑……"。

五指山周氏同治七年重修谱序中载："咸丰辛酉邑遭兵燹乱离之惨，莫可殚述，有死于不屈，死于无奈者；有被掳在外，其人已失者，有若亡若存，将疑将信未得确据者；或且阖门受劫，靡有子遗有不继，不得欲继不能者，尚非尽心查核……。赖今之修谱，凡是死于不屈者，则于行下书"殉难"二字；死于无奈者，于行下书"遇难"二字；被掳已失者，则于行下书"被掳卒"三字，存之未确者，则于行下书"被掳"二字。

江大周氏殉难3人，被掳15人。

五指山周氏共计殉难29人，被掳84人。

清平岭周氏共计阵亡4人，遇难1人，被掳23人。

藏绿周氏殉难80人，被掳174人。

丰江周氏阵亡33人、殉难46人、被掳271人，共计350人。

清王鼎祺《昭忠祠重整祀位记》文中记载，经官方采访局详报：全浙殉难人数入忠义祠牌位名册，计十七万七千三十五人；其中诸暨绅九百九十员，民一万五千二百人，绅妇八百八十二人，民妇五千三百七人，共计殉难二万二千三百七十九人，占全浙殉难人数的十分之一以上，仅次于省城杭州，可见当时长毛乱杀之惨烈。

**组团抗争**

清咸丰十一年至同治元年间(1861—1862)，洪杨太平军为解天京被困之围，调遣重兵，欲过诸暨境而取杭、萧、宁、绍，意用围魏救赵计。清军多一战即溃，避锋遁逃。时地方二十五乡民众忠勇自卫，组团抗争，而以东乡包村为最时长者。北自包村以外古塘、长澜、直埠、店口等，西则十二、十三、十一、十都、花山，由诸山乡横衍南乡之同山、丰江、牌头、西山、帆山、矿亭、宣何、五指山等村。大者数百人，自立成团，小者附之，头缠白布，自称"义军"，俗呼"白头军"。

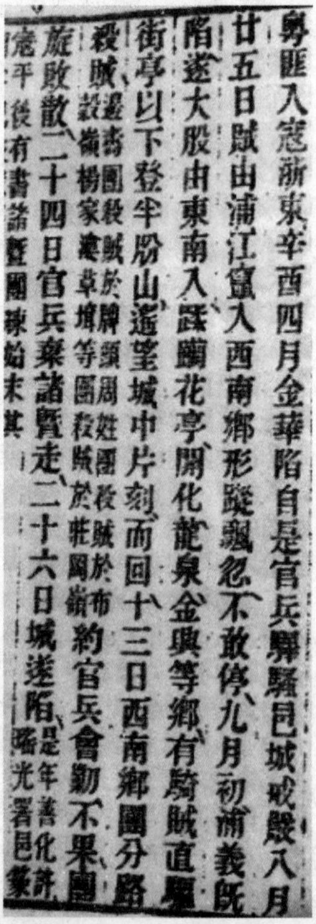
粤匪入寇浙東辛酉四月金華陷自是官兵屢騷邑城戒嚴八月廿五日賊由浦江竄入西南鄉形蹤飄忽不敢停九月初浦義民陷遂大股由東南入踞蹦花亭開化龍泉金興等鄉有騎賊直犯街亭以下登牛嶺山遙望城中片刻而回十三日西南鄉團分路殺賊邊壽團殺賊於牌頭周姓團殺賊於布穀嶺楊家樓草塔等團殺賊於莊岡嶺約官兵會剿不果團旋敗散二十四日官兵棄諸暨走二十六日城遂陷是年善化許瑤光署邑篆寇平後有書諸暨團練始末其

据《国朝三修诸暨县志》卷十五兵备志记载：九月十三日，西南乡团分路杀贼。边寿团杀贼于牌头、周姓(丰江)团杀贼于布谷岭(亦称鹁鸪岭)；杨家楼、草塔等杀贼于庄岗岭。太平军先后在牌头、布谷岭、庄岗岭、蒲袋岭、丰江等地打败各乡团后，围困诸暨县城。九月二十六日入县城。暨人刚烈剽悍之民风、忠义自卫之秉性，激烈抗争之义举，朝野震惊。

邑人周载熙在清光绪岁次癸卯(1903)丰江周氏重修宗谱写的序中说："咸丰辛酉(1861)之秋，粤匪凭陵吾邑，生灵涂炭，激成众怒，不共戴天，四乡各兴团，而吾族同胞，同仇勤王之举，较他族为更多，设破贼总局于祠内，始尝执讯获丑，屡次报捷后，贼援兵猬集，一败涂地，贼势愈狂，山崩川沸烈，宗祠而焚之，仅存焦土，火庐舍，各房宗谱，大半化为灰烬，伤何如之。”

**太平军攻打包村有关情况**

咸丰十一年(1861)太平军占领诸暨等地后，地方纷纷组织“民团”抗击太平军。诸暨东安乡包村团练包立身，组建“东安义军”抗击太平军，豪绅包尚杰等罄户资助。“东安义军”编有“东”“安”“忠”“义”4营。“东安义军”头缠白布，俗称“白头军”。当时，诸暨、绍兴、萧山、富阳、桐庐、浦江、兰溪、金华、义乌、东阳、嵊县、新昌、上虞、余姚等附近各州县及本地的乡绅豪富，纷纷携家逃入包村避难以求荫庇。

十月十三日，占领诸暨东乡的太平军魏建安部十万“花旗军”，与诸东、嵊县乡团交战不支，败退东阳，东乡乡团追至东阳县城。十一月，东乡团练纠合嵊县团练进攻诸暨县城，在落马桥(今浣东街道丁严王村)被太平军击败，死伤甚众。十一月三日，太平军3500余人进攻包村，被击败。

同治元年(1862)一月十六日，太平军4000余人攻打包村，失利，被杀400余人。二十五日，太平军陆顺德部1万余人，再攻包村，仍被 击退。二十七日，陆率兵4万余设伏于壁岭外，命百余人佯攻，包立身斩杀30余人而不追。二月十五日，陆顺德会合杭州、嵊县、诸暨各部数万人，分两路包围包村。包立身分兵迎战，发炮轰击，太平军仍失利，舟船被烧殆尽，被淹杀1万余人。四月，太平军调集浙东、浙西五王所部合兵数十万围攻包村。采取炮轰、断水、地道、火攻等战术，于七月一日晨，攻入包村。包立身中弹身亡。村中死官绅男女14077人。战后收骨筑五坟，称“十万人墓”。留下了“ 吃个油，穿个绸，逃到包村来杀头 ”的民谣。当时，正是大暑节气三伏天，包村浸漫在血泊之中。当时有人记载：“十里之外，犹闻血腥。”

藏绿周氏建附谱并序，对殉难、被掳的族人和钦恤葬银奉旨祀等情况，均有详细的记载。有8人钦恤授于世袭云骑尉等官衔；41人钦恤葬银奉旨祀全浙昭忠祠或包村忠义祠；钦旌贞烈9人，节烈7人，奉旨入祠或建坊，7人入全浙昭忠祠贞烈堂。

**被掳序**

自西匪倡乱，据金陵(今南京市)为巢穴。辛酉秋，由浦邑窜入吾暨，吾族被掳者甚众。壬申夏，谱事告竣，被掳而未归者盖百余人，深堪悯恤。夫辛酉到壬申十余年耳，而其间或存、或亡、或思归故土、或羁留异地俱未可卜，其思归故土者犹可望生聚之乐，即羁留异地者则以嗣以续，使他日子孙蕃衍而饮水思源，亦得稽谱系而附宗祊也。设不幸而罹于劫中者，则骸骨在外，不能依宗祠而飨血食，鬼如有灵，不其馁而，爰请族长别立条款，零印一卷，并制木板各依行传以书其名，其得返井里者则拭去其名，即已鬼录者亦得所托庇也。夫助义冢、捐棺木，施孤魂异姓之鬼，犹且哀其死而悯其馁，矧在一本，若能招游魂于未返，则又事之详且尽者也。

同治十一年岁次壬申四月下旬

(摘自藏绿周氏宗谱卷三十五本，附本，不分卷)

## 夏学士疏

翰林院侍讲学士臣夏同善跪奏

为续访得浙江殉难绅民妇女奶恩请予旌恤并准本籍地方自行捐资建祠立坊以昭激劝恭折仰祈圣鉴事：

窃查各省殉难绅民妇女一经奏闻，无不仰荷恩施，立予旌恤，并准该各州县地方自行捐资建祠立坊，所以表扬忠节，维持风化者至优极渥。臣于同治二年十二月及本年闰五月间两次陈请准在案，兹臣续访得浙江举人陈虎臣等三百二十一名口，或慷慨捐躯，或从容死难，均属舍生取义，大节凌然。其中如候选布政司经历锡年等，当贼逼诸暨时率团练杀贼，及势不可支，犹复固守村舍，盛夏苦战，其殉难尤为惨烈。臣访问确实，不忍听其淹没，合无仰恳天恩，饬部分别旌旋恤，准于本籍地方自行捐资建祠立坊，以彰忠烈之处出自逾格鸿慈，谨缮清单恭呈御览，伏乞皇太后、皇上圣鉴，谨奏。

清同治四年八月二十九日具折，本日内阁奉上谕，翰林院侍讲学士夏同善奏访闻本籍殉难绅民妇女恳请旌恤建祠一折。浙江省城两被贼匪窜扰，各属绅民妇女或慷慨捐躯，或从容死难，洵属舍生取义，大节凌然，该侍讲学士籍隶浙江，见闻较确，所有单开之陈虎臣等三百二十一名口，均着该部查明，除业经得有旌恤外，余均着例分别旌恤，并准于本籍地方捐建专祠以彰节烈，该部知道，清单一件发。钦此。

周锡年，诸暨十四都人，候选布政司经历，咸丰辛酉冬贼窜浙东，与胞叔周伯庠(议叙八品)、周启颖(儒童)，各出巨资倡议办团，纠集本邑及邻境浦江乡勇共千余人，守御要隘，复联合邻村十二都孟姓乡团，追杀贼匪数百人于萧邑小满山，复于十二都截杀贼首黄马褂者三人，女酋数人，并杀贼百余人，时暨邑已被贼据，即会同合邑团勇攻城二次，旋因贼势愈炽，力不能支，于同治元年壬戌四月率直胞叔周启庠、周启颖，胞弟周锡畴、周锡嘏、周锡爵俱儒童并亲信乡勇武生杨今生、戴杏元、赵兴霈、赵培等三百余人，合八包村，大小数十战，杀伤悍匪数千人，季弟锡爵年未弱冠，六月间，奋勇与贼对仗，炮伤阵亡，贼屡次挫衄，尽率悍党数十万众，围攻包村，内外闭绝，被围月余，水涸粮绝，干涸饥躯，受苦异常，犹复奋勇冲杀，力竭被戕，胞叔胞弟以及所带亲勇同时阵亡，锡年受害尤惨，是年二十八岁。

其庶母周吴氏、其母周金氏、其妻周陈氏、其胞婶母周钱氏(启庠之妻)、周骆氏(启颖之妻)、其弟媳周孙氏(启畴之妻)、周钱氏(启嘏聘室)等见贼势逼近，同时举火自焚。

附同时义勇殉难者十五人：

周春芳 周高芳 周小木 周腾详 周元海 周元魁 周慕荣 周绍元 周绍福 周璋奉 周晓毅 周恒昌 周素云 周素成 周令华

(以上摘自藏绿周氏宗谱卷五)

## 阖族贞烈传赞

人生富贵福泽一浮云耳，所恃不与生同尽者，惟天壤间浩然之正气。故正气秉乎乾，则为磊落之大丈；之气毓乎坤，则为贞烈之奇女子。独是女子殉节，较丈夫殉身为尤难。丈夫素明大义，权势不能移，财货不能诱，刀锯鼎炉不能屈。而女子深闺弱质，未经世上磨砺，猝遇匪类，魄落魂销，有不含涕蒙垢甘心受辱者哉？然要非所论于吾族也。咸丰辛酉秋，粤寇猖狂，从金衢等郡流毒暨南，搜山巡江，罗纲密布，是以夫失其妇，亲离其女，形单影只，不知所归。凡妇女之心同铁石者，不忍以身之察察，受物之汶汶，或堕崖，或赴江，或引刀断臂，或纵火焚身，百岁缔盟一朝永诀。所谓如宾如友，恩斯勤斯者，倏焉，而委诸蒿莱，惨目伤心，诚莫甚于此矣。余记：德寿公配张氏、朱秀公配马氏、大有公配王氏、庭黼公配许氏、承详公配俞氏、圣瑞公配楼氏、大有公配陈氏、良均公配张氏、星环公配宣氏、麟章公配汪氏、凤富公配顾氏、维洪公配顾氏、文宝公配陈氏、维邦公配何氏、瑞林公配徐氏、沛元公配何氏；章进公女夏爱、章荣公女秋爱、人荣公女文玉、云暄公女林玉、莲本公女瑞英，死节之事异，死节之日殊，而其心之可鉴，帝天可格幽明，可对祖宗者，固未尝略判低昂也。向使随流扬波，哺糟啜醨，败坏名节而不顾，丧尽廉耻而不悔，则披绣闼，俯雕甍，即其人矣。胡至闺阁红颜竟成砂砾白骨哉？嗟乎！巾帼矢志，视死如归，尸填丰山，血洒浣水，虽较诸董氏之引绳束发，曹女之持刀割鼻，韩玖英之身投粪秽，陈仲妻之命殒深崖，何多让焉？迄今年华逝矣，青冢独留，听悲鸣于杜鹃，曷禁欷歔而叹息，幸蒙阖邑绅士，採录幽芳，达上御览，准以建坊入祠，诚朝廷之巨典焉！余也谊关一族，同罹此难，因举闻所素闻，见所亲见者，慨切言之，非敢矜才，楮墨联呈一纸，以为雍牒光。

赞曰：

毓秀钟灵，笃生贞烈。不磷不淄，金坚玉洁。粤匪猝逢，克全苦节。泪欲河倾，惨同山裂。风雨凄凄，孤灯烬灭。载入宗乘，千秋名列。

晚樵氏成大谨志

《暨阳丰江周氏宗谱》卷四，第 80–81 页

## 吊合族义民文

国家承平数百载矣，士食旧德，农服先畴，熙熙皞皞，几忘帝力于何有。不意辛酉秋，粤匪窜境，咥噬之凶猛于虎，蹂躏之势忍于鹳，鲂鱼几叹其赪尾，鸿雁徒深其哀嗷。我瞻四方蹙蹙靡骋，生民之涂炭，莫此为甚矣。缘是吾族连结乡邻，倡兴团练，同仇敌忾，义礼堪作干城，为王前驱，忠信可为甲胄，咸思寝其皮，食其肉，必欲得而甘心。称尔干，比戈尔，莫不贾厥余勇，伐鼓鸣金，激战于杨茂岭，深沟垒垒，固守之巡检司。无何，饮未卜黄龙之府，惨遂成白马之桥，非不杀敌，致果而紘绝矢穷，难为背城之战，非不仇抱不共，而旗靡辙乱，几至片甲无还，鸣呼！苍苍蒸民，谁无父母，谁无室家，而尸填巨港之岸，血流空谷之荫，无贵无贱，同为枯骨，人孰无情？能不悲哉！

予忆阵亡辈：景瑾、培庆、文高、庭全、玉环、九如、承绪、承能、长富、君本、玉瑞、桂元、庭松、达德、创德、国权、以章、曰基、曰赫、太年、春珠、向陛、万林、伯塘、元璋、光耀共二十六人，在家殉难者皆不与。夫舍妻子而保国，弃身家而从王，今之佩虎符，坐皋皮者，其赤心亦不过如是也。迄今，过争战之场，见夫浦水萦带，群山纠纷，虽有孝子慈孙，而秋霜春露，布奠倾觞，亦第哭望天涯已耳。幸蒙圣天子历颁睿藻，凡省、郡、州、县义民各立祀以崇之，矧一乡中目见其惨，身共此难而置之不闻，可乎？兹当修葺宗乘，德行政事文学，皆付剞劂以昭来许，而此寄身绛刃，膈臆莫诉者，尤不可不特为表彰也。从伯培庆公、胞兄桂元公，并陷于斯，因不忍湮没，而为之志。

杏元谨志

**赞曰**

天降乱离兮，身居孔棘。义起浣南兮，同心同德。奋不顾身兮，欲殄群贼。胆凛然兮，退城在即。计将勇往直前兮，遂长驱而逐北。不知贼性之多奸兮，早向山坳而伏匿。猝不及防兮，竟捐身于不测。迄今岁频更兮，犹回忆而心恻。如此精诚兮，洵堪载志入祠，而享千秋之血食。

问达拜赞

《暨阳丰江周氏宗谱》卷四，第25-26页

## 邑庠生钦恤世袭云骑尉周伊洛先生暨陈氏宜人合传　行桥三十六

尝闻传者，考证验也，又闻《传》传也，以传示后人也。今谱中有传，盖仿太史公《史记》列传之制，所以志前言往行，昭法守也。然使无可传而传，是为贡谀，有可传而不传，是为没善。余生平，雅不喜贡谀，亦不敢没善。如本都周伊洛先生，则真有善可传，而不容湮没者也。

夫人生世上，惟忠孝两事为第一关键，孝者，人人所当尽，辄人人所不能尽。先生则事父既孝，父没，祖太学生宏宰公尚在，年近九旬，艰于步履，先生以乃孙兼乃子之职，日侍左右，奉养倍至，疾革，其祖叹曰："吾不能有子养吾终，吾乃有孙如此，吾瞑目地下矣。"及卒，丧殡庐墓，靡不毕尽古礼，盖《诗》所谓孝孙有庆者，先生有焉。至于忠，惟食禄皇家者所当尽。先生久战棘闱，名屈孙山，仅一邑庠生耳！其于国家之大变大难，竟不忍置之度外。

当夫辛酉之秋，粤匪入境，先生仗义兴团，誓不与贼共戴天，如卵石不相敌，螳车不能当卒之，势穷力竭，为贼所获，不屈而死，噫！此其忠心耿耿，不惜性命。以视拥高爵享厚禄，朝秦暮楚，忝然人世者，其相去为何如耶？宜抚、藩二宪采访详奏，钦恤"世袭云骑尉"，以表忠，愤此一字之褒荣，于华衮正可为先生欣慰之。他若治家之严肃，处世之真诚，精歧黄以惠人，辑家乘以睦族，且其排患难，息争讼，重师傅，敦品题，一切善行不胜枚举，特不过先生之绪余耳。德配陈氏宜人，奉舅姑以孝，事夫子以顺，妯娌之间，肃穆雍和，有鲁敬姜遗风。所最难者，发匪后，家徒壁立，岁又荐饥，夫既殉难，子复被掠，膝下二孩孙，嗷嗷待哺，乃与媳徐氏，纺绩缝纫，以藉抚

养，虽至集蓼茹荼，艰苦万状，而先人遗产分毫不动。今二孙，长则声飞黉宫；幼则例入太学，得以家成名立，共享安乐者，未始非宜人之力也。

兹因周氏修辑家乘，其长孙鸿慈与余为莫逆交，出其先祖父母行述，嘱余为传，余阅而心钦之，访诸故老亦无间言，用不揆梼昧，率成一篇，以明不敢没善之心，且喜二难并而双璧合，志之，以为周氏谱牒光。

举行癸卯恩科举人晚生宣澍甘顿首拜撰

**赞曰：**

道范安舒，讬足皇初。神峰朗若，气海谒如。读圣贤书，鉴式前车。文才骑马，诗兴骑驴。国器宏储，时命限余。采芹躬逮，攀桂原虚。失怙欷歔，依祖起居。孙犹子在，孝乃慈余。辛酉贼渠，蹂躏村墟。义旗特指，寇垒难除。殉难相于，褒旨旌闾。流芳后世，庇荫吾庐。遗训经畲，且业犁锄。友皆八骏，儿岂一猪。乐尔妻孥，贤德堪誉。详占鸣凤，和应关雎。媳氏惟徐，苦亦其茹。闺箴身守，家政力纾。羹菜食蔬，中馈权舆。堂庑舂粟，园落剪蔬。莲起泥淤，和气吹嘘。芳标久仰，枯管僭摅。

后学族弟增贡生尚德顿首拜赞

时清光绪岁次癸卯律叶黄钟中浣之吉

《暨阳丰江周氏宗谱》卷三

## 义团列难序

古今来，撑持宇宙，争光日月，惟此纲常大义，以维系于无穷，盖天理所以常存，人心所以不死，端赖是也。

我国家陶育士类，休养百姓，二百余年于兹，士民遭难之际，益思圣恩宽厚，虽濒死阽危，不忍忘也。可于粤匪滋扰时见之矣！粤匪起事道光二十九年间，蔓延咸丰元年，三月破湖北、据金陵，安、苏、徽、浙各省继陷，窃据三百余城，蹂躏一十五载，逆匪之害，亘古未有，焚掠杀戮，耳不忍闻，笔不尽述。宇内驿然，民团四起，莫不树栅为城，削竹为竿，与贼角斗，而最著者莫如包村一团，匪徒死伤数十万，每一博斗，闻风鷩骇，草木皆兵。诸浦接界之区，附包村者，团局且数十百，咸思奋勇杀贼，为国家大兵助一臂力，故贼死最众，而士民罹祸亦最惨，或殉节以捐驱；或勇战而没阵。枕戈吮血，肝脑涂地而不悔。呜呼！烈矣！

大军定逆，与难家，上蒙褒恤、袭爵、建坊，有加无已，并命地方官采死义姓名，入祠致祭。恩至渥，典至钜也。

岁戊寅诸南二十二都周姓修谱，予友镜泉为秉笔，慨然思及义男烈妇，既蒙朝廷赠荫，并不可不详载家乘，以见国家陶育休养之恩，今吾民捐埃图报而不能自已也。乃录死义者情状，详载行第,而嘱《序》于予,诚彰明大义,维持风化之首务也。予荒芜,讵能以拙笔为尊族光,顾事关忠义,不容辞,爰不揣鄙陋而为之序。

时大清光绪戌寅黄钟月上瀚之吉
浦邑岁贡生楼开瑜拜

## 小岭头抗"粤匪"

咸丰十一年(1861),"粤匪"窜扰浙东、西。自咸丰辛酉(1861)至同治癸亥(1863),大掠3年,百姓苦不堪言,岘北周村周锦标,字洪淮,组织团练,与职员程广茂集嵊县郭涌芳、诸暨蔡庆元、义乌虞庆倬,集团勇相机会剿及攻城诸事,不辞劳瘁,凡团勇口粮、油烛皆供应不匮。堂侄步皐又名楙祈,秉性刚毅,臂力过人,承团长锦标命,纠集民团,途遇贼,赤手格斗被执,搜有会剿书札,贼尤重其胆识,委婉劝说,替贼佐事,公辱骂匪贼不屈被害。

是年,"粤匪"尘聚金华府城,东阳北乡为宁绍交通咽喉,浙抚王壮愍派员送密札给岘北村周飞熊,字德明,又名懋蓁,特檄总办浙东团务,与山荫何观察惟俊,诸暨陈守戍廷泰,堂弟棫材,佩瑾等捐资合守,鼓铸枪炮,精制硝磺,扎寨于小岭头,昼夜防御。八月二十七日,东阳城陷落,贼屡攻小岭头不成,直至九月初三,公终因背腹受敌,孤不敌众,兵力不支,退守南山,后经多次截击,因疾重退归,仰天长叹,壮烈献躯。小岭头营址,1990年建造诸东公路时被毁。

(以上摘自岘北周氏宗谱)

暨阳溪西清同治十一年重修宗谱序:"……兵燹之后继以荒歉,荒歉之后加以疫疠,其间死于兵、死于岁、死于病者十之六七,不为仔细查究,则殉难、遇难、被掳与卒者,不记淹没无传耶!时壬申春,合族酌议重修宗谱,细查强核。其中有全节,以殉难著;有伤亡者以遇难著;有驱从不归者以被掳著。异乎,居住僻隅,輶轩採(采)访未获全备,亦幸中不幸也。……"

兵燹期间,周家村周氏殉难8人,被掳26人。

## 对兵公的考证

**1.兵公任东阳教谕的时间相差350年**

(1)岭北谱的时间是唐武德年间(618—626)

(2)(清)周敬理清光绪三年(1887)纂修。顺德堂木活字,现存上图1册。先祖周兵,字处信,宋开宝间(968—976)任东阳县儒学教职,遂自括苍迁居东阳瑞山乡之淮岩。

(3)周家村谱中雲霞仙子宋景定二年(1261)《周氏内外纪源流总叙》一文中说"兵于开宝六年(973)仕东阳儒学教谕。娶吕氏,生二子:进、益。"

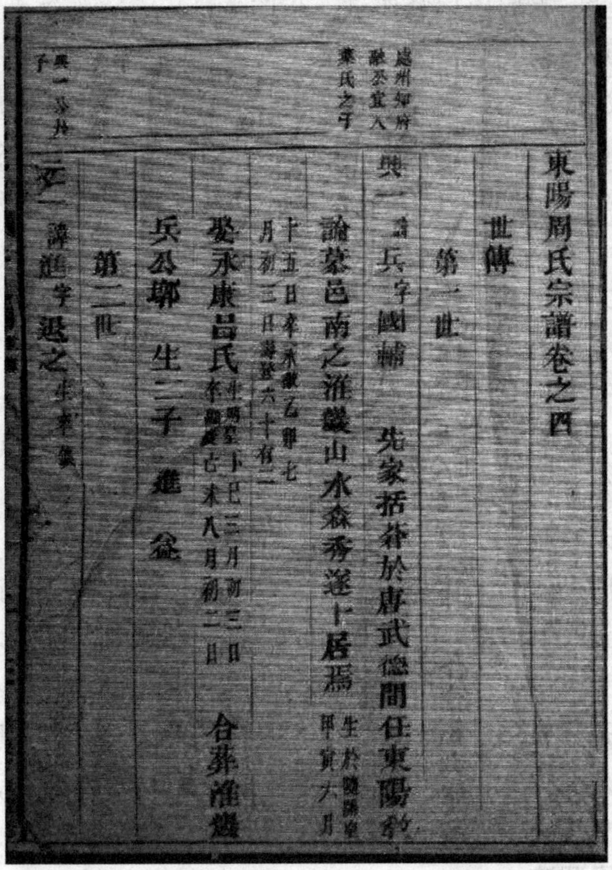
東陽周氏宗譜卷之四

世傳

第一世

興一 諱兵 字國輔 先家括蒼於唐武德間任東陽教諭慕邑南之淮溪山水森秀遂卜居焉 生於隋開皇甲寅六月十五日卒永徽乙卯七月初三日壽登六十有二

娶永康呂氏 生於隋開皇丁巳三月初三日卒麟德乙丑八月初二日 合葬淮溪

兵公子 生二子 進 益

第二世

元一 諱進 字退之

“唐武德间任任东阳教谕”，武德(618.5——626.12)."随开皇甲寅六月十五日"，应该是“隋开皇甲寅六月十五日”，也就是“公元594年——隋开皇十四年，农历6月15日出生”。“卒永徽乙卯七月初三日”——“卒于公元655年——唐永徽六年，农历7月3日”。“寿登六十有二”，兵公享年六十一周岁，虚岁六十二岁。

**2.从兵公生卒与六世孙爽生卒年代考，传代为68.6岁**

兵公，行兴一，字国辅，生于隋开皇甲寅(594)六月十五日，卒于唐永徽乙卯(655)七月初三日，娶吕氏，生二子：进、益。世居括苍。其六世孙奭，徙居剡之开元(今嵊州市)。根据剡开元《周氏宗谱》记载：奭公，字仁普，号建元，生于宋景德丙午(1006)，卒于熙宁丙辰(1076)八月二十六日。按兵公生卒年代与奭公生卒年代计算，其世系传代为68.6岁。

**3.绅公到底是奭公的第几世**

(1)暨阳上塘清同治十一年(1872)周国丰纂修，谱序中说：“始祖奭，五世祖绅……”。

(2)花亭周坞周氏清顺治(1644—1661)蓝格抄，现存2册，藏上图。谱序中说：“周绅，行元二，世居嵊县开元乡，系奭之十世孙。”

(3)花亭周氏乾隆丙午(1786)《重修宗谱序》中说：“内纪则自绅公始，而外纪推本不详，至壬辰考核嵊谱源流与祖嘱所序，三代字号不符，当时有以祖由嵊迁，宜嵊宗谱；有以遗嘱可评，宜率旧章，各执一说，几致各房分谱。至己巳(1809)续修，其断断不能折衷，宛如畴昔，虽合纂，无异分葺焉。”

以上存在的时间差疑,需周氏后裔作进一步的考证。

**资料一:嵊州市开元周碑文**

《开元周氏宗谱》载:开元周氏始祖周奭,1036年携夫人林氏及子周谊嘉等自婺州东阳县玉峰乡查陾村迁居越州剡县开元乡冰鱼里开元村。北宋名臣郑侠撰写的《开元处士仁普周君墓志铭》曰:"宋景祐三年丙子(1036)偕先君来迁剡水之涯,凡四十余年矣。不幸熙宁九年丙辰(1076)八月廿六日疾卒,年七十又二。……君之六世祖讳兵,字处信,号国辅,世居处州括苍。开宝间(968—975)任婺之东阳教职,就筑室于城隅。曾祖父讳虎,字潜威,为时名士。祖父讳旺,就别产,居玉峰查陾。父讳圆,字如鉴,以儒著声,阳德弗耀。母叶氏,生五子。君第四,讳奭,字仁普,号建元,生景德丙午年(1006)四月初一。"

北宋墓志铭是目前发现的有关兵公生世最早的证据。奭公生于1006年,按15—25年一代计算,那么其6世祖兵公生于881年。

**资料二:缙云县姓氏源流**

古楼周氏,系汉初周勃之后。唐末,后周显德年间,汝南安城周行暹统兵处州平乱,封冠巾郡伯,始居古楼。宋开宝六年,其裔任东阳教授,居东阳玉峰。南北宋之交,复从东阳回迁古楼。其后子孙散处胪膛、南顿、冷水、桂村、大溪滩、前山、赫背、东方、马鞍山、雁门、塘上、桥头、麻弄、白彦和永康新亭、高川、舟山下、荆州等处。就是说,兵公的祖父"唐末,后周显德年间"才来到古楼,兵公就不可能是唐朝人。兵公宋初开宝六年(973)东阳任教,假设任教时20—60岁之间,那么兵公应该生于913—953年。

**资料三:永康唐东周源流**

唐东周从东阳槎溪迁来。周燧于唐咸通四年(863)为处州郡从牧,居括苍,生三子谆、諠、谨。谆生二子康、宁。宁生三子光平、光定、光弘。光弘生二子行道、行暹。行暹生二子融、翮。融生二子兴、兵。兵宋开宝癸酉(973)领乡荐任东阳儒学教授,居玉峰临泽,生二子进、益。这就进一步证明了兵公是973年到东阳任教。

(磐安县　周望平)

# 第四章　溯源补遗

## 一、捐资名录

### 裔孙愲募启

吾家先祖濂溪夫子祠，创自南宋，递经修葺，迨至我朝昌明理学，益加整治，庙貌崔巍，乃僻在清波门外钱家湾，地方湖堧幽险之区，地处沮洳，风日寖久，垣墉栋宇不能垂之悠远。

愲等子姓繁衍，俱各散处四方，向无专守祠祀之人。奉颁岁修，银两无人承领，甚且弃置不修，颓圮久矣！嘉庆乙亥之秋，秀水沈潜顾而兴慨，与愲述及，遂乞其作疏以为之募，一时告诸后裔合词具呈，当蒙邑候陆明府勘明备详，大宪批允，饬府勘估兴修在案，但事关题咨之件，典钜也，功甚烦也，费甚重也。一奏牍未免转稽时日，念我同派裔孙历有闻人，奚忍膜视，谨抄现详档案，遍告凡在宗党同志，伏祈各发水源木本之思，共竭已资，量力输助，乞芳名于册，随数留存省城，并望转告各支派下，齐心同原，送至布政使中太平巷口咸秦银号，备用动支。一面恭领帀项，择日祀土开工，务期不日告成，以仰报圣天子培植先儒厚意于万一云尔。

### 重建杭州西湖元公祠诸暨周氏捐款芳名录

一、十都藏绿庄清三公捐洋一百五十文，捐洋五十元
二、兼溪派捐洋一百元
三、梅山鉴十公派捐钱三十千文
四、湖西派捐钱五千文
五、周村辉六公派捐钱四十千文
六、杨柳堰派捐钱十六千六百六十六文
七、朱村从先堂捐钱二十千文
八、大石头捐钱十五千文(内廷岭收钱五千文，如封收钱二千文)
九、梅山绍二十六派捐钱十千文
十、泂溪彦章公行廉六派捐洋五十元
十一、泂溪露公行通三十派捐洋十五元
十二、泂溪称三派捐银一百两

十三、五指山公琼公派捐洋四十元
十四、谢村捐钱二十千文
十五、杨茂岭肃连捐洋十五元
十六、新州捐钱十千文
十七、丰江、邵家泉捐钱一百六十七千百二十文
十八、花园勤公派捐钱十千文
十九、西河定公派捐钱十千文
二十、拜阙岩下新二公派捐钱十千文又钱八百六十一文
二十一、江大捐钱十九千四百文
二十二、珠村、杨柳堰、上梅山新三公派捐钱十千文
二十三、五指山学潘公派捐钱十千文
二十四、景佳祜捐洋折钱十千文
二十五、崇新庵捐洋折钱十千文
二十六、砚石埠捐钱二千文
二十七、梅山上三房鉴三公派捐钱十六千文
二十八、吴家桥捐钱二十千文
二十九、梅花潭敬庄公派捐钱二十二千五百文
三十、三踏步凤瑞公捐钱三千九百文
三十一、三踏步如冈捐钱七千文又洋五元(折钱五千五百文)
三十二、城内家当捐钱七千文
三十三、城内家彝捐钱十五千文
三十四、城内家书捐钱十五千文
三十五、城内家易捐钱一千二百文
三十六、上牌楼洪载捐钱十六千文
三十七、上牌楼岳千捐钱十四千文
三十八、丰江瑞发捐洋十元
三十九、丰江鹏飞捐洋三元又钱一千文
以上诸暨周氏捐款自嘉庆十二年(1807)至道光元年(1821)

## 道光乙酉重募完工诸暨捐输实数

一、藏绿坞春溶捐洋100元
二、藏绿坞世楷40元
三、藏绿坞模捐洋100元
四、兼溪思成堂捐洋20元

五、杨曙霞新三公派捐洋 20 元
六、杨曙霞笵捐洋 10 元
七、五指山森立堂捐洋 10 元
八、梅花潭炬山捐洋 6 元
九、五指山凤舞捐洋 10 元
十、吴家桥新九公捐洋 6 元
十一、湖西胜天捐洋 20 元
十二、湖西维桢捐洋 10 元
十三、牌头维华捐洋 10 元
十四、枫江(丰江)瑞发捐洋 5 元
十五、周家埠子茂公派捐洋 6 元
十六、邵家泉宁俭堂捐洋 10 元
十七、三踏步敬庄公派捐洋 10 元
以上诸暨周氏捐款自道光乙酉(1825 至丁亥(1827)

## 民国十六年杭州西湖清波门外周元公祠成立清三公派下各房捐款

| | |
|---|---|
| 清三公 | 捐入大洋二百元 |
| 钦十七公 | 捐入大洋五十元 |
| 文廿一公 | 捐入大洋五十元 |
| 恭四十四公玉和 | 捐洋五十元 |
| 恭五十五公龙环 | 捐注五十元 |
| 敬百四公德瑜 | 捐洋五十元 |
| 贤百五十一公天翼 | 捐洋五十元 |
| 英四百八十七公一堂 | 捐洋五十元 |
| 圣六百七十六公云淡 | 捐洋一百元 |
| 淳八百五十五公耳山 | 捐洋一百元 |
| 淳八百六十四公虚谷 | 捐洋一百元 |
| 桢千百十五公齐斋 | 捐洋五十元 |
| 桢九百一公鉴人 | 捐洋五十元 |
| 耀七百廿公 士 | 捐洋五十元 |
| 耀九百十八公时勉 | 捐洋五十元 |
| 奎三百十一公翼谋 | 捐洋五十元 |
| 钜三百十一公均庵 | 捐洋五十元 |

## 诸暨市濂溪文化研究会修天锡公墓捐款芳名录

| | | | |
|---|---|---|---|
| 周全新 | 叁拾万元 | 周年华 | 拾伍万元 |
| 周晓明 | 拾万元 | 周仕夫 | 柒万元 |
| 周叶生 | 伍万捌仟元 | 周章灿 | 伍万元 |
| 周智杰 | 叁万元 | 周洪校 | 贰万元 |
| 周永详 | 贰万元 | 周均明 | 贰万元 |
| 周谷屏 | 壹万伍仟元 | 周新明 | 壹万壹仟元 |
| 周伟潮 | 壹万壹仟元 | 周樵雷 | 壹万元 |
| 周国培 | 壹万元 | 周伟灿 | 壹万元 |
| 周水尧 | 壹万元 | 周新强 | 壹万元 |
| 周永根 | 伍仟元 | 周志楼 | 伍仟元 |
| 周伟民 | 伍仟元 | 周李锋 | 贰仟元 |
| 周　平 | 贰仟元 | 周海炯 | 贰仟元 |
| 周纪楼 | 贰仟元 | 周　奇 | 贰仟元 |
| 周国琪 | 贰仟元 | 周煦友 | 壹仟元 |
| 周四威 | 壹仟元 | 周伟统 | 壹仟元 |
| 周保定 | 壹仟元 | 周才尧 | 壹仟元 |
| 周建武 | 壹仟元 | 周建成 | 壹仟元 |
| 周国富 | 壹仟元 | 周泉渊 | 壹仟元 |
| 周江民 | 壹仟元 | 周欢明 | 壹仟元 |
| 周仲根 | 壹仟元 | 周剑吾 | 壹仟元 |
| 周金华 | 壹仟元 | 周伯昌 | 壹仟元 |
| 萧山所前镇来苏周村 | 壹仟元 | 周海根 | 壹仟元 |
| 周剑成 | 壹仟元 | 周正涛 | 壹仟元 |
| 周明道 | 伍佰元 | | |

诸暨市濂溪文化研究会

二〇一三年四月四日

## 《诸暨周氏溯源》捐款芳名录

| 姓　名 | 地　　址 | 金　额 |
|---|---|---|
| 周洪校 | 牌头镇周家村 | 贰万元 |
| 周洪涛 | 街亭镇 周村 | 壹万元 |
| 周晓光 | 新光控股集团有限公司 | 壹万元 |
| 周天宝 | 东伟集团 | 壹万元 |
| 周学军 | 杭州姚生记食品有限公司 | 壹万元 |
| 周仕夫 | 陶朱街道廿四门廊村 | 壹万元 |
| 周朝阳 | 岭北镇金湾村 | 壹万元 |
| 周仁杰 | 王家井镇新南村砚石埠 | 壹万元 |
| 周伟灿 | 王家井镇新南村砚石埠 | 壹万元 |
| 周晓明 | 暨阳街道宜南村桥下周 | 壹万元 |
| 周伯成 | 五泄镇藏绿周氏(后泄) | 壹万元 |
| 周永根 | 安华镇江水沿村 | 伍仟元 |
| 周剑成 | 安华镇江水沿村 | 伍仟元 |
| 周理光 | 安华镇江水沿村 | 伍仟元 |
| 周叶生 | 安华镇勤荣村崇新庵 | 伍仟元 |
| 周志良 | 安华镇勤荣村崇新庵 | 伍仟元 |
| 周生祥 | 安华镇勤荣村崇新庵 | 伍仟元 |
| 周承楷 | 枫桥镇大溪村 | 伍仟元 |
| 周君林 | 枫桥镇大溪村 | 伍仟元 |
| 周长海 | 五泄镇藏绿周氏 | 伍仟元 |
| 周伟龙 | 安华镇勤荣村黄藤市 | 伍仟元 |
| 周孟新 | 安华镇勤荣村黄藤市 | 伍仟元 |
| 周宗清 | 安华镇勤荣村黄藤市 | 伍仟元 |
| 周月楼 | 阮市镇花园村(住上海) | 伍仟元 |
| 周云祥 | 东和乡大林村 | 伍仟元 |
| 周振华 | 安华镇绍佳泉村(住上海) | 伍仟元 |
| 周阁法 | 安华镇丰江周二村(住北京) | 伍仟元 |
| 许亦兴 | 安华镇球山村 | 伍仟元 |
| 周泉渊 | 安华镇丰江周三村 | 伍仟元 |
| 周作平 | 安华镇湖塘沿村 | 伍仟元 |
| 周应苗 | 应店街镇寨头村 | 伍仟元 |
| 周承余 | 安华镇周家村 | 伍仟元 |

| | | |
|---|---|---|
| 周建定 | 安华镇勤荣村杨宅 | 伍仟元 |
| 周代丽 | 安华镇景佳坞村 | 肆仟玖佰元 |
| 周红飞 | 永康市龙山镇桥头周村 | 贰仟伍佰元 |
| 周俊望 | 永康市龙山镇桥头周村 | 贰仟伍佰元 |
| 周克文 | 街亭镇周村 | 贰仟元 |
| 周伟成 | 五泄镇藏绿周氏(后泄) | 贰仟元 |
| 周伯尧 | 五泄镇藏绿周氏 | 贰仟元 |
| 周培植 | 五泄镇藏绿周氏 | 贰仟元 |
| 周其昂 | 江藻镇山后村 | 壹仟元 |
| 周立明 | 江藻镇山后村 | 壹仟元 |
| 周　毅 | 安华镇江水沿村 | 壹仟元 |
| 周家伟 | 安华镇江水沿村(住台湾) | 壹仟元 |
| 周一平 | 暨阳街道九江庙 | 壹仟元 |
| 周功淼 | 浬浦镇徐岸村 | 壹仟元 |
| 周明永 | 安华镇五指山村 | 壹仟元 |
| 周建康 | 暨阳街道郦村 | 壹仟元 |
| 周建永 | 东和乡大林村 | 壹仟元 |
| 周仲先 | 东和乡大林村 | 壹仟元 |
| 周均良 | 东和乡杜家坞村 | 壹仟元 |
| 周志楼 | 阮市镇花园村 | 壹仟元 |
| 周国灿 | 阮市镇花园村 | 壹仟元 |
| 周纪生 | 五泄镇藏绿村 | 壹仟元 |
| 周成涛 | 五泄镇藏绿村 | 壹仟元 |
| 周秀云 | 五泄镇藏绿周氏 | 壹仟元 |
| 周海宝 | 安华镇上新宅村 | 壹仟元 |
| 周纪楼 | 阮市镇董公村 | 壹仟元 |
| 周伟柁 | 马剑镇田东村 | 壹仟元 |
| 周幼丽 | 牌头镇鹳鸣村 | 壹仟元 |
| 周中昌 | 安华镇丰江周二村 | 壹仟元 |
| 周绍国 | 安华镇丰江周二村 | 壹仟元 |
| 周荣昌 | 安华镇周家村 | 壹仟元 |
| 周樵雷 | 店口镇小山坞村 | 壹仟元 |
| 周益民 | 浬浦镇大兼溪村 | 壹仟元 |
| 周田法 | 岭北镇岭北周村 | 壹仟元 |
| 周培松 | 阮市镇董公村 | 陆佰元 |
| 周将松 | 阮市镇董公村 | 陆佰元 |

| | | |
|---|---|---|
| 周德信 | 江藻镇周家埠村 | 陆佰元 |
| 周维元 | 安华镇周家村 | 伍佰元 |
| 周公权 | 店口镇湖西村 | 伍佰元 |
| 周正涛 | 店口镇湖西村 | 伍佰元 |
| 周弋淳 | 店口镇湖西村 | 伍佰元 |
| 周成炳 | 店口镇湖西村 | 伍佰元 |
| 周焕铨 | 店口镇湖西村 | 伍佰元 |
| 周子骝 | 店口镇湖西村 | 伍佰元 |
| 周　泉 | 店口镇西何村 | 伍佰元 |
| 周浩良 | 店口镇西何村 | 伍佰元 |
| 周　弈 | 店口镇西何村 | 伍佰元 |
| 周　磊 | 店口镇西何村 | 伍佰元 |
| 周杰宇 | 店口镇西何村 | 伍佰元 |
| 周其耀 | 岭北镇西周村 | 伍佰元 |
| 周友志 | 岭北镇曼坑村 | 伍佰元 |
| 周友火 | 岭北镇曼坑村 | 伍佰元 |
| 周森诚 | 岭北镇三洲村 | 伍佰元 |
| 周云峙 | 岭北镇三洲村 | 伍佰元 |
| 周森高 | 岭北镇三洲村 | 伍佰元 |
| 周国龙 | 岭北镇三洲村 | 伍佰元 |
| 周长春 | 岭北镇三洲村 | 伍佰元 |
| 周明华 | 枫桥镇洄村 | 伍佰元 |
| 周松华 | 枫桥镇洄村 | 伍佰元 |
| 周启哲 | 枫桥镇洄村 | 伍佰元 |
| 周尚英 | 枫桥镇洄村 | 伍佰元 |
| 周锐骅 | 枫桥镇洄村 | 伍佰元 |
| 周俊夫 | 店口镇下畈村 | 伍佰元 |
| 周烈均 | 店口镇下畈村 | 伍佰元 |
| 周仁传 | 店口镇下畈村 | 伍佰元 |
| 周伯根 | 店口镇下畈村 | 伍佰元 |
| 周志理 | 陶朱街道廿四门廊 | 伍佰元 |
| 周才昌 | 牌头镇长潭街村 | 伍佰元 |
| 周伯其 | 浬浦镇大兼溪村 | 伍佰元 |
| 周龙海 | 浬浦镇大兼溪村 | 伍佰元 |
| 周楚才 | 浬浦镇大兼溪村 | 伍佰元 |
| 周火才 | 浬浦镇大兼溪村 | 伍佰元 |

| | | |
|---|---|---|
| 周培均 | 浬浦镇大兼溪村 | 伍佰元 |
| 周平儿 | 浬浦镇小兼溪村 | 伍佰元 |
| 周友凯 | 浬浦镇小兼溪村 | 伍佰元 |
| 周利员 | 浬浦镇小兼溪村 | 伍佰元 |
| 周秀堂 | 岭北镇梅坞口村 | 伍佰元 |
| 周新良 | 岭北镇大岭头村 | 伍佰元 |
| 周　青 | 山下湖镇大宣村 | 伍佰元 |
| 周仲根 | 阮市镇董公村 | 伍佰元 |
| 周松鹤 | 阮市镇董公村 | 伍佰元 |
| 周君强 | 阮市镇董公村 | 伍佰元 |
| 周君芳 | 阮市镇董公村 | 伍佰元 |
| 周建中 | 阮市镇董公村 | 伍佰元 |
| 周欢明 | 阮市镇董公村 | 伍佰元 |
| 周柏根 | 阮市镇董公村 | 伍佰元 |
| 周祝平 | 东和乡尚典村 | 伍佰元 |
| 周哉龙 | 东和乡大林村 | 伍佰元 |
| 周琪舫 | 王家井镇王家井村 | 伍佰元 |
| 周善富 | 王家井镇王家井村 | 伍佰元 |
| 周栋梁 | 店口镇朱家站一村 | 伍佰元 |
| 周　勇 | 五泄镇藏绿坞村 | 伍佰元 |
| 周贵鑫 | 牌头镇三保里珠村 | 伍佰元 |
| 周朝海 | 东和乡施坞花亭 | 伍佰元 |
| 周　欢 | 安华镇五指山村 | 伍佰元 |
| 周新达 | 安华镇杨茂岭村 | 伍佰元 |
| 周良根 | 安华镇勤荣村杨宅 | 伍佰元 |
| 周煦超 | 安华镇三合村风穆 | 伍佰元 |
| 周云连 | 安华镇丰江周三村 | 伍佰元 |

## 二、诸暨市濂溪文化研究会

### 组织机构

**第一届诸暨市濂溪文化研究会领导机构**

**(2012 年 4 月 8 日)**

会　长：周永根

副会长：周煦友　周新明　周叶生　周四威

秘书长：周四威(兼)

第二届诸暨市濂溪文化研究会领导机构

（2014 年 10 月 12 日）

名誉会长：周全新　周煦友　周天宝

会　　长：周永根

副 会 长：周田法　周承楷　周仕夫　周叶生　周伟柁

　　　　　周新明　周云详　周泉渊　周长海　周四威

秘 书 长：周四威（兼）

## 大事记

### 诸暨市濂溪文化研究会大事记
### (2008年10月—2015年12月)

2008年10月19日,由周煦友、周泉渊两位族人发起,在街亭镇周村“拙园”召开了周氏族人座谈会。周永根、周叶生、周海宝、周四威、周伟柁、周新明、周伟统、周才尧、周建成、周国芳、周永信、周泉深共14人参加座谈会。

会上大家一致同意成立诸暨周氏文化研究会。经无记名投票,选举周永根为会长,周煦友、周新明为副会长。

2008年11月1日,本筹备会在店口镇第一小学召开会议。就章程制订、始迁祖周靖墓重修、统一家谱谱头、摸清南门周氏迁徙脉络、编辑诸暨周氏通谱、会员发展、资金募集、重修周家祠堂等问题进行了研讨。会议由周永根会长主持。全体理事、顾问、秘书处成员参加了会议。并增补周建武、周保定为理事。

2009年2月28日,诸暨周氏文化研究会在诸暨市牌头镇杨曙霞村“周氏祠堂”召开会议。会议有周永根会长主持。决定由周永根会长向民政局联系,申请正式成立诸暨市濂溪文化研究会。全体理事每人自愿捐款一千元,作为研究会的启动资金,共捐人民币一万三千元整。

全体理事、顾问、秘书处成员、杨曙霞村“周氏祠堂”管理人员参加了会议。

2008年10月29日,由周永根、周伟柁、周伟统3人驱车到有关镇乡找寻始迁祖周靖墓址。最后在当地乡镇干部的帮助下,在直埠镇祝园村东面大将山,找到了这座847年前的祖墓。

2011年4月5日,祭扫诸暨周氏始祖墓。来自江苏、上海、山东、江西、杭州、萧山、绍兴、浦江各地的周氏宗亲200多人参加祭祖活动。浙江省环保局原副局长、诸暨市委原书记周惠良,诸暨市人大常委会原副主任周纪泽,诸暨市原副市长周全新,周恩来总理的侄儿周华瑞先生也参加了本次活动。此次祭祀活动规格高、规模大、内容丰富、仪式隆重。18面大彩旗(包括龙旗、虎旗)、伞、铳、宫灯队、锣鼓乐队组成庞大的仪仗队。后裔奉三牲五谷于寝陵,焚香酌酒,分20多批祭拜先祖。

2012年2月17日,向民政局提交成立《诸暨市濂溪文化研究会》的申请书。

2012年4月8日,在诸暨祥生世纪酒店六楼,召开诸暨市濂溪文化研究会成立大会。

2012年8月,起动重修宋理学鼻祖濂溪公之曾孙周靖墓。众推裔孙永根、叶生等督办。精心规划,鸠工庀材,修造墓冢、祭坛、碑亭、墓道、牌坊等,以旧修旧,复其原状,再现昔日气势。工程于2013年3月竣工,历时8个月,耗资60余万元。

2013年2月8日,周新民、周四威、周炯明等5人,代表诸暨濂溪文化研究会赴绍兴,参加中华周氏绍兴市联谊会新春茶话会。

2013年2月16日(农历正月初七),安华镇新州村举行《暨阳新州周氏宗谱》圆谱仪式。诸暨市濂溪文化研究会副秘书长周海宝全程参与指导,并担任主编。

2013年2月16日,本会周新明、周汉臣两同志会同绍兴周加骅等,赴台州,参加中华周氏浙江省联谊会二届二次常务理事扩大会议。

2013年3月1日，在本会办公室召开了常务理事会，就2014年协会工作明确分工，抓好落实。力争在年底出版好《诸暨周氏村落探源》一书。以老祖宗千古绝唱《爱莲说》为主题，邀请全国周氏宗亲中的名人名家，开展写莲画莲活动，举办书画展，出版书画集，并以此作为全国纪念周敦颐诞生1000周年献礼作品。

2013年植树节前夕，本会正副会长及部分理事，在直埠镇竹园村开展植树活动，共种下近百棵楠木、黄花梨、香樟等树种。

周全新名誉会长出资30万元，资助直埠镇竹园村开展群众文化活动。邀请浙江绍剧团连续三天演出，让附近村民也尽情享受了文化大餐。

2013年3月8日上午，在丰江周村周氏宗祠举行本会常务理事周泉渊主编的《丰江周村志》首发赠送仪式。村党支部书记周中昌致欢迎词，主编周泉渊介绍《丰江周村志》出版的有关情况。本会周永根会长和副会长周四威前往祝贺。会上，安华镇有关领导、周四威副会长、诸暨市宗谱研究会常务理事阮建根作祝贺发言。

2013年3月25日，本会在绍兴召开诸暨市濂溪文化研究会常务理事会扩大会议，邀请绍兴、萧山等源自诸暨的后裔代表，共商编撰《诸暨周氏村落探源》一书有关事宜。

2013年4月5日，清明节，来自绍兴、萧山、东阳、兰溪、吴江等地500多名周氏后人参加周靖墓祭祀活动。奉三牲五谷，焚香酌酒，慰祭先灵。

典礼完毕后，周氏后人还分别到西施故里参观了"潮涌浣江"濂溪文化研究会书画作品展和周剑成中国画作品展。

2013年6月，《浙江周氏文化》总第五期，为诸暨周氏文化出专辑成功出版，面向全省发行。

2013年10月12日，牌头镇杨曙霞村《周氏宗谱》圆谱仪式。本会会员周伟潮同志参与指导。

2013年10月13日，中华周氏浙江省联谊会第二次会员代表大会在西子宾馆召开。来自原浙江省全省各地的周氏宗亲代表及国内外贵宾260余人齐聚一堂，共议"家"事。浙江省委原副书记、政协原主席周国富，浙江农林大学校长周国模教授，浙江省环保局原副局长、诸暨原市委书记周惠良，广州军区武汉总医院原政委周正友，绍兴市水务集团董事长周克文，新昌县检察长周江，诸暨市人大常委会副主任周雪芬，新加坡南洋周氏总会会长周忠发和马来西亚槟城岐山堂、汝南堂代表，世界周氏宗亲联谊会会长周贤钧、执行会长周时选等宗亲应邀参加大会。

大会通过了周岩龙会长的工作报告，选举产生了省联谊会第二届领导班子，周岩龙任会长、周跃明任常务副会长。聘请周国富为中华周氏浙江省联谊会终身名誉会长。

2013年11月19日，枫桥镇大溪村举行周氏宗祠修缮竣工庆典座谈会。诸暨市濂溪文化研究会积极参与修缮工作。

2014年4月3号，本会派代表赴龙泉市，参加龙泉市周氏联谊会成立大会。祝贺龙泉市周氏联谊会成立。

2014年5月11日，本会周永根、周新明、周叶生、周四威参加中华周氏杭州联谊会暨周氏文化研究会成立大会会议。

2014年6月8日，本会副会长周四威与中华周氏绍兴市联谊会副会长周加骅、赴乐清市淡溪镇黄塘村参加"《浙江周氏文化》编委会"扩大会议。

2014年8月23日，世界中华周氏宗亲浙江省联谊会秘书长暨各地区《双联》工作负责人会议在温州永嘉下日川村召开。本会秘书长周四威与会，并汇报了“濂溪杯”中华周氏书画名家作品邀请展筹备情况。

2014年10月12日上午，在诸暨同方豪生大酒店二楼会议室召开诸暨市濂溪文化研究会第二次会员代表大会。浙江省环保局原副局长、诸暨原市委书记周惠良、诸暨市人大常委会原副主任周纪泽、诸暨市人大常委会副主任周雪芬、诸暨市人民政府原副市长周全新，以及诸暨周氏各脉、各村代表共98人参加了本次会议。

浙江省委原副书记、浙江省第九届、第十届政协原主席周国富发来贺电，诸暨市文联、诸暨市民政局、中华周氏浙江省联谊会、中华周氏绍兴市联谊会、诸暨市宗谱协会的领导到会祝贺。

会议认真审议了周永根作的第一届理事会工作报告，审议了周叶生作的财务决算报告，大会酝酿选举产生了以周永根为会长的诸暨市濂溪文化研究会第二届理事会。这次会议，真正实现了诸暨周氏的“大团圆”，汇聚了诸暨周氏各脉代表，一套班子，两块牌子：诸暨市濂溪文化研究会、中华周氏诸暨市联谊会。

2014年11月18日至28日，中华周氏浙江省联谊会和诸暨市濂溪文化研究会在诸暨市博物馆联合举办“濂溪杯”中华周氏书画名家作品邀请展。作品包括中国画、油画、水彩画、版画、漆画、漫画，还有书法、篆刻，也有陶瓷和装置艺术，比较全面地展示了周氏书画名家的风格面貌和艺术才华。

前来参加开幕式的有全国各地的艺术家代表，有文化界的领导和专家，还有诸暨市委常委、宣传部部长杨元清，市人大常委会副主任周雪芬，市政协副主席沈吉明和书画爱好者，周氏宗亲等。

2014年11月22日至23日在临海市举行中华周氏浙江省联谊会二届二次会员代表大会暨周总理源流研讨会。本会会长周永根、副会长周叶生应邀赴会。

2015年元月18日，周永根会长等常务理事，赴温州“东瓯海大酒店”参加省会新春茶话会暨周氏“贤内助”表彰大会。

2015年2月7日，大型图文展《走进藏绿》在五泄藏绿周氏宗祠开展。展览由近150块展板组成。包括前言、源远流长、萃亲堂纪略、宗祠重修、义仓简说、宗祠和台门、孝友家声、祖德惶惶、文脉馨香、代代英贤、村族灾难、当代楷模、结束语等十三部分。

省联谊会领导、五泄镇党委政府和诸暨市文化局、文联领导出席开展仪式。

2015年3月31日至4月2日，周永根等赴平阳县南雁镇东门村，参加省联谊会扩大会议。

2015年5月15日至17日，本会组织常务理事以上20人赴江西九江拜谒周敦颐墓、参观周敦颐纪念馆，并敬献了花篮。受得了中华周氏九江市联谊会会长等的热情接待。

2015年5月27日下午，中华周氏宁波市联谊会(筹)周全行、周定芳一行5人，在本会办公室，就协会筹备工作的开展及如何保证协会工作的正常运转进行研讨和交流。周永根会长就联谊会的筹备及联谊会工作的开展作了介绍。

2015年7月9日，本会在东和十里坪农庄，举行书画笔会。浙江省原省委副书记，省政协九届、十届原主席周国富与会，绍兴市市委常委、诸暨市市委书记张晓强到会指导，诸暨市书画骨干参加了这次笔会。

2015年7月9日下午，省委原副书记、浙江省政协九届、十届原主席周国富，在本会长周永根的陪同下，观摩并考察了藏绿周氏祠堂和马鞍山古民居施工现场。

2015年7月至2015年12月，由诸暨市濂溪文化研究会主办，诸暨市关心下一代工作委员会和诸暨市教育局联合承办，在全市中学生中开展"濂溪杯""读《爱莲说》，做高洁人"的征文比赛。本次征文，共收到140篇参评作品，经专家评审，评出一等奖10名，二等奖20名，三等奖25名。优秀作品选登《诸暨日报》发表，并颁发奖品和荣誉证书。

2015年10月7日，中华周氏浙江省联谊会会长周岩龙、秘书长周星园、《浙江周氏宗谱》主编周祖德等一行10人，在本会办公室召开筹备会，周永根、周叶生、周四威参加了会议。

2015年11月1日，本会周永根、周叶生、周四威，参加了在宁波易中禾仙草园大会议室举行的"中华周氏宁波联谊会"成立大会和 浙江省联谊会《浙江周氏宗谱》编委扩大会议。

2015年11月6日，成都周庆、周兴成宗亲来诸暨。赠送了由周庆宗亲主编的《濂溪先生与四川的情缘及未了情》《莲花君子出彩的人生》两书。拜谒了直埠竹谢村大将山靖公墓，周兴成宗亲还对祖墓维护的提出了六点建议。下午参观了藏绿村周氏宗祠，马剑戴氏宗祠，深切感受到了诸暨历史文化的博大精深。

2015年12月4日，本会周永根、周叶生、周泉渊和周四威前往安华镇新州村参加"元末新州古战场"揭碑仪式；还派员参加上海社科院和诸暨市政府联合举办纪念元末新州大战650周年学术研讨会。

2015年12月6日，周永根、周四威、周叶生代表诸暨市濂溪文化研究会，参加在磐安县翡翠湖建国度假酒店举行的中华周氏浙江省联谊会第二届第三次会议。本会荣获浙江省"最美县市周氏联谊会称号"。本会名誉会长，诸暨市原副市长周全新荣获浙江省"最美周氏宗亲"称号。

2015年，创作了七场大型新编越剧《周敦颐断莲花案》。现已经多次修改，基本定稿。目前正在落实经费和剧团，目标是向纪念周敦颐1000周年纪念活动献演。

2015年，为使编撰《诸暨周氏村落探源》(最后定名《诸暨周氏溯源》)一书有详实的历史资料，本会出资2.6万余元，向上海图书馆购买诸暨周氏家谱电子版11种169册。组织常务理事成员走访村落，收集资料，涉及谱牒保管、始迁谱序、迁徙沿革、支脉归属、郡望堂号、祠堂留存、人口统计、通讯联络等诸多内容。

## 三、参考书目

1.《诸暨县志》沈椿龄 楼卜瀍编　乾隆三十八年刻本

2.《国朝三修诸暨县志》陈遹声主编　清宣统三年刻本

3.《诸暨民报五周纪念册》1924年

4.《诸暨县志》刘效柏等编　浙江人民出版社　1993年

5.《安华镇志》安华镇志编纂委员会编　2009年

6.《诸暨民政志》汪木伦 中华书局出版社　2002年

7.《诸暨地名志》诸暨县地名委员会 1982 年
8.《暨阳丰江周氏宗谱》七卷 1786 年
9.《暨阳丰江周氏宗谱》九卷(清)周培九等修 1873 年
10.《暨阳丰江周氏宗谱》三十卷(民国)周载熙等重修 1924 年
11.《暨阳丰江周氏宗谱》四十八卷(民国)周吉浩等修 1946 年
12.《暨阳丰江周氏宗谱》二十二卷 周东浩、周泉深等修 2007 年
13.《诸暨家谱总目》赵一纯编 2014 年
14.《周恩来家世》1998 年 2 月出版
15.《中华姓氏通史—周姓》2002 年 3 月出版
16.《中华周氏宗谱目录》2012 年 5 月出版
17.《越州周氏村落探源》周煦友 周建华编 2015 年 10 月出版
18.《越州周氏古今谈》2015 年 12 月出版
19.《暨阳江大周氏宗谱》光绪壬辰(1892)重修
20.《暨阳七年周氏宗谱》民国十四年(1925)重修
21.《暨阳紫岩周氏宗谱》民国十七年(1928)重修
22.《暨阳清平岭周氏宗谱》民国壬辰(1922)重修
23.《暨阳南门四年周氏宗谱》同治辛未(1871)重修
24.《暨阳南门十年周氏宗谱》同治九年(1870)重修
25.《暨阳南门十年周氏宗谱》民国七年(1918)重修
26.《暨阳山下周周氏宗谱》民国丙寅(1927)重修
27.《暨阳清平周氏上新宅支谱》2005 年乙酉修编
28.《暨阳新州周氏宗谱》2011 年辛卯续修
29.《张义坞周氏支谱》2004 年 6 月出版
30.《砚石埠周氏宗谱》2014 年 5 月出版
31.《岘北周氏宗谱》2006 年丙午重修
32.《浙东周氏(兵公)宗谱》2008 年戊子重修
33.《暨阳周家村周氏宗谱》2005 年 8 月编
34.《暨阳周氏宗谱(漁櫓山)2009 年 9 月编
35.《暨阳山后周氏宗谱》道光丙戊重修一卷
36.《暨阳周氏十年派宗谱》民国戊午重修一卷(复印件)
37.《暨阳同山周都周氏宗谱》光绪乙巳重修 四卷(残谱)
38.《暨阳花亭周氏宗谱(徐岸)》2013 年癸巳编
39.《寨头周氏世谱》2013 年癸巳编
40.《南门四年派暨阳梅山周氏宗谱》2004 年 8 月编
41.《丰江周村志》2013 年 12 月出版
42.《绍兴前梅周氏宗谱》1906 年重修

43.《暨阳长宁洄溪周氏宗谱》1917 年重修
44.《暨阳周家埠周氏宗谱》1937 年重修
45.《暨阳花亭周氏宗谱》光绪丁亥续修
46.《暨阳珠村周氏宗谱》2008 年修
47.《暨阳西溪周氏宗谱》1912 年重修
48.《浦邑石门周氏宗谱》1939 年重修
49.《浦阳花台周氏宗谱》1919 年重修
50.《浙江省·重修西湖周元公祠志》清·道光二年纂
51.《诸暨市军事志》2008 年出版
52.东阳周氏文化研究(1—9)期
53.《枫桥史志》 2005 年 7 月出版
54.《梅山村志》 2006 年出版
55.《濂溪志》湖南大学出版社出版
56.《濂溪杯中华周氏书画名家邀请展作品集》

# 后 记

编写《诸暨周氏溯源》一书，是2008年10月首次周氏座谈会时就定下的目标，但由于各种原因，一直没有启动编写。经过近七年的准备，2015年10月，研究会决定要我担任该书的主编。由于我爱人重病住院两年有余，90多岁年迈的双亲，从呵护儿子的角度，极力反对我再编写乡土方面的书籍，遂有谢绝之念。研究会周永根会长、周四威副会长得知此中缘由，还数度登门劝说动员，心意之诚，难以再却！

数典不忘祖，饮水应思源，孝祖为先，亲亲在后。诸暨周氏发端于宋，在全市300多姓氏中，人口居第2位，近7万余人，可谓族繁枝盛，人才辈出。但随着近千年的岁月流转，周氏历代先贤们的可歌事迹在无数次社会动荡中转而成空，家族繁衍生息之况随着历史车轮之迹，逐渐湮没在历史的长河中。

本人从事诸暨周氏研究已有10多年，深知拨开这层历史迷雾，寻觅周氏各村落生命起航的码头，勾勒周氏宗亲间的血缘之亲，是很多周氏族人的共同心愿，亦具重要的现实意义。

由于古时交通不便，信息不畅，自然相知亦茫然。在高速信息化的当下，信息来源发生了质的变化，这为编好此书提供了重要保障。单靠一个人，短时间(不到一年)要编好160多个周氏村落：出仕，为官清正，造福百姓；居乡，热衷公益，乐善好施；居家，诗礼传家，崇文厚德的方方面面，任务显得艰巨！为此，在征得编委的共识后，我只能从提炼概括方面进行着手。即从诸暨周氏160多个村落的历史沿革、世系繁衍迁徙，由远及近，由共性到个性，有效整合各支族家谱资料，从庞大的家谱中进行归纳提炼，结合实地采访、考证，然后加以综合，书的内容涉及到村名的由来、始祖迁居渊源、字第、系图、知名人物、文化等，择其要而述之。其目的为今后有识之士研究诸暨周氏文化，起到一个抛砖引玉的作用，也为将来编纂《诸暨周氏志》打个前阵，创造基础和平台。

《诸暨周氏溯源》一书在诞生过程中，得到诸暨诗祠楹联协会副会长何根土，及文史界李科才、俞广平、张阳、蒋金勇、袁光亮等，及本族宗亲周应苗、周音莹、周功灿、周谷屏的配合和支持，也得到慈溪周氏宗亲周学斌的关注和支持，在《诸暨周氏溯源》即将与读者见面时，对他们的指导、扶持、帮助与配合，在此一一表示感谢。

由于时不我待，匆忙之中，书中有错误和不完善之处，不可避免，特别是各派提供的资料中对漏报的村落和人物(人物截至2015年12月31日止)，衷心希望关心《诸暨周氏溯源》的同好和读者，不吝指正，以期在日后有机会再版时得以修正。

**编者：周泉渊**

二〇一六年十月

# 濂溪烟霞

——祭天锡公周靖

（男中音独唱）

诸暨市濂溪文化研究会 词

周焕铨 曲

1=C $\frac{2}{4}$

中速稍慢

**图书在版编目(CIP)数据**

诸暨周氏溯源/诸暨市濂溪文化研究会编.--北京:方志出版社,2016.12
ISBN 978-7-5144-2300-6

Ⅰ.①诸… Ⅱ.①诸… Ⅲ.①家族-史料-诸暨
Ⅳ.①K820.9

中国版本图书馆CIP数据核字(2016)第322558号

**诸暨周氏溯源**

编　　者:诸暨市濂溪文化研究会
责任编辑:陈　菁、王笃银
出 版 人:冀祥德
出 版 者:方志出版社
　　　　　地址　北京市朝阳区潘家园东里9号(国家方志馆4层)
　　　　　邮编　100021
　　　　　网址　http://www.fzph.org
发　　行:方志出版社发行中心
　　　　　电话　(010)67110500
经　　销:各地新华书店
印　　刷:浙江正方设计印刷有限公司
开　　本:889×1194　1/16
印　　张:35
字　　数:708千
版　　次:2016年12月第1版　2016年12月第1次印刷
印　　数:0001~3000册
ISBN 978-7-5144-2300-6　定价:200.00元